Marcus Burkhardt
Digitale Datenbanken

D1723223

Digitale Gesellschaft

Marcus Burkhardt (Dr. phil.) arbeitet am Centre for Digital Cultures der Leuphana Universität Lüneburg und leitet dort das Hybrid Publishing Lab. Seine Forschungsschwerpunkte sind die Geschichte und Theorie digitaler Medien und Medien des Wissens sowie Medienphilosophie und allgemeine Medientheorie.

MARCUS BURKHARDT

Digitale Datenbanken

Eine Medientheorie im Zeitalter von Big Data

[transcript]

Diese Open Access-Publikation wurde gefördert durch das EU-Großprojekt Innovations-Inkubator an der Leuphana Universität Lüneburg.

Bibliografische Information der Deutschen Nationalbibliothek
Die Deutsche Nationalbibliothek verzeichnet diese Publikation in der Deutschen Nationalbibliografie; detaillierte bibliografische Daten sind im Internet über http://dnb.d-nb.de abrufbar.

Weitere Informationen und Download des Bandes:
www.transcript-verlag.de/978-3-8376-3028-2

Umschlagkonzept: Kordula Röckenhaus, Bielefeld
Umschlagabbildung: »365/09 – Storage«, Dominik Bartsch (flickr.com), CC-BY
Korrektorat: Waldemar Kesler
Satz: Marcus Burkhardt
Printed in Germany
Print-ISBN 978-3-8376-3028-2
PDF-ISBN 978-3-8394-3028-6

Gedruckt auf alterungsbeständigem Papier mit chlorfrei gebleichtem Zellstoff.
Besuchen Sie uns im Internet: *http://www.transcript-verlag.de*
Bitte fordern Sie unser Gesamtverzeichnis und andere Broschüren an unter:
info@transcript-verlag.de

Inhalt

Einleitung

More, more, more! Das digitale Medienzeitalter ist das der Information. Mehr noch: Es ist ein Zeitalter der Informationsexzesse. Seit 2007 prognostiziert die *International Data Corporation* (IDC) regelmäßig eine immer rasantere Expansion des digitalen Informationsuniversums.[1] Wurden damals noch schätzungsweise 161 Exabyte, d.h. 161 Milliarden Gigabyte, digitaler Informationen kreiert, erfasst oder repliziert (vgl. IDC 2007: 3), waren es 2010 bereits ca. 1.200 Exabytes (vgl. IDC 2010: 1). Ein Ende dieser Expansion ist nicht in Sicht. Im Jahr 2020 werden, so die aktuellen Prognosen, 40.000 Exabyte digitale Informationen erzeugt (vgl. IDC 2012).[2] Auch wenn es sich hierbei zum größten Teil um flüchtige Daten handelt, die nicht permanent gespeichert werden, drängt sich die Frage auf, welche Effekte die scheinbar grenzenlose Verfügbarkeit von Informationen zeitigen wird:[3] Wie ändert sich das

---

1 | Daten werden im Folgenden nicht strikt von Informationen unterschieden, sondern als eine Form der Materialisierung sowie ein Typus von Information begriffen. Im Kapitel »Banken, Basen, Reservoirs« (S. 187ff.) werden die Begriffe *Daten* und *Information* näher bestimmt. Hierbei wird deutlich, dass selbst der scheinbar eindeutige Begriff der Daten in der digitalen Medienkultur auf unterschiedliche Weise gebraucht wird.

2 | Die IDC-Studien betrachten hauptsächlich die zunehmende Akkumulation und Zirkulation von Daten. So geht es den Autoren darum, das Gesamtaufkommen digitaler Daten pro Jahr zu bestimmen. Daher werden nicht nur originäre Informationen oder Daten einbezogen, sondern auch all jene Daten, die anfallen, wenn Filme, Fernsehsendungen, Bilder, Texte, Audiodateien usw. kopiert und versandt werden (vgl. IDC 2007, 2008). Eine andere Perspektive haben die 2000 und 2003 an der Universität Berkeley angefertigten Studien zur Menge der jährlich erzeugten Informationen eingenommen (vgl. Lyman et al. 2000; Lyman et al. 2003). Im Zentrum der Studien stand die Frage wie viel »original content« (Lyman et al. 2000) jährlich erstellt wird. Zudem beschränkte man sich nicht auf den Bereich digitaler Informationen, sondern untersuchte, wie viele Informationen jährlich insgesamt erzeugt werden.

3 | Die Gesamtmenge der jährlich aufgezeichneten, erzeugten oder replizierten Daten überstieg dem IDC zufolge bereits 2007 die Speicherkapazität der verfügbaren Datenträger. Dabei werden in die Schätzungen des Datenaufkommens z.B. auch

menschliche Selbst- und Weltverhältnis, das gesellschaftliche und kulturelle Leben, unser Gedächtnis oder unser Wissen?

Antworten hierauf stehen noch weitgehend aus, denn das seit Jahrzehnten diagnostizierte Informationszeitalter ist noch immer im Werden begriffen.[4] Gesichert ist nur, dass mit der fortschreitenden Digitalisierung weitere tiefgreifende gesellschaftliche und kulturelle Transformationen einhergehen werden. Jüngste Vorboten kündigen diesen Wandel an. Die im Frühsommer 2013 öffentlich gewordenen Spionageprogramme *Prism* und *Tempora* (vgl. Greenwald/MacAskill 2013; MacAskill et al. 2013a; MacAskill et al. 2013b), welche Orwells Überwachungsdystopie zu überbieten scheinen, sind nur ein Beispiel hierfür. Das Ende dieser Entwicklungen ist nicht abzusehen.

Wenn das fortwährende Werden des digitalen Medienzeitalters im Folgenden medienkulturwissenschaftlich in den Blick genommen werden soll, dann erfordert dies eine Untersuchungsperspektive, die sich der Vielgestaltigkeit der technischen Welt ebenso wie der Heterogenität von medialen Praxen stellt und diese medientheoretisch reflektiert.[5] Den Ausgangspunkt hierfür bildet die medienhistorische Betrachtung der Diskurse über die Chancen und Herausforderungen der computertechnischen Informationsverarbeitung sowie der Genese digitaler Technologien. Die Hinwendung zur Diskurs- und Technikgeschichte ist dabei nicht Selbstzweck. Vielmehr vermag der Blick in die Geschichte des Computers, wie beispielsweise Wendy Chun (2011) in *Programmed Visions* vor Augen geführt hat, zu einem besseren theoretischen Verständnis unserer medialen Gegenwart beizutragen.

In den vergangenen Jahren dienten vor allem Netze und Netzwerke, technische wie soziale Netzwerke, sowie Algorithmen als Chiffren dieses medialen Transformationsprozesses.[6] Doch mit dem Rumoren über die Sammelwut von Internetdienstleistern, Firmen und Staaten, den drohenden *Information Overload* und *Big Data* gerät zunehmend auch die Datenbank als spezifische, technische Infrastruktur und universelle Metapher digitaler Informationssammlungen in den Fokus medien-

---

digitale TV-Signale oder übertragene Webseitendaten mit einkalkuliert, die beim Empfänger allenfalls temporär gespeichert werden (vgl. IDC 2007: 3f.).

4 | Die Beschreibung unserer Epoche als Informationszeitalter kam spätestens in den 1970er Jahren auf. Angesichts der anhaltenden Dynamik gesellschaftlicher, politischer, ökonomischer und kultureller Transformationsprozesse ist die Entwicklung hin zum Informationszeitalter keineswegs abgeschlossen.

5 | Die Aufzählung der Disziplinen erhebt keinen Anspruch auf Vollständigkeit. Jenseits der Wissenschaften trägt auch die Kunst zu einem besseren Verständnis der gesellschaftlichen und kulturellen Transformationen im Informationszeitalter bei.

6 | Siehe hierzu exemplarisch den von Oliver Leistert und Theo Röhle herausgegebenen Sammelband *Generation Facebook* (2011) sowie *Die stille Revolution* von Mercedes Bunz (2012).

und kulturwissenschaftlicher Betrachtungen.[7] Der notorische Stichwortgeber des aufkeimenden Datenbankdiskurses ist Lev Manovich, der bereits Ende der 1990er Jahre in einem vielbeachteten Aufsatz die Datenbank als symbolische Form der digitalen Medienkultur beschrieben hat.[8] Durch die Datenbank wird seines Erachtens die Erzählung als dominante Form des kulturellen Ausdrucks abgelöst:

»After the novel, and subsequently cinema, privileged the narrative as the key form of cultural expression of the modern age, the computer age introduces its correlate – the database. Many new media objects do not tell stories; they do not have a beginning or end; in fact, they do not have any development, thematically, formally, or otherwise that would organize their elements into a sentence. Instead, they are collections of individual items, with every item possessing the same significance as any other.« (Manovich 2001: 218)

Für Manovich ist die Datenbank sowohl Symptom als auch Potenzial. So konstatiert er einerseits eine zunehmende Popularität der Datenbankform, für die die prinzipielle Unabgeschlossenheit, offene Anschlussfähigkeit und ungeordnete Multiperspektivität von Informationssammlungen charakteristisch sei (vgl. Manovich 2001: 219f.). Andererseits erblickt Manovich in Datenbanken die Chance, neue (medienkünstlerische) Ausdrucksformen und Gestaltungsprozesse zu erkunden (vgl. Manovich 2001: 227; Manovich/Kratky 2005).[9]

Manovichs holzschnittartige Gegenüberstellung von Erzählform und Datenbankform hat sich als ungemein populär erwiesen, wie die große Zahl an Publikationen zeigt, die an dessen Ansatz anschließen (vgl. exemplarisch Vesna 2007a; Böhme et al. 2012; Folsom 2007). Dennoch greift Manovichs Ansatz zu kurz, da die vielfältigen und teilweise gegenläufigen Transformationen unserer zeitgenössischen Medienkultur durch diese »easy binary« (McGann 2007: 1589) nicht adäquat beschrieben werden können. Vor allem die konkreten medientechnischen Verfahren der Versammlung, Verwaltung und Verarbeitung digitaler

---

7 | Die Diagnose eines Information Overload ist weder neu noch spezifisch für den Bereich digitaler Medientechnologien. Wie Markus Krajewski anmerkt, setzte bereits kurz nach der Erfindung des Buchdrucks ein Gefühl von Überwältigung durch die wachsende Zahl verfügbarer Bücher ein, welches in der Metapher der *Bücherflut* zum Ausdruck gebracht wurde (vgl. Krajewski 2002: 16). Ähnliche nautische Metaphern sind heute noch immer verbreitet, wie zum Beispiel im Begriff der *data deluge*, d.h. der Datensintflut, die im digitalen Zeitalter über uns hereinzubrechen droht (vgl. Borgman 2007: 6f.; Bell et al. 2009).

8 | Die Position Manovichs wird im zweiten Teil des Kapitels »Datenbank« ausführlich rekonstruiert und diskutiert.

9 | Unter dem Titel *Cultural Analytics* thematisiert Manovich in jüngster Vergangenheit auch verstärkt die Potenziale datenbankbasierter Forschungsmethoden für die Kulturwissenschaft; siehe hierzu exemplarisch Manovich (2009).

Informationen in Datenbanken bleiben bei Manovich weitgehend außen vor. Infolgedessen verschwindet die heterogene Vielgestaltigkeit der digitalen Datenbankkultur hinter der vermeintlichen Einheit der Datenbank als symbolischer Form. Auch im öffentlichen Diskurs steht der informatische Begriff der Datenbank eher im Hintergrund. Das Wort *Datenbank* fungiert vielmehr als Projektionsfläche für die vielfältigen, heterogenen und scheinbar grenzenlosen Möglichkeiten der Verzeichnung, Zirkulation, Präsentation, Selektion und Auswertung von Informationen in Computern. Hierbei wird die Realität der computertechnischen Informationsverarbeitung von einem Imaginären überlagert. Stephan Porombka zufolge entfaltet sich an Datenbanken die »Phantasie vom virtuell vollständigen Gedächtnis« (Porombka 1998: 318) – alle möglichen Informationen scheinen in digitalen Datenbanken vorhanden und verfügbar zu sein. Auch wenn die Einlösung dieser Vollständigkeitsutopie stets ausbleiben wird, ist ihre Imagination ungemein verführerisch und suggestiv. Eben dies hat Jorge Luis Borges (1992 [1941]) in *Die Bibliothek von Babel* vor Augen geführt. In der kurzen Erzählung beschreibt Borges das Gedankenexperiment einer vollständigen Bibliothek, die nicht nur alle jemals verfassten, sondern alle möglichen Bücher enthält.[10] Wenn jedes Buch, wie Borges beschreibt, 410 Seiten mit 40 Zeilen je Seite und 80 Zeichen je Zeile umfasst und das Alphabet aus 25 Zeichen (22 Buchstaben, Punkt, Komma und Leerzeichen) besteht (vgl. Borges 1992 [1941]: 68f.), dann ist die Zahl der Bücher in der Bibliothek zwar endlich aber dennoch unfassbar groß wie der Mathematiker William Goldbloom Bloch herausstellt: »*The number of books in the Library, although easily notated, is unimaginable*« (Bloch 2008: 22). Die totale Bibliothek enthält $25^{(410 \times 40 \times 80)} = 25^{1.312.000}$ $\approx 1{,}956 \times 10^{1.834.097}$ Bücher.[11]

Die Vollständigkeit der Bibliothek von Babel mag »ein überwältigendes Glücksgefühl« (Borges 1992 [1941]: 71) verursachen. Doch eigentlich sind ihre erhabene Größe und deren Berechenbarkeit nebensächlich, wenn nicht sogar trügerisch. Das Gedankenexperiment führt die Idee der Bibliothek ad absurdum. Gerade weil die totale Bibliothek jedes mögliche Buch enthält, finden sich in ihr keine tatsächlichen Bücher mehr. Jeder mögliche Autor[12] hat unter allen möglichen Titeln jeden möglichen Text verfasst sowie jeden möglichen Standpunkt und auch immer dessen Gegenteil vertreten. Die Universalbibliothek ist daher eine »widersprüchliche Bibliothek, deren vertikale Einöden aus Büchern unaufhörlich Gefahr laufen, sich in andere zu verwandeln, die alles bestätigen, leugnen und verwirren wie eine wahn-

---

10 | In dem 1939 verfassten Essay *Die totale Bibliothek* führt Borges die Idee der Universalbibliothek auf Gustav Theodor Fechner zurück, jedoch ohne eine genaue Quelle zu nennen (vgl. Borges 2003 [1939]: 165). Literarisch aufgearbeitet wurde diese Idee erstmals 1904 von Kurd Laßwitz in *Die Universalbibliothek* (1998 [1904]).

11 | Für eine Erläuterung dieser Berechnung siehe Bloch (2008: 11ff.).

12 | Der folgende Text macht weitgehend vom generischen Maskulinum Gebrauch. Sofern nicht genauer spezifiziert, sind stets Personen beider Geschlechter sowie Menschen, die sich außerhalb des binären Geschlechtersystems verorten, gemeint.

sinnige Gottheit« (Borges 2003 [1939]: 169). Mit der Universalisierung der Bibliothek löst sich die Spezifität des Buchs, verstanden als eine Sammlung von Aussagen,
in der Kombinatorik des Möglichen auf.[13] Wenn alles Mögliche geschrieben steht,
ist eigentlich nichts mehr gesagt. Zudem wird auch das Suchen und Finden von
Büchern an ihre paradoxe Grenze geführt. Existiert jede mögliche Kombination der
1.312.000 Zeichen, die ein Buch beinhaltet, muss der komplette Text bereits bekannt
sein, um gezielt nach einem bestimmten Buch suchen zu können. Es kann, wie Bloch
belegt, keinen Katalog geben, der die Suche in der Bibliothek erleichtern würde:
»The Library is its own catalogue. Any other catalogue is unthinkable« (Bloch 2008:
39). Infolgedessen kommt der Akt des Suchens nach einem bestimmten Buch dem
Schreiben des Buchs gleich.[14]

Die scheinbare Utopie der Vollständigkeit entpuppt sich in der Bibliothek von
Babel als Dystopie. Es ist daher bemerkenswert wie hartnäckig die Signatur des
Utopischen an der Vision einer totalen Bibliothek und in ähnlicher Weise auch an
der Idee eines vollständigen Informationsbestands haftet.[15] Das wahrscheinlich
bekannteste Beispiel hierfür ist die von Vannevar Bush (1945) in *As We May Think*
formulierte Idee der *Memex* – einer Art Bibliothek im Schreibtisch –, die rasch
Popularität erlangte und als Vision die Entwicklung der digitalen Medienkultur
maßgeblich mitprägte.[16] Heute gilt Bushs Memex-Vision als einer der wichtigsten

---

13 | Das Spiel der kombinatorischen Möglichkeiten ist in der Bibliothek von Babel
kein bloßes Potenzial, sondern aktualisiert sich in der Gesamtheit aller Bücher. In
dieser Hinsicht unterscheidet sich die totale Bibliothek von kombinatorischen Maschinen, wie der von Jonathan Swift in *Gullivers Reisen* beschriebenen Maschine,
welche nahezu selbstständig Bücher schreiben soll. Ein Professor der Akademie von
Lagado beschreibt Gulliver den Zweck der von ihm erfundenen Maschine wie folgt:
»Jedermann wisse, wie mühselig die übliche Methode sei, Kunst und Wissen zu erlangen, während durch seine Erfindung selbst die ungebildetste Person zu einem
vernünftigen Preis und mit geringem körperlichen Einsatz Bücher in Philosophie,
Poesie, Politik, Recht, Mathematik und Theologie schreiben könne, ohne die ge-
ringste Hilfe durch Begabung oder Lernen« (Swift 1987: 237).

14 | In Anlehnung an die Kurzgeschichte *Von der Strenge der Wissenschaft*, in der
Borges die Idee einer Landkarte im Maßstab 1:1 vorführt, gelangt der Technik-
historiker David Gugerli zu einer ähnlichen Einschätzung: »Die vollkommene Suchmaschine ist so leistungsfähig wie die Karte im Maßstab 1:1. Sie kann alles suchen
und findet eben deshalb nichts« (Gugerli 2006: 154).

15 | Eine wichtige Ausnahme stellen die Bedenken gegenüber Überwachung und
Kontrolle durch staatliche und nichtstaatliche Organisationen dar, welche in Orwells
Überwachungsdystopie zum Ausdruck kommen.

16 | Das von Paul Otlet und Henri La Fontaine Anfang des 20. Jahrhunderts be-
gründete Mundaneum beruht auch auf der Idee einer universellen Bibliothek (vgl.
Rayward 1975; Christolova 2012). Zur Geschichte der Idee der Weltbibliothek siehe
auch Haber (2007).

Vorläufer von Hypertext und digitalen Literatur- und Informationssammlungen. Der schreibtischgroße *Memory Expander* könne Bush zufolge als unerschöpflicher Informationsbestand fungieren, der seinen Nutzern den flexiblen Umgang mit vielfältigen Ressourcen ermöglicht.[17] In jüngerer Vergangenheit hat Bill Gates – Mitbegründer und Vordenker von Microsoft – die Vision des technisch gestützten Zugriffs auf nahezu alle Informationen auf den Slogan *Information at Your Fingertips* gebracht. Als Mantra der digitalen Medienkultur führt *Information at Your Fingertips* die Vision des ungehinderten und vollständigen Zugriffs auf Information durch Computer vor Augen. Erstmals hat Gates diese Idee im Herbst 1990 im Rahmen seiner *Keynote* auf der *Computer Dealer's Exhibition* (COMDEX)[18] postuliert.

Zu dieser Zeit standen Desktop-Computer bereits in vielen Büros und Haushalten. Jedoch mangelte es der Hardware wie der Software noch an Nutzerfreundlichkeit, wie Gates damals kritisch diagnostiziert. Hinzu kam, dass viele Nutzer nur sehr eingeschränkte Vorstellungen von den Potenzialen digitaler Computertechnologien hatten, die kaum über Textverarbeitung und Tabellenkalkulation hinausreichten (vgl. Gates 1990: 12:22). Vor diesem Hintergrund formuliert Gates seine Vision der digitalen Zukunft, für die der Slogan *Information at Your Fingertips* einsteht. Computer sollen ihm zufolge künftig als Informationsmaschinen dienen, indem sie Nutzern den Zugriff auf Information ermöglichen: »When somebody comes in to do their job they ought to sit down at their PC and see the information that's important to them. If they want more detail, they ought to just point and click and that detail should come up on the screen for them« (Gates 1990: 14:17). Gates zeichnet vom Computer jedoch nicht nur das Bild einer Informationsmaschine, mit der man auf diese oder jene Information zugreifen kann. Er formuliert vielmehr die Vision einer allgemeinen und vollständigen, d.h. universellen Informationstechnologie, die es ihren Nutzern ermöglicht, alle Informationen zu erhalten, die sie begehren. Kaum mehr als wenige Klicks entfernt, entfaltet sich das gesamte Weltwissen: »When I say information here I mean it in a very broad sense. I mean all the information that somebody might be interested in, including information they can't even get today« (Gates 1990: 14:05). Vier Jahre später aktualisiert Gates diese Vision in einer zweiten *Information at Your Fingertips*-Keynote auf der COMDEX in Las Vegas. Während er zunächst noch die Möglichkeiten eines weltweiten netzwerkbasierten Informationsaustausches und -zugriffs vernachlässigte, war das Internet nun integraler Bestandteil seiner Vision der digitalen Medienkultur. In ihren Grundzügen änderte sich die Vision jedoch nicht: Computer sollten zu universalen Informationsmaschinen

---

17 | Auf Bushs visionäre Beschreibung der Memex wird im Kapitel »Computer« (S. 103ff.) näher eingegangen.

18 | Die zwischen 1979 und 2003 jährlich im Herbst in Las Vegas veranstaltete COMDEX war eine der weltgrößten Computermessen. Seine erste Keynote hielt Bill Gates bereits 1983 auf dieser Messe.

werden, mit denen man vermeintlich alles finden und scheinbar unmittelbar mit Information interagieren kann (vgl. Gates 1994).

Zwei Dekaden später wissen wir, dass weniger Gates' Firma Microsoft, als vielmehr Google uns dieser Vision näher gebracht hat. Das Wort *googeln* hat Eingang in die deutsche Sprache gefunden und ist heute synonym für das Suchen im Internet, auch wenn Google es erfolgreich zu unterbinden wusste, dass der Duden diese allgemeine Bedeutungsvariante erwähnt.[19] Mit Google scheint sich die Vision von Gates erfüllt zu haben – die Suchmaschine gibt Orientierung in der unübersichtlichen Informationsvielfalt des World Wide Web (WWW) und gewährt ihren Nutzern Zugriff auf vermeintlich grenzenlose Informationsressourcen: Nur wenige Suchanfragen entfernt liegt die Gesamtheit des Weltwissens. Wie die medien- und kulturwissenschaftliche Debatte über Websuchmaschinen in den vergangenen Jahren gezeigt hat, trügt dieser Eindruck jedoch (vgl. Becker/Stalder 2009a; Röhle 2010; Vaidhyanathan 2011). Der Suchmaschine sind trotz ihrer Größe und trotz ihrer enormen Leistungsfähigkeit Grenzen gesetzt. Google ist weder vollständig noch erlaubt es den neutralen Zugriff auf Informationen.[20] Ein Beispiel soll dies verdeutlichen: Als »Datenbank« des WWW ist die Suchmaschine Google paradoxerweise weitgehend blind gegenüber Informationen, die in Datenbanken gespeichert sind, d.h. von Informationen, auf die nicht als Webseite zugegriffen werden kann, sondern die vermittels Webseiten abgefragt werden müssen (vgl. Madhavan et al. 2008).

Hieran zeigt sich jedoch nicht nur die Begrenztheit von Google, sondern auch das merkwürdige Doppelleben des Worts *Datenbank*. Dient es einerseits als Bezeichnung für jedwede Form digitaler Informationssammlungen, verweist es andererseits auf spezifische Technologien der Verwaltung von Informationssammlungen, sogenannte Datenbankmanagementsysteme (DBMS), deren Geschichte bis in die 60er und 70er Jahre des letzten Jahrhunderts zurückreicht. Zugleich macht das Beispiel deutlich, dass die Techniken und Praktiken der Versammlung, Verwaltung und Verarbeitung von Informationen Einfluss darauf haben, welche Informationen auf welche Weise gesucht, präsentiert und ausgewertet werden können. So selbstverständlich und unspektakulär diese Beobachtung zunächst zu sein scheint, so weitreichend sind ihre Konsequenzen für diejenige medientheoretische Tradition, die Shannons nachrichtentechnischen Informationsbegriff als theoretisches und praktisches Fundament der computertechnischen Informationsverarbeitung er-

---

19 | Auf Bitten von Google definiert der Duden seit der 2006 erschienenen 24. Auflage »googeln« als Suche im Internet mit Google. In einer breiteren Bedeutungsvariante wurde das Wort jedoch bereits 2004 in der 23. Auflage des Duden erstmals erwähnt (vgl. Heine 2005).

20 | Zur Funktionslogik von Websuchmaschinen im Allgemeinen und Google im Besonderen siehe S. 260ff. im Kapitel »Techno-Logik«.

achtet.[21] Der vermeintlichen Einheit der Information steht in der medialen Praxis die Vielfalt partikularer Formen von Informationen gegenüber. Hiervon zeugt die konzeptuelle und technische Entwicklung von Datenbanken im engen und weiten Sinn. Denn im Kontext verschiedener Softwareanwendungen prozessieren Computer digitale Daten nicht unterschiedslos als Information im nachrichtentechnischen Sinne. Es werden vielmehr Unterschiede eingeführt, um digitale Daten als Information verwalten und verarbeiten zu können.

Mit der Einsicht in die Vielfalt der digitalen Informationsverarbeitung gilt es, sich von einem weiteren Diktum technischer Medientheorien zu verabschieden: der Irrelevanz der Semantik. Zwar mag Shannon Recht damit haben, dass der Aspekt der Bedeutung bei der Lösung des technischen Problems der Nachrichtenübermittlung zu vernachlässigen ist (vgl. Shannon 1976 [1948]: 41), aber im Kontext der digitalen Informationsverwaltung erweist sich die Frage der technischen Handhabung von Bedeutung geradezu als zentral – auch und gerade weil Computer den Sinn von Informationen nicht verstehen. Dementsprechend können digitale Datenbanken als Technologien der nicht-semantischen Verarbeitung von Bedeutung betrachtet werden.[22] Hierauf beruht nicht zuletzt ihre Anschlussfähigkeit an vielfältige Gebrauchskontexte. Will man die mediale Eigenlogik von digitalen Datenbanken freilegen, gilt es die unterschiedlichen Modi der Herstellung »computer-lesbare[r] Signifikanz« (Becker/Stalder 2009b: 8) in den Blick zu nehmen. Daher wird im Folgenden keine medienkulturtheoretische Makroperspektive auf Datenbanken eingenommen, sondern auf unterschiedlichen Ebenen nach den medialen Mikrologiken der digitalen Datenhaltung gefragt.

Den Ausgangspunkt für die Auseinandersetzung mit digitalen Datenbanken bildet die Beobachtung, dass den vielfältigen, heterogenen und zum Teil gegenläufigen Praktiken der Versammlung, Verwaltung, Selektion und Auswertung von digitalen Informationen in der heutigen Medienkultur ein zentraler Stellenwert zukommt. Um diese medientheoretisch zu beschreiben und zu analysieren, gilt es, wie Manfred Faßler treffend herausgestellt hat, eine »beobachtende Sprachfähigkeit« (Faßler 2002: 21) über Datenbanken zu entwickeln, welche es ermöglicht, die vielgestaltige Realität digitaler Informationsverarbeitungspraxen sowie das Imaginäre digitaler Datenbanken zu analysieren. Hierbei besteht die Herausforderung darin,

---

21 | Gemeint ist die Tradition technischer Medientheorien in Folge Friedrich Kittlers, die heute unter anderem unter der Bezeichnung Medienarchäologie firmieren. Ein wichtiger Proponent ist Wolfgang Ernst, der Information im Anschluss an Shannon als »sub-semantische[n] Effekt der Hardware von Kommunikation« (Ernst 2002: 173) verstanden wissen will.

22 | Siehe hierzu vor allem den Vergleich des nachrichtentechnischen Kommunikationsmodells mit dem Modell des Information Retrieval im Kapitel »Banken, Basen, Reservoirs« (S. 167ff.) sowie die Unterscheidung verschiedener Modi der computertechnischen Verarbeitung und Zuschreibung von Bedeutung im dritten Teil des Kapitels »Techno-Logik« (S. 242ff.).

dass sich Datenbanken einer Einordnung in etablierte Raster medientheoretischer Reflexion entziehen. So erscheint die Datenbank auf der einen Seite als Metamedium, das der bloßen Versammlung vorhandener Informationen dient. Auf der anderen Seite erweist sich die Datenbank zugleich als Medium, aus dem neue Informationen geschöpft werden können und das vielfältige Möglichkeiten zur Formbildung eröffnet. Insofern drängt sich die Frage auf, wie die Medialität digitaler Datenbanken zu bestimmen und zu beschreiben ist. Diese Frage ist jedoch bereits auf der Ebene der medientheoretischen Betrachtung des Computers problematisch.

Als zweckoffen programmierbare Maschine widerstrebt der Computer einfachen Zuschreibungen, wie Georg Christoph Tholen (2002) in *Die Zäsur der Medien* argumentiert hat. Durch Programme wird der Computer hingegen auf Zwecke festgelegt, die dessen Gebrauch strukturieren. Im Spannungsfeld von zweckoffener Programmierbarkeit und zweckhaftem Gebrauch oszillieren Computer daher unentschieden zwischen Universalmedium und partikularem Medium. Doch auch auf der Ebene des gebrauchenden Umgangs von spezifischen Computeranwendungen eröffnen Computer vielfältige Möglichkeiten. So kann nahezu alles, was mit Computern getan wird, auf unterschiedliche Weise realisiert werden. Dieser doppelten Kontingenz Rechnung zu tragen, ohne zugleich die konkreten medialen Praxen mit Computern aus dem Auge zu verlieren, ist eine der zentralen Schwierigkeiten der medientheoretischen Beschreibung des Computers.

Die folgende Annäherung an digitale Datenbanken erfolgt aufgrund der skizzierten Herausforderungen im medientheoretischen Dreischritt vom Medium über den Computer zur Datenbank. Im ersten Schritt wird im Kapitel »Medium« die aktuelle Debatte über den Medienbegriff und die eng damit zusammenhängende Frage der Medialität der Medien rekonstruiert. Als zentrales Problem erweist sich dabei die relativ geringe (Trenn-)Schärfe des Medienbegriffs, die im medienphilosophischen Kontext insbesondere von Matthias Vogel (2001, 2003) und Lambert Wiesing (2005b) kritisiert wurde. Mit dieser Problemstellung sind zwei Fragen verbunden: Wie können Medien *erstens* von Nichtmedien unterschieden werden, und auf Grundlage welcher Kriterien ist es *zweitens* möglich, einzelne Medien sinnvoll zu unterscheiden? Beide Fragen entfalten sich an Zuschreibungen der Form »X ist ein Medium«. Anstelle einer Lösung wird eine teilweise Auflösung des Problems vorgeschlagen, mit der ein Wechsel der Perspektive auf den Forschungsgegenstand der Medienwissenschaft einhergeht. Während es durchaus sinnvoll ist, danach zu fragen, was den Bereich des Medialen von dem des Außermedialen unterscheidet, greifen alle Unterscheidungsversuche von Einzelmedien zu kurz. Infolgedessen erweist es sich stets als problematisch, wenn etwas als Medium charakterisiert wird. Hierauf weist Dieter Mersch (2008, 2010) im Kontext seiner negativen Medientheorie hin.

Es wird daher vorgeschlagen, Medien begrifflich als das Andere des Kommunikationsprozesses zu fassen, welches jedoch nicht positiv als *Medium X* oder *Medium Y* identifiziert werden kann. Die Untersuchungsgegenstände der Medienwissenschaften sind infolgedessen streng genommen keine Medien, sondern vielmehr historisch wandelbare mediale Konfigurationen, die sich in unterschiedlichen Hinsichten auf signifikante Weise verändern können. Die geläufige Bezeichnung Medium verweist insofern auf nichts anderes als temporär relativ stabile, mediale Konfigurationen, wie z.b. die Malerei, den Buchdruck oder das Fernsehen, welche sich anhand begrifflicher Kriterien jedoch nicht trennscharf voneinander unterscheiden lassen. Vermieden wird hierdurch zum einen die Gefahr von Essentialismen. Zum anderen wird es möglich, Verschiebungen medialer Konfigurationen auf der Mikroebene in den Blick zu nehmen. So lassen sich Großrechenanlagen, Desktop-Computer, Laptops und Smartphones zwar alle als Computer thematisieren. Dennoch sind sie es nicht in gleicher Weise.

Auf der Grundlage des im Kapitel »Medium« entwickelten begrifflichen Instrumentariums widmet sich das darauf folgende Kapitel der Frage nach der Medialität des Computers. Einen wichtigen Anknüpfungspunkt hierfür stellen Niklas Luhmanns bislang zu wenig beachteten Ausführungen zum Medium Computer in *Die Gesellschaft der Gesellschaft* dar.[23] Luhmann zufolge ist eine rein technische Analyse des Computers, die ausschließlich die in der Tiefe der Maschine ablaufenden Prozesse thematisiert, ebenso wenig zureichend wie Analysen, die sich auf die an den Bildschirmoberflächen erscheinenden Phänomene beschränken. Die Medialität des Computers sei vielmehr im Rahmen einer medialen Topologie zwischen Oberfläche und Tiefe zu verorten. Da Luhmann keine ausgearbeitete Medientheorie des Computers entwickelt hat, können dessen Bemerkungen allenfalls zum Ausgangspunkt genommen werden, um die im Computer realisierten Oberfläche/Tiefe-Verhältnisse genauer zu analysieren. Hierbei wird zum einen der Aspekt von Software beleuchtet und zum anderen die Frage nach den Daten. Hierauf aufbauend werden im letzten Teil des Kapitels »Computer« Spielräume der computertechnischen Informationsvermittlung diskutiert. Im Anschluss an Frieder Nakes (2001, 2005) Unterscheidung der Oberfläche und Unterfläche digitaler Medienobjekte wird der Fokus auf das Wechselverhältnis von menschlichen und technischen Formen der Verarbeitung von Informationen gelegt. Darüber hinaus wird das komplexe Wechselspiel von Einem und Vielem, d.h. von digitalem Medienobjekt und Sammlungen digitaler Medienobjekte im Computer betrachtet. Dies leitet zum Thema Datenbanken über, dem sich im weiteren Verlauf der Untersuchung aus unterschiedlichen Perspektiven angenähert wird.

Das Kapitel »Datenbank« widmet sich zunächst der Öffnung dieses medienwissenschaftlichen Forschungsfeldes. Anhand der Frage, was Datenbanken eigentlich sind, werden die unscharfen Grenzen des Gegenstandsbereichs freigelegt, welche aus der Ambiguität des Datenbankbegriffs resultieren. Datenbanken situieren sich zwischen allgemeinem Sammlungsbegriff und spezifischen Sammlungstechnologien. Die Spannungen, welche aus dieser Mehrdeutigkeit resultieren, werden

---

23 | Die Potenziale des neuen Mediums Computer diskutiert Luhmann in *Die Gesellschaft der Gesellschaft* auf knapp zehn Seiten unter der Überschrift »Elektronische Medien« (vgl. Luhmann 1998: 302ff.).

jedoch nicht aufgelöst, sondern zum Ausgangspunkt der weiteren Annäherung an dieses medienwissenschaftliche Untersuchungsfeld genommen. Kartiert werden die Dimensionen sowie die Ambivalenzen, die dem Datenbankbegriff seit dessen Auftauchen Ende der 1950er Jahre inhärent sind. Im Anschluss wird die These Manovichs verhandelt, dem zufolge die Datenbank eine symbolische Form der digitalen Medienkultur konstituiert. Manovichs Text stellt einen, wenn nicht sogar *den* zentralen Referenzpunkt der derzeitigen medienwissenschaftlichen Debatte über Datenbanken dar. Jedoch erweist sich dessen Position als problematisch, da er verschiedene Aspekte digitaler Datenbanken unsystematisch nebeneinanderstellt und diese in dem weitgehend unthematisch bleibenden Begriff der symbolischen Form vermengt. Infolgedessen werden die heterogenen Praktiken der Versammlung *von* und des Umgangs *mit* digitalen Informationen in einem vermeintlich einheitlichen Verständnis von Datenbanken homogenisiert. Der auf diese Weise entgrenzte Datenbankbegriff verliert jegliches Differenzierungsvermögen. Alternativ zur Einnahme einer solchen Makroperspektive schlage ich vor, auf der Mikroebene die medialen Konfigurationen zu betrachten, in der Datenbanken auftauchen bzw. die durch digitale Datenbanktechnologien konstituiert werden. Leitend ist dabei die These, dass der Datenbankbegriff auf keine einheitliche Form verweist, sondern vielfältige Technologien der Informationsverwaltung im Computer sowie heterogene Praktiken mit digitalen Informationssammlungen bezeichnet, deren Eigenheiten es medientheoretisch zu beschreiben und zu verstehen gilt.

Bevor die konkreten Techniken und Praktiken der Versammlung und Verwaltung von Informationen in Datenbanken betrachtet werden, ist der historische Kontext zu beleuchten, in dem sich die Datenbankidee in den 1950er und 60er Jahren herausgebildet hat. Im Hintergrund der Entwicklung von Datenbanken steht das Aufkommen eines abstrakten, generalisierten und reifizierten Informationskonzepts. Die Genese dieses Konzepts, welches sich in den 1940er Jahren aus der Nachrichtentheorie und der Kybernetik entwickelt hat, wird im ersten Teil des Kapitels »Banken, Basen, Reservoirs« in Anlehnung an Katherine Hayles (1999) und Geoffrey Bowker (1994) nachgezeichnet. Information erweist sich dabei nicht als uniforme Größe, mit der Computer stets auf die gleiche Weise operieren. Der abstrakte Informationsbegriff ist vielmehr ein *travelling concept*, das sich in verschiedenen Gebrauchskontexten auf unterschiedliche Weise konkretisiert.[24] Dabei bildet die abstrakte Vorstellung von Information die Basis für das Imaginäre digitaler Datenbanken, welches die realen Möglichkeiten digitaler Informationsverwaltungstechnologien einerseits zwar stets übersteigt, als *Wunschkonstellation* die mediale Praxis mit Datenbanken aber andererseits immer begleitet.[25] Im zweiten Schritt wird anhand verschiedener Modelle der Kommunikation mit Informations-

---

24 | Zum Begriff des *travelling concept* siehe Bal (2002).

25 | Auf die Notwendigkeit, digitale Medientechnologien auf die Wünsche und Utopien hin zu befragen, die ihnen eingeschrieben sind bzw. die sie produzieren, hat Hartmut Winkler in *Docuverse* hingewiesen (1997a).

sammlungen diskutiert, wie sich das abstrakte Informationskonzept im Kontext digitaler Datenbanken konkretisiert. Diese Modelle spannen, so die These, den Problemkontext auf, in dem sich die Entwicklung partikularer Datenbanktechnologien vollzogen hat. Um dies zu verdeutlichen, wird zunächst das Kommunikationsmodell des *Information Retrieval* rekonstruiert, welches Ende der 1950er Jahre in ein dezidiertes Modell der Datenbankkommunikation kulminierte. Die aufgezeigte Vielgestaltigkeit von Information macht es abschließend notwendig, den Gebrauch der Begriffe Daten und Information zu problematisieren. Auch hier soll es nicht das Ziel sein, Definitionen vorzuschlagen. Vielmehr gilt es, ein Vokabular zu entwickeln, um die verschiedenen Formen und unterschiedlichen Weisen zu differenzieren, auf denen Daten und Information in Computern operativ werden.

In den darauffolgenden Kapiteln »Techno-Logik« und »Phänomeno-Logik« werden die technischen Logiken *von* und medialen Praxen *mit* Datenbanken thematisiert. Auf der Ebene der Technik werden Apparaturen, Architekturen und Verfahren der Verwaltung von Informationen im Computer betrachtet und auf ihre mediale Eigenlogik hin untersucht. Die Entwicklung von Datenbankmanagementsystemen ist eng mit der Einführung der Massenspeichertechnologie *Festplatte* im Jahr 1956 verwoben, welche den wahlfreien Zugriff auf den Datenträger ermöglicht. Der Übergang von seriellen zu wahlfreien Zugriffsformen auf persistente Sekundärspeicher lässt einerseits neue Anwendungs- und Einsatzgebiete von Computern möglich erscheinen. Andererseits erweist sich die Festplatte zugleich als Herausforderung, die in dem Problem kulminiert, wie Informationen im Speicher automatisch adressiert und damit vom Computer verwaltet werden können. Diese Herausforderung wurde Ende der 1960er Jahre auf den Begriff der Datenunabhängigkeit gebracht. Hierdurch wird das Ziel bezeichnet, den Gebrauch von Datenbankinformationen an den Oberflächen vielfältiger Anwendungsprogramme weitgehend von der Verwaltung des Informationsbestandes in der unsichtbaren Tiefe des Computers zu entkoppeln. Zur Lösung dieses Problems wurde zunächst eine Zwei-Ebenen-Architektur von DBMS vorgeschlagen, auf deren Grundlage die *ANSI/X3/SPARC Study Group on Data Base Management Systems* schließlich eine Drei-Ebenen-Architektur entworfen hat, die als Metamodell der Informationsmodellierung in Datenbanken fungiert. Zwischen der internen Speicherlogik von Informationen im Computer und den externen Gebrauchslogiken wird eine Ebene der konzeptuellen Beschreibung von Information eingezogen, welche die Vermittlung zwischen der Tiefe des Informationsspeichers und den Oberflächen von Anwendungsprogrammen ermöglicht. Hierdurch wird die Ebene bestimmt, auf der Informationsmodelle in Datenbanken operativ werden. Seit nunmehr 30 Jahren ist das relationale Datenmodell *de facto* der Standard der Modellierung und Verwaltung von Informationssammlungen in Datenbanken. Es handelt sich um ein spezifisches Verfahren der nicht-semantischen Verarbeitung von Bedeutung im Computer, das es aufgrund seiner langjährigen Dominanz zu verstehen und zu beschreiben gilt. Im Kontext von Websuchmaschinen und des Semantic Web haben sich in der jüngeren Vergangenheit alternative Verfahren der computertechnischen Verarbeitung von

Bedeutung im doppelten Wortsinn von Sinn und Relevanz herausgebildet, deren technische Eigenlogiken abschließend diskutiert werden.

Auf dieser medientechnischen Betrachtung aufbauend werden im Kapitel »Phänomeno-Logik« unterschiedliche mediale Praxen mit Datenbanken beleuchtet. Dabei werden drei Erscheinungsformen digitaler Datenbanken differenziert, die jeweils unterschiedliche Fragen und Probleme aufwerfen. Die Datenbank als latente Infrastruktur bleibt weitgehend im Verborgenen, bedingt jedoch den Umgang mit medialen Konstellationen im Computer. Dies zeigt sich beispielsweise an datenbankbasierten *Content Management Systemen*, welche durch Templates die flexible Gestaltung und Umgestaltung von Webseiten ermöglichen. Auf einer zweiten Ebene erscheinen Datenbanken als Informationssammlungen, welche das Finden des Einen im Vielen einer Informationssammlung ermöglichen, wie z.b. in Websuchmaschinen oder digitalen Bibliothekskatalogen. Die Query stellt hierbei den zentralen Modus des Suchens und Findens von Informationen in Datenbanken dar. Jenseits der Homogenität der Suchinterfaces gilt es jedoch die Unterschiede zwischen verschiedenen Anfragelogiken freizulegen. Neben dem Finden des Einen ist die Auswertung des Vielen in der zeitgenössischen Medienkultur von großer Bedeutung. Hierfür steht das derzeit vieldiskutierte Schlagwort Big Data. Obwohl es sich hierbei fraglos um ein *Buzzword* handelt, sind die Möglichkeiten und Grenzen des Versprechens in Datenbanken, nicht nur Bekanntes wiederfinden, sondern Neues entdecken zu können, medientheoretisch zu analysieren. Neben mathematischen Verfahren des *Data Mining* wird insbesondere Visualisierungen das Potenzial zugeschrieben, Zusammenhänge in ansonsten unanschaulichen Informationssammlungen aufzufinden und hieraus neue Erkenntnisse abzuleiten. Dieses Vermögen von Informationsvisualisierungen wird anknüpfend an Peirces (1960, 1976) Überlegungen zur Diagrammatik diskutiert. Dabei zeigt sich, dass das Erkenntnispotenzial der *Information Visualization* in einem gewissen Spannungsverhältnis zum Potenzial visueller Darstellungsformen steht, Einsichten auf leicht verständliche und evidente Weise zu kommunizieren.

In der Vielfältigkeit und Vielgestaltigkeit der medialen Praktiken, die auf Datenbanken beruhen, zeigt sich deren zentrale Bedeutung für die digitale Medienkultur. Zugleich wird die offene Anschlussfähigkeit digitaler Datenbanken offenkundig, welche der Bestimmung *einer* medialen Logik der Datenbank zuwiderläuft. Die unternommene Betrachtung von Mikrologiken der digitalen Datenhaltung führt daher nicht zu einer einheitlichen Medientheorie digitaler Datenbanken. Vielmehr werden unterschiedliche, zum Teil gegenläufige Dimensionen, Aspekte und Tendenzen der Versammlung und Verwaltung von Informationen in Computern freigelegt. In dieser Hinsicht möchte das folgende Buch einen Beitrag zu einem medientheoretischen Verständnis von Datenbanken leisten und Perspektiven für eine kritische Auseinandersetzung mit der sich rasant fortentwickelnden Datenbankkultur eröffnen.

Medium

Zwischen Konstellationen und Konfigurationen

>»Sogar ist es die *Suche* selbst, die uns ein Stück wei-
>ter ins Rätsel führt, getreu der Maxime, daß der Weg
>das Ziel sei.«
>MERSCH 2003B: 131

Im Lauf der 1950er Jahre wurde die Suche nach dem optimalen Kanal für die medien-
neutrale Nachrichtenübermittlung Erhard Schüttpelz zufolge durch die Frage nach
der Eigenlogik der Medien verdrängt (vgl. 2002b: 59ff.). Medien traten somit zu
einer Zeit ins Zentrum der Aufmerksamkeit, als der Computer begann, die Welt zu
revolutionieren. Diese zeitliche Nähe ist bemerkenswert, da die nahezu universelle
und zweckoffene Programmierbarkeit des Computers das Denken über Medien vor
eine Herausforderung stellen sollte, wie Georg Christoph Tholen konstatiert: »Nicht
zu übersehen ist, daß mit der Digitalisierung der Medien metaphorische ›Als-ob‹-
Bestimmungen zu wuchern beginnen« (Tholen 2002: 21). Bisherige Bestimmungsversuche der Medialität der Medien werden unter den Bedingungen digitaler
Medientechnologien als Metaphern entlarvt (vgl. Tholen 2002: 20f.). Hierbei ist
nicht zuletzt umstritten, inwiefern der Computer überhaupt ein Medium ist.
Damit steht infrage, ob der Computer in allen seinen Gebrauchsweisen Medium *ist*
oder ob er in spezifischen Gebrauchskontexten nur *als* Medium fungiert. Letztere
Position wird beispielsweise von Hartmut Winkler vertreten, der argumentiert,
»dass keineswegs alle Computeranwendungen in die Sphäre des Medialen fallen«
(Winkler 2004b: 211), während Friedrich Kittlers Position im Digitalcomputer ein
Universalmedium erblickt, das die Differenzen zwischen Medien nivelliert: »In
der allgemeinen Digitalisierung von Nachrichten und Kanälen verschwinden die
Unterschiede zwischen einzelnen Medien« (Kittler 1986: 7). Eine dritte Perspektive
hat schließlich Alan Kay in die Diskussion eingebracht, der den Computer als Metamedium begreift, d.h. als ein Medium, »whose content would be a wide range of
already-existing and not-yet-invented media« (Kay/Goldberg 2003 [1977]: 403).
    Wenn der Medienbegriff angesichts des Computers also zu einer problematischen
Kategorie geworden ist, so entziehen sich auch Computerdatenbanken einer ein-

deutigen medientheoretischen Verortung. Daher soll in einem ersten Schritt die grundlegende Frage erörtert werden, was Medien sind. Denn der Medienbegriff ist nicht erst unter den Bedingungen digitaler Computertechnologien problematisch geworden. Medien ist eine grundlegende Negativität inhärent, wie Dieter Mersch argumentiert, die es begrifflich zwar nicht einzuholen, aber doch zu adressieren gilt (vgl. Mersch 2010: 188f.). Ausgehend von einer metatheoretischen Betrachtung der aktuellen Medienbegriffsdebatte werden im Folgenden Fragen an den Medienbegriff formuliert und eine mögliche Antwortperspektive entwickelt. Auf dieser Grundlage wird im Folgekapitel die Medialität des Computers behandelt.

DIE FRAGE NACH DEN MEDIEN

Alphabet, Auto, Bauernspiele, Betende, Bett, Bettelmönche, Bild, Blatt, Brief, Buch, Buchdruck, CD, Chat, Comic, Computer, Druide, DVD, Elektrizität, Elektronik, E-Mail, Erde, ErzählerInnen von Märchen und Geschichten, Extranet, Fahrende (Vaganten, Spielleute), Fax, Film, Fernsehen, Fest, Flugzeug, Frau, Funk, Geld, Geschäft, Glasfenster, Grammophon, Hammer, Hand, Heft/Heftchen, Historiograph, Hofnarr, Höhlenwand, Hören, Hörfunk, Internet, Intranet, Kino, Kleidung, Kodex, Körper, Kunst, Lehrbuch, Lehrer, Licht, Liebe, Luft, Macht, Malerei, Mnemotechniken, Mobiltelefon, Multimedia, Museum, Musik, Papier, Pfarrer, Fotografie, Plakat, Rad, Radio, Raum, Riechen, Ritual, Rolle, Sänger, Schallplatte, Schamane, Schmecken, Schrift, Schriftzeichen, Seher, Sport, Sprache, Stimme, Straße, Stuhl, Tanz, Telefon, Telegraph, Theater, Tisch, Uhr, Verpackung, Video, Virtual Reality, Volksbrauch, Waffen, Wahrheit, Wasser, Werbung, Wohnung, World Wide Web, Zauberer, Zahl, Zeit, Zeitschrift, Zeitung.[1] Dies alles wurde bereits als Medium bezeichnet und untersucht. Angesichts dieser Vielfalt vermeintlicher Medien drängt sich die Frage auf, was es heißt, Medium zu sein.

Zur Medienbegriffsdebatte: Metatheoretisch betrachtet

Fest steht: In den unterschiedlichen sich mit Medien beschäftigenden wissenschaftlichen Disziplinen – ob sie es explizit im Titel tragen oder nicht – sowie im Alltag sind die Gebrauchsweisen und Bestimmungen des Begriffs *Medium* äußerst heterogen.[2] Werner Höfer hat die hieraus resultierende Vagheit des Medienbegriffs

---

1 | Diese Zusammenstellung ist inspiriert von der 21 sehr heterogene Medien umfassenden Liste, die Alexander Roesler zu Beginn seines Artikels *Medienphilosophie und Zeichentheorie* (vgl. 2003: 34) erwähnt. Erweitert wurde die ursprüngliche Liste auf der Grundlage folgender Quellen: Faulstich (1996, 1997, 2004), McLuhan (2003), Münker et al. (2003), Sandbothe/Nagl (2005) und Seitter (2002).

2 | Dies gilt es, wie Werner Faulstich unterstrichen hat, zunächst einmal zur Kenntnis zu nehmen (vgl. Faulstich 2002: 19).

bereits 1981 lakonisch kommentiert: »Leute, deren Sache die Medien sind, pflegen Fragern nach der Bedeutung des Wortes ›Medium‹ zuweilen zu erwidern, darunter sei manches, nur kein Steak mittlerer Zubereitungsart zu verstehen« (Höfer 1981: 7). Bis heute, so muss man hinzufügen, hat sich hieran kaum etwas geändert. Noch immer ist nicht geklärt, welche Dinge oder Phänomene aus welchem Grund als Medium angesprochen werden sollten oder nicht.

Ebenso umstritten wie die Begriffsbestimmungen und Verwendungen sind die metatheoretischen Diagnosen zum Medienbegriff: Machen sich die Einen für eine Präzisierung der Begrifflichkeit stark, widersprechen die Anderen und stellen den Nutzen wie auch die Möglichkeit eines solchen Unterfangens infrage. Matthias Vogel empfindet es als einen »mittlere[n] Skandal, als Zeitgenossen des so genannten Medienzeitalters über keinen tragfähigen Begriff des Mediums zu verfügen« (2003: 107), wohingegen Bernhard Dotzler, Erhard Schüttpelz und Georg Stanitzek konstatieren: »Nichts scheint dringender, aber nichts wäre auch fruchtloser, als definieren zu wollen, was Medien eigentlich sind« (2001: 9). Auch Frank Hartmann schätzt die Erfolgsaussichten medienbegrifflicher Reflexionsarbeit als gering ein, wenn er behauptet: »Keine noch so ambitionierte begriffliche Formation lässt uns *das Medium* als solches begreifen« (Hartmann 2003: 140). Angesichts derartiger Positionen hat Dirk Baecker der Medienforschung eine »eher unbegriffliche Haltung« (Baecker 2008: 131) gegenüber Medien attestiert. Ein Indiz, das diese Beobachtung untermauert, findet sich bereits zu einer Zeit, als sich die Medienwissenschaft in Deutschland noch in ihrer Gründungsphase befand. In seinem Beitrag zu dem programmatischen Band *Ansichten einer künftigen Medienwissenschaft* arbeitet Knut Hickethier zwar zunächst heraus, dass »der konstituierende Begriff des ›Mediums‹ sich immer deutlicher als eine erst noch zu bestimmende Kategorie erweist – auch wenn alle glauben zu wissen, was damit gemeint sei« (Hickethier 1988: 51). Jedoch anstelle der sich in den 1980er Jahren formierenden Medienwissenschaft die Arbeit am Begriff zur Aufgabe zu machen, zieht er in Zweifel, »ob der Begriff des ›Mediums‹, besser: der ›Medien‹, tatsächlich eine Basiskategorie der Medienwissenschaft ist« (Hickethier 1988: 51).

Es ist demzufolge umstritten, ob es sinnvoll oder sogar notwendig ist, danach zu fragen, was Medien sind. Seit Hickethier seine Zurückhaltung gegenüber dem Medienbegriff zum Ausdruck gebracht hat, erlebte die Medienforschung jedoch weltweit einen regelrechten Boom, der sich in Deutschland an der wachsenden Zahl kommunikations- und medienwissenschaftlich ausgerichteter Institute und Studiengänge bemessen lässt (vgl. Ruhrmann et al. 2000). Vor dem Hintergrund des gestiegenen wissenschaftlichen Interesses an Medien erweist sich die fortwährende Verwirrung um den Medienbegriff als überaus problematisch, wie Stefan Münker und Alexander Roesler pointiert herausstellen:

»Fatalerweise meinen die meisten, sie meinten das Gleiche, wenn sie den Begriff Medium verwenden. Dabei droht der Begriff des Mediums [...] gerade aufgrund seiner Popularität und der damit verbundenen, geradezu inflationären Verwendung semantisch entgrenzt, jede theoretische Schärfe zu verlieren.« (Münker/Roesler 2008a: 11)

Angesichts der diagnostizierten Entgrenzung des Begriffs wird die Bezeichnung *Medium* mehr und mehr zur Worthülse, die einer konkreten Bedeutung entbehrt. Betrachtet man Wissenschaft in Anlehnung an den Philosophen und Medienkulturwissenschaftler Siegfried J. Schmidt als Problemlösungshandeln, dann erweist es sich aus forschungspragmatischer Sicht als notwendig, eine Antwort auf die Frage »Was ist ein Medium?« zu geben.[3] Für die Lösung wissenschaftlicher Probleme ist die »strategische Normierung der Kommunikationspraxen« (Schmidt 1999: 545) unumgänglich, auch wenn – und vielleicht sogar gerade weil – bisher alle philosophischen Versuche fehlgeschlagen sind, die angestrebte »explizite Ordnung des Redens [...] absolut zu begründen und normativ zu vereinheitlichen« (Schmidt 1999: 558). Mit dieser Forderung verabschiedet sich Schmidt von der Vorstellung, dass die Arbeit an Begriffen zur Einsicht in das – wie auch immer geartete – Wesen von Dingen führt. Insofern ist es zwar notwendig, die Frage nach dem Medienbegriff zu stellen, doch ist als Antwort hierauf keine wesensmäßige Beschreibung von Medien zu erwarten. Wenn es sich wie, Thomas Mock behauptet, beim Medienbegriff »auch ›nur‹ um einen Begriff [handelt, M.B.], der genau das bezeichnet, was er eben bezeichnet« (Mock 2006: 184), dann gilt es sich Schmidt zufolge zumindest darauf zu verständigen, was der Begriff in einem bestimmten (Forschungs-)Kontext bedeuten soll. Dies führt zu dem Problem, wie der Medienbegriff inhaltlich mit *Gehalt* zu füllen ist. An dieser Frage scheiden sich die medienwissenschaftlichen Geister, wie die Vielzahl konkurrierender Definitionen für Medien zeigt. Es ist im Folgenden nicht das Ziel, die vorgeschlagenen Begriffsdefinitionen systematisch aufzuarbeiten, weshalb der Blick auf den metatheoretischen Disput gelenkt wird, wie die Frage nach den Medien zu stellen ist.

Eine mögliche Strategie, sich der Bedeutung des Medienbegriffs anzunähern, ist im Anschluss an das von Schmidt propagierte Wissenschaftsverständnis, nach den Problemen bzw. Problemzusammenhängen zu fragen, denen sich eine Wissenschaft der Medien widmet. Hierauf gibt es jedoch keine eindeutige Antwort. Dieter Mersch identifiziert nicht einen, sondern drei Problembereiche, die in der heutigen Medientheorie und damit auch in den entsprechenden Definitionsvorschlägen für den Begriff des *Mediums* virulent sind: die Wahrnehmungstheorie, die Sprachtheorie und die Entwicklung von Kommunikationstechnologien (vgl. Mersch

---

3 | Insbesondere im Rahmen der Debatte über die möglichen Aufgaben der Medienphilosophie wurde die Klärung des Medienbegriffs als eines der Hauptziele der philosophischen Auseinandersetzung mit Medien deklariert. Siehe hierzu die Beiträge von Martin Seel, Alexander Roesler, Sybille Krämer, Matthias Vogel und Stefan Weber in dem Sammelband *Medienphilosophie: Beiträge zur Klärung eines Begriffs* (Münker et al. 2003).

2006b: 12f.).[4] Diese drei Traditionslinien spiegeln sich in der von Mike Sandbothe vorgeschlagenen gebrauchstheoretischen Medientypologie wider, der zufolge zwischen Wahrnehmungsmedien, Kommunikationsmedien und technischen Medien zu unterscheiden ist (vgl. Sandbothe 2001: 104f.). Das dieser Typologie zugrunde liegende Begriffsverständnis ist inklusiv, d.h. Sandbothe stört sich nicht an den heterogenen Gebrauchsweisen des Begriffs, sondern versucht sich an dieser Vielfalt zu orientieren und sie durch eine »Analyse der ›Familienähnlichkeiten‹« (Sandbothe 2003: 190) in einem pragmatischen Medienkonzept zu integrieren, welches in der Unterscheidung der drei genannten Medientypen mündet.[5] Dadurch wird nach Ansicht Sandbothes der Beschränkung des medientheoretischen Blicks auf einzelne Mediensorten vorgebeugt, die aus den meisten Definitionsvorschlägen resultiert. Seines Erachtens gilt es vielmehr, die Grenzbereiche zwischen den unterschiedlichen Mediensorten und die »dynamischen Interferenzen« (Sandbothe 2003: 190) zwischen diesen ins Zentrum der Forschungsbemühungen zu rücken. Auch wenn das formulierte Anliegen durchaus zu Befürworten ist, erweist sich die gebrauchstheoretische Bestimmung des Medienbegriffs als unzureichend, da sie kein Instrumentarium zur Beschreibung der Interferenzen zur Verfügung stellt.[6]

---

4 | Die Vielfalt der Problemzusammenhänge, in denen Medien thematisiert werden, zeigt sich auch in der Vielzahl unterschiedlicher Disziplinen, die den Begriff in ihrem Titel tragen. Hierzu zählen Medienökonomie, Medienpädagogik, Medienästhetik, Medienkritik, Medienrecht, Medienarchäologie, Medienethik, Mediengeschichte, Mediengestaltung, Medienkultur, Medienphilosophie, Medienpolitik, Medienpsychologie, Mediensoziologie, Medieninformatik, Medientechnik und nicht zuletzt Medienwissenschaften. Diese Disziplinen unterscheiden sich nicht nur darin, dass verschiedene Perspektiven auf ein und denselben Gegenstandsbereich eingenommen werden. Vielmehr werden Medien in unterschiedlichen Problemzusammenhängen situiert, woraus je eigene Medienkonzeptionen resultieren. Während Medieökonomie, Medienrecht und Medienpolitik zum Beispiel eher die sogenannten Massenmedien in den Blick nehmen, thematisieren Medienphilosophie und Medienästhetik im Unterschied dazu Medien als Mittel und Mittler menschlicher Ausdruckshandlungen. Zwar gibt es vielfältige Überlappungen zwischen den Medienverständnissen der einzelnen Disziplinen, doch die als Medien behandelten Gegenstände sind nichtsdestotrotz sehr heterogen.

5 | Sandbothe orientiert sich an dem von Ludwig Wittgenstein vorgeschlagenen Konzept der Familienähnlichkeiten, welches dieser in seinem Spätwerk *Philosophische Untersuchungen* am Beispiel des Begriffs *Spiel* eingeführt hat (vgl. Wittgenstein 1984 [1953]: §66f.).

6 | Dass sich die gebrauchstheoretische Mediendefinition nicht auf theoretische Fragestellungen anwenden lässt, legen Christian Filk et al. in ihrer Diskussion der Vor- und Nachteile von Sandbothes Definitionsvorschlag dar: »Sandbothes ›gebrauchstheoretische‹ Definition des Mediums [entfaltet, M.B.] als Resultat sozialer Konstruktionsarbeit ein deutlich größeres Distinktionspotenzial in systematischer

So besteht die Gefahr, dass diese Bereiche der Überlappung bzw. wechselseitigen Bedingung zwischen den Mediensorten selbst wieder als Medien ausgewiesen werden, wodurch jedoch nichts erklärt würde.[7]

Infolgedessen ist es sinnvoll, nicht nur zu beobachten, was praktisch alles als Medium bezeichnet wird, sondern auch theoretisch darüber nachzudenken, was der Medienbegriff bedeutet und wie dieser gebraucht werden sollte. In der aktuellen Begriffsdebatte überlagern sich zwei unterschiedliche, mitunter implizit bleibende Zielsetzungen, die an die Auseinandersetzung mit dem Medienbegriff geknüpft werden. Auf der einen Seite wird die unbestimmte Offenheit des Medienbegriffs zum Anlass genommen, nach denjenigen Dingen zu fragen, die begründet als Medien bezeichnet werden können. Auf der anderen Seite wird der Medienbegriff von der Medialität der Medien her gedacht und nach der spezifischen Leistung von Medien gefragt.

Der Versuch, den Gegenstandsbereich des Medialen zu umgrenzen, steht im Zentrum der Definitionsvorschläge von Matthias Vogel (2001, 2003) und Lambert Wiesing (2005b). Beide Autoren machen sich dafür stark, ausgehend vom »alltäglichen Verständnis des Mediums als Kommunikationsmittel« (Wiesing 2005b: 149) danach zu fragen, was Medien sind. Nach Ansicht Wiesings ist es in Anbetracht des inflationären Gebrauchs des Medienbegriffs wichtig, die Reflexion des Begriffs mit der Frage *Was ist kein Medium?* (Wiesing 2005b: 149) zu verbinden. In eine ähnliche Richtung weist die Forderung Vogels, dass ein ernstzunehmender Begriffsvorschlag eine belastbare Unterscheidung von Medien und Nicht-Medien ermöglichen muss.[8] Für Wiesing ebenso wie für Vogel liegt das zentrale Problem

---

wie in historischer Hinsicht, lässt sich aber – wie von Sandbothe selbst ja programmatisch eingeräumt – dadurch eben nicht für ›theoretizistische‹ Fragestellungen operationalisieren« (Filk et al. 2004: 57).

7 | Ein weiterer Kritikpunkt an dem pragmatischen Medienverständnis ist, dass es die von Münker und Roesler diagnostizierten Unklarheiten nicht zu beseitigen vermag, die immer dann auftreten, wenn schlicht von *Medien* gesprochen wird. Infolgedessen müsste auf Grundlage des gebrauchstheoretischen Medienverständnisses in Argumentationen tendenziell auf den Begriff *Medium* verzichtet werden. In einem ersten Schritt wäre stets genau anzugeben, ob von sinnlichen Wahrnehmungsmedien, semiotischen Kommunikationsmedien oder technischen Verbreitungsmedien die Rede ist. Dies erweist sich jedoch auch als problematisch, da sich hieran die Frage anschließt, was diesen Mediensorten jenseits von Familienähnlichkeiten gemeinsam ist. Streng genommen kann im Anschluss an das pragmatische Medienverständnis stets nur über einzelne Medien gesprochen werden, wie die an Einzelmedienphilosophien orientierte Struktur des von Sandbothe mitherausgegebenen Sammelbands *Systematische Medienphilosophie* zeigt (vgl. Sandbothe/Nagl 2005).

8 | In *Medien als Voraussetzungen für Gedanken* konstatiert Vogel: »[M]an [muss, M.B.] von einer Medientheorie erwarten, dass sie einen Vorschlag unterbreitet, wie man zwischen Medien und anderen Dingen eine belastbare Unterscheidung ziehen

bestehender Begriffsentwürfe also in ihrer extensionalen Weite.[9] Ihre Kritik lässt sich auf die Formel bringen: Je größer die Extension eines Begriffs, desto kleiner ist seine Intension und umgekehrt. Daher sei das vordringliche Ziel der Frage nach dem Medienbegriff, den Gegenstandsbereich des Medialen exakt zu bestimmen. Der vorgeschlagene Rückgriff auf das Alltagsverständnis von Medien als Kommunikationsmitteln ist jedoch nicht unproblematisch. Da dieses Alltagsverständnis sehr unspezifisch und demzufolge unterbestimmt ist, stellt sich die Frage, in welche Richtung die Vorstellung, dass Medien Kommunikationsmittel sind, zu präzisieren ist. Wie Sandbothe eingewandt hat, resultieren diese Bestimmungsversuche zumeist in der Privilegierung einer der drei von ihm identifizierten Mediensorten. Es werden also entweder sinnliche Wahrnehmungsmedien, semiotische Kommunikationsmedien oder technische Kommunikationsmedien definitorisch als primärer Bereich des Medialen ausgewiesen, »von dem her die anderen Bereiche medientheoretisch bestimmt oder exkludiert werden« (Sandbothe 2003: 190).[10] Die Definitionsvorschläge knüpfen demzufolge zwar an das Alltagsverständnis an, stehen aber zugleich in einem Spannungsverhältnis dazu, weshalb ihnen eine gewisse Willkürlichkeit innezuwohnen scheint.[11]

Das zweite Problemfeld, in dem die Frage nach dem Medienbegriff ausgedeutet wird, zielt auf die Beschreibung des Leistungsvermögens von Medien (vgl. Krämer 2008; Mersch 2008, 2010; Tholen 2002). Hierbei steht die äußere Abgrenzung von Medien und Nicht-Medien im Hintergrund. Zentral ist vielmehr das Problem, wie die von Marshall McLuhan beschworene Botschaft der Medien zu denken und zu

---

kann. [...] Eine Medientheorie muss daher einen Begriff vorschlagen, der auf der Grundlage nachvollziehbarer und prüfbarer Kriterien in der Lage ist, *Phänomene* auszuzeichnen, die wir mit Gründen ›Medien‹ nennen können« (Vogel 2003: 108).

9 | Die Kritik von Wiesing und Vogel richtet sich beispielsweise gegen das technische Medienkonzept Marshall McLuhans, den von Niklas Luhmann vorgeschlagenen systemtheoretischen Medienbegriff sowie gegen Boris Groys' phänomenologischen Medienbegriff (vgl. Vogel 2003: 109ff.; Wiesing 2005b: 149ff.).

10 | Zumeist wird entweder die semiotische oder die technische Dimension in den Vordergrund gerückt und Medien werden am Modell semiotischer Kommunikationsmedien bzw. am Modell technischer Verbreitungsmedien definiert (vgl. Ramming 2001: 153f.). Der Bereich des Medialen wird in zeitgenössischen Definitionen gemeinhin nicht oder zumindest nicht primär auf sinnliche Wahrnehmungsmedien zurückgeführt.

11 | Die Begründung eines Definitionsvorschlags mit dem Allagsverständnis von Medien, zieht Ulrike Ramming in Zweifel. Ihres Erachtens zeigt die Geschichte des Medienbegriffs, »dass unser derzeitiges Alltagsverständnis aufgrund seiner Wandelbarkeit ebenfalls keinen festen Anhaltspunkt zu bieten vermag« (Ramming 2008: 253). In der 2002 erschienenen Studie *Geschichte des Medienbegriffs* hat Stefan Hoffmann dessen wechselvolle Begriffsgeschichte von seiner lateinischen Wortherkunft bis ins 19. Jahrhundert hinein nachgezeichnet (Hoffmann 2002).

beschreiben ist (vgl. McLuhan 2003: 31f.). Als Ausgangspunkt dient hierbei, wie Sybille Krämer darlegt, ebenfalls das Alltägliche. Rekurriert wird jedoch nicht auf das Alltagsverständnis des Medienbegriffs, sondern auf »unsere Erfahrungen mit dem Gebrauch von Medien« (Krämer 2008: 9). Diese Erfahrungen lehren uns, dass Medien einerseits fremdbestimmt sind, d.h. sie dienen als Vermittler oder Boten für Inhalte. Andererseits schreiben sich Medien in den Prozess der Vermittlung mit ein, bedingen diesen und haben einen Einfluss darauf was *in*, *mit* und *durch* Medien zur Erscheinung kommt (vgl. Krämer 2008: 10f.). Diese Eigenlogik von Medien wird als die *Medialität* der Medien begriffen, welche es zu beschreiben gilt.

Infrage steht hierbei Dieter Mersch zufolge, was »das ›Mit‹ in ›Mitarbeit‹« (Mersch 2010: 190) bedeutet, die den Medien zugeschrieben wird. Als problematisch erweist sich in diesem Zusammenhang, dass die Eigenleistung von Medien nur anhand spezifischer Medien beobachtet und thematisiert werden kann. Insofern setzt diese Art der Hinwendung zum Medienbegriff bereits als bekannt voraus, was als Medium auf seine Medialität hin untersucht werden soll.[12] Wird diese Voraussetzung nicht eigens erörtert, bleibt die Bestimmung der Medialität der Medien fragwürdig, da der Gültigkeitsbereich der Analyse ungeklärt ist. Zu problematisieren ist in diesem Zusammenhang auch, wie sich die auf das Prinzipielle abzielende Frage nach der Medialität von Medien zu Beschreibungen des spezifischen Leistungsvermögens einzelner Medien verhält und wie diese Einzelmedien (z.B. Sprache, Schrift, Buchdruck, Computer, Internet) voneinander zu unterscheiden bzw. miteinander in Bezug zu setzen sind.[13]

Fragen an den Medienbegriff

Angesichts der im vorangegangenen Abschnitt dargestellten Vielfalt metatheoretischer Positionen zum Medienbegriff ist zweifelhaft, ob die Frage *Was ist ein Medium?* jemals zu einer konsensfähigen Antwort führen wird. Möglich ist, dass die Reflexion über den Medienbegriff immer zu spät kommt, weil das Nachdenken über Medien mit der Entwicklung neuer Medien bzw. neuer medialer Umwelten

---

12 | Im Zentrum von Merschs Reflexion der Medialität von Medien stehen Sprache, Bild, Ton und Zahl (vgl. Mersch 2003b). Georg Christoph Tholen geht zwar von der Frage nach dem Medium Computer aus, führt die Medialität technischer Medien jedoch auf die der Sprache zurück: »[D]ie Struktur der Austauschbarkeit und Ersetzbarkeit, die der Sprache *zukommt*, ist die nicht-technische, uneinholbare Voraussetzung der technischen Medien selbst« (Tholen 2002: 187).

13 | Eine Ausnahme stellt in dieser Hinsicht die von Sybille Krämer in *Bote, Medium, Übertragung* entwickelte Position dar, da die Autorin die Frage nach der medialen Eigenleistung im Rahmen eines Botenmodells der Medien verortet. Vor diesem Hintergrund vermag sie zugleich Medien im Allgemeinen sowie Einzelmedien in den Blick zu nehmen und zu analysieren, was sie am Beispiel der Karte erprobt (vgl. Krämer 2008: 298ff.).

nicht Schritt halten kann.[14] Doch gemäß dem Motto, das diesem Kapitel vorangestellt wurde, ist bereits die Suche das Ziel und führt schon das Fragen nach dem Medienbegriff »ein Stück weiter ins Rätsel« (Mersch 2003b: 131) der Medien. Bevor im Fortgang des Kapitels ein eigener Begriffsvorschlag entwickelt wird, sollen im Folgenden zunächst die Setzungen expliziert werden, die als Voraussetzungen darin eingehen werden.[15] Darzustellen sind die zentralen Grundannahmen und Probleme, die für meine Hinwendung zum Medienbegriff leitend sind.

Die Frage nach dem Medienbegriff führt auf das Spielfeld der Philosophie. Wenn Philosophie, wie Roesler herausstellt, mit der »Arbeit am Begriff« (Roesler 2003: 34) gleichgesetzt werden kann, was ist dann das Ziel der philosophischen Begriffsreflexion? Eine prägnante Antwort hierauf gibt Wolfgang Welsch in seiner Auseinandersetzung mit dem Begriff der Ästhetik vor dem Hintergrund von Ästhetisierungsprozessen in postmodernen Gesellschaften: Begriffe dienen dem »philosophischen Begreifen dessen, was ist« (Welsch 1996: 20). Welsch formuliert diese Maxime in Abgrenzung zu Positionen, die sich für eine Beschränkung der Ästhetik auf den Bereich der Kunst stark machen. Dies greift seines Erachtens zu kurz:

»Das billigste Verhalten gegenüber der neuartigen und bedrängenden Aktualität des Ästhetischen besteht darin, die Phänomene einfach zu leugnen – weil nicht sein kann was nicht sein darf; und weil nicht ist, was man nicht wahrnimmt. Allzu leicht bedient man sich des begrifflichen Tricks, von Ästhetik per definitionem nur im Blick auf die Kunst zu sprechen – schon ist man die bedrängenden Fragen losgeworden und im sicheren Hafen traditioneller Fragestellungen gelandet. Solcher Eskapismus mag für ängstliche Seelen nötig sein. [...] Er folgt dem magischen Glauben, durch Wegsehen die Phänomene zum Verschwinden bringen zu können, bzw. dem Theoriewahn, nicht erklären, sondern bloß dekretieren zu müssen. – Im Unterschied zu solchem Eskapismus gilt es, die diversen Ästhetisierungen unverkürzt in den Blick zu nehmen, zu unterscheiden und zu bedenken. Nur so kann man zu begründeten Optionen gelangen.« (Welsch 1996: 20)

Der offenkundigen Polemik Welschs liegt die Annahme zugrunde, dass Begriffe die Wirklichkeit nicht nur strukturieren; sie müssen sich zugleich an dieser orientieren. Verändert sich die Wirklichkeit, dann ist es unumgänglich, dass bestehende Begriffe erneut überdacht werden. Insofern macht sich Welsch dafür stark, dass das

---

14 | Auf diese Gefahr hat bereits McLuhan hingewiesen, demzufolge durch Medien Umwelten geschaffen werden, in denen man lebt, aber deren Spezifik man gerade nicht wahrnehmen kann (vgl. McLuhan 1969: 56).

15 | Beobachtungen basieren, wie Schmidt in *Geschichten und Diskurse* herausgearbeitet hat, stets auf Setzungen, die als Voraussetzungen in die Beobachtung einfließen (vgl. Schmidt 2003: 27ff.). Analog hierzu basieren auch Begriffsdefinitionen auf Setzungen. Eine besondere Herausforderung besteht darin, diese Voraussetzungen zu explizieren.

philosophische Denken nicht konservativ an tradierten Begrifflichkeiten festhält, sondern mit neuen Begriffsentwürfen den Veränderungen und Transformationsprozessen in der gesellschaftlichen und kulturellen Wirklichkeit Rechnung trägt. Im Anschluss an das von Welsch formulierte Ziel philosophischer Begriffsarbeit muss der Medienbegriff das Begreifen unserer medialen Wirklichkeit ermöglichen. Diese ist spätestens seit den 1980er Jahren vor allem durch die digitalen Medien geprägt, deren Durchsetzung in nahezu allen Lebensbereichen Georg Christoph Tholen zufolge eine Zäsur darstellt, die das Denken über Medien nachhaltig beeinflusst:

»Unleugbar hat sich mit der Evolution der Neuen Medien die Frage nach ihrem epistemologischen Ort zugespitzt. Erst mit dem ubiquitären Siegeszug in beinahe allen gesellschaftlichen Bereichen wurde seine Bestimmung, als *universelles* bzw. *inklusives* Medium die vormals getrennten Einzelmedien dank der digitalen Codierbarkeit integrieren zu können, tragfähig. Und mit der Verbreitung des ›persönlichen‹ Computers wurde darüber hinaus seine Funktion als neues Leitmedium zum dominanten Thema sowohl der Medienskepsis als auch der Medieneuphorie.« (Tholen 2002: 19)

Mit dem Computer wird, so die These Tholens, die Epistemologie des Medialen problematisch. Die geläufigen Bestimmungen von Medien als Mittel oder Instrumente erscheinen in Hinblick auf den Computer als bloße Metaphern. Als Ursache führt Tholen die unbestimmte Verwendbarkeit des Computers an, »dessen Zweckbestimmungen loslösbarer, willkürlicher erscheinen als bei rein analogen Speicher- und Übertragungsmedien« (Tholen 2002: 20). Der Computer widersetzt sich demzufolge einer einfachen Definition: »*Alles ist eins*, und: *nichts im Computer ist, was es ist*« (Tholen 2002: 43). Die nahezu universelle, zweckoffene Programmierbarkeit von Computern bildet den Horizont, vor dem sich ihre vielfältigen, stets partikularen Gebrauchsweisen situieren. Diese Besonderheit des Computers als Medientechnologie kann im Sinne der Technikphilosophie Heideggers auf die Formel gebracht werden: Wenn die moderne Technik die Welt als Bestand entbirgt, wird durch Computer das Technische selbst zum Bestand, der in Form unterschiedlichster (Software-)Anwendungen aktualisiert wird.[16] In der zweckoffenen Programmierbarkeit von Computern liegt nach Ansicht Tholens ihr »metaphorischer ›Als-Ob‹-

---

16 | Den Bestandscharakter der modernen Technik erörtert Heidegger unter anderem am Beispiel des Flugzeugs: »Aber ein Verkehrsflugzeug, das auf der Startbahn steht, ist doch ein Gegenstand. Gewiß. Wir können die Maschine so vorstellen. Aber dann verbirgt sie sich in dem, was und wie sie ist. Entborgen steht sie auf der Rollbahn nur als Bestand, insofern sie bestellt ist, die Möglichkeit des Transports sicherzustellen. Hierfür muß sie selbst in ihrem ganzen Bau, in jeder ihrer Bestandteile bestellfähig, d.h. startbereit sein« (Heidegger 2000 [1953]: 17f.). Während das Flugzeug, in der Terminologie Heideggers, dazu bestellt ist Transport zu ermög-

Charakter« (Tholen 2002: 36) begründet.[17] Jeder Gebrauch von Computern ist kontingent und jede Zweckzuschreibung zu Computern erscheint angesichts dessen als metaphorisch.[18] Daher entziehen sich Computer einer einfachen Bestimmung. Durch die Ende der 1980er Jahre einsetzende Thematisierung des Computers als Medium wurde der Frage nach dem Medienbegriff somit eine weitere Unbekannte hinzugefügt.[19] Ein Symptom dessen ist nicht zuletzt auch die eingangs erwähnte Uneinigkeit darüber, ob der Computer Medium, Metamedium oder Universalmedium ist.

Entsprechend der von Welsch formulierten Maxime philosophischer Begriffsarbeit muss es auf Grundlage eines ernstzunehmenden Medienkonzepts möglich sein, sich zum Computer medientheoretisch zu positionieren und die medialen Transformationen zu beschreiben, die durch das Aufkommen digitaler Medientechnologien bewirkt werden. Diese Frage zielt auf die Beschreibung der Medialität des Computers im Allgemeinen und der Medialität digitaler Datenbanken im Besonderen ab. In diesem Sinn richtet sich die Auseinandersetzung mit dem Medienbegriff auf die Beschreibung des Leistungsvermögens von Medien. Zugleich gilt es, das Problem der Unterscheidung von Medien ernst zu nehmen. Denn, wie Martin Seel durchaus berechtigt festgestellt hat:»Mit einem Medienbegriff, der nach allen Seiten schillert, ist nichts gewonnen« (Seel 2003: 12). Auf der einen Seite geht es um die extensionale Begrenzung des Medienbegriffs, welche die Differenzierung der Sphäre des Medialen vom Außermedialen ermöglichen muss. Mit dieser Frage der äußeren

---

lichen, kann der Zweck des Computers darin gesehen werden, offen für Zwecke zu sein, die ihm einprogrammiert werden.

17 | Tholens Insistenz auf die Metaphorizität des Computers beruht nicht zuletzt auf der Tatsache, dass sein theoretischer Vorschlag darauf hinausläuft die Medialität der Medien am Modell der Metapher zu denken:»Das *Meta-phorein* (Übertragen, Übersetzen, Transportieren) macht das Geschehen der medialen Repräsentation aus.« (Tholen 2002: 54).

18 | Ein Symptom für die Irritationen, die die Betrachtung des Computers als Medium hervorruft, ist Tholen zufolge die Vielzahl von Metaphern, welche im derzeitigen Mediendiskurs gebräuchlich sind, um die Spezifik der Medien zu beschreiben (vgl. Tholen 2002: 21). Entscheidend ist aber, dass die digitalen Medien nicht nur zu metaphorischen Beschreibungen einladen, sondern dass im Hinblick auf das Medium Computer alle bisherigen Bestimmungen von Medien als Metaphern erscheinen.

19 | Der Computer wurde zunächst vorrangig als Rechenmaschine, Steuerungsinstrument, Intelligenzverstärker oder Unterhaltungsmaschine begriffen. Erst im ausgehenden 20. Jahrhundert gerieten Computer zunehmend als Medien in den Blick (vgl. Andersen et al. 1994; Bolz 1994a; Krämer 2000b). Diese Entwicklung genau zu datieren ist wahrscheinlich nicht möglich. Ein Vordenker ist Alan Kay, der gemeinsam mit Adele Goldberg den Computer bereits in den 1970er Jahren als Metamedium bezeichnet hat (vgl. Kay/Goldberg 2003 [1977]).

Abgrenzung geht auf der anderen Seite das Problem der Binnendifferenzierung von Medien einher. Sieht man einmal von den ohnehin problematischen Klassifikations- und Kategorisierungsversuchen ab, die Medien entlang verschiedener Kriterien sortieren, stellt bereits die Differenzierung einzelner Medien eine Herausforderung dar.[20] Dies zeigt sich bereits am Beispiel der Zeitung, bei der es sich der alltäglichen und medienwissenschaftlichen Intuition zufolge um ein Medium handelt. Auf der Grundlage desselben Medienverständnisses müsste die Zeitung gleichfalls als ein Multimedium erscheinen. Ebenso wie vom Medium *Zeitung* gesprochen wird, ist auch die Rede vom Medium *Papier*, vom Medium *Sprache*, vom Medium *Schrift*, vom Medium *Bild*, vom Medium *Buchdruck*.[21] Als eine von einer Institution ver- mittels technischer Druckverfahren hergestellte Ansammlung von mit Texten oder Bildern versehenen Papierseiten vereinigt das Medium *Zeitung* die Medien *Papier*, *Sprache*, *Schrift*, *Bild* und *Buchdruck*. Somit wäre es durchaus berechtigt, wenn auch bisher nicht gebräuchlich, die Zeitung als Multimedium zu bezeichnen. Vor dem Hintergrund des Versuchs, den Begriff des Mediums zu schärfen, kann dies jedoch nicht überzeugen. Denn was haben Papier, Sprache, Schrift, Buchdruck und Zeitung gemein, damit sie alle als Medien bezeichnet werden können? Die Erklärung, warum es sich bei diesen um eigenständige Medien handelt, wird jeweils anders ausfallen. So dient das Papier als materieller Träger von Bildern oder Schrift, wohingegen Bilder der visuellen und Schrift der sprachlichen Kommunikation dienen. Demgegenüber stellen der Buchdruck und andere Druckverfahren Tech- niken dar, Bilder und Texte massenhaft zu vervielfältigen. Papier wird somit als Medium angesprochen, weil es materieller Träger eines Kommunikats ist, Bild und Schrift, weil sie als Medien des Ausdrucks dienen, und die verschiedenen Druck- verfahren, weil sie der technischen Vervielfältigung von Kommunikaten dienen. Die Zeitung schließlich kann aus zweierlei Gründen als Medium angesprochen werden, denn der Begriff bezeichnet sowohl eine Institution der gesellschaftlichen Aussagenproduktion als auch deren Produkte, welche der gesellschaftlichen Kom- munikation dienen.[22] Gemeinsam ist diesen Begründungen die sehr allgemeine

---

20 | Siehe hierzu exemplarisch die Kategorisierungen von Pross (1972), Hiebel (1998) sowie Kübler (2000) und die von Faulstich formulierte Kritik an diesen und weiteren Systematisierungsvorschlägen: »All diese Versuche sind ausnahmslos entweder unlogisch, unverständlich, dysfunktional, unvollständig, unbegründet oder banal« (Faulstich 2002: 20).

21 | Zeitung, Papier, Sprache, Bild, Schrift und Buchdruck wurden bzw. werden in der Medienwissenschaft als Medien behandelt, wie die Auflistung unterschiedlicher Medien im Abschnitt »Die Frage nach den Medien« (S. 22) zeigt.

22 | Die Zeitung verstanden als Institution gesellschaftlicher Aussagenproduktion wird gemeinhin als Massenmedium bezeichnet, das der Massenkommunikation dient. Gerhard Maletzke definiert Massenkommunikation als *»jene Form der Kommu- nikation, bei der Aussagen öffentlich* (also ohne begrenzte und personell definierte Empfängerschaft) *durch technische Verbreitungsmittel* (Medien) *indirekt* (also bei

Vorstellung, dass Medien Kommunikationsmittel sind. Sie setzen jedoch auf unterschiedlichen Ebenen an und nehmen verschiedene Aspekte der Mittelbarkeit in den Blick. Hierin mag man das Symptom eines undifferenzierten und deshalb definitorisch einzugrenzenden Gebrauchs des Medienbegriffs sehen, oder man versucht, dieser Multidimensionalität der Medienreflexion gerecht zu werden und sie in das Medienkonzept zu integrieren. Im Folgenden soll der zweite Weg beschritten werden, wobei zugleich an der Überzeugung festgehalten wird, dass es der Möglichkeit bedarf, den Bereich des Medialen vom Außermedialen zu unterscheiden. Den Untersuchungshorizont bildet das Nachdenken über die Medialität der sogenannten digitalen Medien.

WANN SIND MEDIEN?

Der prekäre Status des Medienbegriffs hat in den vergangenen Jahren eine intensive Auseinandersetzung mit der Frage *Was sind Medien?* herausgefordert und zu vielfältigen Definitionsvorschlägen geführt, denen jedoch stets vorgeworfen werden kann, zu spezifisch oder zu allgemein zu sein. Bislang hat jeder Versuch, das Feld der Medien begrifflich zu erfassen, ein Unbehagen hervorgerufen, welches zu immer neuen Mediendefinitionen geführt hat.[23] Ebenso unübersichtlich wie der Gebrauch des Medienbegriffs ist mittlerweile die Vielfalt vorgeschlagener Definitionen. Es hat den Anschein, als könnte die Frage, was Medien sind, zu keiner

räumlicher oder zeitlicher oder raumzeitlicher Distanz zwischen den Kommunikationspartnern) *und einseitig* (also ohne Rollenwechsel zwischen Aussagendem und Aufnehmendem) *an ein disperses Publikum vermittelt werden*« (Maletzke 1963: 32). Auch wenn Maletzke mit Bedacht nicht von Massenmedien spricht, beruht die zweifache Möglichkeit der Beschreibung der Zeitung als Medium auf seinem Verständnis von Massenkommunikation. Sofern die Zeitung der Massenkommunikation dient, kann sie als Massenmedium verstanden werden. Zugleich sind Massenmedien auf technische Verbreitungsmedien angewiesen.

23 | Exemplarisch sei auf die Bestimmungsversuche verwiesen, die in dem vom Münker und Roesler herausgegebenen Band *Was ist ein Medium?* versammelt sind (vgl. Münker/Roesler 2008b). Von der Zusammenstellung der verschiedenen Positionierungen zu der Frage *Was ist ein Medium?* erhoffen sich die Herausgeber keine Lösung des Begriffsproblems: »Die Divergenz der Antworten spiegelt die momentane Breite des Spektrums möglicher Verständnis- und Erklärungsweisen des Begriffs ›Medium‹ und seiner Verwendung; ihre Zusammenführung in diesem Band könnte [...] der gegenwärtigen Debatte gegen einen anstehenden Bedeutungsverlust durch inflationären Gebrauch zusätzliche Argumente an die Hand geben und angesichts der Klarheit der vorgebrachten Positionen etwas Licht auf die doch mitunter arg nebulösen Definitionen und Verwendungsweisen des Medienbegriffs werfen« (Münker/Roesler 2008a: 11f.).

befriedigenden Antwort führen. Eine mögliche Ursache hierfür ist, wie Wittgenstein zu bedenken gegeben hat, dass die Frage selbst falsch gestellt ist.[24] An diese Anregung anknüpfend wird im folgenden Kapitel ein Perspektivwechsel auf das Problem des Medienbegriffs vorgeschlagen, der im ersten Schritt darauf hinausläuft, die starke Frage nach dem *Was* der Medien durch die schwächere Frage *Wann sind Medien?* zu ersetzen.

Dieser Reformulierungsvorschlag lehnt sich in gewissen Grenzen an Nelson Goodmans Plädoyer an, hinsichtlich der Kunst nicht nach dem *Was*, sondern nach dem *Wann* zu fragen, wobei sich dessen Argumentation vorrangig gegen essentialistische Kunstvorstellungen richtet (vgl. Goodman 1998: 77ff.). Goodman bezweifelt, dass sich angeben lässt, was Kunst im Wesentlichen ist, weshalb er für die Auseinandersetzung mit der Frage plädiert:»›Wann ist ein Objekt ein Kunstwerk?‹ – oder kürzer [...] ›Wann ist Kunst?‹« (Goodman 1998: 87). Infolgedessen erscheint es zweitrangig, aus welchem Grund etwas – ein Objekt – prinzipiell Kunst ist. Zentral ist für Goodman vielmehr die Frage, wann Objekte als Kunst fungieren (vgl. Goodman 1998: 90f.).

Bereits Ludwig Jäger hat Goodmans Kritik an Wesensfragen aufgegriffen und auf den Medienbegriff angewendet. Jägers Aneignung der *Wann*-Frage, bleibt jedoch nah an dem Vorschlag Goodmans. Dessen Frage Wann ist Kunst? ist Jäger zufolge mit der Frage gleichzusetzen:»[W]ann und unter welchen Bedingungen

---

24 | Die Überzeugung, dass sich philosophische Probleme lösen lassen, indem gezeigt wird, dass es sich um Scheinprobleme handelt, findet sich bemerkenswerter Weise sowohl in Wittgensteins Früh- als auch seiner Spätphilosophie, deren Unterschiede zumeist in den Vordergrund gestellt werden. In Satz 4.003 seines frühen Hauptwerks *Tractatus logico-philosophicus* schreibt Wittgenstein:»Die meisten Sätze und Fragen, welche über philosophische Dinge geschrieben worden sind, sind nicht falsch, sondern unsinnig. Wir können daher Fragen dieser Art überhaupt nicht beantworten, sondern nur ihre Unsinnigkeit feststellen. Die meisten Fragen und Sätze der Philosophen beruhen darauf, daß wir unsere Sprachlogik nicht verstehen. (Sie sind von der Art der Frage, ob das Gute mehr oder weniger identisch sei als das Schöne.) Und es ist nicht verwunderlich, daß die tiefsten Probleme eigentlich *keine* Probleme sind« (Wittgenstein 1984 [1921]: 4.003). Eine ähnliche Position vertritt der Autor auch in den *Philosophischen Untersuchungen*, wenn er feststellt, dass viele Probleme der Philosophie auf Missverständnissen beruhen:»Unsere Betrachtung ist daher eine grammatische. Und diese Betrachtung bringt Licht in unser Problem, indem sie Mißverständnisse wegräumt. Mißverständnisse, die den Gebrauch von Worten betreffen; hervorgerufen, unter anderem, durch gewisse Analogien zwischen den Ausdrucksformen in verschiedenen Gebieten unserer Sprache. – Manche von ihnen lassen sich beseitigen, indem man eine Ausdrucksform durch eine andere ersetzt; dies kann man ein ›Analysieren‹ unserer Ausdrucksformen nennen, denn der Vorgang hat manchmal Ähnlichkeit mit einem Zerlegen« (Wittgenstein 1984 [1953]: §90).

fungiert ein Objekt als Kunstwerk« (Jäger 2004a: 69)? Analog hierzu schlägt Jäger vor, danach zu fragen, wann etwas als Medium fungiert. Diese Fragestellung richtet sich auf die operative Logik von Medien, als deren elementare Verfahren er das *Transkribieren*, das *Adressieren* und das *Lokalisieren* betrachtet (vgl. Jäger 2004a: 70f.). An die Stelle der Beschreibung von *Mediendingen* rückt Jäger die Thematisierung der Operationsweisen von Medien, was es seines Erachtens ermöglicht anzugeben, wann Dinge als Medium fungieren (vgl. Jäger 2004a: 70f.). In dieser Hinsicht unterscheidet sich das hier vorgeschlagene Verständnis der Frage *Wann sind Medien?* von der Frageperspektive Goodmans und Jägers. Das Ziel ist es nicht, medienspezifische Operationsweisen freizulegen. Im Zentrum der Frage steht vielmehr das Problem zu entscheiden, wann man es mit Medien zu tun hat. Diese, wenn man so will, weitere Abschwächung der Frage nach dem Medienbegriff leistet essentialistischen Medienbegriffen nur mittelbar Vorschub. Sie reagiert in erster Linie auf das Phänomen der operativen Unsichtbarkeit von Medien. Bleiben Medien in ihrem Gebrauch unsichtbar, können diese nicht mehr positiv als so und so bestimmte Entitäten beschrieben werden, sondern nur anhand dessen identifiziert werden, was sie hervorbringen, d.h. an ihren Produkten. Medien erscheinen hierbei als das *Andere* im Kommunikationsprozess und dieses *Andere* zu denken und zu untersuchen, ist Aufgabe der Medienforschung. Infolgedessen hat es die wissenschaftliche Auseinandersetzung mit Medien nicht mit einem homogenen Untersuchungsgegenstand zu tun, der im Sinne der aristotelischen Begriffstheorie durch Angabe des *genus proximum* und der *differentia spezifica* definiert werden könnte.[25]

Durch die Beantwortung der Frage *Wann sind Medien?* soll angegeben werden können, unter welchen Bedingungen berechtigterweise davon auszugehen ist, dass man es mit Medien zu tun hat. Hierdurch wird der Forderung Rechnung getragen, dass der Bereich des Medialen von dem des Außermedialen unterschieden werden muss. Im gleichen Zug wird darauf verzichtet, auf Grundlage einer solchen Mediendefinition einzelne Medien bündig voneinander unterscheiden zu können. Die als Problem identifizierte Binnendifferenzierung von Medien ist, wie in einem zweiten Schritt zu zeigen sein wird, nicht notwendig. Denn mit der Reformulierung der Frage nach dem Medienbegriff geht zwangsläufig ein Perspektivwechsel auf Medien einher: Gegenstand der Medienforschung sind streng genommen nicht einzelne Medien, sondern mediale Konfigurationen, die daraufhin untersucht werden müssen, welche Möglichkeitsräume sie eröffnen und wie diese Möglichkeiten in medialen Praxen als mediale Konstellationen aktualisiert werden. Bevor dieser

---

25 | Aristoteles charakterisiert die Definition in der *Topik* als »eine Rede, die das Wesen anzeigt« (Aristoteles 1992: I, 5, 101b), wobei eine Definition seines Erachtens »aus Gattung und Differenz« (Aristoteles 1992: I, 8, 103b) besteht. Die Gattung (*genus proximum*) bezeichnet den Oberbegriff des zu definierenden Begriffs, wohingegen durch die Differenz die spezifischen Merkmale des zu Definierenden angegeben werden.

Perspektivwechsel vollzogen wird, gilt es zunächst das Problem der operativen Unsichtbarkeit von Medien darzustellen und eine Antwort darauf zu geben, wann Medien sind.

Operative Unsichtbarkeit der Medien

Die Annahme, dass Medien das menschliche Selbst- und Weltverhältnis ebenso bedingen, wie sie unser Erfahren, Denken, Wissen und Kommunizieren beeinflussen, wird begleitet von der Erfahrung, dass Medien in ihrem Gebrauch unsichtbar bleiben (vgl. Krämer 2008: 27). *In, mit* und *durch* Medien kommt ein *Anderes* zur Erscheinung, ohne dass sich die Medien selbst zeigen. Hierin besteht, wie Mersch im Rahmen seines Entwurfs einer negativen Medientheorie dargelegt hat, die Ursache für die Schwierigkeit, den Medienbegriff zu bestimmen:

> »Der Begriff des Mediums ist äquivok. Offenbar hat er keinen präzisen Referenten. Er verweigert sich seiner Analysierbarkeit. Sein Merkmal ist eine strukturelle *Undurchdringlichkeit.* ›Medien‹, was immer der Ausdruck genau besagen will, [...] besitzen die Eigenart, ihre Medialität in dem Maße zu verhüllen, wie diese Effekte produziert. ›Medien‹ büßen, indem sie *etwas* zur Erscheinung bringen, ihr eigenes *Erscheinen* ein. Ihre Anwesenheit hat das Format einer Abwesenheit.« (Mersch 2008: 304)

Mersch zufolge führt das Fragen danach, was Medien sind, in einen »Zirkel, der aus einer Reihe von Negationen besteht, welche den Medienbegriff als einen ›negativen‹ ausweisen« (Mersch 2010: 188). Sofern die diagnostizierte Negativität des Medienbegriffs darin besteht, dass kein Medium je als solches identifiziert, analysiert oder vollständig bestimmt werden kann, sondern stets nur bestimmte Aspekte, Dimensionen oder Gesichtspunkte des Medialen aufgezeigt werden können, soll der Position Merschs gefolgt werden.[26] Der bloße Hinweis auf das Phänomen der operativen Unsichtbarkeit von Medien vermag jedoch nicht zu erklären, warum

---

26 | Eine solche Perspektive entwickelt Mersch in seiner Diskussion des Mediums Sprache: »Was wäre z. B. die spezifische Medialität von Sprache: ihre propositionale Struktur, wie manche Philosophen unterstellen, die figurale Kraft des Rhetorischen, ihre kommunikative Funktion, das Illokutive des Sprechakts, die gesamte Szene der Verständigung oder die Schrift, die ihr, wie Derrida es ausdrückt, ›über den Tod des Autors hinaus‹ eine Dauer und Geschichtlichkeit sichert? Gewiss liefern alle diese Bestimmungen ›Beiträge‹ zu dem, was das Mediale der Sprache ausmacht, doch bedeutete jede Auszeichnung *eines* Gesichtspunkts bereits den Ausschluss oder die Herabsetzung der anderen und damit einen Reduktionismus – wie auf der anderen Seite die Anerkennung aller Aspekte zusammen auf die Tautologie zuliefe, die Medialität von Sprache sei die Sprache selber. Es gibt folglich keine ausschöpfende Medienphilosophie der Sprache, die sie nicht wesentlich engführte oder in ihren Möglichkeiten beschnitte« (Mersch 2010: 188). Es ist fraglich, ob es hierdurch die Bestimmbarkeit des Medienbegriffs tendenziell unterlaufen wird. Dies gilt es, näher zu beleuchten.

Das »Latentbleiben der Medien in der Manifestation ihrer Botschaften« (Krämer 2008: 28) darf, wie Krämer insistiert hat, medientheoretisch nicht übergangen werden. Die Sichtbarkeit der medial vermittelten Inhalte im Verhältnis zur Unsichtbarkeit der Medien lässt sich nicht eigens beobachten, weshalb dieses Phänomen nur anhand kontingenter Modelle der medialen Unsichtbarkeit thematisiert werden kann. Diese Modelle haben zwar einen heuristischen Wert, aber in Bezug auf die Bestimmung des Medienbegriffs lässt sich ihnen stets vorwerfen, den Blick auf das Wesentliche der Medien zu verdecken. Die exemplarische und keineswegs erschöpfende Rekonstruktion dreier Modelle der Unsichtbarkeit des Medialen – Transparenz, Figur/Grund und blinder Fleck – wird zeigen, dass es nicht nur eine Weise gibt, diese zu denken. Es steht weniger die prinzipielle Tatsache, dass Medien in ihrem Gebrauch unsichtbar bleiben, einer Definition des Medienbegriffs im Weg, als vielmehr der Umstand, dass Medien auf unterschiedliche Weise im Prozess der Kommunikation unsichtbar bleiben und somit das Unsichtbare der Medien – ausgehend vom medial Vermittelten – in verschiedenen Hinsichten thematisiert werden kann.

Dem Medienbegriff wurde erstmals im Rahmen der aristotelischen Wahrnehmungstheorie eine zentrale Stellung zugewiesen.[27] Als Medium werden die in einem Zwischenraum (to metaxy) vermittelnden Elemente bezeichnet, die Wahrnehmung über eine Distanz hinweg ermöglichen, wie Aristoteles in *Über die Seele* am Beispiel des Sehens erläutert:[28]

---

sich hierbei tatsächlich um einen negativen oder um einen bedingt positiven Theorieansatz handelt.

27 | Aristoteles' Gebrauch des Medienbegriffs unterscheidet sich nicht unmaßgeblich von dem spätestens seit den 1950er Jahren geläufigen Verständnis von Medien als Kommunikationsmittel. Hierauf hat Hans-Dieter Bahr mit der Feststellung hingewiesen, dass weder Platon noch Aristoteles den dem deutschen *Medium* entsprechenden griechischen Ausdruck *meson* dort gebrauchen, »[...] wo sie auf die Laute der Stimme, die Buchstaben der Schrift, die Ziffern der Zahlen zu sprechen kommen« (Bahr 1999: 272). Eine systematische Betrachtung solcher und anderer Kommunikationsmittel als Medien erfolgt erst im 20. Jahrhundert. Wie Hoffmann in seiner begriffsgeschichtlichen Studie zum Medienbegriff nachgewiesen hat, gilt es dies mit einer Einschränkung zu versehen, denn bereits im ausgehenden 18. Jahrhundert wurde Sprache vereinzelt als Medium bezeichnet, wie er an den Schriften von Herder und Hegel nachweist. Zu einer systematischen Betrachtung von Sprache als einem Medium neben anderen kam es dennoch erst im 20. Jahrhundert (vgl. Hoffmann 2002: 92).

28 | Die Wahrnehmungstheorie von Aristoteles distanziert sich sowohl von der Eidola-Theorie der Atomisten als auch von der weit verbreiteten Sehstrahltheorie. Eine kurze Darstellung dieser und anderer antiker Sehtheorien, die für den aristote-

»Denn das Sehen kommt zustande dadurch, daß das Wahrnehmungsvermögen etwas erleidet. Unmöglich aber direkt seitens der gesehenen Farbe: so bleibt also, daß es seitens des Mediums geschieht, und es muß ein Medium geben; ist dieses leer, so wird nicht nur nicht deutlich, sondern überhaupt nicht gesehen.« (Aristoteles 1966: 419a)

Zentrale Eigenschaft dieser vermittelnden Elemente ist ihre Durchsichtigkeit oder genauer ihre Transparenz: Sie bleiben im Verlauf der Wahrnehmung selbst unsichtbar, denn nur dadurch ist es möglich, dass mittels des Mediums ein Anderes und nicht vielmehr der Mittler selbst wahrgenommen wird. Aristoteles bezeichnet diese Eigenschaft von Medien auch als Diaphanie, welche es ihnen deshalb erlaubt, visuelle, auditive, gustatorische, olfaktorische und taktile Reize zu übermitteln, da sie in der Lage sind »Formen ohne Materie aufzunehmen, wie das Wachs das Zeichen des Ringes ohne das Eisen und das Gold aufnimmt« (Aristoteles 1966: 424a). Wahrnehmungsmedien funktionieren umso besser, je weniger sie sich im Prozess der Vermittlung selbst zeigen, d.h. im Umkehrschluss, je transparenter sie bleiben.[29] Hinsichtlich der Frage nach den Modellen der medialen Unsichtbarkeit ist bemerkenswert, dass Aristoteles diese am Modell der Transparenz respektive des Diaphanen denkt.[30] Dies hat Konsequenzen für eine Theorie der Medien, die sich an

---

lischen Medienbegriff nicht weiter von Bedeutung sind, findet sich im ersten Kapitel von Lindbergs Studie *Auge und Licht im Mittelalter* (1987).

29 | Paradoxerweise war es nicht Aristoteles selbst, der den Medienbegriff in seiner Wahrnehmungstheorie eingeführt hat. Wie Walter Seitter (vgl. 2002: 22ff.) und Wolfgang Hagen (vgl. 2008) gezeigt haben, findet sich der Begriff Medium nicht in dem Originalmanuskript von *Über die Seele*. Es war Thomas von Aquin, der anderthalb Tausend Jahre später bei seiner Übersetzung des griechischen Textes ins Lateinische das Wort Medium in den Text hinein »interpoliert« (Hagen 2008: 14) hat. Doch ganz gleich, ob wir es hier mit einem Begriff zu tun haben, der auf Aristoteles oder auf Aquin oder sogar auf beide zurückzuführen ist, fest steht, dass in diesem Entwurf eines Medienkonzepts die These der Unsichtbarkeit der Medien eingeführt wurde, die hier als Funktionskriterium an die den Zwischenraum füllenden, vermittelnden Elemente formuliert ist. Für die Aristotelesrezeption erwies sich Aquins Transkription als überaus wirkmächtig und es ist letztlich auch diese Lesart, auf die in der heutigen Medientheorie rekurriert wird, wenn Aristoteles Medienkonzept in den Blick genommen wird. Auch wenn es sich hierbei nicht einfach um die Theorie eines Autors, sondern um ein »Palimpsest« (Hagen 2008: 17) handelt, darf man diesen Begriffsentwurf nicht voreilig zurückweisen. Vielmehr bleibt anzuerkennen, dass Medien, ganz gleich ob sie so genannt wurden oder nicht, in *Über die Seele* als Mitte und Mittler verstanden werden, die durchsichtig sein müssen, um etwas Anderes sichtbar werden zu lassen.

30 | Das Transparenzmodell ist medientheoretisch ungemein einflussreich. Es findet sich in der Bildtheorie Leon Battista Albertis, der das Bild mit einem Fenster ver-

diesem Modell orientiert. Transparenz und dessen Widerpart, die Opazität, sind keine absoluten Zustände. Es gibt verschiedene graduelle Abstufungen zwischen dem Transparenten und dem Opaken, d.h. das völlig Durch- und Undurchsichtige bilden nur die Extrempole eines breiten Spektrums unterschiedlicher Durch-Sicht-barkeiten. Somit sind auch Medien denkbar, durch die einerseits zwar ein Anderes erscheint, die sich andererseits aber auch selbst zeigen. Die berühmte rosarote Brille, welche frisch Verliebte metaphorisch aufhaben, liefert hierfür ein gutes Beispiel. Trägt man tatsächlich eine Brille mit rosa eingefärbten Gläsern, dann verschwindet die Welt nicht. Man ist weiterhin in der Lage, etwas zu sehen, doch die Wahr-nehmungsdinge erscheinen anders als zuvor, denn in dieser Wahrnehmungswelt ist alles rosa. Entwirft man die Unsichtbarkeit der Medien am Modell der Transparenz, dann hat dies zur Konsequenz, dass auch die mediale Unsichtbarkeit ein graduelles Phänomen ist.

Gibt es Medien, die mehr und weniger durchsichtig sind, dann sind diese besser oder schlechter geeignet, um als Mittler eines Anderen zu dienen. Besser geeignete Medien treten diesem Modell zufolge vollständig hinter das zurück, was sie ver-mitteln, wohingegen schlechter geeignete Medien das Vermittelte aufgrund ihrer partiellen Undurchsichtigkeit verfälschen. Das Modell der Transparenz weist also in Richtung einer normativen Medientheorie, die suggeriert, dass Medien einen unver-fälschten Blick auf die Dinge erlauben, solange sie selbst völlig unsichtbar bleiben.[31] Dass das Transparenzmodell derartige normativen Bewertungen nahelegt, zeigt ein Blick auf die semiologische Sprachtheorie bei Hegel, Humboldt und Saussure. Wie Ludwig Jäger herausarbeitet, wird der Sprache von diesen Theoretikern eine Sonderstellung zugeschrieben, weil Sprache das einzig wirklich transparente Me-dium sei: »Den Mediatisierungsleistungen von Sprache wurde eine transparente Unmittelbarkeit zugeschrieben, durch die alle anderen medialen (insbesondere die bildlichen) Systeme überboten werden zu können schienen« (Jäger 2004b: 49). Mit dem Argument, dass Sprache das transparenteste Medium ist, wurde ihr privilegierter Status im Vergleich zu anderen Medien legitimiert. Vor dem Hinter-grund der hier angestellten Betrachtungen ist es nebensächlich, warum der Sprache

---

glich (Alberti 2000 [1540]: 225). Auch Fritz Heider verficht in seinem Text *Ding und Medium* die These der Unsichtbarkeit des Medialen am Modell der Transparenz (vgl. Heider 1926: 133). Für die jüngere medientheoretische Auseinandersetzung mit dem Transparenzmodell können beispielhaft der von Markus Rautzenberg und Andreas Wolfsteiner herausgegebene Sammelband *Hide and Seek* (2010) sowie Emmanuel Alloas Monografie *Das durchscheinende Bild* (2011) genannt werden.

31 | Einschränkend sei angemerkt, dass diese Diagnose nur für den Versuch gilt, die mediale Unsichtbarkeit am Modell der Transparenz zu denken. Setzt man das Begriffspaar Transparenz und Opazität analytisch auf einer anderen Ebene an, dann kann dies durchaus medientheoretisch fruchtbar gemacht werden, ohne sogleich eine normative Medientheorie zu implizieren (vgl. exemplarisch Rautzenberg/Wolf-steiner 2010).

diese Transparenz zugeschrieben wurde. Entscheidend ist vielmehr, dass das Transparenzmodell zur normativen Unterscheidung von Medien herangezogen wurde, wodurch die geäußerte Vermutung, dass das Modell eine normative Medientheorie nahelegt, exemplarisch bestätigt wird.

Darüber hinaus lässt das Transparenzmodell eine weitere Interpretation zu, die Ludwig Jäger in die Diskussion eingebracht hat. Während die normative Deutung davon ausgeht, dass die graduelle Transparenz respektive Opazität von Medien eine stabile Eigenschaft ist, macht sich Jäger für die Vorstellung stark, dass es sich um Aggregatzustände handelt, die Medien im Prozess der Kommunikation abwechselnd einnehmen können:

»Die These [...] ist also die, dass die Transparenz des Mediums keine ›Eigenschaft‹ des Mediums ist, sondern ein Aggregatzustand, den das Medium dann annimmt, wenn die mediatisierte Semantik als stilles Wissen kommunikativ nicht ›gestört‹ ist, ebenso wie umgekehrt die Störung kein parasitärer Defekt der Kommunikation ist, sondern jener kommunikative Aggregatzustand, in dem das Zeichen/Medium als solches sichtbar und damit semantisierbar wird, jener Zustand also, der, wenn er eintritt, immer mit Remediatisierungs- d.h. Transkriptionsbedarfen, mit einer Aktivierung ›struktureller Parasität‹ verknüpft ist.« (Jäger 2004b: 65)

In ihrem normalen Gebrauch sind Medien, so die These Jägers, transparent. Diese Unsichtbarkeit ist jedoch keine Eigenschaft, die Medien wesensmäßig innewohnt, sondern ein Charakteristikum funktionierender Kommunikation. Im Moment der Störung der Kommunikation verliert das Medium seine Transparenz und wird sichtbar. In den Augen Jägers ist dieses Nichtfunktionieren von Medien keineswegs dysfunktional für den Kommunikationsprozess. Ganz im Gegenteil, im Moment der Störung verständige man sich auf die Bedeutung der Kommunikate, auf die im transparenten Gebrauch des Mediums vermeintlich unmittelbar Bezug genommen wird. Die Störung der Kommunikation und das damit einhergehende Sichtbarwerden des Mediums bilden für Jäger also einen integralen Bestandteil im Kommunikationsprozess, bei dem die Semantik des Gesagten bzw. Gezeigten zur Disposition steht. Damit wird die Grundlage für den transparenten Gebrauch von Medien überhaupt erst geschaffen. Doch auch wenn es sich bei Jägers Ansatz um ein avanciertes Modell der Herstellung kultureller Semantik handelt, reflektiert er weder die Implikationen, noch die Kontingenz des Transparenzmodells, anhand dessen er die Sicht- bzw. Unsichtbarkeit von Medien denkt.

Neben das Modell der Transparenz sind in der Medientheorie des 20. Jahrhunderts weitere Entwürfe getreten, um die operative Unsichtbarkeit von Medien zu denken. In den Schriften von Marshall McLuhan kommt der Unsichtbarkeitsthese ein zentraler Stellenwert zu. Provokativ und leider missverständlich hat McLuhan seit Ende der 1950er Jahre die Notwendigkeit zur Medienforschung mit dem Slogan »the medium is the message« (McLuhan 2003: 19) propagiert.[32] Diese Aufforderung zur Untersuchung von Medien basiert auf der Beobachtung, dass sich die vermittelten Inhalte im Vergleich zu den vermittelnden Medien stets in den Vordergrund der Aufmerksamkeit drängen. Er schreibt: »For the ›content‹ of a medium is like the juicy piece of meat carried by the burglar to distract the watchdog of the mind« (McLuhan 2003: 31). Medien sind in diesem Vergleich die Diebe, auf die es eigentlich achtzugeben gilt. Menschen verhalten sich typischerweise wie Hunde, welche sich von den verführerischen Stück Fleisch ablenken lassen, dessen Pendant die medial vermittelten Inhalte sind. Ebenso wie Wachhunde auf Diebe achten sollten, gilt es nicht die Inhalte, sondern die Medien zu betrachten. Bei McLuhan ist diese Blickwendung prinzipiell möglich. Einzig die verführerische Kraft der Inhalte verhindert dies. Die Unsichtbarkeit der Medien ist keine graduelle Eigenschaft von mehr oder minder guten Medien; sie ist vielmehr das Resultat der Aufmerksamkeitsökonomie (vgl. Wirth 2008a: 229). Der Inhalt ist das, worauf typischerweise die Aufmerksamkeit gerichtet ist, er erscheint im Vordergrund, Medien bleiben demgegenüber unsichtbar im Hintergrund. Das Modell, an dem McLuhan diese Unsichtbarkeit denkt, ist in *Understanding Media* noch weitgehend implizit.[33] Erst in seinen späteren Arbeiten greift McLuhan explizit auf die gestalttheoretische Unterscheidung von Figur und Grund zurück, um anhand dieser – unter anderem – das Verhältnis der sichtbaren Inhalte zu dem unsichtbaren Medium zu explizieren.[34] Der Figur/Grund-Unterscheidung zufolge bildet das Medium den Grund *auf, in*

---

32 | Die Behauptung, dass das Medium die Botschaft sei, ist überaus missverständlich und widersprüchlich. Nach Ansicht von Raymond Gozzi bedient sich McLuhan in der Formulierung seines wohl berühmtesten Ausspruchs einer in der zweiten Hälfte des 20. Jahrhunderts aufgekommenen Trope, der Oxymetapher, welche sich als eine Mischung aus Oxymoron und Metapher zwischen den Extrempolen übertragener Rede und Widersprüchlichkeit bewegt (vgl. Gozzi Jr. 1999: 32f.). Deshalb wirkt diese erhellend und paradox zugleich (vgl. Gozzi Jr. 1999: 34). So verhält es sich auch mit der Behauptung, dass das Medium die Botschaft sei. Aufgrund dessen wurde dem Diktum McLuhans nicht nur Zustimmung, sondern auch vehemente Ablehnung zuteil. Exemplarisch sei auf die von Umberto Eco in *Für eine semiologische Guerilla* formulierte Kritik verwiesen (vgl. 1986: 149f.). Eine detaillierte Rekonstruktion der Einsprüche Ecos gegen McLuhans Medientheorie und der Versuch, diese Schritt für Schritt zu widerlegen, hat Gordon (1997: 323ff.; 2003: 553f.) unternommen.

33 | McLuhan hat in einem von Nina Sutton geführten Interview explizit bestätigt, dass die Figur/Grund-Unterscheidung als Modell der medialen Unsichtbarkeit in *Understanding Media* noch implizit war (vgl. McLuhan/Sutton 1975).

34 | Die Figur/Grund-Unterscheidung dient McLuhan als zentrales Modell in seinem Spätwerk, welches er, wie Lerone Schultz nachgezeichnet hat, nicht nur auf die Unterscheidung von Inhalt und Medium angewandt hat (vgl. Schulz 2004: 55, Fn 105).

und *vor* dem sich all jenes abzeichnet, was als Figur zur Erscheinung kommt. In *The Global Village* schreibt McLuhan gemeinsam mit Bruce Powers:

»The ground of any technology is both the situation that gives rise to it as well as the whole environment (medium) of services and disservices that the technology brings with it. These are side-effects and impose themselves haphazardly as a new form of culture.« (McLuhan/Powers 1989: 6)

Der Grund, den die Medien bilden, bleibt unsichtbar, weil die sich auf diesem abzeichnenden Figuren die Aufmerksamkeit auf sich lenken. Diese relative Dominanz der Figur im Vergleich zum Grund steht im Zentrum der gestalttheoretischen Figur/Grund-Unterscheidung, wie im Anschluss an Edgar Rubin festgestellt werden kann: »In Relation to the Ground, the Figure Is More Impressive and More Dominant. Everything about the figure is remembered better, and the figure brings forth more associations than the ground« (Rubin 2001: 228). Sichtbar werden Medien diesem Modell zufolge, wenn sie sich selbst als Figur vom Grund abzuheben beginnen. Dies ist nach Ansicht McLuhans immer dann der Fall, wenn alte Medien in die Umwelt neuer Medien eingebettet werden. Insofern ist es retrospektiv stets möglich, die Struktur medialer Umwelten zu erkennen. Die für McLuhan entscheidende Herausforderung besteht jedoch darin, die Welt zu verstehen, in der man lebt, und nicht nur die Vergangenheit. Hier sieht McLuhan den Einsatzpunkt der Kunst: Sie schafft Gegen-Umwelten, in denen die medialen Umwelten erkennbar werden, die gegenwärtig den Grund bilden, auf dem sich unsere Kultur figuriert: »The artist as a maker of anti-environments permits us to perceive that much is newly environmental and therefore most active in transforming situations« (McLuhan 2005: 10f.).

Ein drittes Modell der medialen Unsichtbarkeit findet sich bei Krämer, die einerseits zwar auch auf das Transparenzmodell rekurriert, andererseits die Funktionsweise von Medien in Analogie zum blinden Fleck beschreibt: »*Medien – so können wir das kulturelle Schema im Umgang mit den Medien charakterisieren – bleiben der blinde Fleck im Mediengebrauch*« (Krämer 2000a: 74).[35] Hierbei handelt es sich um eine kleine, aber folgenreiche Verschiebung.[36] Der blinde Fleck bezeichnet die Stelle im Auge, an der der Sehnerv von der Netzhaut abgeht und das Auge verlässt. An dieser Stelle befinden sich keine Rezeptoren, weshalb dieser Teil des Gesichtsfeldes blind ist (vgl. Goldstein 2002: 51f.). Für das Sehen ist der Sehnerv jedoch zentral,

---

35 | Krämer formuliert das Transparenzmodell in Rückgriff auf die Fenstermetaphorik: »Medien wirken wie Fensterscheiben: Sie werden ihrer Aufgabe umso besser gerecht, je durchsichtiger sie bleiben, je unauffälliger sie unterhalb der Schwelle unserer Aufmerksamkeit verharren« (Krämer 2000a: 74).

36 | Es gilt anzumerken, dass Krämer das Modell des blinden Flecks nicht explizit ausbuchstabiert. Die aus dem Modell resultierende Perspektive auf Medien stimmt jedoch mit Krämers Vorschlag überein, weshalb durchaus davon ausgegangen werden kann, dass die Autorin Medien an diesem Modell denkt.

da dieser – vereinfacht ausgedrückt – die eingehenden Reize an das Gehirn weiterleitet. Insofern ist der blinde Fleck diejenige Stelle im Auge, die das Sehen durch seine Vermittlungsleistung ermöglicht, ohne dass man dort selbst sehen könnte. Entscheidend ist dabei, dass der Sehende dem blinden Fleck gegenüber selbst blind ist, denn die Leerstelle im Gesichtsfeld wird durch das Gehirn automatisch ergänzt (vgl. Goldstein 2002: 52).

Überträgt man das Modell auf Medien, dann erscheinen diese als Ermöglichungsbedingungen von Wahrnehmung, Kommunikation oder dem menschlichen Weltzugang insgesamt, bleiben als solche aber unsichtbar. Im Unterschied zum Transparenzmodell ist die am Modell des blinden Flecks gedachte mediale Unsichtbarkeit keine graduelle. Medien sind in ihrem Gebrauch unsichtbar, ebenso wie beim normalen Sehen der blinde Fleck nicht wahrgenommen wird. Der blinde Fleck ist dennoch nicht prinzipiell unsichtbar, denn es besteht die Möglichkeit, diesen sicht- bzw. erfahrbar zu machen. Zwei grundsätzliche Strategien sind hierbei zu unterscheiden: Erstens kann man den blinden Fleck an sich selbst beobachten, indem man in einer bestimmten experimentellen Anordnung das Nichtsehen am blinden Fleck wahrnehmbar macht;[37] zweitens kann mithilfe eines *Ophthalmoskops* der blinde Fleck im Auge eines anderen sichtbar gemacht werden. Krämer folgt medientheoretisch der zweiten Strategie, wenn sie behauptet, dass sich Medien nur im intermedialen Vergleich beobachten lassen: »Intermedialität ist eine epistemische Bedingung der Medienerkenntnis« (Krämer 2003a: 82). So wie ein Augenarzt durch seine eigenen Augen schaut, um im Auge eines Anderen den blinden Fleck zu sehen, ist es Medienwissenschaftlern metaphorisch gesprochen nur möglich, durch die *Augen* eines Mediums andere Medien zu betrachten.[38]

---

37 | Um den blinden Fleck im eigenen Sichtfeld wahrzunehmen, benötigt man ein Blatt Papier auf dem horizontal nebeneinander ein Kreis (links) und ein Kreuz (rechts) in circa fünf Zentimeter Abstand aufgezeichnet sind. Schließt man das rechte Auge und hält das Kreuz direkt vor das linke Auge, dann verschwindet der Kreis in einem Abstand des Blatts von circa 15 bis 30 Zentimetern vor dem Auge (vgl. Goldstein 2002: 52).

38 | Auf der Annahme, dass Medien nur im intermedialen Vergleich untersucht werden können, beruhen eine Reihe weiterer medientheoretischer Ansätze, wie z.B. Niklas Luhmanns Medium/Form-Unterscheidung, auf die Krämer ihre Argumentation unter anderem stützt (vgl. Krämer 2003a: 82). Jürgen Fohrmann hat das Intermedialitätsparadigma der Erforschung von Medien wie folgt begründet: »Ein Medium a läßt sich bestimmen in Bezug auf ein Medium b, wobei man eine gemeinsame Bezugsgröße c benötigt. Der Vergleich findet ebenfalls in einem Medium (d) statt, das intrikaterweise in der Regel mit einem der verglichenen Medien identisch ist. Und der Vergleich vollzieht sich in einer Form (einem Text, einem Bild o.ä.) (e). [...] Alles mithin, was sich über ein Medium sagen läßt, ergibt sich erst aus einem Medienvergleich im Rahmen einer solchen fünfstelligen Relation und nicht aus einer Medienontologie« (Fohrmann 2004: 7).

Transparenz, Figur/Grund und blinder Fleck sind drei Weisen die Unsichtbarkeit von Medien zu denken. Sie führen jedoch zu keiner Definition des Medialen, denn je nachdem, mit welchem dieser Modelle das Verschwinden von Medien in ihrem Gebrauch erklärt wird, geraten Medien anders in den Blick. Hierin besteht der heuristische Wert und die analytische Anschlussfähigkeit dieser Modelle, welche nicht nur unterschiedliche Weisen aufzeigen, in denen Medien in ihrem Gebrauch hinter das Vermittelte zurücktreten, sondern auch verschiedene Möglichkeiten eröffnen, zur Botschaft der Medien zu gelangen. Gemeinsame Basis der Modelle ist das Ziel, von den vermittelten Inhalten abzusehen und die an ihrer Vermittlung beteiligten Medien zu thematisieren, weshalb die Seite der Inhalte systematisch ein- bzw. ausgeklammert wird. Dies resultiert in unterschiedlichen Bestimmungen von Medien, die jedoch angesichts der vielfältigen Möglichkeiten, wie vom Inhalt abgesehen werden kann, stets unter dem Verdacht stehen, das Eigentliche der Medien zu verfehlen.[39] Gemeinsam ist den Modellen zudem, dass sie Medien in der Struktur Inhalt/Medien situieren. An dieser Struktur gilt es festzuhalten, denn sie ist ein Grundzug des Medialen, der im Phänomen der operativen Unsichtbarkeit von Medien zum Ausdruck kommt. Bei dem Versuch, den Medienbegriff außerhalb dieser Struktur positiv, d.h. in Absehung der Inhaltsseite zu definieren, verschwindet unweigerlich auch das Mediale. Das Verständnis von Medien als Kommunikationsmitteln weist sie als das Andere des Inhalts aus. Dieses Andere zu untersuchen und seine Wirkmacht zu entziffern ist Aufgabe der Medienforschung. Was Medien sind bleibt im Rahmen dessen jedoch weithin unbestimmt. Durch die Beschreibung des Anderen von Medien, d.h. von dem, was *in*, *durch* und *mit* Medien zur Erscheinung kommt, kann aufgrund der relationalen Angewiesenheit von Inhalt und Medien angegeben werden, dass Medien im Spiel sind. Hierauf läuft die Frage *Wann sind Medien?* hinaus.

Das Andere der Medien

Bei der Beantwortung der Frage nach dem Anderen der Medien kann auf eine Reihe jüngerer Definitionsvorschläge des Medienbegriffs zurückgegriffen werden, welche sich als anschlussfähig erweisen, da sie bei der Annäherung an den Medienbegriff systematisch die Seite des Vermittelten in den Vordergrund rücken. Zu kritisieren

---

39 | Die operative Unsichtbarkeit von Medien führt nach Ansicht von Boris Groys unweigerlich zu dem Verdacht, dass bei Betrachtung eines Mediums nicht das Medium selbst in den Blick gerät, sondern nur der Inhalt eines Mediums: »Der Betrachter sieht nur die mediale Zeichenoberfläche [...] – den medialen Träger dahinter kann er nur vermuten. Das Verhältnis des Betrachters zum submedialen Trägerraum ist deswegen seinem Wesen nach ein Verhältnis des Verdachts – ein notwendigerweise paranoides Verhältnis« (Groys 2000: 19f.). Da dieser Verdacht gegenüber jedem Modell der medialen Unsichtbarkeit geäußert werden kann, kann eines der Modelle gegenüber den anderen privilegiert werden.

sind diese Mediendefinitionen, sofern mit ihnen der Anspruch verbunden wird, anzugeben, was Medien sind. Denn ausgehend von den Inhalten können Medien nur indirekt bestimmt werden. Daher wird vorgeschlagen, diese Definitionsvorschläge als mögliche Antworten auf die Frage *Wann sind Medien?* zu lesen, welche es erlauben den Bereich des Medialen von dem des Außermedialen zu unterscheiden. Verbunden mit dieser Umakzentuierung lässt sich ebenso die Notwendigkeit wie die Möglichkeit zurückweisen, auf Grundlage des Medienbegriffs zu einer belastbaren Unterscheidung einzelner Medien zu gelangen. Welche Konsequenzen dies für das Reden über Medien hat, wird im folgenden Kapitel dargelegt. An dieser Stelle soll im Anschluss an die Mediendefinitionen von Lambert Wiesing und Matthias Vogel zunächst danach gefragt werden, wann begründet davon auszugehen ist, dass Medien im Spiel sind und demzufolge die Einnahme des medientheoretischen Blicks sinnvoll ist.

Angesichts der Tatsache, dass Medien in ihrem Gebrauch unsichtbar bleiben, formuliert Wiesing in seinem Aufsatz *Was sind Medien?* (2005) Zweifel daran, dass eine Phänomenologie der Medien zu einer brauchbaren Mediendefinition führen kann. Denn phänomenologisch beschrieben werden könne nur der Umstand, dass Medien unsichtbar bleiben.[40] Fruchtbarer erscheint es ihm, sich dem Projekt einer Phänomenologie der Medienprodukte zuzuwenden. Wiesings zentrale These lautet dabei:»Medien erkennt man an den phänomenologischen Eigenschaften ihrer Produkte« (Wiesing 2005b: 159). Als Medienprodukte werden in diesem Zusammenhang diejenigen Phänomene angesprochen, welche durch Medien zur Erscheinung kommen – also das, was Medien zeigen, ohne sich selbst zu zeigen.

Wenn es möglich ist, einem Medienprodukt anzusehen, »daß es von einem Medium sichtbar gemacht wurde« (Wiesing 2005b: 160), dann ist nach der Spezifik dessen zu fragen, was durch Medien zur Erscheinung kommt.[41] Zur Beantwortung dieser Frage schlägt Wiesing vor, auf die Unterscheidung von *Genesis* und *Geltung* zurückzugreifen, welche in der Phänomenologie Edmund Husserls eine prominente

---

40 | Dass nicht alles, was im Gebrauch unthematisch bleibt, ein Medium ist, zeigt Wiesing zufolge das Beispiel der Strümpfe:»Wenn jemand mit Strümpfen und Schuhen auf einem Fußboden steht, dann spürt er in der Regel nicht seine Strümpfe und seine Schuhe, sondern den Boden« (Wiesing 2005b: 153). Infolgedessen ist es, wie Wiesing gegen Boris Groys und Maurice Merleau-Ponty einwendet, nicht hinreichend, den Medienbegriff anhand der operativen Unsichtbarkeit von Medien zu definieren (vgl. Wiesing 2005b: 151).

41 | Alternativ könnte behauptet werden, dass Medien immer dann eine Rolle spielen, wenn dem intentionalen Bewusstsein etwas erscheint (vgl. Wiesing 2005b: 159). Infolgedessen wäre Phänomenologie implizit immer schon Medienwissenschaft, da in letzter Konsequenz das Bewusstsein als (Proto-)Medium beschrieben werden müsste, wie Ferdinand Fellmann vorgeschlagen hat (vgl. 2006: 155ff.). Gegen eine Gleichsetzung von Phänomenologie und Medienwissenschaft spricht sich Wiesing jedoch explizit aus (vgl. Wiesing 2005b: 160).

Stellung einnimmt (vgl. Wiesing 2005b: 154ff.). Durch den Begriff *Genesis* werden alle physikalischen Vorgänge bezeichnet, die in der Welt stattfinden. *Geltung* verweist im Unterschied hierzu auf etwas, »das keine physikalischen Eigenschaften hat« (Wiesing 2005b: 155). Jedes physische Ding hat eine Genesis, denn es ist raum-zeitlich situiert, es ist in Kausalzusammenhänge eingebunden, kann im Raum bewegt werden und altert. Dahingegen ist Geltung »ein nicht physikalisch faßbares Etwas, auf das sich Menschen aber dennoch beziehen können« (Wiesing 2005b: 155). Wie Husserl in den Notizen zu seiner phänomenologischen Bildtheorie festgehalten hat, kann das Begriffspaar zur Erläuterung der von ihm eingeführten Unterscheidung von Bildträger und Bildobjekt herangezogen werden (vgl. Husserl 1980: §9). Mit dem Begriff *Bildträger* bezeichnet Husserl die materielle Seite von Bildern, wie z.b. die Leinwand oder das Fotopapier. In dieser Hinsicht haben Bilder Genesis, denn als Dinge können sie geschaffen werden, altern und auch zerstört werden. Als *Bildobjekt* bezeichnet Husserl das, was *auf* bzw. *in* einem Bild erscheint. Dieses Erscheinende ist der Physik entrückt, es besitzt Geltung. Zwar kann der Bildträger einer Fotografie altern, vergilben oder beschädigt werden, aber die darauf erscheinenden Bildobjekte können weder altern noch beschädigt werden.[42]

Anders als in der Alltagssprache meint Geltung nicht Gültigkeit oder Anerkennung. Der Begriff bezeichnet vielmehr die Physik- und Zeitlosigkeit eines Bildobjekts. Husserl verortet den Geltungsbegriff demzufolge nicht auf der Ebene partikularer Aussagen, die gültig oder ungültig sein können, sondern eine Ebene darunter – oder, wenn man so will, darüber – auf der durch Geltung ein Grundzug jeglichen Bedeutens markiert wird. In diesem Sinn fungiert Geltung als *semantischer* Begriff, den Husserl in Analogie zum Begriff *Bedeutung* setzt: »Das Gemälde ist nur ein Bild für ein bildkonstitutives Bewußtsein, das nämlich einen primären und wahrnehmungsmäßig ihm erscheinenden Objekt durch seine […] imaginative Apperzeption erst die ›Geltung‹ oder ›Bedeutung‹ eines Bildes verleiht« (Husserl 1984: 437). Die spezifische Leistung von Geltung sieht Wiesing in der durch sie eröffneten Möglichkeit, dass »verschiedene Menschen zu verschiedenen Zeiten nicht nur das gleiche, sondern auch dasselbe denken und meinen« (Wiesing 2005b: 157).[43]

---

42 | Zu Husserls Bildtheorie siehe auch Seemann (2000) und Wiesing (2000).

43 | Im ersten Band der *Logischen Untersuchungen* erläutert Husserl das Konzept der Geltung am Beispiel der Multiplikation 2 x 2 = 4 (vgl. Husserl 1975 [1900]: § 36). Wie Wiesing darlegt, ist die Wahl des Beispiels nicht unproblematisch: »Es suggeriert, daß Wahrheit und Geltung identisch wären. Doch gerade dies ist nicht der Fall. Es geht erst mal nur darum, daß verschiedene Medien zu verschiedenen Zeiten mit dem Satz dasselbe meinen können. Geltung ist gleichermaßen eine Voraussetzung für Wahrheit wie auch für Falschheit« (Wiesing 2005b: 156). Dessen ungeachtet ist bemerkenswert, dass Michel Serres seine Kommunikationstheorie ebenfalls an einem Beispiel aus der Mathematik entwirft und hierbei eine ähnliche Unterscheidung trifft wie Husserl: »[W]enn ich ein Quadrat und dessen Diagonale in den Sand zeichne, dann habe ich keineswegs die Absicht, über diese unsicher ge-

Dem Betrachter von Leonardo da Vincis *Mona Lisa* erscheint heute dasselbe Bildobjekt wie einem Betrachter vor 200 Jahren. Das Gleiche gilt für Bücher: Dasselbe Buch kann zu unterschiedlichen Zeiten und an unterschiedlichen Orten in verschiedenen Ausgaben gelesen werden. Daher schlägt Wiesing vor, Geltung als *artifizielle Selbigkeit* zu präzisieren (vgl. Wiesing 2005b: 157). Hierdurch werde die charakteristische Erscheinungsweise von Medienprodukten beschrieben, die Medien ermöglichen. Infolgedessen können Medien indirekt definiert werden, als »die Werkzeuge, welche die Trennung von Genesis und Geltung ermöglichen« (Wiesing 2005b: 154). Der prinzipielle Unterschied zwischen dem, was einem intentionalen Bewusstsein durch Medien erscheint, und dem, was ihm in der normalen Wahrnehmung erscheint, besteht in der Geltung. Durch Medien entsteht artifizielle Selbigkeit, wobei Medienprodukte stets auch eine materielle Seite haben, die der Genesis unterworfen ist. Insofern meint *Trennung* nicht die vollständige Abtrennung von der Sphäre des Physischen oder Materiellen, sondern dass Medienprodukte einerseits zwar in der Welt der Dinge existieren, aber andererseits etwas zur Erscheinung bringen, was den Gesetzen der Physik nicht unterliegt (vgl. Wiesing 2005b: 157).[44] Daran kann man Wiesing zufolge erkennen, was mit Begriffen wie *Speichermedien* und *Verbreitungsmedien* gemeint ist: Speichermedien speichern Geltung und Übertragungsmedien übertragen Geltung. Dies unterscheidet einen Kühlschrank kategorial von einem Buch und einem Bild. Während Kühlschränke den Alterungsprozess dessen, was in ihnen gelagert wird, nur verlangsamen, entrücken Medien das, was *in* und *mit* ihnen zur Erscheinung kommt, der Zeit (vgl. Wiesing 2005b: 158f.). Die Frage, wie diese Trennung von Genesis und Geltung genau vonstatten geht, scheint Wiesing allerdings »unbeantwortbar« (Wiesing 2005b: 157), weshalb sich der Eindruck aufdrängt, dass die phänomenologische

---

zeichnete, unregelmäßige und ungenaue Figur dort im Sand zu sprechen, vielmehr meine ich damit die ideale Form der Diagonalen und des Quadrats; ich eliminiere alles Empirische, nehme der Argumentation jede Stofflichkeit. Indem ich das tue, mache ich Wissenschaft möglich, sowohl was die Strenge als auch was die Wahrheit angeht, aber auch was das Universale betrifft, *das Universelle an sich*. Indem ich das tue, beseitige ich alles, was die Form verdeckt: die Kakographie, den Lärm und das Rauschen, und ich ermögliche eine Wissenschaft *im Universellen für uns*. Die mathematische Form ist zugleich eine Universalie an sich und eine Universalie für uns. Daraus ergibt sich, *daß die erste Anstrengung, die Kommunikation innerhalb eines Dialogs gelingen zu lassen, und die Anstrengung, eine Form unabhängig von ihren empirischen Realisierungen zu machen, isomorph sind.* Die empirischen Realisierungen sind die Dritten der Form, ihre Störungen und ihr Rauschen« (Serres 1991: 53f.). Das Empirische kann mit Genesis gleichgesetzt werden, wohingegen das Universelle den Aspekt der Geltung betrifft.

44 | Daher zieht Wiesing explizit die Möglichkeit in Betracht, dass Medien nicht nur hinsichtlich der in ihnen realisierten Geltung untersucht werden können (vgl. Wiesing 2005b: 160). Er führt dies jedoch nicht näher aus.

Beschreibung von Medienprodukten darin mündet, den Medien etwas Magisches zuzuschreiben. Auf diese Magie hat bereits Maurice Merleau-Ponty hingewiesen, als er in Die Prosa der Welt von den »zauberformelhaften Schriftzeichen« schrieb, durch die hindurch man »direkt zum Sinn des Buchs gelangt« (Merleau-Ponty 1993 [1969]: 37).

Der phänomenologische Definitionsvorschlag Wiesings erklärt nicht die Funktionsweise von Medien, sondern bestimmt Medien indirekt anhand dessen, was sie hervorbringen. An dieser metatheoretischen Scharnierstelle setzt ebenfalls die Argumentation von Matthias Vogel an, der in Rekurs auf den Interpretationismus Donald Davidsons eine handlungstheoretisch fundierte Mediendefinition vorschlägt (vgl. Vogel 2001, 2003). Zentrales Argument Vogels ist, dass der Medienbegriff nur dann hinreichend geklärt werden kann, wenn man die Leistung von Medien als Kommunikationsmittel genauer in den Blick nimmt. Hierbei ist zunächst zu fragen, was das Spezifische an Kommunikation ist. Nach Ansicht Vogels besteht das Eigentümliche der Kommunikation darin, was man gemeinhin durch »*semantische* Begriffe« (Vogel 2003: 115) zu beschreiben versucht, d.h. durch Begriffe, die so etwas wie *Sinn, Gehalt, Bedeutung* oder *Verstehen* meinen. Wenn Medien diejenigen Mittel sind, die Kommunikation überhaupt erst ermöglichen, dann muss eine Definition des Medienbegriffs gemäß Vogel an dieser Stelle ansetzen.[45] Demnach schlägt Vogel ähnlich wie Wiesing vor, den Medienbegriff durch Auseinandersetzung damit zu präzisieren, was durch Medien vermittelt wird, d.h. durch die Spezifik medialer Inhalte. Die Definitionsvorschläge beider Autoren unterscheiden sich vor allem darin, mit welchem theoretischen Instrumentarium sie die Leistung des Medialen bestimmen und wie sie ausgehend hiervon thematisieren, was Medien sind. Während sich Wiesing gemäß der phänomenologischen Maxime, zu beschreiben und nicht zu erklären, gegen die Möglichkeit ausspricht, ergründen zu können, wie Medien tun, was sie tun, versucht Vogel handlungstheoretisch die Funktionsweise von Medien zu erklären.[46] Anhand der Position Vogels kann auf der einen Seite deutlich gemacht werden, dass es möglich ist, produktiv nach dem

---

45 | Eine ähnliche Position formuliert der Medienwissenschaftler Hartmut Winkler, der behauptet, »dass das Symbolische/Semiotische nicht ein Aspekt unter mehreren, sondern die unverrückbar-zentrale des Medialen ist« (Winkler 2008: 211). Sofern das Symbolische respektive Semiotische durch Begriffe wie Sinn und Bedeutung charakterisiert werden kann, nähert sich auch Winkler der Frage nach dem Medienbegriff indirekt an.

46 | Wiesing legt sein Verständnis phänomenologischen Philosophierens in *Das Mich der Wahrnehmung* dar. Die Phänomenologie enthält sich ihm zufolge sämtlicher Modelle: »Ein Phänomenologe drückt sich vor jedem Modell, vor jeder Induktion, vor jedem noch so plausiblen Schluß, einfach deshalb, weil er ihnen nur außerhalb von philosophischen Argumentationen einen Platz zubilligt. Dieses ›sich drücken‹ nennt man ›Epoché‹: die Enthaltung von Urteilen. Sie ist notwendig, wenn es gilt, ohne Modellbildung zu philosophieren, wenn man versucht zu beschreiben, wie es ist, der

Funktionieren von Medien zu fragen. Auf der anderen Seite werden die Probleme deutlich, wenn hiermit der Anspruch verbunden wird, die Frage *Was sind Medien?* zu beantworten.

Die Nützlichkeit eines Definitionsvorschlags bemisst sich Vogel zufolge daran, »ob sich mit Hilfe der [...] entwickelten Kriterien [...] sicher entscheiden läßt, ob etwas ein Medium ist, und ob sich die nach diesen Kriterien gewonnenen Medien sinnvoll ordnen lassen« (Vogel 2001: 333). Aus dieser Forderung resultiert, wie zu zeigen sein wird, jedoch eine unnötige Verengung des medienwissenschaftlichen Gegenstandsbereichs, die dazu führt, dass der Medienbegriff nicht mehr zur Beschreibung der beobachtbaren Transformationen in unserer Kultur herangezogen werden kann, welche jedoch berechtigterweise mit Veränderungen und Verschiebungen im Bereich des Medialen in Verbindung gebracht werden. Daher wird vorgeschlagen, Vogels Mediendefinition ebenso wie Wiesings Definitionsvorschlag als Antworten auf die Frage *Wann sind Medien?* zu lesen. Problematisch werden diese, wenn mit ihnen das Ziel verbunden wird, einzelne Medien begrifflich bündig voneinander zu unterscheiden. Insofern ermöglichen es die Definitionsvorschläge zu entscheiden, wann sinnvoll von Medien bzw. Medialität gesprochen werden kann, aber nicht was Medien wesensmäßig sind.

Um Vogels Auseinandersetzung mit dem Medienbegriff nachvollziehen zu können, ist es notwendig darzulegen, vor welchem Hintergrund er sich der Medienfrage zuwendet. Start- und Zielpunkt des Vogelschen Projekts ist die Suche nach einer zeitgemäßen Theorie der Rationalität. In diesem Zusammenhang sieht sich Vogel mit der Grundthese des *linguistic turn* konfrontiert, dass das menschliche Denken stets sprachlich strukturiert sei.[47] Sprache ist der sprachkritischen Philosophie des 20. Jahrhunderts zufolge die unhintergehbare Voraussetzung für Gedanken. Dies zweifelt Vogel an. Seines Erachtens definiert nicht Sprache die Grenzen unserer Welt, Medien tun es.[48] Medien sind, so die programmatisch im Titel eines 2003 von Vogel publizierten Aufsatzes formulierte These, die »Voraussetzungen für Gedanken« (Vogel 2003: 107). Demnach schlägt Vogel die Ausweitung des *linguistic turn* hin zu einem *medial turn* vor, der auf der Überzeugung beruht,

---

zu sein, der man ist. Das ist das Prinzip – eben das doppelte Selbst – der Autopsie: *Selbst sehen, um zu sehen, wie man selbst ist*« (Wiesing 2009: 79f.).

47 | Es war Richard Rorty der den Begriff des *linguistic turn* 1967 mit der Publikation des gleichnamigen Sammelbandes in Umlauf gebracht hat. Geprägt wurde der Begriff jedoch, wie Rorty selbst herausstellt, in den 1950er Jahren von Gustav Bergmann (vgl. Rorty 1992 [1967]: 9, Fn 10). Die Grundthese des *linguistic turn* ist Rorty zufolge, »that all philosophical problems are problems which may be solved (or dissolved) either by reforming language, or by understanding more about the language we presently use« (Rorty 1992 [1967]: 3).

48 | Diese Formulierung lehnt an Satz 5.6 in Wittgensteins *Tractatus logico-philosophicus* an, in dem es heißt: »*Die Grenzen meiner Sprache* bedeuten die Grenzen meiner Welt.« (Wittgenstein 1984 [1921]: 5.6).

dass es Gehalte und Bedeutungen geben kann, die nicht sprachlich verfasst sind.[49] Als paradigmatisches Beispiel dient dem Autor die Musik. Diese ermögliche es, Bedeutungen zu kommunizieren, die verstanden werden können, wobei es unmöglich sei, den musikalischen Sinn in sprachlichen Sinn zu übersetzen.[50] Der Interpretationismus in der sprachzentrierten Ausprägung, die Davidson vertritt, ebenso wie in der medientheoretisch erweiterten Fassung Vogels, konzipiert Kommunikation als verstehende Interpretation beobachtbaren Verhaltens, das *als* eine zielgerichtete Handlung – sei sie sprachlicher oder nichtsprachlicher Natur – interpretiert wird, die wiederum *als* Äußerung eines bestimmten Inhalts gedeutet wird.[51] Konzipiert man Kommunikation in diesem Sinne als verstehende Interpretation beobachtbarer Ereignisse, dann können Medien, so Vogel,»als sozial etablierte Mechanismen der kontrollierten Erzeugung von Kontingenz verstanden werden« (Vogel 1998: 128). Zur Definition des Medienbegriff schlägt Vogel fünf Kriterien vor:

»(1) Sei E eine geordnete Menge beobachterrelativer Eigenschaften e_i und

(2) sei P eine Menge physikalischer Ereignisse oder Zustände p_i, die für die Wesen W_i wahrnehmbar sind, und

(3) sei H eine Menge von Tätigkeitstypen h_i, die für die Wi erlernbar sind, sowie $Perf(h_i)$ eine Performation einer typenkonformen Tätigkeit, und

(4) gebe es eine (deiktische) Praxis unter den W_i, in der die Fähigkeit zur Performation einer typenkonformen Tätigkeit der h_i tradiert wird, und

(5) gebe es eine durch die e_i strukturierte Interpretationspraxis von Konstellationen der p_i unter den W_i dann ist, vorausgesetzt, ›→‹ bedeutet ›realisiert‹, die Menge $[(e_i, p_i, h_i) \mid Perf(h_1) \rightarrow p_1 \rightarrow e_1, ..., Perf(h_n) \rightarrow p_n \rightarrow e_n]$ ein Medium für die W_i.« (Vogel 2003: 131)

---

49 | Eine andere Variante des *medial turn* favorisiert Krämer, die den *medial turn* nicht als kontinuierliche Ausweitung des *linguistic turn* versteht, sondern als dezidierte Absetzungsbewegung von der sprachkritischen Philosophie (vgl. Krämer 1998b).

50 | Die These, dass es so etwas wie einen musikalischen Sinn gibt, formuliert Vogel in Anlehnung an Anton Webern, Theodor W. Adorno und John Dewey (vgl. Vogel 2001: 137f., 166f.; 2005: 165-175).

51 | Für Davidson gilt es in diesem Zusammenhang zu beantworten:»Wie kann einer feststellen, was in einem fremden Geist vorgeht?« (Davidson 1993: 7). Als Antwort schlägt Davidson das Modell der Triangulation vor, welches er am Beispiel des Zusammentreffens eines linguistischen Feldforschers mit einem Eingeborenen entwickelt (Davidson 2005). Nach Vogel greift dieses Modell jedoch zu kurz, weil man hiermit nicht beantworten kann, wie ein Wesen zum Interpreten einer Sprache werden kann. Daher entwickelt Vogel ein vierstufiges Modell des Sprachlernens (vgl. Vogel 2001: 242ff.).

Medien sind demnach sozial etablierte Interpretationsmuster von Äußerungshandlungen. Eine Äußerung, welche Vogel als *mediale Konstellation* bezeichnet, setzt sich aus *Medienelementen* zusammen, die definiert sind als diejenigen »Weltzustände oder Ereignisse [...], die durch die Performation elementarer medialer Tätigkeitstypen entstehen oder hervorgebracht werden« (Vogel 2001: 220f.). Der kompetente Interpret I_1 kann – bestimmten, dem jeweiligen Medium spezifischen Regeln folgend – aus diesen Elementen mediale Konstellationen bilden, die durch einen anderen kompetenten Interpreten I_2 beobachtbar sind und die dieser auf eine bestimmte Weise interpretiert. Der Gehalt einer medialen Konstellation wird von Vogel als diejenige Erfahrung definiert, die der Produzent mit der Realisierung der medialen Konstellation verbindet, bzw. als die Erfahrung, welche die mediale Konstellation beim Rezipienten auslöst (vgl. Vogel 2001: 292).

Ein Medium ist Vogel zufolge eine Ansammlung verschiedener, elementarer medialer Tätigkeitstypen, deren Performanz beobachtbare Medienelemente hervorbringt, die in bestimmten Konstellationen angeordnet der Vermittlung von Sinn zwischen kompetenten Interpreten dienen. Medien eröffnen somit die Möglichkeit zu wechselseitiger Verständigung, was jedoch nur möglich ist, weil diese die in ihnen zulässigen Äußerungen beschränken. Die Gesamtheit derjenigen medialen Konstellationen, die gemäß den Regeln eines Mediums hervorgebracht werden können, nennt Vogel den *Möglichkeitsraum* des Mediums (vgl. Vogel 2001: 223). In diesem Sinne ist Sprache ebenso ein Medium wie Musik oder jede andere Form ästhetischer Kommunikation.[52]

Diese Medien sind Vogel zufolge »nicht primär Dinge, Instrumente, Werkzeuge oder Materialien, sondern sie sind primär Mengen von Tätigkeitstypen, die in einer kommunikativen Praxis etabliert sind und tradiert werden« (Vogel 2003: 130). Zwar bedarf es in jeder Kommunikation physikalischer Ereignisse, die von den Kommunikanten erfahren werden können, aber diese sind nach Ansicht Vogels nur notwendig und nicht hinreichend für das Zustandekommen von Kommunikation. Erst wenn die Kommunikanten über gemeinsame Interpretationsmuster verfügen, auf deren Grundlage Äußerungen getätigt werden bzw. anhand derer die wechselseitig beobachtbaren Kommunikationshandlungen interpretiert werden, sind die Voraussetzungen für eine verstehende Interaktion zwischen den Kommunikanten erfüllt. Die dies ermöglichenden Medien unterscheiden sich nach Meinung Vogels nicht nur hinsichtlich der artikulierten Inhalte, sondern stellen grundlegend verschiedene Formen der Interpretation dar (vgl. Vogel 2005: 174).

---

52 | Nach Ansicht Vogels basieren die vorsprachlichen Formen der Eltern-Kind-Interaktion ebenfalls auf Medien. Im Prozess des kindlichen Sprachlernens stabilisieren sich zwischen Eltern und ihren Kinder mehr oder minder feste Äußerungstypen und -muster, »sodass sich für Kinder Vorräte von expressiven Handlungsalternativen bilden« (Vogel 2003: 124). Diese nennt Vogel Medien, da ihnen ein gewisser Gehalt zugeschrieben wird, der verstanden werden kann.

Diese unterschiedlichen Formen der Interpretation ermöglichen die Individuierung verschiedener Typen sprachlicher und nichtsprachlicher Gedanken.

Auf der Grundlage der dargestellten Mediendefinition führt Vogel eine Typologie von Medien ein (vgl. Vogel 2001: 352). Die verschiedenen Mittel zur Individuierung von Gedanken stellen die Basis der Typologie dar und werden als *Medien erster Ordnung* bezeichnet. Sie lassen sich in nichtsprachliche Medien, wie Musik oder Tanz, und sprachliche Medien, wie Lautsprachen oder eigenständige Gebärdensprachen, unterteilen. Von den Medien erster Ordnung unterscheidet Vogel *Medien höherer Ordnung*,

»deren Spezifikum darin besteht, daß ihre Medien*elemente* oder ein Set medialer Elementarkonstellationen in einer hinreichend eindeutigen Zuordnungsrelation zu den Medien*elementen* eines Mediums M_1 stehen, das bereits in einer interpretativen kommunikativen Praxis zur Individuierung von Gedanken verwendet wird.« (Vogel 2001: 341)

Bei der Übersetzung eines Mediums erster in ein Medium zweiter Ordnung müssen Zuordnungsvorschriften befolgt werden, welche die *kompositionale Identität* der Äußerungen gewährleisten.[53] Solche Medien sind nach Ansicht Vogels stets sprachabhängig. Neben den Medien erster und zweiter Ordnung gibt es die Gruppe der *Werkzeuge*, die als mediale Werkzeuge der Herstellung bestimmter medialer Konstellationen dienen bzw. als intermediale Werkzeuge der Distribution und Reproduktion medialer Konstellationen.[54]

---

53 | Medien erlauben Vogel zufolge gewisse Variationen in der physischen Realisierung medialer Konstellationen, ohne dass sich der Gehalt der Konstellation ändert. Andere Variationen – wie etwa die Betrachtung einer Schwarzweißkopie eines im Original farbigen Gemäldes – lassen nicht dieselben Interpretationen zu und haben somit einen anderen Gehalt. Hieraus folgert Vogel, dass zwei Äußerungen zwar nicht identisch, aber doch zumindest *kompositional identisch* sein müssen, damit den Äußerungen die gleichen Gehalte in einer bestimmten Interpretationspraxis zugeschrieben werden können. Zwei Äußerungen sind für Vogel genau dann kompositional identisch, wenn diese »durch Befolgung der gleichen Sequenz von Wahlen (aus einem hypothetischen Vorrat von Wahlmöglichkeiten) erzeugt« (Vogel 2001: 233) wurden. Die kompositionale Identität von *Äußerungen* ist Voraussetzung für die kompositionale Identität von *Gedanken*, d.h. ihrem Gehalt, Inhalt oder ihrer Bedeutung. Gedanken sind genau dann kompositional identisch, wenn sie »die gleiche Position im Möglichkeitsraum eines Mediums haben« (Vogel 2001: 234). Das Konzept der kompositionalen Identität ist Wiesings Begriff der artifiziellen Selbigkeit sehr ähnlich. Im Unterschied zu Wiesing versucht Vogel Kriterien für die in einem Medium möglichen Variationen bei gleichbleibender Bedeutung anzugeben.

54 | Als *mediale Werkzeuge* bezeichnet Vogel Werkzeuge, die der Hervorbringung medialer Konstellationen dienen, wie z.B. Mikrofone, Lautsprecher, Kameras, Foto-

Wie an der Medientypologie deutlich wird, läuft Vogels Definition des Medienbegriffs darauf hinaus, den Bereich des Medialen auf die verschiedenen Formen menschlichen Ausdrucks und die unterschiedlichen Verkörperungsformen medialer Konstellationen zu beschränken.[55] Für Vogel besteht der Vorteil dieses Begriffsvorschlags darin, dass auf seiner Grundlage erklärt werden kann, wie rationale Wesen in einem Prozess wechselseitiger Interpretation Tätigkeiten als sinnhafte Ausdruckshandlungen verstehen können. Dieser Vorteil erweist sich zugleich aber auch als Nachteil seiner Mediendefinition, da die Techniken des Verkörperns, Speicherns, Übertragens und Verarbeitens medialer Konstellationen aus dem Bereich des Medialen herausfallen und allenfalls als mediale bzw. intermediale Werkzeuge in den Blick geraten. Dies wird problematisch, wenn es darum geht, einen Medienbegriff vorzuschlagen, der es erlaubt, die sich aktuell vollziehenden Veränderungen in unserer kommunikativen Welt als mediale Transformationen in den Blick zu nehmen.[56] In der gegenwärtigen Medienkultur sind nicht nur die unterschiedlichen Ausdrucksformen von zentraler Bedeutung, sondern auch die Techniken zur Erzeugung, Verarbeitung und Distribution medialer Konstellationen. Kurzum: Auf Grundlage des Begriffsvorschlags von Vogel können die vielfältigen Informations- und Kommunikationstechnologien, welche im 19. und 20. Jahrhundert entwickelt wurden, nicht als Veränderungen in der Sphäre des Medialen thematisiert werden. Demzufolge wäre es im Anschluss an Vogel folgerichtig, wenn man nicht von einem Medienzeitalter, sondern von einem Zeitalter medialer und intermedialer Werkzeuge sprechen würde. Hierdurch werden die Probleme und Fragen jedoch nicht gelöst, welche im Laufe des 20. Jahrhunderts zum Verständnis von Medien als Kommunikationsmittel geführt haben.[57] Es wurde und wird pro-

---

apparate etc. *Intermediale Werkzeuge* dienen hingegen der Reproduktion und Distribution medialer Konstellationen. Beispiele hierfür sind z.B. Kopierer, Druckmaschinen, Rundfunksender (vgl. Vogel 2001: 350f.)

55 | Die Unterscheidung von Medien erster Ordnung und Medien zweiter Ordnung läuft darauf hinaus, dass der Schrift ein sekundärer Status gegenüber der Sprache eingeräumt wird. In dieser Hinsicht steht Vogel in der Tradition des von Derrida kritisierten Phonozentrismus (vgl. Derrida 1983: 25f.). Sybille Krämer setzt sich im Unterschied zu Vogel für eine Schriftverständnis ein, das diese nicht nur als sekundäres Medium begreift, sondern in ihrer Eigenlogik ernst nimmt (vgl. Krämer 2003b: 161ff.).

56 | Zu diesen Veränderungen zählt auch die Beschreibung unseres Zeitalters als Medienzeitalter und unserer Kultur als Medienkultur. Auch wenn Medien als Voraussetzungen für Gedanken betrachtet werden und Kulturen demzufolge immer schon Medienkulturen sind, ist die zeitgenössische Diagnose nicht leichtfertig zu ignorieren. Zu fragen ist, warum sich gerade unsere Gesellschaft und unsere Kultur als Mediengesellschaft und Medienkultur beschreibt.

57 | Zwar ist der Begriff *Medium* schon seit einigen Jahrhunderten in der deutschen Sprache gebräuchlich. Das Verständnis von Medien als Kommunikationsmitteln

blematisiert, wie verschiedene Technologien und Werkzeuge sich in den Prozess der Kommunikation einschreiben und diesen bedingen. Mit der Beschränkung des Medienbegriffs auf die Formen menschlicher Ausdrucks- und Interpretationshandlungen grenzt Vogel diesen Problemzusammenhang definitorisch eher aus, als dass er eine Lösung anbietet.[58]

Eine Ursache hierfür ist, dass Vogel suggeriert, es sei möglich und notwendig, anhand der von ihm entwickelten Definitionskriterien zu einer belastbaren und befriedigenden Unterscheidung einzelner Medien zu gelangen. Dass dies problematisch ist, hat bereits Hartmut Winkler zu bedenken gegeben, denn »Medien sind nicht einerseits Hardware und ›gleichzeitig‹ Handlungsraum, Träger von Bedeutung und ›daneben‹ Wirtschaftsgut. Sie sind all dies tatsächlich in einem« (Winkler 2004c: 284).[59] Der von Vogel konstatierte »Wildwuchs der Medien« (Vogel 2001: 333) resultiert daraus, dass Medien gewöhnlich entlang all dieser Dimensionen differenziert wurden und werden. Auch wenn aufgrund dessen der Gebrauch des Medienbegriffs fragwürdig erscheint, sind diese Unterscheidungen medientheoretisch ernst zu nehmen, da hierdurch signifikante Verschiebungen in der kommunikativen Welt markiert werden, die zu untersuchen sich die Medienforschung zur Aufgabe macht. Daher ist Krämers Kritik beizupflichten, dass eine transzendentale Perspektive auf Medien, die ausschließlich nach den Bedingungen der Möglichkeit von Kommunikation fragt, zu kurz greift. In den Blick geraten hierbei ausschließlich diejenigen Mittel, die als unerlässliche Voraussetzung für Kommunikation zu betrachten sind, weshalb die transzendentale Frage nach dem Medienbegriff auf

---

ist jedoch relativ jung. Es hat sich in der zweiten Hälfte des 20. Jahrhunderts im Deutschen durchgesetzt. Ein Indikator hierfür ist, dass dem Stichwort *Medium* erst in der 1971 erschienenen 17. Auflage der *Brockhaus Enzyklopädie* die Bedeutungsvariante Kommunikationsmittel hinzugefügt wurde. In derselben Auflage erschien erstmals die Pluralform *Medien* als Stichwort mit derselben Bedeutung, ebenso das Stichwort *Massenmedien*. Die 1955 erschienene 16. Auflage des Brockhaus enthält die Bestimmung von Medien als Kommunikationsmitteln noch nicht.

58 | Eine ähnliche Kritik an Vogels Medienkonzeption hat Mersch formuliert: »Durchweg nimmt Vogels Medientheorie bei der historischen Ausdifferenziertheit der Künste ihren Ausgang, um sie mittels eines konstruktiven Medienbegriffs, der zugleich die Künste medial rekonstruiert, analytisch zu nobilitieren. Nichts anderes als die bekannten Kunstformen als Medien zu deklinieren und die Philosophie des Geistes um genau diese Medien zu erweitern, kommt bei diesem großangelegten Versuch heraus« (Mersch 2003a: 219).

59 | Daher macht sich Winkler für eine »kumulative Definition« (Winkler 2004a: 9) stark, wie er sie in dem Text Mediendefinition in Form von sechs Thesen entwickelt hat: Kommunikation, Symbolischer Charakter, Technik, ›Form‹ und ›Inhalt‹, Überwindung von Raum und Zeit, Unsichtbarkeit (vgl. Winkler 2004a: 9ff.). Dieser Definitionsvorschlag löst jedoch das Problem der Unterscheidung einzelner Medien nicht.

eine Erklärung hinausläuft, wie Sinn, Gehalt und Bedeutung in der Welt des Sinnlichen entstehen kann (vgl. Krämer 2008: 25f.).[60]

Krämer favorisiert hingegen den metaphysischen Zugang zu Medien, der im Unterschied zu dem transzendentalen Zugang nicht in erster Linie danach fragt, wie Sinn in die Welt kommt.[61] Eine Metaphysik der Medialität geht vielmehr von der Existenz von Sinn aus und fragt nach dem Sinnlichen hinter dem Sinn, wobei die Einnahme der metaphysischen Perspektive »nolens volens – oder auch: paradoxerweise – zu einer ›Physik der Medien‹ führt« (Krämer 2008: 27). Das metaphysische Interesse an Medien respektive Medialität richtet sich, wie Krämer an anderer Stelle pointiert herausgestellt hat, auf die »nichtsinnhaften, materialen Bedingung der Entstehung von Sinn, die stummen, prä-signifikativen Prozeduren der Signifikation, die ›Nahtstelle‹ von Sinn/Nicht-Sinn« (Krämer 2003a: 89). Obwohl der von ihr vorgeschlagene metaphysische Zugang eine wertvolle und anschlussfähige Frageperspektive auf Medien eröffnet, erweist er sich hinsichtlich der Bestimmung des Medienbegriffs ebenfalls als problematisch. Implizit wird das Wissen vorausgesetzt, wann es sinnvoll ist, nach Medialität zu fragen. Wenn der Position Vogels eine transzendentale Verkürzung des Medienbegriffs vorgeworfen werden kann, birgt auch die metaphysische Frage nach den materiellen Bedingungen der Kommunikation die Gefahr eines Reduktionismus, wie an medientheoretischen Ansätzen deutlich wird, die Medien ausschließlich als materiell-technische Artefakte bestimmen, die der Speicherung, Übertragung und Verarbeitung von Informationen dienen.[62] Die Ursache hierfür ist, dass im Übergang von der indirekten Bestimmung von Medien zu einer direkten Mediendefinition unweigerlich eine problematische Verkürzung vollzogen wird. Besonders deutlich tritt dies in dem Medienverständnis zu Tage, welches Medienarchäologen wie z.B. Friedrich Kittler und Wolfgang Ernst vertreten (siehe exemplarisch Kittler 1986; Ernst 2003, 2008b). Sie verstehen Medien als Technologien, die unabhängig von Kategorien wie Sinn, Bedeutung oder Gehalt operieren und deshalb losgelöst von semantischen Begriffen zu thematisieren sind. Im Anschluss an die von Claude Shannon strategisch vollzogene Ausklammerung der Sinndimension aus der Behandlung des Problems der technischen Nach-

---

60 | Für Krämer birgt der transzendentale Zugang zu Medien zudem die Gefahr, dass Medien der Status eines Apriori zugeschrieben wird. Dies ist nach Ansicht von Krämer und Mersch jedoch zu vermeiden (vgl. Krämer 2008: 25; Mersch 2006a: 4f.).

61 | Die transzendentale Frage wie Sinn in der Welt des Sinnlichen entsteht, ist für Krämer keine medientheoretische Fragestellung, sondern ein zeichentheoretisches Problem (vgl. Krämer 2008: 34).

62 | Es ist an dieser Stelle darauf hinzuweisen, dass Krämer dies nicht behauptet, weshalb diese Kritik nur mittelbar auf ihre Position zutrifft. Hält man jedoch ausschließlich an der metaphysischen Frage nach der Physik der Medien fest, sind Positionen wie die hier kritisierte naheliegend.

richtenübermittlung proklamieren Medienarchäologen, dass Bedeutung für die Betrachtung von Medien irrelevant ist:[63]

»Technische Medien (Computer) vermögen die menschliche Sinnesverarbeitung selbst zu simulieren; damit hören Medien auf, nur eine Erweiterung oder ein Gegenüber des Menschen zu sein. Dabei frappiert die Indifferenz technischer Medien, die ebenso diskursive wie nondiskursive, physikalische wie kulturelle Signale buchstäblich gleich-gültig verarbeiten.« (Ernst 2008b: 163)

Der Computer, den Ernst, ähnlich wie es bereits Kittler getan hat, als prototypisches Modell technischer Medien erachtet, ist dem Sinn von Kommunikaten gegenüber indifferent. Auch wenn dies auf der technischen Ebene bis zu einem gewissen Grad stimmen mag, läuft diese Bestimmung von Medien, die vom Sinn völlig absieht, der Vorstellung von Medien als Kommunikationsmitteln zuwider. Die medientechnischen Grundoperationen der Speicherung, Übertragung und Verarbeitung sind nicht hinreichend, um die Medialität von Verständigungen zu thematisieren, welche die Basis von Sozialität und Kultur darstellen (vgl. Mersch 2006b: 205f.). Die technisch-mathematische Modellierung von Medien kann, wie Mersch einwendet, infolgedessen keine befriedigende Antwort auf die Frage nach der dem menschlichen Denken eigentümlichen *Als-Struktur* geben:

»Zwar ist Sprache technisch und die Technik sprachlich geworden, doch handelt es sich dabei nirgends um das Symbolische, sondern ausschließlich um formale Sprachen im Sinne endlicher Ziffernfolgen und Prozessregeln, die aus Grundstellungen andere Stellungen errechnen. Algorithmus und Bedeutung, Regel und Sinn, Rechnung und Sprache sprechen Unterschiedliches an. ›Turingmaschinen‹ wie auch formale Sprachen funktionieren nach anderen Prinzipien als Denken, Sprechen, Deuten, Reden; sie bilden nicht einmal deren Rahmen. Medientechniken bleiben deshalb immer unterhalb der menschlichen Kommunikation; ihr ist durch mathematische Syntaktik nicht beizukommen, so wenig wie dem Unterschied zwischen Information und Wissen.« (Mersch 2006b: 206f.)

An Merschs Einwand wird deutlich, dass technische Medientheorien, die ausgehend von der Bestimmung von Medien als Kommunikationsmitteln die materiell-technisch Dimension als deren grundlegendes Charakteristikum auszeichnen, nicht zu

---

63 | In *Die mathematische Theorie der Kommunikation* schreibt Shannon: »Oft haben die Nachrichten *Bedeutung*, das heißt, sie beziehen sich auf gewisse physikalische oder begriffliche Größen oder sie befinden sich nach irgendeinem System mit diesen in Wechselwirkung. Diese semantischen Aspekte der Kommunikation stehen nicht im Zusammenhang mit den technischen Problemen. Der technisch bedeutungsvolle Aspekt ist, daß die tatsächliche Nachricht *aus einem Vorrat von möglichen Nachrichten ausgewählt* worden ist« (Shannon 1976 [1948]: 41)

einer befriedigenden Definition von Medien gelangen. Indem die Vertreter dieses Ansatzes gänzlich von dem Aspekt der Bedeutung absehen, wird die Unterscheidung zwischen dem Bereich des Medialen und des Außermedialen fragwürdig. Zu Beginn des Unterkapitels »Wann sind Medien?« (S. 33f.) wurde die Annahme formuliert, dass es in der aktuellen Debatte um den Medienbegriff sinnvoll wäre, die Frage *Was ist ein Medium?* durch die Frage *Wann sind Medien?* zu ersetzen. An dieser Stelle wird deutlich, worin der Vorteil des Wechsels der Frageperspektive besteht. Medien können, wie die Auseinandersetzung mit dem Phänomen ihrer operativen Unsichtbarkeit gezeigt hat, nicht losgelöst von dem gedacht werden, was sie hervorbringen bzw. an dessen Vermittlung sie beteiligt sind. Sind Medien das *Andere* des Kommunikationsprozesses, dann kann das Nachdenken über diese nicht aus der Struktur Inhalt/Medien herausgelöst werden. Infolgedessen sind Medienkonzepte, wie Michael Giesecke dargelegt hat, abgeleitete Größen (vgl. Giesecke 2007: 217). Dieser Tatsache tragen die Begriffsvorschläge von Wiesing und Vogel Rechnung, insoweit sie Medien anhand der Charakteristika des medial Vermittelten bestimmen. Hierbei handelt es um indirekte Bestimmungen von Medien, welche zu kritisieren sind, wenn ausgehend hiervon definiert werden soll, was Medien wesensmäßig sind.[64] Die Frage *Wann sind Medien?* ist weniger anspruchsvoll und voraussetzungsreich. Durch die Beantwortung dieser Frage soll nicht geklärt werden, was genau als Medium angesprochen werden kann, sondern wann es sinnvoll ist, von Medien zu sprechen, d.h. wann man es mit Medialität zu tun hat. Die These Wiesings, dass Medienprodukte Geltung besitzen, und die Beobachtung Vogels, dass in Bezug auf Medien stets semantische Begriffe wie Sinn, Gehalt und Bedeutung gebraucht werden, beantworten die Frage, wann Medien sind. Eine solche Bestimmung des Gegenstandsbereichs des Medialen hält den Begriff in einer gewissen Latenz. Diese Latenz ist Medien jedoch eigentümlich, wie am Phänomen ihrer operativen Unsichtbarkeit gezeigt wurde.

---

64 | Auch wenn Wiesing in aller Deutlichkeit herausstellt, dass Medien nur anhand der phänomenologischen Eigenschaften ihrer Produkte erkannt werden können, suggeriert er, Medien direkt als Werkzeuge zur Trennung von Genesis und Geltung definieren zu können. Infolgedessen müsste er beantworten, anhand welcher Kriterien einzelne Medien zu unterscheiden sind und welche Medien es seines Erachtens gibt. Diese Frage diskutiert Wiesing jedoch nicht explizit. Anhand der Beschreibung von Medienprodukten wäre jedoch zu vermuten, dass sein Medienbegriff die gleichen Medien umfasst, die Vogel als Medien erster Ordnung bezeichnet, d.h. Sprache, Bilder, Tanz, Musik, etc. Wiesings Thematisierung von Übertragungsmedien und Speichermedien scheint dies jedoch zu unterlaufen (vgl. Wiesing 2005b: 158f.). Hierdurch entsteht in dem Begriffsvorschlag Wiesings eine gewisse Unschärfe bezüglich der Frage, welche Dinge genau als Medien angesprochen werden können. Dies ist jedoch nur problematisch, wenn man an der Frage *Was sind Medien?* festhält.

Über Medien reden: Medienepistemologie

Die indirekte Bestimmung von Medien anhand dessen, was *in* ihnen zur Erscheinung kommt, ist für sich allein genommen unbefriedigend. Sie ermöglicht es aber, den Bereich des Medialen von dem des Außermedialen abzugrenzen. Eine überzeugende Forschungsperspektive für die Untersuchung von Medien wird hierdurch noch nicht eröffnet. Dies ist jedoch kein Problem, welches durch eine avancierte Definition des Medienbegriffs gelöst werden könnte, sondern eine Frage, die die Epistemologie des Medialen betrifft, deren Aufgabe es ist, die Veränderungen in unserer kommunikativen Welt als mediale Transformationen entzifferbar zu machen. Anstatt den undifferenzierten und überbordenden Gebrauch des Medienbegriffs definitorisch zu reglementieren, wird im Folgenden vorgeschlagen, auf die Unterscheidung einzelner Medien weitgehend zu verzichten und infolgedessen auch auf Zuschreibungen der Form »X ist ein Medium«. Wie im vorangegangenen Kapitel gezeigt wurde, birgt der Wunsch, verschiedene Medien voneinander unterscheiden zu können, die Gefahr, dass der Medienbegriff mit Ausdrucksmitteln oder technischen Apparaturen gleichgesetzt wird und Medien hierdurch auf eine Vermittlungsdimension verkürzt werden. Es bedarf daher einer neuen Perspektive, die das Problem löst, dass man stets nur angeben kann, wann Medien im Spiel sind, ohne je genau sagen zu können, was das Medium ist. In diesem Zusammenhang wird zu klären sein, wie Medien untersucht werden können, wenn man sich nicht länger auf die Unterscheidung einzelner Medien stützen kann. Eine Möglichkeit hierfür eröffnen die Begriffe *mediale Konstellation* und *mediale Konfiguration*, welche es erlauben, über Medien zu reden, ohne spezifische Medien zu identifizieren.

Mediale Konstellationen

Die Unterscheidung zwischen vermitteltem Inhalt und vermittelndem Medium ist für das Nachdenken über Medien zentral. Nur im Rahmen dieser Unterscheidung können Medien konzeptuell bestimmt und als Ermöglichungsbedingungen von Kommunikation untersucht werden. Medien sind die andere Seite, des sich im Kommunikationsprozess aktualisierenden Sinns, der phänomenologisch als Geltung beschrieben werden kann. Geltung bezeichnet keine objektive Eigenschaft von Dingen, sondern existiert nur für ein intentionales Bewusstsein, das auf Kommunikate, d.h. Medienprodukte Bezug nimmt. Diese werden im Anschluss an Vogel als *mediale Konstellationen* bezeichnet (vgl. Vogel 2001: 223).[65] Die Auseinandersetzung mit medialen Konstellationen ermöglicht es, Medialität auf unterschiedliche Weise in den Blick zu nehmen, indem bei der Betrachtung der Inhaltsseite auf verschiedene Weise vom konkreten Sinn des Vermittelten abgesehen wird.

---

65 | Vogel definiert den Begriff *mediale Konstellation* wie folgt: »Das Produkt der Performation einer Sequenz von Instantiierungen medialer Tätigkeitstypen heißt mediale Konstellation« (Vogel 2001: 223).

Mediale Konstellationen sind das Resultat von Ausdruckshandlungen, welche Beobachtern respektive Interpreten in Kommunikation gegenübertreten und die zwischen Ich und Du, Wir und Sie sowie Ich und Welt vermitteln. Die (wechselseitige) Bezugnahme auf eine mediale Konstellation vollzieht sich im Modus der Wahrnehmung, d.h. mediale Konstellationen müssen wahrnehmbar sein, damit dem intentionalen Bewusstsein etwas (das Wahrgenommene) als etwas (Sinn, Bedeutung, Gehalt, Geltung) erscheinen kann bzw. jemand etwas als etwas interpretieren kann. Die Wahrnehmbarkeit medialer Konstellationen ist, wie auch Krämer dargelegt hat, notwendige Voraussetzung für Kommunikation (vgl. Krämer 2008: 18f., 261ff.). Aus diesem Grund führen mediale Konstellationen phänomenologisch gesprochen stets ein Doppelleben, denn Wahrnehmung vollzieht sich unter den Bedingungen der Physik, aber das Wahrgenommene ist den Gesetzen der Physik enthoben, es besitzt Geltung und damit artifizielle Selbigkeit. Mediale Konstellationen lassen sich infolgedessen stets auf zwei Weisen beschreiben: Einerseits als wahrnehmbare Dinge, die den Gesetzen der Physik gehorchen (Genesis), und andererseits als Entitäten, die der Physik enthoben sind (Geltung).[66] Auch wenn in letzterem Aspekt die spezifische Eigenschaft von Medienprodukten zu sehen ist, welche die Unterscheidung von Medien und Nichtmedien erlaubt, darf die beschriebene Doppelstruktur medialer Konstellationen medientheoretisch nicht vernachlässigt werden. Denn gerade im Wechselspiel aus materieller Niederlegung und ideellem Sinn, aus Genesis und Geltung, manifestiert sich in medialen Konstellationen die von Mersch als zentral erachtete »›Als-Struktur‹ des Denkens« (Mersch 2006b: 206).

Dies lässt sich exemplarisch an Husserls Bildtheorie verdeutlichen, welche – wie bereits erwähnt – zwischen Bildträger und Bildobjekt unterscheidet. Neben dem materiellen Träger des Bildes und dem erscheinenden Bildobjekt verfügen Bilder Husserl zufolge über eine weitere Dimension, die er Bildsujet nennt. Das Sujet ist dasjenige, worauf ein Bildobjekt verweist: »Das physische Bild weckt das geistige Bild, und dieses wieder stellt ein anderes: das Sujet vor« (Husserl 1980: 29). Die Wahrnehmung des Bildes (Bildträger) führt zur Konstitution des Bildbewusstseins, welches durch eine Paradoxie gekennzeichnet ist. Anders als im Wahrnehmungsbewusstsein erscheint das Bildobjekt nicht als etwas Gegenwärtiges, sondern als etwas Abwesendes. »Das Bild«, so schreibt Husserl, »macht die Sache vorstellig, ist aber nicht sie selbst« (Husserl 1980: 18). Daher situiert sich das Bildbewusstsein zwischen dem Wahrnehmungsbewusstsein und dem Phantasiebewusstsein. Bilder sind perzeptive Phantasien; sie sind in der Wahrnehmung gegenwärtig, doch das erscheinende Bildobjekt wird als Nichtgegenwärtiges gegenwärtig (vgl. Husserl 1950 [1913]: § 111).[67] Hierin besteht Husserl zufolge die Spezifik des Bildbewusstseins, als Bewusstsein von etwas, das zugleich gegenwärtig und absent ist. Die Wahrnehmung

---

66 | An dieser Stelle folge ich dem bereits dargelegten Ansatz von Wiesing und greife dessen Terminologie auf.

67 | Zum Verhältnis von Als-ob-Bewusstsein, Widerstreit und Neutralität in Husserls Bildtheorie siehe Ferencz-Flatz (2009).

von Bildern ist eine neutralitätsmodifizierte Wahrnehmung. Mit dem Begriff der Neutralitätsmodifikation bezeichnet Husserl

»eine Modifikation, die jede doxische Modalität, auf die sie bezogen wird, in gewisser Weise völlig aufhebt, völlig entkräftet – aber in total anderem Sinne, wie die Negation, die zudem, wie wir sahen, im Negat ihre positive Leistung hat, ein Nichtsein, das selbst wieder Sein ist. Sie durchstreicht nicht, sie ›leistet‹ nichts, sie ist das bewußtseinsmäßige Gegenstück alles Leistens: dessen Neutralisierung.« (Husserl 1950 [1913]: § 109)

Im Bildbewusstsein ist die Wirklichkeit des Bildobjekts neutralisiert. Damit ist nicht gesagt, dass Bilder nicht als Bilder der Wirklichkeit erscheinen können, doch aber, dass Bildobjekte nicht die Wirklichkeit sind, die sie darstellen. Der Wirklichkeitsbezug von Bildern manifestiert sich nicht am Bildobjekt, sondern ist eine Frage der Interpretation des Bildobjekts (vgl. Wiesing 2005c: 62ff.).

Die Husserlsche Beschreibung des Phänomens der Bildlichkeit nimmt Ausgang bei den medialen Konstellationen und reflektiert auf den spezifischen Bewusstseinsmodus, den die Bildwahrnehmung hervorruft. Insofern betreibt Husserl an Bildern eine Phänomenologie medialer Konstellationen, die es ihm erlaubt, die spezifische Weise zu beschreiben, in der Bilder dem Bewusstsein normalerweise erscheinen. Unter umgekehrten Vorzeichen wendet sich Mersch der Beschreibung medialer Konstellationen zu:

»Die Struktur des Sozialen, der Kommunikation oder auch der Künste zu untersuchen, verlangt eine Theorie des Mediums, aber eine Theorie des Mediums kann sich umgekehrt allein auf das Medialisierte stützen, auf die Weisen der Verbildlichung, der Repräsentation oder die Figuren des Bezugs, die Strukturierung des Sinns und die Syntax der Zeichenordnungen, die in es eingehen.« (Mersch 2003b: 137)

Die exemplarisch an Husserls Bildtheorie vorgeführte Möglichkeit einer positiven Phänomenologie der Medienprodukte wandelt sich bei Mersch in eine negative Medientheorie, die jedoch gleichsam von der Beschreibung medialer Konstellationen ausgeht. Nach Ansicht Merschs lässt »sich die Struktur des Medialen nicht mitmediatisieren [...] – sie zeigt sich« (Mersch 2006a: 5) in den Paradoxien und Brüchen, welche das Vermittelte durchziehen. Als Modell dient Mersch Wittgensteins späte Sprachphilosophie: »Wie ›Landschaftsskizzen‹ exemplifizieren die [Philosophischen, M.B.] Untersuchungen das Mediale der Sprache, ohne es zu erklären« (Mersch 2010: 188). Medialität zeigt sich, so die These, in ihrem Gebrauch, den es zu beschreiben gilt. Die Überlegung, dass sich im Gebrauch von Medien etwas zeigt, das nicht gesagt werden kann, findet sich bereits beim frühen Wittgenstein des Tractatus logico-philosophicus: »Was in den Zeichen nicht zum Ausdruck kommt, das zeigt ihre Anwendung. Was die Zeichen verschlucken, das spricht ihre Anwendung aus« (Wittgenstein 1984 [1921]: 3.262).[68] Mersch greift diese heuristische Unterscheidung von *sagen* und *zeigen* auf und schlägt vor, diese als methodischen Ausgangspunkt für die Analyse von Medien zu nehmen (vgl. Mersch 2010: 189). Einen ausgezeichneten Untersuchungsgegenstand stellt hierbei die Kunst dar, da diese Mersch zufolge immer schon auf die medialen Bedingungen der Kommunikation reflektiert, indem sie Paradoxien, Brüche etc. aufzeigt, die Medien innewohnen.[69] Die negativ-phänomenologische Auseinandersetzung mit Medien findet in der Kunst ihre privilegierten Untersuchungsobjekte. Exemplarisch führt dies Mersch unter anderem an René Magrittes berühmten Pfeifenbildern aus, auf denen einerseits eine Pfeife dargestellt ist und andererseits geschrieben steht, dass dies keine Pfeife sei (vgl. Mersch 2006a: 13). Die im Zeitraum von 40 Jahren in verschiedenen Fassungen gemalten und mit unterschiedlichen Titeln versehenen Pfeifenbilder dürfen nach Ansicht Merschs nicht nur dahingehend interpretiert werden, dass das Bild einer Pfeife nicht mit einer ›richtigen‹ Pfeife gleichzusetzen ist.[70] Dieser trivialen Deutung entsprechend wäre die Bildinschrift wahr. Magrittes Bilder zeigen demgegenüber »komplexe Text-Bild-Paradoxien, die nach keiner Seite hin auflösbar erscheinen und gerade dadurch etwas von [dem, M.B.] Verhältnis zwischen Bild-Zeichen und Text-Zeichen preisgeben« (Mersch 2006a: 13). Auf paradoxale Weise ist die Bildinschrift *Ceci n'est pas une pipe* wahr und falsch zugleich. Denn einerseits erscheint im Bild eine Pfeife, bei der es sich andererseits *nur* um das Bild einer Pfeife handelt. Demzufolge ist die Aussage, dass es keine Pfeife ist, nur dann wahr, wenn man auf die *bloße* Bildlichkeit der Pfeife insistiert. Falsch ist die Behauptung hingegen, wenn sie auf das erscheinende Bild-objekt bezogen wird, da das Bild unbezweifelbar eine Pfeife zeigt. Hieran wird nicht nur der eigentümliche ontologische Status von Bildern offenkundig, sondern auch die Doppeldeutigkeit der Bildinschrift, wodurch die Uneindeutigkeit sprachlicher Bezugnahme augenscheinlich wird. Dass *dies* keine Pfeife ist, stimmt dann, wenn sich *dies* (*ceci*) auf das Bild als Bild (d.h. auf die Trias Bildträger-Bildobjekt-Bild-sujet) bezieht und nicht auf das Bildobjekt Pfeife. Hierbei handelt es sich um eine kontingente Deutung, welche das Bild sowohl nahelegt als auch unterläuft. Indem Magritte Bild und Text in dieses widersprüchliche Verhältnis zueinander setzt, lässt er, wie Mersch darlegt, zudem die »über Jahrhunderte unangefochtene Text-Bild-Hierarchie aus den Fugen geraten« (Mersch 2006a: 13). Es kann nicht entschieden werden, welcher der beiden Seiten Vorrang zu geben ist, und demzufolge auch nicht,

---

68 | An anderer Stelle stellt Wittgenstein im Tractatus fest: »Was *sich* in der Sprache ausdrückt, können *wir* nicht durch sie ausdrücken. Der Satz *zeigt* die logische Form der Wirklichkeit. Er weist sie auf« (Wittgenstein 1984 [1921]: 4.121).

69 | Die Annahme, dass Kunst einen ausgezeichneten Untersuchungsgegenstand der Medienforschung darstellt, ist ein beliebter medientheoretischer Topos; siehe exemplarisch Reck (2003).

70 | Die bekanntesten Versionen von Magrittes Pfeifenbildern sind *La trahison des images* aus dem Jahr 1929 und das 1966 entstandene *Les deux mystères*.

welcher der Lesarten. Insofern führt Magritte eine Paradoxie vor Augen, die für Mersch einen Grundzug des Medialen darstellt und somit dem gesamten Mediengebrauch inhärent ist.

Die genannten Beispiele der phänomenologischen Beschreibung medialer Konstellationen zeigen zwei mögliche Weisen auf, wie Medien in Auseinandersetzung mit Medienprodukten thematisiert werden können. Es ist zu erwarten, dass weitere Möglichkeiten existieren, mediale Konstellationen in den Blick zu nehmen, die medientheoretisch fruchtbar gemacht werden können. Daher erheben diese Beispiele keinen Anspruch auf Vollständigkeit. Die ausschließliche Betrachtung medialer Konstellationen ist jedoch nicht hinreichend, da ausgehend hiervon nach den medialen Konfigurationen zu fragen ist, welche den Horizont tatsächlicher Kommunikationen bedingen. Diese Frage zielt auf die Beschreibung des Möglichkeitshorizonts ab, den bestimmte mediale Konfigurationen eröffnen und in dem Kommunikation vermittels medialer Konstellationen stattfindet.

Mediale Konfigurationen

Medien bilden als Kommunikationsmittel den Horizont möglicher Kommunikationen. Obwohl auf diese immer nur mittelbar in konkreten Kommunikationssituationen Bezug genommen werden kann, gilt das Interesse der Medienforschung der Beschreibung des Möglichkeitsraums, den Medien eröffnen. Wenn im Folgenden danach gefragt wird, wie dieser Möglichkeitsraum zu beschreiben ist, muss der Beobachtung Rechnung getragen werden, dass der Medienbegriff problematisch ist, sofern er dazu gebraucht wird, einzelne Medien voneinander zu unterscheiden. Daher wird vorgeschlagen, dass Medien nur als mediale Konfigurationen thematisiert werden können, in denen soziale, materielle, technische, ökonomische etc. Dimensionen der Kommunikation ineinandergreifen und die entlang verschiedener, durchaus heterogener Dimensionen variieren können. Das Konzept medialer Konfigurationen kann in Anlehnung an, aber auch in Abgrenzung zu Niklas Luhmanns Medium/Form-Unterscheidung entfaltet werden, weshalb die Grundzüge dieses Medienkonzepts beschrieben werden sollen.

In Luhmanns systemtheoretischem Entwurf einer Gesellschaftstheorie nehmen Medien eine zentrale Stellung ein, da Kommunikation als grundlegende Operation sozialer Systeme auf Medien angewiesen ist. Pointiert hat Luhmann dies in dem 1981 erschienenen Aufsatz *Die Unwahrscheinlichkeit der Kommunikation* herausgearbeitet. Zwar könne überall beobachtet werden, dass Kommunikation stattfindet, aber ihr erfolgreiches Funktionieren ist Luhmann zufolge äußert unwahrscheinlich. Daher gelte es in einer »contra-phänomenologischen Anstrengung« (Luhmann 1991: 26) nach dem zu fragen, was unwahrscheinliche Kommunikation wahrscheinlich macht. Diese Leistung vollbringen Medien, welche als Unwahrscheinlichkeitstransformationsmittel fungieren. Anhand der drei von ihm identifizierten Unwahrscheinlichkeiten der Kommunikation – Verstehen, Erreichen, Erfolg – entwickelt Luhmann eine Typologie von Medien, in der er Kommunikationsmedien (z.B.

Sprache), Verbreitungsmedien (z.b. Schrift) und symbolisch generalisierte Kommunikationsmedien (z.b. Wahrheit) voneinander unterscheidet (vgl. Luhmann 1991: 28ff.). Seit Mitte der 1980er Jahre hat Luhmann dieses funktionale Medienverständnis um eine operative Beschreibung von Medien im Rahmen der Medium/Form-Unterscheidung erweitert (Luhmann 1986), welche fortan eine große Bedeutung in Luhmanns Denken einnahm und seit Ende der 1990er Jahre verstärkt in den Medienwissenschaften diskutiert wird (siehe hierzu exemplarisch Brauns 2002; Khurana 1998; Krämer 1998a, 2003a).[71]

Als anschlussfähig erwies sich die Medium/Form-Unterscheidung vor allem deshalb, weil sie die Medienfrage konsequent in der Struktur Inhalt/Medium verortet.[72] Form bezeichnet in diesem Rahmen die Seite der beobachtbaren – weil beobachteten – Kommunikate, in denen sich Sinn aktualisiert. In dieser Hinsicht weist Luhmanns Indienstnahme des Formbegriffs eine gewisse Ähnlichkeit zum Begriff der medialen Konstellation auf. Da Form für Luhmann im Anschluss an George Spencer-Browns Formenkalkül das Resultat einer beobachterrelativen Operation ist, kann diese nicht als »zeitresistente Struktur« (Krämer 1998a) gedacht werden.[73] Infolgedessen verweist Luhmanns Formbegriff auf den Geltungsaspekt

---

71 | Es ist darauf hinzuweisen, dass sich Luhmann neben der funktionalen und der operativen Bestimmung von Medien diesen noch als einem gesellschaftlichen Funktionssystem zuwandte (Luhmann 1996). Der Begriff des Mediums wird hier im Sinne von Massenmedien gebraucht, die als Funktionssysteme mit Medien im Sinne der Medium/Form-Unterscheidung operieren. Für die hier verfolgte Argumentation sind Luhmanns Ausführungen zu Massenmedien jedoch nebensächlich. Eine systematische Aufarbeitung der unterschiedlichen Medienbegrifflichkeiten bei Luhmann und ihres Verhältnisses zueinander hat bereits Sven Grampp (2006) geleistet.

72 | Die Struktur Inhalt/Medium ebenso wie die Medium/Form-Unterscheidung liegen auf einer anderen Ebene als die Unterscheidung von Inhalt und Form. Während der Inhalt/Form-Dualismus die Veräußerlichung eines präexistenten geistigen Inhalts betrifft, bildet das Medium den Möglichkeitshorizont, vor dem sich Inhalte formieren. Hierbei steht nicht die Übersetzung eines geistigen Gehalts in eine geeignete Form infrage, sondern die mediale Bedingtheit der *in*, *mit* und *durch* Medien artikulierten Inhalte. Sofern medientheoretisch an der Unterscheidung von Inhalt und Form festgehalten werden soll, dann nur auf Seiten des Inhalts in der Struktur Inhalt/Medium. Zur Differenz zwischen den Unterscheidungen von Medium und Form einerseits und Inhalt und Form andererseits siehe Luhmann (1995: 110f.).

73 | In den *Laws of Form* hat George Spencer Brown ein Formenkalkül entwickelt, in dem der Begriff *Form* – quer zum alltäglichen Verständnis – nicht *Gestalt* bedeutet, sondern das Resultat einer Unterscheidung bezeichnet, die von einem Beobachter getroffen wird. Verstanden als Unterscheidung bezeichnet der Formbegriff eine dreistellige Relation: »Wir‹ erzeugen eine Existenz, indem wir die Elemente einer dreifachen Identität auseinandernehmen. Diese Existenz erlischt, wenn wir sie wieder zusammenfügen. Jede Kennzeichnung impliziert Dualität, wir können kein Ding pro-

medialer Konstellationen, da Geltung nicht an sich, sondern nur für einen Beobachter existiert. Der Aspekt der Verkörperung medialer Konstellationen wird in der Medium/Form-Unterscheidung daher weitgehend ausgeklammert.[74] Die andere Seite des sich in Formen aktualisierenden Sinns bezeichnet Luhmann als mediales Substrat oder Medium. Das Medium umfasst die Gesamtheit möglicher Formen, d.h. möglicher Unterscheidungen, die getroffen werden können. Es bildet den unsichtbaren Horizont der Formbildung. Beobachtet werden kann dieser Möglichkeitsraum nur mittelbar, denn Medien sind, wie Luhmann herausstellt, »nur an der Kontingenz der Formbildungen erkennbar [...], die sie ermöglichen« (Luhmann 1995: 168). In Fritz Heiders Medienkonzept, das er am Phänomen der Wahrnehmung entwickelt, findet Luhmann aber dennoch einen Ansatz, wie dieser mediale Möglichkeitsraum strukturell zu beschreiben ist.

Heider widmet sich in seinem 1926 publizierten Aufsatz *Ding und Medium* der Frage, wie die Wahrnehmung entfernter Dinge möglich ist. Gleichwohl Heider Psychologe war, richtet sich sein Fokus nicht auf die subjektiven, psychischen Bedingungen der Fernwahrnehmung. Vielmehr sucht er nach einer Erklärung der Vermittlungsprozesse, die bei der Wahrnehmung entfernter Dinge ablaufen. Für ihn ist die Vermutung leitend, dass es »eine für das Erkennen maßgebende Struktur der Außenwelt« (Heider 1926: 110) gibt. Fernwahrnehmung ist nach Ansicht Heiders deshalb möglich, weil zwischen dem wahrnehmenden Subjekt und der wahrgenom-

---

duzieren, ohne Koproduktion dessen, was es nicht ist und jede Dualität impliziert Triplizität: Was das Ding ist, was es nicht ist und die Grenze dazwischen« (Spencer-Brown 1999 [1969]: XVIII).

74 | Mit dem Entwurf der Medium/Form-Unterscheidung als beobachterrelative Operation werden bei Luhmann die unterschiedlichen Weisen der physischen Verkörperung und Vermittlung von Formen nebensächlich. Medien und Formen bedürfen zwar materieller Träger, sind aber wesentlich das Resultat beobachterrelativer Operationen und existieren somit nur für Beobachter, die entsprechend der Medium/Form-Unterscheidung operieren: »Die physikalische Struktur der Welt muß das ermöglichen, aber die Differenz von Medium und Form ist eine Eigenleistung des wahrnehmenden Organismus« (Luhmann 1998: 197). Gleichwohl Luhmann verschiedentlich darauf insistiert, dass die Medium/Form-Unterscheidung beobachterrelativ ist und nicht verdinglicht werden darf, birgt sie, wie Martin Seel herausstellt, dennoch die Gefahr einer solchen Materialisierung aufgrund ihrer Ähnlichkeit zur Materie/Form-Unterscheidung (vgl. 2000: 246, Fn. 3). Auch Maren Lehmann hat darauf hingewiesen, dass Luhmanns Medium/Form-Unterscheidung ein Drittes unterstellt, »das in einem eher unscharfen Sinne als ein Mittler *zwischen* zwei Beobachtern fungiert, die beiden Beobachter aber im ontologischen Sinne getrennt lässt« (Lehmann 2002: 44). Dass Seels Hinweis auf diese Gefahr berechtigt ist, wird in Hans-Dieter Hubers Entwurf zu einer allgemeinen Bildwissenschaft deutlich, der die Medium/Form-Unterscheidung primär als eine materiale interpretiert (vgl. Huber 2004: 55).

menen Welt ein Medium vermittelt. Auf den ersten Blick erinnert dies sehr an die aristotelische Wahrnehmungstheorie, doch anders als Aristoteles charakterisiert Heider Medien nicht primär anhand ihrer Transparenz, sondern schlägt eine strukturelle Beschreibung von Medien im Unterschied zu Dingen vor. Auf Grundlage dessen ist es Heider möglich zu erklären, warum etwas in der Wahrnehmung als Medium fungiert und etwas anderes wiederum als Ding wahrgenommen wird.

Die Physik bildet das gemeinsame Fundament von Dingen und Medien, d.h. Wahrnehmungsdinge und Wahrnehmungsmedien sind physikalische Entitäten, die aus einer Vielzahl von Elementen bestehen.[75] Der Unterschied zwischen einem Ding und einem Medium besteht darin, wie strikt oder lose diese Elemente miteinander in Verbindung stehen. Strukturell sind Medien im heiderschen Sinn durch die lose Kopplung ihrer Elemente gekennzeichnet, sie bilden eine Vielheit (vgl. Heider 1926: 117f.). Die Elemente, aus denen ein Ding besteht, sind demgegenüber strikt miteinander verbunden, sodass das Ding dem Medium seine Form einprägen kann; d.h. im Wahrnehmungsprozess fungieren Dinge aufgrund der strikten Kopplung als Einheit, obgleich sie aus einer Vielzahl einzelner Elemente zusammengesetzt sind.

Medien als dazwischen liegende Mittler können die Einheit der Dinge in sich aufnehmen und hierdurch zwischen Wahrgenommenem und Wahrnehmenden vermitteln. Wie bei Spuren im Sand prägen Dinge Medien ihre Form ein. Hierdurch aktualisiert sich die Einheit des Dings in Medien als »falsche Einheit« (Heider 1926: 135). Daher nimmt man nicht das Medium wahr, sondern vermittels des Mediums die Eigenschaften von Dingen. Medien sind, wie Heider feststellt, *außenbedingt,* wohingegen Dinge, die aus sich heraus auf Medien einwirken, *innenbedingt* sind (vgl. Heider 1926: 116f.).[76] Entscheidend ist hierbei, dass weder die Vielheit und Außenbedingtheit von Medien noch die Einheit und Innenbedingtheit von Dingen Eigenschaften sind, die physikalischen Entitäten wesensmäßig zukommen. Ob

---

75 | Da die Vermittlung von Wahrnehmungsobjekten in der Physik der Dinge gründet, ist der Vermittlungsprozess für Heider notwendig als ein kausaler Vorgang zu verstehen. Doch der Hinweis auf diesen Kausalzusammenhang ist nicht hinreichend, um zu erklären, warum etwas, das Ding, als Ursache in einer Kette von Kausalzusammenhängen als Wahrnehmungsursache herausgehoben und wahrgenommen wird: »Unser Wahrnehmen trifft aber auf ein bestimmtes Glied der Kette [gemeint ist die Kette kausaler Zusammenhänge, M.B.]. In Bezug auf die Kausierung sind also alle Glieder der Kette gleichberechtigt; in Bezug auf die Wahrnehmung nicht, sondern da gibt es ein ausgezeichnetes Glied und zwar unser Wahrnehmungsobjekt« (Heider 1926: 113).

76 | Heider merkt an, dass auch die Bewegung einer durch einen Queue angestoßenen Billardkugel außenbedingt ist, doch ist der Verlauf der Kugel keineswegs aufgezwungen (vgl. Heider 1926: 117f.). Die Bewegung der Kugel ist durch die Einheit der Kugel vorherbestimmt, d.h. das Anstoßen der Kugel setzt kein »Vielheitsgeschehen« (Heider 1926: 118) in Gang und deshalb ist die Kugel kein Medium.

etwas in einer bestimmten Situation als Ding erscheint oder als Medium fungiert, hängt von der relativen Kopplung der Elemente ab. Das bereits erwähnte Beispiel der Spuren im Sand vermag dies zu illustrieren. Einerseits nimmt Sand Fußspuren auf und dient gegenüber Füßen als Medium, doch andererseits sind die Elemente des Sands im Vergleich zu den Elementen der Luft strikt miteinander verkoppelt, so dass die Spuren im Sand im Medium der Luft als Ding sichtbar werden.

Vom heiderschen Medienkonzept, dessen Grundzüge hier nur skizziert wurden, übernimmt Luhmann die Idee der losen und strikten Kopplung (vgl. Luhmann 1986: 7; 1998: 198). Das mediale Substrat besteht aus einer Menge lose gekoppelter Elemente, die als Grundbausteine für Formen dienen. Formen bringen die Elemente des medialen Substrats in *Formation*, d.h. koppeln sie. Im Zustand strikter Kopplung wird Form erkennbar, wohingegen das mediale Substrat als Menge lose gekoppelter Elemente unsichtbar bleibt. Der Unterschied zwischen Medium und Form ist bei Luhmann ebenfalls relativ. Die Elemente eines Mediums können in einem anderen Medium als Form sichtbar werden.

Luhmanns Rekurs auf Heiders Konzept der losen und strikten Kopplung hat Martin Seel dazu veranlasst, die luhmannsche Medientheorie nicht ohne ironischen Unterton als *Legotheorie der Medien* zu bezeichnen (vgl. Seel 2000: 246). Bis zu einem gewissen Grad kann die Medium/Form-Unterscheidung tatsächlich in Analogie zu Legobaukästen erläutert werden. Legobausteine – verstanden als lose gekoppelte Elemente des medialen Substrats – stellen »eine offene Mehrheit möglicher Verbindungen« (Luhmann 1995: 168) dar.[77] Aus den verschiedenen Steinen können die unterschiedlichsten Dinge – oder Formen – konstruiert werden, wie z.B. Autos, Häuser, Raumschiffe etc., die sich als strikt gekoppelte Dinge vom medialen Substrat unterscheiden und somit als Form einen Unterschied machen.[78] Das mediale Substrat »Legostein« eröffnet in gleichem Maße Möglichkeiten zur Formbildung, wie es diese begrenzt:

---

77 | Es sei angemerkt, dass es sich um einen magischen Legobaukasten handeln müsse, da sich die Elemente eines Medium, wie Luhmann herausgestellt hat, nicht verbrauchen: »Das System operiert in der Weise, daß es das eigene Medium zu eigenen Formen bindet, ohne das Medium dabei zu verbrauchen« (Luhmann 1998: 197).

78 | Als lose gekoppelte Elemente stellen die Legosteine »eine offene Mehrheit möglicher Verbindungen« (Luhmann 1995: 168) dar. Unterscheidet man verschiedene Arten von Legosteinen, dann sind diese im Moment der Unterscheidung selbst Form, d.h. strikte Kopplung von Elementen eines anderen medialen Substrats. Koppelt man diese Steine zur Form »Würfel«, dann werden die verschiedenen Steine zum medialen Substrat dieser Form. Im Sinne der Medium/Form-Unterscheidung gibt es folglich kein Medium an sich, sondern stets nur Medien relativ zu Formen, was die These Luhmanns erklärt, es gäbe nicht nur keine Form ohne Medium, sondern auch kein Medium ohne Form (vgl. Luhmann 1998: 199).

»Die Unterscheidung von medialem Substrat und Form dekomponiert das allgemeine Problem der strukturierten Komplexität mit Hilfe der weiteren Unterscheidung von lose und strikt gekoppelten Elementen. Diese Unterscheidung geht davon aus, daß nicht jedes Element mit jedem anderen verknüpft werden kann; aber sie reformuliert das damit gestellte Selektionsproblem, bevor sie es behandelt, noch einmal durch eine weitere, vorgeschaltete Unterscheidung, um dann Formen (in diesem engeren Sinne strikter Kopplung) als Selektion im Bereich eines Mediums darstellen zu können.« (Luhmann 1998: 196)

Dieses Wechselspiel von Ermöglichung und Beschränkung ist zentral für die Medium/Form-Unterscheidung und soll als Beschreibungsperspektive in die Betrachtung medialer Konfigurationen Eingang finden.[79] Aus den einzelnen Steinen lässt sich z.b. ein Würfel formen, eine Kugel hingegen nicht. Hierbei handelt es sich um eine typische Erfahrung im Umgang mit Legosteinen. Die Form der verfügbaren Legosteine beschränkt die Möglichkeiten dieser Steine, als Medium für Formen zu dienen. Zudem können Legosteine nur auf eine gewisse Art miteinander verbunden werden. Durch den Ausschluss anderer Möglichkeiten der Verkopplung von Steinen eröffnen Legosteine ihren spezifischen Möglichkeitsraum für Formen, welche wiederum als Medium für weitere Formen dienen können.

Dies berührt einen zweiten wichtigen Aspekt der Medium/Form-Unterscheidung: Luhmann schlägt vor, das Verhältnis zwischen verschiedenen Medien im Rahmen dieser Unterscheidung zu denken und zu beschreiben. Ein Medium ist stets Medium für Formen, die wiederum zum Medium für andere Formen werden können. Infolgedessen stehen Medien bei Luhmann in einer Inklusions- und Stufenbeziehung zueinander, welche mit einer russischen Matrjoschka-Puppe vergleichbar ist. Öffnet man eine Matrjoschka-Puppe, enthält diese eine weitere, die wiederum eine Puppe enthält usf. Den Kern der Medien-Matrjoschka bildet bei Luhmann stets das »Universalmedium« (Luhmann 1998: 51) Sinn, dem als Medium insofern eine Sonderstellung zukommt, als es zugleich Form ist: »Sinn ist als Medium eine Form, die Formen konstituiert, damit sie Form sein kann« (Luhmann 1995: 174).[80] Es sei denn man betrachtet Sinn als Medium, dann hat man

---

79 | Der Vergleich der Medium/Form-Unterscheidung mit Legobaukästen lässt einen wichtigen Unterschied zu Heiders Medienkonzept offenkundig werden. Sind Ding und Medium bei Heider noch unterschiedliche Entitäten, deren Elemente relativ zueinander entweder strikt oder lose gekoppelt sind, so bestehen Medium und Form bei Luhmann aus denselben Elementen, wobei sich die Form gegenüber dem Medium aufgrund der strikteren Kopplung der Elemente durchsetzt und beobachtet werden kann. Allein der Grad der Kopplung ein und derselben Elemente bestimmt den Unterschied zwischen Medium und Form.

80 | Alle psychischen und sozialen Systeme operieren Luhmann zufolge mit Sinn und sie können die Grenze zum Unsinnigen nicht überschreiten (vgl. Luhmann 1998: 199). Vom Sinnlosen kann nur im Rahmen von Sinnoperationen gesprochen werden,

es der luhmannschen Theorie zufolge immer mit Medien im Plural zu tun, die in einer Reihe aufeinanderfolgender Medium/Form-Unterscheidungen unterschieden werden können. Ausgehend vom allgemeinen und unhintergehbaren Medium Sinn erscheinen Medien und Formen bei Luhmann als Reihe »einer sich endlos verschachtelnden Intermedialität« (Mersch 2010: 189). Es handelt sich um ein lineares Nacheinander von Medien und Formen und kein Nebeneinander verschiedener Vermittlungsdimensionen, weshalb es im Rahmen der luhmannschen Begriffe nicht möglich ist, mediale Transformationen als intramediale Rekonfigurationen zu beschreiben. Hierin besteht der zentrale Nachteil von Luhmanns Theorie. Indem er Form(en) zu einem Medium in Beziehung setzt, verengt er den Blick auf eine Vermittlungsdimension. Dass sich bei der Hervorbringung von Formen oder medialen Konstellationen gleichzeitig auf unterschiedlichen Ebenen vielfältige Vermittlungsprozesse vollziehen, kann im Rahmen der Medium/Form-Unterscheidung nicht beobachtet werden. Ebenso wie die in Medien erscheinenden Formen von Luhmann nur hinsichtlich des Geltungsaspekts thematisiert wurden, werden Medien als Ermöglichungsbedingungen für Formen nur in Bezug darauf betrachtet, wie sie Geltung ermöglichen. Als problematisch erweist sich dies bereits bei der medientheoretischen Auseinandersetzung mit Sprache und Schrift, die in einem komplexen Verhältnis zueinander stehen, welches die Medium/Form-Unterscheidung sprengt, wie Luhmanns eigene Analyse der Schrift zeigt. In dieser bleibt auf seltsame Weise unklar, wie Sprache und Schrift zueinander in Verbindung stehen.

Auf der einen Seite entwickelt Luhmann seine Beobachtungen zum Medium Schrift in Abgrenzung zum Medium Sprache, das als »Medium mündlicher Kommunikation« (Luhmann 1998: 249) entstanden ist. Hierbei vertritt er die These, dass es »keine Punkt-für-Punkt Äquivalenzen zwischen mündlicher und schriftlicher Kommunikation« (Luhmann 1998: 255) gibt. Demzufolge ist nicht die Repräsentation von sprachlichen Einheiten das Ziel der Schrift, sie leistet vielmehr eine »Neukonstruktion von Differenzen« (Luhmann 1998: 255). Auf der anderen Seite rekurriert Luhmann jedoch auch auf das Medium Sprache als Basis oder Grundlage von Schrift:

»Der Gebrauch der Schrift setzt mithin einen doppelten Einsatz der Unterscheidung von Medium und Form voraus. Im Anschluß an Sprache zunächst eine Menge von Schriftzeichen für noch unbestimmte, wenngleich regulierte Möglichkeiten der Kopplung, die als Medium für die Bildung von Texten dienen. Auf dieser ersten Stufe muß Schrift physikalisch funktionieren und bleibt der Destruktion ausgesetzt

---

d.h. die Unterscheidung zwischen Sinnvollem und Sinnlosem bedient sich des Mediums Sinn: [D]ie Sinnwelt ist eine vollständige Welt, die das, was sie ausschließt nur in sich ausschließen kann« (Luhmann 1998: 49). Die Rede vom Sinnlosen wird nicht bedeutungslos, sondern führt im Medium Sinn einen zweiten Sinnbegriff ein. Sinn in Opposition zum Sinnlosen meint dann »den Lebenssinn, der gemeinte Verlust ist ein Wertverlust« (Reese-Schäfer 1992: 35).

[...]. Auf der zweiten Stufe müssen sinnhaft verständliche Texte gebildet werden, die unterschiedliche Lesarten, unterschiedliche Möglichkeiten der Interpretation eröffnen.« (Luhmann 1998: 260)

Das Schriftmedium nimmt Anschluss an die Form der Sprache und unterscheidet sich zugleich von dieser. Daher stehen beide nicht in einem Inklusionsverhältnis zueinander, sondern überlappen sich auf unbestimmte Weise. Luhmann kann deshalb nicht umhin, bei Schrift die Gleichzeitigkeit zweier Medium/Form-Unterscheidungen zu propagieren, ohne jedoch genau zu erklären, wie diese aneinander anschließen. Diese Unschärfe ist der Tatsache geschuldet, dass es im Rahmen des medientheoretischen Vokabulars Luhmanns nicht möglich ist, das gleichzeitige Nebeneinander und Ineinander verschiedener Weisen der Vermittlung zu beschreiben.

An diesem Problempunkt setzt der Begriff der medialen Konfiguration ein, der Formen respektive medialen Konstellationen nicht ein Medium gegenüberstellt, sondern eine mediale Konfiguration, in der sich stets unterschiedliche Mittelbarkeiten überlagern und wechselseitig bedingen. Das gleichzeitige In- und Nebeneinander verschiedener Vermittlungsprozesse, auf das der Begriff der medialen Konfiguration reagiert, zeigt sich, wie Uwe Wirth in seiner vergleichenden Betrachtung von Heiders Medienkonzeption und Charles Sanders Peirce' Zeichentheorie herausgearbeitet hat, bereits auf der Ebene medialer Konstellationen. Seines Erachtens überlagern sich in Zeichen mindestens zwei Formen der Vermittlung:

»Das Zeichen ist als Vermitteltes die Schnittstelle zweier Formen der Vermittlung. Genauer gesagt: Das Zeichen ist eine Übergangszone zwischen der Vermittlung im Sinne Heiders (Vermittlung als *Medium*) und der Vermittlung im Sinne von Peirce (Vermittlung als *Mediation*).« (Wirth 2008a: 231)

Entsprechend der hier vorgeschlagenen Terminologie kann das Wort *Zeichen* in dem Zitat durch *mediale Konstellation* ersetzt werden.[81] Denn Zeichen bilden nur in konkreten Zeichenprozessen eine Schnittstelle zwischen den beiden Vermitt-

---

81 | Im Zeichenbegriff von Peirce findet Wirth eine erste Form der Vermittlung: »Das Zeichen vermittelt zwischen einem Objekt und einem interpretierenden Gedanken, der seinerseits ebenfalls den Charakter eines Zeichens hat. Damit das interpretierende Zeichen als Interpretant fungieren kann, muss es durch ein vermittelndes Zeichen so determiniert worden sein, dass der Interpretant in ›derselben triadischen Relation auf das Objekt‹ steht wie das vermittelnde Zeichen. Der Interpretant gewinnt seine Erklärungskraft also dadurch, dass seine Beziehung zum Zeichen analog konfiguriert ist wie die Beziehung zwischen Zeichen und Objekt« (Wirth 2008a: 229f.). Die *Mediation*, welche das Zeichen zwischen Objekt und interpretierendem Gedanken leistet, beruht, wie Wirth im Anschluss an Peirce darlegt, auf einer strukturellen Ähnlichkeit, die in dem von Heider beschriebenen physika-

lungsebenen, d.h. genau dann, wenn in medialen Konstellationen Geltung auf eine
bestimmte Weise verkörpert und damit wahrnehmbar gemacht wird. Demzufolge
überlagern sich in medialen Konstellationen mindestens zwei Vermittlungsprozesse, zwischen denen es Wirth zufolge »eine grundsätzliche Differenz gibt« (Wirth
2008a: 230). Auch wenn oder gerade weil die beiden Formen der Vermittlung nicht
aufeinander zurückgeführt werden können, sind sie in medialen Konstellationen
stets miteinander verwoben und sollten daraufhin befragt werden, wie sie sich
wechselseitig bedingen. Wird die andere Seite der artikulierten und kommuni-
zierten Inhalte nicht als einheitliches Medium, sondern als mediale Konfiguration
begriffen, dann können diese Interdependenzen und Interferenzen thematisiert
werden. Mediale Konfigurationen schreiben sich auf unterschiedliche Weise in die
Artikulation, Verkörperung, Interpretation, Handhabung, Verarbeitung etc. von
medialen Konstellationen ein und beeinflussen diese in vielfältigen Hinsichten.

Gebräuchlich ist der Begriff der medialen Konfiguration bereits in der Interme-
dialitätsforschung. Als mediale Konfiguration werden hier die Inszenierungs-
formen bezeichnet, »bei denen bestimmte technische Verfahren und Darstellungs-
weisen eines Mediums im Rahmen eines anderen Mediums imitiert werden«
(Wirth 2006b: 29). Die Thematisierung medialer Konfigurationen lenkt den Blick
auf die intermediale Verschränkung technischer Dispositive, Verfahren, Zeichen-
systeme etc. in konkreten Kommunikationssituationen. Implizit vorausgesetzt wird
hierbei die Unterscheidbarkeit bzw. Verschiedenheit einzelner Medien. Wie bereits
diskutiert wurde, erweist sich die Differenzierung von Medien auf der Grundlage einer Mediendefinition jedoch als problematisch, weshalb vorgeschlagen
wird, den Begriff der medialen Konfiguration eine Ebene niedriger anzusetzen,
um Medien als gewordene und historisch wandelbare Konfigurationen zu beschreiben, die sich in unterschiedlichen Hinsichten (Ausdrucksmittel, Technologie,
Materialität, Institutionalisierung usw.) verändern und transformieren können.
Medien sind diesem Verständnis zufolge nicht begrifflich-systematisch, sondern
nur empirisch-genetisch als mehr oder minder gefestigte mediale Konfigurationen
zu unterscheiden, die allenfalls temporär eine Spezifik ausbilden, auf die in intermedialen Imitationsspielen Bezug genommen werden kann.[82] Intermedialität ist demzufolge nur im Horizont der fragilen Stabilität medialer Konfigurationen denk- und
beobachtbar.

Wird das Andere medialer Konstellationen als mediale Konfiguration begriffen,
dann ist die Frage nebensächlich, ob beispielsweise der Raum, die Sprache, der
Computer oder die Datenbank Medien sind oder nicht. Vielmehr gilt es diese
als Bestandteile einer medialen Konfiguration zu begreifen, die daraufhin zu
befragen sind, wie sie die Hervorbringung von sowie den Umgang mit medialen

---

lischen Vermittlungsprozess nicht existiert. Demnach ist davon auszugehen, dass
sich in Zeichen zwei Formen der Vermittlung überlagern (vgl. Wirth 2008a: 230).

82 | Intermedialität spielt demzufolge nicht mit Medien, sondern mit kontingenten
Erfahrungs- und Erwartungsmustern bezüglich medialer Konfigurationen.

Konstellationen bedingen. Das Ziel der Auseinandersetzung mit medialen Konfigurationen ist die Beschreibung des Möglichkeitsraums, den diese aufspannen.
Hierbei geht es nicht nur darum zu beobachten, was gesagt werden kann bzw.
welche Unterscheidungen getroffen werden können, sondern auch, wie mediale
Konstellationen hervorgebracht werden, wie sie distribuiert werden und wie an
verschiedenen Orten und Zeiten an diese angeschlossen werden kann. Kurzum: Es
stellt sich die Frage, wie sich mediale Konfigurationen in unsere kommunikative
Welt einschreiben und wie sich diese auf verschiedenen Ebenen verändert.

Die Sinndimension, welche als das entscheidende Kriterium identifiziert wurde,
anhand dessen der Bereich des Medialen von dem des Außermedialen unterschieden
werden kann, erscheint hierbei als ein – wenn auch herausragender – Aspekt unter
anderen. Die Betrachtung medialer Konfigurationen widersteht der Gefahr, die
Frage nach Medialität auf die transzendentalen Bedingungen der Möglichkeit von
Kommunikation engzuführen, ohne zugleich einem undifferenzierten Wildwuchs
von Medien anheimzufallen. Sie ermöglicht es, sich bis zu einem gewissen Grad von
den mannigfaltigen Bedeutungen zu entfernen, welche in medialen Konstellationen
verkörpert werden, um verschiedene Faktoren freizulegen, die im Prozess der Vermittlung das Vermittelte bedingen. Zu fragen ist hierbei auch, wie Geltung, verstanden als artifizielle Selbigkeit, auf unterschiedlichen Ebenen hervorgebracht respektive stabilisiert wird. Eine Anschlussmöglichkeit bietet unter anderem Michel
Foucaults Wissensarchäologie, in der die Artikulation sprachlichen Sinns von
der Äußerung von Aussagen unterschieden wird.[83] Selbigkeit ist nicht nur auf der
Ebene des Sinns möglich, sondern auch auf der Ebene von Aussagen, deren Identität
Foucault in Hinsicht auf die Wiederholbarkeit von Aussagen diskutiert. Sein
Interesse gilt der »Regelung *wiederholbarer Materialität*« (Foucault 1981: 149), wobei
wiederum infrage steht, wie die Identität von Aussagen jenseits aller Unterschiede,
die beispielsweise zwischen unterschiedlichen Auflagen oder Ausgaben eines Buchs
bestehen, gewährleistet wird:

»[S]ie [die Unterschiede, M.B.] werden alle in dem allgemeinen – selbstverständlich
materiellen, aber gleichzeitig institutionellen und ökonomischen – Element des
›Buches‹ neutralisiert: ein Buch ist unabhängig von den verschiedenen dafür
benutzten Substanzen ein Platz exakter Äquivalenz für die Aussagen und ist für sie
eine Instanz der Wiederholung ohne Veränderung ihrer Identität.« (Foucault 1981:
149)

Gewährleistet wird die Äquivalenz oder Identität der Aussagen nicht durch die stoff-
liche oder physische Identität, sondern durch ein »komplexe[s] System von materi-

---

83 | Einen weiteren möglichen Anknüpfungspunkt stellt Bruno Latours Konzept der
immutable mobiles dar, welches (Wissenschafts-)Dinge bezeichnet, »die *mobil*, aber
auch *unveränderlich*, *präsentierbar*, *lesbar* und miteinander *kombinierbar* sind« (Latour 2006: 266).

ellen Institutionen« (Foucault 1981: 150). Die Trennung von Genesis und Geltung ist für Foucault kein überzeitlicher Effekt eines Mediums, dem etwas Magisches anhaftet, sondern wird auf unterschiedlichen Ebenen nach unterschiedlichen Regeln hervorgebracht und stabilisiert. Auch wenn im Anschluss an Wiesing nur im Bereich des Medialen die Unterscheidung von Genesis und Geltung notwendig und sinnvoll ist, wird nicht immer auf dieselbe Weise zwischen diesen unterschieden. Dies zeigt sich bereits, wenn man Werke der bildenden Künste mit denen der Literatur vergleicht. Während gemeinhin ein Unterschied gemacht wird, ob man Gemälde im Original oder als Druck betrachtet, ist dies bei Romanen irrelevant. Bücher unterliegen in diesem Zusammenhang anderen Regeln von artifizieller Selbigkeit als Gemälde.

Zusammenfassend ist festzuhalten: Mediale Konfigurationen bezeichnen die Seite des Mediums in der Struktur Inhalt/Medium. Sie werden jedoch weder mit Ausdrucksmitteln noch mit Technologien oder Werkzeugen noch mit Wahrnehmungsmodalitäten noch mit Institutionen gleichgesetzt. Im Gegenteil wird davon ausgegangen, dass sich diese Aspekte in medialen Konfigurationen stets überlagern und wechselseitig beeinflussen. Eine Konsequenz daraus ist, dass nicht die Zuschreibung »X ist ein Medium« die medienwissenschaftliche Auseinandersetzung mit bestimmten Untersuchungsgegenständen legitimieren kann. Die jeweils eingenommene Untersuchungsperspektive muss vielmehr an die Struktur Inhalt/ Medium zurückgebunden werden, sowie an die Modi der Artikulation, der Verkörperung und des Umgangs mit Geltung, über die mediale Konstellationen verfügen.

Computer

Zwischen Oberfläche und Tiefe

»A computer is a strange type of machine.«
WARDRIP-FRUIN 2009: 1

Computer sind, wie Noah Wardrip-Fruin pointiert festgestellt hat, sonderbare Maschinen. Ihr Zweck besteht darin, offen für Zwecke zu sein, die ihnen in Form von Programmen gegeben werden. Im programmierenden Gebrauch eröffnen Computer einen nahezu universellen Möglichkeitsraum optionaler Funktionen.[1] Als programmierte Maschinen sind Computer hingegen stets auf spezifische Funktionalitäten und Gebrauchsformen festgelegt, welche die medialen Praktiken mit Computern rahmen.[2] Doch auch auf dieser Ebene des gebrauchenden Umgangs eröffnen sie einen Möglichkeitsraum vielfältiger Handlungsoptionen zur Artikulation, Handhabung, Verarbeitung und Distribution medialer Konstellationen. Hierin besteht eine, wenn nicht sogar die Herausforderung für das medientheoretische Denken über Computer. Sie entziehen sich nicht nur einer eindeutigen Funktionszuschreibung, vielmehr kann nahezu alles, was *mit, durch* und *in* Computern getan wird, auf unterschiedliche Weise getan werden.

Wenn die Bildbearbeitungssoftware *Adobe Photoshop* ihren Nutzern mehrere Werkzeuge zur Verfügung stellt, um ein und dieselbe Funktion zu erfüllen, wird nicht nur die erwähnte Variabilität offensichtlich, sondern auch zwei grundlegend verschiedene Strategien, wie der nutzerseitige Umgang mit medialen Kon-

---

1 | Zum Wechselverhältnis von programmierenden Gebrauch und gebrauchenden Umgang siehe Burkhardt (2011).

2 | Der Begriff des Rahmens wurde von Gregory Bateson eingeführt und von Ervin Goffman aufgegriffen (vgl. Bateson 1985a; Goffman 1977 [1974]). Rahmen im Sinne Goffmans bezeichnen Erfahrungs- und Interpretationsschemata, die Situationen definieren und infolgedessen bestimmen, was im Rahmen eines Rahmens vor sich geht (vgl. Goffman 1977 [1974]: 19). Auf den Kontext digitaler Medientechnologien gewendet lenkt die Frage nach Rahmungen den Blick auf die Art und Weise, wie der Umgang mit Computer durch Softwareanwendungen beeinflusst wird.

stellationen im Computer gestaltet werden kann. Die Werkzeugpalette von *Photo-shop* stellt den Nutzern der Software neben dem *Pfadzeichenwerkzeug* auch einen *Zauberstab* zu Verfügung. Beide erlauben es den Nutzern, auf unterschiedliche Weise dasselbe mit Bildern zu tun. Sie dienen dazu, Bildobjekte zu markieren, um diese gezielt weiterzubearbeiten.[3] Der *Zauberstab* – der Name des Werkzeuges gibt bereits einen Hinweis – macht sich die Magie des Computers zunutze: Der Nutzer muss das zu markierende Bildobjekt nur anklicken und der Computer berechnet wie von Zauberhand die Umrisse des Objekts. Hierbei kommen Algorithmen zur Berechnung der Grenzen von Objekten zum Einsatz. Gerechnet werden kann nur mit Zahlen und so vollzieht sich diese Form der Objekterkennung auf der Ebene der binären Repräsentation des Bildes. Die Faustregel lautet: zusammenhängende Flächen mit gleicher oder ähnlicher Farbigkeit gehören zu einem Objekt. Das *Pfadzeichenwerkzeug* hingegen folgt einer anderen Logik. Hierbei wird sich nicht auf den Zauber des Computers, sondern auf die Fähigkeit des Nutzers zur Gestalterkennung verlassen. Mit Hilfe des Pfadwerkzeugs umrandet der Nutzer das zu markierende Objekt an der Benutzeroberfläche des Computerdisplays. Anders als in der Tiefe des Computers, welche der Logik der Berechnung folgt, operieren Nutzer an der Oberfläche nach ihrer eigenen Phänomeno-Logik.

Auch wenn die Möglichkeit zur programmgesteuerten Automatisierung bestimmter Funktionen als das spezifisch Neue an digitalen Medientechnologien erscheint, darf sich eine medientheoretische Analyse von Computern nicht auf diesen Aspekt beschränken bzw. die Leistung von Computern hierauf verkürzen. Wie das Beispiel aus dem Bereich der Bildbearbeitung zeigt, gilt es im Gegenteil der Tatsache Rechnung zu tragen, dass *mit* und *in* Computern technische und menschliche Verfahren der Auswertung respektive Interpretation von medialen Konstellationen auf unterschiedliche Weisen miteinander verschaltet und aneinander angeschlossen werden können. Soll beschrieben werden, wie Computer die kommunikative Welt verändern, greift eine rein technische Beschreibung von Computern ebenso zu kurz, wie eine Analyse, die ausschließlich die Benutzeroberflächen (Interfaces, Präsentationsformen medialer Konstellationen) thematisiert, die den Nutzern und ihren medialen Praktiken zugewandt sind. Hierauf hat Luhmann in seinen kurzen und in der Medienforschung bisher kaum beachteten Bemerkungen zu den elektronischen Medien hingewiesen. Darin fragt er, wie Computer zwischen der Benutzeroberfläche und den unsichtbar ablaufenden technischen Prozessen vermitteln (vgl. Luhmann 1998: 302ff.).[4] In dieser Hinsicht stellt der luhmannsche Ansatz eine

---

3 | Der Terminus *Bildobjekt* schließt an den im Kapitel »Medium« (S. 44ff.) eingeführten Sprachgebrauch an und bezeichnet die phänomenal im Bild erscheinenden Objekte.

4 | Vor einem medienwissenschaftlichen Hintergrund hat Christoph Ernst verschiedentlich auf die luhmannsche Theorie des Computers rekurriert (vgl. Ernst 2008a; Bauer/Ernst 2010: 164f.). Im Kontext der Soziologie wurde der Ansatz Luhmanns bereits ausführlicher diskutiert (vgl. Esposito 1993, 2001, 2002; Baecker 2001).

neuartige und anschlussfähige Perspektive auf Computer dar, die im Folgenden nicht nur rekonstruiert, sondern auch konkretisiert werden soll. Darauf aufbauend wird es möglich, Spielräume zu beschreiben, die digitale Medientechnologien eröffnen.

PHÄNOMENO-TECHNISCHE KONFIGURATIONEN

Luhmann wusste, wie im vorangegangenen Kapitel deutlich geworden ist, einiges über Medien zu sagen.[5] Nicht zuletzt weil Medien einen zentralen Eckpfeiler in seinem systemtheoretischen Theoriegebäude darstellen, hat er sich ihnen immer wieder aufs Neue zugewandt. Dass gerade auch medientechnische Neuerungen, wie beispielsweise die Erfindung der Schrift oder des Buchdrucks, tiefgreifende gesellschaftliche Veränderungen nach sich ziehen, da sie die Bedingungen von Kommunikation transformieren, hat Luhmann immer wieder betont und in verschiedenen Kontexten analysiert (vgl. Luhmann 1991: 28f.; 1998: 249ff.). Zu den digitalen Informations- und Kommunikationstechnologien hat sich Luhmann hingegen nur zurückhaltend geäußert. Aus heutiger Sicht scheint dies bemerkenswert, begannen sich doch die von Computern evozierten Veränderungen der kommunikativen Welt spätestens seit den 1980er Jahren abzuzeichnen.

Mehrere Gründe können für Luhmanns Zurückhaltung, sich dem Computer medientheoretisch zuzuwenden, angeführt werden. Erstens stand Luhmann dem Computer persönlich skeptisch gegenüber. Dies merkt Dirk Baecker in einem 2001 erschienenen Aufsatz an: »Niklas Luhmann traute dem Computer nicht über den Weg« (Baecker 2001: 597). Insbesondere habe sich Luhmann um die Störanfälligkeit des Computers gesorgt, weshalb er bis zu seinem Tod 1998 auf die Nutzung eines Computers bei seiner Arbeit verzichtete. Texte schrieb er weiterhin auf einer Schreibmaschine und auch seinen berühmten Zettelkasten führte er bis zuletzt handschriftlich fort (vgl. Baecker 2001: 597). Das epistemologische Problem, mit dem sich Luhmann zweitens konfrontiert sah, ist von ungleich größerem Gewicht. Zwar zeichnete sich bereits ab, dass der Computer Einfluss auf die Gesellschaft haben würde. Aber diese Veränderungen hatten sich noch nicht vollzogen, weshalb sie Luhmann, seinem Selbstverständnis als Soziologe folgend, auch noch nicht analysieren konnte, da die Soziologie »nur auf bereits erkennbare gesellschaftliche Tatsachen reagieren« (Luhmann 1998: 311) könne.

Dem selbstauferlegten Spekulationsverbot wurde Luhmann jedoch nicht gerecht, denn trotz seiner persönlichen Vorbehalte traute er dem Computer einiges, wenn nicht sogar alles zu. In *Die Gesellschaft der Gesellschaft* formuliert Luhmann die Vermutung, dass der Computer eine mögliche Alternative zur strukturellen Kopplung

---

5 | Siehe hierzu die Rekonstruktion der Medium/Form-Unterscheidung im Kapitel »Medium«, S. 62ff.

von Bewusstsein und Kommunikation darstellt (vgl. Luhmann 1998: 117).[6] Obwohl Luhmann dies eher beiläufig erwähnt, darf die Sprengkraft dieser Aussage für die Systemtheorie nicht unterschätzt werden, denn in seiner Konsequenz würde man »den Begriff der Kommunikation selbst in noch nicht voraussehbarer Weise – also praktisch die Grundlage der Theorie sozialer Systeme – ändern müssen« (Esposito 2001: 243).[7] Zu einem ähnlichen Schluss kommt Baecker, wenn er feststellt, »daß kein Phänomen die Gesellschaftstheorie Luhmanns auf eine härtere Probe stellt als der Computer« (Baecker 2001: 600). Angesichts der antizipierten Überschreitung der Systemtheorie durch den Computer sah sich Luhmann, wie Esposito anmerkt, »keinesfalls dazu veranlaßt, die Gesellschaftstheorie neu zu schreiben« (Esposito 2001: 244). Vielmehr bemühte er sich in seinen knappen Bemerkungen zu den elektronischen Medien darum, eine medientheoretische Perspektive auf den Computer zu entwickeln, die diesen »*innerhalb* des Analyserahmens der Systemtheorie« (Ernst 2008a: 190) situiert.

Der Computer nimmt in der Gesellschaftstheorie Luhmanns demzufolge eine doppelte Stellung ein. Auf der einen Seite bringen die digitalen Medien die Theoriearchitektur der Systemtheorie ins Wanken, weil durch diese eine Revision des für die Systemtheorie grundlegenden Kommunikationsbegriffs notwendig scheint. Auf der anderen Seite dient der Computer der Stabilisierung von Luhmanns Theorie, indem er als »eine neue Ebene der Selbstirritation der Kommunikation« (Ernst 2008a: 190) begriffen wird.[8] Auf dieser zweiten Ebene eröffnen Luhmanns Ausführungen zur

---

6 | Bewusstsein und Kommunikation konstituieren nach Ansicht Luhmanns operativ geschlossene Systeme, die aneinander gekoppelt werden müssen: »Es gibt keine nicht sozial vermittelte Kommunikation von Bewußtsein zu Bewußtsein, und es gibt keine Kommunikation zwischen Individuum und Gesellschaft. [...] Nur ein Bewußtsein kann denken (aber eben nicht in ein anderes Bewußtsein hinüberdenken), und nur die Gesellschaft kann kommunizieren« (Luhmann 1998: 105). Die Verbindung abgeschlossener Systeme nennt Luhmann im Anschluss an Maturana *strukturelle Kopplung*, welche es ermöglicht, dass Systeme an ihre Umwelt angeschlossen werden können: »Über strukturelle Kopplung kann ein System an hochkomplexe Umweltbedingungen angeschlossen werden, ohne deren Komplexität erarbeiten oder rekonstruieren zu müssen. Wie man an der physikalischen Schmalspurigkeit von Augen und Ohren erkennen kann, erfassen strukturelle Kopplungen immer nur einen extrem beschränkten Ausschnitt der Umwelt« (Luhmann 1998: 107).

7 | Kommunikation ist für Luhmann die Grundoperation von sozialen Systemen und dient infolgedessen als Grundbegriff der systemtheoretischen Gesellschaftstheorie (vgl. Luhmann 1999: 191ff.). Wenn der Begriff der Kommunikation unter den Bedingungen digitaler Medientechnologien verändert werden muss, dann besteht die Gefahr, dass die Gesellschaftstheorie Luhmanns ihr Fundament verliert.

8 | Diese doppelte Einstellung Luhmanns gegenüber dem Computer lässt sich Ernst zufolge als die Differenz von Neuem und Neuartigem begreifen: »Die medientheoretische Reflexion auf den Computer bewegt sich im Rahmen einer meta-

Medialität des Computers interessante Anknüpfungspunkte, und zwar nicht nur für eine systemtheoretische Analyse des Computers, sondern auch für eine dem systemtheoretischen Vokabular nicht streng verpflichtete medientheoretische Auseinandersetzung mit dem Computer im Allgemeinen und mit digitalen Datenbanken im Besonderen.

Dass sich auf den knapp zehn Seiten, die Luhmann der systematischen Auseinandersetzung mit dem Computer widmet (vgl. Luhmann 1998: 302ff.), allenfalls der Ansatz zu einer »rudimentären Theorie des Computers« (Bauer/Ernst 2010: 164) findet, darf dabei nicht überraschen. Dennoch ist die von Luhmann vorgeschlagene Perspektive auf den Computer medientheoretisch überaus anschlussfähig, da er eine mediale Topologie des Computers entwickelt, die sich als zentral für die medientheoretische Reflexion digitaler Datenbanken erweisen wird. Jedoch kann dieser Ansatz allenfalls zum Ausgangspunkt genommen werden, um hierauf aufbauend eine »beobachtende Sprachfähigkeit« (Faßler 2002: 21) über Computer sowie über Datenbanken zu entwickeln.

Skizze einer medialen Topologie des Computers

Die systematische Hinwendung Luhmanns zum Computer zielt darauf ab, ihn als Medium zu beschreiben und darzulegen, was das Neue an diesem Medium ist.[9] Hierbei sieht er sich mit zwei metatheoretischen Problemen konfrontiert. Einerseits handelt es sich um die Frage, inwiefern eine solche Analyse des Computers mit der soziologischen Maxime der Beschreibung gesellschaftlicher Tatsachen in Einklang gebracht werden kann. Andererseits fragt er sich, von welchem Standpunkt der Computer in den Blick zu nehmen ist.

Dem ersten Problem begegnet Luhmann mit einer Einschränkung des eigenen Erklärungsanspruchs. Zwar ließen sich die Folgen der Computerisierung der Gesellschaft noch nicht analysieren, dennoch sei es möglich, die neuen medialen Strukturen zu beschreiben, die der Computer eröffnet: »Die Konsequenzen kann man gegenwärtig noch nicht abschätzen, aber die Strukturen der Neuerungen lassen sich beschreiben« (Luhmann 1998: 302). Legitimiert Luhmann hiermit seine medientheoretische Auseinandersetzung mit dem Computer, präzisiert er in einem zweiten Schritt jene Neuerungen. Dies weist in Richtung seiner zweiten metatheoretischen Frage nach der Perspektive, die auf den Computer einzunehmen ist.

---

phorischen Vorprägung durch die Differenz zwischen Neuem (als etwas von einer Ordnung/ einem Paradigma einholbarem) und Neuartigem (als etwas nicht mit einer Ordnung/ einem Paradigma kompatiblem)« (Ernst 2008a: 179).

9 | Entsprechend der im Kapitel »Medium« eingeführten Terminologie sind Computer nicht als Medien anzusprechen, sondern als Teil einer medialen Konfiguration zu analysieren. Da es an dieser Stelle um die Rekonstruktion von Luhmanns Auseinandersetzung mit Computern geht, sei nur darauf hingewiesen, dass die Bezeichnung des Computers als Medium streng genommen problematisch ist.

Luhmanns Antwort fällt hier ausführlicher aus, da er nicht nur darum bemüht ist darzustellen, was genau ihn am Computer medientheoretisch interessiert, sondern auch aufzeigen möchte, welchen Problemen und Fragen er sich nicht zuwenden wird. Relativ uninteressant erscheint ihm der Vergleich von Computern mit dem Bewusstsein und die sich daran anschließende Frage, ob es möglich sei, dass Erstere die Leistung des menschlichen Gehirns übertreffen könnten. Ebenso erscheint ihm die Frage, »ob und wie weit Computer die gesellschaftskonstituierende Leistung der *Kommunikation* ersetzen oder überbieten können« (Luhmann 1998: 303) als »Nebenproblem« (Luhmann 1998: 304).[10] Obwohl der Vergleich von Computer und Bewusstsein sowie Computer und Kommunikation legitime Forschungsperspektiven eröffnen, gilt Luhmanns Interesse der Frage, »wie es sich auf die gesellschaftliche Kommunikation auswirkt, wenn sie durch computervermitteltes Wissen beeinflußt wird« (Luhmann 1998: 304). Was ihm dabei vorschwebt, sind »weltweit operierende, konnexionistische Netzwerke des Sammelns, Auswertens und Wiederzugänglichmachens von Daten [...], die themenspezifisch, aber nicht räumlich begrenzt operieren« (Luhmann 1998: 304). Den thematischen Fokus seiner Analyse legt Luhmann, wie Baecker treffend herausstellt, auf den »vernetzte[n] Computer als Wissensdatenbank« (Baecker 2001: 598), d.h. er betrachtet die digitalen Informations- und Kommunikationstechnologien hinsichtlich ihres Vermögens, Informationen und Wissen zu versammeln, diese zu verwalten, zu verarbeiten und zirkulieren zu lassen. Insofern lässt sich der luhmannsche Ansatz nicht nur als Medientheorie des Computers begreifen, sondern auch als dezidierter Beitrag zu einer Medientheorie digitaler Datenbanken verstehen. Bemerkenswert an Luhmanns Auseinandersetzung mit digitalen Medientechnologien ist, dass die von ihm entwickelte Perspektive auf produktive Weise quer zu gängigen medientheoretischen Positionen zum Computer liegt.[11]

Wie bedingen Computer das Sammeln, Auswerten und den Zugriff auf Information? Obwohl Luhmann zunächst konstatiert, dass die »eigentlich folgenreiche Veränderung in der Erfindung und Entwicklung elektronischer Maschinen

---

10 | Ebenso wenig interessiert Luhmann der Computer aus einer rein technologischen Perspektive, d.h. aus einer Perspektive, die der Kommunikation äußerlich bleibt. Ist im Kontext der luhmannschen Medientheorie von technischen Verbreitungsmedien die Rede, dann werden diese gerade nicht als Technologien betrachtet, sondern als Medien für Formen, d.h. Medientechnologien sind für Luhmann in vielerlei Hinsicht medientheoretisch uninteressant. In diesem Sinne ist ein Hinweis Luhmanns in *Die Wissenschaft der Gesellschaft* zu verstehen, in dem er darlegt, worauf der Medienbegriff seines Erachtens nicht abzielt: »Auch meinen wir nicht übertragungstechnische Einrichtungen irgendwelcher Art, zum Beispiel Drähte oder Funkwellen« (Luhmann 1992: 181).

11 | Wie im weiteren Verlauf des Kapitels zu zeigen sein wird, läuft die Oberfläche/ Tiefe-Topologie der einseitigen Betrachtung von Interfaces sowie der Fetischisierung der technischen Tiefe des Computers entgegen.

der Informationsverarbeitung zu liegen« (Luhmann 1998: 305) scheint, reicht ihm diese Feststellung nicht aus, um die kommunikativen Möglichkeiten des Computers zu begründen. Das mediale Potenzial der regelgeleiteten Informationsverarbeitung entfaltet sich seines Erachtens im Rahmen einer für den Computer charakteristischen medialen Topologie:

> »Vor allem aber ändert der Computer, verglichen mit dem, was in der Tradition über Religion und Kunst definiert war, das Verhältnis von (zugänglicher) Oberfläche und Tiefe. [...] Die Oberfläche ist jetzt der Bildschirm mit extrem beschränkter Inanspruchnahme menschlicher Sinne, die Tiefe dagegen die unsichtbare Maschine, die heute in der Lage ist, sich selbst von Moment zu Moment umzukonstruieren, zum Beispiel in Reaktion auf Benutzung. Die Verbindung von Oberfläche und Tiefe kann über Befehle hergestellt werden, die die Maschine anweisen, etwas auf dem Bildschirm oder durch Ausdruck sichtbar zu machen. Sie selbst bleibt unsichtbar.« (Luhmann 1998: 304)

Zur Konzeptualisierung des Computers schlägt Luhmann vor, zwischen der phänomenal zugänglichen medialen Oberfläche und der unsichtbaren Tiefe des Computers zu unterscheiden, welche durch Befehle miteinander verkoppelt werden müssen.[12] Die Seite der Oberfläche kann als die Ebene der *Interfaces* betrachtet werden, wohingegen der Begriff der Tiefe auf die Seite der technischen Daten- und Informationsverarbeitung Bezug nimmt, die unsichtbar für die Nutzer im Computer ablaufen.[13] Mit der Unterscheidung von Oberfläche und Tiefe beschreibt Luhmann die mediale Topologie des Computers, welche im Anschluss an ihn als Beobachtungs- und Analyseschema für die Beschreibung medialer Praktiken mit dem Computer fruchtbar zu machen ist. Für Luhmann ist in diesem Zusammenhang nicht nur die Differenzierung zweier Ebenen zentral, auf denen mit Formen respektive medialen Konstellationen operiert wird, sondern auch die Frage, in welchem Verhältnis diese beiden Ebenen zueinander stehen.

Das im Computer realisierte Oberfläche/Tiefe-Verhältnis setzt Luhmann in Differenz zu der Art und Weise, wie dieses »in der Tradition über Kunst und Religion definiert war« (Luhmann 1998: 304). Die hierbei verfolgte argumentative Strategie ist offenkundig. Luhmann will das im Computer realisierte Verhältnis von Oberfläche und Tiefe *ex negativo* bestimmen, wobei er jedoch in problematischer

---

12 | Die in der Tiefe operierende Maschine braucht zumindest den Befehl, ein bestimmtes Programm zu starten, sodass dieses dann ggf. auch automatisiert ablaufen kann. In diesem Sinne ist bereits das Anschalten des Computers als Befehl zu betrachten, der die Initialisierung der Hardware und den Start des Betriebssystems zur Folge hat.

13 | Die Begriffe Daten und Information bleiben in diesem Kapitel noch weithin unbestimmt. Im Kapitel »Banken, Basen, Reservoirs« wird die Bedeutung der Begriffe ausführlich diskutiert, S. 187ff.

Weise auf Kunst und Religion als Kontrastfolie anspielt, ohne genau zu erläutern, wie das Oberfläche/Tiefe-Verhältnis seines Erachtens in diesen Bereichen bestimmt wurde. Diffizil ist dies nicht zuletzt deshalb, weil die Oberflächen- und Tiefenmetaphorik eine lange Geschichte hat, die erstens über die von Luhmann erwähnten Traditionen hinausweist und in deren Verlauf zweitens das Verhältnis dieser beiden Ebenen zueinander immer wieder neu bestimmt wurde.[14] Infolge des platonischen Idealismus ließen sich Philosophie und Wissenschaften Thomas Rolfs metapherngeschichtlicher Analyse zufolge »bald zu einem Enthusiasmus der Tiefe, bald dagegen zu einem ›Lob der Oberflächlichkeit‹ hinreißen« (Rolf 2007: 460).[15] Die relationale Bestimmung der Oberflächen- und Tiefenmetaphorik basiert dabei auf einer »Wertpolarisierung« (Rolf 2007: 461), die entweder als Tiefen- oder als Oberflächenorientierung zum Ausdruck kommt.

Daher erweist sich der Verweis auf Kunst und Religion als relativ wenig aussagekräftig, um das Verhältnis von Oberfläche und Tiefe im Computer präzisieren. Den einzigen vagen Anknüpfungspunkt bietet folgende kurze Erläuterung Luhmanns: »Es geht nicht mehr um die Lineaturen, die eine Weissagung ermöglichen, und nicht mehr um Ornamente, die Bedeutungen unterstreichen« (Luhmann 1998: 304). Diesem erklärenden Hinweis zufolge ging es in Religion und Kunst gewöhnlich darum, Einsicht in eine hinter den wahrnehmbaren Erscheinungen liegende Wahrheit (eine tiefere Bedeutung, den Willen Gottes, kommende Ereignisse etc.) zu erlangen (siehe auch Baecker 2001: 599). Ausgehend von der Oberfläche sucht man in der Kunstbetrachtung und der religiösen Weissagung nach einer bedeutsamen Tiefe. Die Erscheinungen an der Oberfläche dienen als Anzeichen, die in eine bestimmte Tiefe weisen.[16] Es ist in diesem Zusammenhang unerheblich, ob Luhmanns

---

14 | Weiterer Gebrauchskontext der Oberflächen und Tiefenmetaphorik ist die Philosophie: »Die Metapher der Tiefe ist seit den Anfängen im Diskurs der Philosophie verankert – so fest, daß man beinahe von einer Wahlverwandtschaft zwischen philosophischer Reflexion und geistigem Tiefgang [...] sprechen kann« (Rolf 2007: 458).

15 | Platon war nach Ansicht von Rolf der Erste, der sich umfassend der Oberflächen- und Tiefenmetaphorik bediente, um zwei Wissensdomänen voneinander zu unterscheiden: »Einerseits die auf empirischer Erkenntnis basierende sinnliche Gewißheit, andererseits die theoretisch-geistige Schau der Ideen. Gemäß der platonischen Orthodoxie verbleibt das Wissen an der Oberfläche, wenn es sich an die Welt der Sichtbarkeiten hält und den Schwankungen und Wandlungen der genuin flüchtigen Erscheinungen folgt [...]. In die Tiefe dagegen verläuft der Erkenntnisweg, sofern er die intelligiblen Formen des Seienden vor dem geistigen Auge versammelt und systematisiert« (Rolf 2007: 459).

16 | Dass die Rückführung des an der Oberfläche Sichtbaren auf die in der Tiefe liegende Wahrheit letztlich immer eine Lektüre impliziert, die insbesondere in der Religion nur durch Kompetenzzuschreibungen legitimiert wurde, spielt bei Luhmann keine Rolle. Deshalb wird dieser Aspekt im Folgenden auch vernachlässigt. Deutlich wird hieran aber die interpretative Offenheit des gewählten Beispiels. Wer dies in

fraglos verkürzte Charakterisierung von Kunst und Religion zutreffend ist. Entscheidend ist vielmehr, dass Luhmann beiden einen »Telos der Tiefenerkenntnis« (Rolf 2007: 460) zuschreibt, den der Computer tendenziell unterläuft.[17]

In der Tiefe digitaler Medientechnologien liegt keine wie auch immer geartete Wahrheit, sondern eine unsichtbare Maschine, die Signale gemäß der ihr gegebenen Befehle verarbeitet. Dabei folgt die Maschine einer eigenen Funktionslogik, die nicht an der Oberfläche des Bildschirms sichtbar wird. Die Nutzer bekommen allenfalls die Ergebnisse derjenigen Prozesse zu sehen, die sich unsichtbar im Computer vollzogen haben. Die Oberfläche ist demzufolge nicht Anzeichen, Symptom oder Vorbote einer verborgenen Wahrheit (Bedeutung, Weissagung etc.), sondern konstituiert eine eigenständige Ebene, auf der die Nutzer operieren und von der aus sie mit der unsichtbaren Maschine interagieren können.

Obwohl Luhmanns Verständnis von Oberfläche und Tiefe, wie bereits erwähnt, an die Unterscheidung von Interface und Computertechnik (Hardware, Software, Algorithmus) anschließt, unterscheidet sich das von ihm vorgeschlagene Beobachtungsschema in einem zentralen Punkt von der Art und Weise, wie Interfaces gemeinhin mit der Ebene des Technischen in Beziehung gesetzt werden. Hierauf hat Manfred Faßler – allerdings nicht explizit auf Luhmann rekurrierend – hingewiesen. Auf die Frage, ob die beiden Unterscheidungen miteinander deckungsgleich sind, findet er folgende ambivalente Antwort:

»Ja und nein: JA, weil es auf der materialen Seite in der Tat nur unterscheidbare Schaltungsebenen sind, die als dasselbe Medium beobachtbar sind; NEIN, weil in den meisten Interaktivitäten nicht die Zeit ist und sein kann, zum Maschinencode zurückzudenken [...]. NEIN aber auch, weil man nicht aus der Situation herauskommt, dass beides, Oberfläche und Tiefe, Konstruktionen sind, menschliche Macharten, die der Mustererkennung und der Modellbildung folgen.« (Faßler 2002: 13)

Der Unterscheidung von Interface und Technik wohnt Faßler zufolge eine quasi-essentialistische Priorisierung des Technischen inne. Dem Interface wird im Vergleich zur technischen Apparatur nur ein sekundärer Status zugewiesen.[18] Auf paradigmatische Weise kommt dies in der von Kittler vertretenen These zum Aus-

---

die Deutung des Oberfläche/Tiefe-Verhältnisses, welches durch Kunst und Religion tradiert wurde, mit einbezieht, entwirft ein anderes Bild der Luhmannschen Theorie des Computers.

17 | In *Die Kunst der Gesellschaft* schreibt Luhmann in Bezug auf Ornamente: »Offenbar wurde in älteren Gesellschaften das Verhältnis von Oberfläche und Tiefe anders erfahren als heute. Man kann dies an den weit verbreiteten Techniken der Divination erkennen. Auch hier geht es um Zeichen an der sichtbaren Oberfläche, die aber Tiefe verraten« (Luhmann 1995: 349).

18 | Die hier kritisierte Tiefenorientierung ist vor allem in der Medienarchäologie verbreitet, deren Vertreter versuchen, in der operativen Verschaltung von Physik und

druck, dass der an der Oberfläche von Computerinterfaces erscheinende Sinn das »Abfallprodukt strategischer Programme« (Kittler 1986: 8) ist und demzufolge als bloßes »Blendwerk« (Kittler 1986: 7) zu vernachlässigen sei.[19] Hieraus resultiert die Forderung, von den als trügerisch empfundenen Interfaces abzusehen und die technischen Prozesse in den Blick zu nehmen, denen der Status eines objektiven Erkenntnisbereichs zugeschrieben wird. Ernst erkennt in der Betrachtung der Operationen medientechnischer Apparaturen das Programm einer »*buchstäblich* elementaren Medienwissenschaft« (Ernst 2008b: 173), die ein Wissen hervorbringe, welches den »natur- und technikwissenschaftlichen Disziplinen« (Ernst 2008b: 181) näherstehe als den Kulturwissenschaften. Diese Tiefenorientierung, die charakteristisch ist für technische Medientheorien, ist der Unterscheidung von Oberfläche und Tiefe nach Ansicht Faßlers nicht eingeschrieben. Sofern das Interface als bloßer Schein begriffen wird, welches das wahre Sein technischer Operationen verdeckt, geht die Unterscheidung von Oberfläche und Tiefe über diese hinaus.

In einer zweiten Hinsicht unterläuft Luhmanns Ansatz auch die von Nick Montfort kritisierte Fetischisierung der Interfaces, die insbesondere in der US-amerikanischen Medienforschung zu beobachten ist: »When scholars consider electronic literature, the screen is often portrayed as an essential aspect of all creative and communicative computing — a fixture, perhaps even a basis, for new media« (Montfort 2004).[20] Matthew Kirschenbaum greift diese Diagnose eines Bildschirm- und Interfaceessentialismus auf und spitzt sie in der Beschreibung einer medialen Ideologie elektronischer Texte zu, in deren Zentrum die Idee der Immaterialität medialer Konstellationen in digitalen Medien steht: »At the core of a medial ideology of electronic text is the notion that in place of inscription, mechanism, sweat of the brow […], and cramp of the hand, there is light, reason, and energy unleashed in the electric empyrean« (Kirschenbaum 2008: 39). Der Glaube an die Immaterialität digitaler Medien resultiert, so Kirschenbaum, aus einer einseitigen Orientierung an der Oberfläche, d.h. an den Benutzerinterfaces und an den dort ablaufenden – vermeintlich immateriellen – Performanzen der Nutzer.

Logik in der Hardware von Computern das Archiv unserer Gegenwart zu entziffern (vgl. insbes. Ernst 2004, 2008b).

19 | In eine ähnliche Richtung geht die von Ernst rhetorisch gestellte Frage: »Was wir auf user interfaces sehen – ist es noch der Computer (als universale Symbolmaschine) oder gerade dessen Verblendung?« (Ernst 2008b: 165). Der Autor beantwortet diese Frage indirekt, indem er dafür plädiert, Computer hinsichtlich der in ihnen ablaufenden technischen Prozesse und Operationen zu betrachten (vgl. Ernst 2008b: 162f.).

20 | Indem Luhmann der Oberfläche und der Tiefe in der Topologie des Computers dieselbe Wichtigkeit zuspricht, distanziert er sich nicht nur von der Tradition der Kunst und der Religion, sondern implizit auch von der für die Postmoderne typischen Oberflächenorientierung (vgl. Rolf 2007: 468).

Vor dem Hintergrund der doppelten Kritik an der Tiefenorientierung einerseits und der Oberflächenorientierung andererseits wird deutlich, dass sich in der Unterscheidung von Oberfläche und Tiefe zwei konkurrierende Perspektiven auf die digitalen Medien widerspiegeln, denen gleichsam zwei Forschungsansätze der Medienwissenschaft entsprechen. Die Oberfläche berührt das, was als die phänomenale oder semantische Ebene der Kommunikation bezeichnet werden kann, wohingegen Tiefe auf ihre materiell-technischen Aspekte abzielt. Keine der beiden Perspektiven allein erweist sich für Luhmann als hinreichend, um die Medialität des Computers zu thematisieren. Vielmehr ist Medientheorie durch den Computer herausgefordert, beide Seiten in den Blick zu nehmen und die Vermittlungen, Übersetzungen und Übergänge zwischen der phänomenalen Oberfläche und der technischen Tiefe zu thematisieren. Kurzum: Computeranwendungen sind als phänomeno-technische Konfigurationen zu beschreiben.[21]

Im Zwischenraum: Von Befehlen zur Software

Der Vorschlag, die Medialität des Computers im Rahmen der Oberfläche/Tiefe-Topologie zu beobachten, unterscheidet sich von Ansätzen, die bei der Beschreibung des Computers allein die Ebene der Interfaces in den Blick nehmen, ebenso wie von Positionen, die den Computer primär als technisches Artefakt begreifen und beschreiben. Da Luhmann in seinen Ausführungen über digitale Medien keine ausgearbeitete Medientheorie des Computers vorgelegt hat, gilt es diese Beschreibungs- und Untersuchungsperspektive im Folgenden zu präzisieren und zu erweitern. Hierbei wird zu zeigen sein, dass die besondere Leistungsfähigkeit des luhmannschen Ansatzes darin besteht, die Frage nach dem *Technischen* digitaler Medientechnologien auf eine andere, neue Weise zu stellen. Wenn bei der Beschreibung der Medialität des Computers Oberfläche und Tiefe gleichermaßen in den Blick genommen werden müssen, dann ist zu fragen, wie menschliche Formen des Umgangs mit medialen Konstellationen und algorithmische Verarbeitungsroutinen in spezifischen

---

21 | Demzufolge können Computer, wie von Kittler behauptet, möglicherweise alle anderen Medien(technologien) integrieren, indem sie diese emulieren oder simulieren, aber die Differenzen auf der Ebene des Sinn und des Sinnlichen können sie nicht nivellieren: »Vor dem Ende, geht etwas zu Ende. In der allgemeinen Digitalisierung von Nachrichten und Kanälen verschwinden die Unterschiede zwischen einzelnen Medien. [...] In den Computern selber [...] ist alles Zahl: bild-, ton- und wortlose Quantität. Und wenn die Verkabelung bislang getrennte Datenflüsse alle auf eine digital standardisierte Zahlenfolge bringt, kann jedes Medium in jedes andere Medium übergehen. Mit Zahlen ist nichts unmöglich. Modulation, Transformation, Synchronisation; Verzögerung, Speicherung, Umtastung; Scrambling, Scanning, Mapping – ein totaler Medienverbund auf Digitalbasis wird den Begriff Medium selber kassieren. Statt Techniken an Leute anzuschließen läuft das absolute Wissen als Endlosschleife« (Kittler 1986: 7f.).

Anwendungen aneinander gekoppelt werden bzw. miteinander interferieren. Diese Untersuchungsperspektive versucht, das *Technische* des Computers nicht im Rückgang auf immer niedrigere, vermeintlich elementarere Ebenen zu beschreiben. Sie verbleibt vielmehr bewusst in der Mitte und betrachtet kontingente Software-Hardware-Konfigurationen. Dies ist im Folgenden auszuführen.

Oberfläche und Tiefe bezeichnen keine qualitativ unterschiedlichen Grade der Erkenntnis, sondern zwei unterschiedliche Ebenen, auf denen mit medialen Konstellationen operiert wird. Hieraus resultiert, dass sich der menschliche Umgang mit Computern stets an Benutzeroberflächen vollzieht, die unterschiedliche Möglichkeiten eröffnen, um mit der unsichtbaren Maschine mittels Befehlen zu interagieren.[22] Nimmt man dies ernst, muss von der Vorstellung Abschied genommen werden, dass es mehr oder weniger natürliche, direkte oder (un-)mittelbare Formen des Umgangs mit Computern gibt. Der Aufruf von Befehlen über eine Kommandozeile ist nicht unmittelbarer als das Anklicken eines Icons auf einer grafischen Benutzeroberfläche (GUI). Kommandozeile und GUI stehen nicht einerseits für den unmittelbaren Umgang mit der Technik und andererseits für die Mittelbarkeit von Interfaces. Beide sind gleichermaßen Oberflächen, die auf unterschiedliche Weise den Umgang mit der unsichtbaren Maschine strukturieren.[23] Sie setzen ein unterschiedliches »Können im Blick auf die Kopplungen von Oberfläche und Tiefe« (Luhmann 1998: 305) voraus.

Ebenso wie an unterschiedlichen Oberflächen auf verschiedene Weise mit der unsichtbar in der Tiefe operierenden Maschine interagiert werden kann, gibt es unterschiedliche Grade des Könnens, die beiden Ebenen miteinander zu verkoppeln. Diejenigen, die mit Computern auf der Ebene von sogenannten *maschinennahen* Programmiersprachen, d.h. Assemblersprachen, umgehen können, verfügen über eine größere Kompetenz, den Computer einzusetzen. Durch die Oberfläche/Tiefe-Topologie wird jedoch infrage gestellt, dass man mehr darüber erfährt, wie sich Computer in unsere kommunikative Welt einschreiben, wenn man sie auf der Ebene maschinennaher Programmierung oder der Hardwaretechnik beobachtet. Computern muss nicht auf den *Grund* gegangen werden, um zu verstehen, wie diese

---

22 | Luhmann fordert uns dazu heraus, in einer für sein Denken über Medien nicht untypischen *contra-phänomenologischen* Anstrengung, Oberfläche und Tiefe als voneinander entkoppelt zu betrachten. In *Die Unwahrscheinlichkeit der Kommunikation* sah Luhmann zunächst davon ab, dass Kommunikation stets vonstatten geht und funktioniert, um sich die Unwahrscheinlichkeit des Funktionierens (Verstehen, Erreichen, Erfolg) von Kommunikation vor Augen führen zu können (Luhmann 1991: 26). Auf ähnliche Weise werden Oberfläche und Tiefe im Rahmen der medialen Topologie des Computers zunächst als voneinander entkoppelt betrachtet, obwohl beide Ebenen systembedingt immer schon miteinander verkoppelt werden.

23 | Im Anschluss an Sherry Turkle können die Befehlseingabe in Kommandozeilen sowie die Interaktion mit GUIs als unterschiedliche Ästhetiken des Computergebrauchs verstanden werden (vgl. Turkle 1998: 52ff.).

das *Gesetz des Sagbaren* transformieren (vgl. Foucault 1981: 187f.).[24] Was sich im Umgang mit dem Computer im Modus der maschinennahen Programmierung im Vergleich etwa zur Programmierung mit höheren Programmiersprachen, zum Umgang mit GUIs oder dem Gebrauch von Softwareanwendungen ändert sind die Möglichkeitsräume, die man als Nutzer an der Oberfläche aktualisieren kann, sowie die Formen der Unsichtbarkeit der unsichtbaren Maschine. Wenn man es sich zur Aufgabe macht, diese kontingenten Möglichkeitsräume zu beschreiben, ist es nicht hinreichend, danach zu fragen, was prinzipiell mit Computern möglich ist. Denn bei der Entwicklung und Nutzung von Technologien im Allgemeinen und von Computerhardware und -software im Besonderen ist das theoretisch Mögliche allein nicht wichtig.[25]

Infolgedessen wird vorgeschlagen, Computer nicht in erster Linie auf ihre Programmierbarkeit hin zu befragen, sondern als immer schon programmierte Maschinen zu betrachten, die entgegen der These Ernsts nicht adäquat als eine »Hochzeit aus Physik und Logik« (Ernst 2008b: 173) begriffen werden können. Obwohl sich Physik und Logik für das Funktionieren von Computern als konstitutiv erweisen, sind in konkreten Computeranwendungen, also Software-Hardware-Konfigurationen, immer auch politische und ökonomische Motive, praktische Erwägungen und nicht zuletzt Zufälle eingeschrieben. Hierauf hat Ted Nelson hingewiesen, der im Verweis auf *Technologie* und das *Technische* ein rhetorisches Täuschungsmanöver erkennt: »[D]on't fall for the word ›technology‹. It sounds de-

---

24 | Damit ist keineswegs gesagt, dass die Fokussierung beispielsweise auf die Hardwareebene nicht auch medientheoretisch relevante Erkenntnisse zu Tage fördern kann. Dies haben Montfort und Bogost bei ihrer Analyse der ATARI-Spielkonsolenplattform gezeigt (Montfort/Bogost 2009). Jedoch gibt es keine Erfolgs- oder Erkenntnisgarantie. Vielmehr muss gezeigt werden, wie die Hardware-Plattform, um beim Beispiel von Montfort und Bogost zu bleiben, auf der Oberfläche Effekte zeitigt. Dass dies den beiden Autoren auf eindrucksvolle Weise gelungen ist, beweist aber nicht die Notwendigkeit, sondern lediglich die Möglichkeit.

25 | Auf diesen Aspekt weist Turkles Analyse unterschiedlicher Computerkulturen und -stile hin: »Computer fördern unterschiedliche Stile und Kulturen, weil man sich ihnen auf verschiedene Weise nähern kann. Die Ausführung des einfachsten Programms kann auf vielen Ebenen beschrieben werden – in Bezug auf elektronische Vorgänge, Maschinenanweisungen, höhere Sprachbefehle oder durch ein Struktogramm, das die Funktionsweise des Programms als einen Fluß durch ein komplexes Informationssystem beschreibt. Zwischen den Elementen auf diesen verschiedenen Beschreibungsebenen besteht keine notwendige Eins-zu-eins-Beziehung. [...] Diese Irreduzibilität steht hinter der Vielfalt möglicher Formen von Beziehung zum Computer. Doch dieser natürliche Pluralismus auf individueller Ebene ruft ein Spannungsverhältnis zu anderen Kräften hervor. Technologische und kulturelle Veränderungen bewirken, daß bestimmte Stile der Technologie und der Technologierepräsentation andere dominieren« (Turkle 1998: 48).

terminate. It hides the fights and the alternatives. And mostly it's intended to make you submissive« (Nelson 2009: 196).[26] Nelson insistiert darauf, dass Computer, so wie sie seit den 1980er Jahren als Personal Computer, Laptops, Spielkonsolen, Smartphones, Tablet-Computer etc. in unsere Lebenswelt eingedrungen und aus dieser nicht mehr wegzudenken sind, selbst in ihrer technischen Verfasstheit Produkte des menschlichen Tuns sind und deshalb immer auch anders sein könnten.[27]

Vor diesem Hintergrund erweist sich Luhmanns Verweis auf Befehle als Mittel zur Kopplung von Oberfläche und Tiefe als unzureichend. Das Klicken mit der Maus stellt ebenso einen Befehl dar, wie die Eingabe eines Kommandos per Tastatur; das Speichern eines Textdokuments ebenso wie die Initiierung eines Algorithmus zum automatischen Börsenhandel; die Eingabe eines Suchworts in einer Suchmaschine ebenso wie das Drücken einer Taste auf der Tastatur. Diese Beispiele veranschaulichen, dass es unterschiedliche Formen der Vermittlung zwischen Oberfläche und Tiefe gibt. Befehl ist nicht gleich Befehl und die Unterschiede zwischen diesen sind in den Blick zu nehmen. Hierbei sollten einerseits die Funktionen differenziert werden, die durch Befehle initiiert werden, sowie die Modi der Verkopplung von Oberfläche und Tiefe, die dabei realisiert werden. Andererseits ist danach zu fragen, welche Befehle überhaupt in bestimmten Kontexten zur Verfügung stehen. Dabei gilt es den Blick über den einzelnen Befehl hinaus auf die Rahmen zu

---

26 | Hinsichtlich des Computers stellt Nelson zudem fest: »Much of what is called ›computer technology‹ consists of conventions, packages, constructs arbitrarily designed. These were chosen by various individuals, projects, companies, marketing campaigns and accidents. And there are always fights and controversies« (Nelson 2009: 192).

27 | Diese Kontingenz zeigt sich selbst bei relativ einfachen Funktionen, wie dem Booleschen Operator *UND* oder dem Kopierbefehl. Hierauf wies Betty Jo Ellis auf dem *6th Annual Symposium on Computers and Data Processing (1959) in ihrem Vortrag Therefore is the name of it called Babel because the Lord did there confound the language of all the earth* hin. Selbst für einfache Funktionen existierten in der damaligen Welt digitaler Computer die unterschiedlichsten Befehle sowie die verschiedenartigsten Beschreibungen, was diese taten: »Most modern machines do admit that they add, subtract, multiply and divide [...]. With the exceptions of these arithmetic operations I found no other common designation for an instruction, not even for the trivial one of copying the contents of one word or register into another one« (Ellis 1959: 3). Ein paradigmatisches Beispiel hierfür ist die Beschreibung einer Funktion, die Ellis zufolge äquivalent zum logischen UND sei, welche sich im Handbuch des Benedix G-15 Rechners findet: »Transfer ›one‹ bits of word in line 21 that correspond to ›one‹ bits of the same numbered word in line 20« (Ellis 1959: 5). Ellis kommentiert dies nur lakonisch mit den Worten: »The technical writer, there, apparently broke down completely« in trying to find a name for this operation« (Ellis 1959: 4).

legen, in denen bestimmte Befehle zur Verfügung stehen und von den Nutzern als aktualisierbares Potenzial aufgerufen werden können.[28]

Diese Rahmen werden in der heutigen Medienkultur zumeist durch Softwareanwendungen wie z.b. Betriebssysteme, Applikationen, Plug-ins, Datenbankmanagementsysteme etc. geschaffen, mit denen die Nutzer umgehen und in denen sie agieren.[29] Auch wenn Software durch eine bestimmte, im Unsichtbaren bleibende Befehlsstruktur initiiert wird, rahmt sie die Aktionsmöglichkeiten ihrer Nutzer ein; sie wirkt entsprechend der von Derrida beschriebenen Rahmenlogik parergonal »von einem bestimmten Außen her, im Inneren des Verfahrens mit« (Derrida 1992: 74). Softwareanwendungen spannen Oberflächen auf, von denen aus entsprechend der Möglichkeiten der Software mit der unsichtbaren Tiefe interagiert werden kann. Oder anders formuliert: Software bedingt, *welche* Befehle zur Verfügung stehen, um *welche* Oberfläche mit *welcher* Tiefe in Verbindung zu bringen. Obwohl die durch Software konstituierten Rahmen keine prinzipiellen Grenzen darstellen und mindestens auf eine doppelte Weise – durch den Wechsel der Software sowie durch

---

28 | In der Studie *Soziales Vergessen: Formen und Medien des Gedächtnisses der Gesellschaft* thematisiert Elena Esposito (2002) dessen Medientheorie des Computers hinsichtlich der Frage, wie sich das gesellschaftliche Gedächtnis unter den Bedingungen digitaler Medientechnologien transformiert. Espositos Deutung zielt insbesondere auf die Überraschung ab, die durch die Operationen der unsichtbaren Maschine in der Tiefe bei den Nutzern an der Oberfläche hervorgerufen werden kann: »Zum ersten Mal haben wir es mit Maschinen zu tun, die gebaut worden sind, um Überraschungen zu produzieren – und Informationen (also Überraschungen) sind in der Tat ihr einziges Produkt. Es handelt sich in diesem Sinne um ›unsichtbare Maschinen‹, die für Kommunikation intransparent sind« (Esposito 2001: 249). Da Esposito in erster Linie die Möglichkeit in den Blick nimmt, dass durch Computer Überraschung in Kommunikation eingeführt werden kann, greift ihre Rekonstruktion von Luhmanns Ansatz zu kurz. Ihre Analyse verbleibt infolgedessen entweder auf der Oberfläche oder in der Tiefe, ohne die Wechselwirkungen und Interdependenzen beider Ebenen zu betrachten (vgl. Esposito 2002: 292ff.). Die unabhängige Beschreibung der beiden Ebenen koinzidiert mit einer analytischen Präferenz für die in der Tiefe operierende unsichtbare Maschine und für die dort ablaufenden Programme. Espositos Analyse wohnt eine gewisse Faszination für das Neue inne, übersieht dabei jedoch das der luhmannschen Topologie des Computers immanente Potenzial der Verbindung von Altem mit Neuem. Aus diesem Grund vermag Esposito auch nicht zu sehen, dass Computer nicht nur ein bestimmtes Oberfläche/Tiefe-Verhältnis realisieren können, sondern dass dies in verschiedenen Anwendungen bzw. Anwendungskontexten auf unterschiedliche Weise konfiguriert wird.

29 | Diese Möglichkeiten können aber auch durch Hardware-Plattformen bedingt werden, wie z.B. bei Apples iPhone. Jedoch handelt es sich bei diesem auch um eine spezifische Software-Hardware-Konfiguration, da die Funktionalitäten des Smartphones nur in Verbindung mit dem Betriebssystem iOS verfügbar sind.

die Umprogrammierung derselben – transzendiert werden können, ist zu beschreiben, wie bestimmte Anwendungen Oberfläche und Tiefe zueinander in Beziehung setzen. Das Vermögen zur Kopplung von Oberfläche und Tiefe, von dem Luhmann spricht, situiert sich zunächst in dem von Software eröffneten Möglichkeitsraum. In einer zweiten Hinsicht betrifft dieses Können jedoch auch die Kompetenz zur Selektion bestimmter Rahmen und zum Rahmenwechsel. Die Frage nach dem kompetenten Umgang mit Computern betrifft infolgedessen nicht nur die vertikale Verknüpfung von Oberfläche und Tiefe, sondern auch die transversale Produktion und Selektion verschiedener Kopplungsarten.[30]

Zusammenfassend ist festzuhalten: Für Luhmann ermöglicht die Vermittlung zwischen unsichtbarer Tiefe und phänomenal zugänglicher Oberfläche »eine Markierung von Formen, die ein reicheres Unterscheiden und Bezeichnen ermöglichen« (Luhmann 1998: 305). Oberfläche, Tiefe und die Vermittlung zwischen diesen beiden Ebenen bilden eine dreistellige Struktur, in der sich die Medialität des Computers abzeichnet. Was an der Oberfläche als Form (Text, Bild, Ton etc.) wahrnehmbar wird, kann in der Tiefe des Computers nach vorgegebenen Regeln, aber nicht vorhersehbar für den Nutzer, transformiert werden. Hierdurch entsteht zwischen den beiden Ebenen eine Zone der Unbestimmtheit, in der sich vielfältige mediale Praktiken situieren können, die, wie Baecker herausgestellt hat, auf Seiten der Nutzer zu Überraschung und neuen Informationen führen können (vgl. Baecker 2001: 600).[31] Die Herausforderung der medientheoretischen Analyse digitaler Medientechnologien besteht infolgedessen darin, die Kontingenz der im Rahmen der medialen Topologie des Computers realisierten Formen der Artikulation, Verarbeitung, Distribution, Selektion und Präsentation medialer Konstellationen zu beschreiben. Zu beobachten ist hierbei, wie Oberfläche und Tiefe im Rahmen unterschiedlicher Softwareanwendungen aneinander gekoppelt werden, d.h. welche Effekte die unsichtbar in der Tiefe anlaufenden Prozesse an der Oberfläche bewirken und wie ausgehend von unterschiedlichen Benutzeroberflächen mit der Tiefe interagiert werden kann. Kurzum: Vor dem Hintergrund konkreter medialer Praktiken mit Software-Hardware-Konfigurationen gilt es die Möglichkeitsräume

---

30 | Die Betrachtung des Computers im Rahmen der Oberfläche/Tiefe-Topologie erweist sich als anschlussfähig an das Forschungsfeld der *Software Studies*, das sich in der jüngeren Vergangenheit vor allem im angloamerikanischen Raum etabliert hat (vgl. Fuller 2008).

31 | Im Rahmen der luhmannschen Systemtheorie ist Information als Überraschung definiert: »Information ist eine überraschende Selektion aus mehreren Möglichkeiten. Sie kann als Überraschung weder Bestand haben, noch transportiert werden« (Luhmann 1998: 71). Dieses an Claude Shannons *Mathematische Theorie der Kommunikation* angelehnte Konzept unterscheidet sich maßgeblich von dem Informationsbegriff, der im Bereich digitaler Datenbanken zentral wird; siehe hierzu das Kapitel »Banken, Basen, Reservoirs«.

zu beschreiben, die im Rahmen der medialen Topologie des Computers zwischen Oberfläche und Tiefe eröffnet werden.

Bei der Beschreibung dieser Möglichkeitsräume gilt es nicht nur die nahezu universelle Programmierbarkeit des Computers zu thematisieren, die den äußersten Horizont der partikularen Gebrauchsweisen von Computern darstellt. Obwohl beim Programmieren Oberfläche/Tiefe-Verhältnisse in Form von Software etabliert werden, haben auch Softwareentwickler keinen unmittelbaren Zugriff auf die unsichtbar in der Tiefe des Computers ablaufenden Prozesse. Die Programmierung von Computern vollzieht sich stets auch an einer Oberfläche und demzufolge im Rahmen der Oberfläche/Tiefe-Topologie.[32] Das Spiel von Potenzialität und Aktualisierung, auf das die mediale Topologie des Computers hin befragt werden muss, ist daher als die Realisierung eines Potenzials zu verstehen, welches in den digitalen Medien häufig die Form einer anders gearteten Potenzialität annimmt.[33] Softwareanwendungen aktualisieren die von Programmiersprachen eröffneten Möglichkeiten und spannen zugleich einen eigenen Möglichkeitsraum auf, dessen Potenziale im Gebrauch der Software aktualisiert werden können bzw. müssen.

Eine Kopernikanische Wende oder die Frage nach den Daten

Wenn im vorangegangenen Abschnitt gezeigt wurde, dass der Verweis auf Befehle nicht hinreicht, um die vielfältigen Formen der Kopplung von Oberfläche und Tiefe zu beschreiben, ist im Folgenden auf eine weitere Schwäche in Luhmanns Thematisierung des Raums zwischen Oberfläche und Tiefe hinzuweisen. Mit dem Begriff des Befehls, so wie er von Luhmann gebraucht wird, geht die einseitige Privilegierung der prozessualen Seite digitaler Medientechnologien einher.[34] Die andere Seite der computertechnischen Operationen bilden binär codierte mediale Konstellationen, sprich Daten bzw. Informationen, welche als Input in der unsichtbaren Tiefe der Maschine entsprechend den Regeln des Programms verarbeitet werden. Diese sind jedoch nicht nur die *Inhalte* der sie verarbeitenden Programme, sondern schreiben sich selbst in den Prozess der Vermittlung zwischen Oberfläche

---

32 | Offenkundig ist dies insbesondere bei sogenannten höheren Programmiersprachen (z.B. Java) und Software Frameworks (z.B. .Net) die ihren Nutzern, den Programmierern, ermöglichen, auf Programmbibliotheken (*Libraries*) zurückzugreifen, in denen bereits eine Vielzahl von komplexen Funktionen implementiert sind, auf die beim Programmieren zurückgegriffen werden kann, um diese Funktionalität nicht selbst implementieren zu müssen (vgl. Robinson 2008: 101f.).

33 | Der Übergang von der Vielzahl möglicher Oberfläche/Tiefe-Verhältnisse zu einer tatsächlichen Oberfläche/Tiefe-Struktur ähnelt in gewisser Hinsicht der Selektion von Formen aus einem Medium im Sinne der Medium/Form-Unterscheidung. Es wäre jedoch falsch, diese deshalb miteinander gleichzusetzen.

34 | Befehle dienen dazu, an der Oberfläche des Computers Programme, Routinen, Algorithmen etc. zu initiieren, die in der Tiefe ablaufen.

und Tiefe mit ein. Insoweit Luhmann ausschließlich Befehle in den Blick nimmt, bleibt die Eigenlogik von Daten verborgen.

Dass der Betrachtung von Befehlen, Algorithmen und Programmen im Vergleich zu Daten Vorrang eingeräumt wird, ist jedoch typisch für die Geschichte des Computers. Dies wird bereits an Alan Turings Entwurf der universellen Rechenmaschine deutlich. Auch wenn Daten respektive Datenträger im Modell der Turingmaschine neben dem Prozessor und dem Programm das dritte zentrale Element bilden, sind Daten gegenüber den sie verarbeiteten Programmen sekundär.[35] Daten bleiben als Input und Output von Computerprogrammen der Maschine äußerlich und müssen nacheinander in die Maschine eingelesen werden: »Zu jedem gegebenen Zeitpunkt ist es genau ein Feld, etwa das r-te mit dem Symbol S(r), das ›in der Maschine‹ ist« (Turing 1987 [1937]: 20).[36] Nimmt man die von Turing gewählte Formulierung ernst, dann sind Daten funktional äquivalent zu einer Wand, in die mit einer Bohrmaschine ein Loch gebohrt wird. Mit anderen Worten: Daten sind eher mit den Objekten vergleichbar, die durch ein Werkzeug verändert werden, als mit dem Werkzeug selbst.

Als dem Datenbankpionier Charles Bachman 1973 der renommierte *Turing Award* verliehen wurde, wies er in seinem Festvortrag auf diesen Umstand hin.[37] Bachman, den die *Association for Computing Machinery* für seine Verdienste bei der Entwicklung digitaler Datenbanktechnologien gewürdigt hatte, bemerkte kritisch, dass in der bisherigen Geschichte der technischen Informationsverarbeitung die

---

35 | Konzeptuell ist in der universellen Turingmaschine kein Benutzerinterface vorgesehen (vgl. Turing 1987 [1937]). Wie Daten vor und nach einer Berechnung ein- und ausgegeben werden, wird nicht beantwortet. Doch auch wenn Interfaces in Turings Konzeption nicht vorkommen, sind diese für Computer als real existierende Technologien unerlässlich. Das hat Peter Wegner (vgl. 1997: 82ff.) zu einer Kritik an Turings Modell veranlasst. Seines Erachtens nach vernachlässigt der Entwurf der Turingmaschine den Aspekt der Interaktion. Da die heutige Computerkultur jedoch maßgeblich auf der Interaktivität von Computern basiert, ist es, so Wegner, nicht hinreichend, den Computer als Turingmaschine zu konzeptualisieren. Infolgedessen greift auch das medientheoretische Denken über Computer zu kurz, sofern es hauptsächlich auf Turings Modell rekurriert.

36 | Das Maschinengedächtnis wird von Turing nicht als Datenspeicher entworfen, sondern als eine Struktur, die sich im jeweils aktuellen Zustand der Maschine widerspiegelt: »Wir können dieses Feld [d.h. das sich aktuell in der Maschine befindliche Feld, M.B.] das ›abgetastete Feld‹ nennen. Das Symbol auf dem abgetasteten Feld kann ›abgetastetes Symbol‹ heißen. Das ›abgetastete Symbol‹ ist das einzige, dessen sich die Maschine sozusagen ›direkt bewußt‹ ist. Durch Änderung ihres m-Zustands jedoch kann die Maschine einige der Symbole, die sie vorher ›gesehen‹ (abgetastet) hat, effektiv erinnern« (Turing 1987 [1937]: 20).

37 | Der Vortrag wurde in den *Communications of the ACM* unter dem Titel *The Programmer as Navigator* abgedruckt (vgl. Bachman 1973c).

Technologien, d.h. Computer, Lochkartenautomaten etc., im Vordergrund standen, und dementsprechend auch die Ingenieure und Programmierer, die mit dem Entwurf verschiedener Apparaturen respektive Softwareanwendungen spezifische Informationsverarbeitungsprobleme lösen mussten.

Selbst wenn nicht komplexe Berechnungen angestellt werden sollten, sondern die Verwaltung von Informationen das Ziel war, wurde die Seite der Daten nach Bachmans Ansicht noch nicht systematisch ernst genommen. Hieraus resultiert eine entscheidende Schwäche der meisten existierenden Informationssysteme.[38] Obwohl diese Systeme in seinen Augen prinzipiell geeignet sind, um bestimmte Aufgaben oder Probleme der Informationsverarbeitung zu lösen, müssen sie stets verändert werden, sobald sich die Anforderungen ändern. Die Daten kreisen in derartigen, von Bachman als ptolemäisch charakterisierten Informationssystemen um die Programme und nicht umgekehrt (vgl. Bachman 1973c: 653). Alternativ hierzu sollten Informationssysteme entwickelt werden, bei denen die Daten im Zentrum stehen und so im Verhältnis zu den Programmen, Prozessen und Algorithmen eine gewisse Autonomie gewinnen:

»A new basis for understanding is available in the area of information systems. It is achieved by a shift from a computer-centered to the database-centered point of view. This new understanding will lead to new solutions to our database problems and speed our conquest of the n-dimensional data structures which best model the complexities of the real world.« (Bachman 1973c: 654)

In der Umkehr des Verhältnisses von Programmen und Daten erkennt Bachman eine Analogie zu dem von Kopernikus angestoßenen Umdenken in der Kosmologie. Bildete die Erde im ptolemäischen Weltbild das Zentrum des Universums, so verliert sie diese Sonderstellung in dem heliozentrischen Modell von Kopernikus. Als Planet unter Planeten kreist die Erde um die Sonne. Hiermit sei der Wandel in der Modellierung und Entwicklung von anwendungszentrierten hin zu datenbankzentrierten Informationssystemen vergleichbar. Bachman macht sich nicht erst seit der Verleihung des Turing Awards für das Umdenken stark. In seinem Nachlass finden sich Präsentationen, in denen er schon früher den Vergleich zur Kopernikanischen Wende bemüht und die von ihm propagierte Neuorientierung als eine Dezentralisierung des Programmierers veranschaulicht (vgl. Abb. 1).

---

38 | Bachman spricht explizit nicht allein von der computertechnischen Informationsverarbeitung, sondern richtet sich auf Informationsverarbeitungstechnologien insgesamt. Aus diesem Grund vermag er bereits 1973 auf eine 50 Jahre während Geschichte dieser Technologien zurückschauen: »I choose to speak of 50 years of history rather than 25, for I see today's information systems as dating from the beginning of effective punched card equipment rather than from the beginning of the stored program computer« (Bachman 1973c: 653).

Abb. 1: Visualisierung des anwendungszentrierten und datenbankzentrierter Paradigmas

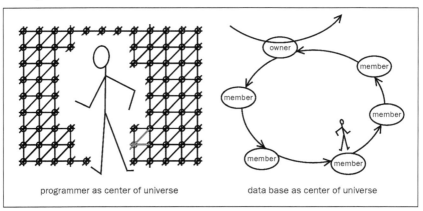

programmer as center of universe   data base as center of universe

Quelle: Bachman 1973b

Der Vorteil datenbankzentrierter Systeme ist nach Ansicht Bachmanns nicht nur, dass mit ihrer Hilfe die Komplexität der Wirklichkeit angemessener abgebildet werden kann. Sie sind zudem leistungsfähiger im Vergleich zu den traditionellen Informationstechnologien:

»Copernicus laid the foundation for the science of celestial mechanics more than 400 years ago. It is this science which now makes possible the minimum energy solutions we use in navigating our way to the moon and the other planets. A similar science must be developed which will yield corresponding minimum energy solutions to database access. This subject is doubly interesting because it includes the problems of traversing an existing database, the problems of how to build one in the first place and how to restructure it later to best fit the changing access patterns. Can you imagine restructuring our solar system to minimize the travel time between the planets? [...] It is important that these mechanics of data structures be developed as an engineering discipline based upon sound design principles.« (Bachman 1973c: 658)

Die Versammlung, Speicherung und Abfrage von Informationen ist für Bachman ein Problem, für das es weder richtige noch falsche, sondern mehr oder weniger effektive technische Lösungen gibt. Er stellt es dem Vorstellungsvermögen der Ingenieure anheim, Informationssysteme zu entwickeln, die die zuvor spezifizierten Informationsverwaltungsaufgaben möglichst effizient lösen. Bedacht werden müssen dabei vor allem die Eigengesetzlichkeiten, denen Datenstrukturen unterliegen.

In der von Bachman proklamierten kopernikanischen Wende kommt ein Umschwung im Denken *über* sowie im Entwurf *von* konkreten Informationstechnologien zum Ausdruck. Diesen Wandel hat Canning in dem 1972 publizierten

Bericht zum Datenbankmanagement als eine Entwicklung weg von anwendungs-spezifischen Datenspeichern hin zur gemeinsam genutzten allgemeinen Daten-bank charakterisiert (vgl. Canning 1972: 1). Die grundlegende Idee ist, dass digitale Informationen gegenüber den sie verwaltenden und verarbeitenden Anwendungen autonom werden sollen, sodass es keinen Unterschied macht, mit welchem Pro-gramm auf die Informationen zugegriffen wird. Mehr als zwei Jahrzehnte später formulierte Bill Gates in seiner zweiten *Information at Your Fingertips*-Keynote auf der *Computer Dealer's Exhibition* (COMDEX) eine ähnliche Vision für die Zukunft der digitalen Medienkultur: »Here we don't have any more running applications, whatsoever. Instead of thinking of running applications you just think of the data and the applications are brought in« (Gates 1994: 30'15").[39]

Bachmans Plädoyer für die Entwicklung von Computeranwendungen, die Daten und Informationen ins Zentrum setzen, bedeutet nicht, dass die Seite der Hard-ware oder der Aspekt der programmgesteuerten Verarbeitung marginalisiert wird. Im Gegenteil, im Computer verschränken sich stets technische Prozesse mit digital codierten Informationen. Aus diesem Grund wäre es zu kurz gegriffen, im An-schluss an Bachman allein die Seite der Daten und ihrer Formate zu thematisieren. Vielmehr lässt sich der vorgeschlagene kopernikanische Perspektivwechsel als Ver-such verstehen, Daten und Informationen in den Vordergrund zu rücken und die Entwicklung neuer Hard- und Software unter dieser Prämisse zu betreiben.[40] Von zentraler Bedeutung ist Bachmans Feststellung, dass die verarbeiteten Daten ebenso über eine Eigenlogik verfügen, welche sich nicht auf die prozessuale Seite von Algorithmen und Programmen reduzieren lässt. Dies hat Folgen für die medien-theoretische Auseinandersetzung mit dem Computer.

---

39 | Wie bereits in der Einleitung erwähnt, formulierte Gates bereits 1990 in seiner ersten *Information at Your Fingertips*-Keynote die Vision, dass Nutzer Informationen immer und überall zur Hand haben. Diese Idee aktualisierte Gates 1994 vor dem Hintergrund des World Wide Web, welches er im Anschluss an Al Gore als *Information Superhighway* versteht. Siehe hierzu auch Gates' *Der Weg nach vorn* (1995).

40 | Dieses Umdenken hat laut Bachman eine computertechnische Voraussetzung. Seines Erachtens wurde es erst infolge der Erfindung persistenter Speichertechno-logien mit Direktzugriff – gemeint ist die Festplatte – denkbar, Informationssysteme zu entwickeln, die den mit und in diesen versammelten Informationen eine gewisse Autonomie gegenüber den technischen Prozessen der Speicherung und des Zugriffs verleihen: »The availability of direct access storage devices laid the foundation for the Copernican-like change in viewpoint. The directions of ›in‹ and ›out‹ were reversed. Where the input notion of the sequential file world meant ›into the computer from tape,‹ the new input notion became ›into the database.‹ This revolution in thinking is changing the programmer from a stationary viewer of objects passing before him in core into a mobile navigator who is able to probe and traverse a database at will« (Bachman 1973c: 654). Auf die Festplatte als hardwaretechnischer Denkhorizont digitaler Datenbanken wird im Kapitel »Techno-Logik« eingegangen, S. 206ff.

Infolge McLuhans lautet das Credo der Medientheorie, dass man von den konkreten Inhalten medienvermittelter Kommunikate absehen muss und stattdessen die medialen Bedingungen der Kommunikation zu reflektieren habe. Insofern scheint die medientheoretische Auseinandersetzung mit der Seite der Daten und Informationen geradezu ausgeschlossen, würde der Blick dabei doch auf die Inhalte gelenkt, die es McLuhan zufolge nicht zu berücksichtigen gilt. Diese Forderung scheint auf paradigmatische Weise von Turings Modell des Computers realisiert zu werden, weil es die operative Seite der Informationsverarbeitung privilegiert und den Daten einen Platz außerhalb der Maschine zuweist. Möglicherweise ist dies einer der Gründe, warum das Modell der Turingmaschine in der Medienforschung oft als ein zentraler Ausgangspunkt gedient hat, um sich der spezifischen Medialität des Computers anzunähern.

Eine medientheoretische Analyse des Computers als Informationstechnologie muss jedoch dem von Bachman indirekt aufgezeigten Umstand Rechnung tragen, dass das Modell der universalen Turingmaschine nicht geeignet ist, um die existierenden Computertechnologien hinreichend zu beschreiben.[41] Dies gilt insbesondere dann, wenn die Frage nach der spezifischen medialen Konfiguration gestellt wird, in der digitale Datenbanken auftauchen bzw. die durch digitale Datenbanktechnologien konstituiert wird. In diesem Zusammenhang ist die Auseinandersetzung mit Daten und Informationen nicht ohne Weiteres mit der Hinwendung zum Inhalt gleichzusetzen, von der bei der Beschreibung von Medien abgesehen werden soll. Wenn also festgestellt werden konnte, dass Befehl nicht gleich Befehl ist, dann sind analog hierzu die in der Tiefe des Computers verarbeiteten Daten nicht miteinander gleichzusetzen. Unterschiedlich formatiert sind Daten auf verschiedene Weisen an Prozesse anschließbar. Mehr noch: Ohne Formate gäbe es keine Daten, wie Markus Krajewski prägnant auf den Punkt gebracht hat: »Daten erfordern Formate« (2007: 37). Formate geben digitalen Daten einen Rahmen und nur hierdurch können Computer diese als *In-Formation* verarbeiten:

»Das Format kanalisiert die Datenströme und bestimmt dementsprechend die Hegung, Bändigung oder Kontrolle der zu speichernden, zu übertragenden oder zu verarbeitenden Informationen. Mit anderen Worten, das Format determiniert nicht nur die Struktur der Datenprozessierung, sondern den Funktionsmodus des Mediums selbst.« (Krajewski 2007: 38)

Auch wenn an der Oberfläche nicht immer klar ist, wie Daten in der Tiefe des Computers formatiert sind, so dürfen sie nicht unterschiedslos als digitaler Code behandelt werden. Im Prozess der digitalen Informationsverarbeitung werden Differenzen zwischen Daten eingeführt, die es ermöglichen, sie als Information

---

41 | Zur Kritik am Modell der Turingmaschine in der Informatik siehe Anmerkung 36 in diesem Kapitel sowie Eberbach et al. (2004), Frenkel (1993), Goldin (2006), Van Leeuwen und Wiederman (2000) sowie Wegner und Goldin (2003).

zu adressieren sowie als besondere Form von Information zu transformieren.[42] Insofern gilt es neben den Befehlen, Algorithmen und Programmen ebenso die Datenformate, -strukturen und -modelle ernst zu nehmen. Auch sie dienen der Kopplung von Oberfläche und Tiefe und stehen in einem variablen Verhältnis zu den Befehlen, die an der Oberfläche eingegeben werden und als Programme in der Tiefe ablaufen. Infolgedessen erweist sich die Anerkennung der Eigenlogik von Daten als notwendige Erweiterung einer Medientheorie des Computers, welche sich fortan mit der Herausforderung konfrontiert sieht, die historisch wandelbare Verschränkung von Befehls- und Datenstrukturen in Software zu beschreiben und zu verstehen.

SPIELRÄUME DER COMPUTERTECHNISCHEN INFORMATIONSVERMITTLUNG

Vor dem Hintergrund der zweckoffenen Programmierbarkeit entfaltet sich die Medialität digitaler Computer im Rahmen der Oberfläche/Tiefe-Topologie. Das Verhältnis der phänomenal zugänglichen Benutzeroberfläche zur unsichtbaren Tiefe der Maschine wird durch Hardware-Software-Konfigurationen strukturiert, welche die konkrete technische Basis der vielfältigen, aber stets partikularen medialen Praxen mit Computern bilden. Zwischen Oberfläche und Tiefe entstehen hierbei Möglichkeitsräume der Artikulation, Präsentation, Distribution, Selektion und Verarbeitung medialer Konstellationen. In ihnen situiert sich das Spiel medialer Möglichkeiten und ihrer Aktualisierung, welches im Folgenden in zwei Hinsichten exemplarisch ausdifferenziert werden soll. Betrachtet wird einerseits der Spielraum von menschlicher und technischer Informationsverarbeitung sowie andererseits das variable Spiel zwischen Einem und Vielem, d.h. von medialen Konstellationen und Sammlungen medialer Konstellationen. Beide Aspekte werden sich für die folgende Auseinandersetzung mit digitalen Datenbanken als zentral erweisen.[43]

---

42 | Es macht einen Unterschied, ob Informationen in Dateien, Dokumenten, Tabellen, Listen, Relationen, Objekten o.ä. versammelt werden, denn abhängig von den Datenstrukturen, -modellen und -formaten ändert sich, was als Information versammelt werden sowie wie diese adressiert und in Prozesse der Informationsverarbeitung integriert werden kann.

43 | Mit dieser Hinwendung zu den Spielräumen medialer Möglichkeiten und ihrer Aktualisierung in Computern wird kein Anspruch auf Vollständigkeit erhoben. Ein weiterer zu beachtender Aspekt wäre das Spiel zwischen Sichtbarkeit und Unsichtbarkeit, welches in Computern auf unterschiedlichen Ebenen operativ wird. Indem an der Benutzeroberfläche von Computern etwas zur Erscheinung gebracht wird, verbirgt sich zugleich etwas anderes. Hierbei handelt es sich zum einen um die Prozesse der Sichtbarmachung, die selbst unsichtbar bleiben. Andere Unsichtbarkeiten entstehen als Resultat strategischer Geheimhaltung, als unwillkürlicher Effekt der Software-

Zwischen menschlicher und technischer Informationsverarbeitung

In der Unterscheidung von sichtbarer Oberfläche und unsichtbarer Tiefe spiegelt sich die doppelte Körperlichkeit der in Computern realisierten medialen Konstellationen wider. Medienprodukte existieren im Kontext digitaler Medientechnologien nicht nur auf eine, sondern stets auf zwei Weisen. In der Tiefe des Computers sind sie als binär-digital codierte Signalfolge gespeichert. Dieser Form der Verkörperung wohnt eine Unanschaulichkeit inne, weshalb die medialen Konstellationen an der Benutzeroberfläche als Texte, Bilder, Musikstücke, Webseiten, Filme usw. zur Darstellung gebracht und damit für Menschen wahrnehmbar und interpretierbar gemacht werden. Hierbei handelt es sich um die zweite, wenngleich ephemere Form der Verkörperung medialer Konstellationen.[44] Das Phänomen der doppelten Körperlichkeit ist weder neu noch spezifisch für den Bereich digitaler Medientechnologien. Es handelt sich vielmehr um ein Phänomen, welches immer dann auftritt, wenn technische Hilfsmittel bei der Rezeption medialer Konstellationen zum Einsatz kommen. Die Tonspur einer Schallplatte besteht beispielsweise nicht aus Tönen, sondern aus für das menschliche Auge nahezu unsichtbaren Inskriptionen, die in einem apparativ realisierten Übersetzungsprozess in hörbare Töne verwandelt werden.[45] Demzufolge ist die mithilfe von Computern vollzogene Übersetzung physischer Inskriptionen in wahrnehmbare mediale Konstellation medienhistorisch nicht ohne Vorbild.

Neu ist hingegen, dass sich durch die digitalen Medientechnologien auch die Ebenen verdoppeln, auf denen *sinnvoll* mit medialen Konstellationen umgegangen werden kann. Zu diesem Schluss gelangt der Medienkünstler und Informatiker

---

entwicklung, als Designstrategie modularer Computeranwendungen (Black Boxing), bei der Interface- und Interaktionsgestaltung usw. (vgl. Ullman 1999; Dijkstra 1969; Hilgers 2010: 141; Govcom.org 2008).

44 | Die tendenzielle Unanschaulichkeit digitaler Daten wurde unter anderem von Frank Hartmann herausgestellt: »Der digitale Code macht Information also technisch verarbeitbar. Ein Nachteil ist aber ein deutlicher Verlust jener Anschaulichkeit, die bei analogen Instrumenten (wie Uhren und Rechenschiebern) noch gegeben ist. Aus der Problematik der Codierung ergibt sich damit zunehmend einer Problem der Ein-Ausgabesteuerung bzw. des Interfaces. Da niemand lange Reihen von Bitfolgen lesen kann, muss die Information übersetzt werden, beispielsweise in die Pixel eines Bildschirms« (Hartmann 2006: 185).

45 | Ein anderes Beispiel sind Kinofilme, die projiziert werden müssen, um als Film gesehen werden zu können. Die auf einer traditionellen Filmrolle linear aneinandergereihten Bilder können zwar einzeln betrachtet werden, einen Film nimmt man hierbei jedoch nicht wahr. Diese Erfahrung beruht auf der Projektion von 18 oder mehr Bildern pro Sekunde auf einer Leinwand. Hierdurch werden Standbilder zu Bewegtbildern. Die Unanschaulichkeit des gespeicherten Films nimmt mit der fortschreitenden Umstellung auf digitale Projektionsverfahren weiter zu.

Frieder Nake bei seiner Suche »nach einer stabilen und soliden theoretischen Begründung von Informatik, Software und vielleicht auch Softwaretechnik« (Nake 2001: 739f.). Durchaus in Einklang mit der luhmannschen Topologie konstatiert Nake, dass die digitalen Medientechnologien eine Verdopplung des Zeichenprozesses bewirken. Seines Erachtens werden digitale Zeichen »stets und ständig und unausweichlich auf doppelte Weise interpretiert, vom Menschen einerseits, vom Computer andererseits, gleichzeitig und konkurrierend« (Nake 2001: 740). Dies erläutert Nake am Beispiel digitaler Bilder, die seines Erachtens aus einer Oberfläche und einer Unterfläche bestehen: »Die Oberfläche ist sichtbar. Sie ist für uns. Die Unterfläche ist unsichtbar. Sie ist für den Computer. Die Unterfläche kann der Computer verändern, er kann sie manipulieren. Die Oberfläche hat diese Eigenschaft nicht« (Nake 2008: 149).[46] Die Differenzierung von Oberfläche und Unterfläche dient Nake dazu, die verschiedenen Interpretationsebenen zu unterscheiden, auf denen Computer einerseits und Menschen andererseits mit digitalen Bildern operieren. Der terminologische Vorschlag erweist sich nicht nur bei digitalen Bildern als sinnvoll. Die Unterscheidung von Oberfläche und Unterfläche lässt sich vielmehr auf alle in Computern realisierten medialen Konstellationen anwenden.[47]

Menschen agieren und interpretieren auf der Oberfläche medialer Konstellationen, wohingegen Computer auf deren Unterfläche Signale prozessieren. Zwar wird auf beiden Ebenen gleichermaßen mit Zeichen umgegangen, aber nicht auf die gleiche Weise. Dies erläutert Nake in Rekurs auf die Zeichentheorie von Charles S. Peirce. Während sich auf der Oberfläche ein triadischer Zeichenprozess vollzieht, bei dem Repräsentamen, Objekt und Interpretant miteinander

---

46 | Da in der Medientheorie durchaus umstritten ist, ob Bilder grundsätzlich Zeichen sind, ist anzumerken, dass die Unterscheidung von Oberfläche und Unterfläche auch dann fruchtbar gemacht werden kann, wenn man sich auf kein zeichentheoretisches Vokabular stützt (vgl. Wiesing 2005a: 17ff.). Von zentraler Bedeutung ist weniger die von Nake konstatierte doppelte Zeichenhaftigkeit digitaler Bilder, als die Beschreibung unterschiedlicher Ebenen der Interaktion, Manipulation und Transformation medialer Konstellationen. Infolgedessen ist die Frage sekundär, ob sich auf der Oberfläche und der Unterfläche Zeichenprozesse vollziehen. Entscheidend ist vielmehr die Einsicht, dass mediale Konstellationen im Kontext digitaler Medientechnologien gleichzeitig auf zwei Ebenen existieren und demzufolge ebenso an menschliche Interpretations- und Kommunikationspraxen anschließen wie an technische Verarbeitungslogiken.

47 | Sofern Bilder im Anschluss an Flusser als »bedeutende Flächen« (Flusser 1988: 9) verstanden werden, scheint der Begriffsvorschlag Nakes nahezulegen, dass sich die Unterscheidung von Oberfläche und Unterfläche auf Bilder bezieht. Hiergegen spricht sich Nake jedoch explizit aus, wenn er feststellt: »Die prinzipielle, nicht hintergehbare Doppelexistenz betrifft Gegenstände des Computers generell, jedenfalls dann, wenn ihre Existenz auch uns bekannt gemacht werden soll« (Nake 2008: 149).

relationiert werden, fallen Objekt und Interpretant auf der Unterfläche zusammen (vgl. Nake 2001: 740).[48] Es handelt sich um »*algorithmische Zeichen*« (Nake 2008: 149), die in der Tiefe von der »Quasi-Interpretationsinstanz« (Nake 2001: 740) Computer regelgeleitet interpretiert werden. Dass es gerechtfertigt ist, Computer als Interpretationsinstanz zu betrachten, erscheint Nake als Grenzfall, aber dennoch legitim: »[D]ie Entscheidung für eine Zuschreibung aus einer Menge möglicher Zuschreibungen (intentional) schrumpft zusammen auf die Bestimmung der im allgemeinen Schema vorgesehenen und vorher bestimmten Zuschreibung (kausal)« (Nake 2001: 740).[49] Weicht die Offenheit intentionaler Interpretationen auf der Unterfläche der Bestimmtheit einer algorithmisch determinierten Interpretation, ist es einerseits zwar möglich, den Computer als Interpretationsinstanz zu betrachten, andererseits sollte diesem jedoch keine Intelligenz zugesprochen werden, da die möglichen Interpretationen im Programm vorgeschrieben sind (vgl. Nake 2001: 740).

Mit der Unterscheidung von Oberfläche und Unterfläche zeigt Nake auf, dass Menschen und Computer auf verschiedenen Ebenen und in unterschiedlicher Weise mit medialen Konstellationen umgehen, diese interpretieren, verarbeiten, transformieren und manipulieren. Infolgedessen ist danach zu fragen, wie die menschlichen und technischen Interpretations- und Verarbeitungslogiken in medialen Praxen miteinander verwoben sind. Da sich diese Praxen stets im Rahmen spezifischer Software-Hardware-Konfigurationen vollziehen, richtet sich die Frage darauf, wie der phänomenale Umgang mit medialen Konstellationen an der Oberfläche und ihre Verarbeitung in der unsichtbaren Tiefe in partikularen Anwendungen zueinander in Bezug gesetzt werden und wie sie aneinander anschließen. Dies kann anhand des vorangegangenen Beispiels aus dem Bereich der Bildbearbeitung mit *Adobe Photoshop* verdeutlicht werden. Der *Zauberstab* operiert auf der Unterfläche und dient der algorithmischen Interpretation von Bildern. Demgegenüber eröffnet das *Pfadzeichenwerkzeug* den Nutzern die Möglichkeit, auf der Bildoberfläche zu agieren und Objekte im Bild zu markieren. Auch wenn der

---

48 | In *Phänomen und Logik der Zeichen* definiert Peirce den Zeichenbegriff wie folgt: »Ein *Zeichen* oder *Repräsentamen* ist alles, was in einer solchen Beziehung zu einem Zweiten steht, das sein *Objekt* genannt wird, dass es fähig ist, ein Drittes, das sein *Interpretant* genannt wird, dahingehend zu bestimmen, in derselben triadischen Relation zu jener Relation auf das Objekt zu stehen, in der es selbst steht. Dies bedeutet, daß der Interpretant selbst ein Zeichen ist, der ein Zeichen desselben Objekts bestimmt und so fort ohne Ende« (Peirce 1983: 64).

49 | Nake bezeichnet die von Computern geleistete Quasi-Interpretation auch als Determination, die er der Interpretation gegenüberstellt: »Interpretation findet durch Herstellen und Auswählen von Kontext statt. Determination findet im Rahmen eines gesetzten und unverrückbaren Kontextes statt, des Kontextes der Berechenbarkeit nämlich. Die Interpretation des Computers ist die präzise und wiederholbare Ausführung einer berechenbaren Funktion« (Nake 2001: 740f.).

Zauberstab verspricht, Bildobjekte automatisch zu identifizieren, ist dieses Werkzeug weiterhin auf menschliches Zutun angewiesen, da der Nutzer durch einen Mausklick angeben muss, welches Objekt ausgewählt werden soll. Demzufolge weisen das *Pfadzeichenwerkzeug* und der *Zauberstab* den Nutzern unterschiedliche Aufgaben oder Positionen zu. Während bei der Benutzung des *Pfadzeichenwerkzeugs* der Nutzer Bildobjekte an der Oberfläche auswählt, indem er die Grenzen des Objekts umrandet, muss der Nutzer des *Zauberstabs* das Ergebnis der algorithmischen Selektion des Bildobjekts bewerten und dieses gegebenenfalls durch die Erweiterung respektive Einschränkung des Auswahlbereichs korrigieren.

Übersetzt man die zeichentheoretisch begründete Unterscheidung von Oberfläche und Unterfläche in die medientheoretische Terminologie Luhmanns, dann sind die mit digitalen Medientechnologien realisierten medialen Konstellationen nicht als Selektion einer Form aus dem Möglichkeitsraum eines Mediums zu begreifen. Auf der Oberfläche von Computerbildschirmen und in der Tiefe der unsichtbaren Maschine wird mit unterschiedlichen, aber gleichen Formen operiert. Der Medium/Form-Unterscheidung ist hierbei gewissermaßen eine zweite Medium/Form-Unterscheidung aufgepfropft, an die in der Tiefe respektive an der Oberfläche in verschiedenen medialen Praxen angeschlossen werden kann.[50] Infolgedessen scheint jede Form im Kontext digitaler Technologien auf zwei Medien zu beruhen und jedes Medium scheint sich im Umkehrschluss gleichzeitig in zwei Formen zu aktualisieren. Die Einheit der beiden Formen wird in der Zuschreibung einer Oberfläche und Unterfläche zu medialen Konstellationen als gegeben angenommen. In Rekurs auf die luhmannsche Oberfläche/Tiefe-Topologie kann diese Setzung auf ihre Voraussetzungen hin befragt werden. In dieser Hinsicht geht die

---

[50] | Die Pfropfung zweier Medium/Form-Unterscheidungen im Bereich digitaler Medientechnologien ist nicht mit dem von Luhmann im Anschluss an Spencer-Brown beschrieben »›re-entry‹ einer Unterscheidung in das durch sie selbst Unterschiedene« (Luhmann 1998: 45) gleichzusetzen, da bereits das allgemeine Medium Sinn auf einem Wiedereintritt der Unterscheidung in sich selbst beruht: »Sinn ist also eine Form, die auf beiden Seiten eine Copie ihrer selbst in sich selbst enthält« (Luhmann 1998: 50). Im Unterschied dazu bezeichnet die (botanische) Kulturtechnik der Aufpfropfung ein Verfahren der veredelnden Zusammenfügung unterschiedlicher Entitäten, bei der es anders als bei der Hybridbildung nicht zu einer Vermischung kommt: »Vielmehr werden zwei unabhängige Organismen im wahrsten Sinne des Wortes miteinander verbunden, um sie zu einer funktionalen Einheit zu machen. Insofern folgt die Logik der Pfropfung der Prämisse: Aus zwei mach eins« (Wirth 2011b: 11). Die Pfropfungsmetaphorik erweist sich medienwissenschaftlich unter anderem als anschlussfähig, weil sie es Wirth zufolge ermöglicht, den Blick auf die Schnittstelle zwischen Pfropf und Unterlage zu lenken: »Die Schnittstelle steht [...] für die Notwendigkeit, ein ›Dazwischen‹ zu organisieren, und das heißt vor allem: Übergänge herzustellen, um die Zirkulation von Säften und Kräften zu ermöglichen« (Wirth 2011b: 12).

mediale Topologie des Computers über Nakes Konzeption hinaus. Dies lässt sich am Beispiel digitaler Bilder erläutern.

Das Medium der unsichtbaren Maschine ist der digitale Code, der als Bitfolge Form gewinnt. Auf der Oberfläche des Bildschirms kommen die binär codierten *Inform*ationen als Bild zur Erscheinung. Die mediale Konstellation *digitales Bild* existiert also auf zwei Weisen bzw. in zwei Formen – als phänomenal erscheinendes Bild einerseits sowie als digital codiertes Bild andererseits. Dass der Code als Bild interpretiert und als solches an der Oberfläche gezeigt wird ist ihm nicht immanent. Die mediale Logik des Bildes wird ihm von außen aufgepfropft, es ist das Resultat eines bildgebenden Verfahrens.[51] Insofern ist es immer auch möglich, die digital codierten Bildinformationen anders zur Erscheinung zu bringen, z.b. als Text oder umgekehrt Textdaten als Bilder anzuzeigen (Pias 2003). Bei der Vermittlung zwischen Oberfläche und Tiefe kann aus Gleichem demzufolge Unterschiedliches entstehen, ebenso wie verschiedene Bitfolgen an der Oberfläche keinen Unterschied machen können. Speichert man dasselbe Bild in unterschiedlichen Bildformaten, werden diese in der Tiefe auf verschiedene Weise verkörpert, obwohl sie an der Bildschirmoberfläche in den Augen der Nutzer als dasselbe Bild erscheinen. Die Kriterien der Selbigkeit medialer Konstellationen verdoppeln sich demzufolge im Bereich digitaler Medien, wobei weder den Oberflächenerscheinungen, noch den Bitfolgen in der Tiefe des Computers gegenüber der jeweils anderen Seite Vorrang gegeben werden kann.[52]

---

51 | Digitale Bilder können nur mittels bildgebender Verfahren als Bilder zur Erscheinung kommen, wie Claus Pias herausgestellt hat: »Es gibt also etwas, das Daten ergibt (informationsgebende Verfahren), und es gibt etwas, das Bilder ergibt (bildgebende Verfahren), aber diese Dinge sind vollständig entkoppelt und gänzlich heterogen« (Pias 2003: 18). Hieraus zieht Pias den Schluss, dass es digitale Bilder nicht gibt. Die hier verfolgte Argumentation resultiert in einer gegenteiligen Einschätzung. Es gibt digitale Bilder, insoweit die Oberfläche und Unterfläche medialer Konstellationen in medialen Praxen relativ stabil aneinander gekoppelt sind. In diese Richtung weist auch Roberto Simanowskis Plädoyer für eine Hermeneutik bildlicher Tiefeninformation, welche das Verständnis der an der Bildschirmoberfläche erscheinenden Bilder an ihre Unterfläche zurückzukoppeln versucht. Im Zentrum steht hierbei die Frage »inwiefern eine Entscheidung auf der Programmierebene zugleich eine Aussage inhaltlicher Art bezweckt« (Simanowski 2002: 120).

52 | Markup Sprachen wie die eXtensible Markup Language (XML) oder die Hypertext Markup Language (HTML), falten die doppelte Verkörperung medialer Konstellationen auf die Bildschirmoberfläche zurück. Nicht nur die Darstellung von HTML-Dateien in einem Browser ist für Menschen informativ, sondern auch der Quelltext eines solchen Dokuments kann von Menschen gelesen, verstanden und manipuliert werden.

Die Verkörperungen medialer Konstellationen auf der Oberfläche und in der Tiefe stehen in einem variablen Verhältnis zueinander, das in der medialen Praxis unter anderem durch Dateiformate stabilisiert wird. Dateiformate bewirken die automatische Interpretation spezifischer Bitfolgen als Bild, Text, Video oder Musikstück. Sie koppeln Oberfläche und Unterfläche digitaler Medienprodukte relativ strikt aneinander. Auch wenn es sich hierbei um eine Konvention handelt, ist diese Kopplung von Oberfläche und Unterfläche medienpraktisch von großer Bedeutung, da hierdurch nicht nur bedingt wird, wie digital codierte Informationen an der Oberfläche präsentiert werden, sondern auch, an welche technischen Auswertungs- und Verarbeitungsverfahren sie in der Tiefe des Computers angeschlossen werden können. In den undifferenzierten Fluss digitaler Bitfolgen werden durch Dateiformate mediale Unterschiede eingeführt. Diese ermöglichen, dass mediale Konstellationen in der Tiefe des Computers *als* Bilder, Texte, Videos etc. verarbeitet werden, indem Verfahren der Textanalyse, der Bildauswertung, der Videoverarbeitung etc. auf diese angewandt werden. Oder anders formuliert: Algorithmische Verfahren der automatisierten Verarbeitung und Analyse medialer Konstellationen können theoretisch auf beliebige Bitfolgen angewendet werden; sie führen aber nur dann zu brauchbaren Ergebnissen, wenn Bilddaten als Bilder, Textdaten als Texte, Musikdaten als Musik usw. verarbeitet werden. Dementsprechend funktionieren Gesichtserkennungsalgorithmen nur dann, wenn Bilddaten und nicht Textdaten oder Musikdaten analysiert werden.

Hieran wird deutlich, dass im Kontext digitaler Medientechnologien Oberfläche und Unterfläche medialer Konstellationen einerseits zwar tendenziell voneinander entkoppelt sind, andererseits aber auch wechselseitig aufeinander angewiesen sind. Dies zeigt sich auch bei alternativen Darstellungsmodi medialer Konstellationen, wie z.B. bei Histogrammen von Bildern oder bei Wellendarstellungen oder Spektrogrammen von Musikstücken, welche in Softwareanwendungen zur digitalen Bild- und Tonbearbeitung eingesetzt werden.[53] Bilder respektive Töne werden hierbei in andere Präsentationsformen übersetzt, die sich für die Bild- und Tonbearbeitung als nützlich erweisen. Ein Spektrogramm kann man nicht hören und einem Histogramm kann man nicht ansehen, was das Bild zeigt. Dennoch sind diese Darstellungsmodi an die jeweilige Ausdrucksform zurückgebunden. Es handelt sich um Weisen der Präsentation von Audiodaten einerseits und Bilddaten andererseits, denen im Kontext der digitalen Audiobearbeitung respektive der digitalen Bildbearbeitung praktische Bedeutung zukommt. Der Status einer medialen Konstellation bleibt von diesen alternativen Präsentationsformen unverändert, da sie als Bilder oder als Töne verarbeitet werden.

---

53 | Die Version 7 der Audiobearbeitungssoftware *WaveLab* verfügt über insgesamt sieben verschiedene Anzeigeoptionen für Audiodaten: VU-Anzeige, Spektroskop, Oszilloskop, Bit-Anzeige, Phasenkorrelationsmesser, Spektrometer und Wellenform-Anzeige; vgl. Steinberg (2010).

Darüber hinaus besteht die Möglichkeit, dass die relativ stabile Kopplung von Oberfläche und Unterfläche irritiert wird, indem die konventionelle Verknüpfung der beiden Seiten experimentell überschritten oder strategisch unterlaufen wird. Ein spielerisches Beispiel hierfür ist das 1999 von *Aphex Twin* veröffentlichte Lied *dMi-1=-aSigman= 1..NDi(n)(SigmajEC(i)Fji(n-1)+Fexti(n-1))*, welches auch unter dem Titel *Equation* bekannt ist.[54] Bei *Equation* handelt es sich einerseits um ein Musikstück, andererseits aber auch um Bild von *Aphex Twin*. Das schemenhafte Portrait wird circa 10 Sekunden sichtbar, wenn das Lied als Spektrogramm visualisiert wird (vgl. Niinisalo 2001). In dem Musikstück ist gewissermaßen ein Bild versteckt, das erst durch den Wechsel des Darstellungsmodus entdeckt werden kann.[55] Die von *Aphex Twin* experimentell vorgeführte Möglichkeit, unterschiedliche Inhalte in denselben Bitfolgen zu codieren, wird in der *Steganographie* strategisch ausgenutzt, um geheime Botschaften zu kommunizieren (vgl. Klein 2007: 85).[56] Hierbei werden beispielsweise in digitalen Bildern andere Informationen verborgen, die nur unter Zuhilfenahme spezieller Softwareanwendungen sichtbar gemacht werden können. Das Besondere an steganographischen Verfahren ist, dass sie nicht nur die eigentliche Botschaft verhüllen, sondern auch effektiv verbergen, dass es eine solche Geheimbotschaft gibt.

Eines und Vieles

Unter den Bedingungen digitaler Medientechnologien ändern sich nicht nur die Modi der Artikulation und der Handhabung einer medialen Konstellation im Singular. Der Umgang mit medialen Konstellationen im Plural unterliegt ebenso tiefgreifenden Veränderungen.[57] Um diese in den Blick zu nehmen, gilt es nicht nur

---

54 | Das Lied *Equation* ist auf der EP *Windowlicker* enthalten, die Aphex Twin 1999 veröffentlichte.

55 | Die Möglichkeit, Informationen im Spektrogramm einer Audiodatei zu verstecken, machte man sich auch in der Marketingkampagne zu *The Dark Knight Rises*, dem dritten Teil von Christopher Nolans Batman-Trilogie, zunutze. Als im Mai 2011 die offizielle Webseite des Films veröffentlicht wurde, beinhaltete diese nur eine Audiodatei, deren Inhalt von Nutzern als seltsamer Gesang beschrieben wurde, weshalb einige Fans eine versteckte Botschaft vermuteten, die im Spektrogramm der Datei sichtbar wurde. Versteckt war der Twitter-Hashtag #thefirerises. Durch das Tweeten des Hashtags wurde auf der Filmwebseite Pixel für Pixel das erste Bild des neuen Gegenspielers von Batman sichtbar; vgl. Lussier (2011).

56 | Steganographische Verfahren kommen bereits seit circa 2500 Jahren zum Einsatz, um geheime Botschaften zu kommunizieren. Eines der bekanntesten Verfahren ist die Verwendung von unsichtbarer Tinte (vgl. Klein 2007: 85f.).

57 | Wie bereits Eingangs des Kapitels herausgearbeitet, richtete sich Luhmanns Interesse an digitalen Medientechnologien vor allem auf die Möglichkeiten der Versammlung, Verarbeitung und Abfrage von Daten, S. 77ff.

die Bedingungen der Kopplung von materieller Verkörperung und phänomenaler Präsentation bzw. von menschlichen und technischen Formen der Handhabung medialer Konstellationen zu betrachten, sondern auch die Spielräume zwischen Einem und Vielem, die sich im Rahmen der medialen Topologie des Computers zwischen Oberfläche und Tiefe entfalten. Es erweist sich als bedeutsam, nach dem Wechselverhältnis von Einem und Vielem im Kontext der Erstellung und Verfügbarmachung von Informationssammlungen mit Computern zu fragen.[58] In diesem Zusammenhang ist erstens festzustellen, dass die Unterscheidung von medialen Konstellationen und Sammlungen medialer Konstellationen mit dem Aufkommen digitaler Medientechnologien theoretisch und praktisch fließend geworden ist. Daran schließen zweitens die Fragen an, wie die Einheit von Datensätzen, Texten, Bildern etc. im Kontext von digitalen Sammlungen abgesichert wird und an welche medialen Praktiken die versammelten Informationen hierdurch anschlussfähig werden. Eine umfassende und abschließende Antwort ist hier weniger das Ziel, als vielmehr ein Problembewusstsein zu entwickeln, welches eine kritische Positionierung gegenüber medien- und kulturwissenschaftlichen Diagnosen zu digitalen Medien ermöglichen soll.

Die Aufhebung des prinzipiellen Unterschieds zwischen dem Einen und dem Vielen wurde bereits im Hypertextdiskurs der 1980er und 1990er Jahre konstatiert.[59] In Hypertexten weicht die Einheit des Texts der Vielheit von Textfragmenten und Links sowie der Vielzahl von Lektüremöglichkeiten. Hierdurch findet die im Kontext poststrukturalistischer Theorien konstatierte Auflösung der inneren und äußeren Einheit von Texten ihre medienpraktische Bestätigung, wie George Landow in *Hypertext 2.0* herausgearbeitet hat: »[C]ritical theory promises to theorize hypertext and hypertext promises to embody and thereby test aspects of theory, particularly those concerning textuality, narrative, and the roles or functions of reader and writer« (Landow 1992: 2).[60]

---

58 | Sammlungen verfügen eine große Faszinationskraft, wie Thomas Scholz in seiner an Heideggers Fundamentalontologie angelehnten Spekulation über die Geste des Sammelns herausgestellt hat: »Das Eine [...] ist des Erstaunens wohl wert. Solch Eines ist gegenüber dem Keinen Alles. Ein Viel-Eines ist gegenüber dem Einen schon staunend-erfassend-erfahrend ein Überwältigendes« (Scholz 2000: 3). Das Gefühl der Überwältigung, welches sich im Angesicht einer Sammlung einzustellen vermag, ist im Zeitalter global vernetzter digitaler Medientechnologien allzu bekannt.

59 | Dies zeigt sich auf paradigmatische Weise im Untertitel von Rainer Kuhlens 1991 erschienener Monographie *Hypertext: Ein nicht-lineares Medium zwischen Buch und Wissensbank*. Demzufolge können Hypertexte weder als Eines (Buch) noch als Vieles (Wissensbank) begriffen werden, sie sind dazwischen zu verorten.

60 | Mit der Transformation der Vorstellung vom Text verändern sich auch die Konzeptionen des Autors, des Lesers sowie der Erzählung. Auch dies exemplifizieren die digitalen Hypermedien nach Ansicht von Landow auf paradigmatische Weise, da

Als wichtiger Vorläufer digitaler Hypertextsysteme gilt die von Vannevar Bush (1945) in *As We May Think* konzipierte interaktive Informationsmaschine, die er *Memory Extender* oder kurz *Memex* taufte.[61] Obwohl die Memex nie in der von Bush beschriebenen Form realisiert wurde, diente sie als Inspirationsquelle für viele Wegbereiter der digitalen Medienkultur wie z.b. Douglas Engelbart (1962), Ted Nelson (1965) und J.C.R. Licklider (1965).[62] Im Zentrum der Memex-Vision steht

sie sich den traditionellen Vorstellungen von Autorschaft und Leserschaft ebenso widersetzen wie den verbreiteten Theorien des Erzählens; siehe hierzu die Kapitel 3 bis 6 in Landow (1992). In dem florierenden Diskurs um Hypertext und Hypermedien der 1990er Jahre wurden diese Aspekte ausführlich diskutiert (siehe exemplarisch Kuhlen 1991; Bolter 1997; Porombka 2001; Simanowski 2002; Wirth 2004, 2005a). Im Zentrum der theoretischen Aufmerksamkeit standen dabei die multilinearen Verknüpfungen zwischen medialen Konstellationen vermittels Hyperlinks, die Möglichkeit zur Kombination unterschiedlicher medialer Ausdrucksformen (Text, Bild, Film und Ton) in Multimedia-Anwendungen, die neuen Formen des kollektiven und kollaborativen Schreibens, die nicht zuletzt durch das WWW ermöglicht wurden, sowie der interaktive Umgang mit digitalen Medienobjekten.

61 | Bereits 1939 skizzierte Bush das Konzept der Memex, welches er in den Jahren des Zweiten Weltkrieges weiter ausarbeitete und 1945 öffentlichkeitswirksam unter dem Titel *As We May Think* publizierte. Ende der 1940er Jahre trug Bushs Text in der US-amerikanischen Bevölkerung enorm zur Popularisierung der Idee technologisch gestützter Informationsverarbeitung sowie der Utopie denkender Maschinen bei. *As We May Think* hatte »an immediate impact« (Buckland 1992: 284), weshalb der Text kurz nach dem erstmaligem erscheinen im *Atlantic Monthly* in einer gekürzten und illustrierten Fassung in *Life* erneut abgedruckt wurde. Unter dem Titel *A Machine That Thinks* rekapitulierte die *Time* zudem Bushs Ideen (vgl. Buckland 1992: 284). Bushs frühe Entwürfe zur Memex sowie spätere Schriften zu dieser sind in dem von Nyce und Kahn (1991) herausgegebenen Sammelband *From Memex to Hypertext: Vannevar Bush and the Mind's Machine* dokumentiert.

62 | In *As We May Think* verdichten sich der seit mehreren Jahrhunderten während Bibliotheksdiskurs und der im 19. Jahrhundert einsetzende Diskurses um bürokratische Rationalisierung und Effizienz zur wegweisenden Vision einer interaktiven Informationsmaschine, deren Beschreibung jedoch weitgehend analogen Technologien verhaftet blieb. Informationen werden in der Memex auf Mikrofilmen gespeichert und der Zugriff auf diese wird durch Kataloge gewährleistet. Technologisch weist die Memex also nicht in eine digitale Zukunft, sondern verharrt in einer Gegenwart, in der sich die künftige Existenz digitaler Technologien zwar bereits abzeichnet, aber der Einsatz analoger Techniken zur Lösung des Informationsproblems realistischer erschien. Auf der Ebene der beschriebenen Technologien zeichnet Bush also das Bild einer analogen Zukunft, die, wie wir heute wissen, nicht eintreffen sollte. Auch wenn die Formulierung der Memex-Vision aufgrund dessen keine radikale Zäsur darstellt, hatte sie eine bleibende Wirkung als Katalysator

nicht der einzelne Text, das einzelne Buch oder das einzelne Bild, sondern Texte, Bücher, Bilder etc. Bushs Interesse an Informationsverarbeitungstechnologien wurde motiviert durch das Problem einer nicht mehr zu überschauenden Vielzahl von Publikationen, das mithilfe der Memex technisch beherrschbar werden sollte. Durch die Beschreibung der Memex hat Bush die konzise Vision einer Technologie vorgelegt, die der Behandlung und Verarbeitung von medialen Konstellationen im Kontext einer Vielzahl anderer medialer Konstellationen dient.[63] Er wendet sich dem Einen aus der Perspektive des Vielen zu, womit die tendenzielle Auflösung der äußeren Einheit von Texten einhergeht. Dies manifestiert sich in der von Bush beschriebenen Möglichkeit der assoziativen Verknüpfung von Dokumenten, die in gewissen Grenzen als Vorläufer von Hyperlinks betrachtet werden können.[64] Indem die in der Memex versammelten Dokumente durch Zeiger zu Pfaden miteinander verbunden werden, entstehen alternative Lektüremöglichkeiten, die quer zu den einzelnen Texten liegen.[65]

Das Konzept des Hypertexts wurde in den 1960er Jahren von Ted Nelson auf den Begriff gebracht, der in Rekurs auf Bush das Eine nicht nur im Vielen verortet, sondern die Idee des Vielen auch auf den einzelnen Text zurückfaltet (vgl. 1965,

---

öffentlicher Imaginationen einer informationstechnischen Zukunft sowie konkreter technischer Entwicklungen. Als zukunftsträchtig hat sich nicht der konkrete technologische Entwurf, sondern die Vision der Technologisierung der Informationsverarbeitung und die Beschreibung grundlegender Funktionalitäten erwiesen. Zu den Vor- und Parallelgeschichten von Informationsutopien und zur Idee der technischen Informationsverarbeitung siehe exemplarisch Krajewski (2002), Wright (2007) und Buckland (2006). Bushs Versuche, die Memex technisch zu realisieren, und das Scheitern dieser Versuche hat Burke (1992) rekonstruiert.

63 | Die Memex-Vision weist in dieser Hinsicht eine gewisse Nähe zu Bibliotheken, Archiven und anderen traditionellen Dokumentensammlungen auf. Im Unterschied zu den institutionellen Formen der Sammlung und Verwaltung von Dokumenten wird die Memex jedoch vor allem als Technologie des individuellen Umgangs mit Dokumentsammlungen beschrieben.

64 | Ein konzeptueller Vorläufer von Hyperlinks sind die *renvoirs* (Querverweise, Hinweise), die Denis Diderot und Jean Le Rond d'Alembert in der von ihnen herausgegebenen *Encyclopédie ou Dictionnaire raisonné des sciences, des arts et des métiers* zwischen Einträgen gesetzt haben (vgl. Diderot 1969 [1755]: 131ff.). Zur Parallele von *renvoirs* und Hyperlinks siehe auch Wirth (2005b).

65 | Bush vergleicht das Erstellen eines Pfads mit dem Kreieren eines neuen Buchs aus vorhandenen Büchern: »[W]hen numerous items have been thus joined together to form a trail, they can be reviewed in turn, rapidly or slowly, by deflecting a lever like that used for turning the pages of a book. It is exactly as though the physical items had been gathered together to form a new book. It is more than this, for any item can be joined into numerous trails« (Bush 1945: 107).

1987, 1991 [1972]).[66] Die Einheit des Texts wird im Hypertext durch die vernetzte Vielheit von Inhaltsfragmenten aufgelöst, wobei Fragmentierung und multilineare Verlinkung vielfältige Lektüremöglichkeiten eröffnen. Mit der Überschreitung von Texten hin zu Textsammlungen sowie der Auflösung von Texten in hypertextuelle Textgefüge wird die Unterscheidung von Einem und Vielem zunehmend brüchig. Dies zeigt sich im World Wide Web (WWW), in dem alle Dokumente mehr oder weniger stark mit anderen Dokumenten vernetzt sind. In diesem Kontext erweist es sich als schwierig zu entscheiden, wo ein Hypertext endet und wo ein anderer beginnt. Obwohl beispielsweise durch URLs oder Domains Grenzen zwischen Hypertexten etabliert werden, sind diese stets durchlässig. Jede adressierbare Einheit kann im WWW als Teil eines globalen, heterogenen und inkohärenten Hypertextes begriffen werden. Infolgedessen steht der Begriff gleichermaßen für partikulare, lokale und relativ kohärente Textgefüge sowie für die Gesamtheit des globalen Kommunikations- und Informationsnetzwerks. Kurzum: Hypertext oszilliert theoretisch und praktisch zwischen Einem und Vielem, zwischen Text und Textsammlung.

Theoretischen Widerhall findet dies in einem Denken, welches sich auf verschiedenen Ebenen und in unterschiedlicher Weise der Vielheit von Texten zuwendet. Indem beispielsweise Roland Barthes in *S/Z* für ein auf Pluralität und Polysemie beruhendes Textverständnis plädiert, verabschiedet er sich von der Idee oder dem Ideal, dass ein Text durch eine *in* bzw. *mit* ihm vermittelte Bedeutung Einheit gewinnt. Im Gegenteil verfügt jeder Text über »mehrere Zugänge, von denen keiner mit Sicherheit zum Hauptzugang gemacht werden könnte« (Barthes 1976:

---

66 | In *Complex information processing: a file structure for the complex, the changing and the indeterminate* hat Nelson 1965 den Begriff des Hypertext eingeführt, wobei sein Gebrauch des Begriffs zwischen der System- und Textperspektive schwankt: »Let me introduce the word ›hypertext‹ to mean a body of written or pictorial material interconnected in such a complex way that it could not conveniently be presented or represented on paper. It may contain summaries, or maps of its contents and their interrelations; it may contain annotations, additions and footnotes from scholars who have examined it. Let me suggest that such an object and system, properly designed and administered, could have great potential for education, increasing the student's range of choices, his sense of freedom, his motivation, and his intellectual grasp. Such a system could grow indefinitely, gradually including more and more of the world's written knowledge. However, its internal file structure would have to be built to accept growth, change and complex informational arrangements« (Nelson 1965: 96). Noch deutlicher wird dies im 1973 erschienenen Aufsatz *A conceptual framework for man-machine everything*, wenn er Hypertext nicht nur eine Form des verknüpfenden Umgangs mit Texten begreift, sondern auch als eine Weise des Schreibens von Texten: »hypertext will be easier to write. This is because rather than *deciding among* expository and transitional structures, the writer may use them all« (Nelson 1973: M23).

10). Ein Text organisiert sich demzufolge nicht um eine spezifische Bedeutung und gewinnt hieraus nicht seine innere Einheit, sondern eröffnet stets Möglichkeiten für vielfältige Interpretationen. Die äußere Einheit von Texten wird demgegenüber im Kontext der Intertextualitätsforschung in Frage gestellt, wie Julia Kristeva in dem Aufsatz *Bachtin, das Wort, der Dialog und der Roman* deutlich macht, denn »jeder Text baut sich als Mosaik von Zitaten auf, jeder Text ist Absorption und Transformation eines anderen Textes« (Kristeva 1972: 348).[67]

Das Pendant zur Entdeckung des Vielen im Einen, für das exemplarisch die Positionen von Barthes und Kristeva angeführt wurden, ist das wachsende medien- und kulturwissenschaftlichen Interesse an Archiven, Bibliotheken und Sammlungen (vgl. Ebeling/Günzel 2009b). Durch die Hinwendung zur »scheinbar so unschuldige[n] Tätigkeit der Aufbewahrung von Dokumenten« (Ricœur 1991: 187) wird gefragt, wie sich die Eigenlogik von Archiven und Sammlungen in das einschreibt, was durch diese erinnert bzw. gewusst werden kann. Hierbei dient die Betrachtung von Sammlungen medialer Konstellationen mitunter als Modell für die Thematisierung medialer Konstellationen im Singular, wie Jacques Derridas Spekulation über die Zukunft des Buches zeigt, die mit einem Nachdenken über die Bibliothek als Ort und Institution der Sammlung von Büchern einsetzt:

»*[B]ibliotheke* means the slot for a book, books' place of *deposit*, the place where books are put (*poser*), deposited, laid down (*reposer*), the *entrepôt* where they are stored: a *bibliophylakion* is the deposit or warehouse, the *entrepôt*, for books, writings, nonbook archives in general; and the *bibliopoleion* is the bookstore or *librairie*, a name, often given to the *bibliothèque*, and that has been kept, of course, in English (›library‹).

As to the kinds of treatment these places have in store, let me just stress the traditional words I had to use to describe them, and which are all leads to follow for future reflection. These are the verbs *poser*, *déposer*, *reposer*, and *entreposer*. Like the presence of the Greek *thithenai* (›to put‹) in *bibliotheke*, they all point up the

---

67 | Hypertext vermag es gleichermaßen aber, auf unterschiedliche Weise beide Dimensionen der Auflösung der Einheit des Textes zu exemplifizieren. Die Aufspaltung des Texts in kleinere textuelle Einheiten und die Vervielfachung ihrer Verknüpfungen – es gibt nicht mehr nur noch eine lineare Abfolge, sondern viele mögliche Wege – widerstrebt auf einer ästhetisch-strukturellen Ebene jeder Suggestion einer Einheit des Textes. Eingebettet in einem globalen Kommunikations- und Informationsnetzwerk (wie dem World Wide Web) werden zugleich die äußeren Grenzen des (Hyper-)Textes brüchig. Wie Baßler eingewendet hat, sind diese Formen der Auflösung der Einheit des Texts nicht mit der von Barthes beschriebenen Polysemie aller Texte gleichzusetzen (vgl. Baßler 2005: 307f.). Daher erweist sich Landows These als problematisch, dass die poststrukturalistischen Texttheorien in einer Theorie des Hypertexts münden. Allenfalls tritt an Hypertexten besonders deutlich zu Tage, was Texte im Allgemeinen auszeichnet – ihre Vielheit.

act of *putting*, depositing, but also the act of immobilizing, of giving something over to a stabilizing immobility, and so to the statute, to the statutory and even state institution, which alerts us to all the institutional, juridical, and political dimensions that we must also debate. Setting down, laying down, depositing, storing, warehousing – this is also receiving, collecting together, gathering together, consigning (like baggage), binding together, collecting, totalizing, electing, and reading by binding. So the idea of *gathering together*, as much of the immobility of the statutory and even state deposit, seems as essential to the idea of the book as to that of the library.« (Derrida 2005: 6f.)

Die Bibliothek weist dem Buch einen Platz zu, sie ist Lager von Büchern. Daher stellt für Derrida das Legen (Niederlegen, Hinlegen, Platzieren und damit auch Ordnen) die zentrale bibliothekarische Operation dar, durch die das Gesammelte immobilisiert und stabilisiert wird. Hierin koinzidieren Buch und Bibliothek, denn beide lassen sich als Sammlungen begreifen, die das Versammelte immobilisieren, es einem Gesetz oder Statut der Verwahrung unterwerfen, was ihnen eine gewisse Stabilität verleiht.[68] Diese Fixierung ermöglicht, wie Bruno Latour in einem anderen Kontext festgestellt hat, die Mobilität des in Büchern respektive Bibliotheken Niedergelegten. Im Akt des Legens entstehen »*immutable mobiles*« (Latour 2009: 132).[69]

Indem Derrida Buch und Bibliothek miteinander parallelisiert, zeigt er, dass der theoretische Unterschied zwischen Einen und Vielen fließend ist.[70] Unter den

---

68 | Auch Foucault gebraucht den Begriff des Statuts, das seines Erachtens die Identität von Aussagen und ihre Wiederholbarkeit gewährleistet; siehe auch Anmerkung 77 in diesem Kapitel.

69 | Latour hat den Begriff der *immutable mobiles* im Kontext der *Science Studies* eingeführt. »Mobilität, Stabilität und Kombinierbarkeit« (Latour 2009: 127) sind die charakteristischen Eigenschaften von *immutable mobiles*, die für die Herstellung wissenschaftlichen Wissens im Forschungsprozess entscheidend sind: »Wenn man von seinem gewohnten Weg abweichen und schwer beladen zurückkehren möchte, um andere dazu zu zwingen, ihre gewohnten Wege zu verlassen, besteht das hauptsächlich zu lösende Problem in der Mobilisierung. Man muss fortgehen und mit den ›Dingen‹ zurückkehren, wenn die Bewegungen nicht vergeblich sein sollen; die ›Dinge‹ müssen aber in der Lage sein, die Rückreise zu überstehen, ohne Schaden zu nehmen. Weitere Erfordernisse: Die gesammelten und verlagerten ›Dinge‹ müssen alle gleichzeitig denen präsentierbar sein, die man überzeugen will und die nicht fortgegangen sind. Kurz: Man muss Objekte erfinden, die mobil, aber auch unveränderlich, präsentierbar, lesbar und miteinander kombinierbar sind« (Latour 2006: 266). Dies wird, wie Latour dargelegt hat, nicht zuletzt durch Verfahren der Inskription gewährleistet (vgl. Latour 2006: 276ff.).

70 | Auch Manfred Sommer weist darauf hin, dass Bücher als Sammlung konzeptualisiert werden können: »[E]in Buch ist, ganz materiell betrachtet, eine Sammlung mit einem Behälter. Dieser besteht äußerlich aus zwei Deckeln und einem Rücken.

Bedingungen digitaler Medientechnologien wird das Verhältnis des Einen zum Vielen jedoch auch praktisch zunehmend variabel. Dies hat W. Bradford Paley in dem 2002 realisierten Kunstprojekt *TextArc* vor Augen geführt.[71] *TextArc* eröffnet »[a]n alternative way to view a text« (Paley 2002b), wie Paley beispielsweise an *Alice's Adventures in Wonderland* gezeigt hat. Der Text wird dabei nicht als lineare Einheit erfahrbar, sondern als Sammlung von Worten, deren Beziehung zueinander als Netzwerk visualisiert wird (vgl. Paley 2002a). Lewis Carrolls Buch erscheint als Datensammlung, weil Paley den Text als eben solche behandelt.[72] In diesem Sinn kann *TextArc* als Experiment begriffen werden, das anhand der Häufigkeitsverteilung von Worten in einem Text sowie deren Beziehungen zueinander eine neue Form der Kopplung von Oberfläche und Tiefe erkundet.[73]

Sein inneres ist gefüllt mit Blättern« (Sommer 2002a: 228). Doch nicht nur auf der rein materiellen Ebene der Versammlung einzelner Seiten zu einem Ganzen lässt sich das Buch, so Sommer, als eine Sammlung verstehen. Der Begriff »Buch« meint nicht nur ein »handliches Ding«, sondern auch einen »verstehbaren Bedeutungszusammenhang« (Sommer 2002a: 228), der sich ebenfalls als eine Sammlung verstehen lässt: »Das unstoffliche Sinnganze besteht nun seinerseits aus Teilen, zum Beispiel aus Kapiteln oder Paragraphen. Diese Stücke sind kleinere individuelle Bedeutungseinheiten: die *collecta*. Indem der Verfasser sie mit einem Namen versieht, macht er sie identifizierbar. Als Kapitelüberschrift klebt er dieses Namensetikett gleichsam ans Objekt, das deshalb fortan so heißt, wie da zu lesen steht« (Sommer 2002a: 229).

71 | Mit *Valence* hat der Informationsdesigner Ben Fry 1999 ein ähnliches Projekt realisiert, in dem er zunächst Mark Twains Buch *The Innocents Abroad* visualisiert hat (vgl. Fry 2009). Nach Ansicht von Fry entbehrt die Visualisierung eines Buchtextes jedoch einem unmittelbaren Nutzen: »The book example is imperfect, because it lacks a direct application, so it fails to be something that's immediately useful« (Fry 2009). Daher ging er dazu über, mit *Valence* das Nutzungsverhalten von Webseiten sowie die Basenpaare eines Genoms zu veranschaulichen.

72 | Neben *Alice's Adventures in Wonderland* hat Paley auch William Shakespeare's *Hamlet* sowie eine Sammlung von Texten des Project Gutenberg (www.gutenberg. org/) als *TextArc* visualisiert. Die Visualisierungsmethode wurde 2007 unter dem Titel *System and Method for Visual Analysis of Word Frequency and Distribution in a Text* patentiert. In dem Patent findet sich eine Beschreibung der Funktionen von *TextArc* sowie ihrer technischen Realisierung (Paley 2007).

73 | Mit der Behandlung des Texts als Sammlung geht ein Wechsel der Interpretationsebene einher. Paley zeigt keine Alternative dazu auf, wie Texte auf dem Niveau eines Texts gelesen werden können, sondern macht deutlich, dass Texte auch anderes beinhalten, was potentiell für Menschen oder Maschinen informativ ist. Voraussetzung hierfür ist, dass die eingenommene Perspektive an eine geteilte Interpretationspraxis anschließbar ist.

Der Gebrauch des Texts als Sammlung und seine Visualisierung als Begriffs-
netzwerk führt die Möglichkeit vor Augen, dass eine mediale Konstellation, sofern
man diese auf einem anderen Niveau interpretiert und auswertet, als Sammlung medialer Konstellationen erscheinen kann.[74] Hierbei handelt es sich keineswegs um ein
neues Phänomen. Bereits 1913 hat der russische Mathematiker Andrej A. Markov
Alexander Puschkins Roman *Evgenij Onegin* einer statistischen Auswertung unterzogen. Anstatt den Roman als Texts zu behandeln, hat Markov diesen als Ansammlung von Buchstaben betrachtet und nach der Wahrscheinlichkeit gefragt, mit der
in dieser Sammlung ein Buchstabe eines Typs (Vokal) auf einen Buchstaben eines
anderen Typs (Konsonant) folgt (vgl. Markov 2007 [1913]).[75] Neu ist hingegen die
relative Einfachheit, mit der das Eine mithilfe von Computern als Vieles behandelt
bzw. das Viele als Einheit verarbeitet oder präsentiert werden kann.[76]

---

74 | *TextArc* vollzieht den Sprung von der semantischen Ebene des Texts auf
die Ebene der textuellen Bauelemente, an denen sich durch die Visualisierung
Strukturen, Relationen, Häufungen und Muster beobachten lassen. Im Anschluss an
den Literaturwissenschaftler Franco Moretti kann die Visualisierung von Texten als
TextArc als eine Form des *Distant Reading* beschrieben werden, das im Unterschied
zur Lektürepraxis des *Close Reading* vom Text als Analyseeinheit absieht: »Distant
reading: where distance [...] is *a condition of knowledge*: it allows you to focus on
units that are much smaller or much larger than the text: devices, themes, tropes
– or genres and systems. And if, between the very small and the very large, the text
itself disappears, well it is one of those cases when one can justifiably say, Less is
more« (Moretti 2000: 57). Siehe hierzu auch Morettis weiterführende Ausführungen
in *Kurven, Karten, Stammbäume: Abstrakte Modelle für die Literaturgeschichte*
(2009).

75 | Markov hat nicht den gesamten Text, sondern nur die ersten 20.000 Buchstaben
zugrunde gelegt, d.h. das ganze erste Kapitel sowie Teile des zweiten Kapitels (vgl.
Markov 2007 [1913]: 75).

76 | Die Behandlung literarischer Texte als Sammlung von Buchstaben oder
Worten ist in gewisser Weise kontraintuitiv, da uns ein Buch oder eine Webpage
ganz selbstverständlich als mediale Konstellation und eine Bibliothek oder das
Internet ebenso selbstverständlich als (An-)Sammlung medialer Konstellationen
erscheint. Dieser Eindruck leitet sich zum Teil aus den stofflichen Eigenschaften
von Medienobjekten ab, deren Einheit medienhistorisch unter anderem auch
materiell verbürgt wurde. Das Buch, der Brief, das Gemälde, das Telegramm, die
Zeitung, die Zeichnung etc. bilden Einheiten, auch weil sie wohlunterscheidbare
physische Objekte sind. Wie Foucault in Bezug auf die Frage nach der Identität
von Aussagen herausgestellt hat, ist diese jedoch nicht ausschließlich auf die
materiellen Eigenschaften von Medienobjekten zurückzuführen. Die Identität von
Aussagen beruht auf der Aufhebung von Unterschieden: Diese »werden alle in dem
allgemeinen – selbstverständlich materiellen, aber gleichzeitig institutionellen und
ökonomischen – Element des ›Buches‹ neutralisiert: ein Buch ist unabhängig von

Eines und Vieles fallen in der unsichtbaren Tiefe des Computers materiell zusammen. Ihre gemeinsame Basis bildet der digitale Code, der das variable Spiel
zwischen Einem und Vielem ermöglicht.[77] Diese Variabilität des Umgangs mit medialen Konstellationen respektive Sammlungen medialer Konstellationen ist jedoch
nur relativ. Die Form der Verkörperung von digitalen Medienobjekten in der Tiefe
des Computers bedingt, ob und wie einfach etwas – Worte, Namen, Dokumente,
Daten etc. – als Informationseinheit verarbeitet werden kann. So stellt ein Text-
dokument keine geeignete Datengrundlage für die Visualisierung eines Texts als
Wortnetzwerk dar, weshalb das Dokument zunächst geparst werden muss, damit
die zu visualisierenden Einheiten – die Worte – identifiziert werden können.[78] Die
Unterscheidung der Sammlungseinheiten ist einem Text demzufolge nicht immanent, sondern wird in einem mehr oder weniger komplexen Übersetzungsprozess
erst getroffen.

Dennoch übt die Zurückführung aller digitalen Medienobjekte auf binäre
Zeichenketten eine immense Suggestivkraft aus, die ebenso zu problematischen

---

der Zahl der Exemplare oder Auflagen, unabhängig von den verschiedenen dafür
benutzten Substanzen ein Platz exakter Äquivalenz für die Aussagen und ist für sie
eine Instanz der Wiederholung ohne Veränderung der Identität. Man sieht an diesem
ersten Beispiel, daß die Materialität der Aussage nicht durch den eingenommenen
Raum oder das Datum der Formulierung definiert wird, sondern eher durch ein Statut
als Sache oder als Objekt. Dieses Statut ist nie definitiv, sondern modifizierbar,
relativ und kann immer in Frage gestellt werden« (Foucault 1981: 149).

77 | Auf der elementaren Ebene des digitalen Codes kollabiert der Unterschied
zwischen Einem und Vielem. Im Extremfall könnten alle Konstellationen digitaler
Daten als (An-)Sammlungen von binären Zeichenketten verstanden werden. Jedoch
handelt es sich hierbei nur um einen Extrempol bzw. die Grenze des Spiels zwischen
Einem und Vielem im Kontext heutiger Computertechnologien. Frank Dietrich
schlägt die physikalische Metapher der *Datenpartikel* vor, um herauszustellen, dass
die binäre Unterscheidung zweier Zustände die elementare Ebene darstellt, auf
der Computer Informationen prozessieren können: »I would like to introduce the
metaphor of the data particle as the smallest undividable physical unit capable
of carrying digital information« (Dietrich 1986: 137). Gemeinhin aber prozessieren
sie Daten nicht auf dem Niveau von 1en und 0en, sondern verarbeiten binäre
Zeichenketten *als* kommunikativ anschlussfähige mediale Konstellationen oder
Sammlungen medialer Konstellationen.

78 | Eine einfache Möglichkeit, um unterschiedliche Worte zu identifizieren, be-
stünde darin, sämtliche zusammenhängenden Buchstabenketten (Groß und Klein-
buchstaben, keine Lehrzeichen, Satzzeichen, Sonderzeichen o.ä.) als Worte zu behandeln. Hierbei würden alle morphologischen Varianten eines Wortes als unterschiedliche Worte behandelt. Zusätzlich hierzu könnten alle so identifizierten Worte
durch *Stemming* auf ihre Stammform zurückgeführt werden. Hieran wird deutlich,
dass es nicht nur eine Möglichkeit gibt, die Einheiten zu identifizieren.

Einschätzungen der Potenziale digitaler Computer führt wie zu fragwürdigen Beschreibungen der digitalen Medienkultur. In *Das Ende der Schublade* vertritt David Weinberger beispielsweise die These, dass die Digitalisierung die Aufhebung der Beschränkungen der physischen Welt bei der Organisation von Information ermöglicht, da die einzige Form, auf die Daten festgelegt sind, die Unterscheidung zweier Zustände sei.[79] Im Zeitalter der Bits können Informationen, Weinberger zufolge, in einem utopischen Zustand der Unordnung gehalten werden, der die Herausbildung vielfältiger Ordnungen ermöglicht, ohne eine spezifische Ordnung zu privilegieren: »Jetzt hat nicht mehr alles seinen festen Platz, sondern wir können allen Dingen mehrere Plätze zugleich zuweisen« (Weinberger 2008: 17).[80] Dies stellt seines Erachtens einen bedeutsamen Fortschritt im Umgang mit Informationen dar, da keine Wissensordnung der Komplexität der Wirklichkeit je gerecht werden könne (vgl. Weinberger 2008: 207ff.).

An die Stelle einer privilegierten und umfassenden Ordnung für Information und Wissen tritt die kreative Unordnung der in der Tiefe des Computers gespeicherten Informationen, die nach Ansicht Weinbergers die Voraussetzung für

---

79 | Die digitalen Medientechnologien revolutionieren Weinberger zufolge den Umgang mit und die Ordnung großer Informationsmengen: »Doch jetzt gibt es Bits! Inhalte werden in Bits umgewandelt, und die Informationen über sie bestehen ebenfalls aus Bits. Das ist die dritte Ordnung der Ordnung, und sie kommt [...] mit der Wucht einer Tonne Ziegelsteine über uns. Die dritte Ordnung hebt die Beschränkungen bei der Organisation von Informationen auf, die wir bisher für naturgegeben gehalten haben« (Weinberger 2008: 22f.). Von der Organisation dritter Ordnung, die sich im Computer realisiert, unterscheidet Weinberger die Organisationen erster und zweiter Ordnung. Auf der ersten Ebene wird eine räumliche Ordnung von Dingen hergestellt. Dabei kann jedem Objekt nur ein Platz zugewiesen werden: »In dieser Ordnung der Ordnung organisieren wir die Dinge selbst – wir legen Besteck in Schubladen, stellen Bücher auf Regale, kleben Fotos in Alben« (Weinberger 2008: 21). Eine Ordnung zweiter Ordnung überblendet die räumliche Anordnung der Dinge, indem sie die Objekte symbolisch verdoppelt bzw. vervielfacht und sie beispielsweise in Katalogen, Karteien o.ä. thematisch, zeitlich oder alphabetisch organisiert. Die räumliche Anordnung von Dingen sowie ihre symbolische Ordnung in Karteikästen ist nach Ansicht Weinbergers jedoch defizitär, wofür er folgende Ursache identifiziert: »Die mit der Ordnung der ersten und zweiten Ordnung verbundenen Probleme resultieren daraus, dass dabei Atome angeordnet werden« (Weinberger 2008: 22). Dass auch Bits und Bytes nicht reine Information sind, sondern einer materiellen Verkörperung bedürfen und damit letztendlich auch aus Atomen bestehen, vernachlässigt der Autor.

80 | Unordnung stellte im vordigitalen Zeitalter ein Problem dar. Unter den Bedingungen digitaler Computertechnologien wird Unordnung in den Augen von Weinberger zur Tugend, da sie nicht dazu führt, dass die Nutzer im Informationschaos versinken.

die Pluralisierung der Wissensordnungen an den Benutzeroberflächen ist. Um dies zu veranschaulichen, zieht er das Bild eines ungeordneten Blätterhaufens heran, der Weinberger als Gegenmodell zum Porphyrianischen Baum des Wissens dient (vgl. Weinberger 2008: 82f. und 198). Obwohl die Diagnose zutrifft, dass sich mit dem Aufkommen digitaler Medientechnologien die Möglichkeiten zur Ordnung und Umordnung von Informationen vervielfacht haben, ist das gewählte Bild des ungeordneten Haufens medientheoretisch irreführend. Der Pluralität von Wissensordnungen an den Oberflächen der Computerbildschirme steht nicht die technisch verbürgte Unordnung von Informationen in der Tiefe der Computernetzwerke gegenüber; es handelt sich vielmehr um die Verknüpfung von und Übersetzung zwischen Ordnungen.

Das World Wide Web, Suchmaschinen, Wikipedia, Datenbanken, soziale Netzwerke, soziale Taggingsysteme, das Semantic Web etc. stellen Informationsinfrastrukturen bereit, die auf unterschiedlichen Niveaus ansetzen, verschiedenen Logiken folgen und auf unterschiedliche Weise an bestehende Ordnungen anschließen. Die Frage ist demzufolge nicht, wie Ordnungen aus einer ungeordneten Vielfalt von Informationen heraus entstehen, sondern wie unterschiedliche Ordnungen im Bereich digitaler Medien aneinander angeschlossen werden, wie sie ineinander übergehen respektive übersetzt werden und wie neue Ordnungen im Rahmen bestehender Ordnungen entstehen. Zu fragen ist hierbei aber auch nach den Beschränkungen, die bestimmte Informationsinfrastrukturen den in ihnen gespeicherten Informationen auferlegen, sowie nach den Inkompatibilitäten und Übersetzungsproblemen zwischen verschiedenen Formen der Speicherung und der Handhabung von Informationssammlungen. Vor diesem Hintergrund erweist sich die von Weinberger beschriebene Unordnung digitaler Informationen als eine spezifische Ordnungsform, die sich dadurch auszeichnet, anschließbar an andere Wissensordnungen zu sein. Das Bild des ungeordneten Blätterhaufens suggeriert demgegenüber die Vorstellung, dass die in der Tiefe von Computern versammelten medialen Konstellationen als reine Informationen vorliegen, die beliebig verarbeitet, geordnet und kombiniert werden können.

Auf eine ähnliche Vorstellung rekurriert Moritz Baßler in seinem Entwurf einer textualistischen Methode der Kulturforschung, zu deren praktischen Umsetzung er die Entwicklung von digitalen Volltextdatenbanken vorschlägt.[81] Als Archiv der Texte einer Kultur bildet die Datenbank die Basis der kulturwissenschaftlichen Suche nach »*Äquivalenzstrukturen* oder *Paradigmen*« (Baßler 2005: 198), die durch

---

81 | Baßler vertritt einen relativ weiten Textbegriff, den er wie folgt definiert: »Ein Text ist eine Repräsentation, die man analysieren kann« (Baßler 2005: 111). Um analysiert werden zu können, müssen Texte gespeichert sein. Dies ist das entscheidende Kriterium für Texte, weshalb für Baßler die gesprochene Sprache keinen Text darstellt, aber eine Tonaufnahme oder ein Verkehrsschild seines Erachtens schon (vgl. Baßler 2005: 111f.).

Links explizit gemacht werden sollen.[82] Ein Link zwischen Texten erhält hierbei den »Status einer kulturwissenschaftlichen These, die etwa lautet: An dieser Stelle besteht zwischen zwei Texten eine kulturelle Assoziation« (Baßler 2005: 315). Durch die Explikation impliziter Verbindungen wird es nach Ansicht Baßlers möglich, die untersuchten Texte in ihren Kontext einzubetten und so die Diskurse freizulegen, die zu bestimmten Zeiten in Kulturen virulent waren bzw. sind. Da das Finden diskursiver Ordnungen das Ziel kulturwissenschaftlicher Suchoperationen ist, dürfen die in der Datenbank versammelten Texte Baßler zufolge keiner signifikanten Ordnung unterliegen, die diese im Vorhinein »mit Indices des Verstanden-Habens« (Baßler 2005: 179) versehen würde.[83] Die vorhergehende Festlegung einer Ordnung sowie die Privilegierung bestimmter Suchoperationen haben »bereits den Charakter von Interpretationen des Archivs, sie schreiben Ergebnisse archivanalytischer Operationen in das Archiv selbst ein« (Baßler 2005: 324). Daher fordert Baßler, dass die kulturwissenschaftliche Datenbank »als ein erweiterbares Archiv bloßer Volltexte« (Baßler 2005: 324f.) zu realisieren sei, in dem diese in eine reine

---

82 | Das theoretische Zentrum von Baßlers, dem New Historicism verpflichteten Methode der Kulturforschung bildet das Archiv, wodurch er »die Summe aller Texte einer Kultur, die einer Untersuchung zur Verfügung stehen« (Baßler 2005: 196), bezeichnet. In der Forschungspraxis sei das Archiv als digitale Datenbank zu realisieren. Baßler konzipiert seinen Archivbegriff in Abgrenzung zur kulturwissenschaftlichen Archivdebatte, die seines Erachtens den Fokus einseitig auf die Gewordenheit von Archiven legt: »Im Unterschied zu anderen Archiv-Begriffen, die ein Archiv bereits als Ergebnis einer Auswahl als etwas Zustandegekommenes, als Verwaltungs- und Machtinstrument und darüber hinaus als etwas immer schon Geordnetes, Hierarchisiertes« (Baßler 2005: 181). Die Archive der Kulturwissenschaft seien demgegenüber als bloße Textsammlungen zu kreieren, in denen es keinen grundlegenden Unterschied zwischen dem einzelnen Texten und dem Archiv gibt: »Archive sind, wie Texte, gespeicherte, lesbare, synchrone Gebilde; der einzige Unterschied besteht darin, daß man Texte liest, aber in Archiven liest« (Baßler 2005: 199). Zur kulturwissenschaftlichen Auseinandersetzung mit dem Archiv als Untersuchungs- und Reflexionsgegenstand sei auf die Beiträge verwiesen, die in dem von Knut Ebeling und Stephan Günzel (2009a) herausgegebenen Band Archivologie versammelt sind.

83 | Die Charakteristika des kulturwissenschaftlichen Archivs beschreibt Baßler wie folgt: »Das Archiv, um das es mir geht, darf ja gerade kein hierarchisch geordnetes, bereits mit Indices des Verstanden-Habens versehendes sein, sondern müßte zunächst rein nebenordnend angelegt werden und die unterschiedlichsten, bei seiner Anlage nicht antizipierten Suchbefehle zulassen. Zugespitzt wäre es also durchaus ›sans ordre et sans ordre‹ zu denken« (Baßler 2005: 179). Der Autor stellt sich damit explizit gegen die von Derrida in Dem Archiv verschrieben entwickelten These, dass es ein Archiv ohne eigene Ordnung und Anordnung nicht geben könne (vgl. Derrida 1997a: 17; Baßler 2006).

Nebenordnung gebracht werden, die den zu analysierenden Texten im Prozess ihrer Sammlung keine Interpretation einschreibt (vgl. Baßler 2005: 179). Sofern dieser Anspruch durch computergestützte Datenbanken eingelöst werden soll, erweist sich die vorgeschlagene Methode als problematisch, da die Behandlung von Bitfolgen als textuelle Einheiten im Kontext digitaler Medientechnologien aus zwei Gründen bereits eine Interpretation darstellt. Erstens ist die Versammlung von Texten in einer digitalen Datenbank eine Transkription in dem von Ludwig Jäger vorgeschlagenen Sinn, die das Skript mit hervorbringt, indem es dieses als textuelle Einheit adressierbar und interpretierbar macht (vgl. Jäger 2002: 35).[84] Möglicherweise ist dies bei der Sammlung von Texten vordigitaler Kulturen zu vernachlässigen, da sich deren Einheit in »einem komplexen System von materiellen Institutionen« (Foucault 1981: 150) bereits stabilisiert hat. Im Hinblick auf die Erzeugnisse der digitalen Medienkultur darf diese Voraussetzung jedoch nicht außer Acht gelassen werden, denn auf die Frage, was als Text in die kulturwissenschaftliche Volltextdatenbank aufgenommen werden sollte, gibt es keine einfache Antwort. Weder an der phänomenal zugänglichen Oberfläche, noch in der unsichtbaren Tiefe des Computers existieren das Eine und das Viele an sich. Die Einheit kultureller Texte kann daher nicht vorausgesetzt werden; sie wird im Prozess der Sammlung erst konstituiert, wodurch nicht zuletzt alternative Betrachtungsweisen ausgeschlossen werden.[85] Zweitens kann das Eine in Computern stets als Vieles behandelt werden, ebenso wie das Viele als Eines zur Darstellung gebracht werden kann. Diese Möglichkeit hat Gary Flake 2010 bei seiner Demonstration der experimentellen Softwareanwendung *Pivot* auf der TED-Konferenz vorgeführt:

»We talk about the curse of information overload. We talk about drowning in data. What if we can actually turn that upside down and turn the web upside down, so that instead of one thing to the next, we get used to the habit of being able to go from many things to many things, and then being able to see the patterns that were otherwise hidden? If we can do that, then, instead of being trapped in data, we might actually extract information. And, instead of dealing just with information, we can tease out knowledge.« (Flake 2010)

Die Idee, mit der Flake spielt und deren experimentelle Umsetzung er an der *Pivot*-Software demonstriert, beruht auf der Annahme, dass das Ganze des WWW mehr Informationen beinhaltet als die Summe der Einzeldokumente.[86] Will man

---

84 | Anders als Weinberger stützt Baßler seine Argumentation demzufolge nicht auf die vermeintliche Entmaterialisierung von Information in digitalen Medien, sondern auf der Idee der vorgängigen Einheit von Texten.

85 | Diese Annahme hat Manfred Sommer in seiner Phänomenologie des Sammelns formuliert (vgl. Sommer 2002a: 26ff.).

86 | Flake rekurriert auf die These, dass das Ganze mehr als die Summe der Teile sei, die Aristoteles zugeschrieben wird. In der *Metaphysik* heißt es: »Dasjenige,

dieses Potenzial freilegen, dann darf das Web nicht auf dem Niveau von Webseiten betrachtet werden, sondern muss als Informationssammlung erfahrbar gemacht werden. Dies ermöglicht *Pivot*, indem es Inhalte, die auf vielen Webseiten verteilt gespeichert sind, an der Benutzeroberfläche in einer einheitlichen Darstellungsform integriert, mit der die Nutzer interagieren können und durch die sie navigieren können. Behandelt man die Inhalte von Webseiten als verteilte Informationssammlung, dann wird die Einheit der Webdokumente aufgelöst. Hierbei entsteht etwas Neues, das einerseits auf dem WWW beruht und andererseits quer zur Dokumentlogik des Web liegt. Da dies technisch enorm voraussetzungsvoll ist, eröffnet die vorgestellte *Pivot*-Software keine Alternative zur Erkundung des gesamten WWW. *Pivot* kann bislang nur in spezifischen und klar definierten Anwendungskontexten einen Mehrwert bieten. Dennoch wird am Beispiel dieser Software deutlich, dass die Einheit medialer Konstellationen im Rahmen der medialen Topologie des Computers variabel ist. Infolgedessen können die in der Tiefe des Computers gespeicherten Informationen nicht ohne Interpretation auf den Status eines spezifischen kulturellen Texts oder einer bestimmten medialen Konstellation reduziert werden; ihnen wohnt das Potenzial inne, als Basis für neue kulturelle Texte bzw. andere Informationen zu dienen. Diese Potenzialität entfaltet sich auf paradigmatische Weise in digitalen Datenbanken, welche die in der Tiefe des Computers gespeicherten Informationen in eine Ressource transformieren, mit der auf der Oberfläche nicht nur bereits Bekanntes entdeckt, sondern auch Neues erschaffen werden kann.

---

was so zusammengesetzt ist, daß das Ganze eines ist, nicht wie ein Haufen, sondern wie die Silbe, ist nicht nur seine Elemente« (Aristoteles 1995: 1041 b 10). Im Unterschied zu Aristoteles versteht Flake das Ganze jedoch nicht als Einheit, sondern als Vieles, welches Informationspotenziale in sich birgt, die über diejenigen Informationen hinausgehen, die auf einzelnen Webseiten enthalten sind.

Datenbank

Zwischen digitalen Sammlungen und Sammlungstechnologien

>»Es gibt stets mehr als eines – und mehr oder weniger
>als zwei.«
>DERRIDA 1997A: 10

Von Medien über Computer zu Datenbanken: Obwohl die mit Datenbanken verbundenen Techniken und Praktiken des Speicherns, Verwaltens und Abfragens von
Informationen in digitalen Medientechnologien im Zentrum dieses Buchs stehen,
blieb dieser Gegenstands- und Untersuchungsbereich bisher unbestimmt. Eine
der Ursachen hierfür ist die dem Gebrauch des Wortes *Datenbank* innewohnende
Ambiguität.[1] Werden einerseits sämtliche Sammlungen von (digitalen) Informationen als Datenbanken bezeichnet, verweist der Begriff andererseits auf spezifische Formen von Informationssammlungen, die im Rahmen einer bestimmten
Software-Hardware-Konfiguration, sogenannten Datenbankmanagementsystemen
realisiert werden können.[2] Unentschieden oszilliert die Verwendung des Begriffs
zwischen einem allgemeinen Sammlungsbegriff und konkreten Sammlungstechnologien. Insofern sind Datenbanken – paradox formuliert – ebenso neu wie alt.
Denn je nachdem, welche Bedeutungsvariante man in den Vordergrund rückt,
lassen sich unterschiedliche Geschichten von Datenbanken schreiben und andere
(Medien-)Theorien von Datenbanken entwickeln. Mögen sie in technischer Hinsicht
ein Novum darstellen, stehen sie in medienpraktischer Hinsicht in einer langen

---

1 | Ein zweiter, offensichtlicher Grund ist, dass in den einführenden Kapiteln zum
Medienbegriff und zum Computer zunächst die theoretischen Grundlagen für die
folgende Auseinandersetzung mit Datenbanken gelegt wurden.

2 | Auch das Verständnis der Datenbank als Bezeichnung für Sammlungen ist unein-
heitlich. Bezieht man sich einerseits auf die computergestützte Sammlung digitaler
Informationen, werden andererseits auch nichtdigitale Informationssammlungen als
Datenbanken bezeichnet. Die Datenbank wird in der letzteren Bedeutungsvariante
zum Synonym für Sammlungen.

Tradition der Sammlung von Informationen: Bibliotheken, Museen, Archive, Enzyklopädien sowie Registraturen und Karteien von Verwaltungen etc. lassen sich als Informationssammlungen und daher als Datenbanken begreifen.[3]

Konsequenterweise führt das *Computer Science for Fun Magazine* in einem möglicherweise nicht ganz ernst gemeinten, aber dennoch bemerkenswerten Beitrag die *Etymologien* des Isidor von Sevilla aus dem 7. Jahrhundert nach Christus als einen Kandidaten für die historisch erste Datenbank an:

»One contender for building the first database is Saint Isidore of Seville, 1,400 years ago. His 20-volume book called Etymologiae aimed to be an encyclopaedia of all knowledge covering subjects like grammar, geometry, law, military history, agriculture, public games and even furniture.
Etymologiae was structured in a way very similar to a modern database, hence his claim to be the creator of the first database. He drew his information from a vast number of sources, however accepted the ›facts‹ within, unquestioningly. Etymologiae was therefore very much like the web – he included both reliable and unreliable information for his readers to choose from, as a search engine might for you.« (Anonymus 2005: 5)

Mit dem Verweis darauf, dass eine der ursprünglichen Funktionen von Schrift in der Sammlung von Informationen bestand, geht Rüdiger Weingarten noch einen Schritt weiter und verfolgt die Vorgeschichte digitaler Datenbanken bis zu den Anfängen der Schrift (vgl. 1994: 159).[4] Digitale Datenbanken übersetzen diese traditionellen Sammlungen jedoch in einen anderen medientechnischen Kontext und remedia-

---

3 | Weingarten weist hierauf hin, wenn er Computerdatenbanken in die Tradition vordigitaler Sammlungsformen stellt: »Bereits vor der Einführung des Computers existierten daher in hohem Maße ausdifferenzierte und professionalisierte schriftliche Dokumentationssysteme. Karteisysteme, Aktenablagesysteme, Registraturen, Archive, Bibliotheken und Kataloge bilden die wichtigsten schriftlichen Texttypen, die auf verschiedenen Ebenen die Voraussetzungen für die Einführung eines elektronischen Dokumentationssystems schafften« (Weingarten 1994: 159).

4 | Weingarten stellt diesbezüglich heraus: »Eine der ältesten Funktionen der Schrift bildet wahrscheinlich das Speichern geordneter Daten. Von Beginn an gab es den schriftlichen Text als Liste, als Aufzählung einzelner Fakten nach einem bestimmten Ordnungssystem. Der lineare Text mit seiner narrativen Struktur, seiner Beziehung zu fortlaufenden Ereignisfolgen und Denkprozessen, dürfte dagegen ein jüngeres Ergebnis der Schriftgeschichte sein. Bereits in den protoschriftlichen Systemen, den Zählsteinen der Altsteinzeit und ihrer späteren Verwahrung in versiegelten Tongefäßen, den *bullae*, wurden die kognitiven Grundlagen für ein schriftliches, listenförmiges Dokumentationssystem geschaffen« (Weingarten 1994: 159).

tisieren sie in einer neuen medialen Konfiguration.[5] Mit der Technisierung der Speicherung, Verwaltung und Abfrage von Informationen in Form digitaler Datenbanken vollzieht sich ein medialer Transformationsprozess, durch den sich die Struktur, Funktion, Präsentation und Interpretation sowie der Zugang zu Sammlungen ändert. Wann dieser Wandel eingesetzt hat, lässt sich nicht ohne Weiteres datieren, wie M. Lynne Neufeld und Martha Cornog in dem 1986 erschienenen Aufsatz *Database History: From Dinosaurs to Compact Disks* betont haben. Den Fokus auf die Geschichte der technischen Informationsverarbeitung richtend stellen die Autorinnen fest:

»Unlike the case of Adam and Eve, there seems to be no documentation in the literature of the very first databases. Since any computer-readable file can be rightly called a ›database‹, the first databases must have been those decks of punched cards used by computers in the 1950's, such as the numeric databases created in 1951 by the U.S. Bureau of the Census. However, a major thrust of the information industry has been the ›word-oriented‹ – and particularly, bibliographic – databases, and these originated in the mid 1960's, as abstracting and indexing (A&I) services began to convert to computer-driven photocomposition and, as a result, began to keyboard citations, abstracts, and subject terms onto magnetic tape.« (Neufeld/ Cornog 1986: 183)

Wenn jede computerlesbare Datei, wie Neufeld und Cornog konstatieren, als Datenbank begriffen werden kann, dann erweist sich die Suche nach der ersten Datenbank als unsinnig.[6] An dem von den Autorinnen aufgeführten Beispiel des Einsatzes von Lochkarten bei der Volkszählung 1951 wird zudem deutlich, dass selbst der Fokus auf Computertechnologien als Voraussetzung für Datenbanken fragwürdig ist. Lochkarten wurden in den USA bereits bei der Volkszählung 1890 eingesetzt, wobei die Bevölkerungsdaten nicht von Computern, sondern von Tabelliermaschinen

---

5 | Im Anschluss an McLuhans Diktum, der Inhalt jedes Mediums sei stets ein anderes Medium, verweist der von Jay David Bolter und Richard Grusin geprägte Begriff der *Remediation* darauf, dass etablierte Medien in die Entwicklung neuer Medien eingehen und diese bedingen. Die medialen Formen und Formate alter Medien werden dabei nicht bloß übernommen, sondern in neuen Medien rekonfiguriert. Jenseits der Rhetorik medienhistorischer Zäsuren ermöglicht das Konzept der *Remediation*, gleichzeitig Kontinuitäten und Brüche in medialen Transformationsprozessen in den Blick zu nehmen (vgl. Bolter/Grusin 1999: 45ff.).

6 | Selbst der Fokus auf Computertechnologien als technologische Basis maschinenlesbarer Datenbanken ist fragwürdig, da bereits das von Hermann Hollerith entwickelte Lochkartensystem als Technologie zur Erzeugung maschinenlesbarer Datenbanken begriffen und beschrieben werden kann. Vor diesem Hintergrund erweist sich die implizit von den beiden Autorinnen gemachte Verbindung von Computertechnologie und maschinenlesbarer Datenbank als problematisch.

ausgewertet wurden, die Hermann Hollerith im ausgehenden 19. Jahrhundert für diesen Zweck entwickelt hat (vgl. Aspray 1990: 122).

Das Entstehen digitaler Datenbanken lässt sich nicht auf ein singuläres Ereignis zurückführen, wie z.b. die Erfindung einer besonderen Apparatur, die Einführung einer bestimmten Softwareanwendung oder eben die Erstellung einer ersten Datenbank. Vielmehr sind es vielfältige Entwicklungen, die zur »emergence and popularity of maschine-readable databases« (Neufeld/Cornog 1986: 186) führten. Ihnen gilt es nachzugehen, will man die praktische und diskursive Bedeutung von Datenbanken analysieren und ihre mediale Eigenlogik freilegen. Auf Datenbanken trifft folglich auch zu, was Derrida in Bezug auf das Archiv festgestellt hat:

»Alles wäre einfach, wenn es einen Anfangsgrund oder zwei Anfangsgründe gäbe. Alles wäre einfach, wenn die *physis* und jedes ihrer anderen ein oder zwei bildeten. Nun, damit ist nichts, seit langem vermuten wir es, doch vergessen wir es immer wieder. Es gibt stets mehr als eines – und mehr oder weniger als zwei.« (Derrida 1997a: 10)

Einen Ausgangspunkt für die Annäherung an die Ursprünge von Datenbanken liefert die Beschäftigung mit der Geschichte des Datenbankbegriffs, die im Folgenden nachgezeichnet wird. Diese mündet nicht in einer endgültigen und feststehenden Begriffsdefinition. Vielmehr werden Kontexte aufgedeckt, Dimensionen aufgezeigt und Ambivalenzen freigelegt, die dem Begriff seit jeher inhärent sind.

Vor diesem Hintergrund werden im zweiten Teil des Kapitels Lev Manovichs (2001) Thesen zur Datenbank als symbolischer Form dargestellt und diskutiert. Sie stellen den zentralen Referenzpunkt der bisherigen medienwissenschaftlichen Auseinandersetzung mit Datenbanken dar und können infolgedessen ebenso als Grundlage wie als Kontrastfolie für die weiteren Betrachtungen zu digitalen Datenbanken dienen. Hierbei ist zunächst das wachsende medien- und kulturwissenschaftliche Interesse zur Kenntnis zu nehmen, das dem Gegenstandsbereich in den vergangenen Jahren zuteil wurde.[7] Thematisiert werden Datenbanken unter ästhetischen und politischen ebenso wie unter technik- und kulturhistorischen Gesichtspunkten. Die Datenbank dient dabei vor allem als eine Chiffre – neben anderen – für computer- und internetinduzierte kulturelle Transformationsprozesse.[8]

---

7 | Siehe hierzu exemplarisch den von Böhme et al. (2012) herausgegebenen Sammelband *Sortieren, Sammeln, Suchen, Spielen: Die Datenbank als mediale Praxis*.

8 | Weitere Chiffren sind beispielsweise die Begriffe *Netzwerk*, *Information* und *Digital*, die häufig herangezogen werden, um die zeitgenössische Medienkultur zu charakterisieren.

WAS SIND DATENBANKEN?

Auf die Frage, was Datenbanken in der digitalen Medienkultur sind, gibt es, wie bereits angedeutet, keine einfache Antwort. Um dies zu zeigen, wird im Folgenden das Begriffsfeld kartiert, in dem sich Datenbanken situieren. Einen Ausgangspunkt hierfür können einschlägige Lehrbücher der Informatik bilden. Üblicherweise werden Datenbanken hier als Sammlungen von Daten bzw. Informationen behandelt, die von speziellen Softwareanwendungen, sogenannten Datenbankmanagementsystemen (DBMS), verwaltet werden (siehe exemplarisch Heuer et al. 2001: 1f.; Sauer 2002: 19; Saake et al. 2008: 4).[9] Der Begriff der Datenbank bezeichnet in diesem Zusammenhang alle Sammlungen medialer Konstellationen, die im Rahmen von DBMS realisiert werden können: »Unter Datenbank verstehen die Mitarbeiter im Rechenzentrum einer Firma heute meist den Inhalt eines Datenbankmanagementsystems« (Haigh 2007: 57).[10] Eine Datenbank in diesem Sinne ist eine Sammlung relativ homogener und hoch strukturierter Informationen. Diese Unterscheidung zwischen der technischen Infrastruktur (den DBMS) und den damit verwalteten Sammlungen medialer Konstellationen (den Datenbanken) wird in der Informatik nicht immer aufrechterhalten. Mitunter wird der Begriff der Datenbank auch als Oberbegriff für DBMS und die damit verwalteten Daten- und Informationssammlungen gebraucht (vgl. Faeskorn-Woyke et al. 2007: 21).[11] In dieser allgemeineren Bedeutungsvariante verweist der Begriff nicht mehr allein auf spezifische Sammlungen medialer Konstellationen, sondern auch auf die mediale Konfiguration, in der diese Sammlungen realisiert werden.

Ungeachtet des mehrdeutigen Begriffsgebrauchs in der Informatik ist das computerwissenschaftliche Verständnis von Datenbanken an spezifische Datenverwaltungstechnologien gekoppelt und bezeichnet demzufolge nicht digitale

---

9 | In diesem Sinn definieren Saake et al. Datenbanken als die Gesamtheit der Daten, welche zentral von einer spezifischen Software verwaltet werden: »Die gesamte Basis- und Anwendungssoftware arbeitet mit denselben Daten, die in einer zentralen Datenhaltungskomponente verwaltet werden. Der Gesamtbestand der Daten wird nun als *Datenbank* bezeichnet.« (Saake et al. 2008: 4)

10 | Wie Haigh herausstellt, ist zu bedenken, dass das Konzept von Datenbankmanagementsystemen erst Ende der 1960er Jahre entstand, also ungefähr zehn Jahre nachdem der Begriff der Datenbank gebräuchlich wurde (vgl. Haigh 2007: 58). In Anbetracht dessen erscheint die in der Informatik verbreitete Engführung des Begriffs Datenbank auf die mit DBMS verwalteten Informationsbestände arbiträr.

11 | Hierfür ist auch der Begriff *Datenbanksystem* gebräuchlich, den Faeskorn-Woyke et al. synonym mit Datenbank verwenden: »Ein *Datenbanksystem (DBS)* ist eine Ansammlung von Daten, die allen Benutzern bzw. Anwendungen zur Verfügung steht und in der die Daten nach einheitlichen Regeln abgespeichert werden. Ein Datenbanksystem besteht aus einer Datenbasis und einem Datenbankmanagementsystem. Der Begriff der *Datenbank* wird synonym verwendet« (2007: 21).

Informationssammlungen im Allgemeinen, sondern besondere Formen von Informationssammlungen. Diese enge Datenbankkonzeption steht in einem Spannungsverhältnis zum umgangssprachlichen Gebrauch des Begriffs, auf den auch Lev Manovich rekurriert, wenn er Datenbanken als »collections of items« (Manovich 2001: 219) definiert und somit alle Sammlungen digitaler Informationen als Datenbanken begreift. Wie die Geschichte des Datenbankbegriffs im Allgemeinen und von digitalen Datenbanken im Besonderen zeigt, handelt es sich hierbei nur scheinbar um eine metaphorische Ausweitung des Begriffs. Denn in der Frühzeit digitaler Computertechnologien – der Ära der Großrechner – »everything was implicitly a database« (Nelson 2009: 34). Nur allmählich bildete sich ein eigenständiges Konzept von Datenbanken heraus, wie im Folgenden rekonstruiert wird.

Einen ersten Hinweis darauf, wann und in welchem Kontext sich der Datenbankbegriff herausgebildet hat, gibt der 1981 von William McGee publizierte Text *Database Technology*, in dem der Autor die Entwicklung von Datenbanktechnologien nachzeichnet. Am Anfang seines Textes konstatiert McGee nahezu beiläufig:

»Around 1964 a new term appeared in the computer literature to denote a new concept. The term was ›data base,‹ and it was coined by workers in military information systems to denote collections of data shared by end-users of time-sharing computer systems. The commercial data processing world at the time was in the throes of ›integrated data processing,‹ and quickly appropriated ›data base‹ to denote the data collection which results from consolidating the data requirements of individual applications. Since that time, the term and the concept have become firmly entrenched in the computer world.« (McGee 1981: 505)

Nicht zufällig datiert McGee das Auftauchen des Datenbankbegriffs auf 1964, da in diesem Jahr die Dokumentation des Symposiums »Development and Management of a Computer-Centered Data Base« erschien. Das ein Jahr zuvor am 10. und 11. Juni 1963 in Santa Monica, Kalifornien, von der *System Development Corporation* (SDC) und der *Advanced Research Projects Agency* (ARPA) gemeinsam ausgerichtete Symposium wird heute gemeinhin als eine der Geburtsstunden der Datenbankenwicklung betrachtet.[12] Die Idee der computergestützten Versammlung und Verwaltung von Daten hatte sich zwar bereits in diversen militärischen und industriellen Entwicklungsabteilungen formiert und auch der Begriff *data base* wurde schon vor 1963 verwendet, um Sammlungen digitaler Daten zu bezeichnen.[13]

---

12 | Der Informatiker T. William Olle (vgl. 2006: 67) verweist in seinem Text *Nineteen Sixties History of Data Base Management* ebenso auf die Konferenz wie der Linguist Rüdiger Weingarten (vgl. 1994: 160f.) und die Medienhistorikerin Cornelia Vismann (vgl. 2001: 170f.).

13 | Diese Vermutung hat Thomas Haigh in dem Artikel ›A Veritable Bucket of Facts‹ formuliert. Er spekuliert, dass der Begriff bereits um 1960 oder noch

Dennoch trugen diese Tagung sowie die zwei Jahre später ebenfalls in Santa Monica ausgerichtete Anschlusskonferenz enorm zur Popularisierung des Begriffs bei und beflügelten die Entwicklungen im Bereich digitaler Datenbanktechnologien. Es ist dies die Zeit, so schreibt William Olle im darauffolgenden Jahrzehnt rückblickend, in der »the data base baby began to toddle« (Olle 1978: 2). Eine Ursache hierfür mag darin liegen, dass im Rahmen der 1963er Konferenz erstmals offen darüber diskutiert wurde, was überhaupt unter einer Datenbank zu verstehen sei. Dies forderte J.C.R. Licklider, der in seiner Funktion als Direktor des *Information Processing Techniques Office* der ARPA die Konferenz eröffnete, von den Konferenzteilnehmern explizit ein:

»Early in the conference, someone should define ›data base.‹ Let me propose tentatively that a data base is a collection of raw and/or processed information, but not just any collection of such information. The term has a connotation that suggests that the data of a data base are processable by machine, or by a system including men and machines, but I am not sure that a collection of data intended only for human processing should not be called a data base. Other points concerning the generic meaning of the term are also in need of clarification. Certainly, data bases may include files, but data bases are not always identical to files. Data bases may contain lists and list structures of the types involved in ›list processing.‹ But may a data base contain computer programs, documents, or libraries? It is my understanding that this conference will be concerned primarily with highly formatted data bases, and therefore, not primarily concerned with some of the extensions of the concept just suggested. Nevertheless, the discussion may serve to clarify or delimit the concept.« (Licklider 1964: 1)

Lickliders vorsichtige und vorläufige Annäherung an den Datenbankbegriff liest sich weniger wie ein Definitionsvorschlag; vielmehr handelt es sich um die Kartierung der unscharfen Grenzen des Begriffs. Zwar liegt der Fokus der Konferenz, wie Licklider eingesteht, auf Sammlungen strukturierter Daten, doch zieht er die Möglichkeit in Betracht, dass das Datenbankkonzept nicht auf derartige Informationssammlungen beschränkt werden sollte. So kann eine Datenbank seines Erachtens zwar aus Dateien (*files*) bestehen, aber dies erscheint ihm keineswegs notwendig. Er überlegt daher, ob nicht auch Computerprogramme, Dokumente oder sogar

---

früher im Kontext der Entwicklung *Semi-Automatic Ground Environment* (SAGE) Luftverteidigungssystems Verwendung fand (vgl. Haigh 2007: 61). Haigh stützt seine Annahme auf den Eintrag zum Lemma *database* im *Oxford English Dictionary* (persönliche Kommunikation mit dem Autor). In der aktuellen Version des Artikels wird als früheste Quelle ein Beispiel aus dem Jahr 1955 angeführt, wobei der Begriff *data-base* jedoch noch nicht als Bezeichnung für eine Informationssammlung gebraucht wird. Das erste Beispiel für diese Verwendung des Begriffs stammt aus Jahr 1962 und ist einem Bericht der SDC entnommen (vgl. Simpson/Weiner 2012).

ganze Bibliotheken in Datenbanken gespeichert werden können. Auch den Modus der Verarbeitung von Daten führt er als mögliches Definitionskriterium an. Nach Ansicht von Licklider suggeriert der Begriff, dass es sich um Sammlungen von Daten handelt, die maschinell prozessiert oder zumindest in einem System aus Mensch und Maschine verarbeitet werden. Dennoch ist er sich unsicher, ob nicht auch Datensammlungen als Datenbanken zu betrachten sind, die nur für die menschliche Informationsverarbeitung intendiert sind. Die Antwort auf die Frage, was genau mit der maschinellen Prozessierung der in der Datenbank gespeicherten Daten gemeint ist, wo diese beginnt und wie weit sie reicht, bleibt Licklider jedoch schuldig.

Vielleicht ist es weniger der von Licklider formulierten Forderung nach einer Begriffsdefinition als der von ihm aufgezeigten assoziativen Offenheit des Datenbankbegriffs zu verdanken, dass im Rahmen der Konferenz über die Bedeutung des Begriffs debattiert wurde. Das Ergebnis dieser Diskussion findet sich in einem von E. W. Franks verfassten Bericht zur Arbeitssitzung »Criteria Influencing Data Base Organization or Design« :

»1. A database is a set of files.
   2. A file is an ordered collection of entries.
   3. An entry consists of a key, or keys, and data.« (Franks 1964: 119)

Folgt man dieser Definition, dann besteht eine Datenbank aus einer Menge von sogenannten *files,* die Sammlungen von geordneten Einträgen darstellen, wobei jeder Eintrag mindestens einen Schlüssel und gegebenenfalls weitere Daten beinhaltet. In Übereinstimmung mit der These, dass alte Medien als konzeptuelle Folie für neue Medien dienen, rekurriert der entwickelte Definitionsvorschlag implizit auf Akten als Medium der administrativen, juristischen und archivarischen Informationsverarbeitung, wie Cornelia Vismann in ihrer medienhistorischen Studie zu Akten herausgestellt hat:

»Das US-Militär wird Jahrhunderte später den Begriff ›Datenbank‹ medienhistorisch präzise so definieren, dass darin die diachrone Entwicklung von Akten aus Registern zu Indices enthalten ist. Aus Akten (*files*) werden Einträge/ Regesten (*entries*) deduziert, die wiederum eine Doppelfunktion als Schlüssel und Daten (*key and data*) übernehmen.« (Vismann 2001: 170f.)

Vismanns Hinweis auf den militärischen Entstehungskontext von Medientechnologien ist in Folge von Friedrich Kittlers These zu einem beliebten Topos der Mediengeschichtsschreibung geworden. In Bezug auf die Entwicklung des Datenbankkonzepts sollte dies jedoch nicht überbewertet werden.[14] Denn gleichwohl die

---

14 | Medientechnologien wie z.B. Grammophon, Film, Schreibmaschine und Computer sind nach Ansicht Kittlers Kriegstechnologien, weil sie in militärischen Kon-

Tagung von Seiten des Militärs finanziert wurde und man vielfältige Anwendungs-szenarien im militärischen Bereich diskutierte, stand nicht die Entwicklung von dezidierten Kriegstechnologien im Vordergrund.[15]

Im Kontext der Tagung wurden Datenbanken vor allem als Management- und Verwaltungstechnologien begriffen, die der Bewältigung des institutionellen Informationsflusses dienen. Datenbanken werden, so die Vorstellung, den effektiven und gezielten Zugriff auf relevante Informationen ermöglichen, um auf deren Grundlage Entscheidungen zu treffen, wie z.b. bei der Auswahl von geeigneten Kandidaten für einen bestimmten Posten aus der Reihe der Angestellten. Stellt dies insbesondere in großen Organisationen unter den Bedingungen nicht-technischer Informationsverarbeitung eine langwierige Aufgabe dar, kann das Selektionspro-blem mithilfe der antizipierten computergestützten Datenbanktechnologie rasch gelöst werden. Unter Angabe bestimmter Parameter könnten diejenigen Personen herausgefiltert werden, die zur Erfüllung einer Aufgabe geeignet sind. Dies wurde unter anderem am Beispiel der Abordnung von Offizieren in der *United States Air Force* diskutiert, wobei es sich, wie Colonel A. K. Swanson herausstellt, letztlich um eine Managemententscheidung handelt, die nicht allein von Computern getroffen werden soll.[16] Das Ziel von Datenbanktechnologien solle es sein, den Managern ein geeignetes Werkzeug an die Hand zu geben, um zu denjenigen Informationen zu gelangen, auf deren Grundlage sie ihre Entscheidungen treffen können: »Each of our managers should have a tool that will permit him to relate items relevant to his current problem« (Swanson 1964: 54). Datenbanken werden hierbei als

texten entstanden sind: »Um die Weltgeschichte abzulösen, produzierte das Medi-ensystem in drei Phasen. Phase 1, seit dem amerikanischen Bürgerkrieg, entwi-ckelte Speichertechniken für Akustik, Optik und Schrift: Film, Grammophon und das Mensch-Maschinesystem Typewriter. Phase 2, seit dem Ersten Weltkrieg, entwi-ckelte für sämtliche Speichermedien die sachgerechten Übertragungstechniken: Radio, Fernsehen und ihre geheimeren Zwillinge. Phase 3, seit dem Zweiten Welt-krieg, überführte das Blockschaltbild einer Schreibmaschine in die Technik von Berechenbarkeit überhaupt« (Kittler 1986: 352). Die Appropriation von Medientech-nologien außerhalb des militärischen Kontextes erscheint Kittler als »Mißbrauch von Heeresgerät« (Kittler 1986: 149).

15 | Datenbanken wurden zunächst weder als Waffensysteme noch Mittel der ge-heimdienstlichen Arbeit begriffen, sondern als Verwaltungstechnologien. Obwohl die Konzeption von Datenbanken im militärischen Kontext zur Zeit des Kalten Krieges entstand, als vor allem von Online-, Echtzeit- und interaktiven Computeranwendungen die Rede war, drang diese bis Mitte der 1960er Jahre in den Managementdiskurs ein (vgl. Haigh 2007: 58).

16 | Die Informationen, auf die das von Swanson angeführte Beispiel abzielt, betreffen zentrale Kenndaten der Offiziere, wie z.B. Dienstgrad, Qualifikationen, Dienststelle, Dienstzeit etc., welche in formalisierten Strukturen gespeichert wer-den können (vgl. Swanson 1964: 54f.).

Management- und Verwaltungstechnologien konzipiert. Nicht zuletzt deshalb verschob sich der Hauptfokus der Datenbankentwicklung bald auf die Wirtschaft und deren Einsatz in Unternehmen.[17]

Vor dem Hintergrund der ersten ebenso wie der zweiten Datenbankkonferenz in Santa Monica zeichnet sich eine, wenn nicht sogar die zentrale Entwicklungslinie von Datenbanken ab, welche an den zitierten Definitionsvorschlag von Franks anschließt und im Datenbankkonzept der Informatik mündet.[18] Doch die Einhelligkeit, mit der auf die angeführte Bestimmung des Datenbankbegriffs als historisch ersten Definitionsvorschlag rekurriert wird, darf nicht darüber hinwegtäuschen, dass bereits während der Konferenz Stimmen für ein breiteres Verständnis aufkamen.[19] So berichtet Franks: »It was agreed that this definition describes many existing data bases, but is not universally accepted as adequate for the command

---

17 | Die vorrangige Bedeutung, die dem Bereich der institutionellen Informationsverwaltung beigemessen wurde, zeigt sich in der Folgezeit auch in den Definitionen des Datenbankbegriffs: »The data base is conceived as the fundamental repository of relevant data not only for the retrieval of information, but also for the operational and strategic planning and control of an economic unit (cooperation, division, university, government body, etc.)« (Joint GUIDE-SHARE Database Requirements Group 1970: V). Ein Beispiel aus der jüngeren Vergangenheit findet sich in der von Connolly et al. formulierten Datenbankdefinition, in welcher sich strukturelle und anwendungsspezifische Aspekte überlagern: »Eine gemeinsame Sammlung von logisch verwandten Daten (und eine Beschreibung dieser Daten), die dazu dient, die Informationsbedürfnisse einer ganzen Organisation zu befriedigen« (Connolly et al. 2002: 54).

18 | Vor der Konferenz 1965 wurden die Teilnehmer mit einem konkreten Informationsverwaltungsproblem konfrontiert, für das unterschiedliche Lösungsansätze präsentiert und diskutiert werden sollten. Vorgegeben wurde eine Beispieldatenbank mit Personalinformationen, die man den Teilnehmern auf Papier zur Verfügung stellte, wodurch Datenbanken in den Kontext der institutionellen Informationsverarbeitung gerückt wurden: »The data base to be used is small. It consists of approximately 100 personnel records, with about ten types of fields per record, plus 29 organization records, each of which has ten types of fields« (Anonymus 1965: 3.5). Das zu entwerfende Datenbanksystem sollte die Verwaltung dieser Daten ermöglichen und die automatische Erzeugung von Berichten unterstützen: »This problem is designed to exercise certain basic functions of a data management system. These functions include file creation, file maintenance, subsetting the data base for producing different types of reports sorting, simple computation, and the production of printed reports with varying formats« (Anonymus 1965: 3.5).

19 | In kultur- und medienwissenschaftlichen Publikationen zu Datenbanken wird zumeist auf diese Definition verwiesen, wenn das Auftauchen des Begriffs infrage steht. So nimmt neben Vismann beispielsweise auch Rüdiger Weingarten in seinem Artikel »Datenbanken« für das Handbuch *Schrift und Schriftlichkeit* auf diese

and control problems faced by some of the participants« (Franks 1964: 119). Hierin kommt eine Unzufriedenheit mit dem zu engen Fokus des unterbreiteten Definitionsvorschlags zum Ausdruck, dem daher eine zweite, weitere Definition zur Seite gestellt wurde:

»A broad definition of a data base was brought forward in the following terms leaving unanswered the question of access:
A data base consists of: 1. Data
                                     2. Means of access to the data« (Franks 1964: 120)

Das Nebeneinander der beiden Definitionen zeigt die Unentschiedenheit, die von Anbeginn in Bezug auf den Begriff *data base* vorgeherrscht hat und sich bis heute fortsetzt. Hierin spiegelt sich das Spannungsverhältnis zwischen Imagination und Realität der technischen Informationsverarbeitung wider. Steht die weite Bestimmung (*Datenbanken = Daten + Zugriff*) für das abstrakte Versprechen, mit dem Computer alle Informationen in Form digitaler Daten speichern und abrufen zu können, so kommen in der engeren Definition (*Datenbanken = Dateien [Einträge [Schlüssel, Datum1, Datum2, ..., Datumn]]*) die konzeptuellen und technologischen Anforderungen zum Vorschein, die in konkreten, dafür aber spezialisierten Informationssystemen die Versammlung von und den Zugriff auf spezifische Formen von Informationen ermöglichen. Deutlich tritt diese Ambiguität in einem 1974 vom US-Amerikanischen *National Bureau of Standards* herausgegebenen Glossar hervor. Zu dem Lemma *data base* werden hierin zwei Bedeutungsvarianten aufgeführt: »(1) The entire collection of information available to a computer system. (2) A structured collection of information as an entity or collection of related files treated as an entity« (Neumann/National Bureau of Standards 1974: 8).

Dass Datenbanken heute in der Informatik hauptsächlich analog zur zweiten partikularen Bedeutungsvariante als Sammlungen strukturierter Informationen verstanden werden, hat zwei Ursachen. Zum einen erwies sich dieses Verständnis als allgemein genug, um in verschiedenen Gebrauchskontexten anschlussfähig zu sein, und zum anderen als konkret genug, um die Entwicklung von DBMS anzuleiten, welche die Nutzer nicht von vornherein auf eine bestimmte Art von zu verwaltenden digitalen Informationen festlegen. DBMS sind generische Technologien der Verwaltung von Informationssammlungen, die es ihren Nutzern ermöglichen, Datenbanken entsprechend der eigenen Informationsbedürfnisse anzulegen.

Auch wenn der Datenbankbegriff heute eng an DBMS-Technologien gekoppelt ist, die den Begriff auf Sammlungen strukturierter Daten festlegen, wohnt diesem außerhalb des computerwissenschaftlichen Fachdiskurses die aufgezeigte Mehrdeutigkeit weiterhin inne. Zwischen den beiden Bedeutungsvarianten oszillierend dient er einerseits als Bezeichnung für eine spezifische Form der Sammlung und

---

Definition Bezug, auf die man sich, so seine Einschätzung, bei der Konferenz 1963 festgelegt habe (vgl. Weingarten 1994: 160).

Verwaltung digitaler Informationen und andererseits als allgemeiner Sammlungsbegriff, der sogar über den Bereich digitaler Medientechnologien hinausreicht. Dies
zeigt sich beispielsweise in der 1996 gemeinsam vom Europäischen Parlament und
dem Rat der Europäischen Union erlassenen Urheberrechtsrichtlinie, in der Datenbanken wie folgt definiert sind:

»Unter dem Begriff ›Datenbank‹ sollten Sammlungen von literarischen, künstlerischen, musikalischen oder anderen Werken sowie von anderem Material wie
Texten, Tönen, Bildern, Zahlen, Fakten und Daten verstanden werden. Es muß sich
um Sammlungen von Werken, Daten oder anderen unabhängigen Elementen handeln, die systematisch oder methodisch angeordnet und einzeln zugänglich sind.«
(Europäisches Parlament/Rat der Europäischen Union 1996)

Laut dieser Definition werden Datenbanken als Sammlungen unabhängiger Elemente verstanden, die eine systematische Ordnung aufweisen. Die Richtlinie gibt
jedoch keinen Aufschluss darüber, worin genau die angesprochene systematische
oder methodische Ordnung besteht, die als Voraussetzung für den urheber-
rechtlichen Schutz von Datenbanken gelten soll.[20] Nicht zuletzt deshalb hat sich
dieser Definitionsvorschlag in rechtlicher Hinsicht als problematisch erwiesen
(vgl. Kommission der Europäischen Union 2005). Für die medien- und kulturwissenschaftliche Auseinandersetzung ist diese Bestimmung des Datenbankbegriffs
dennoch interessant, da sie in die Richtung eines allgemeinen Sammlungsbegriffs
weist, der selbst unterbestimmt ist. Hieran zeigt sich einerseits, dass jenseits der
Informatik ein relativ weites und unspezifisches Verständnis von Datenbanken vor-
herrscht, welches nicht an DBMS gekoppelt ist. Werden Datenbanken andererseits
nicht in Rekurs auf bestimmte Datenverwaltungstechnologien definiert, dann wird
die begriffliche Unterscheidung zwischen Sammlungen und Datenbanken brüchig
und die Datenbank wird zur Metapher für Sammlungen jeder Art.[21] Dies ist unter
anderem der Suggestivkraft des Begriffs geschuldet, die nicht nur seine rasche
Popularisierung in den 1960er Jahren ermöglichte, sondern auch heute noch die
beliebte, bisweilen beliebige Rede von Datenbanken motiviert.

   Eine Ursache hierfür ist nicht zuletzt die mehrdeutige und partiell widersprüchliche Metaphorizität der Worte *data base* und *data bank*.[22] Beide Formen

---

20 | Die Frage, wie man Unterschiede zwischen Sammlungen bewerten kann, ist
schwierig zu beantworten. Ab wann macht es Sinn, von verschiedenen Sammlungen
zu sprechen, und wann handelt es sich um dieselbe Sammlung?

21 | Beispielhaft zeigt sich dies in einem im *Oxford English Dictionary* aufgeführten
Zitat zum Lemma *database*, welches dem Jahresbericht des Ashmolean Museums
1985 entnommen ist: »A museum and its records are one vast database« (zitiert
nach Simpson/Weiner 2012).

22 | Die im Deutschen geläufige Bezeichnung *Datenbank* leitet sich vom Englischen
data bank ab.

wurden im englischen Sprachraum weitgehend synonym verwendet, bevor sich Ende der 1970er Jahre die Bezeichnung *data base* durchgesetzt hat.[23] Während das Wort Datenbank auf Banken als geschützte Aufbewahrungsstätten (Geld- und Kreditinstitute, Spielbanken, Samen- und Genbanken) rekurriert, spielt das Wort *data base* auf die Basis als Fundament oder Grundlage an.[24] Besonders in der eingangs erwähnten uneindeutigen Gebrauchsweise des Datenbankbegriffs in der Informatik bekundet sich noch immer der doppelte metaphorische Sinn. Durch die Bank als metaphorischem Bildgeber wird das Augenmerk auf den Ort und die Institution respektive die technische Infrastruktur der Speicherung von Daten gelegt und damit auf die mediale Konfiguration, in der sich Sammlungen von Daten aktualisieren, sowie auf den ökonomischen Entstehungs- und Gebrauchskontext einer Vielzahl von Datenbankanwendungen. Demgegenüber verweist die Metapher der Basis auf Datenbanken als konkrete Sammlungen von Informationen, d.h. mediale Konstellationen, die als Datengrundlage oder eben Datenbasis dienen.[25]

---

23 | Dies belegt der Blick in unterschiedliche Glossare zur Daten- und Informations-verarbeitung, die in den 1960-70er Jahren erschienen. Zwar werden oftmals für die beiden Terme unterschiedliche Definitionen angeführt, die jedoch zumeist nahezu gleichlautend waren (vgl. ANSI 1970, 1977; CAM-I Standards Committee 1976; Easley 1957; Holmes 1962; IBM 1962, 1968, 1972, 1977, 1981; Neumann/ National Bureau of Standards 1974; The Computer Communications Group 1968; UNIVAC 1968). Siehe hierzu auch Haigh (2007: 60f.).

24 | Im deutschen Sprachraum hat sich im Unterschied dazu der Begriff der Daten-bank durchgesetzt. Die Bezeichnung Datenbasis ist weniger gebräuchlich. Mitunter wird sie dazu verwendet, die Seite der Anwendungssoftware von den Daten zu unter-scheiden: »Unter *Datenbasis* versteht man die eigentlichen Daten der Datenbank, die im Dateisystem gespeichert werden, also eine gewisse Anzahl von physika-lischen Dateien, in denen die Anwendungsdaten und das Data Dictionary [...] ge-speichert sind« (Faeskorn-Woyke et al. 2007: 22). Dann jedoch dient der Begriff Datenbank zur Bezeichnung des Datenbanksystems, d.h. der verwalteten Daten und der Technologie zur Verwaltung dieser Daten: »Ein Datenbanksystem besteht aus einer Datenbasis und einem Datenbankmanagementsystem. Der Begriff der *Daten-bank* wird synonym verwendet« (Faeskorn-Woyke et al. 2007: 21).

25 | Der ökonomische Kontext von Datenbanken, der durch die Bankenmetaphorik evoziert wird, kehrt auch in einer Reihe von Definitionen wieder, die auf die Metapher der Basis rekurrieren. Als Datenbank werden dabei die einem Unternehmen zur Verfügung stehenden Daten bezeichnet: »The data base is conceived as the fundamental repository of relevant data not only for the retrieval of information, but also for the operational and strategic planning and control of an economic unit (cooperation, division, university, government body, etc.)« (Joint GUIDE-SHARE Database Requirements Group 1970: V). In eine ähnliche Richtung geht auch die Definition von Connolly et al.: »Eine gemeinsame Sammlung von logisch verwandten Daten (und eine Beschreibung dieser Daten), die dazu dient, die

Abb. 2: Geläufiges Symbol für Datenbanken

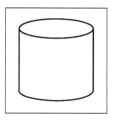

Hinzu kommt der Container als weiterer wichtiger Bildgeber für Datenbanken. Selbst wenn sich diese Metapher nicht im Begriff niederschlägt, tritt sie deutlich an dem in der Informatik geläufigen Datenbanksymbol zu Tage. Gemeinhin als Zylinder dargestellt, wird die Datenbank als Container für Daten entworfen; sie ist ein Behälter, in den Daten eingefügt und bei Bedarf wieder entnommen werden können.[26] Suggeriert wird hierdurch, dass Datenbanken passive Speicher oder neutrale Träger sind, die jegliche Informationen aufnehmen können. Gegen diese Vorstellung wendet sich Christiane Paul, wenn sie darauf hinweist, dass Datenbanken, verstanden als Container, in der Tradition anderer Daten- und Informationscontainer stehen, wie z.b. Bücher, Bibliotheken oder Archive:

»While a database is now commonly understood as a computerized record keeping system, it is essentially a structured collection of data that stands in the tradition of ›data containers‹ such as a book, a library, an archive, or Wunderkammer. Every ›container‹ of information ultimately constitutes a dataspace and information architecture of its own [...].« (Paul 2007: 95)

Container sind Paul zufolge nicht passive Träger von Informationen, sondern konstituieren verschiedene Daten- und Informationsarchitekturen, welche den Umgang mit den *Inhalten* des Containers auf unterschiedliche Weise bedingen und strukturieren.

Zusammenfassend: Die punktuelle Rekonstruktion der Geschichte des Datenbankbegriffs hat gezeigt, dass dieser seit jeher mehrdeutig gebraucht wird. Obgleich in verschiedenen Kontexten adaptiert, hat sich bis heute keine kohärente und ein-

---

Informationsbedürfnisse einer ganzen Organisation zu befriedigen« (Connolly et al. 2002: 54).

26 | Der Fokus der Containermetapher liegt auf dem Ort der Speicherung, wobei die bei der Metapher der Bank mitschwingende Dimension von Institution und Infrastruktur nicht zum Vorschein kommt. Dies zeigt sich allein daran, dass der Zylinder nicht nur als Symbol für Datenbanken dient, sondern auch für Festplatten respektive Datenträger im Allgemeinen. In diesem Umstand spiegelt sich die Mehrdeutigkeit des Datenbankbegriffs wider, der einerseits eine spezifische Sammlungsform bezeichnet und andererseits als allgemeiner Sammlungsbegriff dient.

deutige Gebrauchsweise des Begriffs etabliert. Bezeichnet er einerseits Sammlungen im Allgemeinen sowie Sammlungen digitaler Informationen im Besonderen, so verweist der Begriff andererseits auf Technologien zur Verarbeitung von strukturierten Sammlungen maschinenlesbarer Informationen.

DATENBANKLOGIKEN: ZUR DATENBANK ALS SYMBOLISCHER FORM

Wie anfangen? Mit dieser Frage ringt der Medienpädagoge Torsten Meyer in seinem *Versuch über das Prinzip Database* (2005: 35).[27] Womit beginnen? Dies ist die Frage, die sich ihm beim Nachdenken über Datenbanken schreibpraktisch aufdrängt: *»Wenn ich um mich blicke, jetzt, im Augenblick, in dem ich zu schreiben beginne, dann sehe ich nur Chaos. Dutzende, vielleicht Hunderte von Zetteln liegen über den Schreibtisch verteilt Schlimmer noch sieht es auf dem Bildschirm aus«* (Meyer 2005: 222). Da Meyer keinen geeigneten Einstieg findet, erzählt er die Geschichte seines Scheiterns, den Text zu beginnen. Auf seinen Schreibtischen, real und virtuell, hat er Notizen, Bücher und Texte versammelt, doch ihr Zustand ist chaotisch. Ungeordnet liegen Gedanken, Thesen, Theorien, Zitate, Geschichten und Argumente vor ihm, doch er vermag sie nicht zu ordnen, ihnen eine Struktur zu geben, die Anfang und Ende hat:

»Ich gebe es auf. Es geht nicht. Es will sich nicht ordnen. Jedenfalls nicht so, dass ich es gewissermaßen nur noch abzuschreiben brauche. Ich fange dennoch an. Habe bereits begonnen ... anzufangen ... – War das der Anfang? Habe ich es wieder nicht recht mitbekommen, das Beginnen? Den Anfang?« (Meyer 2005: 224)

Das Problem, einen Anfang zu finden, erwächst aus der Frage, wie das Chaos zu ordnen ist. Dies führt Meyer ins Zentrum seiner Auseinandersetzung mit Datenbanken. Ebenso wie sich die Materialien auf seinem Schreibtischen nicht einfach in die lineare Ordnung eines wissenschaftlichen Aufsatzes bringen lassen, sperrt sich die Datenbank gegen eine privilegierte Anordnung der in ihr gespeicherten Informationen. Der Widerstand gegen nur *eine* bestimmte Ordnung oder Form charakterisiert Meyer zufolge das Prinzip *Database*: *»Die Database ist amorph, sie hat keine Form, kann aber in alle möglichen Formen gebracht werden. Sie ist ein Potential an Formen«* (Meyer 2005: 244).

---

27 | Der vollständige Titel des 2005 von Meyer publizierten Aufsatzes lautet *Wahn(-) und Wissensmanagement: Versuch über das Prinzip Database*. Performativ hat Meyer seine Überlegungen zur Datenbank in Form eines multimedialen Vortrags umgesetzt, den er unter anderem auf der 17. HyperKult Konferenz 2008 in Lüneburg präsentiert hat, die dem Thema »Ordnungen des Wissens« gewidmet war. Ein Mitschnitt des Vortrags kann auf der Konferenzwebseite heruntergeladen werden, www2.leuphana. de/hyperkult/archiv/hk_17/index_hk17.htm (zuletzt aufgerufen am:12.10.2012).

Meyers Überlegungen zur Datenbank als einem *Prinzip* schließen an Lev Manovich an, der mit seiner Beschreibung der Datenbank als symbolischer Form zum wichtigsten Stichwortgeber der medien- und kulturwissenschaftlichen Auseinandersetzung mit Datenbanken avanciert ist.[28] Erstmals 1998 veröffentlicht, zog Manovichs Text eine Reihe von Publikationen nach sich, die sich Datenbanken als dezidierten Untersuchungs- und Reflexionsgegenstand der Medienwissenschaften zuwandten. Beispiele hierfür sind, ohne einen Anspruch auf Vollständigkeit zu erheben: die im Jahr 2000 von der Medienkünstlerin Victoria Vesna edierte Sonderausgabe der Zeitschrift *AI & Society*, die sich dem Thema der *Database Aesthetics* widmete; die ebenfalls 2000 erschienene Ausgabe 13 des Online-Journals Switch zu Datenbanken; das 2007 veröffentlichte Schwerpunktheft zu Daten des Züricher Jahrbuchs für Wissenschaftsgeschichte, in dessen Zentrum die Geschichte digitaler Datenbanken und die mit ihrem Aufkommen entstehenden Deutungspraktiken stehen; sowie der 2012 erschienene Sammelband *Sortieren, Sammeln, Suchen, Spielen: Die Datenbank als mediale Praxis* (Vesna 2000b; Stalbaum 2000; Gugerli 2007b; Böhme et al. 2012).[29]

Die gesamte Bandbreite der in diesen Publikationen vorgebrachten Positionen kann und soll an dieser Stelle nicht rekonstruiert werden. Vielmehr wird das Hauptaugenmerk auf Manovich gelegt, dessen Hinwendung zu Datenbanken in der Diagnose eines weitreichenden kulturellen Wandels mündet. In Anlehnung an Erwins Panofskys Diskussion der Perspektive als symbolischer Form bezeichnet Manovich Datenbanken als symbolische Form der digitalen Medienkultur, welche seines Erachtens die Erzählung als dominante Form des kulturellen Ausdrucks und der Sinnstiftung ablöst.[30] Die Datenbank sei im Vergleich zur Erzählung »a

---

28 | Die Wirkmacht von Manovichs Position zeigt sich zum Beispiel in Ed Folsoms (2007) Aufsatz *Database as Genre: The Epic Transformation of Archives*. Folsom stützt seine Charakterisierung der Datenbank gänzlich auf die Thesen von Manovich. Die in derselben Ausgabe der *PMLA* veröffentlichen kritischen Repliken von Jonathan Freedman, N. Katherine Hayles, Jerome McFann, Meredith McGill und Peter Stallybrass auf den Artikel von Folsom zeigen jedoch auch, dass Manovichs Ansatz nicht unproblematisch ist.

29 | Zu erwähnen ist auch das Kapitel *Database as Discourse* in Mark Posters Monographie *The Second Media Age*. Unter Rekurs auf die Foucaultsche Diskursanalyse beschreibt Poster Datenbanken als Super-Panopticon des digitalen Zeitalters: »the super-panopticon, transforming our acts into an extensive discourse of surveillance, our private behaviors into public announcements, our individual deeds into collective language« (Poster 1995: 87). Die Hinwendung zu Datenbanken als medien- und kulturwissenschaftlichem Untersuchungsgegenstand weist zudem eine große Nähe zu den aktuellen Diskussionen über Suchmaschinen auf; siehe hierzu exemplarisch Becker/Stalder (2009a) und Röhle (2010).

30 | Manovich verweist auf Panofsky, ohne dessen 1927 veröffentlichten Betrachtungen zur Perspektive genau zu diskutieren. Für den Kunsthistoriker Panofsky ist

new way to structure our experience of ourselves and the world« (Manovich 2001: 219). Hinter dieser prägnanten These verbirgt sich ein dichtes Gefüge von zum Teil konkurrierenden und widersprüchlichen Perspektiven auf und Beschreibungen von Datenbanken. Wie noch zu sehen sein wird, lässt sich dieses Gefüge zwischen zwei Polen oder Ebenen verorten, die sich in Manovichs Text unsystematisch und weitgehend zusammenhangslos überlagern: die Datenbank als Ausdrucksform einerseits sowie als Grund- und Tiefenstruktur digitaler Medien andererseits.[31] In dieser Überlagerung schreibt sich die Mehrdeutigkeit und suggestive Offenheit des Datenbankbegriffs in der Bestimmung der Datenbank als symbolischer Form weiter fort. Eben dies erweist sich jedoch als problematisch, insofern die Vielfalt und Heterogenität medialer Praktiken mit Datenbanken hinter einer vermeintlich selbstevidenten *Großtheorie* verschwindet, welche die Datenbank in einer »easy binary« (McGann 2007: 1589) der Erzählung gegenüberstellt.[32] Doch *Großtheo-*

---

die Frage nach der Genauigkeit (und damit Wirklichkeitstreue) unterschiedlicher perspektivischer Projektionsverfahren irrelevant. Vielmehr interessiert er sich, Cassirers Begriff der *symbolischen Form* aufgreifend, für die Perspektive als Stilmoment der Kunst: »Das scheint nun an und für sich eine rein mathematische und keine künstlerische Angelegenheit zu sein, denn mit Recht darf man sagen, daß die größere oder geringere Fehlerhaftigkeit, ja selbst die völlige Abwesenheit einer perspektivischen Konstruktion nichts mit dem künstlerischen Wert zu tun hat (wie freilich auch umgekehrt die strenge Beobachtung der perspektivischen Gesetze in keiner Weise die künstlerische ›Freiheit‹ zu gefährden braucht). Allein wenn die Perspektive kein Wertmoment ist, so ist sie doch ein Stilmoment, ja mehr noch: sie darf, um Ernst Cassirers glücklich geprägten Terminus auch für die Kunstgeschichte nutzbar zu machen, als eine jener ›symbolischen Formen‹ bezeichnet werden, durch die ›ein geistiger Bedeutungsinhalt an ein konkretes sinnliches Zeichen geknüpft und diesem Zeichen innerlich zugeeignet wird‹« (Panofsky 1998 [1927]: 689).

31 | Manovich thematisiert mit anderen Worten die Oberfläche und Tiefe digitaler Datenbanken. Im Folgenden wird sich jedoch zeigen, dass beide Beschreibungsebenen bei Manovich nicht systematisch aufeinander bezogen werden. Hierin besteht ein zentraler Unterschied zu der im Kapitel »Computer« entwickelten Analyseperspektive.

32 | Ähnlich wie Manovich betrachtet auch Gugerli digitale Datenbanken als Symptom und Motor des Wandels unseres Welt- und Selbstverhältnisses. Für Gugerli sind Datenbanken ein *Denkmodell*, an dem sich der in der Postmoderne vollzogene »Wechsel von Systematik, hierarchischer Ordnung und serieller Produktion hin zu Mehrdeutigkeit, Flexibilität, Patchwork und Bricolage« (Gugerli 2009: 13) abzeichnet. Seine zentrale These ist, »dass sich die Such- und Deutungskultur des ausgehenden 20. und beginnenden 21. Jahrhunderts an den Rekombinationsofferten der rechnergestützten Datenbanktechnik orientiert« (Gugerli 2007a: 14). Im Blick hat Gugerli hierbei vor allem das relationale Datenmodell und relationale Datenbankmanagementsysteme.

rien medialer Umbrüche bergen, wie Roberto Simanowski unterstrichen hat, die
»Gefahr voreiliger Schlussfolgerungen und haltloser Prophezeiungen« (Simanowski
2012b: 19).[33] Im Folgenden soll daher der Facettenreichtum digitaler Datenbanken
in den Vordergrund gerückt werden.

Die Datenbank als Ausdrucksform

Mit dem Aufkommen digitaler Medientechnologien vollzieht sich, so Manovich,
ein tiefgreifender Wandel in der Mediengeschichte. Während die vormals *Neuen
Medien* Buch und Film die Erzählung als Ausdrucksform bevorzugten, werde im
Computerzeitalter die Datenbank zur dominanten Form des Ausdrucks: »After the
novel, and subsequently cinema, privileged the narrative as the key form of cultural expression of the modern age, the computer age introduces its correlate – the
database« (Manovich 2001: 218). Diese These untermauert Manovich mit dem Hinweis, dass viele digitalen Medienobjekte keine Geschichte erzählen, sondern die
Form einer Datenbank annehmen und demzufolge einer sogenannten Datenbanklogik unterliegen. Als Beispiel führt er die in der zweiten Hälfte der 1990er Jahre
populären Multimedia-Enzyklopädien an.[34] Des Weiteren nennt er Rezept-, Zitat-
und Textsammlungen auf CD-ROM sowie die Bilddatenbanken virtueller Museen
(Manovich 2001: 219f.).[35] Bei diesen handelt es sich um Sammlungen, welche die
versammelten Elemente nicht einer narrativen Ordnung unterwerfen: »they are
collections of individual items, with every item possessing the same significance as
any other« (Manovich 2001: 218).

Mehr noch als im Bereich kommerzieller CD-ROMs zeigt sich die Bedeutung
der Datenbankform Manovich zufolge im World Wide Web (WWW). Homepages,
Suchmaschinen, Portalseiten sowie die Webseiten von Radio- und Fernsehsendern
lassen sich als Sammlungen einzelner Elemente begreifen, wie z.b. Links, Fotos,
Videos Texte etc. (vgl. Manovich 2001: 220). Ein weiteres Indiz dafür, dass das
WWW der Datenbanklogik folgt, sieht Manovich in der offenen Struktur des Web:
Webseiten sind nie komplett, sondern können stets ergänzt oder verändert werden.
Man kann sie erweitern, so wie man Sammlungen und Listen etwas hinzufügen
kann (vgl. Manovich 2001: 220f.).

---

33 | Neben Bolters *Writing Space* und Landows *Hypertext 2.0* führt Simanowski unter
anderem auch Manovichs *The Language of New Media* als Beispiele solcher Groß-
theorien an (vgl. Simanowski 2012b: 19).

34 | Seit Anfang der 2000er Jahre wurden CD-ROM-Enzyklopädien (wie z.B. Micro-
softs *Encarta*) zunehmend von Online-Enzyklopädien im Allgemeinen und Wikipedia
im Besonderen verdrängt.

35 | Besonders augenfällig ist diese Entwicklung hin zur Datenbank als Ausdrucks-
form nach Ansicht Manovichs überall dort, wo »kulturelle« Inhalte vermittelt werden:
»A library, a museum – in fact, any large collection of cultural data – is replaced by a
computer database« (Manovich 2001: 214).

Schließlich habe die Datenbank als Ausdrucksform auch im Bereich der Kunst an Bedeutung gewonnen. Vor allem in der Medienkunst der 1990er Jahre findet Manovich, der selbst auch künstlerisch tätig ist, Beispiele hierfür. Künstler wie George Legrady, Chris Marker, Olga Lialina, Stephen Mamber und Fabian Wagmister setzen sich in ihren Arbeiten kritisch mit der Datenbanklogik auseinander, kommentieren mit ästhetischen Mitteln die Effekte der Datenbankkultur und erproben neue Möglichkeiten des Umgangs mit Datenbanken (vgl. Manovich 2001: 221).[36]

Anderthalb Jahrzehnte nach der erstmaligen Publikation von Manovichs Datenbankaufsatz erscheinen die Beispiele, die er anführt, um seine Charakterisierung der Datenbank als symbolischer Form der digitalen Medienkultur zu plausibilisieren, etwas veraltet. Die Bedeutung von Multimedia CD-ROMs hat mit der zunehmenden Popularisierung des WWW abgenommen und das traditionelle Web wurde mittlerweile vom Web 2.0 abgelöst.[37] Diese Entwicklungen stehen Manovichs Beobachtungen jedoch keineswegs entgegen. Wenn Enzyklopädien und Rezeptsammlungen auf CD-ROMs sowie persönliche Homepages und Webseiten von Fernsehsendern einer Datenbanklogik folgen, dann könnte Manovich heute ebenso gut Wikipedia, Chefkoch.de, Facebook und YouTube als Belege für den Bedeutungszuwachs der Datenbankform nennen.

Bemerkenswert sind die von Manovich aufgeführten Beispiele jedoch in einer anderen Hinsicht: Sammlungen von Wissen (Enzyklopädien), Verweisen (Telefonbücher, Bibliothekskataloge) oder Bildern (Museen) sind, wie er selbst zugesteht, nicht erst mit dem Computer entstanden. Dementsprechend ist die Datenbankform kein Novum der digitalen Medienkultur. Dies anerkennend vertritt Manovich die Überzeugung, dass sich unter den Bedingungen digitaler Medientechnologien das Kräfteverhältnis zwischen Erzählung und Datenbank verschiebt: »New media does not radically break with the past; rather, it distributes weight differently between the categories that hold culture together, foregrounding what is in the background and vice versa« (Manovich 2001: 229). Erzählung und Datenbank hat es als Ausdrucksformen also immer schon gegeben und beide haben, wie Manovich herausstellt, stets miteinander konkurriert: »I prefer to think of them as two competing imaginations, two basic creative impulses, two essential responses to the world« (Manovich 2001: 234). Ebenso wie die Datenbankform bereits im vor-

---

36 | Beispiele für die künstlerische Auseinandersetzung mit Verfahren des Sammelns, Archivierens und Präsentierens von Sammlungen finden sich nicht nur im Bereich der digitalen Medienkunst, wie z.B. Vesna (vgl. Vesna 2000a: 159f.) in ihrer Analyse von Buckminster Fullers *Chronofiles* zeigt oder die Münchener Ausstellung *Deep Storage: Arsenale der Erinnerung* belegt (Schaffner et al. 1997).

37 | Popularisiert wurde der Begriff des Web 2.0 von Tim O'Reilly (2005). In der Folgezeit wurden vor allem die sozialen Aspekte der Vernetzung und Kollaboration mit dem Begriff des Web 2.0 assoziiert. Daher ist in Bezug auf die Entwicklungen des Semantic Web mitunter auch vom Web 3.0 die Rede.

digitalen Zeitalter existierte, werden auch Narrative im digitalen Zeitalter weiterhin Bestand haben. Was sich nach Ansicht Manovichs jedoch ändert, ist die Bedeutung, die beiden Ausdrucksformen zukommt. Eine Ursache hierfür ist, dass digitale Datenträger, wie z.b. Festplatten, CD-ROMs etc. seines Erachtens besonders *empfänglich* für die Datenbankform sind: »digital storage media proved to be particularly receptive to traditional genres that already had a database-like structure, such as the photo-album« (Manovich 2001: 220). Wenn die Datenbank im Zeitalter digitaler Medientechnologien Manovich zufolge zur dominanten Ausdrucksform wird, welche die Erzählung als privilegierten Modus kultureller Sinnstiftung ablöst, was kennzeichnet die Datenbank im Vergleich zur Erzählung? Oder anders formuliert: Was versteht Manovich als Datenbank?

Als Datenbank bezeichnet Manovich Sammlungen von Elementen, die keine thematische oder formale Entwicklung durchlaufen. Die Elemente der Datenbank haben keine feste Reihenfolge, sie stehen gleichberechtigt neben- oder untereinander. Daher hat eine Datenbank auch keinen Anfang und kein Ende (vgl. Manovich 2001: 218). Sie ist eine Sammlung, welche die Welt, wie Manovich es ausdrückt, als eine ungeordnete Liste von Elementen repräsentiert: »[T]he database represents the world as a list of items, and it refuses to order this list. In contrast, a narrative creates a cause-and-effect trajectory of seemingly unordered items (events). Therefore, database and narrative are natural enemies« (Manovich 2001: 225).[38] Während die Erzählung ihre Elemente – verschiedene Ereignisse – in einem Ursache-Wirkungszusammenhang anordnet, versperrt sich die Datenbank gegen eine (privilegierte) Ordnung ihrer Elemente. Sie ist vielmehr Potenzial für verschiedene Formen der *Präsentation von* und des *Umgangs mit* den in der Datenbank enthaltenen Elementen. In dieser Hinsicht unterscheidet sich Manovichs Datenbankbegriff von dem in der Informatik verbreiteten Verständnis von Datenbanken als strukturierte Sammlungen von Informationen:

»In computer science, database is defined as structured collection of data. [...] New media objects may or may not employ these highly structured database models; however, from the point of view of the user's experience, a large proportion of them are databases in a more basic sense. They appear as collections of items on which the users can perform various operations – view, navigate, search. The user's experience of such computerized collections is, therefore, quite distinct from reading a narrative or watching a film or navigating an architectural site.« (Manovich 2001: 218f.)

Indem Manovich die Nutzerperspektive in den Vordergrund rückt, verortet er die Datenbank auf der phänomenalen Ebene der Benutzeroberflächen. Seines Erachtens

---

38 | Manovich legt nicht genauer dar, welche ästhetische und epistemische Funktion die Liste als Ausdrucksform hat. Diese Fragen diskutiert Umberto Eco (2009) in *Die unendliche Liste*.

ist es irrelevant, ob digitale Medienobjekte dem computerwissenschaftlichen Verständnis von Datenbanken entsprechen oder nicht. Entscheidend ist für ihn vielmehr die Art und Weise, wie Informationen an der Oberfläche erscheinen und wie die Nutzer mit diesen umgehen können. Auf dieser Ebene erscheint die Datenbank als eine Ausdrucksform, die sich grundlegend von der Erzählform unterscheidet und mit dieser in Konkurrenz steht.

Mit seiner strikten Gegenüberstellung von Datenbank und Erzählung distanziert sich Manovich kritisch von der undifferenzierten und generalisierenden Beschreibung digitaler Medienobjekte als Erzählungen: »in the world of new media, the term *narrative* is often used as an all-inclusive term, to cover up the fact that we have not yet developed a language to describe these new strange objects« (Manovich 2001: 228). Hingegen konstituiert nicht jede Form der Präsentation von Sammlungen und nicht jede sequentielle Aneinanderreihung von Informationseinheiten eine Erzählung, wie Manovich in Rekurs auf Mieke Bals Erzähltheorie feststellt.[39] Als Gegenbegriff zu Erzählungen im literaturwissenschaftlichen Sinn erscheint die Datenbank als Sammelbegriff für nicht-narrative Formen der Präsentation von und des Umgangs mit Informationen.

Die ästhetische Dimension, welche durch die Beschreibung der Datenbank als Ausdrucksform in den Vordergrund gerückt wird, seither einen Schwerpunkt medientheoretischer und medienkünstlerischer Auseinandersetzungen mit Datenbanken. Das Augenmerk liegt hierbei auf möglichen Schnittstellen zu Informationssammlungen und demzufolge auf den Benutzeroberflächen, wie Christiane Paul in ihrem Beitrag zu dem Sammelband *Database Aesthetics* unterstrichen hat: »The common understanding of ›database aesthetics‹ seems to be more focused on the operations on the ›front end‹ […] rather than the ›back end‹ of the data container and its structure« (Paul 2007: 97). Und an anderer Stelle schreibt sie, den medien- und kulturwissenschaftlichen Diskurs über Datenbankästhetik kommentierend:

»In discourse on digital art, the term is frequently used to describe the aesthetic principles applied in imposing the logic of the database to any type of information, filtering data collections, and visualizing data. In that sense, database aesthetics often becomes a conceptual potential and cultural form – a way of revealing (visual)

---

39 | Manovich bezieht sich auf Bals Einführung in die Erzähltheorie, in der sie Erzählungen wie folgt definiert: »A *narrative text* is a text in which an agent relates (›tells‹) a story in a particular medium, such as language, imagery, sound, buildings, or a combination thereof. A *story* is a fabula that is presented in a certain manner. A *fabula* is a series of logically and chronologically related events that are caused or experienced by actors. An *event* is the transition from one state to another state. *Actors* are agents that perform actions. They are not necessarily human. To *act* is defined here as to cause or to experience an event. The assertion that a narrative text is one in which a story is related implies that the text is not identical to the story« (Bal 1997: 5).

patterns of knowledge, beliefs, and social behavior. The term is seldom used to refer to the aesthetics of the database as structure itself, although it certainly implies that meaning and the structure of a database is inherently connected to the results produced by the filtering of the data contained in it and the nature of its visualization.« (Paul 2007: 95)

Wie Informationen in digitalen Datenbanken gespeichert werden wird Paul zufolge nicht beachtet. Im Zentrum steht vielmehr die Frage, wie der Umgang *mit* und der Zugriff *auf* Informationen an Benutzerinterfaces organisiert wird, und dies obwohl die internen Strukturen der Speicherung und Verarbeitung von Informationen in Computern auch darauf zurückwirken, was an der medialen Oberfläche auf welche Weise zur Erscheinung kommen kann. Diese Oberflächenorientierung zeigt sich auch in Vesnas Vergleich von Datenbankästhetik und Architektur. Die Struktur eines Bauwerks bedingt ihres Erachtens unsere Erfahrung; sie hat einen Einfluss darauf, wie man sich in und durch ein Gebäude bewegen und demzufolge den Raum erfahren kann. Wenn sich die Architektur mit der Gestaltung physischer Räume beschäftigt, macht sich die Datenbankästhetik in Analogie dazu die Gestaltung von Informationslandschaften zur Aufgabe:»artists become information architects who help to usher in this new way of working, thinking, anticipating, and helping to visualize new structures« (Vesna 2007b: XIIIf.).[40] Dringlich wird der Entwurf informationeller Umwelten Vesna zufolge aufgrund der Zunahme von Informationen und Wissen in computerisierten Gesellschaften.

Digitale Medientechnologien bringen jedoch nicht nur Herausforderungen mit sich, sondern stellen auch eine Chance dar. Im Vergleich zu traditionellen Sammlungen in Bibliotheken, Museen oder Archiven eröffnen digitale Datenbanken, wie Manovich herausstellt, neuartige Möglichkeiten, wie zum Beispiel den schnellen Zugriff auf Informationssammlungen oder das Sortieren und Umsortieren der Einträge:

»[A] computer database is quite different from a traditional collection of documents: It allows one to quickly access, sort, and reorganize millions of records; it can contain different media types, and it assumes multiple indexing of data, since each record besides the data itself contains a number of fields with user-defined values.« (Manovich 2001: 214)

Auch Paul weist auf die Möglichkeiten des Umgangs *mit* Informationssammlungen hin, welche ihres Erachtens charakteristisch für digitale Datenbanken sind: »What

---

40 | Der metaphorische Vergleich zwischen den Organisationsformen von Informationen im Computer und der Architektur hat sich auch in der digitalen Medienpraxis durchgesetzt. Der Begriff der *Information Architecture* wird als Bezeichnung eines eigenständigen Berufsfelds propagiert (vgl. Morville 2004; Morville/Rosenfeld 2006).

distinguishes digital databases from their analog predecessors is their inherent possibility for the retrieval and filtering of data in multiple ways« (Paul 2007: 96). Damit wird die Beschreibung der Datenbank als Form kulturellen Ausdrucks um einen wichtigen Aspekt ergänzt. Wurde die Datenbank bisher vor allem als eine spezifische Präsentationsweise von Informationen diskutiert, geraten vor dem Hintergrund der Frage nach der spezifischen Leistung digitaler Datenbanken die Formen des Informationszugriffs und der Informationsverarbeitung ins Blickfeld. Hierbei wird fraglich, ob die Erzählung die geeignete Kontrastfolie bzw. das passende Gegenmodell zur Datenbank ist. Sofern digitale Datenbanken neuartige Formen des Umgangs mit Informationssammlungen ermöglichen, sind sie mit vordigitalen Praktiken der Versammlung *von* und des Umgangs *mit* Informationen zu vergleichen und mit diesen in Beziehung zu setzen.

Zusammenfassend ist festzuhalten: Die Datenbank, verstanden als Ausdrucksform, bezeichnet sowohl die Formen der Präsentation von Informationssammlungen als Sammlungen an der Benutzeroberfläche als auch die Formen des nutzerseitigen Umgangs mit Datenbanken. Von Interesse sind dabei nicht die konkreten technischen Verfahren der Speicherung, Auswahl und Sichtbarmachung von Informationen, sondern deren Präsentation an der Benutzeroberfläche sowie die dem Nutzer durch verschiedene Interfaces eröffneten Möglichkeiten, mit Informationssammlungen umzugehen. Die phänomenologische Beschreibung der Datenbank als Ausdrucksform wird in Manovichs Text von einem zweiten Datenbankbegriff überlagert, der die Datenbank mit den in der unsichtbaren Tiefe des Computers gespeicherten Informationen gleichsetzt. Infolgedessen erscheint die Datenbank als Grund- und Tiefenstruktur digitaler Medienobjekte.

Die Datenbank als Tiefenstruktur digitaler Medienobjekte

Die Datenbanklogik zeigt sich Manovich zufolge nicht nur in der Art und Weise, wie Informationen auf der Benutzeroberfläche zur Erscheinung kommen, sondern auch darin, wie mediale Konstellationen in der unsichtbaren Tiefe des Computers materialisiert werden. Um dies zu erläutern, greift er auf die Unterscheidung von Syntagma und Paradigma zurück, die Manovich der Semiotik Ferdinand de Saussures und Roland Barthes entlehnt (vgl. Manovich 2001: 230).[41] Als Syntagma wird die tatsächliche Zusammenstellung von Sprachzeichen bestimmt, wie Saussure in den *Grundfragen der allgemeinen Sprachwissenschaft* (1931) darlegt. Besonderes Augenmerk liegt dabei, so Saussure, auf den Beziehungen, die Worte »infolge ihrer Verkettung beim Ablauf irgendwelcher Aussagen« (Saussure 1931: 147) eingehen. Dies beruhe »auf dem linearen Charakter der Sprache [...], der es unmöglich macht, zwei

---

41 | Manovich führt die Unterscheidung von Syntagma und Paradigma ein, um die Verschiebung des Kräfteverhältnisses zwischen Erzählung und Datenbank näher zu beleuchten (vgl. Manovich 2001: 230). Hierbei ändert sich jedoch seine Perspektive auf Datenbanken und damit das Verhältnis zwischen Datenbanken und Erzählungen.

Elemente zu gleicher Zeit auszusprechen« (Saussure 1931: 147). Dagegen bezeichnet der Begriff des Paradigmas Zusammenhänge und Verbindungen zwischen Sprachzeichen, die sich nicht in der Aneinanderreihung der Zeichentokens manifestieren. Diese paradigmatischen Beziehungen, die Saussure assoziativ nennt, sind rein geistiger Natur – sie sind »im Gehirn« (Saussure 1931: 148). Es handelt sich um latente thematische Verknüpfungen von Wörtern. Somit sind die Elemente auf der syntagmatischen Ebene »in praesentia« miteinander verbunden, wohingegen die Elemente auf der paradigmatischen Ebene nur »in absentia« miteinander verbunden sind (vgl. Saussure 1931: 147f.).[42]

Manovich greift diese Unterscheidung auf und diskutiert hieran einen seines Erachtens entscheidenden Wandel in der Verkörperung medialer Konstellationen im Computer. In nichtdigitalen Medien verhalte es sich so, wie Saussure dargelegt hat. Die syntagmatische Dimension werde materiell als Lautfolge, Text etc. verkörpert, d.h. als konkrete Aneinanderreihung von Buchstaben zu Wörtern, Wörtern zu Sätzen, Sätzen zu Absätzen usf. Die paradigmatische Dimension hingegen sei stets implizit geblieben, wie Manovich in Übereinstimmung mit Saussure herausstellt: »the database of choices from which narrative is constructed (the paradigm) is implicit; while the actual narrative (the syntagm) is explicit« (Manovich 2001: 231). Dies ändert sich unter den Bedingungen digitaler Medientechnologien. Die paradigmatische Ebene wird materialisiert und die syntagmatische Ebene bleibt latent.

In der Datenbank, verstanden als Tiefenstruktur, sind die einzelnen (Bau-)Elemente digitaler Medienobjekte gespeichert. Die Aneinanderreihung dieser Elemente zu einem Syntagma stellt demgegenüber einen optionalen Pfad durch die Datenbank dar, der sich an der Oberfläche als ephemeres Resultat einer algorithmischen oder nutzerseitigen Auswahl aktualisiert: »Database (the paradigm) is given material existence, while narrative (the syntagm) is dematerialized. Paradigm is privileged, syntagm downplayed« (Manovich 2001: 231). Als Beispiel nennt Manovich die digitale Bildbearbeitung, welche es erlaubt, die verschiedenen Elemente eines Bildes auf unterschiedlichen Bildebenen zu verteilen. Diese Ebenen können unabhängig voneinander sichtbar gemacht und bearbeitet werden. Infolgedessen ist das Bild in der Tiefe des Computers ein Potenzial für verschiedene Bilder, das an der Oberfläche durch die Auswahl der anzuzeigenden Bildebenen aktualisiert werden kann. Das an der Oberfläche erscheinende Bild (Syntagma) ist ein kontingentes und flüchtiges Produkt der im Computer materiell verkörperten Bildebenen (Paradigma). Die Datenbank erscheint hierbei als Potenzial für Formgebung. Aus der »database of choices« (Manovich 2001: 231) können unterschiedliche digitale Medienprodukte

---

42 | Diese Formulierung Saussures greift Manovich auf, ohne dies explizit zu markieren: »Elements in the syntagmatic dimension are related *in praesentia*, while elements in the paradigmatic dimension are related *in absentia*« (Manovich 2001: 230).

erstellt werden, indem verschiedene Interfaces zur Datenbank erstellt werden.[43] Sie ist eine unsichtbare Ressource, aus der im Prozess der Vermittlung zwischen Oberfläche und Tiefe vielfältige mediale Konstellationen erzeugt werden können. Hinter den grafischen Benutzeroberflächen erweisen sich alle digitalen Medienobjekte nach Ansicht Manovichs also als Datenbanken:

»Regardless of whether new media objects present themselves as linear narratives, interactive narratives, databases, or something else, underneath, on the level of material organization, they are all databases. In new media, the database supports a variety of cultural forms that range from direct translation (i.e., a database stays a database) to a form whose logic is the opposite of the logic of the material form itself – narrative. More precisely, a database can support narrative, but there is nothing in the logic of the medium itself that would foster its generation. It is not surprising, then, that database occupy a significant, if not the largest, territory of the new media landscape. What is more surprising is why the other end of the spectrum – narratives – still exist in new media.« (Manovich 2001: 228)[44]

Vor diesem Hintergrund erscheint die Datenbank nicht mehr als Gegenmodell zur Erzählung, sondern als Möglichkeitshorizont für Erzählungen im Kontext digitaler Medientechnologien, welche eine spezifische Form des sequentiellen Zugriffs auf eine Datenbank darstellen: »On the material level, a narrative is just a set of links; the elements themselves remain stored in the database« (Manovich 2001: 231).[45] Die Erzählung als Ausdrucksform ist hierbei nur eine optionale Form des Zugriffs auf die Datenbank und ihrer Präsentation an der Oberfläche: »[N]arrative

---

43 | Die Unterscheidung von Inhalt und Interface ist nach Ansicht Manovichs erst unter den Bedingungen der digitalen Medien sinnvoll geworden: »Historically, the artist made a unique work within a particular medium. Therefore the interface and the work were the same; with other words the level of an interface did not exist. With new media, the content of the work and the interface are separated. It is therefore possible to create different interfaces to the same material.« (Manovich 2001: 227)

44 | An anderer Stelle schreibt Manovich ganz ähnlich: »Some media objects explicitly follow a database logic in their structure whereas others do not; but under the surface, practically all of them are databases. In general, creating a work in the new media can be understood as the construction of an interface to a database« (Manovich 2001: 226).

45 | *Erzählungen* und *interaktive Erzählungen* unterscheiden sich diesem Verständnis zufolge nur darin, dass interaktive Erzählungen mehrere Linkpfade durch die Datenbank bereitstellen, während Erzählungen im klassischen Sinn einen einzigen Pfad durch die Datenbank wählen: »The ›user‹ of a narrative is traversing a database, following links between its records as established by the database's creator. An interactive narrative [...] can then be understood as the sum of multiple trajectories through a database. A traditional linear narrative is one among many

becomes just one method of accessing data among many« (Manovich 2001: 220). Der Informationsbestand kann darüber hinaus auch als Datenbank zur Erscheinung gebracht werden.

Die Möglichkeit, verschiedene Interfaces zu der in der Tiefe des Computers gespeicherten Datenbank zu erstellen, ist nach Ansicht Manovichs ein weiteres Indiz für die Depotenzierung der Erzählung und den Bedeutungszuwachs der Datenbank. Sie erscheint als ein Symptom des von Jean-François Lyotard Ende der 1970er Jahre diagnostizierten Abschieds von den großen Erzählungen der Aufklärung (2009 [1979]). In Manovichs Text findet sich zwar nur ein beiläufiger Verweis auf Lyotards Studie zur Postmoderne (vgl. Manovich 2001: 219). Die Beschreibung der Datenbank als Tiefenstruktur digitaler Medien und die hieran anschließende Kontrastierung von Datenbank und Erzählung stützt sich jedoch implizit auf Lyotards Charakterisierung des postmodernen Wissens, die von einem anderen Begriff der Erzählung ausgeht. Bei den großen Erzählungen, deren Ende Lyotard diagnostiziert, handelt es sich nicht um Erzählungen im narratologischen Sinn. Vielmehr beschreibt Lyotard hiermit die Delegitimierung legitimierender Metaerzählungen.[46] An die Stelle des einheitlichen Systems des wissenschaftlichen Wissens tritt in der Postmoderne Lyotard zufolge die Vielfalt verschiedener wissenschaftlicher Sprachspiele. Sofern die großen Erzählungen eine vereinheitlichende Macht ausüben, indem Informationen ein fester Platz in einem Wissenssystem zugeschrieben wird, steht die Datenbank für das Potenzial, dieselben Informationen auf der Benutzeroberfläche auf verschiedene Weise anzuordnen bzw. erfahrbar zu machen und ihnen hierdurch unterschiedliche Bedeutungen zu geben. Der alles ordnenden Kraft einer großen Erzählung stehen bei Manovich die multiplen Verwendungsmöglichkeiten der Datenbank als universaler Tiefenstruktur digitaler Medien gegenüber. Was an der Oberfläche zur Erscheinung kommt erweist sich als eine kontingente Übersetzung der in der Datenbank enthaltenen Elemente in eine spezifische Form. Eine

---

other possible trajectories through a database, that is, a particular choice made within a hypernarrative« (Manovich 2001: 217).

46 | Nach Ansicht Lyotards sind in der Postmoderne »Tendenzen zum Niedergang der vereinheitlichenden und legitimierenden Macht der großen Spekulations- und Emanzipationserzählungen« (Lyotard 2009 [1979]: 99) zu beobachten. Die durch die großen Legitimationserzählungen verbürgte Einheit des wissenschaftlichen Wissens wird im Zuge dessen von der Pluralität wissenschaftlicher Sprachspiele abgelöst: »Man kann aus dieser Zersplitterung (*éclatement*) einen pessimistischen Eindruck gewinnen: Niemand spricht alle diese Sprachen, sie haben keine universelle Metasprache, der Entwurf des System-Subjekts ist ein Misserfolg, der der Emanzipation hat mit der Wissenschaft nichts zu schaffen, man ist im Positivismus dieser oder jener vereinzelten Erkenntnis verstrickt, die Gelehrten sind Wissenschaftler, die Aufgaben eingeschränkter Forschung sind parzelläre Aufgaben geworden, die keiner beherrscht« (Lyotard 2009 [1979]: 105).

Herausforderung besteht infolgedessen für Manovich darin, neue Präsentations- und Umgangsformen mit der in der Tiefe gespeicherten Datenbank zu erkunden. Obwohl Manovich in seinen Ausführungen stets auf der Gegenüberstellung von Datenbank und Erzählung beharrt, richtet sich sein Interesse vor allem auf die Frage, ob die Datenbank neue Formen der Erzählung (im narratologischen Sinn) ermöglichen wird: »*How can our new abilities to store vast amounts of data, to automatically classify, index, link, search, and instantly retrieve it, lead to new kinds of narratives*« (Manovich 2001: 237). Dieser Frage geht er theoretisch und praktisch am Beispiel filmischer Erzählungen nach. Als Vorläufer und Wegbereiter des *database cinema* beschreibt Manovich Dziga Vertovs Film *Der Mann mit der Filmkamera* (1929) und die Filme von Peter Greenaway.[47] Die Leistung beider Filmemacher besteht seines Erachtens darin, dass sie in ihren Filmen das Verhältnis von Datenbank und Erzählung auf neue Weise ergründet haben. Jedoch auch wenn es Vertov und Greenaway gelingt, in ihren Filmen die Datenbank auf einer phänomenalen Ebene als Erzählmodus sicht- und erfahrbar zu machen, beruhen ihre Filme auf der materiellen Ebene noch nicht auf einer Datenbank. Vielleicht deshalb hat Manovich gemeinsam mit Andreas Kratky das medienkünstlerische Filmprojekt *Soft Cinema* umgesetzt, welches als Versuch verstanden werden kann, die Möglichkeiten der Datenbank als Tiefenstruktur für Erzählungen experimentell vor Augen zu führen.[48]

Die Filme des *Soft Cinema* Projekts sind ephemere Produkte der in der Datenbank gespeicherten Film- und Musiksequenzen sowie Untertitel. Erzeugt werden die Filme mittels einer Software, welche die visuellen, textuellen und auditiven Elemente der Datenbank nach bestimmten Regeln selektiert und arrangiert, wobei die einzelnen Filmsequenzen nicht nur in linearer Abfolge aneinandergereiht, sondern auch parallel nebeneinander in Splitscreens angezeigt werden. Aus der Datenbank von *Soft Cinema* entstehen automatisch Filme, die nicht auf dem Skript eines Drehbuchs basieren:

»Rather than beginning with a script and then creating media elements that visualize it, I investigate a different paradigm: starting with a large database and then generating narratives from it. In Soft Cinema, the media elements are selected from a

---

47 | Als Beispiele nennt Manovich die Filme *The Falls* (1980), *Der Kontrakt des Zeichners* (1982) und *Prospero's Bücher* (1991), bei denen Greenaway nicht nur Regie geführt, sondern auch das Drehbuch geschrieben hat.

48 | Verschiedene Filme des *Soft Cinema*-Projekts wurden 2002 im Auftrag des *Zentrums für Kunst und Medien* in Karlsruhe sowie 2003 im Auftrag des *BALTIC Centre for Contemporary Art Museen* in Gateshead realisiert und wurden in interaktiven Ausstellungen präsentiert. Bei MIT Press erschien 2005 eine DVD-Version von *Soft Cinema*; siehe hierzu die Webseite des Projekts www.softcinema.net (zuletzt aufgerufen am 12.10.2012).

database of a few hundred video clips to construct a potentially unlimited number of different short films.« (Manovich o.J.)

Am Ausgangspunkt steht Manovich zufolge keine Geschichte, die mit filmischen Mitteln erzählt werden soll, sondern eine Datenbank von Filmelementen, aus der durch das Skript eines Computerprogramms eine Vielzahl möglicher Filme erzeugt werden kann. Eine Auswahl von drei im *Soft Cinema* Projekt realisierten filmischen Arbeiten haben Manovich und Kratky 2005 auf DVD veröffentlicht. Die als *Texas*, *Mission to Earth* und *Absences* betitelten Filme loten auf je unterschiedliche Weise den Grenzbereich narrativer und nicht-narrativer Filmformen aus.

An dieser Stelle soll *Soft Cinema* keiner detaillierten Analyse oder Kritik unterzogen werden. Daher wird auch nicht gefragt, ob und inwieweit die software-generierten Filme die im vorangegangenen Kapitel erwähnten Kriterien für Erzählungen erfüllen. Vielmehr sollen am Beispiel von *Soft Cinema* zwei grundlegende Beobachtungen zu Manovichs Beschreibung der Datenbank als universeller Tiefenstruktur digitaler Medien angestellt werden.

Erstens zeigt sich, dass der Verweis auf die Datenbank als Möglichkeitsbedingung neuer Formen der filmischen Erzählung zu kurz greift. Ebenso wichtig wie die Sammlung medialer Objekte in einer Datenbank sind die Programmroutinen, welche die automatische Generierung von Filmen aus der Datenbank steuern. Durch Software wird der unsichtbare Datenbestand in wahrnehmbare mediale Konstellationen übersetzt. Bedeutsam sind infolgedessen nicht nur die gesammelten Medienobjekte, sondern auch die Regeln der Vermittlung zwischen der unsichtbaren Tiefe des Computers und der wahrnehmbaren Oberfläche.[49] Welchen Einfluss die unterschiedlichen Verfahren der programmgesteuerten Vermittlung zwischen dem unsichtbaren Informationsbestand in der Tiefe und den wahrnehmbaren medialen Konstellationen an der Bildschirmoberfläche auf die Ästhetik, Politik und Ethik digitaler Datenbanken haben, wird von Manovich nicht diskutiert. Entscheidend ist für ihn vielmehr das Bild der Datenbank als einer unbedingten Ressource des kreativen Schaffensprozesses. Auf dieser Vorstellung beruht die Gleichsetzung der Datenbank als Tiefenstruktur mit der Seite des Paradigmas.

An *Soft Cinema* wird jedoch zweitens deutlich, dass diese Gleichsetzung problematisch ist. Kennzeichnend für paradigmatische Beziehungen ist ihre unbestimmte und unbedingte Offenheit. Diesbezüglich stellt Saussure fest: »Jedes

---

49 | Eine andere Form der Übersetzung zwischen der unsichtbaren Tiefe und der wahrnehmbaren Oberfläche wurde im Kapitel »Computer« am Beispiel von Paleys TextArc diskutiert, S. 109f. Wie Paul herausstellt, sind gemeinhin nicht nur die in der Datenbank gespeicherten Informationen unsichtbar, sondern auch die Routinen ihrer Verarbeitung und Sichtbarmachung: »The digital medium is not by nature visual but always consists of a ›back end‹ of algorithms and data sets that remain hidden and a visible ›front end‹ that is experienced by the viewer/user, the latter being produced by the former« (Paul 2007: 97).

beliebige Wort kann jederzeit alles, was ihm auf die eine oder andere Weise assoziierbar ist, anklingen lassen« (Saussure 1931: 151). Demgegenüber beruhen Computerdatenbanken auf einer Strukturierung von Datensätzen, die ermöglicht, aber auch bedingt, wie die Elemente der Datenbank zueinander in Beziehung gesetzt werden können. In der *Soft Cinema* Datenbank werden die Filmsequenzen beispielsweise durch 10 verschiedene Kategorien beschrieben, wie z.b. die Einstellungsgröße, die dominante Bewegungsrichtung, der Ort, der Typ und das Thema der Filmsequenz (Manovich/Kratky 2005: 17). Nur im Rahmen dieser vorgegebenen Struktur können Elemente zur Datenbank hinzugefügt, in dieser gruppiert und aus dieser abgefragt werden. Die Offenheit der Datenbank ist nicht unbedingt, sie ist abhängig von der zugrunde gelegten Datenstruktur. Wie Informationen in der Tiefe des Computers gespeichert sind, hat einen Einfluss darauf, ob und auf welche Weise sie an der Oberfläche als Datenbank gebraucht und gehandhabt werden können.

Dennoch scheint die strukturierte Speicherung von Informationen in Datenbanken nahezu grenzenlose Möglichkeiten zu eröffnen, diese Informationen zu gebrauchen. Nach Ansicht von Paul besteht ein Spannungsverhältnis zwischen der »structure of databases« einerseits und den »seemingly infinite possibilities for reproducing and reconfiguring the information contained within these structures« (Paul 2007: 97) andererseits. Auch dies wird von Manovich nicht beleuchtet, was sich nicht zuletzt vor dem Hintergrund der These, dass die Datenbank die universelle Tiefenstruktur digitaler Medien sei, als problematisch erweist. Denn in der Tiefe des Computers sind nicht alle digitalen Medienobjekte gleichermaßen Datenbanken. So ist auf der *Soft Cinema*-DVD weder eine Datenbank mit Filmsequenzen noch eine Software zur Erstellung von Filmen enthalten, sondern Filme im *DVD-Video* Format. Die in verschiedenen musealen Installationen des Projekts vorgeführte Möglichkeit, dass Filme mithilfe von Software automatisch aus einer Datenbank generiert werden, wird auf der veröffentlichten DVD nur simuliert. Von jedem der drei Filme finden sich auf der DVD zwei bzw. drei Versionen, die zufällig wiedergegeben werden. Infolgedessen kann die veröffentlichte DVD des Projekts allenfalls als Datenbank fertiger Filmversionen verstanden werden, und nicht als Datenbank für mögliche Filme.[50]

GEGEN DIE DATENBANK ALS PRINZIP: MIKROLOGIKEN DER DIGITALEN DATENHALTUNG

Manovich charakterisiert die Datenbank als Genre oder symbolische Form der digitalen Medienkultur. Um diese These zu begründen, versucht er *eine* Logik der Datenbank zu identifizieren. Die Beschreibungen der Datenbank als dominanter

---

50 | Darüber hinaus ist fraglich, ob tatsächlich jedes digitale Medienobjekt auf einer Datenbank beruht. Das durch Dateiformate stabilisierte Verhältnis von Oberfläche und Tiefe steht dieser Behauptung entgegen; siehe hierzu S. 96ff.

Ausdrucksform und Tiefenstruktur digitaler Medien führen jedoch zu keiner einheitlichen Konzeption von Datenbanken. Das Wort *Datenbank* erscheint vielmehr als Projektionsfläche für Manovichs lose zusammenhängenden Beobachtungen und Diagnosen zu den sich aktuell vollziehenden medialen Transformationsprozessen. Hierbei behandelt er die Datenbank einmal als Gegenmodell zur Erzählung und einmal als Möglichkeitsbedingung für neue Formen des Erzählens in digitalen Medien. Einen konkreten Referenten hat Manovichs Begriff der Datenbank infolgedessen nicht. Was das Spezifische der Datenbank als symbolischer Form ist bleibt daher weitgehend unklar.

Ebenso wenig erläutert Manovich, was es seines Erachtens bedeutet, die Datenbank als symbolische Form zu betrachten. Sein Verweis auf Panofsky legt nahe, dass es sich bei der Datenbank in gleicher Weise um eine symbolische Form handelt wie bei der Zentralperspektive (vgl. Manovich 2001: 219). An der Stelle, wo Panofsky auf den Begriff der symbolischen Form eingeht, spricht er jedoch explizit nicht von der Zentralperspektive, sondern bezieht sich auf sämtliche Formen perspektivischer Projektionsverfahren: »[E]s ist in diesem Sinne für die einzelnen Kunstepochen und Kunstgebiete wesensbedeutsam, nicht nur ob sie Perspektive haben, sondern auch welche Perspektive sie haben« (Panofsky 1998 [1927]: 689). Anders als Manovich nahelegt, beschreibt Panofsky die Perspektive nicht als eine uniforme symbolische Form, sondern interessiert sich dafür, wie in der Kunstgeschichte durch unterschiedliche perspektivische Darstellungsverfahren verschiedene Raumvorstellungen zum Ausdruck gekommen sind (vgl. Panofsky 1998 [1927]: 689f.).[51] Gänzlich unerwähnt bleibt zudem die Kulturphilosophie Ernst Cassirers, der Panofsky den Begriff der symbolischen Form entlehnt. Daher wäre es müßig danach zu fragen, ob und inwiefern die Datenbank als eine jener *Energien des Geistes* verstanden werden kann, »durch welche ein geistiger Bedeutungsgehalt an ein konkretes sinnliches Zeichen geknüpft und diesem Zeichen innerlich zugewandt wird« (Cassirer 1923: 15).[52] Es sei

---

51 | Kennzeichnend hierfür ist die Unterscheidung der antiken Perspektive von der modernen Perspektive. In beiden drücke sich eine andere Vorstellung der Welt aus: »So ist also die antike Perspektive der Ausdruck einer bestimmten, von dem der Moderne grundsätzlich abweichenden Raumanschauung (die freilich, im Gegensatz zu der z.B. von Spengler vertretenen Auffassung, nichtsdestoweniger durchaus als Raumanschauung bezeichnet werden muß), und damit einer ebenso bestimmten und von der der Moderne ebenso abweichenden Weltvorstellung« (Panofsky 1998 [1927]: 698f.).

52 | Wie Birgit Recki hinweist, besteht ein Problem der Philosophie der symbolischen Formen darin, dass Cassirer selbst nicht genau darlegt, wie symbolische Formen zu identifizieren sind: Cassirer »gibt nicht das Bildungsprinzip der symbolischen Formen an – d.h., es gibt keinen Erklärungsansatz dazu, wie es zu einer symbolischen Form kommt. Daher besteht eine grundsätzliche Unsicherheit im Hinblick auf die kulturphilosophische Systematik. Und deshalb hat es auch immer wieder Irritationen und Ad-hoc-Behauptungen über neue symbolische Formen gegeben« (Recki 2004:

nur erwähnt, dass Cassirer weder Sammlungen noch Erzählungen als symbolische Formen behandelt, sondern Sprache, Mythos und Religion, Wissenschaft, Kunst sowie Technik.[53]

Von größerer Bedeutung ist die Frage nach und die Kritik an der Perspektive, die Manovich gegenüber Datenbanken einnimmt. Sein Interesse gilt nicht der Vielfalt unterschiedlicher Datenbanktechnologien und medialer Praktiken mit Datenbanken, sondern der Beschreibung medialer Transformationen auf der Makroebene der Kultur, welche er mit der Datenbank als einer Logik oder einem Prinzip in Verbindung bringt. Mithin verschwindet die ambivalente Vielgestaltigkeit unterschiedlicher Formen der Versammlung, Speicherung, Abfrage und Verarbeitung digitaler Informationen aus dem Blickfeld der Betrachtung. Symptomatisch hierfür ist, dass Manovich bei seiner Betrachtung der Datenbank als Tiefenstruktur digitaler Medien den unterschiedlichen Strategien und technischen Verfahren der Datenhaltung in Computern keine Aufmerksamkeit schenkt. Obwohl er eine neuartige Weise der Verkörperung medialer Konstellationen in digitalen Medien konstatiert, bleibt die materiale Seite computergestützter Datenbanken unterbelichtet. Aufgrund dessen vermag er nicht zu beschreiben, wie die Verwaltung und Verarbeitung von Informationssammlungen in der Tiefe des Computers den Umgang mit Datenbanken an der Oberfläche bedingt.

Im Unterschied zu Manovich wird im Folgenden nicht nach einer Makrologik digitaler Datenbanken gefragt. Vielmehr soll ausgehend von den im ersten Abschnitt des Kapitels dargestellten unscharfen Grenzen des Datenbankbegriffs die Pluralität verschiedener Mikrologiken der Informationsverarbeitung in digitalen Medien freigelegt werden, ohne die Frage aus dem Blick zu verlieren, wie partikulare Datenbanktechnologien in spezifischen medialen Praktiken operativ werden. Hierbei tritt die Heterogenität digitaler Medienkulturen in den Vordergrund, die allzu oft durch den homogenisierenden Gebrauch von Begriffen wie Computer, Datenbank, Netzwerk oder Internet verdeckt wird. Bedeutsam ist dies unter anderem auch deshalb, weil sich auf unterschiedlichen Ebenen in unserer kommunikativen Welt gegenläufige, oft widersprüchlich erscheinende Entwicklungen abzeichnen, die in ihrer ambivalenten Gleichzeitigkeit gedacht werden müssen. Als Sammlungen vorhandener Informationen und als Ressourcen für neue Informationen lassen sich Datenbanken beispielsweise als Reaktion auf einen Information Overload begreifen und zugleich als Resultat eines Begehrens von immer mehr Informationen. Unsere Medienkultur ist folglich geprägt von einem Informationsüberschuss bei gleich-

---

44). Zu diesen Fehlbehauptungen zählt Recki auch Panofskys Beschreibung der Perspektive als symbolische Form. Jedoch setzt Recki ähnlich wie Manovich Perspektive und Zentralperspektive gleich (vgl. Recki 2004: 44).

53 | In der auf drei Bände angelegten *Philosophie der symbolischen Formen* (1923-1929) diskutiert Cassirer zunächst nur Mythos und Religion, Sprache sowie Wissenschaft als symbolische Formen. Darüber hinaus betrachtet er auch Kunst, Technik und Geschichte als symbolische Formen (vgl. Recki 2004: 43).

zeitigem Informationsmangel. Dabei stellt sowohl der Überfluss als auch der Mangel an Information eine Herausforderung dar, wie Gugerli prägnant herausgestellt hat: »Wenn die Datenflut vorhandene Verarbeitungskapazitäten übersteigt oder die Datenknappheit einen im Dunklen tappen lässt, dann werden Daten zum Problem« (Gugerli 2007b: 7).

Die weitere Auseinandersetzung mit Datenbanken vollzieht sich in drei Schritten. Zunächst wird die Genese der Datenbankidee aus dem abstrakten Informationsbegriff nachgezeichnet. Die Datenbank erscheint hierbei als Wunschkonstellation, die sich in partikularen Anwendungen auf je unterschiedliche Weise konkretisiert. Im Anschluss hieran werden die hardwaretechnischen und konzeptuellen Voraussetzungen digitaler Datenbanktechnologien beleuchtet, bevor abschließend die medialen Praktiken mit Datenbanken thematisiert werden.

Banken, Basen, Reservoirs

Information Storage and Retrieval

Anfang der 1960er Jahre wurde die Speicherung und Abfrage großer Informationssammlungen in Computern auf den Begriff *Datenbank* gebracht. Ihre Konzeption ist eng mit der theoretischen Beschreibung, technischen Implementierung und kommerziellen Distribution von Computern verbunden, geht jedoch nicht gänzlich darin auf. Die Entwicklung von Datenbanken wurde durch die Hoffnung befördert, »dass alle relevanten internen oder externen, vergangenen oder zukünftigen, wirtschaftlichen oder menschlichen Informationen in einer einzigen Struktur untergebracht werden können« (Haigh 2007: 60). Dieser Wunsch bildet, obwohl uneingelöst, das Imaginäre digitaler Datenbanken, das nicht nur die Speicherung aller möglichen Informationen, sondern auch deren universelle Verwendung möglich erscheinen lässt. Im Zentrum dieses Versprechens steht ein generalisierter, abstrakter und reifizierter Informationsbegriff, der aus der Nachrichtentheorie und Kybernetik heraus entstand (vgl. Hayles 1999: 50ff.; Bowker 1994) und durch das sich neu formierende Forschungsgebiet des *Information Retrieval* auf den Bereich digitaler Datenbanken übertragen wurde.[1]

Im Folgenden sollen die Konturen dieses Informationsbegriffs nachgezeichnet werden. Hierbei wird die These vertreten, dass Information keinesfalls ein einheitliches Konzept und damit auch keine einheitliche Größe darstellt, welche als uniforme Basis medientechnischer Innovationen und medialer Praktiken dient.

---

[1] | Zwischen dem Aufkommen des abstrakten Informationsbegriffs und der Formulierung der Idee digitaler Datenbanken sowie ihrer technischen Realisierung lässt sich nicht nur eine Verbindungslinie knüpfen. So hat Thomas Haigh in einer Reihe von Publikationen die Genese der Datenbankidee mit Informationsutopien des Managementdiskurses der 1950er Jahre in Verbindung gebracht. Da es im Folgenden nicht darum geht, eine möglichst umfassende (Vor-)Geschichte der Datenbank zu schreiben, sei an dieser Stelle auf die sozial- und technikhistorischen Arbeiten von Haigh verwiesen (vgl. 2001a, 2001b, 2007, 2009).

Information fungiert vielmehr als *travelling concept*[2], das sich in verschiedenen Gebrauchskontexten auf unterschiedliche Weise konkretisiert und dabei disparate Bedeutungen annimmt. Vor diesem Hintergrund werden im Unterkapitel »Kommunikation mit Informationssammlungen« Modelle der Datenbankkommunikation diskutiert, die die theoretische Lücke zwischen dem abstrakten Informationsbegriff und den medialen Praktiken mit Datenbanken füllen. Die Spezifik der Datenbankkommunikation zeigt sich hierbei vor allem in Differenz zu dem von Claude Shannon (1976 [1948]) entwickelten nachrichtentechnischen Kommunikationsmodell. Wenn die Pluralität und Heterogenität von Information im Spannungsfeld von begrifflicher Abstraktion und technischer Konkretion offenkundig wird, bedarf es eines Vokabulars, welches erlaubt, unterschiedliche Formen von Information zu beschreiben. Diesem Problem widmet sich der abschließende dritte Teil »Daten und Information«.

INFORMATION: ZWISCHEN BEGRIFFLICHER ABSTRAKTION UND TECHNISCHER KONKRETION

Den Horizont digitaler Datenbanken bildet ein abstrakter Informationsbegriff, auf dem das Versprechen beruht, in Datenbanken *alle* Informationen versammeln, speichern und finden zu können. Obwohl die Utopie eines universellen und vollständigen Informationsreservoirs in der Praxis unerreicht bleibt, ist dieses Versprechen als das Imaginäre digitaler Datenbanken wirksam. Es ist der Motor der zeitgenössischen Sammellust, aber auch die Wurzel der Sorge, dass bereits alles in digitalen Datenbanken gefunden werden kann.[3]

---

2 | Den Begriff der *travelling concepts* hat Mieke Bal eingeführt, um auf die Transformationen hinzuweisen, denen die Bedeutung von Begriffen an verschiedenen Orten, zu verschiedenen Zeiten und in verschiedenen Kontexten unterliegt. Vor dem Hintergrund ihres Entwurfs der *Kulturanalyse* plädiert Bal für eine »eine ernsthafte Beschäftigung mit Begriffen« (Bal 2002: 9), bei der die unterschiedlichen Bedeutungsvarianten freigelegt werden, die sich in vermeintlich klar umrissenen Begriffen überlagern. Als Beispiel führt Bal den Begriff des Texts an: »In der Alltagssprache verbreitet, in der Literaturwissenschaft selbstverständlich, in der Anthropologie metaphorisch gebraucht, in Kunstgeschichte wie Filmwissenschaft ambivalent zirkulierend und in der Musikwissenschaft vermieden, zieht dieser Begriff Auseinandersetzungen und Kontroversen auf sich, die wunderbar anregend sein können, wenn sie ›aufgearbeitet‹ werden. Doch wenn keine derartige Aufarbeitung stattfindet, können die gleichen Verwendungen des Begriffs ›Text‹ zur Quelle von Missverständnissen werden oder – schlimmer noch – zu unverstandener Parteinahme verlocken« (Bal 2002: 12).

3 | In der digitalen Medienkultur überlagern sich das Streben nach mehr Informationen und die Angst vor zu viel Informationen. David Gugerli hat beide gegenläufigen

Das Reden über und der Umgang mit Information bewegt sich zwischen der Einheit eines abstrakten, aber unterbestimmten Informationsbegriffs und der Vielfalt informationeller Praktiken, an denen Menschen ebenso wie Technologien teilhaben. Als Ausgangspunkt für die Diskussion dieses Spannungsverhältnisses dient die von Calvin N. Mooers – einem der geistigen Väter des Information Retrieval – verfasste Spekulation über die Zukunft der Menschheit. Das Ziel der Ausführungen zu Mooers ist es, am Kreuzungspunkt von bibliothekarischer und technischer Informationsverarbeitung eine Perspektive auf den prekären Status des Informationsbegriffs freizulegen, der diesem seit den 1940er Jahren innewohnt.

Ein Jahr nach dem Ende des Zweiten Weltkrieges schrieb Mooers als damals 27-jähriger Student der Mathematik und Physik am *Massachusetts Institute of Technology* einen kurzen Text, den er mit *This is an inquiry into the future of mankind* betitelte.[4] Sich dem schwerwiegenden Problem der Zukunft der Menschheit widmend, denkt Mooers über die Frage nach, ob Roboter[5] in naher Zukunft alle Fähigkeiten von Menschen übertreffen und sie infolgedessen überflüssig machen werden. Auch wenn er nicht so weit gehen will, die bevorstehende Verdrängung von Menschen durch die neuen digitalen Technologien zu behaupten, so war Mooers davon überzeugt, dass Roboter imstande sein werden, eine Reihe von Aufgaben besser zu erfüllen als Menschen: »The true use of robots will be for jobs that are not fit for a human being« (Mooers 1946). Hierzu zählt er zum Beispiel die Vermittlung von Telefongesprächen, die damals bei Anrufen im lokalen Ortsnetz der USA bereits teilweise automatisiert war.[6] Musste es für Mooers in Anbetracht dessen nur

---

Tendenzen pointiert zusammengefasst: »Wenn die Datenflut vorhandene Verarbeitungskapazitäten übersteigt oder die Datenknappheit einen im Dunkeln tappen lässt, dann werden Daten zum Problem« (Gugerli 2007b: 7).

4 | Das unpublizierte Manuskript, welches auf den 14. Dezember 1946 datiert ist, findet sich im Nachlass von Mooers im Charles Babbage Institute der University of Minnesota, Minneapolis.

5 | Heute wäre wahrscheinlich eher von Computern als von Robotern die Rede. Als Mooers seine Prognose verfasste, diente das Wort Computer jedoch noch nicht als allgemeiner Sammelbegriff für die programmierbare Maschine, sondern bezeichnete den Gebrauch digitaler Technologien als Rechenmaschinen und damit eine spezifische Verwendungsweise.

6 | Ein Verfahren zur automatischen Vermittlung von Telefongesprächen wurde bereits 1889 von Almon Brown Strowger entwickelt. Die Automatisierung der Telefonvermittlung war jedoch ein langwieriger Prozess (vgl. Flichy 1994: 197ff.). Hiervon zeugt beispielsweise der Ende der 1920er Jahre von der *American Telephone & Telegraph Corporation* produzierte Lehrfilm »How to Use the Dial Phone« (1927), der die Telefonkunden über den richtigen Gebrauch von Selbstwahltelefonen instruierte. Die Möglichkeiten zur Direktwahl beschränkten sich zunächst auf Gespräche im örtlichen Telefonnetz. Das *Direct Distance Dialing*, also die automatische Vermittlung von Ferngesprächen, war in den USA erst ab 1951 möglich (Dempewolff 1951).

noch als eine Frage der Zeit erscheinen, bis auch bei Ferngesprächen kein menschlicher Vermittler mehr notwendig sein wird, um diese Verbindungen herzustellen, so sind die weiteren von ihm ersonnenen Einsatzmöglichkeiten von Computern weitaus spekulativer.[7] Der Abbau von Kohle, die Reinigung von Abflussrohren, das Fliegen von Flugzeugen, aber auch das Führen internationaler Beziehungen, die Steuerung nationaler Finanzmärkte, die Entwicklung einer befriedigenden Theorie der Ökonomie, die Planung von Städten sowie die Erforschung und das Schreiben von Geschichte können, so Mooers, künftig von Computern erledigt werden (vgl. Mooers 1946).

Retrospektiv muss Mooers' Prognose als utopisch erscheinen. Seine Zukunft ist nicht unsere Gegenwart geworden. Vieles kam anders als erwartet und es zeigte sich, dass die Steuerung von Volkswirtschaften oder das Schreiben von Geschichte nicht von Computern vollbracht werden kann.[8] Auch das Fliegen von Flugzeugen bedarf noch immer menschlichen Zutuns, gleichwohl die meisten Flugzeuge heute ohne den Einsatz elaborierter Computersysteme ebenfalls am Boden bleiben würden. Das Gleiche gilt wohl auch für die Ökonomie. Ein Leben, Arbeiten und Forschen ohne Computer oder Internet scheint heute kaum mehr vorstellbar.[9]

Mooers' Spekulation über die Zukunft der Menschheit ist jedoch nicht deshalb interessant und instruktiv, weil seine Vorhersagen zutreffend gewesen wären. Im Gegenteil, in bequemer historischer Distanz vermögen uns seine Prognosen wahrscheinlich kaum mehr als ein staunendes und zugleich beschämtes Lächeln zu

---

7 | Um seine Zukunftsprognose zu plausibilisieren, rekurriert Mooers auf das bereits technisch Mögliche. Hierin kommt ein typisches Muster technischer Utopien zum Vorschein. Das technisch Bekannte bildet den Hintergrund, vor dem sich die Visionen technischen Fortschritts abzeichnen. Deutlich tritt dies beispielsweise auch in Bill Gates »Information at Your Fingertips«-Vortrag aus dem Jahr 2005 zu Tage, in dem er unter anderem die flächendeckende Durchsetzung von Videotelefonie prognostiziert, welche als Erweiterung der gebräuchlichen Telefone, wie z.B. von Telefonzellen, präsentiert wird (vgl. Gates 1994: 30'40''). Doch anders als von Gates vorhergesagt, wurden sämtliche Telefonzellen nicht schlicht um diese Funktion erweitert. Im Gegenteil, mit dem Aufkommen von Mobiltelefonen wurden Telefonzellen tendenziell obsolet.

8 | Im Rahmen des 1971 initiierten *Cybersyn*-Projekts beauftragte die chilenische Regierung Stafford Beer, ein Computersystem zu entwickeln, welches in der Lage ist, die Wirtschaft Chiles zu lenken. Das Projekt fand 1973 durch den Militärputsch Pinochets ein jähes Ende (vgl. Pircher 2004: 90).

9 | Die Durchdringung aller Lebensbereiche mit digitalen Kommunikationstechnologien zeigt sich vielleicht am deutlichsten in den publizierten Erfahrungsberichten verschiedener Autoren und Publizisten, die im Selbstexperiment versucht haben, auf das Internet, Handy usw. zu verzichten (Röhlig 2008; Rühle 2010; Koch 2010). In deren Selbstversuchen tritt die Bedeutung dieser Technologien paradigmatisch zum Vorschein.

entlocken. Daher ist Mooers' Spekulation in erster Linie als Bild einer möglichen Zukunft ernst zu nehmen, in dem das zum Ausdruck kommt, was in den 1940er Jahren als realisierbar erachtet wurde. Zukunftsvisionen wie die von Mooers sind nicht an einer künftigen Gegenwart zu messen, sondern sind Spiegel der Zeit, in der sie entstanden sind.[10]

Was Mooers' Vision zu erkennen gibt ist – in einem gänzlich unemphatischen Sinn – der Zeitgeist, dem zufolge es damals möglich erschien, dass Computer in naher Zukunft in der Lage sein würden, unterschiedlichste Aufgaben zu erfüllen, die vom Kohleabbau bis zur Geschichtsschreibung reichen. Auf die Frage, worin dieser Glaube an die Computertechnik gründet, findet sich in Mooers' Text eine bemerkenswert konzise Antwort: Computer sind dazu prädestiniert, derart heterogene Funktionen zu erfüllen, weil es sich bei diesen gleichermaßen um Probleme der Informationsverarbeitung handelt:

»These are all tasks of assembling immensely complicated masses of varied information, bringing a system out of the disorder, and then constructing an engineering solution, i.e. the best solution in view of the facts and of the requirements.« (Mooers 1946)

Die Überzeugung, dass Computer der Sammlung, Speicherung und Verarbeitung von Informationen dienen, gründet auf einem generalisierten, begrifflich abstrakten und ontologisch reifizierten Informationskonzept, mit dessen Herausbildung heute vor allem die Namen Claude E. Shannon und Norbert Wiener in Verbindung gebracht werden (vgl. Hayles 1999: 50ff.).

Bereits Ende der 1930er Jahre setzte sich Shannon mit diversen Problemen der technischen Nachrichtenübertragung auseinander, was 1948 schließlich in der Publikation der *Mathematical Theory of Communication* mündete.[11] Zwar standen

---

10 | Dies bringt Geoffrey Nunberg zum Ausdruck, wenn er schreibt: »Nothing betrays the spirit of an age so precisely as the way it represents the future« (Nunberg 1996: 103). Die Wahl des Worts *betray* ist bemerkenswert, da es doppeldeutig ist und sowohl den Verrat von etwas (wie z.B. Geheimnisverrat) als auch den Verrat an etwas (wie z.B. Betrug) meinen kann. Hieraus ergeben sich zwei unterschiedliche Lesarten. Spiegeln Zukunftsdarstellungen in zeitlich diachroner Perspektive wider, was zu einer Zeit als möglich erachtet worden ist, erscheinen sie in einer synchronen Betrachtungsweise als Symptome eines (Selbst-)Betrugs, der auf seine Ursachen, seine Ziele und seine Politik hin zu befragen ist.

11 | Wie Axel Roch in der 2010 erschienenen Monographie über das Leben und Werk Shannons zeigt, hat Shannon im Februar 1939 in einem Brief an seinen Mentor Vannevar Bush sein Interesse bekundet, sich mit den Grundlagen der Kommunikationstheorie auseinanderzusetzen (vgl. Roch 2010: 37). Zur Genese von Shannons Informationstheorie und ihren medientheoretischen Implikationen siehe auch Schüttpelz 2002a, 2003.

während des Zweiten Weltkriegs die militärischen Probleme der Geheimkommunikation sowie der Fernsteuerung von Flugabwehrsystemen im Vordergrund von Shannons Arbeiten, nach 1945 übersetzte er seine Forschungsergebnisse jedoch zunehmend in den zivilen Kontext.[12] Die Frage der möglichst effizienten Geheimhaltung von Informationen im Zuge ihrer technischen Übertragung wich dem Problem der möglichst effizienten technischen Übertragung von Informationen in einem gegebenen Kommunikationskanal (vgl. Hagemeyer 1979: 430ff.). Im selben Jahr wie Shannons mathematische Kommunikationstheorie erschien auch Norbert Wieners *Kybernetik*, ein weiterer grundlegender und wirkmächtiger Text, in dem ein generalisiertes Informationskonzept propagiert wird. »Information ist Information«, schreibt Wiener darin, »weder Materie noch Energie« (Wiener 1968 [1948]: 166).

Dass der Student Mooers seine Spekulation über die Zukunft der Menschheit bereits zwei Jahre vor dem Erscheinen dieser späteren Gründungstexte der Informationstheorie verfasst hat, ist ein Indiz dafür, dass ein allgemeines und abstraktes Informationskonzept bereits verbreitet war.[13] »Information lag«, um eine Formulierung von Thomas Haigh aufzugreifen, »in der Luft« (Haigh 2007: 60), als Mooers ans MIT kam, wo er eigenen Angaben zufolge einen Vortrag Shannons besuchte und dessen Informationstheorie kennenlernte (vgl. Corbitt 1993: 9).[14]

---

12 | Diese sowohl militärische als auch zivile Anschlussfähigkeit von Fortschritten auf dem Gebiet der Nachrichtentechnik und der Nachrichtentheorie ist, so Roch, charakteristisch für die Forschungen in den Bell Labs, an denen Shannon seit 1941 tätig war: »Die Bell Labs verwandelten seit 1940 Prinzipien der Kommunikation in Feuerleitung, seit 1945 hingegen Prinzipien der Feuerleitung in Kommunikation. Das Bell System forschte nicht binär oder digital, sondern dual, militärisch und zugleich – wenigstens potentiell – auch zivil« (Roch 2010: 154). Möglich war diese doppelte Ausrichtung der Forschungen, weil das militärische Streben nach Geheimkommunikation und die zivile Kommunikationsforschung sich demselben Problem zuwandten, gleichwohl unter verschiedenen Vorzeichen: »Aus Sicht des Empfängers sind Kryptographie und Kommunikation fast identisch: Aus einem mit Rauschen gemischtem Signal wird eine gesendete Botschaft ermittelt. [...] Aus der Sicht des Senders sind beide Verfahren verschieden: Kryptographie führt Rauschen als Verschlüsselung bereits im Sender ein, im Fall von Kommunikation stört Rauschen erst im Kanal« (Roch 2010: 105).

13 | Durch seine Tätigkeit am *Naval Ordnance Laboratory* zwischen 1941 und 1946, wo er an dem von John Vincent Atanasoff geleiteten, aber später unvollendet eingestellten Computerprojekt mitwirkte, war Mooers mit den aktuellen Entwicklungen im Bereich digitaler Computertechnologien bereits vor Aufnahme seines Masterstudiums vertraut (vgl. Mooers 2001).

14 | Aus Mooers' Nachlass lässt sich nicht genau rekonstruieren, ob seine Spekulation über die Zukunft der Menschheit direkt von Shannons Vortrag inspiriert wurde. Auch ein Interview mit Calvin und Charlotte Mooers aus dem Jahr 1993

Sowohl die Kybernetik als auch die nachrichtentechnische Kommunikations-theorie rücken Information ins Zentrum ihrer Betrachtungen, wobei diese als mess- und quantifizierbare Eigenschaft von Nachrichten begriffen wird.[15] Hierin besteht das Neue der kybernetischen und nachrichtentechnischen Hinwendung zu und der Behandlung von Information. Denn der Informationsbegriff ist nicht erst in den 1940er Jahren gebräuchlich geworden, sondern findet sich spätestens seit dem 15. Jahrhundert in der englischen Sprache, wie Nunberg dargelegt hat (1996: 109). Der Gebrauch des Begriffs war jedoch an das Verb *informieren* gekoppelt und bezog sich stets auf eine Person, die durch etwas informiert wird. An die Stelle der von Nunberg als partikulare Bedeutungsvariante bezeichneten Gebrauchsform tritt in den 1940er Jahren zunehmend eine abstrakte Bedeutung, der zufolge es sich bei Information um eine Art von »intentional substance« (Nunberg 1996: 110) handelt, die in der Welt existiert. Auf Grundlage eines solchen abstrakten Verständnisses von Information wird nachvollziehbar, warum Mooers der Überzeugung war, dass so unterschiedliche Tätigkeiten wie das Fliegen von Flugzeugen, das Schreiben von Geschichtsbüchern oder die Formulierung von ökonomischen Theorien im Wesentlichen Informationsverarbeitungsprozesse sind.

gibt hierüber keinen Aufschluss (vgl. Corbitt 1993). Obwohl dies aus historischer Perspektive durchaus von Interesse wäre, ist die Frage für die hier entwickelte Argumentation unerheblich.

15 | Bereits in den 1920er und 30er Jahren haben Harry Nyquist und Ralph Hartley, die beide ebenso wie Shannon an den Bell Labs tätig waren, an Modellen und Methoden gearbeitet, die Übertragungskapazität eines Kanals zu bestimmen und Information zu quantifizieren. Hagemeyer vergleicht die Ansätze von Nyquist, Hartley und Shannon anhand der Position, die die drei Wissenschaftler in den Bell Labs innehatten: »Will man die wichtigsten Stadien einer Nachrichtentheorie, die in der Forschung des Bell Systems entstanden etwas einseitig durch die institutionelle Position ihrer Autoren, Nyquist (1924), Hartley (1928) und Shannon (1948) charakterisieren, so kann man mit einigem Recht von der Nyquistischen Telegrafentheorie als einer ›Line‹ Theorie, dem Hartleyschen Informationskonzept als einer ›Staff‹ Theorie und der Shannonschen Informationstheorie als einer ›consulting‹ Theorie sprechen; die erste die methodisch klare Theorie eines eng begrenzten Sachgebietes und Problembereiches (Vergleich der Effizienz verschiedener Telegrafiersysteme), ent-standen auf der untersten Ebene der Forschungsstruktur in einer klassischen Theorieabteilung; die zweite die methodisch vage Theorie eines umfassenden Gebietes (Vergleich der Effizienz aller Übertragungstechniken), entstanden in der dieses Gebiet leitenden Ebene des technischen Managements; die dritte die methodisch klare und strenge Theorie eines umfassenden Gebietes (Vergleich verschiedener Nachrichtenquellen und gestörter Übertragungssysteme allgemein), entstanden in einer Consulting-Abteilung (für die besondere Operationsbedingungen galten) mit eigener Forschungskompetenz« (Hagemeyer 1979: 94).

Paradigmatisch tritt die von Nunberg diagnostizierte Abstraktionsbewegung in Shannons und Wieners Informationstheorien zutage, in denen von dem Sinnzusammenhang abgesehen wird, in dem eine Information auftritt, d.h. bei der Quantifizierung von Information hat die Bedeutung von Information keine Bedeutung. Indem Shannon und Wiener in ihren jeweiligen Ansätzen systematisch von den in einer Nachricht enthaltenen Inhalten abstrahierten, war es ihnen möglich, Information als eine mess- und berechenbare Größe zu behandeln, deren Wert sich losgelöst von der Kommunikationssituation und den an der Kommunikation beteiligten Personen bestimmen lässt. Gerade hierin bestand, so N. Katherine Hayles, der Clou dieser Ansätze (vgl. 1999: 53). Macht es aus Sicht von Kommunikanten einen Unterschied, in welchem Kontext eine Nachricht wie zum Beispiel »Die Sonne scheint« geäußert wird, so wird dieser Nachricht in der Nachrichtentechnik und der Kybernetik unterschiedslos ein Wert zugewiesen, d.h. man sieht von den möglichen Unterschieden ab und fokussiert das Gemeinsame der Nachricht.

Die in Shannons nachrichtentheoretischem und Wieners kybernetischem Ansatz vollzogene Ablösung der Information von ihrem jeweiligen Kontext hat sich in der Folgezeit als ebenso produktiv wie problematisch erwiesen. Einerseits gewann Information die Konturen einer eigenständigen Entität, deren Eigenschaften empirisch messbar und mathematisch beschreib- und berechenbar sind, andererseits aber verlor man den konkreten Bezugsrahmen aus dem Blick, vor dessen Hintergrund sich die Informationstheorien entwickelt haben:

»Taken out of context, the definition allowed information to be conceptualized as if it were an entity that can flow unchanged between different material substrates, as when Moravec envisions the information contained in a brain being downloaded on a computer. Ironically, this reification of information is enacted through the same kind of decontextualization moves that the theory uses to define information as such. The theory decontextualizes information; Moavec decontextualizes the theory.« (Hayles 1999: 54)

Laut Hayles sind die Informationstheorien von Shannon und Wiener aus ihrem theoretischen und praktischen Kontexten gerissen worden. Symptomatisch für diese Dekontextualisierung ist die zunehmende Generalisierung des Informationsbegriffs, vor der Shannon in den 1950er Jahren noch gewarnt hat, als er zu bedenken gab, dass ein Informationsbegriff allein wohl kaum geeignet sei, um den vielfältigen Aspekten und Anwendungsgebieten des Forschungsfelds der Informationstheorie gerecht zu werden.[16] Obwohl die von Shannon gleichermaßen konstatierte wie ein-

---

16 | In *The lattice theory of information* stellt Shannon heraus: »The word ›information‹ has been given many different meanings by various writers in the general field of information theory. It is likely that at least a number of these will prove sufficiently useful in certain applications to deserve further study and permanent recognition. It is hardly to be expected that a single concept of information would satisfactorily

geforderte Pluralität verschiedener Informationsbegriffe in der technischen Praxis und der wissenschaftlichen Forschung durchaus fortbesteht, wurde sie von einer diskursiv imaginierten Einheit von Information und des Informationsbegriffs überlagert, welche im Zentrum der von Geoffrey Bowker als *information mythology* bezeichneten Überzeugung steht, dass das Universum grundlegend aus Information besteht:

»In the story that we are looking at, ›information‹ can travel anywhere and be made up of anything. Sequences in a gene, energy levels in an atom, zeros and ones in a machine and signals from a satellite are all ›information‹ and are thus subject to the same laws. If everything is information, then a general statement about the nature of information is a general statement about the nature of the universe.« (Bowker 1994: 233).

Bowker, der sich für die narrativen und praktischen Bedingungen interessiert, unter denen eine solche Annahme wahr wird oder zumindest in einer bestimmten Periode als wahr erscheint, findet bereits in den Schriften von Charles Babbage Grundzüge der Informationsmythologie vorgezeichnet.[17] Kennzeichnend ist für ihn dabei nicht der abstrakte Informationsbegriff, sondern das Verschwinden der infrastrukturellen Bedingungen bzw. Voraussetzungen hinter einer abstrakten Idee (von Wissen, Information, Determiniertheit oder Berechenbarkeit). Diese erscheint fortan als natürliches Prinzip oder universelle Gesetzmäßigkeit, welche das Universum, Gesellschaften, Menschen, Ökonomien etc. bestimmt.[18] Auch wenn in Bowkers Studie dem Aufkommen des abstrakten Informationsbegriffs seit den 1940er

account for the numerous possible applications of this general field« (Shannon 1953: 105).

17 | Objektive Information existiert Bowker zufolge nicht an sich, sondern ist Effekt einer Objektivierung, für deren Bedingungen er sich interessiert: »Information mythology [...] describes an integral part of the economic process of ordering social and natural space and time so that ›objective‹ information can circulate freely. The global statement that everything is information is not a preordained fact about the world, it becomes a fact as and when we make it so« (Bowker 1994: 245).

18 | Bowker macht es sich zum Ziel, die in den Hintergrund gerückten infrastrukturellen Bedingungen in den Vordergrund zu rücken. Dieses Vorgehen bezeichnet er als infrastrukturelle Inversion. In *Sorting Things Out* beschreibt Bowker gemeinsam mit Susan Leigh Star diese Inversion als »struggle against the tendency of infrastructure to disappear (except when breaking down). It means learning to look closely at technologies and arrangements that, by design and by habit, tend to fade into the woodwork [...]. Infrastructural inversion means recognizing the depths of interdependence of technical networks and standards, on the one hand, and the real work of politics and knowledge production on the other. It foregrounds these normally invisible Lilliputian threads« (Bowker/Star 2000: 34).

Jahren kein zentraler Stellenwert beigemessen wird, zeigt sich in der seither zu beobachtenden Ablösung des Begriffs von seiner Theorie die für die Informationsmythologie charakteristische Struktur. Der Begriff beginnt, das konkrete Kommunikationsproblem zu überdecken, für dessen Behandlung er eingeführt wurde und Gültigkeit beansprucht.[19]

Vor dem Hintergrund dieser sicherlich nicht erschöpfenden Verortung des Diskurses über Information wird deutlich, was mit der Eingangs formulierten Charakterisierung von Information als generalisiert, abstrakt und reifiziert gemeint ist. Information ist generalisiert, weil alles Information ist (oder zumindest als solche betrachtet werden kann). Information ist abstrakt, da der Begriff erstens von der Bindung an das Geschehen des Informierens entkoppelt wird und sich zweitens als abstrakter Begriff von den Gebrauchskontexten löst, in denen er entstanden ist. Schließlich ist Information reifiziert, da Informationen als eigenständige Entitäten begriffen werden, die manipulierbar sind. Alle drei Momente sind nicht voneinander abzulösen, sie greifen vielmehr ineinander und bilden den Horizont, vor dem Information als Leitbegriff zur Beschreibung des Status quo dient, was sich in Komposita wie Informationsgesellschaft und Informationszeitalter zeigt.

Die konkreten Praktiken des Umgangs mit Informationen, die sich in einem Netzwerk von menschlichen und technischen Akteuren ereignen, stehen zu dem

---

19 | Es besteht kein Zweifel daran, dass sich Shannons Ansatz auch in anderen Kontexten als fruchtbar erwiesen hat. Falsch aber wäre es, hieraus die allgemeine Gültigkeit dieses oder irgendeines anderen Ansatzes abzuleiten. Zunächst ging es ihm um die Lösung eines Kommunikationsproblems, das er in seiner mathematischen Kommunikationstheorie auf denkbar klare Weise auf folgende nachrichtentheoretische Definition von Kommunikation gebracht hat: »Das grundlegende Problem der Kommunikation besteht darin, an einer Stelle entweder genau oder angenähert eine Nachricht wiederzugeben, die an einer anderen Stelle ausgewählt wurde« (Shannon 1976 [1948]: 41). Kommunikation stellt den Nachrichtentechniker demzufolge vor ein Replikationsproblem: Wie lässt sich die Replikation einer an Ort A geäußerten Nachricht an Ort B möglichst effizient gewährleisten? Die von Shannon als Antwort auf diese Frage entwickelte stochastische Beschreibung von Information vermag Auskunft darüber zu geben, wie viel Informationen in einem bestimmten Kanal übertragen werden können (vgl. Shannon 1976 [1948]: 46ff.). Zugleich aber stellt sie, wie Shannon einige Jahre später schreibt, kein Kriterium zur Verfügung, ob es sich bei zwei Nachrichten um dieselbe aktuelle Information handelt, da »two entirely different sources might produce information at the same rate (same H) but certainly they are not producing the same information« (Shannon 1953: 105). Um nicht nur die Übertragungskapazität potenzieller Information in einem Kanal zu berechnen, sondern die Eigenschaften aktualisierter Informationen mathematisch zu beschreiben, ist das ursprüngliche Konzept Shannons also nicht hinreichend.

abstrakten Informationsbegriff in einem gewissen Spannungsverhältnis.[20] Denn obwohl sich der Informationsbegriff diskursiv zunehmend verselbstständigte, indem seine Bedeutung von den Gebrauchskontexten abstrahiert wurde, situiert sich der Diskurs über Information im Kontext einer Vielzahl informationeller Praktiken, konkreter Problemzusammenhänge und technischer Informationssysteme, wie z.b. der Geheimhaltung von Kommunikation, der Optimierung der Kanalkapazität, der Raketenlenkung, der bibliothekarischen Versammlung und Verwaltung von Dokumenten, dem Management von Unternehmen, dem World Wide Web, Internetsuchmaschinen, medizinischen und Gendatenbanken etc.

In Informationssystemen realisiert sich Information nie als eine losgelöste, abstrakte Entität. Im Gegenteil, Informationssysteme bedingen, was als Information zur Erscheinung kommt, als solche adressiert, gesucht, gefunden und verarbeitet werden kann. In Anbetracht dessen stellt die abstrakte Vorstellung von Information ein uneingelöstes Versprechen oder eine Wunschkonstellation dar. Nur in konkreten informationellen Praktiken wird von Informationen Gebrauch gemacht, werden sie erzeugt, gespeichert und verarbeitet. Doch auch wenn das Versprechen abstrakter, reifizierter Information uneingelöst bleibt, besteht es als Imaginäres diskursiv fort, was die Entwicklung immer neuer Medientechnologien anspornt und zu neuartigen Problemlösungsansätzen, aber auch zu neuen Problemen führt. Computer sind, wie Hartmut Winkler in seiner Studie *Docuverse* eingewandt hat, nicht nur als konkrete Medientechnologien, sondern auch als Wunschmaschinen zu betrachten, an denen sich Wunschkonstellationen formieren und durch die sich Wünsche und Utopien perpetuieren (vgl. Winkler 1997a: 11ff.).

Deutlich wird das Wechselspiel zwischen abstraktem Informationsbegriff und partikularen Gebrauchskontexten, wenn man die späteren Arbeiten von Mooers betrachtet. Seine Spekulation über die künftigen Einsatzgebiete von Computern steht am Anfang seiner Karriere, die der Entwicklung von Informationstechnologien gewidmet sein sollte. Der Kontext, in dem sich die Arbeit von Mooers situiert, ist die Versammlung, Speicherung und Abfrage von bibliographischen Informationen. Wie Mooers Anfang der 1990er Jahre rekapitulierte, inspirierte ihn Shannon zu seiner Arbeit im Bereich des Information Retrieval (Corbitt 1993: 9), einem Forschungsgebiet, dem Mooers im März 1950 auf einer Tagung der Association for Computing Machinery (ACM) seinen Namen gab, und welches er im Herbst desselben Jahres auf dem *International Congress of Mathematicians* folgendermaßen definiert hat: »The problem of directing a user to stored information, some of

---

20 | Mit dieser Formulierung wird an die Akteur-Netzwerk-Theorie (ANT) Bruno Latours angeschlossen, der in seinen wissenschaftssoziologischen Studien immer wieder auf die Verflechtung von menschlichen und nicht-menschlichen Akteuren hingewiesen hat (vgl. Latour 2002: 111ff.). An anderer Stelle beschreibt Latour die ANT als Wissenschaft, welche eine Welt demonstriere, »die aus Verkettungen von Mittlern besteht, wo von jedem Punkte gesagt werden kann, daß er agiert« (Latour 2007b: 103f.).

which may be unknown to him, is the problem of ›information retrieval‹« (Mooers 1950a: 572).[21] Obwohl es Mooers in dieser Definition nicht explizit macht, richtet sich das Information Retrieval nicht auf das Suchen und Finden von Informationen im Allgemeinen, sondern behandelt die Frage, wie mithilfe von Technologien das Auffinden von Informationen ermöglicht werden kann. Die Herausforderungen der bibliothekarischen Praxis bei der Ordnung und Katalogisierung von Dokumenten werden beim Information Retrieval in das ingenieurtechnische Problem des maschinellen Findens von Informationen übersetzt, wie Mooers einige Jahre später herausstellt: »When we speak of information retrieval [..], we are really thinking about the use of machines in information retrieval« (Mooers 1960: 229).[22]

---

21 | In einem späteren Rückblick auf die Geschichte des Information Retrieval rekapituliert Mooers, dass er den Begriff des Information Retrieval erstmals in dem Artikel »The Theory of Digital Handling of Non-Numerical Information and its Implications to Machine Economics« gebrauchte, den er auf einer Konferenz der Association for Computing Machinery, die am 29. März 1950 an der Rutgers University stattfand, präsentierte (vgl. Mooers 1960: 229, Fn 1). Das Manuskript ist als *Zator Technical Bulletin*, Nummer 48, von Mooers im Anschluss selbst publiziert worden (Mooers 1950b).

22 | Greift Mooers' ursprünglicher Definitionsvorschlag in dieser Hinsicht vielleicht nur zu kurz, erweist er sich aus einem medien- und techniktheoretischen Blickwinkel als problematisch, denn Information Retrieval wird als ein dezidiertes Problemlösungshandeln beschrieben. Zwar trifft zu, dass damals wie heute die Fülle der potenziell verfügbaren Informationen ein Problem darstellt, doch wurde und wird Information nicht nur als Last empfuden. Die Entwicklung neuer Techniken zur Verwaltung von Informationssammlungen wurde häufig auch durch eine Informationslust motiviert. Bereits Holleriths Erfindung des Lochkartenautomaten zur Speicherung und statistischen Auswertung von Daten (vgl. Hollerith 1889) und dessen Einsatz bei der US-amerikanischen Volkszählung 1890 zeugen von einem gestiegenen Verlangen nach Information: »The invention of the first punched-card system in the United States in the 1880s grew out of a public demand for more detailed census statistics« (Heide 2009: 253). Die von Heide als öffentliche Forderung nach statistischen Daten zur Bevölkerungszusammensetzung beschriebene Informationslust wird begleitet von einem Optimierungs- und Rationalisierungsstreben, welches in den Vereinigten Staaten von Amerika spätestens 1890 einsetzte und kurz vor Beginn des Ersten Weltkrieges auch Deutschland erreichte (vgl. Krajewski 2002: 167). Für die beschriebene Informationslust lassen sich auch eine Reihe von Beispielen aus der jüngeren Vergangenheit anführen, wie z.B. das *Human Genome Project*, das *Google Library Book Search*-Projekt sowie der riesige Datenmengen produzierende *Large Hadron Collider* am CERN in Genf. Insofern wäre es zu kurz gegriffen, die Entwicklung von Anwendungen zur computergestützten Informationsverarbeitung nur als Reaktion auf den drohenden Information Overload zu verstehen, auch wenn dieser diskursiv oft als Anlass angeführt wird,

Die Apparate, an die Mooers denkt, sind nicht gleichzusetzen mit Computern. Denn auch wenn er deren Einsatz zum Zweck des Findens und Abrufens von Informationen in Erwägung zieht, erscheinen Mooers die Ende der 1950er Jahre verfügbaren Computer noch nicht wirklich dazu geeignet, die Aufgaben des Information Retrieval effizient zu erfüllen:»As computing machines are now designed, they are not matched for the job of information retrieval [...] and the situation of using a computing machine for such purposes is comparable to using a bulldozer to crack peanuts« (Mooers 1960: 230). Gibt man Mooers' Bedenken über die Leistungsfähigkeit damaliger Computer eine medientheoretische Wendung, dann wird deutlich, dass der Computer einerseits als eine Technologie begriffen werden kann, die Apparaturen mit dem reifizierten Informationsbegriff verschränkt, er aber andererseits als Informationstechnologie selbst unterschiedliche Ausgestaltungen erfahren kann und für die Anforderungen des Information Retrieval erst angepasst werden muss. Wer Medien, wie zum Beispiel Wolfgang Ernst, vorrangig auf die durch sie realisierte Verbindung von »physikalischen Praktiken und logischen Operationen« (Ernst 2008b: 162) hin befragt und in Computern demzufolge eine »Hochzeit aus Physik und Logik« (Ernst 2008b: 173) vollzogen sieht, vermag das von Mooers konstatierte Ungenügen damaliger Computer nicht richtig zu bewerten: Computertechnologien und die mit ihnen realisierten Anwendungen sind das Resultat von Gestaltung und Design, welches sich weder auf die Gesetzmäßigkeiten der mathematischen Logik reduzieren lässt, noch auf einen Informationsbegriff, wie beispielsweise das stochastische Informationsmaß Shannons. Vielmehr bilden Computer einen gestaltbaren und medienhistorisch wandelbaren Rahmen, in dem unterschiedliche Formen von Information verarbeitet werden können. Gerade dann, wenn es um die medientheoretische Analyse von Datenbanken geht, gilt es dies anzuerkennen. Was es heißt, Informationen technisch zu sammeln, sie zu ordnen, zugänglich zu machen und zu verarbeiten, zeigt sich nur im Kontext partikularer Anwendungen. Zwischen dem abstrakten, aber relativ unbestimmten

---

wie z.B. in Bushs Entwurf der Memex (vgl. Bush 1945: 102). Neben Information Overload und Information Underload darf auch das »Luxus- und Spielbedürfnis« (Blumenberg 2009: 75) von Ingenieuren und Erfindern als wichtiger Motor technischer Entwicklungen nicht vernachlässigt werden. Ein solcher Spieltrieb wird beispielsweise dann wirksam, wenn es darum geht, neue Anwendungsmöglichkeiten für Medientechnologien zu ersinnen. Der Entwurf der Memex kann, wie Fairthorne vorgeschlagen hat, auch in diese Richtung gelesen werden: »Quite properly he [gemeint ist Vannevar Bush, M.B.] was concerned to get jobs for the machine, not machines for the job. Fundamental problems were untouched. The Memex conception, even if it had grown to engineering perfection, would have been useful only to an individual who could apply his own criteria of relevance to cumulatively stored micro-copy of world literature, and who, having read and digested all of this already, had marked it appropriately for retrieval« (Fairthorne 1961a: 132).

Informationsbegriff und konkreten Informationssystemen klafft eine theoretische Leerstelle, die praktisch immer wieder gefüllt werden muss.[23]

Ungeachtet Mooers' berechtigter Bedenken gegenüber der Eignung der damals verfügbaren Computer für das Information Retrieval, traute man ihnen nicht nur in wissenschaftlichen und technischen Kontexten bereits einiges zu. In Büchern, Magazin- und Zeitungsartikeln sowie in Fernsehsendungen wurden die Möglichkeiten von Computern verhandelt und Überlegungen über die Zukunft des Menschen in computerisierten Gesellschaften angestellt. So wurde die Bevölkerung der USA seit den ausgehenden 1940er Jahren vermittels populärer Massenmedien immer wieder mit den aktuellen Entwicklungen im Bereich der Computertechnologie vertraut gemacht und über die erhofften Leistungen künftiger Computersysteme informiert (Vgl. Malone 2002: 16f.).[24] Auch Hollywood nahm sich rasch des Themas an. Im Jahr 1957 erschien der Film *Desk Set* (Regie: Walter Lang), der sich als einer der ersten, wenn nicht sogar als *der* erste (Hollywood-)Film mit den Hoffnungen und Ängsten auseinandersetzte, die man dem »Electronic Brain« entgegenbrachte.[25]

---

23 | Die Unterbestimmtheit des abstrakten Informationsbegriffs findet ihren Widerhall in dem unterminologischen Gebrauch des Begriffs in der Alltagssprache, den Konitzer konstatiert: »Wir gebrauchen den Ausdruck ›Information‹ in der Alltagssprache gewöhnlich unterminologisch. Das gilt auch dort, wo er Spuren seiner Herkunft aus der mathematischen Informationstheorie an sich trägt. Wir bezeichnen durch ihn entweder einen Vorgang – die Tatsche, daß jemand etwas Neues erfährt, daß er eine Einsicht, ein Wissen gewinnt, daß ihm etwas mitgeteilt wird – oder dasjenige, was ihm mitgeteilt wird: die Information als den Inhalt der Mitteilung, als das Mitgeteilte. Würde man uns weiter darum bitten, den Vorgang der Benachrichtigung genauer zu beschreiben, so würden wir davon sprechen, daß etwas jemanden (einen Empfänger) erreicht oder von ihm verstanden wird. Und würde man uns danach fragen, was das ist, die Nachricht, so würden wir vermutlich zwei Kandidaten nennen, die aber nur gemeinsam auftreten können: den materiellen Träger der Nachricht, und das, was dieser irgendwie vermittelt, nämlich ein Wissen« (Konitzer 2006: 326).

24 | Diesbezüglich stellt Malone fest: »[T]he coverage of developments in the nascent computer industry in popular magazines and on television reached mass audiences that no researcher could. Over the course of the 1950s, newspapers and periodicals slowly increased their coverage of new technology developments and tracked installations of giant brains in various government and commercial settings« (Malone 2002: 16). Dominant war die Vorstellung vom Computer als elektronischem Gehirn, welche sich nicht zuletzt aus der konzeptuellen Verbindung von Computertechnologie und Kybernetik ergab. Doch auch Alan Turings Überlegungen zu maschineller Intelligenz und der von ihm vorgeschlagene Turing Test trugen zur Parallelisierung von Geist und Computer bei (vgl. Turing 1987 [1950]).

25 | Die vom Charles Babbage Institute herausgegebene Filmliste »Hollywood & Computers« nennt Desk Set als den ersten Film, in dem sich Hollywood Computern

Bemerkenswert ist jedoch nicht nur, dass der Film die möglichen Auswirkungen der Computerisierung auf die US-amerikanische Gesellschaft verhandelt, sondern der Gebrauchskontext, in den Computer gestellt werden.[26] Die Geschichte von *Desk Set* entspinnt sich um die Einführung eines Computersystems namens EMMERAC (Electromagnetic Memory and Arithmetical Research Calculator) im Reference & Research Department einer Fernsehanstalt. Hier werden Computer weniger als Rechen-, sondern vielmehr als Informationsmaschinen dargestellt, die das Suchen und Finden gespeicherter Informationen ermöglichen und durch deren Einsatz sich ein Übergang vom bibliothekarischen Wissen zum computergestützten Suchen vollzieht.

Miss Bunny Watson (Katherine Hepburn), die Leiterin des Reference & Research Departments, und ihre drei Mitarbeiterinnen Peg Costello (Joan Costello), Sylvia Blair (Dina Merrill) und Ruthie Saylor (Sue Randall) zeigen sich über die drohende Installation von EMMERAC in ihrer Abteilung enorm besorgt, da sie befürchten, von dem Computer ersetzt zu werden. Betreut wird die Einführung von dem geheimnisvollen Richard Sumner (Spencer Tracy), dem Erfinder von EMMERAC höchstpersönlich, der sich selbst als »methods engineer« bezeichnet und freilich von den Vorzügen des von ihm erbauten Computers überzeugt ist.

Im Verlauf des gesamten Films wird der Kampf Mensch gegen Maschine[27] inszeniert, wobei Miss Watson mit ihrem Wissen, ihrem Erinnerungs- und ihrem Assoziationsvermögen als Gegnerin von EMMERAC antritt. Im Zentrum steht die Angst, dass Computer, wenn nicht den Menschen insgesamt, so doch zumindest dessen Arbeits- und Leistungsvermögen überflüssig machen werden. Dies wird in einem Dialog zwischen Sumner und Watson deutlich, der sich bei einem gemeinsamen Mittagessen der beiden abspielt:

»Sumner: Did you ever see one of these electronic brains work? EMMARAC, for
            Example?

---

thematisch zuwandte (Charles Babbage Institute 2003). Obwohl der Film nicht als Klassiker in die Filmgeschichte eingegangen ist, genießt er Cheryl Knot Malone zufolge in Kreisen von Bibliotheks- und Informationswissenschaftlern heute noch Kultstatus (vgl. Malone 2002: 14).

26 | Desk Set vermag es nach Ansicht von Malone, dem heutigen Betrachter zu zeigen, wie der Computer in den 1950er Jahren konzeptualisiert wurde und wie Menschen auf die von ihnen befürchteten Folgen der Computerisierung reagierten (vgl. Malone 2002: 15): »Although it is fiction, in which the characters, computers, and corporate library are imaginary, it nevertheless can attest to the ways in which computers were perceived during the decade when they first became available for business (not just military and governmental) applications« (Malone 2002: 14).

27 | Genauer gesagt ist es sogar der Kampf »Frau gegen Maschine«. Auf die Rolle von Frauen in diesem Film soll an dieser Stelle jedoch nicht genauer eingegangen werden.

Watson:	Yeah, yeah. Just this morning, as a matter of fact, I saw a demonstration at IBM.
Sumner:	Oh. Did you see it translate Russian into Chinese?
Watson:	Yeah. Saw it do everything. Frightening. Gave me the feeling that maybe, just maybe people were a little outmoded.
Sumner:	Mmm. Wouldn't surprise me a bit if they stopped making them.« (Lang 1957: 35:48)

Mit ihrer Vermutung, dass Menschen angesichts der neuen Computertechnologie antiquiert und überflüssig erscheinen könnten, bringt Watson die Befürchtung auf den Punkt, die in den 1950er Jahren nicht nur die Protagonistinnen des Films, sondern auch die US-amerikanische Bevölkerung umtrieb. Indem Sumner die Befürchtung Watsons nicht entkräftet, sondern sie ironisch mit dem Kommentar übersteigert, dass er sich nicht wundern würde, wenn man folglich aufhörte, Menschen zu machen, wird eine Opposition zwischen dem Techniker Sumner und der Person Miss Watson aufgebaut, die erst ganz am Ende des Films aufgelöst wird, als sich die beiden ineinander verlieben. Ziel des Mittagessens ist für Sumner jedoch nicht, mit Miss Watson über die möglichen Konsequenzen der Einführung von Computern zu diskutieren, sondern die Überlegenheit von EMMERAC gegenüber der menschlichen Auffassungsgabe und dem menschlichen Gedächtnis vorzuführen. So stellt Sumner Miss Watson allerhand Fragen, die ihr Gedächtnis ebenso herausfordern sollen wie ihre Fähigkeit, Muster zu erkennen und logische Schlüsse zu ziehen. Anders jedoch als von Sumner intendiert, vermag Watson bei diesem menschlichen Benchmark-Test alle noch so kniffeligen Fragen zu parieren, sodass sich Sumner schließlich von ihrer messerscharfen Auffassungsgabe sichtlich beeindruckt zeigt. Bereits hier deutet sich an, dass EMMERAC wohl keine ernsthafte Konkurrenz für Miss Watson darstellen wird. Es dauert jedoch bis zum Ende des Films, bis endgültig klar wird, dass Computer die Arbeit gut ausgebildeter Bibliothekare und Wissenschaftler nicht zu ersetzen, sondern nur zu unterstützen vermögen.[28] Es wird deutlich herausgestellt, dass es nicht hinreicht, einen Computer zu installieren und ihn durch eine Technikerin bedienen zu lassen. Vielmehr bedarf es weiterhin der Expertise der Bibliothekarin, da nur sie in der Lage ist, Anfragen an EMMERAC zu richten, die auch zum gewünschten Ergebnis führen. Damit verschiebt sich jedoch ihr Aufgabenprofil bzw. ihre Rolle. Diese Rollenverschiebung weist in Richtung einer neuen Wissensform, für die der Übergang vom Bücherwissen zu einem Wissen des elektronischen Gehirns charakteristisch ist, welches selbst aber nur ein virtuelles Potenzial bildet, das erst im Prozess des kompetenten Suchens aktualisiert wird. War bis zu diesem Zeitpunkt die Bibliothekarin diejenige, an welche Anfragen gerichtet wurden und welche sie

---

28 | Eben dies war zu dieser Zeit auch die Message von IBM. Dass die Firma die Herstellung des Films unterstützte, vermag in Anbetracht dessen auch nicht zu überraschen (vgl. Malone 2002: 15).

prozessierte, ist sie unter den Bedingungen des elektronischen Gehirns nun zur Fragenden geworden, die die im Computer gespeicherten Informationen richtig zu durchsuchen weiß.[29] Die allwissende Bibliothekarin wird damit zur kompetent Suchenden. Der Computer jedoch ist das vermeintliche Gehirn, welches wie von Geisterhand Antworten auf die an ihn gerichteten Anfragen ausgibt.

Damit zeigt der Film nicht nur ein versöhnliches Ende, sondern zeichnet auch das Bild einer damals noch fernen Zukunft. In *Desk Set* kommt demzufolge weniger die technische Realität zum Vorschein, als vielmehr das Imaginäre der Informationsverarbeitung. Denn existierende Computer waren damals noch weit davon entfernt, das leisten zu können, was der Film als deren Leistungsvermögen ausstellte. Und auch heute sind wir manchen der im Film dargestellten Visionen erst wenige Schritte näher gekommen. So formuliert Miss Watson natürlichsprachliche Anfragen an den Computer, die dieser zu verarbeiten und zu beantworten weiß, und sofern eine Frage nicht präzise genug gestellt war, fordert EMMERAC sogar die Präzisierung der Anfrage ein. Kurz vor Ende des Films, als bereits klar ist, dass EMMERAC nicht installiert wurde, um die Bibliothekarinnen der Forschungsabteilung zu ersetzen, wird Miss Watson von einem Anrufer vor die schwierige Frage gestellt, wie schwer die Erde sei. Langsam in EMMERAC keine Konkurrenz, sondern ein Werkzeug sehend, tippt sie die Frage »What is the total weight of the earth?« in das Schreibmaschineninterface des Computers ein, woraufhin EMMERAC die Anfrage piepend verarbeitet und nach kurzer Zeit über den Drucker etwas ausgibt, das Sumner zum Lachen bringt, sodass Miss Watson nachfragt:

»Watson: What's the matter?
Sumner: It's asking you a question.
Watson: What's the question?
Sumner: With or without people?« (Lang 1957: 94:41)

Diese spitzfindige Reaktion von EMMERAC versöhnt Miss Watson mit der Maschine.[30] Die ausgestellte Raffinesse von Computern war und ist noch immer weitgehend Wunschvorstellung. Entscheidend aber ist, dass Computer im Film nicht als leistungsfähige Rechenmaschinen vorgeführt werden, sondern als interaktive Informationsmaschinen, die der Speicherung großer Informationsmengen

---

29 | Dies spiegelt sich in der Etymologie des Wortes Computer wider. In den 1920er und 30er Jahren wurden Frauen in Forschungseinrichtungen Computer genannt, die repetitive Rechenaufgaben erfüllten. Mit der Einführung elektronischer Rechenmaschinen ging diese Bezeichnung von den rechnenden Frauen auf die rechnende Maschine über (vgl. Light 1999; Grier 2005; Skinner 2006). Dass der *EMMERAC*-Computer auch weiblich konnotiert wird, indem Sumner diesen liebevoll Emmy nennt, unterstreicht dies.

30 | Die Überwindung ihrer Vorbehalte bringt Miss Watson zum Ausdruck, indem sie EMMERAC als »Good girl. Good girl.« hätschelt (Lang 1957: 94:49).

sowie der selektiven Ausgabe relevanter Informationen dienen. Den Horizont dieser filmischen Imagination bildet der abstrakte Informationsbegriff, der sich jedoch nicht nur in die antizipierten Einsatzmöglichkeiten von Computern einschreibt, sondern auch in die Entwicklung von partikularen Informationssystemen. Er wird als technisches Imaginäres operativ und begleitet die Entwicklung digitaler Datenbanken, wie auch Haigh in Bezug auf die Computerisierung der institutionellen Informationsverarbeitung festgestellt hat:

»Die Auffassung, Information sei eine allgemeine Größe, die in Maschinen aufbewahrt und durch sie verarbeitet wird, dient in all diesen Fällen dazu, die Differenz zwischen einem sehr breit gefassten menschlichen oder betriebswirtschaftlichen Informationsbegriff und den viel begrenzteren Fähigkeiten spezifischer automatisierter Systeme zu verwischen.« (Haigh 2007: 58f.)

Bemerkenswert ist dies nicht zuletzt, weil die begrenzte Leistungsfähigkeit tatsächlicher Informationssysteme häufig verdeckt wird, indem man die in diesen Systemen verwalteten Formen von Information universalisiert. Dies lässt sich in den Debatten um die Einsatzgebiete von DBMS ebenso aufzeigen wie in den neueren Diskussionen um Data Warehousing, Data Mining, Knowledge Management, Web 2.0, Semantic Web und Linked Data (vgl. Haigh 2007: 58). Derartige Universalisierungstendenzen oder »Unifizierungsphantasien« (Winkler 1997a: 55) sind Teil der digitalen Medienkultur und als solche auf ihre Motive, Mechanismen und Funktionen hin zu befragen. Zugleich gilt es, die vielfältigen und unterschiedlichen Formen der computertechnischen Verarbeitung von Informationen freizulegen. Zu beschreiben sind partikulare Software-Hardware-Konfigurationen, die zwar nicht vorschreiben, welche Informationen in einem Informationssystem verarbeitet werden, aber was im Kontext eines solchen Systems als Information adressiert werden kann.

Mit der Feststellung, dass sich der abstrakte Informationsbegriff nie in konkreten Technologien realisiert, weil er zu generell und zu unbestimmt ist, soll dessen historische Bedeutung nicht revidiert werden. Sie erfährt nur eine Korrektur, die der diskursiven Macht des abstrakten Informationsbegriffs als ein Imaginäres Rechnung trägt, welches gleichermaßen Wunsch und Versprechen ist. In ihm steckt immer zu viel und zu wenig zugleich. Zu wenig, weil er im Prozess der technischen Realisierung stets eine Transformation erfährt. Zu viel, weil die Realisierung von einem Überschuss, einem (uneingelösten) Versprechen begleitet wird, welches jedoch das technische Imaginäre speist. Dieses Imaginäre geht ebenso in die Entwicklung neuer Technologien ein wie es die Erwartungen gegenüber existierenden Technologien strukturiert. Im abstrakten, reifizierten Informationsbegriff verdichtet sich die Imagination universeller und vollständiger Informationsreservoirs.

Neben den mittels partikularer Computeranwendungen realisierten informationellen Praktiken gilt es auch die Wünsche und Versprechen zu thematisieren, welche sich an digitalen Datenbanken re-aktualisieren, obwohl sie durch diese nicht verwirklicht werden. Es sind nicht nur die digitalen Medientechnologien, welche die Informationsgesellschaft hervorbringen, sondern auch das Imaginäre der *information mythology*. Dieses nimmt Eingang in die Diskurse um die Informations- und Wissensgesellschaft und befördert utopische und dystopische Beschreibungen unserer medialen Gegenwart sowie Prognosen für die Zukunft. Diese Beschreibungen sind selten gänzlich fernab der Wirklichkeit, aber ebenso selten völlig zutreffend.[31]

Kommunikation mit Informationssammlungen

Wenn das Aufkommen des generalisierten, abstrakten und reifizierten Informationsbegriffs das Resultat einer zunehmenden Dekontextualisierung des Begriffs von seinen Gebrauchskontexten ist, dann gilt es im Folgenden nach dem theoretischen und praktischen Kontext zu fragen, in dem die Datenbankidee auftaucht und in dem sich die Entwicklung digitaler Datenbanken vollzieht. Eine Perspektive hierauf eröffnet die Auseinandersetzung mit Modellen der Datenbankkommunikation, welche den kommunikativen Zusammenhang beschreiben, in denen sich Datenbanken situieren, und vor deren Hintergrund sich die Herausforderungen abzeichnen, auf die Datenbanktechnologien antworten.

Im ersten Schritt wird das Kommunikationsmodell nachgezeichnet, auf dem Mooers' Konzeption des Information Retrieval beruht. Hierbei werden die Differenzen zum nachrichtentechnischen Kommunikationsmodell Shannons und infolgedessen zu dessen Informationsbegriff offenkundig. Das Kommunikationsmodell des Information Retrieval mündet Ende der 1950er Jahre in ein dezidiertes Modell der Datenbankkommunikation. Ausgehend hiervon werden im zweiten Teil die Erwartungen, aber auch Herausforderungen des Findens von Informationen in der unsichtbaren Tiefe des Computers betrachtet. Abschließend wird in Rekurs auf Luhmanns systemtheoretisch fundierten Erfahrungsbericht über die Kommunikation mit seinem Zettelkasten die Frage diskutiert, inwiefern es gerechtfertigt ist, die Interaktion mit Datenbanken als Kommunikation zu verstehen.

Das Kommunikationsmodell des Information Retrieval

Das Information Retrieval widmet sich dem Problem des maschinen- respektive computergestützten Suchens und Findens von Informationen. Mooers' ursprünglicher Definition dieses Problem- und Forschungszusammenhangs liegt eine Vorstellung von Information zugrunde, die seinem eigenen Erinnerungsbericht zu-

---

31 | Winkler kommt am Ende von *Docuverse* zu einem ähnlichen Schluss, wenn er einerseits die Forderung »zu einer realistischen Untersuchung der Strukturen, die im Datenuniversum sich entwickelt haben« (Winkler 1997a: 338) formuliert und andererseits dafür plädiert, »die Wünsche als Wünsche ernster zu nehmen« (Winkler 1997a: 338).

folge an Shannons Informationsbegriff anknüpft und diesen auf den Bereich der bibliothekarischen Informationsverarbeitung anwendet. Im Zentrum des Information Retrieval steht für Mooers die Frage der Auswahl, welche seines Erachtens gleichermaßen den Kern von Shannons Informationstheorie bildet: »Well, the whole message of information theory turns on the matter of choice, and choice in comparison to other choices« (Corbitt 1993: 9).

Auch wenn hierdurch ein wichtiger Aspekt von Shannons Informationsbegriff berührt wird, verschiebt sich in Mooers' Aneignung die Ebene, auf der die Wahl stattfindet. Geht es auf der einen Seite um das nachrichtentechnische Problem der Übertragung von Informationen in einem Kanal und somit um die Selektionen, die der Äußerung von Nachrichten inhärent sind, widmet sich das Information Retrieval auf der anderen Seite der Herausforderung, aus einer Zahl von Nachrichten (oder genauer Dokumenten) diejenigen auszuwählen, die die gesuchten Informationen enthalten – selbst wenn der Suchende noch eine unspezifische Vorstellung von dem hat, was er sucht. Insofern erfährt der shannonsche Informationsbegriff durch seine Anwendung im Information Retrieval eine Transformation. Diese resultiert aus der Verschiebung des Kontexts, der bedeutsam bleibt, auch wenn sich der Informationsbegriff Shannons in Folge seiner Popularisierung zunehmend verselbstständigt hat und Information losgelöst von der Theorie als eigenständige Entität erscheint, die theoretisch beschrieben und praktisch verarbeitet werden kann.

Der Ansatz Shannons basiert auf einem Kommunikationsmodell, vor dessen Hintergrund er sich dem Problem der nachrichtentechnischen Informationsübermittlung stellt und es theoretisch löst. Wenn Mooers und mit ihm die Proponenten des Information Retrieval auf ein generalisiertes, abstraktes und vor allem reifiziertes Informationskonzept rekurrieren, dann geschieht dies nicht auf der Grundlage desselben Modells. Das Information Retrieval stützt sich auf ein eigenes Kommunikationsmodell, welches Mooers wie folgt beschreibt:

»In information retrieval, the addressee or receiver rather than the sender is the active party. Other differences are that communication is temporal from one epoch to a later epoch in time, though possibly at the same point in space; communication is in all cases unidirectional; the sender cannot know the particular message that will be of later use to the receiver and must send all possible messages; the message is digitally representable; a ›channel‹ is the physical document left in storage which contains the message; and there is no channel noise because all messages are presumed to be completely accessible to the receiver. The technical goal is finding in minimum time those messages of interest to the receiver, where the receiver has available a selective device with a finite digital scanning rate. (Mooers 1950a: 572)

Indem Mooers die Kommunikation des Information Retrieval in impliziter Abgrenzung zu Shannons Kommunikationsmodell expliziert, rückt er sich abermals in die Nähe zu dessen Informationstheorie. Dennoch wird in Mooers' Bearbeitung von Shannons Modell ein weitreichender konzeptioneller Wandel manifest, da

Kommunikation nicht mehr als Austausch zwischen Personen entworfen wird, sondern als ein mehr oder minder zielgerichteter Zugriff auf Informationen, die zuvor gespeichert wurden. Das nachrichtentechnische Problem der möglichst ungestörten Übertragung von Signalen wird übersetzt in die bibliothekarische Herausforderung, aus einer Menge vorhandener Dokumente diejenigen auszuwählen, die das Informationsbedürfnis eines Nutzers befriedigen. Information wird zu einem Potenzial, welches im Prozess des Information Retrieval aktualisiert werden muss. Im suchenden Zugriff auf ein Reservoir vorhandener Dokumente kommuniziert der Nutzer, indem er Informationen selektiert und durch diese überrascht wird. Aus diesem Informationspotenzial speist sich das Imaginäre der Datenbank als einem unerschöpflichen und umfassenden Informationsreservoir. Kevin Kelly hat dies 1984 in seinem Bericht zur Lage der Netzwerknation so formuliert:

»I've always wanted a World Brain. The kind that lives in science-fiction books, where you can ask it any question from any terminal and it beeps out the answer. [...] Now I'm getting my change. I've enrolled in a two-day training workshop in how to search Dialog. What we are courting is a memory that cradles all government documents, every telephone book in the country, several million magazines, the major newspapers, the entire patent office, a backlog of scientific reports, and encyclopedias (note plural).« (Kelly 1984: 40)

Bei *Dialog* handelt es sich um den ersten kommerziellen Datenbankservice, der seit 1972 die Suche nach Forschungsliteratur in ausgewählten thematischen Datenbanken erlaubte.[32] Darin sieht Kelly die Vision eines World Brain erfüllt, die H.G. Wells in den 1930er Jahren formuliert hat (vgl. Wells 1971 [1938]). Rückblickend hat Roger K. Summit, der Entwickler von *Dialog*, seine Motivation zur Arbeit an dem System wie folgt beschrieben: »A common statement around Lockheed at the time was that it is usually easier, cheaper, and faster to redo scientific research than to determine whether it has been done previously« (Summit 2002). Dies sollte sich mit *Dialog* ändern: Das Finden des bereits Gewussten wurde leichter und effektiver als das erneute Erfinden.[33]

Auch für Mooers ist diese Idee leitend. Er modelliert den suchenden Zugriff auf eine Informationssammlung als Kommunikation, bei der sich die Rollen von

---

32 | Die Entwicklung von *Dialog* und anderen Online-Datenbankservices zwischen 1963 und 1976 haben Bourne und Hahn (2003) ausführlich aufgearbeitet.

33 | In den *Fragmenten über den Ideenumlauf* hat Josias Ludwig Gosch bereits im ausgehenden 18. Jahrhundert darauf insistiert, dass es leichter sei, Wissen zu erlernen, als es zu erfinden: »Fast unglaublich ist der Unterschied zwischen der Mühe, welche bei der Erfindung der Wahrheiten angewendet werden muß, und derjenigen, die bei der Erlernung derselben nöthig ist, wenn sie bereits von andern erfunden sind« (Gosch 2006 [1789]: 118). Dies hat aber zur Voraussetzung, dass bekannt ist, was bereits erfunden wurde und damit auch erlernt werden kann.

Sender und Empfänger umkehren. Ist in Shannons Modell der Adressat einer Nachricht passiv, weil er die von einer Nachrichtenquelle oder einem Kommunikator an ihn gerichtete Nachricht schlicht empfängt, kommt ihm im Modell von Mooers eine aktive Rolle zu. Beim Information Retrieval ist es der Adressat, der entscheidet, welche Nachrichten für ihn von Bedeutung sind, d.h. welche Informationen er sucht. Da der Sender auf der anderen Seite nicht wissen kann, wonach der künftige Empfänger einmal suchen wird, besteht seine Aufgabe darin, alle möglichen Nachrichten auszusenden. Der Sender artikuliert streng genommen keine bestimmte Nachricht mehr, sondern fungiert als Sammler, der alle möglichen Informationen zusammenträgt, die potentiell einmal von Bedeutung sein könnten. Übertragen werden die Nachrichten in Form von Dokumenten, bei denen das Rauschen einer Störquelle, anders als in Shannons Konzeption, kein Problem mehr darstellt. Insofern verschwindet das Rauschen des Kanals in Mooers' Modell und wird allenfalls implizit auf Seiten des Suchenden wiedereingeführt, wenn dieser nicht nur Unbekanntes, sondern Unerwünschtes findet.[34] Damit sind die zentralen Elemente von Mooers' Kommunikationsmodell des Information Retrieval beschrieben, welches zwar in Anlehnung an Shannons Modell formuliert wurde, aber in zentralen Punkten mit ihm bricht. Infolgedessen kann das nachrichtentechnische Modell von Kommunikation nicht als alleinige Basis des medientheoretischen Denkens über Informationstechnologien dienen. Vielmehr gilt es, die Spezifik der Kommunikation mit Informationssammlungen anzuerkennen und danach zu fragen, welche Forschungs- und Untersuchungsperspektiven sich hieraus für die medientheoretische Analyse digitaler Datenbanken eröffnen.

Das Kommunikationsmodell des Information Retrieval besetzt die Leerstelle zwischen abstraktem Informationsbegriff und partikularen Informationstechnologien bzw. informationellen Praktiken. Es bildet den Hintergrund, vor dem sich die spezifischen Informationsprobleme abzeichnen, die es durch die Entwicklung von Information Retrieval-Technologien zu lösen gilt. Aus den unterschiedlichen Modellierungen von Kommunikation resultieren verschiedene Perspektiven auf Information. Hierauf hat Robert A. Fairthorne, der ebenfalls zu den Pionieren der Informationswissenschaft zählt, in dem 1954 publizierten Aufsatz *The Theory of Communication* hingewiesen:

»[T]he communication engineer has different interests. In particular he is not concerned with completed messages, but how to deal with bits of them during the course of communication. He cannot do much to alter the temporal order of

---

34 | Michel Serres hat die relative Unterscheidung von Signal und Rauschen im Anschluss an Shannon ins Zentrum seiner kommunikationsphilosophischen Theorie des Parasiten gerückt (Serres 1987). Sollte die Unterscheidung von unbekannten und unerwünschten Suchergebnissen ihre Entsprechung in derjenigen von Signal und Rauschen finden, dann ließe sich das Suchen und Finden von Informationen ebenso als parasitär beschreiben.

these bits, because this implies storage and storage implies delay, and delay is what communication engineers are paid to fight. We, on the other hand, deal with spatial collections of completed messages and, after recognition or identification, questions of their ordering and disordering predominate. Finally, the communication engineer has a much narrower semantics, which refers only to the statistical properties of the language of the message, not to its sense or seemliness.« (Fairthorne 1961 [1954]: 65)

In Übereinstimmung mit Mooers charakterisiert Fairthorne das Kommunikationsproblem, dem sich die Nachrichtentechnik zuwendet, als eines der Übertragung von Nachrichten im Raum.[35] Diese Form der Kommunikation ist zeitkritisch in einem technischen Sinn, da es darum geht, Signale in möglichst kurzer Zeit von einem Punkt A an einen Punkt B zu übertragen. Die Informationen, denen sich das Information Retrieval widmet, liegen hingegen gespeichert im Raum vor: »Library communication differs from telegraphic mainly in that all the messages have been sent already, and you have to pick out the right one to suit a query not known beforehand« (Fairthorne 1961 [1953]: 25). Der Fokus der bibliothekarischen Informationsverarbeitung liegt dementsprechend nicht auf der Übermittlung von Nachrichten, sondern auf deren Erfassung, Identifizierung, Ordnung und Umordnung. Schließlich weist Fairthorne auf einen weiteren zentralen Unterschied zwischen nachrichtentechnischer und bibliothekarischer Informationsverarbeitung hin. Während der Kommunikationsingenieur weitgehend oder ganz vom Bedeutungsgehalt und der Angemessenheit von Nachrichten absieht, interessieren sich Informationswissenschaftler genau hierfür. Unter dieser Prämisse sucht Fairthorne nach den Einsatzmöglichkeiten von Technologien zur automatisierten Verarbeitung bibliothekarischer Informationen, wobei er seinen Fokus auf diejenigen semantischen Aspekte lenkt, die nicht auf dem Erschließen von Informationen durch Menschen beruhen, sondern auf routinemäßigen Vorgängen. Entscheidend für Fairthornes Arbeit ist die Frage: »[H]ow far can we go in documentation, as in computing, by using ritual in place of understanding?« (Fairthorne 1961b: X). Entsprechend der dieser Herangehensweise zugrunde liegenden pragmatischen Maxime versucht Fairthorne nicht, eine Technologie zu entwickeln, die der menschlichen Interpretations- und Verständnisfähigkeit semantischer Informationen ebenbürtig ist. Sein Ziel ist bescheidener und beruht auf der Beobachtung, dass es im Bereich der bibliothekarischen Informationsverarbeitung eine Reihe repetitiver und routinemäßiger Vorgänge gibt, die ebenso gut von Computertechnologien wie von Menschen erfüllt werden können.

---

35 | Obwohl Fairthorne nicht explizit auf Mooers verweist, war ihm dessen Kommunikationsmodell des Information Retrieval bekannt. Beide lernten sich spätestens 1950 auf dem *International Congress of Mathematicians* kennen, wo Fairthorne dem Vortrag von Mooers beiwohnte (vgl. Fairthorne 1998).

Die Voraussetzung für die technische Automatisierung von »›clerical‹ activities« (Fairthorne 1961c: 94) in der bibliothekarischen Informationsverarbeitung ist, dass sich die semantischen Informationen, auf die das Information Retrieval abzielt, in syntaktische Informationen übersetzen lassen.[36] Laut Fairthorne befasst sich die Kommunikationstheorie Shannons mit letzterem Typus von Information und kann auf dieser Ebene für die Konzeptualisierung von Information Retrieval-Technologien fruchtbar gemacht werden:

»This kind of ›information‹ is what communication theory usually deals with. The function of telegraphy is to inform the receiver which particular message has been handed in at the transmitter. It is not concerned with any information that may be interpreted within the message itself. So long as the physical events presented at input are reproduced faithfully enough at output, all the information within the original will have been transmitted also. If not, language would not work.« (Fairthorne 1961 [1954]: 65)

Der technischen Verarbeitung semantischer Information auf dem Niveau syntaktischer Information geht die Übersetzung von Semantik in Syntax voraus. Indem Fairthorne auf den Unterschied zwischen den beiden Formen von Information hinweist, markiert er präzise die Leerstelle, die im Information Retrieval theoretisch und praktisch überbrückt werden muss: die Differenz zwischen den Konzepten einerseits und der Physik andererseits, eben zwischen Semantik und Syntax. Diese kann, so Fairthornes Ansatzpunkt, durch die Einführung eines Notationssystems überbrückt werden: »The bridge between the concepts and the physics of retrieval is the notation or system of marking the text« (Fairthorne 1961b: X).[37]

Als Lösung schlägt er einen Übersetzungsprozess vor, bei dem Bedeutungen anhand vordefinierter Regeln in Markierungen übertragen werden. Fairthorne unterscheidet zwei Formen des Markierens von Dokumenten, die intrinsische Veränderung eines Dokuments und die dem Dokument äußerlich bleibende Anord-

---

36 | Die Tätigkeiten, die Fairthorne als *clerical* bezeichnet, sind routinemäßige Abläufe, welche sich in einem Protokoll formalisieren lassen: »By ›clerical‹ activities are denoted routines of observation, identification, and manipulation of marked material objects according to some protocol involving only observations on the marks, including those belonging and accessible to the observing device« (Fairthorne 1961c: 94).

37 | Wie Fairthorne darlegt, wurden Texte in Bibliotheken traditionellerweise auf zwei Weisen betrachtet: als Träger von Konzepten einerseits und als materielle Objekte andererseits. Beide Aspekte wurden seines Erachtens jedoch gesondert behandelt: »For some millennia librarians have had to deal with texts as carriers of concepts, and with texts as heavy objects with marks on. They have evolved efficient techniques and principles to cope with these aspects severally« (Fairthorne 1961b: IX).

nung von Dokumenten, welche er auch als »›marking‹ and ›parking‹« (Fairthorne 1961 [1953]: 95) bezeichnet: »[W]hen counting sheep, you must distinguish those already accounted for from those not. This can be done with a branding iron [...]. Or you can segregate the counted sheep in a fold« (Fairthorne 1961 [1953]: 95). Geläufiger sind heute die Bezeichnungen »deskriptives Markup« und »formale Strukturierung«. Beim Markup werden Informationen deskriptive Metainformationen hinzugefügt, welche als Kennzeichnungen fungieren, die über das Gekennzeichnete informieren. Demgegenüber erschließt sich die Bedeutung von formal strukturierten Informationen aus dem Platz, der ihnen innerhalb einer Struktur zugewiesen wurde.

Eine ähnliche Idee der Übersetzung steht auch im Zentrum von Mooers' Ansatz, die Probleme des Information Retrieval technisch zu lösen: »To avoid scanning all messages in entirety, each message is characterized by N independently operating digital descriptive terms (representing ideas) from a vocabulary V, and a selection is prescribed by a set of S terms« (Mooers 1950a: 573). Im Unterschied zu Fairthorne begründet Mooers die Notwendigkeit, Dokumente mit Deskriptoren zu versehen, mit einem ökonomischen Argument. Das Finden von Informationen werde effektiver, wenn nicht der Volltext aller verfügbaren Dokumente durchsucht werden müsse, sondern nur die beschreibenden Terme. Den für die Praxis der computertechnischen Informationsverarbeitung nicht unerheblichen Effizienzerwägungen von Mooers gibt Fairthorne hingegen eine informationstheoretische Wendung.[38] Ohne die Übersetzung von Semantik in Syntax können Technologien nicht zur bibliothekarischen Informationsverarbeitung im Allgemeinen und zum Suchen und Finden von Informationen im Besonderen eingesetzt werden. Dieses Postulat gilt es medientheoretisch ernst zu nehmen.

Einerseits kommt in Fairthornes Vorschlag die geläufige Überzeugung zum Ausdruck, dass Computer stets nur auf dem Niveau der Physik operieren und demzufolge lediglich syntaktische Merkmale von Zeichen interpretieren können. Andererseits bedeutet dies entgegen der oft vertretenen Meinung keinen Verzicht auf oder Abschied von Semantik. Im Gegenteil: Semantik kann in Syntax übersetzt und technisch in nicht-semantischen Routinen verarbeitet werden. Wenn Kulturtechniken wie von Sybille Krämer vorgeschlagen als Modi des nicht-interpretativen operativen Umgangs mit Zeichen definiert werden und damit die durch

---

38 | Wenn im Folgenden Fairthornes Position in den Vordergrund gerückt wird, soll dies nicht implizieren, dass die Effizienzerwägungen von Mooers nebensächlich sind. Im Gegenteil, derartige Erwägungen sind noch immer von großer Bedeutung. Heute ist zwar die Volltextsuche relativ unproblematisch, dafür hat das WWW neue Herausforderungen mit sich gebracht, welche die verfügbaren Informationssysteme an ihre technologischen Grenzen bringen. Infolgedessen müssen bei der Implementierung neuer Technologien weiterhin verschiedene Zielstellungen gegeneinander abgewogen werden. Ein Informationssystem, das alle Aufgaben gleich gut erledigen kann, ist eine Wunschvorstellung.

Kulturtechniken vollbrachte Entsemantisierungsleistung betont wird, dann können Information Retrieval-Systeme im Besonderen und Datenbanken im Allgemeinen als Kulturtechnologien des Speicherns und Findens begriffen werden (vgl. Krämer 2003b: 169f.).[39]

Im Anschluss hieran ist es eine Aufgabe der medienkulturwissenschaftlichen Auseinandersetzung mit digitalen Datenbanken, die unterschiedlichen Formen und Strategien der Übersetzung von Bedeutung in syntaktische Strukturen sowie die verschiedenen Modi der computertechnischen Verarbeitung von Semantik als Syntax freizulegen und zu analysieren. Das Versehen von Dokumenten mit deskriptiven Markierungen stellt in diesem Zusammenhang nur eine Möglichkeit dar, wie Semantik jenseits semantischer Interpretationsprozesse verarbeitet werden kann. Die Speicherung von Daten in bestimmten Strukturen, wie z.B. in Tabellen, ist eine andere Form der Übersetzung semantischer Informationen in Syntax. Auch Algorithmen können eine solche Übersetzung vollziehen. Die Regeln, gemäß denen die Übertragung zwischen den beiden Ebenen vollzogen wird, sind dem Computer jedoch äußerlich und stellen zunächst nur Hypothesen dar, die einer experimentellen Überprüfung bedürfen, welche die Brauchbarkeit für Menschen und nicht ein wie auch immer geartetes Verstehen durch Computer zum Gradmesser nimmt. Hierauf weist Mooers hin, wenn er darauf insistiert, dass bei der Entwicklung von Information Retrieval-Systemen weniger die Maschinen, als vielmehr die menschlichen Nutzer zentral seien: »At all times, one should remember that the human customer who uses the information retrieval system is the one who must be served, and not the machine« (Mooers 1960: 229). Auch in dieser Hinsicht weist die Konzeptualisierung des Information Retrieval Parallelen zu Krämers Kulturtechnikkonzept auf. Kulturtechniken bewirken, so Krämer, nicht nur eine »Aufspaltung von ›Operation‹ bzw. ›Konstruktion‹ einerseits und ›Interpretation‹ andererseits« (Krämer 2003b: 169), sondern auch eine Entkopplung von Rezept- und Begründungswissen, d.h. »das Wissen, wie eine Aufgabe zu lösen ist, [trennt sich, M.B.] vom Wissen, warum diese Lösung ›funktioniert‹« (Krämer 2003b: 170). Mit anderen Worten: Die Begründung ist der Lösung nicht intrinsisch, weshalb externe Kriterien über den Erfolg oder Misserfolg von kulturtechnischen Operationen entscheiden und nicht die dem routinemäßigen Vorgehen inhärente Funktionslogik. Um mit semantischen Informationen in nicht-semantischen kulturtechnischen Routinen umzugehen, bedarf es demzufolge keines Verstehens von Bedeutungen. Das interpretative Verständnis des Gehalts von Informationen bleibt den Verfahrensweisen äußerlich: »[S]emantic knowledge is needed only at the very beginning of communication. Once translation rules have been established it becomes irrelevant« (Fairthorne 1961 [1953]: 24f.).

---

39 | An dieser Stelle wird das weite Verständnis von Datenbanken zugrunde gelegt, wie es im vorangegangenen Kapitel »Datenbank« (S. 120ff.) dargestellt wurde, d.h. *Datenbank = Daten + Zugriff.*

Festzuhalten bleibt, dass sich der Informationsbegriff vor dem Hintergrund verschiedener Kommunikationsmodelle ausdifferenziert. Bleiben diese Unterschiede
bei Mooers noch implizit, so werden sie in Fairthornes Schriften zum Information
Retrieval deutlich herausgearbeitet. Zugleich zeigt Fairthorne aber auch, dass die
shannonsche Informationstheorie für das Information Retrieval nutzbar gemacht
werden kann, sofern die Übersetzung von semantischer Information in syntaktische
Information vollzogen ist.

Data Banking: Vom Finden in einer Black Box

Dem Speicher als Ort der Sammlung misst Mooers in seinem Modell noch keine
besondere Bedeutung zu, er wird als passiver Container begriffen, dessen reibungs-
loses, d.h. rauschfreies, Funktionieren vorausgesetzt wird.[40] An diese Stelle tritt
Ende der 1950er Jahre die Datenbank, als im Rahmen eines vom *Office of Naval
Research* finanzierten Forschungsprojekts bei der *Benson-Lehner Corporation* das
Kommunikationsmodell des Information Retrieval zu einem Modell der Datenbankkommunikation erweitert wurde (vgl. Worsley et al. 1959). Im Mittelpunkt des
Projekts stand eine prozessorientierte Analyse der Speicherung und Abfrage von
Informationen, die im Abschlussbericht unter dem Oberbegriff *data banking* zusammengefasst werden:»Data Banking«, heißt es,»is the process of communicating
between many conceivers to many receptors through a store. By providing mechanisms for decision-making the receptor selects resting information« (Worsley et al.
1959: 5f.). Das Hauptinteresse der Forschergruppe liegt wie auch bei Mooers auf
den Informationspotenzialen, die sich auf Seiten des Nutzers im suchenden Zugriff
aktualisieren können (vgl. Abb. 3). Jedoch erweitert sich das Problembewusstsein
in Richtung der Speicherungsprozesse, denn bevor Informationen aus einer Daten-

---

40 | An der Rolle, die dem Rauschen in den beiden Kommunikationsmodellen
beigemessen wird, zeichnet sich ein zentraler Unterschied zwischen diesen ab.
Obwohl bereits Mooers' Wahl des Vortragstitels *Information Retrieval Viewed as
Temporal Signalling* nahe legt, dass der zentrale Unterschied zwischen den beiden
Ansätzen seines Erachtens darin besteht, dass es sich auf der einen Seite um
Signalübertragung im Raum und auf der anderen Seite um Signalübertragung in der
Zeit handelt, greift diese Gegenüberstellung zu kurz. Denn auch in Shannons Modell
ist die Möglichkeit der asynchronen Kommunikation gegeben. Kommunikation über
Zeit bedeutet hier das Aussenden einer bestimmten Nachricht, die verkörpert *als*
respektive gespeichert *in* einem Dokument zu einem späteren Zeitpunkt einen
Empfänger erreicht. Das mögliche Rauschen des Kanals ist dabei noch immer
ein Problem. Erstens können unter den Bedingungen der (digital-)technischen
Speicherung von Dokumenten Störungen bei deren Codierung und Dekodierung
auftreten und zweitens ist jedes Dokument aufgrund der ihm eigenen Materialität
anfällig für Zer-Störung. Mooers zieht diese Probleme in seinem Modell nicht in
Betracht; oder genauer: Er setzt ihre Lösung voraus.

bank abgefragt werden können, müssen diese trivialerweise zuerst im Speicher abgelegt werden.

Abb. 3: Modell des Data Banking

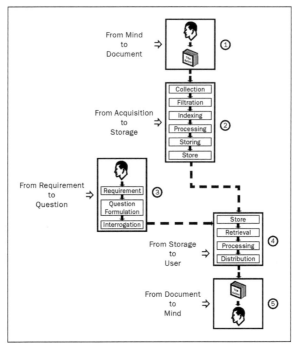

Quelle: Worsley et al. 1959: 30f.

An der funktionalen Schnittstelle von Speicherung und Abfrage setzt der im Rahmen des Projekts entwickelte Entwurf einer Datenbank an, der die in Punkt 2 und 4 analysierten Funktionalitäten, d.h. die Sammlung, Filterung, Indexierung, Verarbeitung, Speicherung, Abfrage und Distribution von Dokumenten, technisch, aber nicht computertechnisch umsetzt. Konzeptualisiert wurde diese Datenbank als Mikrofilmbibliothek, die bis zu einem gewissen Grad an Bushs Memex und vielleicht sogar noch mehr an Emanuel Goldbergs Vision der Bibliothek der Zukunft erinnert (vgl. Gesell 1926; Anonymus 1938; Buckland 2006). Der im Bericht eingeführte Begriff der Datenbank geht jedoch über diesen spezifischen Entwurf hinaus. Er dient als Oberbegriff für alle Formen von Informationssammlungen respektive Informationsspeichern, die sowohl Resultat als auch Ausgangspunkt für das *data banking* sind. Dementsprechend können auch Bibliotheken als Datenbanken bezeichnet werden (vgl. Worsley et al. 1959: 9).[41]

---

41 | In dieser Hinsicht ähnelt die im Rahmen des Forschungsprojekts bei der Benson-Lehner Corporation entwickelte Konzeption von Datenbanken der juristischen Defini-

Abb. 4: The Data Bank

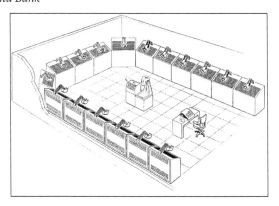

Quelle: Worsley et al. 1959: 91

Der so entwickelte Entwurf einer Datenbank lässt sich als eine mediale Konfiguration begreifen, die der Speicherung und Abfrage von Dokumenten dient, welche in Form von Mikrofilmen hinterlegt sind und deren Inhalte anhand von Stichworten durchsucht werden können (vgl. Abb. 4).[42] Entscheidend ist hieran, dass diese Datenbank es ihren Nutzer ermöglichen soll, automatisch im Informationsbestand zu suchen. Hierdurch wird die Datenbank zu einer Black Box, auf die apparativ zugegriffen werden kann. Diesen Aspekt rückt Charles Bachman wenige Jahre später in der Vordergrund seiner Konzeption von Datenbanken:

»Let us design a ›black box‹ with a number of input-output plugs. Each plug would have the ability to receive or transmit a record. In addition, this plug would be able to receive and cause the ›black box‹ to respond to Integrated Data Store commands. Let us build these boxes with a capacity to store one, two, or ten million records. The box would be extremely useful if only electric typewriters could be attached. A man could manually type a new record on his typewriter, then Put it into the data store. He could Modify or Delete records that are already there. Best of all, he could Get a record when he wanted it. Based upon the information gained from one record, he could ask for another record. He could continue until he had exactly the quantity of information he wanted. He would have every advantage that the marvelous little game, ›twenty questions‹ gives it's player. Each question asked is based upon new knowledge, a new strategy, for solving the problem. Contrast our player of ›twenty questions‹ at a typewriter of an Integrated Data Store and the man with a three inch report printed two weeks ago with data that was *then* a week out of date. Which

---

tion der Europäischen Union, S. 128f. Der Datenbankbegriff ist weder an eine spezifische Technologie, noch an eine bestimmte Form der Verkörperung der Sammlung gebunden.

42 | Ob und in welcher Form der Entwurf je realisiert wurde, ist unbekannt.

will make the best decision? In our dynamic business there is nothing equivalent to Instant Information. With the ability to attach dozens of typewriters, this black box would become one of the most significant information processing tools available.« (Bachman 1962b: IIB-4-2)

Diese im Zusammenhang mit der Entwicklung des *Integrated Data Store* – einem Vorläufer späterer Datenbankmanagementsysteme – stehende Beschreibung entwirft Datenbankkommunikation als Interaktion mit einer Black Box, in die man mithilfe eines Ein- und Ausgabegeräts Datensätze eingeben, gegebenenfalls modifizieren und löschen sowie interaktiv abfragen kann. Mit den Anfang der 1960er Jahre verfügbaren Computertechnologien war insbesondere der interaktive Umgang mit digitalen Informationssammlungen nur schwer möglich. Zu dieser Zeit war die Stapelverarbeitung von Prozessen dominant, bei der eine Reihe von Aufgaben erst gesammelt und zu einem späteren Zeitpunkt gebündelt ausgeführt wird. Im interaktiven Zugriff werden die Befehle der Nutzer sofort ausgeführt, sodass die Ergebnisse neue Befehle nach sich ziehen können. Durch die instantane Verarbeitung von Befehlen entsteht der Eindruck direkter Interaktion mit dem Computer, wodurch sich nicht zuletzt die Weise des Zugriffs auf Information ändert. Bachman vergleicht die Informationssuche mit dem Spiel *Zwanzig Fragen*, bei dem ein Spieler den Namen einer Person herausfinden muss, indem er 20 Fragen stellt, die mit Ja oder Nein beantwortet werden können (vgl. Bachman 1962b: IIB-4-2). Im Verlauf des Spiels werden die Fragen sukzessive präzisiert, sodass der Spieler – vorausgesetzt er stellt die richtigen Fragen – am Ende weiß, welche Person er ist. Übertragen auf die Suche in Datenbanken bedeutet dies, dass das Informationsbedürfnis eines Nutzers nicht sofort befriedigt werden muss, sondern durch sukzessive Reformulierung und Präzisierung der Anfragen gestillt werden kann.[43] Hinzu kommt, dass die Abfrage von Informationen aus digitalen Datenbanken im Allgemeinen und der interaktive Zugriff im Besonderen höhere Aktualität verspricht, was speziell im wirtschaftlichen und administrativen Kontext von hoher Bedeutung ist. Denn wer über aktuellere Informationen verfügt, vermag, so das Diktum des Managementdiskurses seit Anfang der 1960er Jahre, bessere strategische Entscheidungen zu treffen sowie die Vorgänge im Unternehmen effizienter zu steuern (vgl. Haigh 2007: 59ff.).

Ohne auf Bachmanns Parallelisierung von interaktiven Datenbankabfragen mit dem Spiel *Zwanzig Fragen* zu rekurrieren, zieht David Gugerli denselben Vergleich, wenn er die dem gleichen Spielprinzip folgende Fernsehsendung *Was bin*

---

43 | Ein ähnliches Ziel verfolgte auch Edgar Codd mit seinem relationalen Datenbankentwurf, wie Gugerli herausgearbeitet hat: »Codds Suchmaschine [...] sollte ergebnisoffener funktionieren. Die Nutzer seiner Suchmaschinen brauchten nicht zu wissen, wie der Datenraum aufgebaut, wie er strukturiert war und was er genau enthielt. Sie konnten die Datenbank als Black Box behandeln, an die sich auch Fragen richten ließen, deren Beantwortbarkeit bislang nicht getestet worden war« (Gugerli 2009: 72).

ich? als Suchmaschine interpretiert (vgl. Gugerli 2009: 19ff.). Bei seiner Analyse der zwischen 1955 und 1989 von Robert Lembke moderierten Spielshow stehen weniger die Potenziale des interaktiven Frage- und Antwortspiels für das Information Retrieval im Vordergrund, als die normierende und normalisierende Funktion, die durch eine Suchmaschine vom Typ *Was bin ich?* bewirkt wird. Normal ist, wenn man über einen eindeutig benenn- und zuweisbaren Beruf verfügt, der im Rahmen des Spiel erraten werden kann (vgl. Gugerli 2009: 21).[44] Obwohl es sich bei dem von Gugerli analysierten Beispiel um eine Fernsehshow handelt, lässt sich hieran ein wichtiger Aspekt der Kommunikation mit digitalen Datenbanken freilegen. Wird in *Was bin ich?* eine stabile Zuweisung von Person und Beruf hergestellt, geht es bei der Suche in digitalen Datenbanken um die Verknüpfung von Frage und Antwort. Normierung ist hierbei sowohl Strategie zur Lösung dieses Zuweisungsproblems als auch sein Effekt. Das gemeinsame Versprechen der Spielshow sowie der Datenbank ist, dass etwas gefunden werden kann; der Beruf einer Person einerseits und Informationen andererseits.

Der Zugriff eines Informationssuchenden auf die Datenbank operiert mit zwei Unbekannten: den potenziell auffindbaren Informationen und der internen Wissensordnung der Datenbank, die das Finden von Informationen zwar ermöglicht, aber das Suchen zugleich unter Regeln stellt.[45] Gefunden werden kann nur im Rahmen der durch die digitale Suchtechnologie zur Verfügung gestellten Möglichkeiten, weshalb es, wie Weingarten hervorgehoben hat, notwendig ist, dass der Nutzer »sein Informationsbedürfnis zunächst nach den Maßgaben der Systematik der Datenbank reformuliert« (Weingarten 1994: 169). Der interaktive Umgang mit einer digitalen Datenbank ermöglicht es dem Nutzer, seine Anfragen sukzessive der Logik der Black Box anzunähern. Verfügt der Informationssuchende über keinerlei Vorwissen im Umgang mit der digitalen Suchtechnologie, sind die Möglichkeiten der interaktiven Annäherung an die interne Datenbanklogik in der Regel jedoch sehr beschränkt. Hierauf hat Roger Summit hingewiesen:

»It occurred to me that we should be able to simply parse the plain text statement of a query and match those words against a database of textual citations, identify the

---

44 | Gugerli entwickelt die These, dass Lembkes Spielshow eine konservative Antwort auf »die dramatischen Veränderungen in der Berufswelt der sechziger und siebziger Jahre des 20. Jahrhunderts« (Gugerli 2009: 22) war, wobei die eindeutige Zuweisbarkeit eines Berufs zu einer Person als gesellschaftlicher Normalzustand vorgeführt wurde: »Sendung für Sendung, Gast um Gast sollte die doppelte Gewißheit darüber erzeugt werden, daß sich jeder ›normalen‹ Person eine Berufstätigkeit zuweisen ließ und daß sich dabei die Zeugen dieses Zuweisungsprozesses ihrer eigenen beruflichen Normalität versichern durften« (Gugerli 2009: 24).

45 | Die Wissensordnung der Datenbank wird durch die Regeln der Übersetzung von Bedeutung in syntaktische Strukturen sowie durch die hieran anschließenden Verarbeitungsroutinen bestimmt.

relevant Items and then sort them according to word hit frequency [...]. The results of this process were disappointing. One of the main issues I recall had to do with the mystery of how to modify the query to obtain better results. Because the search and relevance algorithms within the search engine are unknown to the user, how to modify the query to improve the results is not apparent. We referred to this as black box searching and abandoned further work along these lines.« (Summit 2002)

Ist die Ordnungs- und Suchlogik der Datenbank (d.h. die Regeln der Übersetzung von Semantik in Syntax, die Prinzipien der Selektion sowie die Konventionen der Formulierung von Anfragen) dem Nutzer fremd, dann vermag dieser, so das von Summit beschriebene Bedenken, seine Suchanfragen nicht zu präzisieren, um bessere Suchresultate zu erzielen. Mit anderen Worten: Die Nutzer müssen den Umgang mit Datenbanken erst erlernen, damit sie in der Lage sind, in der Interaktion mit dem Suchinterface ihre Anfragen zu präzisieren. Dies gilt Summit zufolge insbesondere dann, wenn Suchmaschinen es zum Beispiel erlauben sollen, natürlichsprachlich formulierte Fragen an die Datenbank zu richten. Zu welchen Ergebnissen verschiedene Suchanfragen führen, ist dabei abhängig von ihrer algorithmischen Interpretation. Summits Einwand stellt die von Bachman vorgeschlagene Konzeptualisierung der Datenbank als Black Box nicht grundlegend in Frage, sondern erweitert sie kritisch um einen wichtigen Aspekt.[46] Denn ganz gleich wie kompetent der Suchende im Umgang mit der Datenbank ist, dem Erfolg der Suche bleibt ein gewisses Maß an Unsicherheit inhärent, da der Suchende seinen Erfolg normalerweise nur an den Ergebnissen seiner Anfrage bemessen kann und es nicht möglich ist, das Gefundene vor dem Hintergrund des potenziell Auffindbaren zu bewerten. Ob eine spezifische Information in der Datenbank nicht existiert oder nur nicht gefunden wurde, lässt sich anhand der Ergebnisse allein nicht entscheiden.[47]

Strategien, um diese Unsicherheit zu kompensieren und die Zuweisung von Suchanfragen und Suchergebnissen zu stabilisieren, sind beispielsweise die Verwendung von kontrollierten Vokabularen, Klassifikationssystemen und Taxonomien sowie

---

46 | Mit ihren jeweiligen Verweisen auf die Black Box verbinden Summit und Bachman unterschiedliche Assoziationen. Dies wird in Summits Plädoyer für die interaktive Suche deutlich, das mit Bachmans Beschreibung der Datenbank als Black Box konform geht: »In my view of an interactive system, information retrieval should be thought of as a process, not as a probe (as is the case with batch systems). With the exception of simple, explicit searches, the searcher is neither completely aware of what is contained in the database, nor confident of just which words to use in the query to elicit a desired response. Because of this, there needs to be a high degree of interaction between the searcher and the database to gain the desired outcome« (Summit 2002).

47 | Die Diskussion der Datenbank als Black Box wird im Kapitel »Techno-Logik« (S. 259ff.) erneut aufgegriffen. Relevant wird hierbei die Unterscheidung zwischen dem Datenbestand als Black Box und der Suche als Black Box.

die Entwicklung formaler Anfragesprachen, die das computergestützte Finden von Informationen erleichtern, wenn nicht sogar ermöglichen sollen. Wie der Linguist Rüdiger Weingarten Anfang der 1990er Jahre festgestellt hat, kann die Herausbildung rigider Ordnungsstrukturen als Antwort auf diejenigen Probleme verstanden werden, die aus der Entkopplung der Kommunikationspartner in der Datenbankkommunikation resultieren. Für Weingarten stellt die Datenbank ein Medium dar, welches »nicht auf ein gemeinsames Zeigfeld der Kommunikationspartner zurückgreifen« (Weingarten 1994: 168) kann. Zudem sind dem Bereitsteller von Informationen in Datenbanken der Pfad und der Ausschnitt unbekannt, den der Suchende durch die Datenbank nimmt bzw. den er von der Datenbank wahrnimmt. Dies hat zur Konsequenz, dass »die ansonsten üblichen textdeiktischen Mittel [...], aber auch makrostrukturelle Verfahren der Kohärenzbildung, wie z.B. narrative Strukturen« (Weingarten 1994: 168) nicht mehr funktionieren.[48]

Obwohl die Anwendung kontrollierter Vokabulare zur thematischen Beschreibung von medialen Konstellationen, ihre Einordnung in ein rigides Klassifikationssystem sowie die formale Strukturierung von Information durchaus ein geeignetes Mittel sein können, um mit die Herausforderungen der Datenbankkommunikation technisch umzugehen, erweisen sich diese Strategien dann als problematisch, wenn sie zwischen unterschiedlichen *Communities of Practice* vermitteln sollen, in denen die gleichen Informationen Verschiedenes bedeuten und in denen auf unterschiedliche Weise mit Informationen umgegangen wird. An der Schnittstelle zwischen unterschiedlichen Gemeinschaften können *Boundary Objects* vermitteln, wie Geoffrey Bowker und Susan Leigh Star in *Sorting Things Out* dargelegt haben[49]:

»Boundary objects are those objects that both inhabit several communities of practice and satisfy the informational requirements of each of them. Boundary objects are thus both plastic enough to adapt to local needs and constraints of the several parties employing them, yet robust enough to maintain a common identity across sites. They are weakly structured in common use and become strongly structured in individual-site use.« (Bowker/Star 2000: 297)

Boundary Objects ermöglichen die Vermittlung zwischen verschiedenen Praxisgemeinschaften und ihren jeweiligen Klassifikationen sowie Bedeutungen, da sie einerseits relativ abstrakt sind, andererseits aber den Anforderungen verschiedener

---

48 | Siehe hierzu auch Weingartens linguistische Analyse des Datenbankabfragen zugrunde liegenden Dialogmusters (vgl. Weingarten 1988).

49 | Entwickelt wurde das Konzept der Boundary Objects von Star und James R. Griesemer in einer Studie zu den unterschiedlichen Praktiken von professionellen Wissenschaftlern, Amateurforschern und Verwaltern sowie den Vermittlungen zwischen diesen Communities of Practice im *Museum of Vertebrate Zoology* der *University of California, Berkeley* (Star/Griesemer 1989).

Gemeinschaften angepasst werden können.[50] Im Vergleich dazu sind die standardisierten Vokabulare und Klassifikationen, mit denen viele digitale Informationssysteme operieren, sehr unflexibel.[51] Deshalb machen sich Bowker und Star für den Entwurf und die Entwicklung von *Boundary Infrastructures* stark, welche die »differing constitution of information objects within the diverse communities of practice that share a given infrastructure« (Bowker/Star 2000: 314) berücksichtigen. Wie genau ein solches Informationssystem aussehen könnte und wie in diesem die technischen Prozesse der Informationsverarbeitung an die diversen menschlichen und sozialen Formen des Umgangs mit Informationen angeschlossen werden sollen, lassen die Autoren offen. Wichtiger als ein fertiger Entwurf für eine solche Infrastruktur ist jedoch, dass der Vision eines einheitlichen, universellen Informationssystems eine Alternative zur Seite gestellt wurde: die Idee eines fragmentierten, zwischen den partikularen informationellen Praktiken verschiedener Gemeinschaften vermittelnden Informationssystems. Die Kontingenz des Entwurfs von Informationssystemen wird hierdurch deutlich und erlaubt es, die Politiken digitaler Datenbanken zu hinterfragen sowie die in Datenbanken eingeschriebenen Machtstrukturen kritisch zu analysieren.[52] Hierbei ist nicht nur von Interesse, welche Informationen auf welche Weise in einer Datenbank gespeichert werden, sondern auch, an wen sich die Datenbank richtet, wie die Zuweisung von Suchanfragen und Suchergebnissen stabilisiert wird und in welche informationellen Praktiken sie eingebunden ist.

Selbst die in diesem Kapitel bisher thematisierte Suche nach dem Bekannten, d.h. nach vorhandenen Informationen, stellt nur eine, wenn auch wichtige Form der medialen Datenbankpraxis dar. Die Datenbank – verstanden als konkrete Sammlung von Informationen – dient hierbei als Reservoir, Fundus oder Ressource zur Befriedigung künftiger Informationsbedürfnisse. Sie ist ein Informationspotenzial, welches auf abgelegten Informationen basiert, die unsichtbar abgespeichert durch Suchanfragen selektiert und auf der Benutzeroberfläche zugänglich gemacht werden können.

In anderer Hinsicht erscheint die Datenbank als Ressource, die potenziell mehr Informationen bereithält als in ihr abgespeichert wurden. Die Datenbank ist hierbei

---

50 | Star und Griesemer unterscheiden in ihrem Aufsatz aus dem Jahr 1989 vier Typen von Boundary Objects: Sammlungen (*repositories*), Idealtypen (*ideal types*), übereinstimmende Grenzen (*coincident boudaries*) und standardisierte Formulare (*standardized forms*) (vgl. Star/Griesemer 1989: 410f.). Diese Taxonomie erhebt jedoch keinen Anspruch auf Vollständigkeit.

51 | Dies trifft gemeinhin auch auf algorithmische Verfahren der Auswertung von Information zu. Algorithmen beschränken die Interpretationsmöglichkeiten auf vordefinierte Regeln, wie in Bezug auf Nakes Unterscheidung von Oberfläche und Unterfläche bereits festgestellt wurde, S. 96ff.

52 | Kritik wird hier zunächst im buchstäblichen Sinn von *krinein* als Aufgabe begriffen, Unterschiede zu markieren.

kein Bestand, in dem bereits Bekanntes entdeckt werden kann, sondern Basis für neues Wissen. Aus der Kombination und Rekombination von Informationen können neue Informationen entstehen, die es erlauben, Terroranschläge vorauszusehen und vorzubeugen, ökonomische Entwicklungen in Echtzeit nachzuvollziehen, den Ausbruch von Krankheitsepidemien zeitnah zu erkennen, Verbrechen zu bekämpfen, Freunde und Lebenspartner zu finden etc.[53] Im Großen und im Kleinen birgt die findige Kombination und Rekombination vorhandener Informationen die Möglichkeit, neue Informationen zu erhalten. Insofern können digitale Datenbanken unter Umständen etwas wissen lassen, was so noch nicht gewusst, was allenfalls latent und rein virtuell als potentielle Information vorhanden war. Dies ist die Signatur des Spiels vollständiger Information, welches nach Ansicht von Lyotard charakteristisch für das postmoderne Wissen ist, welches sich in Datenbanken materialisiert:

»Solange man es mit einem Spiel unvollständiger Information zu tun hat, kommt der Vorteil dem zu, der über Wissen verfügt und sich einen Zusatz an Information verschaffen kann. [...] Aber in Spielen mit vollständiger Information kann die höchste Performativität per hypothesin nicht im Erwerb einer solchen Ergänzung bestehen. Sie ergibt sich aus einer neuen Anordnung von Daten, die eben einen ›Spielzug‹ darstellen. Diese neue Anordnung wird meist durch die Verknüpfung von Datenreihen erreicht, die bis dahin für unabhängig gehalten wurden. Man kann diese Fähigkeit, zusammen zu artikulieren, was nicht zusammen war, als Phantasie (*imagination*) bezeichnen.« (Lyotard 2009 [1979]: 126)

In dem von Lyotard beschriebenen Spiel vollständiger Information geht es nicht mehr darum, das verfügbare Wissen durch das Hinzufügen neuer Informationen zu erweitern, sondern aus dem Vorhandenen etwas Neues zu schöpfen. Paradigmatisch kommt dieses Bestreben beispielsweise im Data Mining zum Vorschein, dessen Ziel Cios et al. wie folgt beschreiben: »The aim of data mining is to *make sense* of *large amounts* of *mostly unsupervised data*, in some *domain*« (Cios 2010: 3). Das Data Mining, welches auch als »*knowledge extraction, information discovery, information harvesting, data archaeology,* and *data pattern processing*« (Cios 2010: 10) bekannt sei, macht es sich zur Aufgabe, in einer großen Menge vorhandener aber weithin unstrukturierter Daten sinnvolle Zusammenhänge zu entdecken. Dabei werden unter anderem Klassifikations-, Regressions- und Clustering-Verfahren angewendet, um Muster zu entdecken, die so der Interpretation durch einen Analysten zugänglich werden.[54]

---

53 | Angesprochen ist hier der Aspekt der *Knowledge Discovery* in Datenbanken. Hierauf wird im Kapitel »Phänomeno-Logik« (S. 307ff.) näher eingegangen.

54 | Eine besondere Form der Mustererkennung ist die negative Rasterfahndung, welche Gugerli zufolge Ende der 1970er Jahre beim Bundeskriminalamt angewandt wurde, um Mitglieder der RAF ausfindig zu machen. Diese Terroristen »zeichneten fahndungstechnisch durch jene fatale Merkmalslosigkeit aus, die auch das

Luhmanns Zettelkasten: Datenbankkommunikation systemtheoretisch betrachtet

Auf der Idee, nicht nur eigentlich schon Bekanntes, sondern Neues oder zumindest Überraschendes aus einer Datenbank zu schöpfen, basiert auch Luhmanns systemtheoretische Beschreibung der Kommunikation mit seinem Zettelkasten (vgl. Luhmann 1981). In Luhmanns Erfahrungsbericht findet sich das derzeit vielleicht bekannteste Modell der Kommunikation mit einer Informationssammlung. Dies verdankt sich der Berühmtheit des Zettelkastens sowie seines Betreibers. Für die hier verfolgte Argumentation sind Luhmanns Ausführungen von Interesse, da er sich mit der Frage auseinandersetzt, ob man in Bezug auf die Interaktion mit einer Zettelsammlung überhaupt von Kommunikation sprechen darf.[55] Damit adressiert Luhmann ein Problem, das in den bisher skizzierten Modellierungen der Datenbankkommunikation stets außen vor geblieben ist. Mooers diskutiert beispielsweise nicht, inwiefern es gerechtfertigt ist, das Information Retrieval als einen Kommunikationsprozess zu beschreiben. Daher könnte der Einwand erhoben werden, dass es als Modell unzulänglich ist, um Kommunikation zu beschreiben. Bei Mooers' Modell des Information Retrieval handelt es sich hingegen im gleichen Sinne um ein Kommunikationsmodell wie bei Shannons mathematischer Theorie der Kommunikation. Beide Ansätze sind ungenügend, um das gesamte Spektrum kommunikativen Handelns zu beschreiben, da es fokussierte Modellierungen kommunikativer Situationen vor dem Hintergrund spezifischer Gebrauchs- und Problemkontexte sind. Die Bedingungen erfolgreicher Kommunikation, die ihnen eingeschrieben sind, lassen sich demzufolge als notwendige Voraussetzungen für das Zustandekommen von bestimmten Formen von Kommunikation begreifen, stellen aber keine hinreichenden Bedingungen für Kommunikation dar.

Luhmanns Frage, ob und unter welchen Bedingungen die Interaktion mit einer Informationssammlung Kommunikation darstellt, wird durch die diskutierten Modelle noch nicht beantwortet. Voraussetzung für das Zustandekommen von Kommunikation im Sinne der Systemtheorie, d.h. für die Etablierung eines Kommunikationssystems, ist die Einheit der dreifachen Selektion von Information, Mit-

---

Schreckgespenst der bürgerlichen Kriminalistik, die Figur des Gauners, geprägt hatte – sie waren nicht nur als Biedermänner und Gattinnen verkleidet, sie fuhren inzwischen auch Wagen, die als Dubletten gar nicht gesucht werden konnten, und verfügten über konspirative Wohnungen, deren ostentative Normalität nur schwerlich zu charakterisieren war. [...] Das BKA konnte also nicht nach einem bestimmten Eintrag in seinen verschiedenen Dateien suchen, sondern mußte eine bedeutungsschwere Lücke im Adressraum seiner Dateien orten« (Gugerli 2009: 63).

55 | Der Bericht ist noch in einer weiteren Hinsicht bemerkenswert. Bei Luhmann findet sich das Modell der Datenbankkommunikation praktisch im Zettelkasten, dessen Funktionsweise der Autor systemtheoretisch reflektiert.

teilung und Verstehen (vgl. Luhmann 1999: 203).[56] In Bezug auf eine mögliche Kommunikation mit Zettelkästen erscheint Luhmann einzig der Aspekt der Selektion von Information erklärungsbedürftig.[57] Die Unterscheidungen von Information, Mitteilung und Verstehen sind innersystemisch und müssen nicht auf beiden Seiten der Kommunikation vollzogen werden. Wichtig ist nur, dass der Betreiber des Zettelkastens diese Unterscheidungen trifft und so den »Zettelkasten als Kommunikationspartner« (Luhmann 1981: 222) begreift. Voraussetzung hierfür ist, »daß die Partner sich wechselseitig überraschen können« (Luhmann 1981: 222). Infolgedessen kann der Zettelkasten in seinem Gegenüber Informationen erzeugen. Hierbei ist entscheidend, dass Information im Rahmen der luhmannschen Systemtheorie nicht als eine reifizierte Entität begriffen wird, die gespeichert und abgerufen werden kann, sondern als der innersystemische Effekt einer »Selektion aus einem (bekannten oder unbekannten) Repertoire von Möglichkeiten« (Luhmann 1999: 195).[58]

---

56 | Konitzer erläutert in seiner Rekonstruktion von Luhmanns systemtheoretischen Kommunikationskonzept die drei Selektionen mit folgendem Beispiel: »Stellt man sich einen Mann vor, der sehr eilig seines Weges geht, so kann man sein Verhalten als Anzeichen dafür nehmen, daß er dringend irgendwohin will – aber er teilt das eben nicht unbedingt mit. Geht er aber schnell, und ein anderer versteht die Eile als Demonstration von Unansprechbarkeit, so sind in seinem *Verstehen* schon die ersten beiden Differenzen, die von *Information* und *Mitteilung*, gegeben. Die drei Unterscheidungen sind also in diesem Beispiel: Einmal, *daß er so und so geht* – das ist die Information. Dann: daß er nicht ›einfach so‹ geht, sondern *daß diese Handlung ›etwas besagt‹*, daß sich also Information und Mitteilung voneinander unterscheiden lassen. Und schließlich: daß *einer da ist, der diesen Unterschied beobachtet*, und vice versa« (Konitzer 2006: 325).

57 | Die Aspekte von Mitteilung und Verstehen werden in *Kommunikation mit Zettelkästen* nicht erwähnt. Luhmann diskutiert einzig das Vermögen des Zettelkastens, verstanden als Alter Ego im Ego, Information zu erzeugen (Luhmann 1981: 222).

58 | Es ist anzumerken, dass sich Luhmann bei der Formulierung seines Informationsbegriffs explizit auf die Informationstheorie Shannons beruft (vgl. Luhmann 1999: 195). Dies verbindet er jedoch mit einer grundlegenden Kritik an dem Konzept der Übertragung, auf dem Shannons Kommunikationsmodell fußt: »Die Übertragungsmetapher ist unbrauchbar, weil sie zuviel Ontologie impliziert. Sie suggeriert, dass der Absender etwas übergibt, was der Empfänger erhält. [...] Die Übertragungsmetapher legt das Wesentliche der Kommunikation in den Akt der Übertragung, in die Mitteilung. Sie lenkt die Aufmerksamkeit und die Geschicklichkeitsanforderungen auf den Mitteilenden. [...] Ferner übertreibt die Metapher die Identität dessen, was ›übertragen‹ wird« (Luhmann 1999: 193f.). Indem Luhmann auf Grundlage dieser Kritik ein alternatives Kommunikationsmodell entwickelt, verschiebt sich der Ort der Information. Wird sie in Shannons Modell der

Luhmann ist es möglich, mit seinem Zettelkasten in Kommunikation zu treten, weil er als Autor respektive Betreiber von ihm überrascht werden kann. Dies ist dann der Fall, wenn der Zettelkasten über ausreichend Eigenkomplexität verfügt. Ist dies nicht gegeben, dient er nur als Nachrichtencontainer, aber nicht als Kommunikationspartner: »Der Zettelkasten braucht einige Jahre, um genügend kritische Masse zu gewinnen. Bis dahin arbeitet er nur als Behälter, aus dem man das herausholt, was man hineingetan hat« (Luhmann 1981: 226). Doch durch Zeit allein entwickelt kein Zettelkasten Komplexität. Diese entsteht vielmehr durch die interne Funktionslogik, gemäß der der Zettelkasten betrieben wird. Von zentraler Bedeutung ist für Luhmann die Aufgabe der thematischen Ordnung der Notizen, die durch die feste Adressierung der Zettel ersetzt wird:

»Für das Innere des Zettelkastens, für das Arrangement der Notizen, für sein geistiges Leben ist entscheidend, daß man sich *gegen eine systematische Ordnung* nach Themen und Unterthemen und *statt dessen* für eine *feste Stellordnung* entscheidet. [...] Diese Strukturentscheidung ist diejenige Reduktion der Komplexität möglicher Arrangements, die den Aufbau hoher Komplexität im Zettelkasten und damit seine Kommunikationsfähigkeit erst ermöglicht.« (Luhmann 1981: 223f.)

Durch die Entscheidung für eine unthematische Stellordnung wird zunächst der Frage aus dem Weg gegangen, wo neue Zettel einzuordnen sind. Dies stellt in thematisch geführten Zettelkästen insbesondere immer dann ein Problem dar, wenn einem Zettel mehr als nur ein thematischer Ort zugewiesen werden kann. Erlaubt das Fehlen einer thematischen Ordnung im Zettelkasten einerseits dessen beliebige Erweiterbarkeit, wird der thematische Zugriff auf den Kasten hierdurch erschwert, was es, so Luhmann, notwendig macht, ein Register zu führen. Schließlich ermöglicht die feste Adressierung den Aufbau einer internen Verweisstruktur, wodurch im Zettelkasten ein komplexes Netzwerk thematischer Querverweise bzw. Links zwischen einzelnen Zetteln entstehen kann (vgl. Luhmann 1981: 224).[59]

Es gilt abschließend hervorzuheben, dass es sich hierbei um die Beschreibung einer analogen Datenbank handelt. Denn die Struktur des Zettelkastens lässt sich,

---

Nachricht zugeschrieben, ist Information im systemtheoretischen Verständnis ein »innersystemisches Ereignis« (Luhmann 1981: 222). Dass dies eine nicht unerhebliche Transformation von Shannons Informationskonzept darstellt, macht Luhmann jedoch nicht deutlich.

59 | Der Verweisstruktur zwischen den einzelnen Zetteln wird von Luhmann ein zentraler Stellenwert beigemessen: »Jede Notiz ist nur ein Element, das seine Qualität erst aus dem Netz der Verweisungen und Rückverweisungen im System enthält. Eine Notiz, die an dieses Netz nicht angeschlossen ist, geht im Zettelkasten verloren, wird vom Zettelkasten vergessen. Ihre Wiederentdeckung ist auf Zufälle angewiesen und auch darauf, daß dieser Wiederfund im Moment des Vorfalls zufällig etwas besagt« (Luhmann 1981: 225).

wie Luhmann selbst unterstrichen hat, keinesfalls generalisieren. Es handelt sich vielmehr um ein Beispiel dafür, wie ein Zettelkasten angelegt sein kann, »damit er entsprechende kommunikative Kompetenz erwirbt« (Luhmann 1981: 223). Demzufolge lassen sich aus der Beschreibung des Zettelkastens keine generellen Aussagen über eine technische Funktionslogik von Datenbanken ableiten.

DATEN UND INFORMATION: BEGRIFFSKLÄRUNG

In den bisherigen Kapiteln blieb der Begriff *Information* im philosophisch-terminologischen Sinne unthematisch.[60] Anstatt diesen zu definieren, wurde in einer dem Wunsch nach terminologischer Präzision entgegenlaufenden Bewegung gezeigt, dass sich mit dem Aufkommen der sogenannten Informationstechnologien und der Entwicklung von digitalen Datenbanken die Bedeutungen des Informationsbegriffs vervielfachten. Informationen sind nicht nur das, was durch eine mediale Konfiguration vermittelt wird, sondern auf einer konzeptuellen Ebene auch ihr Effekt. Was Informationen sind erschließt sich dem medienanalytischen Blick bei der Betrachtung partikularer informationeller Praktiken, wie zum Beispiel bei der Analyse von konkreten Informationssystemen.[61] Eine solche Perspektive rückt die Pluralität und Heterogenität all dessen in den Vordergrund, was gleichermaßen als Information bezeichnet wird. Zugleich wurde das Verhältnis von Daten zu Information bislang nicht diskutiert und beide Begriffe weitgehend undifferenziert gebraucht.

In Anbetracht dessen wird die medienphilosophische Reflexion über den Informationsbegriff nicht obsolet, sondern geradezu vordringlich. Es bedarf eines Vokabulars, um die Differenzen zwischen den unterschiedlichen in Informationssystemen operativ werdenden Formen von Information zu fassen und die Begriffe *Daten* und *Information* zueinander ins Verhältnis zu setzen. Wertvolle Anknüpfungspunkte finden sich in der vom italienischen Philosophen Luciano

---

60 | In seiner Diskussion der husserlschen Phänomenologie hat Eugen Fink 1957 die Unterscheidung zwischen *thematischen* und *operativen* Begriffen eingeführt. Während thematische Begriffe Gegenstand des Denkens sind und reflektiert werden, sind die unthematisch bleibenden operativen Begriffe die blinden Flecken einer Philosophie. Es sind diejenigen Begriffe, die die philosophische Reflexion ermöglichen, ohne selbst Gegenstand einer solchen Reflexion zu werden (vgl. Fink 1957: 324f.). Folgt man dieser Unterscheidung Finks, dann wurden die Begriffe Daten und Information bisher operativ gebraucht.

61 | Datenbanken im engen Sinn von Informationen, die mit DBMS verwaltet werden, und im weiten Sinn von digitalen Informationssammlungen sind nur Aspekte hiervon. Der algorithmischen Generierung von Informationen in Simulationen sind beispielsweise andere Konzepte von Daten und Information inhärent.

Floridi propagierten *Philosophy of Information.*[62] Eine vordringliche Aufgabe der philosophischen Hinwendung zu Information ist Floridi zufolge die Reflexion der konzeptuellen, kulturellen und ethischen Grundlagen der sich rasant entwickelnden Informationsgesellschaften, wodurch zu einem besseren Verständnis des Informationszeitalters beigetragen werden soll.[63] Darüber hinaus erhebt Floridi den weiterreichenden Anspruch, zentrale philosophische Fragen informationstheoretisch zu reformulieren und hierdurch lösen zu können.[64]

Bevor auf Floridis Informationsphilosophie näher eingegangen werden soll, gilt es auf eine maßgebliche Schwäche seines Ansatzes hinzuweisen. Kennzeichnend für Floridis Zugang ist die nahezu vollständige Vernachlässigung der medialen Bedingtheit informationeller Praktiken. Wie aus einer seiner wenigen Äußerungen zu Medien deutlich wird, wird Information von ihm medienunabhängig gedacht:

»We all know that the actual *format, medium,* and *language* in which semantic information is encoded is often irrelevant and hence disregardable. So it is trivial to acknowledge that the same semantic information may be analogue or digital, printed on paper or viewed on a screen, in English or in some other language, expressed in words or pictures.« (Floridi 2011: 86)

---

62 | Seit Ende der 1990er Jahre hat sich Floridi in zahlreichen Publikationen unterschiedlichen Aspekten der Philosophie der Information zugewendet. Die Ergebnisse seiner Forschungen sind in der 2011 erschienenen Monographie *The Philosophy of Information* zusammengefasst.

63 | Um die Dringlichkeit einer philosophischen Auseinandersetzung mit den Herausforderungen der Informationsgesellschaft zu unterstreichen, bemüht Floridi das Bild eines Baums ohne Wurzeln: »The information society is like a tree that has grown its far-reaching branches much more widely, hastily, and chaotically than its conceptual, ethical, and cultural roots. [...] As a consequence, today, any advanced information society faces the pressing task of equipping itself with a viable philosophy of information. Applying the previous analogy, while technology keeps growing bottom-up, it is high time we start digging deeper, top-down, in order to expand our understanding of our information age, of its nature, of its less visible implications, and of its impact on human and environmental welfare and thus give ourselves a chance to anticipate difficulties, identify opportunities, and resolve problems« (Floridi 2010: 8).

64 | Der doppelte Anspruch, den Floridi mit der Philosophie der Information einzulösen versucht, spiegelt sich in seiner Definition des Forschungsfelds wider: »The philosophy of information (PI) is the philosophical field concerned with (a) the critical investigation of the conceptual nature and basic principles of information, including its dynamics, utilization, and sciences; and (b) the elaboration and application of information-theoretic and computational methodologies to philosophical problems« (Floridi 2011: 14).

Nach Ansicht Floridis kann der Aspekt des Medialen vernachlässigt werden, weshalb es wenig verwunderlich ist, dass er in seinen Texten weder auf die vor allem im deutschsprachigen Raum virulente medienphilosophische Debatte Bezug nimmt, noch einen Begriff des Mediums ausarbeitet. Medien stehen für Floridi in einer Reihe mit Sprachen und Formaten, die gleichermaßen nicht berücksichtigt werden müssen.[65] Das Argument, mit dem er dies zu legitimieren versucht, ist die Indifferenz von Information gegenüber medialen, formalen und sprachlichen Differenzen, d.h. dieselbe Information kann in unterschiedlichen Medien auf verschiedene Weise verkörpert werden. Obwohl stets auf eine materielle Verkörperung angewiesen, ist Information, so Floridi, losgelöst von dieser zu betrachten (vgl. Floridi 2011: 90f.). Vor dem Hintergrund dieser Überlegung wird Floridis Prognose verständlich, dass der Bedeutungszuwachs, den Information in Informationsgesellschaften erfährt, zu einem Bedeutungsverlust der Physis (Material, Physik) führt (vgl. Floridi 2011: 8).[66]

Während die Medienunabhängigkeit für Floridi selbstevident erscheint und deshalb keiner weiteren Erläuterung bedarf, hinterfragt die Medienforschung diese Annahme, wie in Wiesings phänomenologischer Erörterung des Medienbegriffs besonders offenkundig wird.[67] Als Werkzeuge zur Trennung von Genesis und Geltung ermöglichen Medien artifizielle Selbigkeit. Die Selbigkeit medialer Konstellationen ist folglich Effekt von Medien. Welche Unterschiede zwischen medialen Konstellationen einen Unterschied machen und welche nicht lässt sich nicht losgelöst von ihrer medialen Konfiguration beantworten. Infolgedessen können die in Medien verkörperten Informationen nicht losgelöst von ihrer medialen Verfasstheit betrachtet werden. Dies gilt insbesondere auch dann, wenn es, wie Floridi in der eingangs zitierten Passage behauptet, aus informationstheoretischer Sicht keinen Unterschied macht, wie schriftsprachlich verfasste Informationen verkörpert sind (analog oder digital) bzw. rezipiert werden (auf Papier oder am Bildschirm).[68] Es mag sich hierbei um dieselben Informationen handeln, aber *dass* es

---

65 | Über den Medienbegriff Floridis lässt sich nur spekulieren, doch die Gegenüberstellung von Medien, Sprachen und Formaten legt die Vermutung nahe, dass er Medien als Träger von Information begreift.

66 | Floridi folgt dem Paradigma der Kommunikationsforschung, die, wie Schüttpelz in ›Get the Message Through‹ (2002b) dargelegt hat, die Gemeinsamkeiten der Kommunikation jenseits aller medialen Unterschiede in den Vordergrund rückt. Demgegenüber treten Medien als genuiner Untersuchungsgegenstand in den Vordergrund, wenn man den Blick von der »Isomorphie und Kongruenz aller Kommunikation und Kommunikationstechniken« (Schüttpelz 2002b: 64) ab- und den Unterschieden zwischen diesen zuwendet.

67 | An dieser Stelle soll Wiesings Medienbegriff nicht erneut dargelegt werden. Vielmehr sei auf die ausführliche Diskussion von dessen Position im Kapitel »Medium« (S. 44ff.) verwiesen.

68 | Es gilt anzumerken, dass diese These nicht nur medientheoretisch problematisch ist, sondern auch in den Debatten zur Informationsphilosophie umstritten ist.

dieselben Informationen sind, wird bedingt durch die in und mit Medien vollzogene Trennung von Genesis und Geltung. Information ist Medien gegenüber nicht autonom, sondern verdankt ihre Autonomie den Medien, weshalb sich unter den Bedingungen medialer Umbrüche die Kriterien der Selbigkeit von Informationen verändern und verschieben können.

Medientheorie eröffnet hierbei den Blick auf die Kontingenz der Unterscheidung zwischen Demselben und Unterschiedlichem.[69] So hat Matthew Kirschenbaum beispielsweise auf die Herausforderungen hingewiesen, welche neue Formen elektronischer Literatur für die historischen Textwissenschaften darstellen (vgl. Kirschenbaum 2008: 27f.). Was in archivarischer und philologischer Hinsicht denselben digitalen Text darstellt, ist seinen Ausführungen zufolge bisher keineswegs ausgemacht. Verfällt man einem Bildschirmessentialismus, dann läuft man Gefahr, digitale Literatur am Modell des Buchs zu behandeln und sie auf dieses Modell zu reduzieren.[70] Dagegen spricht sich Kirschenbaum dezidiert aus, indem er in exemplarischen, zwischen der Bildschirmoberfläche und unterschiedlichen Codeebenen hin- und herwechselnden Analysen digitaler Medienobjekte Bedeutungsebenen freilegt, die dem ausschließlich auf dem Bildschirm verharrenden Blick verborgen bleiben.[71]

Dass Medien, wie von Floridi konstatiert, für die philosophische Analyse von Information keinen Unterschied machen, ist damit grundlegend infrage zu stellen. Dennoch erweist sich das von Floridi vorgeschlagene informationstheoretische Vokabular für die medientheoretische Analyse von Datenbanken als anschlussfähig. Insbesondere erlaubt es seine Unterscheidung verschiedener Typen von Information, unterschiedliche Niveaus freizulegen, auf denen Computer mit Daten respektive Informationen operieren. Diesem Aspekt wird sich das folgende Teilkapitel widmen. Darauf aufbauend werden unterschiedliche Bedeutungsvarianten

---

Eine Gegenposition zu Floridi nimmt beispielsweise Cornelius ein, der sich für die Einbeziehung sozialer Aspekte bei der Konstruktion von Bedeutung sowie für die systematische Betrachtung der Empfängerseite von Informationen stark macht (vgl. Cornelius 2004: 385). Diesem Einwand zufolge sind situative Faktoren der Rezeption, wie z.B. die durch die Art der Verkörperung von Information bedingte Rezeptionssituation, nicht zu vernachlässigen.

69 | Welche Informationen beispielsweise eine Fotografie enthält und ob diese mit den Informationen überstimmen, die eine andere Fotografie beinhaltet (oder nicht), wird auf Grundlage anderer Kriterien entschieden als bei Büchern.

70 | Geprägt wurde der Begriff des *screen essentialism* von Nick Montfort, der mit diesem kritisiert, dass viele Literaturwissenschaftler bei ihrer Auseinandersetzung mit elektronischer Literatur allein die Oberfläche thematisieren (vgl. Montfort 2004).

71 | In *Mechanisms* analysiert Kirschenbaum (2008) das Spiel *Mystery House* aus dem Jahr 1980 sowie das gemeinsame Kunstprojekt des Verlegers Kevin Begos Jr., des Künstlers Dennis Ashbaugh und des Science Fiction-Autors William Gibson, das diese 1992 unter dem Titel *Agrippa: A Book of the Dead* veröffentlichten.

des Datenbegriffs rekonstruiert und deren jeweiliges Verhältnis zu Information diskutiert.[72] Abschließend wird das Augenmerk auf die informationelle Umwelt digitaler Informationen gelegt.

Information *als, über* und *für* Realität

Es sei, so Bernd-Olaf Küppers, nicht untypisch, »daß bei der Grundlegung einer neuen Theorie zunächst immer von unscharfen, eher intuitiv gebildeten Begriffen ausgegangen wird und diese dann in einem Iterationsprozeß zwischen Begriffs- und Theorienbildung sukzessiv verschärft werden« (Küppers 1999: 32). Ein Versuch, der Komplexität des Informationsbegriffs beizukommen, ist die Anwendung der semiotischen Dreiteilung in Syntax, Semantik und Pragmatik auf den Informationsbegriff. Diese auf Charles William Morris (vgl. 1979 [1938]: 24) zurückgehende Unterscheidung von drei Zeichenebenen stellt nach Ansicht von Holger Lyre die »wohl wichtigste Charakterisierung des Informationsbegriffs« (Lyre 2002: 16) dar, die es erlaubt, zwischen Informationseinheiten sowie deren Relationen zueinander (Syntax), deren Bedeutung (Semantik) und ihrer Wirkung (Pragmatik) analytisch zu unterscheiden.[73] Hierdurch werde es möglich, spezielle Aspekte von Information zu fokussieren. Für eine »Gesamtcharakterisierung« (Lyre 2002: 16) des Informationsbegriffs greift dies jedoch zu kurz. Werden nur einzelne Ebenen betrachtet, führt dies zu einer verkürzten Sichtweise auf Information, was dem von Lyre erhobenen Anspruch auf Vollständigkeit zuwider laufen würde (vgl. Lyre 2002: 17). Im Streben nach einer vollständigen Analyse des Informationsbegriffs kommt der Glaube an einen Einheitsbegriff der Information zum Ausdruck. Dieser Glaube liegt auch Küppers' Diagnose zugrunde, der in der Unschärfe des Informationsbegriffs ein bloßes Durchgangsstadium hin zu einem theoretisch fundierten einheitlichen Verständnis von Information sieht.

Floridi zeigt sich gegenüber der Möglichkeit, einen Einheitsbegriff von Information zu formulieren, skeptisch. Zwar steht seines Erachtens eine detaillierte philosophische Erörterung der Frage, ob eine »Grand Unified Theory« (Floridi 2011: 33) der Information möglich ist, noch aus, aber dennoch erscheint es ihm wahrscheinlicher, »that we are [...] facing a network of logically interdependent, but mutually irreducible, concepts« (Floridi 2011: 33). Folglich stellt er sich gegen reduktionistische Ansätze, die danach streben, das Wesen von Information freizulegen. Diese Grundeinstellung zieht sich wie ein roter Faden durch das Werk

---

72 | Bedeutsam ist dies weniger, weil der Informationsbegriff, wie Rafael Capurro herausgestellt hat, in der Informatik »zunächst allgemein und undefiniert als Synonym von Daten gebraucht« (Capurro 1978: 232) wurde, sondern weil beide Begriffe in Bezug auf Computer weiterhin mehrdeutig gebraucht werden.

73 | Die Unterscheidung zwischen Syntaktik, Semantik und Pragmatik wurde erstmals von Warren Weaver (vgl. 1976 [1949]: 35) auf Information angewandt; siehe hierzu Ott (2004: 32).

Floridis. Sie drückt sich in dem fortwährenden Versuch aus, Unterscheidungen zwischen Perspektiven auf und Typen von Information einzuführen. Hierdurch erkennt Floridi nicht nur die Heterogenität unterschiedlicher Gebrauchsweisen des Begriffs an, sondern auch die Legitimität verschiedener theoretischer Zugänge zu Information. Dies spiegelt sich in seinem Vorschlag wider, Informationstheorien danach zu unterscheiden, auf welchen Typ von Information sie sich beziehen. Er grenzt drei Arten von Information voneinander ab, die sich durch ein je unterschiedliches Verhältnis zur Realität auszeichnen: Information *als* Realität, Information *über* Realität sowie Information *für* Realität (vgl. Floridi 2011: 30).[74]

Theorien, die Information *als* Realität thematisieren, interessieren sich für den Formgehalt oder die Struktur von Dingen, wie z.b. Stühle oder Signalfolgen. Diese Perspektive bewegt sich nahe an der Bedeutung des lateinischen Wortes *informare* (formen, gestalten, herausbilden, darstellen, bilden), von dem der Terminus Information abgeleitet ist.[75] Die Realität beinhaltet diesem Verständnis zufolge Information, welche es zu beschreiben gilt. Auch die syntaktischen Strukturen sprachlicher Äußerungen lassen sich in dieser Hinsicht als Information begreifen. Insofern ist Shannons *Mathematische Theorie der Kommunikation* eine Theorie der Information *als* Realität. Die Betrachtung von Information auf diesem Niveau erlaubt es Shannon, von der Bedeutung von Nachrichten gänzlich abzusehen.

Die Bedeutungsdimension tritt in denjenigen Ansätzen in den Vordergrund, die Information als Information *über* Realität behandeln. Hierbei tritt der Form- respektive Strukturaspekt in den Hintergrund. Zwar setzt Information *über* Realität eine Verkörperung als mediale Konstellation voraus, die gleichsam als Information *als* Realität behandelt werden kann, aber sie lässt sich nicht auf diese zurückführen. Information *über* Realität bringt in der Realität etwas in eine Form, um über etwas anderes zu informieren. Damit rückt nicht nur die Ebene der Bedeutung ins Zentrum des theoretischen Interesses, sondern auch die Frage danach, ob die Sinndimension ausreicht, um Information *über* Realität hinreichend zu charakterisieren. Floridi zweifelt dies an, da es seines Erachtens nicht hinreichend ist, Information *über* Realität als wohlgeformte und bedeutungstragende Daten zu definieren. Er plädiert daher für die Erweiterung der Definition um ein Wahrheitskriterium. Nicht jeder sinnvolle Satz enthält, gemäß seiner Kernthese, Informationen *über* Realität, sondern nur solche, die auch wahr sind (vgl. Floridi 2011: 80ff.).[76] An dieser Stelle

---

74 | Bereits 1999 hat Albert Borgmann in *Holding on to Reality* diese Unterscheidung eingeführt, auf den Floridi jedoch keinen Bezug nimmt (vgl. Borgmann 1999: 1ff.).

75 | In seiner Studie zum Informationsbegriff arbeitet Carpurro die ideengeschichtlichen Bezüge des lateinischen Verbs *informare* sowie der hiervon abgeleiteten Substantivierung *informatio* zu den griechischen Begriffen *typos, morphe, eidos* und *idea* heraus (vgl. Capurro 1978: 17ff.).

76 | Fiktionen sind im Anschluss an Floridi nicht sinnlos oder gar unsinnig, sondern nur nicht informativ.

ist es unerheblich, ob Floridis These einer kritischen Erörterung standhält.[77] Es ist vielmehr bedeutsam, dass die Thematisierung von Information *über* Realität zu anderen theoretischen Fragestellungen führt, als die Betrachtung von Information *als* Realität.

Bei Information *für* Realität tritt schließlich der Wirkungsaspekt in den Vordergrund. Es ist Information, welche die Realität verändert oder eine neue Realität hervorbringt. Auch Information *für* Realität bedarf der Verkörperung von Information *als* Realität, jedoch informiert diese nicht vorrangig *über* etwas, sondern *zu* etwas. Hierbei ist es unwichtig, ob diese Information an Menschen, CPUs oder Zellen gerichtet ist. Information *für* Realität dient als Bauanleitung oder als Programm, welches abgearbeitet werden muss, um zu einem bestimmten Ergebnis zu gelangen. Der Bedeutungsaspekt geht somit im Wirkungsaspekt auf, da die Bedeutung von Information *für* Realität ihre Wirkung ist.

An der Darstellung der drei Typen von Information respektive Informationstheorien, die Floridi unterscheidet, ist deutlich geworden, dass sie weitreichende Parallelen zur Binnendifferenzierung von Information entlang der drei Zeichenebenen Syntax, Semantik und Pragmatik aufweisen. Diese Ähnlichkeiten sind jedoch nur vordergründig und dürfen nicht über den tiefgreifenden konzeptionellen Wandel hinwegtäuschen, für den sich Floridi stark macht. Syntax, Semantik und Pragmatik dienen Floridi gerade nicht dazu, um unterschiedliche Aspekte freizulegen, die Informationen stets innewohnen, sondern der Differenzierung verschiedener Typen von Information, in denen sich die Frage nach Syntax, Semantik und Pragmatik auf eine je eigene Weise stellt und jeweils unterschiedlich zu beantworten ist. Damit tritt die Pluralität unserer informationellen Umwelt in den Vordergrund und die Frage nach der Vermittlung und der Übersetzung zwischen unterschiedlichen Typen von Information. Wer sich beispielsweise mit Information *über* Realität befasst, ist notgedrungen auch mit Fragen der Syntaktik beschäftigt. Die Antworten hierauf sind jedoch andere als bei der Auseinandersetzung mit Information *als* Realität. Das bedeutet nichts anderes, als dass es einen irreduziblen Unterschied zwischen Shannons Informationstheorie und beispielsweise einer Grammatik der deutschen Sprache gibt. Ebenso wird mit dieser Unterscheidung nicht angezweifelt, dass Information *über* Realität eine praktische Wirkung haben kann. Die Konsequenzen, die Informationen *über* Realität zeitigen, sind diesen nicht inhärent und infolgedessen kann »[d]er pragmatische Informationsgehalt eines Zeichens [...] für zwei Empfänger ganz unterschiedlich sein, während der semantische annähernd identisch ist« (Ott 2004: 33).

Die Anerkennung der Pluralität und Heterogenität von Information, informationellen Praktiken und Informationstheorien entlastet philosophisch von der Notwendigkeit, die Aspekte der Syntax, Semantik und Pragmatik einheitlich

---

77 | Es ist umstritten, inwiefern das von Floridi vorgebrachte Wahrheitskriterium für die Konzeptualisierung semantischer Information zentral ist; siehe hierzu exemplarisch Pimiero (2009) und Cornelius (2004).

in einem Konzept von Information aufeinander zu beziehen. Ein solcher Versuch birgt nicht zuletzt die Gefahr, dass nur ein Aspekt in den Vordergrund gerückt wird und die anderen als sekundäre Effekte betrachtet werden.[78] Zugleich macht es dieser Zugang notwendig, informationelle Praktiken daraufhin zu befragen, auf welche Weise mit welcher Art von Information umgegangen wird. Dies erweist sich als grundlegender Vorteil der externen Unterscheidung von Informationstypen für eine medientheoretische Analyse von Datenbanken, da es hierdurch möglich wird, Unterschiede überall dort sichtbar zu machen, wo nur scheinbar unterschiedslos mit Information operiert wird. Infolgedessen gilt es, sich von der Vorstellung zu verabschieden, dass digitale Medienobjekte Information in einem singulären Sinn beinhalten oder verkörpern. In ihnen überlagern sich unterschiedliche Typen von Information, so dass jede mediale Konstellation stets Information im Plural ist bzw. beinhaltet. Betrachtet man die informationellen Praktiken im Kontext digitaler Medientechnologien, werden hierdurch die Spannungen offenkundig, die überall dort entstehen, wo mit derselben medialen Konstellation auf verschiedenen Ebenen als Information umgegangen wird, sowie dort, wo Vermittlungen zwischen den unterschiedlichen Ebenen vollzogen werden.

Daten zwischen Information *als*, *über* und *für* Realität

Die Heterogenität von Information zeigt sich auch in dem mehrdeutigen Gebrauch des Begriffs Daten und dem unbestimmten Verhältnis von Daten zu Information. Werden die Begriffe auf der einen Seite in Kontrast zueinander gestellt, erweisen sich Daten in einer anderen Perspektive als Information *sui generis*. Ziel der Auseinandersetzung mit dem Datenbegriff ist nicht, dessen Vieldeutigkeit aufzulösen und durch einen exakt definierten Begriff zu ersetzen. Vielmehr soll die Ambiguität des Begriffs dargelegt werden, die sich in der digitalen Medienpraxis im Allgemeinen und der Datenbankpraxis im Besonderen zeigt. Mindestens fünf Bedeutungsvarianten des Begriffs *Daten* lassen sich unterscheiden, die in der digitalen Medienkultur bedeutsam sind.

Daten als Voraussetzung respektive Vorstufe von Information

In wissenschafts- und informationstheoretischen Erörterungen werden Daten häufig als Vorstufe von Information betrachtet und somit in Differenz zu dieser gestellt. Eine solche Position vertritt beispielsweise Floridi, für den Daten noch keine Information (*über* Realität) konstituieren, sondern eine notwendige Voraus-

---

78 | Diesem Problem entkommt auch Lyre nicht. Um die Ebene der Semantik theoretisch handhabbar zu machen, argumentiert er dafür, sie mit der Pragmatik in einem Konzept von Semantopragmatik zu verschränken (vgl. Lyre 2002: 20). Hierdurch wird Semantik jedoch auf Pragmatik zurückgeführt.

setzung für Information sind.[79] Diese Auffassung leitet sich aus dem von ihm propagierten Datenbegriff ab, den er etymologisch auf das griechische Wort diafora&
(diaphora) zurückführt, welches ins Deutsche übersetzt *Verschiedenheit* bedeutet.
Die typischerweise von der lateinischen Wortherkunft des Begriffs abgeleitete Definition von Daten als etwas *Gegebenem* erfährt hierdurch eine differenzlogische
Reformulierung: »A datum is a putative fact regarding some difference or lack
of uniformity within some context« (Floridi 2005b).[80] An diese Definition an-
schließend lassen sich, Floridi zufolge, drei Ebenen unterscheiden, auf denen von
Daten gesprochen werden kann (vgl. Floridi 2011: 85):

1. Unterschiede *de re*: *Daten* sind proto-epistemische Unterschiede in der Realität.
2. Unterschiede *de signo*: *Daten* sind Unterschiede zwischen mindestens zwei
   physikalischen Zuständen, d.h. Signalen.
3. Unterschiede *de dicto*: *Daten* sind Unterschiede zwischen mindestens zwei Symbolen.

Diese Typen von Daten differieren hinsichtlich der jeweils in Betrachtung gezogenen
Unterschiede. Während sich Signale beispielsweise als physikalische Unterschiede
manifestieren, kann von diesen materiellen Differenzen bei Symbolen abgesehen
werden, da sich ein und dasselbe Symbol auf verschiedene Weisen verkörpern lässt.
Floridis Differenzierung verschiedener Arten von Daten richtet sich demzufolge auf
die unterschiedlichen Gegebenheitsweisen des als Unterschied Gegebenen. Insofern
lassen sich Daten als Information *als* Realität begreifen.[81] Wenn Floridi darauf
insistiert, dass Daten keine Information sind, so ist dies vor dem Hintergrund
seines Interesses für eine philosophische Analyse von Information *über* Realität
zu betrachten. Der Hinweis auf die Verschiedenheit von Daten und Information
markiert einen Unterschied, der als Unterschied zwischen Information *als* und *über*
Realität beschrieben werden kann. Dies erklärt, warum Daten auf der einen Seite
von Information unterschieden werden und auf der anderen Seite Informationen
sind, wenn auch nicht auf die gleiche Weise. Die Abgrenzung von Daten gegen-

---

79 | Auch in der Informationswissenschaft ist eine solche Sicht verbreitet. Bei-
spielsweise definiert Morgenroth Daten in seiner Monographie zum kontextbasier-
ten Information Retrieval als Vorstufe von Wissen und Information (vgl. Morgenroth
2006: 5f.).

80 | Batesons berühmter Definition zufolge ist Information »*ein Unterschied, der
einen Unterschied macht*« (Bateson 1985b: 582). Stellt man Daten in Differenz zu
Information, dann müssten diese folglich als Unterschiede verstanden werden, die
keinen Unterschied machen.

81 | Auch wenn Daten Information *als* Realität sind, darf ihr relationaler Charakter
nicht unterschlagen werden. Insofern warnt Floridi vor der zunehmenden Substan-
tialisierung von Daten und damit einhergehend auch von Informationen (1999,
2005a).

über Information ist relativ und zeigt an, dass es unterschiedliche Niveaus gibt, auf denen an ein und dieselbe mediale Konstellation als Information angeschlossen werden kann. Auf etwas Ähnliches weist auch Ernst hin, wenn er feststellt: »Daten, Information und Wissen unterscheiden sich durch die Apparaturen ihrer Verarbeitung, durch die Institutionen ihrer hermeneutischen Aufladung und durch die Fähigkeit zur Selektion« (Ernst 2002: 179). Während Ernst mit dieser Bemerkung einerseits die Relativität der Unterscheidung zwischen Daten und Information (und Wissen) anerkennt, identifiziert er sie andererseits mit den Agenturen der Verarbeitung. Damit kommt ein weiterer Aspekt ins Spiel, der dem Verständnis von Daten als digitaler Repräsentation von Information zugrunde liegt.

Daten als Repräsentation von Information

In der Fachsprache der Informatik werden Daten als binäre Repräsentationen von Information begriffen. Dieses Begriffsverständnis kommt in der DIN-Norm 44 300 zum Ausdruck, in der Daten definiert sind als »Gebilde aus Zeichen oder kontinuierliche Funktionen, die aufgrund bekannter oder unterstellter Abmachungen Information darstellen, vorrangig zum Zweck der Verarbeitung oder als deren Ergebnis« (DIN 1989: 149).[82] Daten sind keine Vorform oder Voraussetzung für Information, sondern Information in einem anderen Aggregatzustand; sie sind codierte Information und stehen demzufolge in einem Abbildungsverhältnis zu ihr.[83] Zweck der Unterscheidung zwischen Daten und Information ist die Differenzierung unterschiedlicher Agenturen der Informationsverarbeitung: Während Menschen in der Lage sind, mit Informationen umzugehen, vermögen Computer lediglich, Daten zu verarbeiten. Dementsprechend wird das Lemma *Daten* im *Lexikon der Informatik* von Fischer und Hofer definiert als »alles, was sich in einer für die Datenverarbeitungsanlage, den Computer, erkennbaren Weise

---

82 | Ein Zeichen ist in diesem Kontext definiert als »[e]in Element (als Typ) aus einer zur Darstellung von Information vereinbarten endlichen Menge von Objekten [...], auch jedes Abbild (als Exemplar) eines solchen Elements« (DIN 1989: 149). Bemerkenswert hieran ist, dass Zeichen zunächst ausschließlich als Typen beschrieben werden, von denen Exemplare (Tokens) in Gebilden oder Konfigurationen instanziiert werden, die man dann Daten nennt. Eine Bedeutung im Sinne einer Zeichenrelation von Signifikant und Signifikat besitzen Zeichen entsprechend der gegebenen Definition nicht. Diese kommt der Norm zufolge erst bei Symbolen ins Spiel.

83 | Neben der Definition von Daten findet sich in der DIN-Norm auch eine Definition von Nachricht, die der Datendefinition nahezu gleicht: Eine Nachricht ist ein »Gebilde aus Zeichen oder kontinuierliche Funktionen, die aufgrund bekannter oder unterstellter Abmachungen Information darstellen und die zum Zweck der Weitergabe als zusammengehörig angesehen und deshalb als Einheit betrachtet werden« (DIN 1989: 149). Einziger Unterschied in den Definitionen ist die funktionale Bestimmung der Zeichengebilde. Während Daten der Verarbeitung durch den Computer dienen, sind Nachrichten zur Weitergabe bestimmt.

codieren, speichern und verarbeiten lässt, also abstrahierte und ›computergerecht‹ aufbereitete Informationen« (Fischer/Hofer 2008).

In dieser Deutung des Datenbegriffs kommt der Sachverhalt zum Ausdruck, dass Computer nicht unmittelbar mit natürlichsprachlich verfassten Texten, Bildern oder Filmen operieren, sondern immer nur vermittels binär codierter Repräsentationen. Die Reduktion des digitalen Codes auf die elementare Unterscheidung zwischen zwei Zuständen im Bit hat den Vorteil, dass die Unterscheidung gleichermaßen semantisch (wahr/falsch), logisch-mathematisch (1/0) sowie materiell (z.b. hohe/ niedrige Spannung in einem Schaltkreis) dargestellt werden kann (vgl. Floridi 2010: 28f.). Auf Grundlage dessen sei es, so Floridi, möglich, technische Apparate zu bauen,»that can recognize bits physically, behave logically on the basis of such recognition, and therefore manipulate data in ways which we find meaningful« (Floridi 2010: 29).

Das Verständnis von Daten als Repräsentationen von Information trägt der Tatsche Rechnung, dass Computer technische Artefakte sind, die Informationen nur in binär codierter Form verarbeiten können. In dieser Hinsicht unterscheidet sich die technische Datenverarbeitung von der kognitiven Informationsverarbeitung, wobei letztere weithin unbestimmt bleibt. Dies stellt solange kein Problem dar, wie der Datenbegriff der Informatik nur herangezogen wird, um zu beschreiben, womit Computer materiell und logisch operieren. Als problematisch erweist es sich jedoch dann, wenn dieses Begriffsverständnis mit der Konzeption von Daten kurzgeschlossen wird, die aus der Betrachtung von Daten als Voraussetzung und Vorstufe von Information folgt. Dies führt zu der falschen Annahme, dass Computer Daten ausschließlich auf dem Niveau von Information *als* Realität verarbeiten. Falsch ist diese Annahme nicht erst, seitdem man sich in der Informatik »mit der steigenden Leistungsfähigkeit der Rechner hin zur Semantik und Pragmatik« (Ott 2004: 184) orientierte, wie Ott in seiner Auseinandersetzung mit dem Informationsbegriff der Informatik nachgezeichnet hat. Die Entwicklung des Computers während und nach dem Zweiten Weltkrieg kann im Gegenteil als Versuch verstanden werden, computertechnisch mit Information *über* Realität zu operieren, hierdurch Zugriff auf Realität zu erlangen und diese zu steuern. Bereits in der Frühzeit des Computers war Information *über* Realität von zentraler Bedeutung, welche zumeist in Form numerischer Daten vorlag. Die Bedeutungsvariante von Daten, auf die hierbei rekurriert wird, ist vor allem in den quantitativen Wissenschaften gebräuchlich und unterscheidet sich sowohl von Floridis diaphorischer Definition als auch der Bestimmung von Daten als digitaler Repräsentation von Information.

Daten als (numerische) Information über Realität

Ein Kapitel seiner phänomenologischen Studie zum Sammeln widmet Manfred Sommer dem Datensammeln, wobei er sich der grundlegenden Frage widmet, ob und unter welchen Bedingungen es überhaupt möglich sei, Daten zu sammeln (vgl. Sommer 2002a: 392ff.). In seiner Annäherung an dieses Problem macht er sich für eine tentative Definition von Daten als »zahlenmäßig bestimmte Fakten« (Sommer

2002a: 399) stark. Diese sind nicht von Information *über* Realität verschieden, sondern stellen einen bestimmten Typus ebenjener dar. Charakteristisch für Daten ist seines Erachtens, dass sie quantitative Informationen über Realität bereitstellen: »Ein Faktum ist ein Datum genau dann, wenn folgende Bedingungen erfüllt sind: (a) Der Satz, der auf das Faktum referiert, hat die Form f(x,y), und (b) y steht für einen Zahlenwert« (Sommer 2002a: 403). Floridis These, dass Wahrheit ein zentrales Kriterium für Information (*über* Realität) darstellt, spiegelt sich in Sommers Feststellung wider, dass »ein Sachverhalt genau dann eine Tatsache sei, wenn ein wahrer Satz auf ihn referier[t]« (Sommer 2002a: 394). Daten sind diesem Begriffsverständnis zufolge nicht unmittelbar gegeben, sondern stellen eine bestimmte Form der Bezugnahme auf Realität dar, die auf Messung beruht. In eine ähnliche Richtung weist die Definition von Daten, die sich in der *Encyclopedia of Statistical Sciences* findet:

»A datum is defined to be a fact (numerical or otherwise) from which a conclusion may be drawn such as, for example, that none of four apples have the same number of worms. A datum contains information whereas a number, adjective, or other form of description may not.« (Federer 1982: 269)

Anders als in Sommers Definition werden Daten hier jedoch nicht auf numerische Information beschränkt, sondern mit faktischen Informationen gleichgesetzt. Hierdurch erfährt der Datenbegriff Sommers zwar eine Erweiterung, jedoch keine grundlegende Umdeutung. Daten werden verstanden als faktische Information *über* Realität und sind somit unterschieden von Fiktionen respektive symbolischen Probehandlungen.[84]

Ganz gleich, ob man die engere oder weitere Bedeutungsvariante zugrunde legt, in Bezug auf Computer ist in der digitalen Medienkultur häufig auch von Daten in diesem Sinn die Rede. Seit einigen Jahren wird nicht nur von einem drohenden Information Overload gesprochen, sondern auch eine *data deluge* diagnostiziert. Diese Beobachtung einer Datensintflut bezieht sich nicht nur auf binäre Repräsentationen von Informationen, sondern vor allem auch auf die zunehmende Verfügbarkeit quantitativer Daten über Realität, die mit Computern erfasst werden und gespeichert vorliegen (vgl. Borgman 2007: 6f.). Auch im Begriff der Datenbank schwingt die Bedeutungsvariante von Daten als (numerische) Information *über* Realität mit, welche beispielsweise im Kontext der institutionellen Informationsverarbeitung und des Managements von zentraler Bedeutung ist. Hier werden Datenbanken nicht in erster Linie als Sammlungen digitaler Repräsentationen von

---

84 | In der Forschungs- und Medienpraxis lässt sich eine Vielzahl disparater Formen von Daten als faktische Information *über* Realität unterscheiden. Dies hat, wie Carlson und Anderson darlegen, auch Konsequenzen für die Versammlung, Archivierung und Nutzbarmachung solcher Daten mittels digitaler Medien (vgl. Carlson/ Anderson 2007).

Informationen begriffen, sondern als Sammlungen quantitativer ökonomischer Daten, die mithilfe des Computers verwaltet und verarbeitet werden können.

Daten als Inhalt computertechnischer Operationen

Eine weitere in der digitalen Medienkultur wichtige Bedeutungsnuance des Datenbegriffs kommt in der Unterscheidung zwischen Daten und Programmen (Algorithmen, Quellcode, etc.) zum Ausdruck. Die Gegenüberstellung von Daten einerseits und Befehlen andererseits stützt sich auf den in der Mathematik virulenten Gebrauch des Begriffs. Daten werden hier als die zur Lösung einer Aufgabe vorgegebenen Größen begriffen. Die Unterscheidung zwischen faktischen und fiktiven Daten, die dem Verständnis von Daten als (numerischen) Informationen über Realität zugrunde liegt, ist hierbei irrelevant. Daten sind vielmehr die Ausgangszustände, die gemäß vorgegebener Regeln manipuliert werden, sowie das Ergebnis dieser Manipulation.

Strukturell ist diese Konzeption von Daten im Entwurf der Turingmaschine angelegt. Indem Turing die Regeln der Manipulation von Symbolen als Maschine bezeichnet und diese vom Band unterscheidet, welches die Maschine »versorgt« (Turing 1987 [1937]: 20), führt er die Differenz zwischen Programm und Daten ein. Die auf dem Band gespeicherten Symbole sind Gegenstand der Operationen der Maschine, sie sind das, was gemäß den Regeln der Turingmaschine verarbeitet wird, und sind somit gewissermaßen der Inhalt computertechnischer Operationen. Obwohl mit der Einführung der Von-Neumann-Computerarchitektur die strukturelle Differenz zwischen Daten und Programmen aufgehoben wurde, lebt sie in der Computerpraxis fort und zeigt sich im Gebrauch des Datenbegriffs.[85] Als Gegenbegriff zu Programm, Algorithmus und Befehl sind die Daten der Ausgangs- und Zielpunkt bzw. Basis und Resultat ihrer computertechnischen Verarbeitung.[86] Auf diesem Verständnis gründet die problematische, dass Daten als Inhalte computertechnischer Verfahren medientheoretisch vernachlässigt werden können. Dass das Gegenteil der Fall ist, wurde bereits dargelegt. Doch auch wenn sich die Gegenüberstellung von Daten und Programmen in dieser Hinsicht als suggestiv erweist, markiert sie einen wichtigen, nicht zu vernachlässigenden Unterschied. Die Instruktionen, die den Computer steuern, sind nicht mit den Informationen zu verwechseln, auf die Nutzer vermittels des Computers Zugriff erhalten. Auch wenn die Differenz zwischen Daten und Befehlen allenfalls relativ ist und vom Standpunkt der Beobachtung bzw. dem spezifischen Gebrauch des Computers abhängt, ist die hierdurch getroffene Unterscheidung nicht zuletzt für die medientheoretische

---

85 | Die Von-Neumann-Architektur sieht einen gemeinsamen Speicher für Daten und Programme vor (vgl. Von Neumann 1987 [1945]: 19f.).

86 | Auf der Gegenüberstellung von Daten und Programmen basiert Lustis Definition von Daten respektive Datenbanksystemen: »Werte, die sich auf Rechnern darstellen lassen, nennt man Daten. Programme, die Massendaten verwalten, heißen Datenbanksysteme« (Lusti 1997: 3).

Analyse des Computers bedeutsam. Die Bedeutungsvariante von Daten als Inhalt computertechnischer Operationen weist zudem gewisse Parallelen zu dem Verständnis von Daten als binärer Repräsentation von Information auf. Beide sind extensional weitgehend deckungsgleich. Sie differieren jedoch hinsichtlich ihrer Intensionen, die sich in den Begriffen zeigen, von denen der Datenbegriff jeweils unterschieden wird. Während computerlesbare Daten einerseits zu Information in Differenz gesetzt werden, unterscheiden sich Daten andererseits von Programmen, die ihre Verarbeitung steuern.

Daten als digitaler Text

In der terminologisch weitesten und umgangssprachlich vielleicht verbreitetsten Bedeutungsvariante werden Daten als digitaler Text verstanden. Der Begriff Daten bezeichnet hierbei die Gesamtheit der binär codierten, maschinenlesbaren Inskriptionen und dient damit als Sammelbegriff für all das, was auf digitalen Datenträgern gespeichert vorliegt, d.h. sowohl Daten im vorgenannten Sinn als auch Programme.

Sommer erkennt in diesem Begriffsgebrauch eine metaphorische Ausweitung der von ihm beschriebenen Datenkonzeption. Die Tatsachen, auf die mit Daten im Sinn von zahlenmäßig verfassten Fakten Bezug genommen wird, basieren auf Messungen und können nur vermittels Sätzen ausgedrückt werden. Computerlesbare digitale Daten sind nach Ansicht Sommers entsprechend zu beschreiben. Denn Computer messen und verarbeiten Unterschiede (das Vorhandensein oder Nichtvorhandensein von Löchern auf Lochkarten, Spannungsunterschiede, etc.), die sich als eine »Serie von Sätzen« (Sommer 2002a: 416) der Form $f(x,y)$ verstehen lassen, welche folgende drei Bedingungen erfüllen: »(a) f steht für ›ist belegt mit‹; (b) x referiert auf einen Speicherplatz; (c) y steht für den Wert 0 oder den Wert 1« (Sommer 2002a: 414). Die Mittelbarkeit, die digitalen Daten diesem Verständnis zufolge innewohnt, wird durch die Identifikation von Daten mit deren materieller Realisation verdeckt.[87] Daten können infolgedessen, »was sie als Sachverhalte gar nicht können dürften: Sie befinden sich an einem Ort, sie brauchen Platz, sie werden durch den Raum transportiert, sie gehen verloren oder werden gelöscht« (Sommer 2002a: 419).[88]

---

87 | Das Sammeln von Daten beruht nach Ansicht Sommers auf einer doppelten Mittelbarkeit, die er wie folgt beschreibt: »Was wir zusammentragen und abspeichern, hat also bei den elektronisch verarbeitbaren Daten – wie bei allen Sachverhalten – eine zweifache Mittelbarkeit: *Erstens*: statt der Daten nehmen wir Sätze; *zweitens*: statt der Sätze nehmen wir Zeichen. Wir Computerbenutzer haben uns jedoch eine Redeweise angewöhnt, in welcher diese Mittelbarkeit zum Verschwinden gebracht wird durch metaphorischen Sprachgebrauch.« (Sommer 2002a: 418)

88 | Gesammelt werden können nach Ansicht von Sommer nur Dinge. Will man immaterielle Gegenstände, wie z.B. Romane sammeln, so ist dies nur mittelbar möglich, indem »der Sinn versinnlicht und verdinglicht« (Sommer 2002a: 105)

Wenn Sommer auf die Mittelbarkeit und damit auf die Konstruiertheit von Daten hinweist, rekurriert er implizit auf das Begriffsverständnis der neuzeitlichen Wissenschaften, welches, wie Rheinberger herausgestellt hat, der etymologischen Bedeutung des Datenbegriffs entgegenläuft:

»Dem lateinischen Wortsinn nach sind die Daten das Gegebene, die Fakten hingegen das Gemachte. Nun ist es verblüffend, dass im Sprachgebrauch der neuzeitlichen Wissenschaften sich die Bedeutung der beiden Begriffe genau umgedreht hat: Daten werden als etwas von Instrumenten gemachtes und von Prozeduren hervorgebrachtes angesehen, während Fakten als etwas gegebenes angenommen und unterstellt werden.« (Rheinberger 2007: 117)

Diese Umdeutung des Begriffs erfährt unter den Bedingungen digitaler Medientechnologien eine erneute Umkehrung, die sich in dem Verständnis von Daten als digitalem Text widerspiegelt. Hierbei sind Daten das Gegebene, mit dem einerseits Computer und andererseits Menschen mittels Computern operieren. Dies zeige sich, so Rheinberger, auch in der Wissenschaftspraxis, die »von der hypothesengeleiteten zur datengeleiteten Forschung« (Rheinberger 2007: 123f.) übergeht.[89] Am Datenbegriff tritt damit der Schriftcharakter sowie der Aspekt ihrer Verkörperung respektive Speicherung in den Vordergrund, weshalb Rheinberger in der Bedeutungsverschiebung keine metaphorische Ausweitung des Datenbegriffs erkennt, sondern eine Rückkehr zu dessen etymologischer Wurzel.

Die widersprüchlichen Deutungen von Sommer und Rheinberger sind symptomatisch für den Gebrauch des Datenbegriffs in der digitalen Medienkultur. Sie resultieren aus der Inanspruchnahme verschiedener Begriffsverständnisse als primärer Bedeutungsvariante und dem Absehen von den je anderen Gebrauchsweisen des Begriffs. Durch diese Interpretationen wird verdeckt, dass Daten nicht eindeutig bestimmt sind und sie demzufolge gleichermaßen als Gemachtes und als Gegebenes erscheinen und gebraucht werden. Deutlich wird dies am Begriff der Datenbank, in den die unterschiedlichen Verständnisse von Daten eingehen. In der Datenbank als Speicher, Ressource und Basis überkreuzen sich die verschiedenen Verständnisse von Daten als digitaler Text, als Übersetzung bzw. Vorstufe von Information, als spezifische Form von Information und als Inhalt technischer Operationen. Die in der Datenbank enthaltenen Daten sind zugleich Konstrukt und Gegebenes. Sie sind Resultat der Versammlung, Übersetzung, Formatierung und Inskription von Information sowie Ressource für Auswertung, Interpretation, Kombination und Rekombination von Daten zu Information. Datenbanken versammeln Daten, die

---

wird. Daten sind demzufolge nur dann unmittelbar sammelbar, wenn sie mit den materiellen Inskriptionen gleichgesetzt werden. Numerische Informationen über Realität sind hingegen nicht unmittelbar sammelbar, da sie keine Dinge, sondern Sätze bezeichnen.

89 | Siehe hierzu auch S. 311ff.

nie bloß gegeben sind, machen sie aber als Gegebenes verfügbar und damit zum Reservoir vorhandener Information sowie zur Basis für neue Information. Daher sind Datenbanken zugleich Produkt (Gemachtes) von und Ausgangspunkt (Gegebenes) für informationelle Praktiken, sie bewegen sich in dieser Hinsicht zwischen medialer Konstellation und medialer Konfiguration.

Die informationelle Umwelt digitaler Informationen

Will man die mediale Logik digitaler Datenbanken verstehen, dann gilt es nicht nur die unterschiedlichen Formen von Informationen respektive Daten zu unterscheiden, die in Datenbanken enthalten sind, sondern auch danach zu fragen, wie diese verwaltet und verarbeitet werden. Zu bedenken ist dabei, dass die algorithmische Auswertung gespeicherter Informationen potenziell zu neuen Informationen führen kann, dass im Umgang mit Computern ständig neue (Gebrauchs-)Informationen erzeugt werden und dass die Verwaltung sowie Verarbeitung von Informationen in und mittels digitaler Medientechnologien häufig auf Zusatzinformationen angewiesen ist. Diese bilden die informationelle Umwelt digitaler Informationen.

Aus den Informationen, die auf digitalen Datenträgern gespeichert vorliegen, können mithilfe von Algorithmen vielfältige Informationen abgeleitet werden. Beispielsweise lässt sich das Alter einer Person nach einfachen Regeln berechnen, wenn ihr Geburtsdatum bekannt ist. Diese nicht unmittelbar in Datenbanken gespeicherten Informationen lassen sich als virtuelle Information begreifen. Bereits 1974 haben Folnius et al. darauf hingewiesen, dass die alleinige Betrachtung physisch verkörperter Informationen beim Entwurf von Datenbanksystemen zu kurz greift, denn »physically recorded data is only one point within a spectrum of ways to obtain information« (Folnius et al. 1974: 3). Um virtuelle Information handelt es sich ihrer Ansicht nach dann, wenn gespeicherte Daten algorithmisch ausgewertet werden. Damit besetzen virtuelle Informationen einen Zwischenraum, zwischen gespeicherten Informationen einerseits und reinen Programmen andererseits. An dieser Stelle setzt auch das Data Mining an, welches darauf abzielt, durch mathematische Verfahren der Mustererkennung neue Informationen zu entdecken (vgl. Cios 2010: 255ff.). Erkenntnisse werden hierbei nicht aus einzelnen in der Datenbank enthaltenen Informationen abgeleitet, sondern aus der Analyse des gesamten Informationsbestandes. Unter dem Stichwort »Data finds Data« beschreiben Jeff Jonas und Lisa Sokol (2009) einen weiteren Typus virtueller Informationen, der die impliziten Verknüpfungen zwischen einzelnen Datensätzen betrifft. Als Beispiel nennen die Autoren das Informationssystem eines Kasinobetreibers. Werden dem System die persönlichen Daten eines entlarvten Trickbetrügers hinzugefügt, gilt es mögliche Verbindungen zum Personal zu beachten, um auszuschließen, dass der Betrüger einen Komplizen unter den Angestellten hat. Findet sich in der Personaldatenbank ein Eintrag mit derselben Adresse oder der gleichen Telefonnummer, dann besteht zwischen dem Betrüger und einem der Beschäftigten eine Verbindung, die aus den Daten abgeleitet werden kann (vgl. Jonas/Sokol 2009: 108f.).

Eine weitere nicht zu vernachlässigende Form von Information stellen die Nutzungs- und Gebrauchsinformationen dar. Im Umgang mit Computern sowie beim Prozessieren des Computers entstehen Informationen, die gespeichert und ausgewertet werden können, d.h. es lassen sich nicht nur Informationen aus Informationen ableiten, der Gebrauch von digitalen Informationen allein ist bereits potenziell informativ. Der Erfolg des Web 2.0 basiert in erheblichem Maß auf der Speicherung und Auswertung von Nutzungsinformationen. Dienste wie das Internetradio last.fm sammeln Informationen über die Hörgewohnheiten ihrer Nutzer, um ihnen auf Grundlage des so bestimmten Geschmacks neue Musik vorzuschlagen. Mit der Erhebung der Hörgewohnheiten einer Vielzahl unterschiedlicher Nutzer wird es möglich, diese in ein Nähe- und Distanzverhältnis zueinander zu setzen. Gefunden werden können hierdurch andere Nutzer, die einen ähnlichen Musikgeschmack haben, sowie neue Musik, die dem eigenen Geschmack ähnlich ist.

Die dritte und für die medientheoretische Betrachtung von Datenbanken grundlegendste Form von Information in der Umwelt digitaler Informationen gerät in den Blick, wenn man Informationssysteme auf die Bedingung ihres Funktionierens hin befragt. In Datenbanken werden Informationen zum Zweck ihres späteren Gebrauchs gespeichert, wie zum Beispiel ihrer Lektüre, ihrer algorithmischen Auswertung, ihrem Abgleich oder ihrer generischen Wiederverwendung. Insbesondere dann, wenn die in Datenbanken gespeicherten Informationen nicht nur auf dem Niveau von Realität verarbeitet werden sollen, sondern als Informationen *über* Realität, bedarf es zusätzlicher Informationen, sogenannter Metainformationen, die über die Bedeutung der Primärinformationen informieren. Diese Informationen über Informationen ermöglichen es Computer »Daten zu ›erkennen‹ und zu finden, zu verschieben und zu extrahieren, mit anderen Daten zu verbinden« (Manovich 2005: 29). Durch die Explikation impliziter Bedeutungen zum Zweck der computertechnischen Verarbeitung von Informationen gerät nach Ansicht Weinbergers jedoch »die empfindliche Ökologie des Impliziten und Expliziten« (Weinberger 2008: 184) ins Wanken. Seines Erachtens lässt sich das Implizite nie vollständig darlegen; es gibt stets einen Überschuss des Impliziten, weshalb sich Metainformationen immer als defizitär erweisen, um die potenziellen Bedeutungen von Informationen vollständig zu erfassen oder zu beschreiben.

Auch wenn der Explikation des Impliziten enge Grenzen gesteckt sind, kommt Metainformationen bei der Verwaltung und Verarbeitung digitaler Informationen ein zentraler Stellenwert zu, weshalb sie medientheoretisch ernst zu nehmen sind. Es gilt nach den Strategien der Explikation des Impliziten zu fragen und zu eruieren, wie Metainformationen in Computern operativ werden. Im Folgenden Kapitel zur technischen Logik digitaler Datenbanken werden diese Fragen einer eingehenden Betrachtung unterzogen.

Techno-Logik
Apparaturen, Architekturen, Verfahren

Der Computer als Medientechnologie rekonfiguriert die Versammlung *von* und den Umgang *mit* Informationen. Im Übergang vom Analogen zum Digitalen gewinnen Informationen zunehmend an Autonomie. Sie zirkulieren durch die globalen Computernetzwerke und bieten unüberschaubare Möglichkeiten zur Selektion, Kombination und Rekombination. Die Gesamtheit des Weltwissens ist – so scheint es jedenfalls – in digitalen Datenbanken versammelt und kann aus diesen abgefragt werden. Und mehr noch, aus vorhandenen Informationen können neue geschöpft werden, sodass digitale Datenbanken nicht nur als enormer Informationsspeicher dienen, sondern auch als Ressource respektive Basis für das Entdecken neuer Informationen. Dies nur als einen Effekt der Digitalisierung und der damit einhergehenden Entmaterialisierung von Informationen zu betrachten würde zu kurz greifen. Denn der vermeintlichen Immaterialität digitaler Informationen steht ihre fortwährende Materialität entgegen, die bedingt, was in Computern auf welche Weise als Information verwaltet und verarbeitet werden kann.

Wenn im Folgenden nach der Techno-Logik digitaler Datenbanken gefragt wird, sollen die materiellen Voraussetzungen der computertechnischen Verwaltung digitaler Informationen beleuchtet werden. Den Ausgangspunkt bildet die Betrachtung der Festplatte als hardwaretechnischer Horizont, vor dem sich die Entwicklung digitaler Datenbanken abzeichnet. Die Einführung der Festplatte in den 1950er Jahren eröffnete nicht nur Möglichkeiten für vielfältige neuartige Computeranwendungen, sondern brachte auch Herausforderungen mit sich, die die Entwicklung von Datenbankmanagementsystemen (DBMS) zur Folge hatten. Durch die besondere Betrachtung der Festplatte als einer spezifischen Speichertechnologie sollen andere medienhistorisch ebenso bedeutsame Entwicklungen im Bereich der Computerhardware jedoch nicht marginalisiert werden. Das Ziel ist vielmehr, die Bedeutung einer Technologie herauszustellen, die in der Mediengeschichte des Computers bisher noch nicht hinreichend gewürdigt wurde.

Davon ausgehend wird im Abschnitt »Datenbankmodelle« die Entwicklung der ANSI/X3/SPARC-Datenbankarchitektur nachgezeichnet, welche die konzeptuelle, aber auch idealisierte Grundlage der Verwaltung von Informationssammlungen in digitalen Datenbanken bildet. Vor dem Hintergrund dieser Datenbankarchitektur können Datenbanksysteme als diejenigen materiellen Infrastrukturen verstanden werden, die digitalen Informationen ein gewisses Maß an Autonomie verleihen. Der Gebrauch von Informationen wird dabei zunehmend von ihrer technischen Verwaltung in der Tiefe des Computers entkoppelt. Dies eröffnet mannigfaltige Präsentations-, Abfrage- und Auswertungsmöglichkeiten der versammelten Informationen. Sofern der Eindruck der Immaterialität digitaler Information auf diesen flexiblen Gebrauchsmöglichkeiten beruht, sind Datenbankmanagementsysteme die materielle Basis immaterieller Informationen.

Schließlich werden im dritten Teil zu »Data + Access« verschiedene Modi der computertechnischen Verwaltung und Verarbeitung von Bedeutung thematisiert. Das Hauptaugenmerk wird zunächst auf relationale Datenbanken gelegt, die spätestens seit den 1980er Jahren zum Paradigma für Datenbanken im engen Sinn der Informatik geworden sind. Vor diesem Hintergrund werden abschließend Websuchmaschinen und das Semantic Web als alternative Technologien der Zuschreibung und Verarbeitung von Bedeutung im doppelten Sinn von Gehalt und Relevanz thematisiert.[1]

Direct Access: Zur Festplatte als Herausforderung digitaler Datenbanken

Für die Formulierung der Datenbankidee Anfang der 1960er Jahre und die konzeptuelle und technische Entwicklung von DBMS seit den 1970er Jahren erwies sich die Erfindung der Festplatte als persistenter Sekundärspeicher mit wahlfreiem Zugriff als grundlegend.[2] Ihre Markteinführung 1956 steht im Kontext zahlreicher Bemühungen, brauchbare Alternativen zur Lochkarte als Datenträger zu finden. Motiviert wurde diese Suche von dem Wunsch, die Verwaltung digitaler Informationen zu automatisieren. Wie im Folgenden zu sehen sein wird, hat

---

1 | Websuchmaschinen und Semantic Web-Anwendungen können als Datenbanken im weiten Sinn betrachtet werden, die auf unterschiedliche Weise das Suchen, Finden und Verarbeiten in bzw. von Informationssammlungen ermöglichen.

2 | Als Sekundär- oder Massenspeicher werden Speichermedien bezeichnet, auf die Computerprozessoren keinen direkten Zugriff haben, die jedoch fester Bestandteil des Computers sind. In der Speicherhierarchie des Computers werden Sekundärspeicher, wie Festplatten oder Solid-State-Drives, gemeinhin vom Primärspeicher unterschieden. Letzterer wird auch als Arbeits- oder Hauptspeicher bezeichnet und dient nicht der dauerhaften Speicherung von Informationen, sondern deren Verarbeitung. Im Folgenden werden ausschließlich Technologien behandelt, die dem dauerhaften Vorhalten von binär-digital codierten Informationen dienen. Daher wird zum Zweck der besseren Lesbarkeit vereinfacht von Speichertechnologien gesprochen, wobei jedoch stets Sekundärspeicher gemeint sind.

die Einführung der Festplatte nicht nur vielfältige Möglichkeiten der computertechnischen Informationsverarbeitung eröffnet, sondern bestimmte Herausforderungen mit sich gebracht, die letztlich auch die Entwicklung von Datenbanktechnologien vorangetrieben haben. Eine zentrale Bedeutung in dieser Entwicklung
hat das Problem der Datenunabhängigkeit, das seit den 1970er Jahren als eine Kern-
herausforderung für digitale Datenbanktechnologien erachtet wird.

Entkopplung von Ort und Ordnungen digitaler Sammlungen

In der Frühzeit der computertechnischen Informationsverarbeitung war der Großteil der Informationen, mit denen Computer operierten, noch nicht *in* diesen
gespeichert. Die zu verarbeitenden Informationen blieben dem Computer äußerlich
und mussten stets aufs Neue via Lochkarten eingelesen werden. Elektronische
Datenverarbeitung meinte zunächst nur die programmgesteuerte Auswertung von
Informationen. Die Verwaltung der auf Lochkarten gespeicherten Informationssammlungen war Aufgabe der Computernutzer, wie das folgende Anwendungs-
szenario veranschaulicht:

»In a typical operation, clerks receiving an order would search the tubs, pick out
cards containing the needed customer and item order information, and send the
cards to the machine room, where the needed documents – shipping room in-
structions, packing slips, invoices, shipping labels and bills of lading – were produced.« (American Society of Mechanical Engineers 1984: 8)

Die in diesem Beispiel beschriebene Verkopplung von menschlicher Informationsverwaltung und technischer Informationsauswertung war überaus fehleranfällig
und ineffizient. Solange Computer vorrangig für wissenschaftliche und militärische
Kalkulationen eingesetzt wurden, war dies noch tolerierbar. Doch dies änderte
sich im Lauf der 1950er Jahre, als Computer zunehmend auch in betriebswirtschaftlichen Kontexten Einsatz fanden und man begann, die Einsatzmöglichkeiten
von Computertechnologien zum Information Retrieval zu erkunden (vgl. Haigh
2009: 7).[3] Hierbei wurden Computer nicht mehr nur als Rechenmaschinen gebraucht, sondern sollten der Administration von Unternehmensprozessen und der
Recherche in Informationssammlungen dienen. Infolgedessen wurde dem Problem
der automatisierten Verwaltung von Informationen ein immer größerer Stellenwert beigemessen. Von maßgeblicher Bedeutung war in diesem Zusammenhang
die Erfindung und Nutzbarmachung neuer Massenspeichertechnologien. Denn, so

---

3 | Larson identifiziert in seiner Einführung zum Panel »The Social Problems of Auto-
mation« auf der *Western Joint Computer Conference* 1958 drei Haupteinsatzgebiete
von Computern: 1. Wissenschaft und Ingenieurwesen, 2. militärische Kontrolle, 3.
betriebswirtschaftliche Datenverarbeitung sowie die industrielle Regelungs- und
Steuerungstechnik (vgl. Larson 1958: 7).

stellte Jacob Rabinow – der Erfinder des *Notched-Disk Memory*, einem Vorläufer heutiger Festplatten – fest: »In all systems of automatic handling of information, one of the key elements is the device for storing of information« (Rabinow 1952: 745).[4]

Die zahlreichen Entwicklungsbemühungen führten unter anderem zur Einführung von Magnetbandspeichern im Jahr 1951 als Teil des UNIVAC I-Computersystems, das von J. Presper Eckert und John W. Mauchly entwickelt wurde (vgl. Williams 1997: 358ff.).[5] Auf Magnetbändern können relativ große Mengen digitaler Informationen dauerhaft gespeichert werden. Da Bandspeicher jedoch einer linearen Zugriffslogik folgen, haben sie einen entscheidenden Nachteil. Mit dieser Speichertechnologie ist die automatische Verwaltung großer Informationssammlungen ausgesprochen ineffektiv. Hierauf weist Louis N. Ridenour mit einem medienhistorischen Vergleich zwischen digitalen Speichertechnologien und unterschiedlichen Organisationsformen von Schrift hin:

»Two millennia ago human beings had just the same difficulties with scrolls – the ancients' counterpart of books. The scroll form was dictated by the need for protecting the edges of their brittle papyrus; the scroll left only two edges exposed. Shortly after the tougher parchment was introduced, the book form was invented, either in Greece or in Asia Minor. Called the codex, it was originated primarily for law codes, so that pages could be removed or added as statutes changed.
Reels of magnetic tape are the scroll stage in the history of computing machines. It remains for someone to invent the machine's analogue of the codex.« (Ridenour 1955: 100)[6]

---

4 | Zur Bedeutung von Rabinows *Notched-Disk Memory* für die Entwicklung der Festplatte bei IBM siehe Bashe (1986: 273ff.).

5 | Magnetspeicher wurden bereits Ende des 19. Jahrhunderts von Valdemar Poulsen erfunden. Poulsen verwendete Drähte zur Aufzeichnung von Tönen. Fritz Pfleumer hat in Anlehnung an diese Technologie in den 1920er Jahren das Tonband entwickelt (Pfleumer 1928). Der Einsatz von Magnetbändern als Speicher für Computer wurde jedoch erst seit Mitte der 1940er Jahre intensiv erkundet (vgl. Bashe et al. 1986: 187f.).

6 | Bereits drei Jahre bevor Ridenour die beschränkten Zugriffsmöglichkeiten sequentieller Speicher kritisierte, hat Rabinow eine ähnliche Kritik formuliert: »It has long been recognized that 3-dimensional storage of information, as in a book, utilizes space most efficiently. Previous three dimensional storage systems, however, have had the disadvantage of relatively long access time. The usual method of storing information in three dimensions has been to record it on a film strip, or on magnetic wire or tape. The difficulty is that the whole reel may have to be played in order to reach a particular bit of data; thus while the storage is 3-dimensional, the playback is either 1- or 2-dimensional, an is sequential« (Rabinow 1952: 745).

Nach Ansicht von Ridenour sind Magnetbandspeicher also mit Schriftrollen vergleichbar, da auf diese nur fortlaufend zugegriffen werden kann.[7] Will man an eine
bestimmte Stelle in einer Schriftrolle oder auf einem Bandspeicher gelangen, so ist
es nicht möglich, einfach dahin zu springen, vielmehr muss der gesamte Datenträger abgerollt werden, bis die gewünschte Stelle erreicht ist. Es handelt sich um
sequentielle Speicher, die die Möglichkeit des Zugriffs auf eine Dimension beschränken, weshalb sie nur Schritt für Schritt, von vorn nach hinten (oder umgekehrt) durchsucht werden können. Infolgedessen ist der Zugriff auf den Datenträger sehr zeitaufwendig, was insbesondere dann zum Nachteil wird, wenn neben
der Speicherung auch der schnelle Zugriff auf gespeicherte Informationen von
Bedeutung ist.[8]

Im Unterschied zur Schriftrolle handelt es sich beim Kodex um eine Form der
Verkörperung medialer Konstellationen, die den direkten Zugriff auf die Speicherinhalte ermöglicht. Das digitale Analogon zum Kodex, dessen Mangel Ridenour in
seinem Artikel von 1955 noch beklagt, gelangte bereits ein Jahr später zur Markt-
reife und wurde von IBM als Teil des *305 RAMAC*-Systems vertrieben. Bezeichnet
als *350 Disk Storage Unit*, wog die erste Festplatte mehr als eine Tonne und hatte
eine Kapazität von gerade einmal fünf Megabyte (vgl. Kirschenbaum 2008: 76).
Ebenso wie Kodizes ermöglichen Festplatten den Direktzugriff auf den Speicher,
der als *Random Access Memory* bezeichnet wurde, was nicht mit der heute üblichen

---

7 | Diese Kritik trifft in gewisser Hinsicht auch auf Lochkarten zu, da diese von
Computern zumeist sequentiell verarbeitet wurden. Dennoch können Lochkarten
nicht uneingeschränkt als sequentielle Speichertechnologie begriffen werden. Sind
Lochkarten in Karteikästen angeordnet, dann können Nutzer wahlfrei auf diese zugreifen. Hierauf weist Kirschenbaum in seiner Beschreibung von Lochkarten als
Random Access Memories hin (vgl. Kirschenbaum 2008: 82). Zudem sind Informationen auf einer einzelnen Lochkarte in zwei Dimensionen organisiert. Dahingehend ist die Lochkarte ebenfalls eher mit dem Kodex als mit der Schriftrolle
vergleichbar. Dennoch sind Lochkarten im Kontext ihrer computertechnischen
Verarbeitung eher als sequentieller Speicher zu betrachten. Die Verwaltung von
Lochkarten in Karteikästen ist dem Computer äußerlich. In Computern werden Lochkarten hingegen ausschließlich in Stapeln verarbeitet, d.h. Computer können auf
Informationen nur gemäß der Ordnung der Karten im Stapel und damit sequentiell
zugreifen. Eine einzelne Lochkarte mag vor diesem Hintergrund zwar als Digital-
speicher mit Direktzugriff erscheinen, aber bei Lochkarten im Plural handelt es sich
um eine sequentielle Speichertechnologie.

8 | Da die Speicherung auf sequentiellen Datenträgern durchaus effizient und preis-
wert möglich ist, werden Magnetbandspeicher beispielsweise heute noch immer
in Anwendungsbereichen eingesetzt, in denen die persistente Langzeitspeicherung
von Informationen im Vordergrund steht.

Bezeichnung für den Arbeitsspeicher digitaler Computer zu verwechseln ist.[9] Wahlfrei oder direkt ist der Zugriff auf Festplatten deshalb, weil alle Stellen im Speicher in konstanter Zeit erreicht werden können. Daher macht es keinen Unterschied, ob bestimmte Informationen am Anfang, in der Mitte oder am Ende stehen.

Random Access Memories wie der Kodex und die Festplatte erweitern den eindimensionalen Zugriff sequentieller Speicher auf zwei oder mehr Dimensionen. Im Kodex wird der ersten Dimension der Schrift(rolle) die zweite Dimension der Seite hinzugefügt; bei digitalen Datenträgern geht die lineare Anordnung binär-digital codierter Informationen in eine Flächenordnung über (vgl. Buchholz 1963: 89). Hieraus resultiert ein wichtiger Vorteil beim Zugriff auf Speicherinhalte, was die Gegenüberstellung beider Zugriffsverfahren von Charles Bachman veranschaulicht (vgl. Abb.5).

Abb. 5: Sequentieller und wahlfreier Datenzugriff

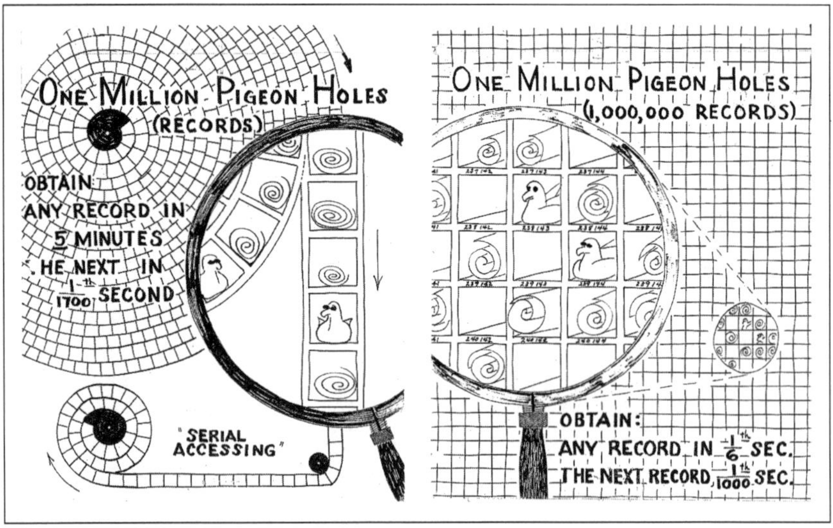

Quelle: Bachman 1962a

Um die Vorteile von nichtsequentiellen Speichertechnologien zu illustrieren, zieht Bachman das Beispiel von einer Million Ablagefächer heran, die entweder etwas beinhalten – hier sind es Tauben – oder nicht. Die ingenieurtechnisch höchstbri-

---

9 | Wenn im Folgenden vom *Random Access Memory* Festplatte gesprochen wird, dann wird damit ein Speicher mit Direktzugriff beschrieben. Auch der heute als *Random Access Memory* (RAM) bezeichnete Arbeitsspeicher von Computern ist ein Speicher mit Direktzugriff, der im Vergleich zu Festplatten weitaus kürzere Zugriffszeiten zu Informationen gestattet. Im RAM (Arbeitsspeicher) werden Informationen anders als bei Festplatten nicht persistent gespeichert, weshalb dieser in Computern als flüchtiger Primärspeicher verwendet wird.

sante Frage lautet: Wie lange dauert es, auf einen beliebigen, aber festen Eintrag zuzugreifen? Sequentielle Speicher benötigen dafür bis zu fünf Minuten, wohingegen Speicher mit Direktzugriff in nur einer Sechstel Sekunde auf jeden beliebigen Datensatz zugreifen können. Die dieser Gegenüberstellung zugrunde gelegten Zugriffszeiten sind ein Relikt der Technologien der 1960er Jahre und entsprechen heute keineswegs mehr der technischen Realität. An dem prinzipiellen Unterschied zwischen diesen Speicherformen hat sich jedoch nichts geändert, der sich in der Differenz zwischen Bandspeichern und Festplattenspeichern funktional niederschlägt. Nicht der Übergang vom Papierspeicher *Lochkarte* zum Magnetspeicher oder zu anderen elektronischen, aber weiterhin sequentiellen Speichertechnologien stellt die eigentliche Revolution in der Entwicklung neuer persistenter Speichermedien dar, sondern die Umstellung vom sequentiellen auf den direkten Speicherzugriff, der sich mit der Einführung und sukzessiven Durchsetzung von Festplatten vollzogen hat.

Medienhistorisch folgenreich ist die Erfindung der Festplatte unter anderem deshalb, weil die materiale Logik der Speicherung auf die Gebrauchs- und Umgangsformen mit Computern zurückwirkt. Durch Festplattenspeicher rückte der interaktive Umgang mit Computern in den Horizont des technisch Möglichen und wurde zu einer Entwicklungsaufgabe. Das in der Frühzeit der computertechnischen Informationsverarbeitung vorherrschende *Batch Processing* folgt der linearen Logik sequentieller Speicher. Kann auf Informationen nur in der Reihenfolge zugegriffen werden, in der sie auf dem Datenträger abgelegt sind, dann ist ihre Verarbeitung nur dann effizient möglich, wenn diese ebenso sequentiell erfolgt: »Data was stored on tape as a sequence of codes, and efficient processing was possible only when the tape was read from start to end with a minimum of rewinding or searching« (Haigh 2009: 7).[10] Eben dies leistet die Stapelverarbeitung, die dem Problem des linearen Zugriffs durch die gesammelte Durchführung einer Vielzahl gleichförmiger Verarbeitungsaufgaben begegnet. Es handelt sich um eine Strategie, die Beschränkungen des linearen Speicherzugriffs zu kompensieren. Dies wurde mit der Verfügbarkeit der Festplatte als Sekundärspeicher mit Direktzugriff hinfällig:

---

10 | Die Stapelverarbeitung gleichförmiger Informationsverarbeitungsaufgaben erschien aufgrund der beschränkten Zugriffsmöglichkeiten sequentieller Speichertechnologien als praktisch notwendig, war aber dennoch ineffizient. Verstärkt wurde der Nachteil sequentieller Speicher unter anderem dadurch, dass damalige Computer nur über einen relativ kleinen internen Hauptspeicher verfügten. Aufgrund dessen war es, wie Haigh herausgestellt hat, nur möglich, relativ einfache Verarbeitungsaufgaben in einem Speicherdurchgang abzuarbeiten: »Memory limitations, coupled with the inflexible, serial nature of tape storage, meant that a single major job might require dozens of programs to be run one after another, each reading and writing information from several tapes. Most of these programs processed intermediate results writing during earlier runs« (Haigh 2009: 7).

»However, if the restriction that file information is available only in a fixed, prede-
termined serial order is removed, the batching requirement is eliminated. If there is
random access, with equal facility, to any place in the memory, it is possible to pick
out directly the necessary items from each of the reference files in the sequence
established by the order in which the input data is received and the secondary order
established by the transaction.« (Lesser/Haanstra 1957: 140)

Dem Paradigma der Stapelverarbeitung setzt das IBM-Forscherteam in San Jose,
das seit 1952 an der Entwicklung von Festplatten arbeitete, die Idee des *In-Line Processing* entgegen. Dies wird in der Betriebsanleitung des 305 RAMAC am Beispiel
der manuellen Buchführung durch Buchhalter erläutert:

»Because the clerk has direct access to all of these accounts, he can complete
the posting of each transaction before beginning the posting of the next. This
accounting method is called in-line processing. In-line processing has previously not
been practical in automatic accounting systems because of the difficulty of reaching
and changing single records in large files.« (IBM 1957: 5)

Entscheidend an der *In-Line*-Verarbeitung von Information, für die später die
Bezeichnung *Interactive Processing* geläufiger wurde, ist, dass komplexe Verarbeitungsaufgaben sofort und unabhängig von anderen Aufgaben abgearbeitet
werden können (vgl. Schwartz 1968: 89f.).

Die computergestützte Lösung eines Problems, wie z.B. die Lohnabrechnung,
erfordert die Durchführung einer Vielzahl einzelner Verarbeitungsschritte, welche
u.a. die Abfrage der geleisteten Arbeitsstunden, die Abfrage der Personalinfor-
mationen, die Berechnung des Lohns sowie die Ausgabe individueller Lohnabrech-
nungen umfassen.[11] Im Modus der Stapelverarbeitung wird zuerst ein Teilverarbei-
tungsschritt für alle im *Batch* versammelten Aufgaben durchgeführt, bevor zum
nächsten Verarbeitungsschritt übergegangen wird. Geht man davon aus, dass vier
elementare Verarbeitungsschritte für eine Lohnabrechnung notwendig sind, dann
werden diese im *Batch Processing* wie folgt ausgeführt: 1-1-1-2-2-2-3-3-3-4-4-4.
Bei der interaktiven Informationsverarbeitung ändert sich dies. Sämtliche Schritte
bei der Erstellung der Lohnabrechnung werden erst für eine Person abgearbeitet,

---

11 | Bashe et al. beschreiben die Lohnabrechnung in Unternehmen im Modus der
Stapelverarbeitung wie folgt: »A payroll master file might consist of one punched
card per employee, each record containing long-lived data such as name, employee
number, location, pay rate, and so on. Typically, this file was kept in employee-
number order. After weekly time cards, suitably punched, were sorted into masterfile
order, processing runs brought together the data needed during preparation of pay
checks and stubs, payroll registers, and accounting summaries. Payroll processing
ran smoothly and efficiently because most of the work could be done weekly« (Bashe
et al. 1986: 277f.).

bevor die Bearbeitung der nächsten Person erfolgt. Dementsprechend haben die Verarbeitungsschritte beim *Interactive Processing* die Reihenfolge: 1-2-3-4-1-2-3-4-1-2-3-4. Die Funktionseinheit bildet nicht mehr der einzelne Verarbeitungsschritt, sondern eine Prozedur, die unterschiedliche Verarbeitungsschritte zu einer komplexen Einheit zusammenfasst, welche als solche wiederholt werden kann.[12] Ob die genannte Aufgabe der Lohnabrechnung für eine, hundert oder tausend Personen durchgeführt werden soll, macht unter den Bedingungen sequentieller Speicher insofern keinen Unterschied, als es stets ungefähr dieselbe, relativ lange Zeit dauert, bis man zu einem Ergebnis gelangt ist. Speicher mit Direktzugriff ermöglichen demgegenüber den raschen Zugriff auf verteilt gespeicherte Informationen, sodass die einzelnen Verarbeitungsschritte schnell hintereinander ausgeführt werden können. Infolgedessen kann die Lohnabrechnung für einzelne Personen schnell und effizient erstellt werden.

Heute ist der interaktive Umgang mit Computern selbstverständlich. Ende der 1950er Jahre war Interaktivität kaum mehr als eine vielversprechende Vision und so war der Alltag der Computernutzung weiterhin vom Umgang mit Lochkarten und Bandspeichern geprägt und folgte der Logik der Stapelverarbeitung (vgl. Haigh 2009: 15). Denn die interaktive Verarbeitung von Informationen auf Grundlage von Festplatten erwies sich als schwierig. Voraussetzung für die Verwirklichung des *Interactive Processing* war die Automatisierung der Informationsverwaltung im Computer. Unmittelbar verfügten Festplatten nicht über dieses Leistungsvermögen. Was die Festplatte als *Random Access Memory* leistet, ist nicht der direkte Zugriff auf Information, sondern der direkte Zugriff auf den Datenträger. Daher sah man sich fortan mit der Frage konfrontiert, wie die Speicherung und Abfrage von Informationen realisiert werden kann, wenn der wahlfreie Zugriff auf jeden Ort im Speicher möglich ist. Die Beschäftigung mit diesem Problem führte zu der Entwicklung von zentralen Konzepten zur Funktionsweise digitaler Datenbanken, die in den Entwurf und die Implementierung von DBMS einflossen.

---

12 | Diese Form der Gruppierung von vielen Einzelverarbeitungsschritten zu einer komplexen Einheit kann im Anschluss an Paul Klee als *dividuell* bezeichnet werden. Dividuelle Reihungen unterscheidet Klee von individuellen Anordnungen: »Die Frage, ob dividuell oder individuell, wird entschieden durch unübersichtliche Ausdehnung oder übersichtliche Knappheit. Denn bei unübersichtlicher Ausdehnung können Teilungen willkürlich vorgenommen werden, ohne die vorliegende Gliederungsart zu stören. Bei übersichtlicher Knappheit aber kann nichts durch Teilung wegfallen und auch nichts hinzutreten, ohne das Individuum zu verändern oder es in ein anderes Individuum zu verwandeln« (Klee 1971: 237). Die Verarbeitungsfolge bei der Stapelverarbeitung ist individuell, da der Prozessfolge 1-1-1-2-2-2-3-3-3-4-4-4 kein Element entnommen werden kann, ohne dass dies Auswirkungen auf die gesamte Verarbeitungsprozedur hat. Die Reihenfolge der Prozessschritte im *Interactive Processing* (1-2-3-4-1-2-3-4-1-2-3-4) ist dividuell, da sich die Prozedur der Verarbeitungsschritte 1-2-3-4 wiederholt.

Folgenreich war die Erfindung der Festplatte folglich nicht nur wegen der durch diese Speichertechnologie eröffneten Möglichkeiten, sondern auch aufgrund der Probleme, die mit ihrem Gebrauch einhergingen. Festplatten bilden, wie Thomas Haigh in einer Studie zur Vorgeschichte der DBMS herausgestellt hat, den materiellen Horizont, vor dem sich die konzeptuelle und technische Entwicklung konkreter Datenbanktechnologien vollzog:

»File management systems were designed around tape storage (although they were later widely used with disk drives). They worked efficiently when processing an entire file in sequence. In contrast, DBMSs were designed around disk storage. Instead of treating files in isolation, they worked on a database of multiple files, representing linkages between individual records within those files. Unlike file management systems, they could be used by application programs, remaining resident in memory to process data operations.« (Haigh 2009: 13)

Nimmt man Haighs technikhistorische These medientheoretisch ernst, muss man nach den Herausforderungen fragen, die sich mit der Einführung von Festplatten verbanden. Kurz gesagt bestehen diese in der Adressierbarkeit von Information und der automatischen Verwaltung der Speicherinhalte.

Der lineare Zugriff sequentieller Datenträger macht eine geordnete Speicherung von Informationen notwendig. Entscheidend ist dann nicht die absolute physikalische Adresse von Informationseinheiten, sondern ihre relative Position im Gesamtgefüge der in einem *File* gespeicherten Informationen. Die physische Anordnung der Informationen im Speicher ist dabei eng an deren logische respektive semantische Ordnung geknüpft.[13] Infolgedessen erwies sich auch das Speichern von Informationen auf Magnetbändern als aufwendig, da diese entsprechend der logischen Ordnung der Informationssammlung in die materielle Ordnung des Speichers eingefügt werden mussten: »[S]equential file systems like telephone

---

13 | Wie Buchholz herausstellt, verfügen Bandspeicher über keine vorgegebene Adressstruktur: »Magnetic tape has one very important characteristic; it is essentially continuous along its recording dimension. Except at the end of a reel, there are as a rule no physically predetermined starting and stopping points. Consequently there are no predetermined locations for writing data and there are no restrictions on the length of a block of data being written. The end of a block may simply be marked by a gap. The next time the tape is written the gaps may be somewhere else. On reading tape one can only ask for the next block. Except for the limited technique of counting gaps as the pass by, there is no way to select a specific record without inspecting each record in sequence« (Buchholz 1963: 89f.). Infolgedessen wurden Informationen nicht anhand ihres physischen Orts im Speicher, sondern anhand eines Schlüssels adressiert, der auf dem Datenträger ausfindig gemacht werden muss, um zu einer bestimmten Information zu gelangen.

directories and conventional tape systems must be completely rewritten to incorporate a single addition directly into the file« (Heising 1958: 195).[14]

Mit dem wahlfreien Zugriff auf Festplatten wird die lineare Speicherlogik sequentieller Speichertechnologien obsolet. Der Ort der Informationen im Speicher und die logische respektive semantische Ordnung von Informationssammlungen werden voneinander entkoppelt. Diese Möglichkeit beruht auf der Voraussetzung, dass jede Stelle im Speicher mit einer eindeutigen Adresse versehen ist. Die *350 Disk Storage Unit* ist beispielsweise in 50.000 Datensätze unterteilt, die jeweils hundert Zeichen beinhalten können, wobei für jedes Zeichen sieben Bit reserviert sind. Eindeutig angesprochen werden kann jeder Datensatz der Festplatte durch Angabe der Plattennummer (00-49), der Spurnummer (00-99) sowie der Nummer des Sektors (0-9). Das Wissen um die physikalische Adresse ist die Bedingung dafür, auf eine bestimmte Information direkt zugreifen zu können. Dann und nur dann kann der Schreib-Lesekopf direkt an die entsprechende Stelle springen und die gewünschte Information auslesen.

Abb. 6: Beispiel für die Planung der Speicherbelegung eines Speichertracks

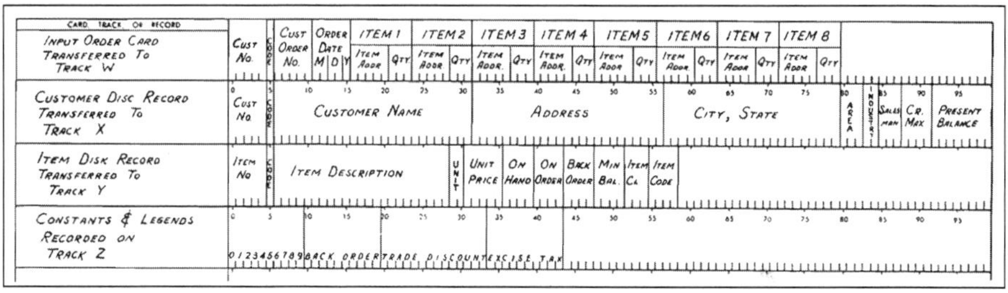

Quelle: IBM 1957: 17

Der Direktzugriff löst das Problem des Herausfindens, welche konkrete Information an einem bestimmten Ort im Speicher hinterlegt ist. Dies führt jedoch zu dem Anschlussproblem, wie gewusst werden kann, wo genau eine bestimmte Information auf dem Datenträger gespeichert ist. Bevor dieses Problem technisch gelöst wurde, mussten die Nutzer der Festplatte die Belegung des Speichers planen, wie eine

---

14 | Auch Buchholz weist darauf hin, dass Änderungen an Magnetbandspeichern schwierig sind: »To change anything on a tape, every block must be read, whether changed or not, and rewritten on another tape« (Buchholz 1963: 90). Demgegenüber ermöglichen traditionelle Ablagesysteme, wie z.B. Karteikästen, das relative einfache Einfügen und Entfernen von Informationen: »Most manual filing systems have a very important characteristics that is so obvious that it is often overlooked; additions, changes, and deletions to the file are simple operations. Records can be inserted, replaced, or thrown away without affecting the rest of the file. This characteristic is extremely desirable in any system of file organization. Manual [...] systems readily permit additions and deletions« (Heising 1958: 195).

Anleitung zur Speicherplanung aus dem Benutzerhandbuch des *305 RAMAC*-Computersystems zeigt (vgl. Abb. 6). Die Verwaltung des Festplattenspeichers war zunächst den Nutzern überlassen. Sie mussten die Anordnung der Informationen im Speicher planen und koordinieren. In dieser Hinsicht war der Umgang mit Festplatten der gewohnten Praxis mit Lochkarten nicht unähnlich. Die Festplatte wurde analog zu den Dateien der Lochkartenära vom Nutzer als »disk file« (IBM 1958: 7) oder »Random Access File« (IBM 1959: 7) administriert. Die Notwendigkeit der nutzerseitigen Verwaltung des Festplattenspeichers stand den antizipierten Möglichkeiten von Festplatten diametral entgegen. Daher galt es, die logische Ordnung von Informationen automatisch mit deren materieller Anordnung im Adressraum des Speichers zu koordinieren. Diese Herausforderung wurde 1957 von W. Wesley Peterson als *addressing problem* bezeichnet:

»Whenever a file of records is stored in a data-processing system, some procedure must be devised for deciding where to store each record and for locating a stored record, given its identification number. Such a procedure will be called *addressing system*. The addressing system should make the average access time, i.e., the average time required for obtaining a record, as small as possible.« (Peterson 1957: 131)

Eine Lösung des Adressierungsproblems stellen Dateisysteme dar, die es ermöglichen, dass Nutzer nicht mehr physische Orte im Speicher, sondern logische Dateien adressieren. Wo und wie eine Datei auf dem Datenträger materiell abgelegt ist, wird damit für den Nutzer irrelevant.[15] Kennen muss dieser nur den Ort im logischen Raum des Dateisystems, der hierarchisch strukturiert ist. Aus der Festplatte als »disk file« (IBM 1958: 7) wird durch Dateisysteme ein Speicher für Dateien. Ermöglicht wird dadurch die automatische Verwaltung *von* und der automatische Zugriff *auf* Dokumente.

Dateisysteme entlasten die Nutzer von der Organisation der Informationen im physischen Adressraum des Speichers, indem sie es erlauben, die gespeicherten Information in logische Einheiten, d.h. Dateien, zu segmentieren und ihnen einen Platz in einer hierarchischen Verzeichnisstruktur zuzuweisen. Welche konkreten Informationen in welchen Dokumenten enthalten sind, hierüber gibt das Dateisystem keine Auskunft. An dieser Stelle bzw. diesem Problem setzt die Entwicklung digitaler Datenbanktechnologien und ihrer Vorläufer, wie z.B. Reportgeneratoren, an (vgl. Haigh 2009: 9ff.). Ihr Ziel ist es, die Adressierung von Informationen *als* Informationen zu ermöglichen und damit das Vergessen des physischen und

---

15 | Die materielle Anordnung von Informationen im Speicher ist infolgedessen für den Nutzer einzig unter Performancegesichtspunkten relevant. Sind die Dateien auf einem Datenträger stark segmentiert, dauert der Zugriff länger als bei kontinuierlich gespeicherten Dateien.

logischen Orts der Informationen im Speicher.[16] In einem 1962 verfassten Artikel über den *Integrated Data Store*, einem Vorläufer heutiger Datenbankmanagementsysteme, beschreibt Bachman dies als die Übersetzung einer elementaren Funktionalität von Festplatten in das Leistungsvermögen von Datenbanksystemen: »[T] he mass memory's ability to retrieve any specified record is translated into the ability to retrieve exactly the information needed to solve a problem« (Bachman 1962b: 3).

Wenn Computer die von Bachman beschriebene Übersetzungsleistung vollbringen, werden sowohl die Endnutzer von Datenbanken als auch Anwendungsprogramme von der Frage der Organisation der Informationen im Speicher entlastet; sie können unmittelbar mit digitalen Informationen umgehen, sie abfragen, modifizieren und speichern. Hierdurch gewinnen die im Computer verwalteten Informationen zunehmend an Autonomie gegenüber ihrem Gebrauch in unterschiedlichen Anwendungskontexten. Die mit diesem Ziel verbundenen technischen Herausforderungen begannen sich vor dem Hintergrund der Einführung der Festplatte als einem persistenten Sekundärspeicher mit Direktzugriff jedoch erst abzuzeichnen. Im computerwissenschaftlichen Datenbankdiskurs werden sie unter dem Stichwort *Datenunabhängigkeit* verhandelt, welche heute ein zentrales Leistungsmerkmal von Datenverwaltungssystemen ist.

Datenunabhängigkeit als Entwicklungsaufgabe

Als der Begriff der Datenunabhängigkeit Ende der 1960er Jahre gebräuchlich wurde, erfreute er sich rasch wachsender Popularität in der Entwicklergemeinschaft. Er bezeichnet eines der »nagging problems« (Bachman 1974: 17), mit denen man sich bei der Entwicklung von Informationsverwaltungssystemen konfrontiert sah. Die Debatte über und die Arbeit an Datenunabhängigkeit trug dabei der Tatsache Rechnung, dass Informationsbedürfnisse nicht statisch sind. Dies hat Auswirkungen auf die Datenbanksysteme, die der Speicherung und Abfrage von Informationen dienen. Sich wandelnde Anforderungen machen Änderungen an der Datenbank notwendig. Ist der Gebrauch von Informationen abhängig von deren Verwaltung in der Datenbank, führt jede Modifikation des Systems dazu, dass sämtliche Anwendungsprogramme, die auf die Datenbank zugreifen, um deren Informationen zu verarbeiten, an die neuen Strukturen angepasst werden müssen. Dies zu verhindern ist eines der unter dem Begriff Datenunabhängigkeit verhandelten Ziele.

---

16 | Die Suche in traditionellen Sammlungen, wie z.B. in dem Bestand einer Bibliothek, ist stets eine Suche im doppelten Sinn. Erstens gilt es herauszufinden, welche Bücher verfügbar sind, und zweitens müssen diese im Bibliotheksbestand aufgefunden werden: »[T]he first search yields only an address, and a second is required to reach the information« (Benson-Lehner Corporation 1959). Die Festplatte erlaubt das schnelle Auffinden von Informationen im Adressraum des Speichers. Das Herausfinden der Adresse der Information stellt jedoch eine Herausforderung dar, die durch Datenbanktechnologien gelöst werden soll.

Kopfzcrbrechen bereitete die Gewährleistung von Datenunabhängigkeit jedoch nicht nur in technischer Hinsicht. Unklar war zunächst, was genau mit Datenunabhängigkeit gemeint sei. Da die Datenbankforschung zu dieser Zeit »more an empirics than a theory« (Liu 2008: 250) war, erwuchs die Forderung nach Datenunabhängigkeit nicht aus einem präzise formulierten theoretischen Problem, sondern aus einer Vielzahl unterschiedlicher praktischer Aufgabenstellungen.[17] Datenunabhängigkeit war daher zunächst kaum mehr als eine Modewort, das sehr uneinheitlich gebraucht wurde, weshalb Bachman 1974 kritisch konstatierte, der Begriff sei einer der »least precise terms now extant in the Database Management field« (Bachman 1974: 19).[18] Ungeachtet dieser Kritik verdichteten sich in dem mehrdeutigen Gebrauch des Begriffs die vielfältigen Probleme der computertechnischen Handhabung großer Informationssammlungen zu einer programmatischen Entwicklungsaufgabe.

Im Hintergrund der Forderung nach Datenunabhängigkeit stand der ökonomisch motivierte Wunsch, die Gebrauchslogiken von Informationen und die technische Logik ihrer Verwaltung voneinander zu entkoppeln und beide gegeneinander abzuschirmen.[19] Edgar F. Codd hat dieses Ziel in dem 1970 publizierten Entwurf des relationalen Datenmodells in der Forderung auf den Punkt gebracht: »Future users of large data banks must be protected from having to know how the data is organized in the machine (the internal representation)« (Codd 1970: 377). Der Einsatz von Computern in ökonomischen, militärischen und wissenschaftlichen Kontexten war in den 1960er und 70er Jahren noch immer sehr zeitaufwendig und kostspielig. Software im heutigen Sinne gab es noch nicht (vgl. Haigh 2002). Nahezu alle Computerprogramme mussten von den Nutzern selbst implementiert werden und waren zumeist nicht auf anderen Computern oder Computersystemen

---

17 | Auch Haigh weist darauf hin, dass die Entwicklung von Datenbanktechnologien zunächst weniger ein akademisches Unterfangen war: »[D]atabase tools evolved from the daily work of the data processing staff, grappling with tight schedules and working intimately with simple hardware to tackle ambitious assignments« (Haigh 2009: 6).

18 | Bachmans Diagnose ist umso bemerkenswerter, wenn man bedenkt, dass während dieser Zeit eine Vielzahl unterschiedlicher und vor allem unklarer Terminologien im Datenbankdiskurs virulent waren. Symptomatisch hierfür ist die Bemerkung, mit der Albert C. Patterson 1971 einen Vortrag zu DBMS einleitete:»Each data base presentation offers a distinct new jargon to our already over-developed Tower of Babel and it is not at all clear that this presentation will violate that rule« (Patterson 1971: 197).

19 | Die so verstandene Datenunabhängigkeit ist ein zentrales Leistungsmerkmal heutiger DBMS, wie Haigh unterstreicht: »Eine der wichtigsten Eigenschaften des Datenbankmanagementsystems besteht darin, die Personen und Programme, die diese Daten benutzen, von den Details ihrer physischen Speicherung abzuschirmen« (Haigh 2007: 57).

lauffähig. Zu dieser relativen Statik von Computeranwendungen steht sowohl die Dynamik der Gebrauchskontexte, in denen die Computer zum Einsatz kommen, in einem Spannungsverhältnis als auch die rasche Entwicklung immer leistungsfähigerer Hardware. In einer Welt sich wandelnder Anforderungen an Technik und sich wandelnder Technologien gilt es, wie Jardine auf einer SHARE-Konferenz im Juli 1973 festgestellt hat, die geleisteten Investitionen in Daten und Softwareanwendungen zu schützen.[20] Das Streben nach Datenunabhängigkeit sei motiviert durch den Wunsch nach »[p]rotection of investment in data & programs in a changing business & computing environment« (Jardine 1973: 2). Ermöglicht werden soll somit die Fortentwicklung von Datenbanksystemen, ohne dass die Integrität der Daten und die Funktion der Anwendungsprogramme beeinträchtigt wird:

»Neither usage nor maintenance of the stored data can be independent of the enterprise's requirements. Data independence permits each to be independent of each other, while responding to the business requirements. Programs should not be subject to impact of influences external to themselves. Data independence insulates a user from the adverse effects of the evolution of the data environment.« (Study Group on Data Base Management Systems 1975: II-29)

Der Gebrauch und die Verwaltung von Informationen sollen voneinander entkoppelt und gegeneinander abgeschirmt werden, um zu verhindern, dass sich Veränderungen an einer Datenbank auf die Funktion bereits existierender Anwendungsprogramme auswirken. Diese Änderungen können sich mindestens auf zwei Ebenen manifestieren: der logischen Ebene der Datenstrukturen und der physischen Ebene der Speicherung. Letztere betrifft die Anordnung von Informationen auf digitalen Datenträgern. Änderungen an dieser Ordnung sollen keine Auswirkungen auf die Abfrage von Informationen haben, d.h. Endnutzer und Anwendungsprogramme sollen in der Lage sein, auf bestimmte Informationen zuzugreifen, ganz gleich, wo diese im Speicher abgelegt sind (vgl. Date/Hopewell 1971b). Um dies zu gewährleisten, sei Codd zufolge eine »clear distinction« between order of presentation on the one hand and stored ordering on the other« (Codd 1970: 378) einzuführen. Von der physischen Datenunabhängigkeit, welche die materielle Verkörperung von Informationen im Speicher betrifft, unterscheiden Date und Hopewell die logische Datenunabhängigkeit (vgl. Date/Hopewell 1971a). Wird es notwendig, die Struktur der Datenbank zu verändern, um nicht nur neue Informationen zu einer Datenbank hinzuzufügen, sondern genuin neue Formen von Informationen in diese

---

20 | SHARE ist eine 1955 gegründete IBM-Nutzergruppe. Als Zusammenschluss von IBM-Computernutzern diente SHARE dem gemeinsamen Wissens- und Kompetenzaustausch sowie der kollaborativen Entwicklung von Betriebssystemen und Anwendungsprogrammen für IBM-Computer. In dieser Hinsicht weist SHARE Parallelen zur heutigen Open Source-Bewegung auf (vgl. Haigh 2002: 8; 2009: 11).

aufnehmen zu können, soll dies ebenfalls keine Auswirkungen auf existierende Anwendungen haben.[21]

Mit der Entwicklung immer komplexerer Informationssysteme – deren Datenbestände verteilt auf mehreren Computern gespeichert und verwaltet werden oder deren semantische Integrität durch logische Konsistenzregeln abgesichert wird – entstehen weitere Abhängigkeiten und somit neue Herausforderungen für Datenunabhängigkeit. Daher unterscheidet Codd neben der physischen und der logischen Datenunabhängigkeit zwei weitere Formen von Unabhängigkeiten, welche technisch zu gewährleisten sind: die »Distribution Independence« und die »Integrity Independence« (vgl. Codd 1990: 345ff.).[22] An dieser Erweiterung wird deutlich, dass Datenunabhängigkeit kein absoluter Zustand ist, sondern von den konkreten technischen Praktiken der Versammlung, Verwaltung und Verarbeitung digitaler Information(ssammlung)en abhängt.[23]

---

21 | Die Unterscheidung zwischen logischer und physischer Datenunabhängigkeit ist keineswegs trennscharf. Beispielsweise unterscheidet Codd in *A Relational Model of Data for Large Shared Data Banks* drei Formen von Datenabhängigkeiten: die »Ordering Dependence«, die »Access Path Dependence« sowie die »Indexing Dependence« (Codd 1970: 378f.). Während die ersten beiden Abhängigkeiten in der Unterscheidung zwischen logischer und physischer Datenunabhängigkeit aufgehen, ist die Forderung nach der Unabhängigkeit von Datenbankindexen weder eindeutig der Seite der Physik noch der Logik zuzuordnen. Bei der Verwaltung großer Datenmengen wurde früh von Indexen Gebrauch gemacht, um die Performanz des Systems bei der Abfrage bestimmter Informationen zu erhöhen, indem alternative Ordnungen der in der Datenbank enthaltenen Informationen erzeugt werden. Erweisen sich Indexe bei der Informationsabfrage einerseits als vorteilhaft, zieht ihr Gebrauch andererseits Nachteile beim Einfügen und bei der Modifikation von Informationen nach sich. Daher bleibt ihr praktischer Einsatz stets ein Kompromiss, was zur häufig wechselnden Indexen führt. Hieraus ergibt sich die Forderung, dass Anwendungen unabhängig von den aktuell vorhandenen Indexen die gewünschten Informationen abfragen können und zugleich durch das DBMS in die Lage versetzt werden sollen, diese so schnell wie möglich zu finden (vgl. Codd 1970: 378).

22 | Als »Integrity Independence« bezeichnet Codd die Gewährleistung der logischen Integrität einer Datenbank, die nicht durch Nutzer, sondern durch das DBMS sicherzustellen sei. Die »Distribution Independence« betrifft Herausforderungen, welche bei der verteilten Speicherung von Datenbanken auftreten. In diesem Zusammenhang sei zu gewährleisten, dass Informationsbestände in verteilten Datenbanksystemen reorganisiert werden können, ohne dass dies Auswirkungen auf die Nutzer bzw. Anwendungsprogramme hat (vgl. Codd 1990: 345ff.). Unter einer verteilten Datenbank versteht man eine Datenbank, deren Informationsbestand auf mehreren unabhängig voneinander operierenden Computern verteilt und verwaltet wird.

23 | Die Relativität der Datenunabhängigkeit zeigt sich darüber hinaus auf einer weiteren Ebene, die Stonebraker in seiner Kritik an der von Date und Hopewell

An der Diskussion und den Entwicklungsbemühungen um Datenunabhängigkeit wird deutlich, dass digitale Informationen keine autonomen Entitäten sind, die rein immateriell oder virtuell sind und die beliebig von Computern verarbeitet werden können. Sofern die in Datenbanken gespeicherten Informationen ein gewisses Maß an Autonomie aufweisen, ist diese Autonomie ein Effekt der Informationssysteme, in denen die Informationen versammelt sind und verwaltet werden. Kurzum: Autonomie ist keine Wesenseigenschaft digitaler Information, sondern Leistungsmerkmal von digitalen Informationssystemen. Wie im Folgenden zu sehen sein wird, boten die seit Ende der 1960er Jahre entwickelten abstrakten Datenbankarchitekturen eine konzeptuelle Lösung des Problems der physischen und logischen Datenunabhängigkeit.

DATENBANKMODELLE: ARCHITEKTUREN FÜR DATENUNABHÄNGIGKEIT

Die medien- und kulturwissenschaftliche Auseinandersetzung mit digitalen Datenbanktechnologien fokussierte bisher einseitig die Datenmodelle, mit denen DBMS operieren, d.h. die konkreten Verfahren, mit welchen Daten modelliert und verarbeitet werden. Aus einer technikhistorischen Perspektive rekonstruiert Gugerli beispielsweise den in den 1970er Jahre schwelenden Disput zwischen Vertretern des Netzwerkmodells und des relationalen Datenmodells (Gugerli 2007a, 2009). Und Krajweski unterzieht das relationale Datenmodell einem medientheoretischen Vergleich mit dem objektorientierten Modell der Datenverwaltung (Krajewski 2007). Auch wenn Datenmodelle im Kontext digitaler Datenbankentechnologien zweifellos wichtig sind, soll im Folgenden zunächst die zentrale Bedeutung von Datenbankarchitekturen herausgearbeitet werden, welche mit dem Ziel entwickelt wurden, das Problem der Datenunabhängigkeit zu lösen. Maßgeblich waren die Vorschläge der *Conference on Data Systems Languages* und der *ANSI/X3/SPARC Study Group on DBMS*.

---

eingeführten Unterscheidung zwischen logischer und physischer Datenunabhängigkeit herausarbeitet (Stonebraker 1974). Seines Erachtens sind die möglichen Änderungen, die an der physischen Ordnung sowie der logischen Struktur einer Datenbank vorgenommen werden können, nicht gleich zu behandeln. Vielmehr seien triviale von komplexen Fällen zu unterscheiden. Während Datenunabhängigkeit bei trivialen Änderungen leicht gewährleistet werden könne, sei dies bei komplexen Modifikationen nicht der Fall. Nach Ansicht von Stonebraker ist es möglich, in der Theorie DBMS zu konzeptualisieren, die Nutzer von komplexen Änderungen an einer Datenbank abschirmen. Hierdurch werde das System seines Erachtens jedoch »hopelessly complex« (Stonebraker 1974: 64), sodass die praktische Realisierung von derartigen DBMS impraktikabel wird. Deshalb macht sich Stonebraker notwendigerweise für eine graduelle Sicht auf Datenunabhängigkeit stark.

Von der Datenbank zur Datenbankarchitektur

Die Conference on Data Systems Languages (CODASYL) wurde 1959 mit dem Ziel gegründet, eine Programmiersprache zu entwickeln, die sich zur Implementierung datenintensiver Anwendungen eignet, wie sie insbesondere in betriebswirtschaftlichen Kontexten vorkommen (vgl. Sammet 1985: 289). Ein Ergebnis dieses Zusammenschlusses von Vertretern aus der Wissenschaft, der Computerwirtschaft sowie von Computernutzern war die Spezifikation der Programmiersprache COBOL, die ihren primären Anwendungszweck bereits im Namen trägt, der die Abkürzung für Common Business Oriented Language ist. Darüber hinaus wird CODASYL heute vor allem mit einer Reihe wichtiger konzeptioneller Entwicklungen im Bereich digitaler Datenbanktechnologien in Verbindung gebracht.

Die dezidierte Hinwendung zu Datenbanken wurde 1965 angestoßen, als das COBOL-Programmiersprachenkomitee auf Initiative von Warren Simmons, einem Vertreter der Firma US Steel, eine Arbeitsgruppe einsetzte, die sich mit der Erweiterung von COBOL um Funktionalitäten zur Handhabung großer Datensammlungen, d.h. Datenbanken, befassen sollte (vgl. Olle 1978: 3). Zunächst als List Processing Task Force gegründet, benannte sich die Gruppe 1967 in Data Base Task Group (DBTG) um. Zwischen 1968 und 1971 legte die Arbeitsgruppe eine Reihe von Berichten vor, in denen sie die Ergebnisse ihrer Tätigkeit präsentierte. Als wirkmächtig erwies sich vor allem die funktionale Spezifikation von Datenbankmanagementsystemen, die nicht zuletzt auch die Anerkennung digitaler Datenbanken als einem eigenständigen Forschungsfeld in der Informatik befördert hat (vgl. CODASYL Data Base Task Group 1968, 1969, 1971).[24] DBMS werden als eigenständige Software-Hardware-Konfigurationen konzipiert, die Informationssammlungen unabhängig im Computer verwalten und diese als Informationsbestand anderen Anwendungen zur Verfügung stellen.[25] Hierdurch wird die programmgesteuerte Auswertung und der nutzerseitige Umgang mit digitalen Informationen von ihrer Verwaltung im Computer abgetrennt, sodass Datenbanktechnologien weitgehend losgelöst von Fragen der Softwareentwicklung respektive Programmiersprachen entwickelt werden können.

Die Entkopplung von Datenauswertung und Datenverwaltung spiegelt sich auch in der zweiten wichtigen Neuerung wider, welche die CODASYL-DBTG eingeführt hat. Vorgeschlagen wurde die strikte Unterscheidung von zwei Arten von (Program-

---

24 | Ein Indiz für die wachsende Anerkennung von Datenbankproblemen ist Haigh zufolge die Verleihung des *Turing Award* an Charles Bachman im Jahr 1973 (vgl. Haigh 2007: 81)

25 | Auch wenn unter DBMS heute zumeist Softwareanwendungen verstanden werden, sollte der Aspekt der Hardware nicht vernachlässigt werden. DBMS wurden und werden häufig in Kombination mit speziell für Datenbankverwaltungsaufgaben optimierten Computersystemen, sogenannten Datenbankmaschinen, vertrieben und eingesetzt.

mier-)Sprachen, die DBMS bereitstellen müssen: eine Data Description Language (DDL) einerseits und eine Data Manipulation Language (DML) andererseits. Während die DDL der strukturellen Beschreibung von Informationsbeständen und damit der internen Verwaltung von Datensammlungen dient, stellt die DML elementare Operationen zur Verfügung, um Daten in eine Datenbank einzufügen, sie abzufragen, zu ändern und zu löschen.[26] Die DML zielt nach außen und bildet die Schnittstelle, mittels derer andere Anwendungsprogramme und Nutzer auf Datenbanken zugreifen können.[27]

Schließlich hat die *Data Base Task Group* das Netzwerkdatenmodell formuliert, auf dessen Grundlage die strukturelle Beschreibung von Datenbanken möglich ist. Bei dem als Alternative zu hierarchischen Modellierungsverfahren entwickelten Datenmodell handelt es sich sicherlich um den bekanntesten Beitrag von CODASYL zur Theorie digitaler Datenbanksysteme. Bekannt ist das Netzwerkdatenmodell aber vor allem deshalb, weil es sich in der Folgezeit nicht gegen das relationale Datenmodell durchsetzen konnte. Diese zweifelhafte Prominenz erweist sich in medienhistorischer Hinsicht durchaus als problematisch, da mit dem Scheitern des Netzwerkdatenmodells tendenziell die Wirkung aus dem Blick geraten ist, die die Arbeiten der CODASYL-DBTG auf die spätere Datenbankentwicklung hatten.[28]

Fortbestand hatte nicht das Netzwerkdatenmodell, sondern die grundlegende Idee von DBMS, die auf dem Ziel beruht, die technische Informationsverwaltung von der prozeduralen Informationsverarbeitung zu entkoppeln. Konzeptionell schlägt sich dies zum einen in der bereits erwähnten Unterscheidung von DDL und DML nieder, deren Verhältnis zueinander wie folgt bestimmt wurde: »The relationship

---

26 | Der Unterschied zwischen der Datendefinitions- und der Datenmanipulationssprache wurde im Zwischenbericht der CODASYL-DBTG wie folgt erklärt: »The DDL is the language used to declare a SCHEMA. A SCHEMA is a description of a DATABASE, in terms of the names and characteristics of the DATA-ITEMS, RECORDS, AREAS, and SETS included in the database, and the relationships that exist and must be maintained between occurrences of those elements in the database. [...] The DML is the language which the programmer uses to cause data to be transferred between his program and the database« (CODASYL Data Base Task Group 1969: 2-1).

27 | Ein Vorteil der Unterscheidung zwischen DDL und DML ist nach Ansicht der Mitglieder der CODASYL-Arbeitsgruppe, dass die Definition der Datenstruktur in der Datenbank unabhängig ist von den Programmiersprachen, mit denen Anwendungen für die Datenbank implementiert werden: »The specification of separate Data Description and Data Manipulation Languages is significant in that it allows databases described by the Data Description Language to be independent of the host languages used for processing the data. Of course, for this to be possible, the host language processors must be able to interface with such independent descriptions of data« (CODASYL Data Base Task Group 1969: i).

28 | Auf das Netzwerkdatenmodell wird im Unterkapitel »Data + Access« (S. 245ff.) noch näher eingegangen.

between the DDL and DML is the relationship between declarations and procedure« (CODASYL Data Base Task Group 1969: II-2). Auf der Seite der strukturellen
Beschreibung des Datenbestands manifestiert sich dieses Ziel zum anderen in der
Unterscheidung zweier Beschreibungsebenen und damit zweier Sichten auf digitale
Informationen, die als Schema und Subschema bezeichnet werden. Das Schema beschreibt die Struktur aller in der Datenbank enthaltenen Informationen, wohingegen Subschemata Teilsichten auf den Datenbestand modellieren: »The concept
of separate schema and sub-schema allows the separation of the description of the
entire database from the description of portions of the database known to individual programs« (CODASYL Data Base Task Group 1969: II-5).

Die beiden Sichten auf Informationen, die in die Unterscheidung von Schema
und Subschema eingeschrieben sind, spiegeln die unterschiedlichen Bedürfnisse
zweier Interessengruppen wider, die in der DBTG aufeinander trafen, wie ein ehe-
maliges Mitglied der Gruppe später berichtet:

»The arguments which were raging during the years 1967 and 1968 reflected the two
principle types of background from which contributors to the data base field came.
People like Bachman, Dodd and Simmons epitomize the manufacturing environment
[...]. Others, such as those who had spoken at the early 1963 SDC symposium, and
indeed myself had seen the need for easy to use retrieval languages which would
enable easy access to data by non-programmers. [...] One sentence by Bachman
sums up what in retrospect could be the only conclusion with respect to the two
approaches: ›Each has its place; both are necessary‹.« (Olle 1978: 3)

Der Disput zwischen Herstellern und Nutzern führt zu der 1969 eingeführten
Zwei-Ebenen-Architektur von Schema und Subschema, die als Metamodell der
Informationsmodellierung begriffen werden kann. Während Schema und Subschema der Beschreibung einer Informationssammlung respektive einer Teilsicht
darauf dienen, modelliert die Unterscheidung zwischen beiden den Informationsfluss zwischen der unsichtbaren Tiefe des Computers und der Benutzeroberfläche,
den das DBMS steuert. Das Schema dient der Verwaltung von Informationssammlungen und organisiert die Ablage der Informationen im Speicher: »The schema
describes the database in terms of the characteristics of the data as it appears in
secondary storage and the implicit and explicit relationship between data elements«
(CODASYL Data Base Task Group 1969: 2-2). Dies bleibt für die Nutzer eines
Informationsbestands unsichtbar. Sie können auf die Datenbank nur mittels eines
Subschemas zugreifen, welches eine spezifische Sicht auf die Datenbank eröffnet.
Während das Schema die Verwaltung von Informationen in der Tiefe des Computers
modelliert, zielen Subschemata auf die Verarbeitung der Datenbankinformationen
in verschiedenen Anwendungsprogrammen und deren nutzerseitigen Gebrauch an
der Oberfläche. Die Unterscheidung beider Ebenen gewährleistet die Anschlussfähigkeit eines Informationsbestands an unterschiedliche Gebrauchskontexte, wie
Abbildung 7 verdeutlicht. Der Gebrauch von Informationen an der Benutzerober-

fläche und ihre Verwaltung in der Tiefe des Computers unterliegen dabei unterschiedlichen Gebrauchslogiken und organisieren dieselben Informationen auf verschiedene Weise. Die Übersetzung zwischen beiden Ebenen soll durch das DBMS gewährleistet werden, was nach Ansicht der Mitglieder der DBTG ein gewisses Maß an Datenunabhängigkeit sicherstellt.

Abb. 7: Zwei-Ebenen-Architektur[29]

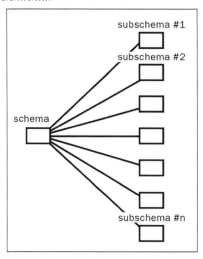

Änderungen im Datenbankschema, d.h. in der Art und Weise, wie Informationen im Speicher abgelegt sind, wirken sich nicht notwendig auf Anwendungsprogramme aus, da deren Sicht auf die gespeicherten Informationen durch das Subschema definiert wird, welches sich »in certain important aspects« (CODASYL Data Base Task Group 1969: II-5) vom Schema unterscheiden kann.[30] Insofern stellen Subschemata

---

29 | In den Berichten der CODASYL-DBTG findet sich noch keine Visualisierung der Zwei-Ebenen-Architektur. Diese Darstellung lehnt sich an Bachmans Vergleich zwischen der CODASYL- und der ANSI/X3/SPARC-Architektur an (vgl. Bachman 1975: 570).

30 | Die Autoren des Berichts führen neben der Datenunabhängigkeit zwei weitere Vorteile an, die die Zwei-Ebenen-Architektur ihrer Ansicht nach hat. So dient die Einführung von Nutzersichten auf Datenbanken auch der Entlastung von Programmierern und dem Schutz der Datensicherheit und der -integrität. Solange Informationen noch nicht in Datenbanken integriert gesammelt und verwaltet wurden, mussten Programmierer nur mit denjenigen Informationen umgehen, die für ihren konkreten Anwendungsfall relevant waren. Dies ändert sich durch Datenbanken, sodass sich Programmierer unter Umständen mit Informationen konfrontiert sehen, die für sie irrelevant sind. Deshalb werden durch die Definition von Subschemata Teilsichten auf den Datenbestand deklariert, die nur diejenigen

eigene Informationsmodelle dar, welche jedoch auf dem darüber liegenden Schema beruhen und mit diesem kompatibel sein müssen.[31]

Tertium Datur: Die ANSI/X3/SPARC-Datenbankarchitektur

Die Idee, verschiedene Sichten auf Informationen und damit einhergehend unterschiedliche Ebenen des Umgangs mit digitalen Informationen systematisch voneinander zu unterscheiden, wurde in der Entwicklergemeinschaft positiv aufgenommen. Jedoch stellte sich bald heraus, dass die Differenzierung von nur zwei Ebenen nicht hinreichend ist, um Datenbanken und die sie verwaltenden Systeme zu beschreiben. Die Differenzierung von Schema und Subschema wiederholt die doppelte Logik von unsichtbarer Repräsentation im digitalen Code und phänomenaler Präsentation an der Benutzeroberfläche, die allen digitalen Medienobjekten eingeschrieben ist (vgl. National Institute of Standards and Technology 1993: A2). Infolgedessen fällt in der CODASYL-Architektur die semantische Ordnung der zu speichernden Informationen mit ihrer Speicherordnung zusammen.

Im Schema sind zwei Sichten auf Information miteinander verschaltet und überlagern sich notwendig in dessen Definition. Um diesem Problem zu entgehen, wurde eine dritte Beschreibungsebene digitaler Informationen eingeführt: das konzeptuelle Schema. Der erste Entwurf einer Drei-Ebenen-Datenbankarchitektur wurde 1970 von der *Joint GUIDE-SHARE Data Base Requirements Group* in einem Bericht vorgelegt, der es zum Ziel hatte, die Anforderungen an ein Datenbankmanagementsystem zu spezifizieren.[32] Die Mitglieder der gemeinsamen GUIDE-SHARE-Arbeitsgruppe standen den Vorschlägen der CODASYL-DBTG zwar kritisch gegenüber (vgl. Haigh 2009: 18). Dennoch findet sich in ihrem Bericht auch die Unterscheidung verschiedener Sichten auf Informationen in Datenbanken, wobei der externen Sicht der Nutzer bzw. der Anwendungsprogramme (*Logical*

Informationen zugänglich machen, die gebraucht werden. Zudem birgt der freie Zugriff auf eine Datenbank die Gefahr, dass geschützte Informationen unerlaubt eingesehen oder gar verändert werden, weshalb die Definition von Nutzersichten auf Datenbanken auch zur Datensicherheit beiträgt (vgl. CODASYL Data Base Task Group 1969: II-5).

31 | Das Maß an Datenunabhängigkeit, welches durch die Differenzierung von Schema und Subschema gewährleistet wird, ist relativ gering. So hat Canning kritisiert, dass sich Änderungen im Schema durchaus auf ein Subschema auswirken können, was zur Konsequenz hat, dass eine Dependenz zwischen DDL und DML gibt. Kurzum: Anwendungsprogramme müssen bei Schemaänderungen angepasst werden (vgl. Canning 1972: 11)

32 | Neben SHARE war GUIDE (Guidance of Users of Integrated Data-Processing Equipment) eine zweite IBM-Nutzergruppe, die ebenfalls in den 1950er Jahren gegründet wurde. Während sicht GUIDE 1999 aufgelöst hat, besteht SHARE noch immer fort.

Record) und der materiellen Verkörperung von Informationen im Speicher (*Stored Record*) eine dritte Ebene hinzugefügt wird, welche die Autoren als *Entity Record* bezeichnen (vgl. Joint GUIDE-SHARE Database Requirements Group 1970: 3.2ff.). Dieser situiert sich zwischen der internen und der externen Sicht auf Information und dient der Vermittlung zwischen beiden (vgl. Abb. 8).

Abb. 8: GUIDE-SHARE-Datenbankarchitektur

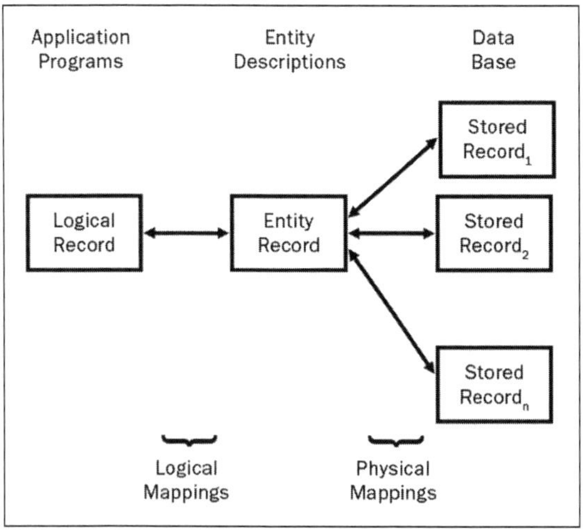

Quelle: Joint GUIDE-SHARE Database Requirements Group 1970: 3.5

Die im GUIDE-SHARE-Bericht dargelegte Datenbankarchitektur hatte wenig Einfluss auf die weitere konzeptuelle Entwicklung von Datenbanksystemen. Eine Ursache hierfür ist, dass die Unterscheidung der drei Ebenen im Rahmen des Berichts nur eine marginale Rolle einnimmt, wobei insbesondere die Darlegung des *Entity Record*-Konzepts unterbestimmt bleibt, wie Canning in seinem 1972 erschienenen *Report on Database Management* kritisierte: »The third concept is entity data. Entity data is a not-well-defined term« (Canning 1972: 7).[33]

Im Anschluss an die Vorarbeiten der CODASYL-Arbeitsgruppe und der Joint GUIDE-SHARE Data Base Requirements Group hat die ANSI/X3/SPARC Study Group on DBMS eine Datenbankarchitektur entwickelt, die bis heute den konzeptuellen, aber auch idealisierten Rahmen bildet, in dem sich der Entwurf digitaler Datenbanken vollzieht. Gegründet wurde die Datenbank-Forschergruppe 1972 von der Abteilung *X3* (Computers & Information Processing) des *Standards Planning and Requirements Committee* (SPARC) im *American National Standards Institute* (ANSI). Die Gruppe hatte den Auftrag, Möglichkeiten für Standardisierungen im

---

33 | Eine weitere Kritik wurde von Everest und Sibley vorgebracht, die einwenden, dass das Modell nur eine externe Sicht auf digitale Datensammlungen vorsieht (vgl. Everest/Sibley 1971: 105).

Bereich von DBMS zu evaluieren (vgl. Tsichritzis/Klug 1978: 176). Ähnlich wie es bei CODASYL der Fall war, fanden sich in der Arbeitsgruppe Vertreter aus der Wissenschaft, der Computerwirtschaft und Anwender zusammen. Auch personell gab es eine Überschneidung zwischen der CODASYL-DBTG und der ANSI/X3/ SPARC Study Group. So wirkte insbesondere Charles Bachman in beiden Arbeitsgruppen mit und prägte deren Ergebnisse in erheblichem Maße.

Als zentrale Herausforderung für den Entwurf von DBMS identifizierten die Mitglieder der ANSI/X3/SPARC-Gruppe das Problem der Datenunabhängigkeit (vgl. Tsichritzis/Klug 1978: 183). Obwohl die genaue Bedeutung des Begriffs Mitte der 1970er Jahre noch immer zur Disposition stand, war man in der Arbeitsgruppe davon überzeugt, dass die vorgeschlagene Datenbankarchitektur einen wichtigen Beitrag zur Gewährleistung von mehr Datenunabhängigkeit leisten wird. Der 1975 veröffentlichte Zwischenbericht charakterisiert die Drei-Ebenen-Datenbankarchitektur deshalb als Eckpfeiler des vorgeschlagenen Datenbanksystemmodells: »The three-level approach to modelling [sic] a database described in the Interim Report is the most significant aspect of the proposed system Model [sic]« (Study Group on Data Base Management Systems 1975: 2).

Abb. 9: Vergleich der CODASYL- und ANSI/X3/SPARC-Datenbankarchitektur

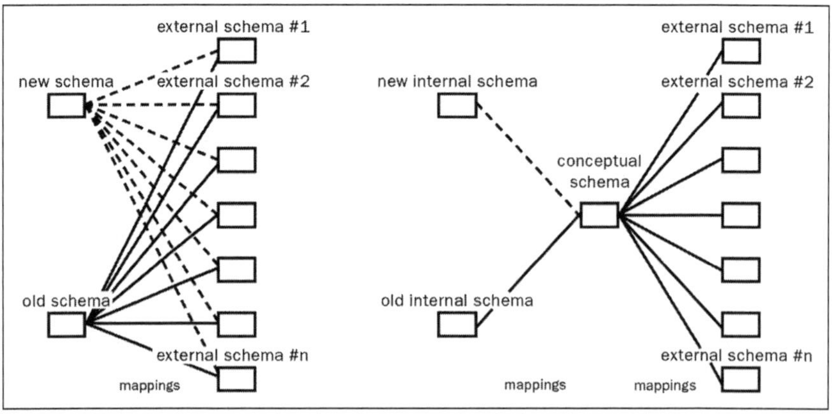

Quelle: Bachman 1975: 570

Der Unterscheidung von Schema und Subschema wird in der ANSI/X3/SPARC-Architektur die dreistufige Unterscheidung von internen, konzeptuellen und externen Schema gegenübergestellt. Während das externe Schema, so Bachman, mit dem Subschema der DBTG gleichzusetzen ist, spezifizieren das interne und das konzeptuelle Schema die zweite Ebene der CODASYL-Architektur: »[T]he External Data Description Language [...] can easily be related to the Sub Schema of the DBTG Report. The other two can be related to the schema of the DBTG Report« (Bachman 1974: 22). Demzufolge richtet sich der Vorschlag der ANSI/X3/SPARC-Arbeitsgruppe auf eine Ausdifferenzierung der Ebene des Schemas, bei der die konzeptuelle Beschreibung der zu versammelnden Informationen von der Logik der Speicherung entkoppelt wird. Hierdurch wird die semantische oder logische Struktur des Informationsbestands von dessen Strukturierung im Speicher abgelöst. Beide fallen nicht mehr in eins, sondern werden als unterschiedliche Ebenen betrachtet, zwischen denen es zu übersetzen gilt.

Im Rahmen der Drei-Ebenen-Datenbankarchitektur nimmt das konzeptuelle Schema eine Mittel- und Mittlerposition ein. Es situiert sich zwischen der internen Verarbeitungslogik des Computers sowie den externen Gebrauchslogiken der Nutzer und dient der Vermittlung zwischen diesen. Dabei stellt die Einführung des konzeptuellen Schemas im Vergleich zur Zwei-Ebenen-Architektur der CODASYL-DBTG streng genommen einen Umweg dar. An die Stelle der direkten Übersetzung zwischen der internen Repräsentation von Informationen und der externen Nutzersicht auf diese tritt ein zweistufiger Vermittlungsprozess. Auf diesen Umstand wird bemerkenswerter Weise sowohl im GUIDE-SHARE-Bericht als auch in den Publikationen der ANSI/X3/SPARC-Arbeitsgruppe hingewiesen. Beiden Gruppen erscheint dieser Umweg jedoch als notwendig, da er die Unabhängigkeit des Gebrauchs von Informationen von ihrer Ordnung im Speicher gewährleistet: »The placement of the conceptual schema between an external schema and the internal schema is necessary to provide the level of indirection essential to data independence« (Tsichritzis/Klug 1978: 184).[34] Deutlich wird dies in der folgenden Gegenüberstellung der beiden Architekturen (vgl. Abb. 9). Während die CODASYL-Datenbankarchitektur eine direkte Übersetzung zwischen der internen Speicherlogik und den externen Gebrauchslogiken von Information vorsieht, führt die ANSI/X3/SPARC-Datenbankarchitektur den »Umweg« eines konzeptuellen Schemas ein, das zwischen der Tiefe des Speichers und den Benutzeroberflächen von Datenbankinterfaces vermittelt.

In der CODASYL-Architektur wirkt sich jede Änderung am Schema einer Datenbank auf sämtliche Subschemata aus, da zumindest die »mappings« zwischen den beiden Ebenen neu definiert werden müssen und abhängig von den Änderungen am Schema gegebenenfalls auch die Deklarationen der Subschemata. Im Unterschied dazu können ausgehend vom konzeptionellen Schema unterschiedliche interne Schemata definiert werden, die nach außen hin für die Nutzer identisch sind. Auswirkungen haben Änderungen an der internen Speicherordnung infolgedessen allenfalls auf die Performance des Informationssystems, aber nicht auf dessen Funktionen. Darauf hat nur das konzeptuelle Schema einen Einfluss, von dem man jedoch annahm, dass es relativ beständig sei: »[I]t is anticipated that the Conceptual Schema will be very stable in nature« (Bachman 1974: 23).

---

34 | Im Bericht der Joint GUIDE-SHARE Data Base Requirements Group findet sich eine ähnliche Formulierung: »The level of indirection created by this use of the entity record type concept provides the environment of data independence« (Joint GUIDE-SHARE Database Requirements Group 1970: 3.6).

Durch die ANSI/X3/SPARC-Architektur wird der Informationsfluss zwischen Oberfläche und Tiefe modelliert. Es ist eine doppelte Bewegung von oben nach unten und von außen nach innen. An der Oberfläche operieren die Nutzer mit Informationen, die in der unsichtbaren Tiefe der Maschine gespeichert sind. Informationen fließen vertikal zwischen dem Speicher und den Benutzeranwendungen. Diese Vorstellung spiegelt sich in der gebräuchlichen Visualisierung der ANSI/X3/SPARC-Architektur wider, welche die horizontale Übersetzung zwischen dem internen, konzeptuellen und externen Schema(ta) in Bachmans Diagramm um 90 Grad dreht (vgl. Abb. 10). Oben sind die Nutzer und unten die Informationen, wie sie im Speicher hinterlegt sind.

Abb. 10: ANSI/X3/SPARC-Datenbankarchitektur

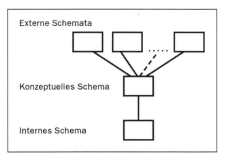

Der vertikale Informationsfluss zwischen dem Speicher und den Nutzern wird zudem als Übersetzung zwischen innen und außen gedacht. Das DBMS erscheint als eine geschachtelte Maschine, die im Kern eine Apparatur zur Verarbeitung von Signalen ist. Aus Sicht der Nutzer aber handelt es sich um eine Technologie, die es Ihnen erlaubt, mit Informationen und nicht mit Signalen umzugehen:

»The gross architecture is based in part upon the concept of nested machines. These machines began at the outside with the most complete support of database functionality and as each layer of machine is stripped away we find less logical capability and more physical capability until we reach the actual secondary storage device and its capability to read and write.« (Bachman 1974: 18)

Die elementaren Funktionen von Computern werden, so Bachman, stufenweise in komplexe logische Funktionen übersetzt, die zum nutzerseitigen Umgang mit Datenbanken notwendig sind. Erneut ist der Übergang nicht direkt, sondern basiert auf einem Schichten- oder Zwiebelmodell, bei dem die einzelnen funktionellen Ebenen autonom gegenüber den anderen sind.[35] Für die Implementierung komplexer

---

35 | Die Idee der Verschachtelung funktionaler Schichten ist Ende der 1960er Jahre im Bereich des Software Engineering aufgekommen. Auf einer 1968 von der NATO gesponserten Konferenz hat Edsger W. Dijkstra sein Modell von »Complexity con-

Anwendungen, wie z.b. die Suche nach sämtlichen Publikationen eines Autors, ist es weitgehend irrelevant, wie die hierfür benötigten elementaren Funktionen auf einer der darunterliegenden Ebenen technisch realisiert wurden.[36] Bedeutsam ist nur der Übergang zwischen den Schichten, der durch Schnittstellen gewährleistet wird, weshalb diese zu standardisieren seien: »[I]t emerged that what any standardization should treat is interfaces. There is potential disaster and little merit in developing standards that specify how components are to work« (Study Group on Data Base Management Systems 1975).

Abb. 11: Analyseebenen digitaler Datenbanktechnologien angelehnt an Marrs Modell von Informationssystemen

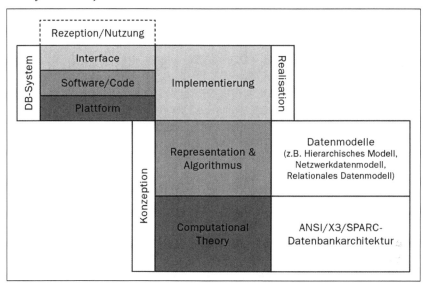

Die Drei-Ebenen-Architektur der ANSI/X3/SPARC Study Group kann im Anschluss an David Marr als Beschreibung der »computational theory« (Marr 1982: 27) digitaler Datenbanken im engen Sinn der Informatik betrachtet werden (vgl. Abb. 11). Sie beschreibt die elementaren Funktionen respektive Aufgaben von DBMS

---

trolled by hierarchical ordering of function and variability« (181) vorgestellt. Das Ziel der von Dijkstra beschriebenen Herangehensweise ist die Umwandlung von »a (for its user or for its manager) less attractive machine (or class of machines) into a more attractive one« (Dijkstra 1969: 181; siehe hierzu auch Rayley 2006).

36 | Beispiele hierfür sind die sogenannten höheren Programmiersprachen, wie z.B. C und Java, sowie *Frameworks*. Als *Framework* werden besondere Programmierumgebungen bezeichnet, die ein modulares Programmgerüst zur Verfügung stellen, welches die Grundlage oder den Rahmen für Programme darstellt (vgl. Gumm/Sommer 2009: 762).

sowie eine abstrakte Strategie zur Lösung des Informationsverwaltungsproblems, das sich im Begriff der Datenunabhängigkeit äußert. Nach Ansicht von Marr stellt die *Computational Theory* nur eine, wenngleich eine bedeutsame Dimension eines Informationssystems dar, die sich auf den Zweck und die Logik eines computertechnisch zu lösenden Problems bezieht. Davon unterscheidet er zwei weitere Ebenen: die der Repräsentation und der Algorithmen einerseits sowie die der physischen Implementierung des Systems andererseits.

Er weist darauf hin, dass zur Lösung jedes Informationsverarbeitungsproblems eine Reihe von Algorithmen und Datenrepräsentationen herangezogen werden können, die wiederum auf unterschiedliche Weise im tatsächlichen Informationssystem realisierbar sind. Demzufolge ist der Übergang von der abstrakten Ebene der funktionalen Spezifikation eines Systems hin zu einem konkreten Informationssystem doppelt kontingent. Darum ist es Marr zufolge unzureichend, nur eine der drei Ebenen zu betrachten. Wolle man ein Informationssystem verstehen, müsse man es auf den drei benannten Ebenen untersuchen, wobei die Betrachtung einer jeden Ebene Fragen aufwirft, die ziemlich unabhängig (*rather independent*) voneinander sind (vgl. Marr 1982: 25). Auch wenn sich Marr für eine integrierte Betrachtung stark macht, sind die drei Analyseebenen nicht gleich wichtig: »Although algorithms and mechanisms are empirically more accessible, it is the top level, the level of computational theory, which is critically important« (Marr 1982: 27). Daher sei es einfacher, die Funktionsweise eines Algorithmus zu verstehen, wenn man das zugrundeliegende Problem kennt, welches der Algorithmus löst, als wenn man eine konkrete Implementierung desselben betrachtet (vgl. Marr 1982: 27).[37]

Mit Marrs Modell von Informationssystemen lässt sich die Bedeutung und Funktion der ANSI/X3/SPARC-Architektur für die Entwicklung von Datenbanktechnologien gut nachvollziehen.[38] Denn die in der Architektur eingeschriebene Unterscheidung von drei Informationsebenen und die hierauf beruhende Modellierung des Informationsflusses in Datenbanken kann als Basis für die Implementierung von partikularen DBMS betrachtet werden. Sie modelliert die Funktion eines DBMS als zweifache Übersetzungsleitung zwischen dem internen Schema des Computers und den externen Schemata der Nutzer respektive Anwendungsprogramme auf Grundlage eines konzeptuellen Informationsmodells.

---

37 | Ein Indiz hierfür ist, dass Algorithmen in Publikationen zumeist nicht in Programmcode, sondern in Pseudocode dargestellt werden.

38 | Sofern das Modell von Marr den unidirektionalen Übergang von einem Problem zu einem Lösungsansatz und schließlich zu einer konkreten Lösung nahe legt, greift es zu kurz, die Entwicklung von digitalen Medientechnologien zu beschreiben. Wie eingangs des Kapitels dargelegt wurde, eröffnete die Festplatte als konkrete Speichertechnologie den Problemhorizont, vor dem zentrale Datenbankkonzepte entwickelt wurden. Hierbei hat eine konkrete Technologie auf die Probleme zurückgewirkt, die technisch gelöst werden mussten.

Beschrieben wird jedoch nicht, wie dies tatsächlich mit Computern zu realisieren ist. An dieser Stelle setzen die diversen Datenmodelle an, welche in konkreten DBMS Verwendung finden. Durch die Drei-Ebenen-Datenbankarchitektur werden vielmehr die materiellen Bedingungen beschrieben, unter denen digitale Informationen ein gewisses Maß an Unabhängigkeit gegenüber den Programmen gewinnen, in denen sie verarbeitet werden. Hieraus resultiert der Eindruck der Immaterialität digitaler Informationen, der weder bloßer Schein, noch ein Wesensmerkmal dieser Informationen ist, sondern ein Leistungsmerkmal von Informationssystemen, die auf der *Computational Theory* der ANSI/X3/SPARC-Architektur beruhen.[39]

Beschreibt die ANSI/X3/SPARC-Architektur das *Computational Model* von Datenbanken im engen Sinn der Informatik, so ist dieses als ein kontingentes Modell der Versammlung und Verwaltung digitaler Informationen zu verstehen, welches gegenüber anderen Formen des Umgangs mit Sammlungen in digitalen Medien abgegrenzt werden muss. Dies ist möglich, wenn man danach fragt, wie die in der Architektur unterschiedenen drei Ebenen digitaler Informationen in anderen Gebrauchskontexten praktisch miteinander verschaltet werden. Hierdurch werden die mit DBMS verwalteten Informationssammlungen vergleichbar mit anderen Informationssammlungen, die aus Sicht der Informatik allenfalls Datenbanken im metaphorischen Sinn sind. Die von der ANSI/X3/SPARC Study Group on DBMS vorgeschlagene Architektur lässt sich daher als eine bestimmte Form der Verknüpfung der drei Ebenen digitaler Information begreifen, welche den Informationsfluss zwischen Oberfläche und Tiefe auf eine spezifische Weise konfiguriert. Kennzeichnend ist für diese unter anderem, dass die Ebene exakt bestimmt worden ist, auf der die strukturelle Beschreibung derjenigen Informationen ansetzt, die in Datenbanken gespeichert werden sollen.

Während das interne Schema die Ordnung von Informationen im Speicher modelliert und die externen Schemata unterschiedliche Sichten auf die Datenbank beschreiben, definiert das konzeptuelle Schema, welche Informationen potenziell in einer konkreten Datenbank verwaltet werden können. Das konzeptuelle Schema modelliert *eine* Realität, auf die sich die Datenbank bezieht und über die sie informieren wird. Es verweist zugleich auf ein Außen, auf *die* Welt, in der die Datenbank entworfen, entwickelt und betrieben wird und über die sie Auskunft gibt. Das Außen des konzeptuellen Schemas ist demzufolge ein anderes als das der externen Schemata, die die äußere Sicht der Nutzer auf den Informationsbestand im Inneren der Datenbank definieren. Das konzeptuelle Schema verweist auf eine Wirklichkeit,

---

39 | Die ANSI/X3/SPARC-Architektur stellt nur *eine* mögliche *Computational Theory* für digitale Datenbanken dar, in deren Zentrum die Forderung nach Datenunabhängigkeit steht. Dies zeigt sich in der Debatte um NoSQL-Datenbanken, die nicht nur explizit mit der SQL-Abfragesprache und dem ihr zugrunde liegenden relationalen Datenmodell brechen, sondern implizit auch mit der *Computational Theory* der ANSI/X3/SPARC-Architektur, S. 232f.

dcrcn Existenz zumindest als regulative Idee angenommen wird, wie die Mitglieder der ANSI/X3/SPARC Study Group am Ende ihres Zwischenberichts konstatieren (vgl. Study Group on Data Base Management Systems 1975: VIII-30) und in einem Diagramm veranschaulichen (vgl. Abb. 12).

Abb. 12: Not just Reality – Data

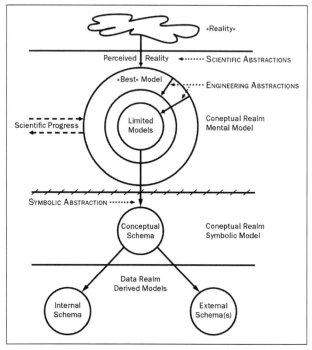

Quelle: Study Group on Data Base Management Systems 1975: VIII-32

Die Deklaration eines Modells der Wirklichkeit im konzeptuellen Schema wird als das Ergebnis einer dreifachen Abstraktion begriffen. Im ersten Abstraktionsschritt wird in einem wissenschaftlichen Erkenntnisprozess aus der wahrgenommenen Wirklichkeit ein Modell entwickelt. Von dem wissenschaftlich »besten« Modell wird im zweiten Abstraktionsschritt derjenige Ausschnitt bestimmt, der für das zu entwickelnde Datenbanksystem relevant ist. Schließlich wird dieses mentale Modell in einem symbolischen Abstraktionsprozess formalisiert und so als konzeptuelles Schema expliziert.[40] An diesem Metamodell kommen zwei zentrale Aspekte oder Motive des Entwurfs konzeptueller Schemata zum Vorschein, die für

---

40 | Dieses Modell der Modellierung konzeptueller Schemata basiert ohne Zweifel auf problematischen philosophischen und medientheoretischen Grundannahmen, die von den Autoren weder genau expliziert noch diskutiert werden. Daher ist anzunehmen, dass die Mitglieder der Arbeitsgruppe diesen Aspekten, Fragen und Pro-

eine weiterführende medientheoretische Auseinandersetzung mit Datenbanken grundlegend sind: die ökonomisch motivierte Reduktion des Schemas auf einen relevanten Weltausschnitt sowie der Aspekt der Formalisierung.

In Datenbanken ist ein beschränktes Modell einer Wirklichkeit eingeschrieben, welches im konzeptuellen Schema formalisiert wird. Derjenige Ausschnitt der Wirklichkeit, für den sich die Autoren der ANSI/X3/SPARC-Empfehlungen hauptsächlich interessieren, sind wirtschaftliche Unternehmen, weshalb ihre Erörterungen stets um diesen Kontext kreisen. Dementsprechend wird das konzeptuelle Schema beschrieben als »the enterprise's view of the structure it is attempting to model in the data base« (Study Group on Data Base Management Systems 1975: I-5). Bei der Explikation dieses Schemas geht es, wie Bachman dargelegt hat, um die Beschreibung der »basic nature of the enterprise« (Bachman 1974: 23). Gemessen an der Komplexität der »Realität« ist dieses Modell stets unvollständig, d.h. das konzeptuelle Schema reduziert die Komplexität der Wirklichkeit auf ein bestimmtes Abstraktionsniveau, welches die äußeren Grenzen der Datenbank markiert:

»While it may be the case that the universe is ›best‹ described by the interactions of 3.1081 quarks, the typical engineer is more apt to build his bridge by combining girders, cross braces and rivets. The molecular biologist may view the human being as a complex structure of water, protein molecules, DNA and other assorted chemicals, but to the insurance agent a human being is not much more than an age, sex, and checkbook. For any application one abstracts those aspects of ›reality‹ considered relevant and ignores the rest.« (Study Group on Data Base Management Systems 1975: VIII-30f.)

Was im Entwurf des konzeptuellen Schemas keinen Platz findet, hat in der Welt der Datenbank keine Existenz.[41] Die Grenzen des konzeptuellen Schemas sind die Grenzen der Datenbank. Dieser notwendigen Beschränktheit von Datenbanksystemen stellen die Mitglieder der Study Group das fragwürdige Versprechen entgegen, dass im konzeptuellen Schema zwar nicht alle, aber doch zumindest alle *relevanten* Aspekte der Wirklichkeit modelliert werden. Hierbei ersetzen die Autoren letztlich eine Vollständigkeitsutopie (die Datenbank enthält alle Informationen) durch eine andere (die Datenbank enthält alle wichtigen Informationen). Darüber, welche Aspekte von Bedeutung sind und welche nicht, lässt sich jedoch trefflich streiten. Daher sind die konzeptuellen Modelle von Datenbanken nie bloßes Abbild der Wirklichkeit, sondern eine Konstruktion dieser.

---

blemen keine zentrale Bedeutung beigemessen haben, weshalb von dem Versuch abgesehen wird, das Modell einer detaillierten Kritik zu unterziehen.

41 | Die Unvollständigkeit von konzeptuellen Schemata wird auch in Bezug auf den ökonomischen Gebrauchskontext erwähnt: »As the conceptual schema is a formal model of the enterprise, when the situation is at all complex, the model may be logically incomplete« (Study Group on Data Base Management Systems 1975: I-6).

An dieser Stelle lohnt sich ein Rückblick auf die These von Lev Manovich, die Datenbank fungiere als symbolische Form der digitalen Medienkultur. Manovich versteht die Datenbank in erster Linie als Gegenmodell *von* und Voraussetzung *für* Erzählungen im Zeitalter digitaler Medientechnologien. Seine Analyse beschränkt sich, wie im Kapitel »Datenbank« bereits kritisch angemerkt wurde, jedoch weitgehend auf die Oberfläche verschiedener Benutzerinterfaces. Demgegenüber erlaubt es die Betrachtung der ANSI/X3/SPARC-Datenbankarchitektur, den Prozess der symbolischen Formung in den Blick zu nehmen, der sich *in*, *mit* und *durch* digitale Datenbanken im engeren Sinn von DBMS vollzieht.

Die Drei-Ebenen-Datenbankarchitektur als Metamodell der Informationsmodellierung in Datenbanken im Allgemeinen und das konzeptuelle Schema als Medium (im doppelten Sinn von Mitte und Mittler) zwischen der internen Verarbeitungslogik des Computers und den externen Gebrauchslogiken der Nutzer im Besonderen strukturieren die Versammlung, Verwaltung, Abfrage und Auswertung von Informationen in und mit Computerdatenbanken. Es handelt sich dabei gleichermaßen um eine Weise der Herstellung »computer-lesbare[r] Signifikanz« (Becker/Stalder 2009b: 8) wie um eine der Wirklichkeitserschließung, da das konzeptuelle Schema festlegt, was im Rahmen einer Datenbank als Information zählt und somit spezifiziert, welcher Ausschnitt der Wirklichkeit wie beschrieben werden kann. In dieser Hinsicht kann das konzeptuelle Schema als eine jener »Formen des Weltbegreifens und Weltverstehens« (Cassirer 1956 [1938]: 209) betrachtet werden, die Ernst Cassirer in seiner Kulturphilosophie mit dem Begriff der symbolischen Form konzeptualisiert und untersucht hat.

Cassirers Hinwendung zu symbolischen Formen kann als kulturwissenschaftliche Umdeutung von Kants kritischer Philosophie betrachtet werden, wie er in der Einleitung zum ersten Band der *Philosophie der symbolischen Formen* herausstellt (vgl. Cassirer 2001 [1923]: 8ff.). Anders als Kant fragt Cassirer jedoch nicht nach den transzendentalen Bedingungen der Möglichkeit von Erkenntnis überhaupt, sondern versucht, unterschiedliche historisch wandelbare und kulturell bedingte Erkenntnisformen freizulegen, wie z.B. Sprache, Mythos, Wissenschaft und Kunst. Cassirers kulturphilosophisches Projekt zielt auf eine »Phänomenologie der Erkenntnis« (Cassirer 1956 [1938]: 208), wobei er den Erkenntnisbegriff explizit nicht auf den Bereich des naturwissenschaftlich-mathematischen Wissens begrenzt wissen will. Erkenntnis konstituiert für Cassirer vielmehr »jede geistige Tätigkeit, in der wir uns eine ›Welt‹ in ihrer charakteristischen Gestaltung, in ihrer Ordnung und in ihrem ›So-Sein‹, aufbauen« (Cassirer 1956 [1938]: 208). Entscheidend für das Fragen nach und die Untersuchung von »verschiedene[n] ›Dimensionen‹ des Erkennens, des Verstehens, des Denkens« (Cassirer 1956 [1938]: 208) ist die von Kant übernommene Überzeugung, dass Erkenntnis kein bloßes Empfangen von Gegebenem ist, sondern ein aktives Geschehen, dem Cassirer zufolge »eine ursprünglich-bildende, nicht bloß eine nachbildende Kraft innewohnt« (Cassirer 2001

[1923]: 8).[42] Diese *ursprünglich-bildende* Kraft des Erkennens artikuliert sich auf unterschiedliche Weise in verschiedenen symbolischen Formen, welche Cassirer wie folgt definiert:

»Unter einer ›symbolischen Form‹ soll jede Energie des Geistes verstanden werden, durch welche ein geistiger Bedeutungsgehalt an ein konkretes sinnliches Zeichen geknüpft und diesem Zeichen innerlich zugeeignet wird. In diesem Sinne tritt uns die Sprache, tritt uns die mythisch-religiöse Welt und die Kunst als je eine besondere symbolische Form entgegen. Denn in ihnen allen prägt sich das Grundphänomen aus, daß unser Bewußtsein sich nicht damit begnügt, den Eindruck des Äußeren zu empfangen, sondern daß es jeden Eindruck mit einer freien Tätigkeit des Ausdrucks verknüpft und durchdringt. Eine Welt selbstgeschaffener Zeichen und Bilder tritt dem, was wir die objektive Wirklichkeit der Dinge nennen, gegenüber und behauptet sich gegen sie in selbständiger Fülle und ursprünglicher Kraft.« (Cassirer 1923: 15)

Sprachliche, mythische, künstlerische ebenso wie wissenschaftliche Erkenntnis stellen für Cassirer somit verschiedene Weisen der symbolischen Formung des Gegebenen dar, welche der Autor in *Der Gegenstand der Kulturwissenschaft* auch als »vorlogische Strukturierung« (Cassirer 2008 [1942]: 174) bezeichnet. Diese vor- oder wenn man so will: kulturlogische Strukturierung artikuliert sich in unterschiedlichen »Weisen der Zuordnung« (Cassirer 2008 [1942]: 174) des Gegebenen. Der Geist, dem Cassirer zufolge die bildende Kraft symbolischer Formen innewohnt, erfindet demzufolge keine bloßen Phantasiewelten. Die »Erschaffung bestimmter geistiger Bildwelten« (Cassirer 2001 [1923]: 24) ist vielmehr abhängig von der Welt, die sich durch verschiedene symbolische Formen jedoch auf je unterschiedliche Weise als Welt entfaltet (vgl. Cassirer 1956 [1938]: 208f.).[43] Dabei müssen die Weisen der Zuordnung Cassirer zufolge »überall an anschauliche Gliederungen anknüpfen« (Cassirer 2008 [1942]: 173). Ähnlich wie Cassirer in Bezug auf Technik feststellt, ver-

---

42 | In der Kritik der reinen Vernunft postuliert Kant, dass es sich von der Vorstellung zu verabschieden gelte, »alle unsere Erkenntnis müsse sich nach den Gegenständen richten« (Kant 2000: B-XVI). Vielmehr sei anzunehmen, dass »sich aber der Gegenstand (als Objekt der Sinne) nach der Beschaffenheit unseres Anschauungsvermögens« (Kant 2000: B-XVIII) bildet. Daher ist Kant zufolge danach zu fragen, wie sich das menschliche Anschauungs- und Erkenntnisvermögen in das Erkennen a priori einschreibt und unser Wissen von der Welt bedingt. Bei Cassirer erfährt Kants Frage nach den transzendentalen Bedingungen der Möglichkeit von Erkenntnis eine kulturphilosophische Wendung; siehe hierzu auch Wirth (2008b: 14ff.).

43 | Nach Ansicht von Cassirer ist es unmöglich, die Welt losgelöst von symbolischen Formen zu erkennen. Daher besteht die Aufgabe der Kulturphilosophie darin, diese Bildwelten »in ihrem gestaltenden Grundprinzip zu verstehen und bewußt zu machen« (Cassirer 2001 [1923]: 50f.).

dunkeln symbolische Formen das »Sein nicht, sondern mach[en] es von einer neuen Seite her sichtbar« (Cassirer 2009 [1930]: 44).

Sofern es sich bei symbolischen Formen im Sinne Cassirers um Weisen der Sichtbarmachung bzw. Erschließung der Welt handelt, kann das konzeptuelle Schema der ANSI/X3/SPARC-Datenbankarchitektur als Weise der symbolischen Formung *in*, *mit* und *durch* Computer verstanden werden. Denn das konzeptuelle Datenbankschema stellt keine nachträgliche Interpretation von Informationen dar, sondern gibt eine Struktur vor, die bestimmt, wie Informationen in Datenbanken versammelt werden können und wie auf sie zugegriffen werden kann. Kurzum, das Schema bedingt, was DBMS verwalten und worüber sie informieren können. Es dient als Vermittler zwischen der Speicherlogik des Computers und unterschiedlicher Gebrauchslogiken von Information, indem es ermöglicht, die digitalen Daten im Speicher (Binärketten) als bestimmte Information (beispielsweise als Name, Freund, Autor, ISBN-Nummer, Nachricht, Blogeintrag, Artikel, Kommentar, Bewertung, Schlagwort etc.) zu adressieren. Infolgedessen dürfen Datenbanken nicht als passive Container verstanden werden, die als bloßer Speicher bereits existierender Informationen dienen. Vielmehr bringen sie die Informationen, die in ihnen verwaltet werden, mit hervor. Einerseits geben Datenbankinformationen zwar Auskunft über etwas außerhalb der Datenbank Liegendes (Repräsentation), anderseits legt das konzeptuelle Informationsmodell der Datenbank fest, was überhaupt als Information zählt, d.h. durch welche Informationen die Wirklichkeit beschrieben wird (Konstruktion). Insofern macht das konzeptuelle Schema die Welt »von einer neuen Seite her sichtbar« (Cassirer 2009 [1930]: 44). Dass es sich hierbei stets um einen beschränkten Wirklichkeitsausschnitt handelt, dessen informationelle Beschreibung zumeist ökonomisch motiviert ist, wurde bereits erwähnt. Entscheidend ist an dieser Stelle, dass die im konzeptuellen Schema formalisierte *Weise der Zuordnung* nicht sekundär ist, sondern vorschreibt, was in einer Datenbank als Information zählt und in dieser als Information über Realität versammelt werden kann. Besonders offenkundig wird dies bei genuin digitalen Medienobjekten bzw. Inhalten, wie z.B. den Nutzerprofilen in sozialen Netzwerken, deren Struktur bestimmt, wie sich Personen präsentieren, wie sie mit anderen Nutzern interagieren und welche Beziehungen zwischen ihnen bestehen können. Weniger offensichtlich ist dies bei der Versammlung von Informationen über realweltliche Objekte, die scheinbar eindeutig bestimmt sind, wie dies z.B. bei der Katalogisierung von Büchern der Fall ist. Doch auch Bücher lassen sich nicht nur auf eine Weise beschreiben, woran zugleich deutlich wird, dass es sich hierbei um kein Spezifikum digitaler Datenbanken handelt, sondern auf Informationsinfrastrukturen im Allgemeinen zutrifft, die z.B. auch in Kategorisierungen oder Standards realisiert werden.[44]

---

44 | In *Sorting Things Out* haben Geoffrey Bowker und Susan Leigh Star dies am Beispiel von Standards und Klassifikationssystemen wie dem *International Statistical*

Ein Buch, welches in einer bibliographischen Datenbank verzeichnet wird, existiert auch unabhängig von seiner Katalogisierung. Was durch den Datenbankkatalog hervorgebracht wird ist deshalb nicht das Buch als Text, sondern Informationen über ein Buch als Entität, in Gestalt eines bibliographischen Eintrags. Historisch haben sich die Aspekte (Autor, Titel, Verlag, Erscheinungsort, Erscheinungsjahr, ...), durch die Bücher beschrieben werden, weithin stabilisiert. Jedoch stehen die Modi der bibliographischen Beschreibung nicht fest. So kann »dasselbe Buch« beispielsweise im Kontext der bibliothekarischen und archivarischen Erschließung unterschiedliche Gestalt annehmen. Wird es vom Bibliothekar als eigenständige Entität katalogisiert, betrachtet es der Archivar als Teil einer Sammlung oder eines Bestands und erschließt es als solches.[45] Hieran werden unterschiedliche Politiken und Praktiken des »als Eins zählen[s]« (Badiou 2005: 37) deutlich, welche in unterschiedlichen konzeptuellen Schemata formalisiert und technisch operativ werden können. Durch die Erfassung eines Dokuments in einem Katalog wird dieses als Entität eines bestimmten Typs festgelegt. Dem Buch wird etwas hinzugefügt, was diesem nicht immanent ist. Daher ist es im Kontext einer Bibliothek etwas anderes als im Kontext eines Archivs, was sich in den Informationen zeigt, die über »dasselbe Buch« in unterschiedlichen Katalogdatenbanken gespeichert werden.[46] Die Formulierung »dasselbe Buch« ist zu apostrophieren, da die unterschiedlichen Formen der informationellen Beschreibung von Entitäten festschreiben, was als dasselbe gilt und was nicht. Unterschiedliche Exemplare der gleichen Ausgabe von Goethes Faust *können* in einer Bibliothek als dasselbe Buch gelten. Archive hingegen referenzieren die Provenienz der Dokumente, weshalb »dasselbe Buch« in unterschiedlichen Sammlungsbeständen als unterschiedlich betrachtet wird.[47] Editionsphilologen können wiederum andere

---

Classification of Diseases and Related Health Problems (ICD) aufgezeigt (vgl. Bowker/Star 2000: 33ff.).

45 | Ein Beispiel hierfür ist die Sammlung *Gordon Everest Monographs on Database Development* im Archiv des Charles Babbage Institute for the History of Information Technology der University of Minnesota, Minneapolis. Dieser Bestand beinhaltet die von Gordon Everest zwischen 1957 und 2003 gesammelten Monographien über Datenbanktechnologien. Im Archiv sind diese Bücher als Teil einer Sammlung erschlossen; vgl. Charles Babbage Institute/Horowitz (2007).

46 | Auch der Prozess der bibliothekarischen Erschließung von Dokumenten ist kontingent. Dies zeigt sich beispielsweise an der Katalogisierung von Sammelbänden, die häufig nicht mehr nur als Bücher verzeichnet werden. In digitalen Bibliothekskatalogen werden immer häufiger auch die einzelnen Aufsätze in Sammelbänden verzeichnet und können vom Nutzer gesucht werden. Damit ändert sich die dokumentarische Bezugseinheit bibliothekarischer Katalogisierung vom materiellen Dokument zum immateriellen Text.

47 | Sofern unterschiedliche Medienprodukte in verschiedenen Kontexten als dasselbe gelten, muss die im Kapitel »Medium« (S. 47f.) diskutierte These Wiesings,

Kriterien für die Selbigkeit eines Buchs anlegen, da für sie gerade zur Debatte steht, welche Bücher, Ausgaben oder Textvarianten als dieselben zählen sollen (vgl. Martens 1991: 22f.)

An dem genannten Beispiel wird deutlich, dass die Informationsmodelle, auf denen Datenbanken beruhen, kein Abbild der objektiven Realität sind. Sie fügen dem, worüber sie informieren, etwas hinzu, indem sie festschreiben, was im Rahmen der Datenbank als Entität (und damit als seiend) gilt und welche Attribute diese Entität auszeichnen. Einer an den platonischen Idealismus anschließenden Lesart von Datenbanken als defizitärem Abbild der Wirklichkeit setzt Floridi daher eine ontologische Interpretation entgegen (vgl. Floridi 1999: 110). Ihr zufolge sind Datenbanken kein sekundäres Abbild, sondern die Basis für Wirklichkeit: »[T]he infosphere is the authentic reality that underlies the physical world« (Floridi 1999: 110). Jedoch ist auch diese Sichtweise problematisch, da der Verweischarakter von Datenbankinformationen, d.h. der Weltbezug von Datenbanken, in der medialen Praxis nicht aufgegeben wird. Wären Datenbanken bloße Konstruktionen, dann müssten die versammelten Informationen nicht empirisch erfasst werden, sondern könnten nach bestimmten Regeln berechnet werden. Doch Datenbanken sind nie bloßes Kalkül, d.h. das Weltmodell, welches dem Datenbanksystem als konzeptuelles Schema zugrunde gelegt wird, mag zwar konstruiert sein, aber die Daten, die diesem Modell folgend in die Datenbank eingespeist werden, lassen sich nicht berechnen; sie sind Informationen über Realität, deren Richtigkeit sich nicht mathematisch belegen, sondern nur empirisch überprüfen lässt.[48] Datenbanken konstruieren ein Modell der Wirklichkeit und liefern zugleich ein Bild der Wirklichkeit. Diesen Doppelcharakter gilt es ernst zu nehmen, wie in Rekurs auf Cassirers Philosophie der symbolischen Formen gezeigt werden konnte. Die Betrachtung des konzeptuellen Schemas als einer Form der *vorlogischen Strukturierung* von Wirklichkeit geht jedoch auch über Cassirers »Kritik der Kultur« (Cassirer 2001 [1923]: 11) hinaus. Denn die von ihm vorgeschlagene kritische Philosophie der Kultur ist stark am Geist orientiert, als jener Energie oder Kraft »durch die das schlichte Dasein der Erscheinung eine bestimmte ›Bedeutung‹, einen eigentümlichen ideellen Gehalt empfängt« (Cassirer 2001 [1923]: 9). Im Kontext einer Analyse, die es sich zur Aufgabe macht, den Eigensinn freizulegen, den je spezifische mediale Konfigurationen entfalten, gilt es die Kritik der Kultur hin zu einer Kritik der Kul-

---

dass mediale Konstellationen über artifizielle Selbigkeit verfügen, modifiziert werden. Artifizielle Selbigkeit ist keine stabile, überzeitliche Eigenschaft medialer Konstellationen, sondern wird in mediale Praxen mitkonstituiert.

48 | Gegen Floridis ontologische Interpretation von Datenbanken lässt sich die Argumentation von Winkler ins Feld führen, der sich dafür stark macht, dass Formalsprachen anders als häufig behauptet nicht von »*Weltbezug und Referenz*« (Winkler im Druck) entkoppelt sind. Die zunehmende Formalisierung abstrahiert nicht von der Wirklichkeit, sondern gibt ihr eine rigide Form, die Voraussetzung für die automatisierte Verarbeitung von Informationen über Realität ist.

turtechniken zu erweitern. Eine solche Kritik fragt nicht ausschließlich nach den geistigen Funktionen, die es ermöglichen »die passive Welt der bloßen Eindrücke [...] zu einer Welt des reinen geistigen Ausdrucks umzubilden« (Cassirer 2001 [1923]: 12). Sofern das »Problem der *Wirklichkeitserschließung*« (Kreis 2010: 173) im Zentrum der Philosophie der symbolischen Formen steht, wie Guido Kreis in seiner Studie zu Cassirers Kulturphilosophie nahelegt, sind spätestens unter der Bedingung digitaler Medientechnologien auch nicht-geistige, technische Formen der Wirklichkeitserschließung zu berücksichtigen. Als Beispiel hierfür diente die Betrachtung der Herstellung computer-lesbarer Signifikanz im Rahmen der ANSI/X3/SPARC-Datenbankarchitektur, auf der das zweifache Potenzial von Datenbanken beruht: Ressource bekannter Informationen über Realität zu sein und Basis für neue Informationen.[49] Die Möglichkeit hierzu wird durch die Formalisierung des konzeptuellen Schemas geschaffen, aber auch beschränkt.

Während das Modell die Datenbank nach außen hin begrenzt, bestimmt der Formalismus, wie die Daten im Computer operativ werden können, d.h. durch die Übersetzung des konzeptuellen Weltmodells in ein formales Modell, das konzeptuelle Schema, werden die Daten für den Computer als Informationen verarbeitbar. Den binär-digital codierten Signalfolgen (Information als Realität) wird eine Form gegeben, die sie auf *eine* Bedeutung festlegt und sie als Informationen (über Realität) adressierbar macht. In DBMS wird dieses formale Modell im sogenannten *Data Dictionary* gespeichert, das als »meta data data base« (Study Group on Data Base Management Systems 1975: II-32) dient. Ähnlich wie Wörterbücher Beschreibungen sprachlicher Einheiten beinhalten, aber keineswegs sämtliche Aussagen, die mit diesen getätigt werden können, enthält das Datenwörterbuch keine Informationen darüber, welche Informationen tatsächlich in einer Datenbank gespeichert sind – dies würde ein Katalog leisten –, sondern nur darüber, welcher Art Informationen potenziell in dieser gespeichert und aus dieser abgefragt werden können.[50]

Im Folgenden soll betrachtet werden, wie Bedeutung durch konkrete Datenmodelle in DBMS expliziert wird und wie sich dies auf die computertechnische Verwaltung und Verarbeitung digitaler Informationen auswirkt. Davon ausgehend

---

49 | Um den epistemologischen Unterschied zwischen der ästhetischen und der ontologischen Interpretation zu erläutern, zieht Floridi einen Vergleich zwischen Biologie und Physik einerseits und Mathematik und Informatik andererseits heran. Während man in Biologie und Physik von einer präexistenten Welt ausgeht, die durch theoretische Modelle beschrieben werden soll, um Vorhersagen über die Welt treffen zu können, dienen Modelle in der Mathematik und Informatik als Ausgangspunkt oder Basis, an der die Welt schließlich bemessen wird (vgl. Floridi 1999: 111).

50 | Neben dem konzeptuellen Schema enthält das *Data Dictionary* auch Informationen über das interne Schema sowie die externen Sichten auf die Datenbank. Es ist das »repository of information about the database« (Tsichritzis/Klug 1978: 185).

werden alternative Modi der computertechnischen Zuschreibung und Verarbeitung von Bedeutung betrachtet, die über Datenbanken im engen Sinn der Informatik hinausweisen.

DATA + ACCESS: DATENMODELLE UND ALGORITHMEN

Datenbankinformationen entsprechend eines konzeptuellen Schemas zu strukturieren schafft computer-lesbare Signifikanz, indem Informationen *über* Realität in Informationen *als* Realität übersetzt werden. Eine (nicht *die*) Bedeutung medialer Konstellationen wird formal expliziert. Im undifferenzierten Strom digitaler Daten werden so syntaktische Unterschiede eingeführt, die einen semantischen Unterschied machen. Zeichenketten, wie z.b.»Red, Rose; Color Inc., Blueroad 31, 32442 Greentown; 1954-01-15«, sind für Computer zunächst nur Aneinanderreihungen von Zeichen. In Kombination mit den im konzeptuellen Schema enthaltenen Metainformationen wird diese Zeichenfolge, die sich gleichermaßen auf eine Person (Name, Kontaktadresse, Geburtsdatum) wie auf einen Farbton (Farbbezeichnung, Bezugsadresse, Bestellnummer) beziehen kann, für Computer als eine bestimmte Information interpretierbar. Computer, die Information ausschließlich auf dem Niveau von Information *als* Realität prozessieren, können digitale Daten durch eine solche Strukturierung als Information *über* Realität verarbeiten und automatisch in Datenbanken verwalten. Die Explikation von Bedeutung beruht auf der Segmentierung von Daten in bedeutungtragende Einheiten, die als Informationspartikel bezeichnet werden können, und der doppelten Zuschreibung von Gehalt und Referenz zu dieser Information.[51] Demgemäß kann »1954-01-15« als Attribut des Typs *Geburtsdatum* identifiziert werden, welches der *Person* »Rose Red« gehört. Eine Kette von Zeichen wird hierbei als Informationspartikel betrachtet, dem eine bestimmte Bedeutung zukommt (Gehalt) und der sich auf eine bestimmte Entität bezieht (Referenz).[52] Als Entitäten können nicht nur Dinge oder Personen beschrieben werden, sondern auch Ereignisse, Handlungen und Transaktionen, wie z.B. das Abheben von Geld an einem Bankautomaten, das Tätigen eines Anrufs mit

---

51 | Dietrich gebraucht die Metapher des Datenpartikels, um die Verkörperung von Information im binär-digitalen Code zu bezeichnen. Ein Datenpartikel sei »the smallest undividable physical unit capable of carrying digital information« (Dietrich 1986: 137). Im Unterschied hierzu lassen sich Informationspartikel als spezifische Konstellationen von Datenpartikeln verstehen, die eine bestimmte Information zum Ausdruck bringen.

52 | Dieses Verständnis von Informationsartikeln hat Bachman in einem Interview mit Haigh herausgestellt: »We believed that the most elementary particle of information had three properties. Essentially they were 1) a data value, 2) a name that characterized what that data value meant, and 3) an identification of who/what it belonged to« (Bachman 2006: 24).

dem Telefon oder der Aufruf einer bestimmten Webseite. Im Kontext eines Datenbanksystems sind die Entitäten vollständig durch ihre Attribute bestimmt, denen
bei der Dateneingabe Werte zugewiesen werden. Insofern definiert das konzeptuelle
Schema eine abstrakte Struktur, die im Umgang mit der Datenbank erst mit konkreten Informationen gefüllt werden muss. Sie bleibt den Daten gewissermaßen
äußerlich, weist ihnen aber zugleich *eine* Bedeutung zu. Diese Zuschreibung legt
die gespeicherten Werte auf etwas – ein Attribut einer Entität – fest und macht sie
hierdurch als Werte eines bestimmten Typs adressierbar, die ausgewertet und mit
anderen Werten kombiniert werden können, sodass man im Umgang mit Datenbanken nicht nur bekannte, sondern genuin neue Informationen erhalten kann.

Im Rahmen der ANSI/X3/SPARC-Datenbankarchitektur bildet das konzeptuelle Schema den Dreh- und Angelpunkt von DBMS. Die Explikation des Informationsmodells ist nicht Selbstzweck, sondern dient der automatisierten Verwaltung von Informationen durch Computer. Nach Bachman kommt es auf vier
grundlegende Funktionen im Umgang mit Informationen an: »If records are put
into a file so they can be used, four basic functions are involved. We must be able to
store, retrieve, modify and delete« (Bachman 1966: 225). Datenbankverwaltungs-
systeme sollen demzufolge das Speichern, Abfragen, Verändern und Löschen
von Informationen in Computerdatenbanken ermöglichen. Wie genau diese
Operationen mit Computern automatisiert werden können und auf welche Weise
die zu verwaltenden Informationen im konzeptuellen Schema zu modellieren sind,
darüber geben die Berichte der ANSI/X3/SPARC keine Auskunft. Vielmehr hofften
die Mitglieder der Arbeitsgruppe, dass künftige DBMS es ihren Nutzern freistellen
werden, welches Modellierungsverfahren in konkreten Anwendungen zum Einsatz
kommen soll:

»[T]here is a continuing argument on the appropriate data model: e.g., relational,
hierarchical, network. If, indeed this debate is as it seems, then it follows that the
correct answer to this question of which data model to use is necessarily ›all of the
above‹. A major consequence of the model described in this Report is a mechanism that permits this answer in a meaningful sense.« (Study Group on Data Base
Management Systems 1975: I-1)

Die Autoren hegten die Hoffnung, dass sich eine standarisierte Sprache zur formalen
Deklaration des konzeptuellen Schemas etablieren werde, welche die Differenzen
zwischen den Anfang der 1970er Jahre zur Disposition stehenden Datenmodellen
überwinden würde. Dieser Wunsch ist nie technische Realität geworden, da sich
die Weise der Modellierung von Information stets auf deren computertechnische
Verarbeitung auswirkt.[53] Das hierarchische Datenmodell, das Netzwerk-Daten-

---

53 | Im Interview mit Haigh bestätigt Bachman, dass man bei dem Entwurf der Drei-
Ebenen-Architektur die Hoffnung hegte, DBMS würden künftig nicht nur mit spezifischen Datenmodellen operieren, sondern die abstrakte Beschreibung eines kon-

modell und das relationale Datenmodell übersetzen die in der ANSI/X3/SPARC-
Architektur formulierte *Computational Theory* digitaler Datenbanken in logische
Repräsentationsformen und Algorithmen. Im Rahmen dieser Datenmodelle nimmt
das abstrakte Ziel der formalen Explikation eines Informationsmodells gegenüber
dem Datenbanksystem konkrete Gestalt an. Sie ermöglichen auf eine ihnen je eigne
Weise die Modellierung von Information im konzeptuellen Schema. Die Wahl der
Repräsentationsform bedingt zugleich die Operationalisierung der elementaren
Datenbankfunktionen der *Speicherung von* und des *Zugriffs auf* Informationen
mit Algorithmen, wie auch Marr hervorgehoben hat: »[T]he choice of algorithm
often depends rather critically on the particular representation that is employed«
(Marr 1982: 23).[54] Eine rein semantische Modellierung von Information im kon-
zeptuellen Schema ist demzufolge ein Ideal, welches in der medialen Praxis digitaler
Datenbanken stets unterlaufen wird.[55] Dies stellt keinen Mangel der Drei-Ebenen-
Datenbankarchitektur dar, sondern verweist vielmehr auf ein Charakteristikum
der computertechnischen Verarbeitung von Informationen, wenn nicht sogar des
Umgangs mit Informationen im Allgemeinen. Informationen bedürfen einer Verkörperung als mediale Konstellation und die jeweilige Form der Verkörperung bedingt die möglichen Weisen des Umgangs mit ihnen.[56] Dies wird im Folgenden am

---

zeptuellen Schemas erlauben, welches im Datenbanksystem auf unterschiedliche
Weise umgesetzt werden kann. Ebenso gesteht Bachman ein, dass diese Idee nie
in DBMS umgesetzt wurde. Die Idee des konzeptuellen Schemas sei vielmehr in Produkte eingegangen, »which sit on top of, and are independent of particular database
systems. They have the ability to take their data model and translate it to meet the
requirements of various different database systems« (Bachman 2006: 133).

54 | Darüber hinaus weist Marr darauf hin, dass vor dem Hintergrund bestimmter
Repräsentationen jede Funktion durch verschiedene Algorithmen realisiert werden
kann: »[E]ven for a given fixed representation, there are often several possible algorithms for carrying out the same process« (Marr 1982: 23).

55 | Hierauf weisen die Autoren des *Integration Definition For Information Modeling*
Standards hin: »The logical data structure of a DBMS, whether hierarchical, network,
or relational, cannot totally satisfy the requirements for a conceptual definition of
data because it is limited in scope and biased toward the implementation strategy
employed by the DBMS. Therefore, the need to define data from a conceptual
view has led to the development of semantic data modeling techniques« (National
Institute of Standards and Technology 1993). Zur abstrakten Beschreibung des
konzeptuellen Schemas einer Datenbank hat sich das Entity/Relationship-Modell
durchgesetzt, welches von Peter Chen (1976) entwickelt wurde.

56 | Nicht zuletzt weil die ANSI/X3/SPARC-Datenbankarchitektur gegenüber den ver-
schiedenen konkurrierenden Datenmodellen indifferent war, wurde der Vorschlag
der Study Group on DBMS von den Befürwortern der unterschiedlichen Ansätze zur
Datenmodellierung positiv aufgegriffen, sodass es sich als Modell der Handhabung
digitaler Informationen durchsetzen konnte.

Beispiel des relationalen Datenmodells dargelegt, das spätestens seit Anfang der 1980er Jahre *de facto* der Standard der Informationsmodellierung in DBMS ist. Dabei hat sich das relationale Datenmodell gegenüber dem hierarchischen Datenmodell und dem Netzwerkdatenmodell durchgesetzt. Das relationale Datenmodell entfaltet eine mediale Eigenlogik, die besonders gut im Kontrast zum Netzwerkdatenmodell sichtbar wird. Vor dem Hintergrund der Analyse des relationalen Datenbankparadigmas werden weitere Modi der Herstellung computer-lesbarer Signifikanz betrachtet: Websuchmaschinen einerseits und das Semantic Web andererseits.

Das relationale Paradigma

Algorithmen als geregelte Prozeduren zur automatischen Lösung von Problemen und Repräsentationen als Formen der Verkörperung digitaler Informationen sind nicht unabhängig voneinander, sondern stehen in einem wechselseitigen Bedingungsverhältnis. Dies hat einen Einfluss auf die Konstruktion und den Gebrauch von digitalen Datenbanken. Wenn in den vorangegangenen Abschnitten die Bedeutung der Drei-Ebenen-Datenbankarchitektur und des konzeptuellen Schemas herausgearbeitet wurde, sollen im Folgenden Verfahren der Modellierung von Information im konzeptuellen Schema beschrieben werden. Denn im Kontext von verschiedenen als Datenmodelle bezeichneten Modellierungsverfahren nimmt die *Automatisierung* der elementaren Datenbankoperationen, d.h. des Speicherns, Abfragens, Veränderns und Löschens von Informationen, unterschiedliche Gestalt an. Der in den 1970er Jahren ausgetragene Konflikt zwischen den Befürwortern der verschiedenen Datenmodelle richtete sich demzufolge nicht nur auf die formalsemantische Ausdrucksstärke der unterschiedlichen Modellierungsverfahren. Diskutiert wurde auch, wie Nutzer mit Datenbanken interagieren können sollen und welche Rolle in diesem Zusammenhang den Administratoren von Datenbanken respektive den Programmierern von Datenbankanwendungen zukommen soll. Bevor das relationale Datenmodell im Detail analysiert wird, soll dessen Siegeszug in den vergangenen 30 Jahren in einem kurzen Abriss dargestellt werden – auch um deutlich zu machen, warum dieses Modell gegenwärtig zunehmend verdrängt wird.

Im Lauf der 1980er Jahre setzten sich das von Edgar F. Codd entwickelte relationale Datenmodell und die darauf aufbauende Datenbanksprache SQL als Standards der Modellierung und Verwaltung von Informationssammlungen in digitalen Datenbanken durch. Nicht unmaßgeblich hierfür war die Markteinführung des *Oracle V2*-Datenbankmanagementsystems (1979) und von IBMs DB2 (1983).[57] Diese Systeme bewiesen durch ihre hohe Anpassungsfähigkeit die praktische Leistungsfähigkeit des relationalen Ansatzes, wodurch dem bis dahin eher theoretisch

---

57 | *Oracle V2* und *IBM DB2* waren die ersten kommerziellen relationalen DBMS (rDMBS). Zuvor wurde bei IBM das experimentelle DBMS *System R* entwickelt und an der Universität Berkeley das rDBMS *Ingres*.

geführten Disput, den vor allem die Anhänger des relationalen Lagers mit den Befürwortern des von der CODASYL Data Base Task Group entwickelten Netzwerkdatenmodells ausfochten, praktisch ein Ende gesetzt wurde.[58]

Hierarchische Datenbanken und Netzwerkdatenbanken wurden in Folge des Erfolgs relationaler Datenbanktechnologien zunehmend in die Nische hochspezialisierter Anwendungen verdrängt.[59] Auch die im Laufe der 1980er und 1990er Jahre entwickelten objektorientierten Datenbanksysteme vermochten die relationalen Datenbanken nicht zu verdrängen, weshalb der Begriff der Datenbank im Kontext der Informatik heute noch immer weithin gleichbedeutend ist mit relationale Datenbank. Symptomatisch für die langjährige Dominanz des relationalen Paradigmas ist das seit einigen Jahren immer populärer werdende Stichwort NoSQL, welches als *umbrella term* unterschiedlichste Entwicklungen im Bereich digitaler Datenbanktechnologien zusammenfasst, deren kleinster gemeinsamer Nenner das Ziel ist, Alternativen zur relationalen Datenverarbeitung und zu SQL zu entwickeln (vgl. Edlich et al. 2010: 1ff.).

Nach dreißigjähriger Vorherrschaft kommt das relationale Datenmodell angesichts der Datenmenge, die Web 2.0-Angebote wie z.b. Facebook, Amazon, Twitter, Google etc. produzieren, vermehrt an seine Grenzen. Automatisch zu verwalten sind nicht mehr nur große Daten- und Informationssammlungen, sondern *Big Data*. Damit sind Informationsmengen gemeint, die durch etablierte Strategien und Technologien zur Datenbankverwaltung nicht mehr zu bewältigen sind.[60] Insbesondere bei erfolgreichen Web 2.0-Services kommen deshalb Technologien zum Einsatz, die nicht mehr dem relationalen Datenmodell verpflichtet sind und dabei zugleich mit der *artifiziellen Physik* digitaler Informationen des traditionellen Datenbankmanagements brechen, wie sie in der ANSI/X3/SPARC-Architektur entworfen wurde. Abschied genommen wird implizit oder explizit ebenso vom Ziel der Datenunabhängigkeit wie von dem Streben nach strenger Konsistenz, d.h. inhaltlicher Zuverlässigkeit der gespeicherten Informationen. Die Entkopplung der internen Speicherlogik digitaler Informationen von ihren externen Gebrauchslogiken, welche Anfang der 1970er Jahre als eine der Hauptaufgaben digitaler Datenbanktechnologien identifiziert wurde, wird zunehmend aufgehoben.[61] Dies befördert

---

58 | Bachmann selbst blieb bis ans Ende seine Lebens dem relationalen Datenmodell gegenüber skeptisch (vgl. Bachman 2006: 104f.).

59 | Mit dem Aufkommen postrelationaler Datenbanken gewinnen hierarchische Datenstrukturen und Netzwerkdatenstrukturen erneut an Relevanz. Beispiele hierfür sind XML-Datenbanken und Graphdatenbanken (vgl. Edlich et al. 2010: 207ff.)

60 | Zum Schlagwort Big Data und zu den damit verbundenen Chancen und Herausforderungen siehe exemplarisch Bollier (2010).

61 | Ein Charakteristikum von NoSQL-Datenbaken ist nach Ansicht von Edlich et al., dass diese weitgehend ohne konzeptuelles Schema funktionieren: »Das System ist schemafrei oder hat nur schwächere Schemarestriktionen« (Edlich et al. 2010: 2). Infolgedessen können die in der Datenbank gespeicherten Informationen vom

die Herausbildung von technisch abgeschlossenen Informationssilos im Internet, deren Offenheit und Anschlussfähigkeit nach außen hin nicht in die Gestaltung der technischen Informationsinfrastruktur eingeschrieben ist, sondern nur ein kontingentes *Feature* des Service darstellt, über das die Nutzer keine Kontrolle haben und auf das sie sich in letzter Konsequenz nicht verlassen können.[62] Die Abkehr von der Konsistenzforderung hat darüber hinaus zur Konsequenz, dass die auf eine Suchanfrage zurückgegebenen Informationen nicht notwendig dem neuesten Stand entsprechen und dementsprechend nicht mehr aktuell oder sogar falsch sind. Unter den Bedingungen millionenfacher Änderungen und Abfragen im Echtzeitbetrieb begnügt man sich mit *Eventual Consistency* (vgl. Vogels 2008). *Real Time* bedeutet dabei stets unsichere Information, was durch das Versprechen der Aktualität des Echtzeitbetriebs systematisch verdeckt wird.

Welche genauen Auswirkungen diese jüngsten Veränderungen in der medientechnischen Infrastruktur von Informationssystemen auf die digitale Medienkultur haben werden, die sich in ihrem Rahmen etabliert, lässt sich noch nicht absehen. Um die sich abzeichnenden Transformationen beschreiben zu können, gilt es zunächst das relationale Paradigma genauer zu betrachten. Einen Ansatzpunkt bietet der in den 1970er Jahren ausgefochtene Disput um das beste Datenmodell (vgl. hierzu auch Gugerli 2007a, 2009). Als Gegenspieler Codds trat insbesondere Charles Bachman auf, der nicht nur als einer der Erfinder des Netzwerkdatenmodells gilt, sondern auch sein vehementester Fürsprecher war.[63]

Den Kern des Streits bildete die Frage, welche *Mathematik* der Verwaltung von Informationssammlungen in Datenbanken zugrunde gelegt werden soll. Diese Grundsatzentscheidung hatte weitreichende Konsequenzen für die Gestaltung und Verwendung von Datenbanksystemen. Bachman rückt den Programmierer als zentrale Vermittlungsfigur ins Zentrum, der als »Navigator, Architect, Communicator, Modeler, Collaborator, and Supervisor« (Bachman 1987: 281) fungieren soll. Demgegenüber fordert Codd die Ermächtigung der Endnutzer, die in die Lage versetzt

---

DBMS nicht mehr als Informationen adressiert werden. Die Attribuierung und Verwaltung von Bedeutung wird auf die Ebene des Informationssystems verlagert.

62 | Dies wird immer dann offenkundig, wenn Serviceanbieter Dienste einstellen oder deren Gebrauch einschränken, wie z.B. durch Änderungen am Application Programming Interface (API).

63 | Es gilt anzumerken, dass Bachman der Bezeichnung des CODASYL-Datenmodells als Netzwerkdatenmodell skeptisch gegenüber stand: »Let me try to answer why I have not used the word ›network‹, although I think many people would characterize IDS and DBTG-like systems as network systems. The reason I avoided it is that the basic data-structure-set (or owner-coupled set as Ted Codd described it) is simply a facility for describing an owner-coupled set. With such a mechanism you can describe very complex hierarchies, you can describe trees (somewhat in contradiction to what Ted said), and you can describe networks of like objects or networks of unlike objects« (Anonymus 1974: 123f.).

werden sollen, auch eigenständig und unabhängig von Datenbankadministratoren und Anwendungsprogrammieren mit Datenbanken zu interagieren. Codd, dem 1981 – acht Jahre nach Bachman – der renommierte Turing-Award verliehen wurde, stellt dies in seinem Vortrag anlässlich der Preisverleihung deutlich heraus. Ein Ziel relationaler Datenbanksysteme sei es, die Nutzer mit Datenbankinformationen in direkten Kontakt zu bringen: »put end users into direct touch with the information stored in computers« (Codd 1982: 109).

Die Suchmöglichkeiten der Nutzer sollten nicht von vorprogrammierten Suchroutinen (in Anwendungsprogrammen) abhängen. Im Gegenteil, die Leistungsfähigkeit eines Datenbanksystems ist nach Ansicht Codds daran zu messen, ob es seine Nutzer in die Lage versetzt, selbständig Suchanfragen zu formulieren. Sofern diese Forderung durch relationale DBMS erfüllt wird, zeichnet sich mit deren Aufkommen der »Übergang von der gezielten Suche nach Einträgen hin zur Recherche als einer ergebnisoffenen Abfrage, also ein Übergang zur rechnergestützten Befragung des Orakels statt« (Gugerli 2009: 72). Die Übersetzung eines nutzerseitigen Informationsbedürfnisses (Was) in eine Suchprozedur (Wie) leistet im Rahmen des relationalen Modells nicht der Programmierer, sondern der Computer, wodurch der Eindruck der direkten Interaktion mit Information entsteht. Der Speicherraum der Datenbank wird für den Suchenden opak; er ist eine Black Box, der gegenüber Suchanfragen formuliert werden, die der Computer automatisch in Ergebnisse übersetzt.

Abb. 13: Visualisierung des Netzwerkdatenmodells als gerichteter Graph

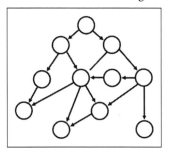

Quelle: CODASYL Data Base Task Group 1971: 61

Das Netzwerkdatenmodell privilegiert eine andere Form der Suche. Es basiert wie auch das hierarchische Modell auf einer Strukturierung von Informationen in Form von Graphen.[64] Entitäten werden im Netzwerkdatenmodell als Record-

---

64 | Hierarchische Strukturen und Netzwerkstrukturen sind nicht grundlegend verschieden, da Hierarchien als ein besonderer Typ von Netzwerken begriffen werden können, bei dem die möglichen Beziehungen zwischen Knoten eingeschränkt sind. Abgesehen vom Wurzelknoten hat jeder Knoten (Record-Typ) in einer Hierarchie genau einen Vorgänger. Infolgedessen können in Hierarchien nur Beziehungen der

Typen modelliert, welche die Knoten in einem Informationsnetzwerk bilden, deren Beziehungen zueinander als gerichtete Kanten dargestellt werden und als Verweise materialisiert werden.

Abb. 14: Navigieren im Datenraum: »Navigare necesse est«

Quelle: Bachman 1973a: 867[65]

Datenbankeinträge werden in dieser Netzwerkstruktur abgebildet und entsprechend gespeichert (vgl. Abb. 13). Damit verpflichtet sich dieses Modell implizit der mathematischen Graphentheorie, wodurch die Suche nach Information in der Datenbank zu einem Navigationsproblem wird. Anders als bei dem berühmten Königsberger Brückenproblem geht es nicht um das Entdecken eines beliebigen Wegs durch einen Graphen, sondern um die Festlegung eines bestimmten Suchpfads, der zu spezifischen Informationen führt.[66] Das Finden von Information fällt im Rahmen des Netzwerkdatenmodells mit dem Folgen eines bestimmten Suchwegs in eins. Im Meer von Datenbankinformationen kann sich nur orientieren, wer sich im konzeptuellen Informationsnetzwerk der Datenbank zu bewegen weiß (vgl. Abb. 14). Was heißt das?

Kardinalität 1:n abgebildet werden, d.h. es wird eine Eltern-Kind-Beziehung etabliert, bei der jeder Elternknoten eine Vielzahl von Kindknoten haben kann, aber jeder Kindknoten nur genau einen Elternknoten besitzt.

65 | Die mit »Navigare necesse est« betitelte Visualisierung ist der deutschen Übersetzung von Bachmans Turing Award-Rede entnommen, die im Dezember 1973 in *Online: Zeitschrift für Datenverarbeitung* veröffentlicht wurde.

66 | Das Königsberger Brückenproblem, welches im 18. Jahrhundert von Euler mathematisch beschrieben wurde, behandelt die Frage, ob es einen Weg durch Königsberg gibt, bei dem alle sieben Brücken der Stadt genau einmal überquert werden. Euler bewies, dass dies nicht möglich sei.

Der Suchpfad kann vom Computer nicht automatisch gefunden, sondern muss gegenüber dem Datenbanksystem definiert werden, was nach Ansicht von Bachman nicht von den Nutzern der Datenbank zu leisten sei, sondern eine Programmier-aufgabe darstelle. Bei der Suche nach Informationen in der Datenbank bedarf es demzufolge der Vermittlungsinstanz des Programmierers, der Suchpfade deklariert und hierdurch Formen von Suchanfragen festlegt, die überhaupt gegenüber einer Datenbank formuliert werden können. Ein Beispiel für eine solche Anfrageform ist: »Finde alle Alben, welche die Band X bei dem Musiklabel Y herausgebracht hat!« Der Nutzer kann die Variablen X und Y der Suchroutine anpassen, die Form der Suche vermag er ohne weitreichende Kenntnisse des Informationsmodells jedoch nicht zu ändern. An der Oberfläche erweist sich die Suche in Netzwerkdatenbanken daher als bloße Variation von Parametern für Suchroutinen, die unsichtbar in der Tiefe ablaufen und deren Semantik vordefiniert ist.

Das Hauptproblem des Netzwerkdatenmodells und seiner Suchlogik ist, dass sich in dem Datenbanksystem nicht formulieren lässt, *was* gesucht wird. Ohne die Übersetzung eines Informationsbedürfnisses in eine Findroutine kann in der-artigen Datenbanken nicht gesucht und nichts gefunden werden. Dass diese Über-setzungsleistung im Rahmen des Netzwerkdatenmodells nur von Programmierern vollbracht werden kann, hat Bachman wahrscheinlich zu Recht vermutet. Seine Überzeugung, dass die effiziente Suche in digitalen Datenbanken prinzipiell eines menschlichen Navigators bedarf, hat sich jedoch als falsch erwiesen. Der Gegen-beweis wurde in den 1980er Jahren erbracht, als sich relationale Datenbanksysteme in der Praxis zunehmend bewährten. Die theoretischen Grundlagen hat Codd mit der Formulierung des relationalen Datenmodells gelegt, welches den Umgang mit Informationen in Datenbanken als mengentheoretisches Problem begreift.

Grundbegriff des von Codd entwickelten Datenmodells ist die Relation, der einen besonderen Typus von Mengen bezeichnet. Eine Relation ist eine Menge von (Unter-)Mengen, die Tupel genannt werden. Jedes Tupel einer Relation ist eine Zu-sammenstellung von Elementen, wobei alle Tupel dieselbe Struktur aufweisen. Dies wird auch in der von Codd zugrunde gelegten Definition deutlich, in der Tupel als Gruppierung von Elementen aus Wertebereichmengen beschrieben werden:

»Given sets S_1, S_2,..., S_n (not necessarily distinct), R is a relation on these n sets if it is a set of n-tuples each of which has its first element from S_1, its second element from S_2, and so on. We shall refer to S_j as the jth *domain* of R.« (Codd 1970: 379)

Die in Tupeln zusammengefassten Elemente (Informationspartikel) beziehen sich im relationalen Datenmodell auf eine Entität, über die sie informieren. Da die kon-krete Anordnung der Werte in einem Tupel für den Nutzer irrelevant sein soll, muss den Elementen des Tupels ein Typ zugewiesen werden, der es erlaubt, diese als Attribut einer Entität und damit als Information mit einer bestimmten Bedeutung zu adressieren. In dieser Hinsicht unterscheidet sich Codds Begriff der Relation von dem in der Mathematik geläufigen Verständnis.[67] Dessen ungeachtet bildet die mathematische Mengenlehre den Eckpfeiler des relationalen Datenmodells, mit der ein Perspektivwechsel auf die Modellierung von Informationen im konzeptuellen Schema einhergeht.

Zwar steht im relationalen Datenmodell auch die formale Beschreibung von Entitäten und deren Beziehungen zueinander im Vordergrund. Diese werden aber als Relationen konzeptualisiert, welche Mengen von n-Tupeln sind und damit streng genommen Sammlungen von Informationssammlungen über Entitäten. Oder anders formuliert: Auf der Grundlage der Mengenlehre werden Entitäten als Informationssammlungen modelliert, die Teil der Informationssammlung »Datenbank« sind.[68] Hierdurch wird der Unterschied zwischen dem Einen (Informationen über eine Entität) und dem Vielen (Sammlungen von Informationen über Entitäten) unterlaufen. Ob eine Relation nur ein Tupel beinhaltet oder eine große Zahl an Tupeln ist in mengentheoretischer Hinsicht irrelevant, es handelt sich gleichermaßen um eine Relation. Insofern lässt sich der Übergang vom Vielen zum Einen als Übersetzung einer Relation in eine andere begreifen und formalisieren.

Zudem wird die Unterscheidung von Entitäten und Beziehungen aufgelöst, welche im hierarchischen Datenmodell und im Netzwerkdatenmodell von zentraler Bedeutung war. Im relationalen Datenmodell ist der Unterschied zwischen diesen relativ. Entitäten werden als Relation, d.h. Beziehung, von Werten in einem Tupel begriffen und Beziehungen zwischen Entitäten werden in Relationen abgebildet. Die in Netzwerkstrukturen als Linien (Kanten) modellierten Beziehungen werden in Informationen übersetzt, die ebenso in der Datenbank zu speichern sind wie die Informationen über Entitäten. Relationale Datenbanken deklarieren Beziehungen durch sogenannte Fremdschlüsselattribute in einer Relation, welche die Identifikation von Entitäten anderer Relationen erlauben, wie das Beispiel in Abb. 15 zeigt.[69] In diesem vereinfachten Modell gibt es die drei Relationen *Buch, Autor* und *Buchautor*. Bücher werden in der Relation *Buch* durch eine Identifikationsnummer, einen Titel, den Verlag und das Erscheinungsjahr beschrieben. Die Informationen über Autoren werden in einer anderen Relation gespeichert, die neben einer Identifikationsnummer den Namen, den Vornamen sowie weitere Informationen über einen Autor

---

67 | Auf diesen Umstand weist Codd selbst hin. Bei Relationen im Kontext des relationalen Datenmodells handelt es sich mengentheoretisch betrachtet streng genommen um *Relationships*, welche im Unterschied zum mathematischen Begriff der Relation keine feste Anordnung der Elemente eines Tupels erfordern (vgl. Codd 1970: 374).

68 | Das relationale Datenmodell erlaubt es zudem, die Datenbank als Ganzes zu beschreiben. Eine Datenbank ist eine variable Informationssammlung auf Grundlage eines konzeptuellen Schemas: »The totality of data in a data bank may be viewed as a collection of time-varying relations« (Codd 1970: 379).

69 | Innerhalb einer Relation können Entitäten durch sogenannte Primärschlüssel eindeutig identifiziert werden, die ein oder mehr Attribute umfassen.

beinhaltet. Welche Autoren an welchen Büchern mitgewirkt haben ist schließlich in der Relation *Buchautor* gespeichert. Diese enthält die Attribute *BuchID*
und *AutorID*, die als Fremdschlüsselattribute fungieren und auf Entitäten in den
Relationen *Buch* und *Autor* verweisen. Hierdurch wird es möglich, jedem Buch
mehrere Autoren zuzuweisen. Zugleich existiert zu jedem Autor nur ein Eintrag,
weshalb Änderungen an den Autorinformationen nur an einer Stelle in der Relation
Autor gespeichert werden müssen und nicht in den Einträgen zu jeder Publikation,
die ein Autor verfasst hat.

Abb. 15: Beispiel eines relationalen Modells einer Datenbank

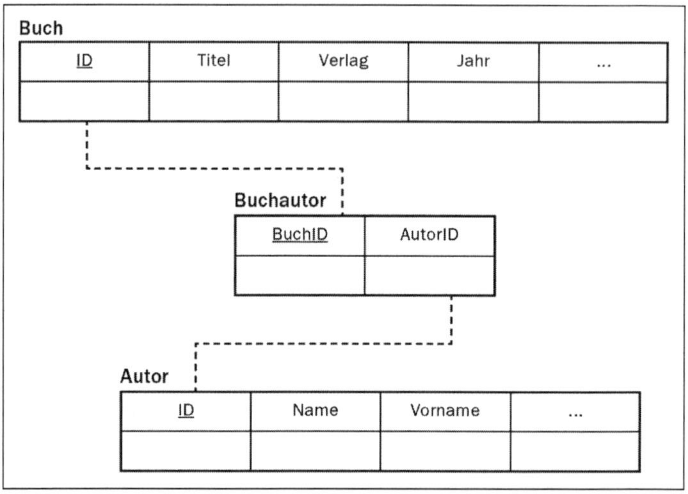

Das mengentheoretische Konstrukt der Relation erlaubt nicht nur die Modellierung von Informationssammlungen, sondern auch die mathematisch präzise
Spezifikation von Operationen mit diesen. Als Grundoperationen identifiziert
Codd die *Selektion*, die *Projektion* und den *Verbund*, welche die Kernelemente der
relationalen Algebra bilden und Transformationen von Relationen in Relationen
definieren.[70] Die Selektion betrifft die Auswahl von Tupeln einer Relation, die Projektion die Rekonfiguration einer Relation und der Verbund die Verknüpfung von

---

70 | Neben der Selektion, dem Verbund und der Projektion gehören die Bildung der
Vereinigungsmenge und der Differenzmenge sowie die Umbenennung von Attributen
respektive Relationen zu den Operationen, die zur Verfügung gestellt werden müssen, um alle Ausdrücke der relationalen Algebra vollständig abbilden zu können.
Dennoch erweisen sich die drei erstgenannten Operatoren als grundlegend für relationale Datenbanksysteme, denn »[m]uch of the derivability power of the relational
algebra is obtained from the SELECT, PROJECT, and JOIN operators« (Codd 1982:
112)

Relationen. Diese Operationen sind für Codd der »yardstick of power« (Codd 1982: 112), an dem Implementierungen des relationalen Datenmodells zu messen sind.[71] Die Mathematik bildet nur eine Seite des relationalen Datenmodells. Ebenso wichtig ist nach Ansicht von Codd die Repräsentation von Relationen als Tabellen. Die diagrammatische Form der Tabelle stellt seines Erachtens die geeignete »conceptual representation« (Codd 1982: 111) für Relationen dar, welche als *Denkfigur* das Nachdenken über Operationen in Datenbanken und die Verständigung über deren Sinn respektive Unsinn ermöglicht: »Such a representation facilitates thinking about the effects of whatever operations are under consideration. It is a requirement for programmer and end-user productivity« (Codd 1982: 111).[72] Die Tabelle spannt als Diagramm eine zweidimensionale Matrix auf, welche die »Verteilung von Zeichen auf Zeilen und Spalten« (Krajewski 2007: 37) organisiert. Das Tupel einer Relation entspricht der Zeile in einer Tabelle, in der demzufolge Informationen über eine Entität zusammenfasst sind. Die Attribute, durch die Entitäten beschrieben werden, sind in den Spalten angeordnet, welche Informationen eines Typs zusammenfassen.

Anhand der Denkfigur der Tabelle lassen sich die Grundoperationen der relationalen Algebra verdeutlichen. Bei der Selektion werden bestimmte Zeilen einer Tabelle ausgewählt. Die Projektion erlaubt die Auswahl von Spalten. Durch die Verbundoperation werden zwei Tabellen zusammengeführt. Die Ergebnistabelle umfasst die Spalten der Ursprungstabellen und sämtliche Kombinationen der Zeilen aus beiden Tabellen, sofern keine Kriterien angegeben sind, welche deren Kombination einschränken. Ein sinnvolles Kriterium stellen die bereits erwähnten Fremdschlüsselbeziehungen dar. Die Verbindung jedes Buchs mit jedem Autor ist unsinnig, da hierdurch Entitäten mit Informationen in Beziehung gesetzt werden, die nicht zutreffend sind. Nur auf Grundlage der in der Relation *Buchautor* gespeicherten Fremdschlüsselattribute können Bücher mit ihren jeweiligen Autoren verbunden werden.

---

71 | Im Rahmen des Netzwerkdatenmodells können nach Ansicht von Codd keine äquivalenten Operationen realisiert werden, was in seinen Augen einen zentralen Nachteil dieses Modells darstellt. Dementsprechend stellt Codd in einer Debatte mit Bachman fest: »I do not know how to manipulate network or graph-oriented representations of data in a manner analogous to the set-theoretic. Someone may invent this, but as of now I do not know just what operators I would place on top of a network or graph-oriented representation of the data in order to obtain the same power of retrieval you can obtain with either the algebraic operators on relations or with the predicate calculus« (Anonymus 1974: 134).

72 | Ein Datenmodell, welches eine ernstzunehmende Alternative zum relationalen Modell sein will, muss nach Ansicht von Codd ebenfalls über eine anschlussfähige konzeptuelle Repräsentation verfügen: »Incidentally, if a data model is to be considered as a serious alternative for the relational model, it too should have a clearly defined conceptual representation for database instances« (Codd 1982: 111).

Obwohl die Tabelle nach Ansicht von Codd eine geeignete Repräsentation der relationalen Mengenlogik darstellt, sind diese nicht miteinander gleichzusetzen. Tabelle und Relation befinden sich nicht auf demselben Abstraktionsniveau:

»Tables are at a lower level of abstraction than relations, since they give the impression that positional (array-type) addressing is applicable (which is not true of n-ary relations), and they fail to show that the information content of a table is independent of row order. Nevertheless, even with these minor flaws, tables are the most important conceptual representation of relations, because they are universally understood.« (Codd 1982: 111)

Einerseits eignen sich Tabellen, um die in der relationalen Algebra beschriebenen Operationen zu veranschaulichen. Andererseits aber erweist sich der Verweis auf Tabellen als suggestiv. Die in diesen realisierte »diagrammatische Relation aus Zeilen und Spalten« (Krajewski 2007: 37) legt Umgangsformen mit Datenbankinformationen nahe, die im relationalen Datenmodell unerwünscht sind. So können in Tabellen Informationen gefunden werden, indem man deren Position beschreibt (z.B. gehe hundert Zeilen nach unten und drei Zeilen nach rechts). Die konkrete Anordnung der Zeilen und Spalten soll Codd zufolge für die Nutzer einer relationalen Datenbank jedoch irrelevant sein. Daher wird im relationalen Paradigma die assoziative Adressierung von Informationspartikeln privilegiert:

»In the relational model we replace positional addressing by totally associative addressing. Every datum in a relational database can be uniquely addressed by means of the relation name, primary key value, and attribute name. Associative addressing of this form enables users (yes, and even programmers also!) to leave it to the system to (1) determine the details of placement of a new piece of information that is being inserted into a database and (2) select appropriate access paths when retrieving data.« (Codd 1982: 111)

Das Auffinden des Orts von spezifischen Informationen in der Datenbank wird als Aufgabe an den Computer delegiert. Hierdurch wird die Formulierung festgelegter Suchpfade überflüssig, welche im Rahmen des Netzwerkdatenmodells notwendig war. Nicht der Programmierer übersetzt das Informationsbedürfnis in eine Findroutine, sondern der Computer, dem gegenüber Suchbedingungen deklariert werden.

Suchanfragen nehmen in relationalen Datenbanksystemen nicht die Gestalt *prozedural-imperativer* Befehlsfolgen an, welche gegenüber dem Computer festlegen, *wie* eine Information im Bestand der Datenbank gefunden werden kann.[73] Das Informationsbedürfnis wird *deklarativ* formuliert, wobei festgelegt wird, *was* man

---

73 | Henning und Vogelsang beschreiben das Charakteristikum imperativer Programmiersprachen wie folgt: »Bei imperativen (oder prozeduralen) Sprachen besteht ein

sucht und nicht, *wie* es gefunden werden kann. Als Standardsprache relationaler Datenbanksysteme hat sich die *Structured Query Language* (SQL) etabliert, die von Donald D. Chamberlin und Raymond F. Boyce bei IBM im Anschluss an Codd entwickelt und spezifiziert wurde (vgl. Chamberlin/Boyce 1974).[74] In SQL werden Suchanfragen als *Select-From-Where*-Block formuliert. Die *Select*-Klausel legt fest, welche Attribute in der Ergebnismenge enthalten sein sollen, d.h. die Spalten einer Tabelle. In der *From*-Klausel wird bestimmt, welche Relationen in die Suche einbegriffen werden, und die *Where*-Klausel gibt die Kriterien an, welche die gesuchten Tupel erfüllen müssen.[75] Dies stellt die elementare Anfrageform in SQL dar, welche die in der relationalen Algebra definierten Operationen der Selektion, Projektion und des Verbunds miteinander verschaltet.

In ihrer ersten Publikation zu SEQUEL führen Chamberlin und Boyce eine Reihe von Beispielen an, wie konkrete Informationsbedürfnisse in diese Anfrageform übertragen werden können. Das erste und einfachste Beispiel, welches die Autoren anführen, ist die Suche nach den Namen (NAME) aller Angestellten (EMP[loyees]), die in der Spielzeugabteilung (DEPT = ›TOY‹) eines Unternehmens arbeiten. In SQL-Pseudocode lässt sich dies wie folgt ausdrücken:

```
»SELECT NAME
FROM    EMP
WHERE  DEPT = ›TOY‹« (Chamberlin/Boyce 1974: 253)
```

An diesem Beispiel wird deutlich, dass die Selektionsoperation der relationalen Algebra und die *SELECT*-Anweisung in SQL nicht miteinander gleichzusetzen sind. Die *Select*-Klausel legt nicht fest, welche Entitäten in der Ergebnismenge enthalten sein sollen, sondern gibt an, welche Attribute von Interesse sind. Sie ermöglicht

---

Programm aus einer Folge von Befehlen an den Rechner, z.B. ›Schreibe in Variable x den Wert 5‹« (Henning/Vogelsang 2004: 33).

74 | Zunächst führten Chamberlin und Boyce SQL als *Structured English Query Language* ein, für die sie das Akronym SEQUEL gebrauchten. Aus Urheberrechtsgründen wurde SEQUEL später in SQL umbenannt (Frana 2001: 17). Neben SEQUEL wurden noch weitere Sprachen für das relationale Modell vorgeschlagen, die im Rahmen verschiedener Entwicklungsprojekte entstanden sind (vgl. Gugerli 2009: 81). In der Praxis hat sich jedoch SQL durchgesetzt, das erstmals 1986 vom *American National Standard Institute* als Standard festgeschrieben wurde. Seither hat der Standard, der von der *International Standards Organization* übernommen wurde, eine Reihe von Revisionen durchlaufen.

75 | Chamberlin und Boyce beschreiben die elementare Form der SQL-Anfrage wie folgt: »The user must specify the columns he wishes to SELECT, the table FROM which the query columns are to be chosen, and the conditions WHERE the rows are to be returned. The SELECT-FROM-WHERE block is the basic component of the language« (Chamberlin/Boyce 1974: 254).

die Projektion von Spalten der Ausgangsrelation in Spalten der Ergebnisrelation. Demgegenüber werden die Selektionsbedingungen für Tupel in der *Where*-Klausel festgelegt.[76] Der Verbund kann implizit realisiert werden, indem man mehrere Relationen in der *From*-Klausel aufführt. Darüber hinaus verfügt die Sprachspezifikation von SQL über Möglichkeiten, verschiedene Formen der Verbundoperation durch explizite *JOIN*-Anweisungen zu deklarieren. Durch die Einführung dieser Operatoren wurden die Ausdrucksmöglichkeiten von SQL zwar teilweise erweitert.[77] In erster Linie dienen sie jedoch dem Ziel, die Formulierung komplexer Suchanfragen zu erleichtern (vgl. Saake et al. 2008: 222). Die unterschiedlichen Formen des Verbunds zwischen Relationen sind für die Suche in relationalen Datenbanken von zentraler Bedeutung. Sie erlauben es, Informationen zueinander in Beziehung zu setzen und hierdurch zu Informationen zu gelangen, die nicht explizit in der Datenbank gespeichert sind.

Die Beziehungen zwischen Entitäten werden in relationalen Datenbanken nicht als feste Verweisstruktur in der Tiefe der Datenbank etabliert, sondern müssen vom Nutzer an der Oberfläche bei der Formulierung von Suchanfragen hergestellt werden.[78] Dies ist eine Konsequenz des von Codd geforderten Verzichts auf »user-visible navigation links between tables« (1982: 113), wie sie im Netzwerkdatenmodell als Kanten zwischen Knoten dargestellt werden und denen bei der Suche nach Informationen in einer solchen Datenbank gefolgt werden muss. Im Hintergrund dieses Verbots steht Codds Überzeugung, dass die Verortung von Datenbankinformationen in einer Netzwerkstruktur von Anwendungsprogrammieren viel und von Endnutzern zu viel Vorwissen über die interne Struktur der Datenbank abverlangt: »It [...] places a heavy and unnecessary navigation burden on application programmers. It also presents an insurmountable obstacle for end users« (Codd 1982: 110, Fn 1).

Diametral hierzu steht Codds Postulat, dass die Nutzer von Datenbanken von der internen Organisation der Informationen im Computerspeicher abgeschirmt

---

76 | Die *WHERE*-Klausel ist optional und kann somit entfallen (vgl. Saake et al. 2008: 219).

77 | Viele explizite JOIN-Anweisungen wie der INNER JOIN oder der CROSS JOIN können auch implizit in SQL realisiert werden. Die im SQL-Standard festgelegten Varianten des äußeren Verbunds (LEFT OUTER JOIN, RIGHT OUTER JOIN und FULL OUTER JOIN) können nicht implizit in SQL deklariert werden. Bei diesen Joins werden Tupel einer oder beider Relationen auch dann in die Ergebnismenge aufgenommen, wenn zwischen den Relationen keine Entsprechung beim Vergleichsattribut existiert. Bei derartigen in die Ergebnisrelation übernommenen Tupeln wird den Attributen der jeweils anderen Relation der Wert *NULL* zugewiesen.

78 | Sofern der suchende Zugriff auf eine relationale Datenbank durch ein spezifisches Interface erfolgt, werden die Verbindungen zwischen den Informationen vom Anwendungsprogrammierer durch die Definition von Anfragemustern hergestellt.

werden müssen (vgl. Codd 1970: 377).[79] Dies ermöglicht das relationale Datenmodell mit der bereits erläuterten Ersetzung physischer Links (Pointer) zwischen Datensätzen durch logische Verknüpfungen (Fremdschlüsselbeziehungen) zwischen Relationen. Dies hat zur Folge, dass die Zusammenhänge zwischen Tupeln (Datensätzen über Entitäten) in der Tiefe des Computers nur noch latent gegeben sind und an der Oberfläche vermittels der Verbundoperation aktualisiert werden müssen.[80]

Ein Nebeneffekt dieser Verlagerung ist die enorme Flexibilisierung von Suchanfragen an der Oberfläche. Das relationale Datenmodell erleichtert die Formulierung von Suchanfragen nicht nur für die »truly *casual* user« (Date/Codd 1975: 95), sondern erweitert auch die prinzipiellen Suchmöglichkeiten. Datenbankinformationen können auf nicht vorhergesehene Weise zueinander in Beziehung gesetzt werden, sodass man zu Informationen gelangen kann, die »quer zu den bereits erfassten Daten« (Gugerli 2007a: 27) liegen. In relationalen Datenbanken kann man durch die Formulierung von Suchanfragen neuartige »Zusammenhänge simulieren, überprüfen und erkennen« (Gugerli 2007a: 30), die während der Formalisierung des konzeptuellen Datenbankschemas noch nicht antizipiert wurden. Daher ist der Einschätzung Gugerlis beizupflichten, dass mit der relationalen Datenbank eine »Suchmaschine von präzedenzloser Radikalität« (Gugerli 2009: 81) geschaffen wurde.

In der Datenbank nach etwas zu suchen bedeutet nicht nur das bloße Auffinden von Informationen in einem Bestand. Die Suche wird zu einem kreativen Akt, bei dem sich unbekannte Zusammenhänge erkunden und erforschen lassen. Aus Bekanntem kann Neues entstehen. Die Datenbank als geschützte Aufbewahrungsstätte vorhandener Informationen wird zur Basis für das Entdecken neuer Informationen. In diesem Zusammenhang lässt sich die Formulierung einer Suchanfrage (mit Verbundanweisung) als Spielzug in dem von Lyotard beschriebenen Spiel vollständiger Information verstehen (Lyotard 2009 [1979]: 126).[81] Ein solcher Spielzug bringt eine Hypothese zum Ausdruck, deren Gültigkeit nicht allein daraus geschlossen werden kann, dass die Suchanfrage ein Ergebnis liefert. Dies wurde bereits in dem oben genannten Beispiel der Verknüpfung von Informationen über ein Buch mit Informationen über dessen Autor deutlich. Erst die Angabe eines *tertium*

---

79 | Die von Codd geforderte Nutzerorientierung rief, wie Gugerli darlegt, auch deshalb Widerstand hervor, weil sie einen zentralen Grundsatz guter Programmierung infrage stellte. Aufgrund der begrenzten Leistungsfähigkeit von Computern galt es, möglichst effizient die geringen Rechen- und Speicherkapazitäten auszunutzen (Gugerli 2009: 74).

80 | Eine zweite, für die hier verfolgte Fragestellung weniger bedeutsame Konsequenz ist, dass sich beim Einfügen von Informationen in die Datenbank die Integrität nicht aus den physischen Verknüpfungen zwischen Datensätzen oder Tupeln erschließen lässt, sondern einer logischen Prüfung unterworfen werden muss, wobei die Integritätsregeln im konzeptionellen Schema formal expliziert werden müssen.

81 | Zu Lyotards Beschreibung des postmodernen Wissens als Spiel vollständiger Information siehe auch S. 183f.

comparationis (die Relation *Buchautor* mit den Fremdschüsselattributen *BuchID* und *AutorID*) stellt im Kontext des Beispiels einen verlässlichen Zusammenhang zwischen Büchern und Autoren her. Die spielerische Kombination und Rekombination von Informationen aus der Datenbank erfordert vom Suchenden daher eine quasi-wissenschaftliche Einstellung, welche die Suchanfrage als Experiment begreift, deren Ergebnisse vor dem Hintergrund der Experimentalanordnung – relationale Datenbank, konzeptuelles Datenbankschema, Anfrage – interpretiert und auf ihre Validität (für die Welt außerhalb der Datenbank) überprüft werden müssen. Die Ableitung von neuem Wissen aus bekannten Informationen wird durch die Suchtechnologie unterstützt, stellt jedoch keinen Automatismus dar und darf nicht als solcher verstanden werden.[82] Es handelt sich um eine Form der Aussagenproduktion durch den Suchenden bei der Suche in einem prinzipiell begrenzten Informationsbestand.[83] Relationale Datenbanksysteme flexibilisieren die nutzerseitigen Suchmöglichkeiten.

Diese Möglichkeiten beruhen auf der vorgängigen Explikation eines Informationsmodells im konzeptuellen Schema, das festschreibt, was im Rahmen einer konkreten Datenbank als Information zählt. In Anbetracht dessen erweisen sich die Erwartungen, die an die Suche in relationalen Datenbanken geknüpft werden, mitunter als überzogen. Exemplarisch lässt sich dies an Beiträgen des bloggenden Kulturwissenschaftlers Michael Seemann (mspro) darlegen, nach dessen Ansicht die Medien an ihr Ende gekommen sind und durch die Suche als primärem Modus der Sinnproduktion abgelöst werden (Seemann 2011a). An den Anfang dieser Entwicklung stellt Seemann das relationale Datenmodell und die Anfragesprache SQL:

»Die Datenbank ist flach, sie kennt keine Relevanz, keine Hierarchien, keine Zusammenhänge. Ordnung, Struktur und Verknüpfung entsteht erst in dem Moment, wenn ich meine Query formuliere. In Echtzeit. [...] Mit SQL war der Startschuß gegeben für das, was wir in der Bibliothek von Babel als neues Paradigma der Sinngenerierung

---

82 | Ein Beispiel hierfür ist das Entdecken ökonomischer Trends anhand von Suchanfragen (Choi/Varian 2009).

83 | In Anbetracht dessen erweist sich Lyotards Beschreibung des Spiels vollständiger Information als problematisch. Vollständigkeit ist keineswegs eine Voraussetzung, sondern allenfalls eine Setzung, in der sich das Imaginäre digitaler Datenbanken widerspiegelt. Zwar kann das kombinatorische Spiel mit Datenbankinformationen durch Lyotards Vollständigkeitsannahme legitimiert werden. Jedoch birgt dies die Gefahr von Fehlinterpretationen, wie Danah Boyd und Kate Crawford in Reaktion auf die aktuellen Diskussionen um Big Data kritisch herausgestellt haben: »Interpretation is at the center of data analysis. Regardless of the size of a data set, it is subject to limitation and bias. Without those biases and limitations being understood and outlined, misinterpretation is the result. Big Data is at its most effective when researchers take account of the complex methodological processes that underlie the analysis of social data« (boyd/Crawford 2011: 6).

verstehen können. Die Query löst die Medien ab. Wo vorher der Rufer ins Nichts den Sinn produzierte, steht heute der algorithmische Filter im Alles.« (Seemann 2011b)

Obwohl im bisherigen Verlauf des Kapitels gezeigt wurde, dass durch das relationale Datenmodell eine Form der computergestützten Suche in Datenbanken möglich wurde, die dem Suchvorgang eine neue Qualität verleiht, ist der »algorithmische Filter im Alles«, in dem Seemann die Erfüllung von Borges' Gedankenexperiment der Bibliothek von Babel sieht, eine kritisch zu hinterfragende Imagination.[84] Weder das Bild des Filters noch der Verweis auf Algorithmen vermag die Besonderheit der Suche in relationalen Datenbanken zu erklären.[85] Die Suchmöglichkeiten von SQL basieren nicht auf Verfahren der algorithmischen Sinnzuschreibung, sondern beruhen auf der vorgängigen Formalisierung eines Informationsmodells im konzeptuellen Schema und der strukturierten Speicherung von Informationen nach Vorgabe dieses Modells. Algorithmen bedingen dabei allenfalls *wie schnell* etwas in der Datenbank gefunden wird, aber nicht *was* als Ergebnis für eine Suchanfrage zurückgegeben wird. In einer Select-From-Where-Anweisung sind die Kriterien der Auswahl von Datenbankinformationen vollständig und eindeutig bestimmt. Relationale Datenbanken lassen sich nur hinsichtlich der in ihnen enthaltenen Informationen als *Black Box* betrachten.[86] Die Prinzipien der Suche, d.h. die Regeln der Verkopplung von Suchanfragen mit Suchergebnissen, stellen bei

---

84 | Borges zeichnet nicht das Bild der perfekten Bibliothek, sondern er führt die Praxis der Versammlung von Büchern an ihre hypothetische Grenze, die keine Vollendung, sondern den Zusammenbruch der Bibliothek bedeutet. Die Bibliothek, welche nicht nur alle geschriebenen, sondern alle möglichen Bücher enthält, ist eine Dystopie, insbesondere auch für den Suchenden. In dem Moment, in dem durch die bloße Kombinatorik von Buchstaben alles mögliche gesagt scheint, ist gerade nichts mehr gesagt. Jeder mögliche Autor vertritt jede mögliche Position und jede Position wird von jedem Autor vertreten. Die Bibliothek in der Extremform des Gedankenexperiments ist keine Bibliothek mehr; ihre Bewohner müssen von Neuem beginnen, Aussagen zu produzieren. Ein möglicher Modus der Sinngenerierung besteht in der Selektion bestimmter Bücher durch die Suche. Hierbei gilt es zu bedenken, dass im Kontext von Borges' hypothetischer Bibliothek der Akt des Suchens nach einem Buch dem Schreiben des Buchs durch den Suchenden gleichkommt. Nur wer den kompletten Text eines zu findenden Buchs als Suchbedingung angibt, kann es eindeutig identifizieren. Damit wird das Suchen jedoch überflüssig, da das Ergebnis der Suche prinzipiell keine neuen Informationen hervorbringen kann.

85 | In *Translation as a Filter* zeigt Naoki Sakai die Polysemie der Metapher des Filters auf, weshalb er die Beschreibung von Übersetzung anhand dieser Metapher kritisiert (Sakai 2010). Analog hierzu bleibt Seemans Vision eines »algorithmischen Filter im Alles« weithin unbestimmt.

86 | Auf Grundlage des relationalen Datenmodells wurde es nach Ansicht von Gugerli möglich, die »Datenbank als Back Box [zu, M.B.] behandeln, an die sich auch Fragen

der Formulierung von SQL-Anfragen hingegen kein Geheimnis dar, welches bei der Interaktion mit der Black Box *Datenbank* gelüftet werden müsste.[87] Hierin unterscheidet sich die Suche in relationalen Datenbanken beispielsweise von der Suche mit Websuchmaschinen. Dies soll im Folgenden genauer erklärt werden.

Websuchmaschinen: Algorithmische Relevanzzuschreibung

Internetsuchmaschinen wie z.b. Google, Bing, Baidu, Yandex etc. machen es sich zur Aufgabe, die Gesamtheit der im World Wide Web verfügbaren Informationen auffindbar zu machen. Die Effektivität derartiger Suchmaschinen beruht auf algorithmischen Verfahren der Zuschreibung von Bedeutung. Unbekannt sind nicht nur die potenziell auffindbaren Informationen, sondern auch die Regeln der Attribuierung von Bedeutung sowie der Selektion von Information, weshalb die Suche als eine Black Box zu behandeln ist. Auch Websuchmaschinen dienen der Verarbeitung von Bedeutung. Im Vordergrund steht jedoch nicht der Sinn oder Gehalt von digitalen Informationen, sondern die Relevanz von Webdokumenten für den Suchenden. Dies haben Sergey Brin und Lawrence Page erkannt, die mit der Formulierung des PageRank-Algorithmus die Grundlage zeitgenössischer Websuchmaschinen geschaffen haben. Die praktische Leistungsfähigkeit des PageRank-Verfahrens haben Brin und Page mit ihrer Suchmaschine Google unter Beweis gestellt, welche seit mehr als einem Jahrzehnt eine Vormachtstellung auf dem Suchmaschinenmarkt innehat (Brin et al. 1998; Brin/Page 1998; Page et al. 1998).

Der PageRank-Algorithmus, wie er Ende der 1990er Jahre entwickelt und angewendet wurde, bewertet die Relevanz eines Webdokuments am Grad seiner Verlinkung, d.h. an der relativen Häufigkeit, mit der andere Webseiten auf dieses Dokument verweisen.[88] Ein Vorbild des PageRank ist die Berechnung des Einflussfaktors (*Impact Factor)* wissenschaftlicher Publikationen auf Basis der Zahl der Zitationen eines Artikels.[89] Brin und Page haben diese Idee auf das Web übertragen

richten ließen, deren Beantwortbarkeit bislang nicht getestet worden war« (Gugerli 2009: 72).

87 | Eine Unbekannte wird auf der Oberfläche allenfalls bei der Gestaltung von Benutzerschnittstellen eingeführt, welche den Nutzer auf bestimmte Suchmöglichkeiten festlegen, indem sie bestimmte Anfrageformen im Interface vorgeben. Siehe hierzu S. 296ff. im Kapitel »Phänomeno-Logik«.

88 | Ein ähnliches Verfahren wie der PageRank-Algorithmus wurde ungefähr zur gleichen Zeit von Jon Kleinberg entwickelt, welches Hyerlink-Induced Topic Search, kurz HITS, genannt wird (Kleinberg 1999, 2000). Ein Vergleich zwischen dem HITS- und dem PageRank-Algorithmus findet sich in Rieder (2012).

89 | Page verweist in den beiden Patenten zum PageRank-Algorithmus explizit auf Eugene Garfield, den Erfinder des *Science Citation Index* (vgl. Page 2001, 2004). Die Wurzeln des PageRank in der Soziometrie und Bibliometrie werden von Mayer (2009) rekonstruiert.

und behandeln Hyperlinks analog zu Zitaten: »One can simply think of every link as being like an academic citation« (Page et al. 1998: 2). Die Qualität oder Relevanz einer Webseite wird nicht anhand inhaltlicher Kriterien bewertet, sondern aus der »hypertextual citation structure« (Page et al. 1998: 2) des gesamten Web abgeleitet, d.h. das gleichwertige Nebeneinander von Webseiten wird im Rückgriff auf die Linkstruktur gewichtet (siehe Abb. 16). Dadurch wird der ungeordneten Vielfalt von Dokumenten im WWW eine Ordnung gegeben, die sich in der Anordnung der Suchergebnisse widerspiegelt.

Webseiten, die in den Ergebnislisten weit vorn erscheinen, wird eine höhere Relevanz beigemessen als anderen weiter hinten aufgeführten Seiten. Diese Relevanzordnung ist für den Umgang mit Websuchmaschinen von zentraler Bedeutung. Für das Suchwort *Datenbank* findet Google beispielsweise circa 135 Millionen Ergebnisse, eine für menschliche Nutzer nicht zu überschauende Treffermenge.[90] Handhabbar werden die Ergebnisse für den Suchenden erst durch deren Anordnung in der Ergebnisliste anhand von Relevanzkriterien.

Abb. 16: Beispiel der Gewichtung von Webseiten mithilfe des PageRank-Verfahrens[91]

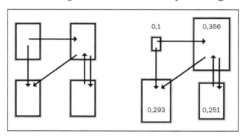

Websuchmaschinen operieren mit der Annahme, dass ihre Nutzer nicht an der Gesamtheit der Webseiten interessiert sind, die einem bestimmten Suchkriterium entsprechen, sondern nur an einer oder zumindest an relativ wenigen Seiten. Dementsprechend gibt Google ungeachtet der angezeigten Gesamtzahl von Ergebnissen dem Nutzer je Suchanfrage maximal 1000 Ergebnisse zurück. Die bereits erwähnte Suche nach dem Stichwort *Datenbank* fördert nur 905 tatsächliche Ergeb-

---

90 | Suche vom 3.2.2012.

91 | Der PageRank *PR* einer Webseite A ist rekursiv definiert und berechnet sich wie folgt: PR(A)=(1-d) + d[PR(T1)/C(T1) + ... + PR(Tn)/C(Tn)]. Parameter d ist ein Dämpfungsfaktor, der typischerweise auf 0,85 festgelegt wird. T1 bis Tn sind die Webseiten, die auf Seite A verweisen. C(Ti) ist die Summe der Links, die von einer Seite Ti auf andere Webseiten verweisen (vgl. Brin/Page 1998: 109f.). Der PageRank einer Webseite ist demzufolge nicht nur abhängig von der Zahl der Links, die auf diese zeigen, sondern auch von dem PageRank der Seiten, die diese Links beinhalten. Ein Link von einer höher bewerteten Webseite hat mehr Gewicht als ein Link von einer Seite mit niedrigem PageRank.

nisse zu Tage. Am Ende der Trefferliste findet sich der Hinweis: »*Um Ihnen nur die treffendsten Ergebnisse anzuzeigen, wurden einige Einträge ausgelassen, die den 905 bereits angezeigten Treffern sehr ähnlich sind*«.[92] Die genaue Zahl der angezeigten Suchergebnisse variiert mit jeder Anfrage leicht, die Botschaft ist aber stets dieselbe: Wer in den ersten tausend Ergebnissen nicht fündig wird, wird auch in den restlichen Ergebnissen nichts finden.

In dieser Hinsicht unterscheiden sich Websuchmaschinen grundlegend von relationalen Datenbanksystemen. Letztere zielen auf Vollständigkeit der Ergebnisse ab, wohingegen bei Suchmaschinen im WWW die Reduktion von Ergebnissen im Vordergrund steht. Die tabellarische Anordnung der Ergebnisse in relationalen Datenbanken orientiert sich, wie Krajewski herausgestellt hat, an »Evidenz und Übersicht« (Krajewski 2007: 47), beinhaltet aber keine Aussage über die Relevanz bestimmter Ergebnisse im Vergleich zu anderen. In der Ordnung der Suchergebnisse besteht demgegenüber ein zentrales Leistungsmerkmal von Websuchmaschinen.[93] Sie soll es Nutzern ermöglichen, aus der Vielzahl von Treffern effektiver solche auszuwählen, die für ihr aktuelles Informationsbedürfnis von Belang sind. Suchmaschinen erfüllen eine Orientierungsleistung und sind, wie der Informationswissenschaftler Michael Zimmer konstatiert hat, deshalb zum »center of gravity for people's everyday information seeking activities« (Zimmer 2008: 82) geworden.[94] Das Beispiel von Websuchmaschinen im Allgemeinen und Google im Besonderen wird an dieser Stelle herangezogen, um im Vergleich mit relationalen Datenbanksystemen eine weitere Dimension der computertechnischen Verarbeitung von Bedeutung darzulegen.[95] Datenstrukturen und Algorithmen stehen bei Suchma-

---

92 | Für die Beispielsuchanfrage kann der Nutzer nur auf ungefähr sieben Promille der Gesamtergebnismenge zugreifen. Vor diesem Hintergrund erscheint die Formulierung, dass »einige Einträge ausgelassen« wurden, als ein Euphemismus.

93 | Sofern man die von Websuchmaschinen bewirkte Aufmerksamkeitssteuerung der Nutzer prinzipiell kritisiert, verkennt man die Problematik, auf die diese Suchtechnologie eine Antwort ist.

94 | Etwas Ähnliches konstatiert auch Röhle: »Suchmaschinen sind heute die zentralen Instanzen der technisch unterstützten Komplexitätsreduktion im Netz. Ihnen fällt die Aufgabe zu, Ordnung in der neuen Unübersichtlichkeit zu schaffen« (Röhle 2010: 11). Die große Bedeutung von Websuchmaschinen zeigt sich auch in dem wachsenden medien- und kulturwissenschaftlichen Interesse an diesem Gegenstandsbereich. Diskutiert wird vor allem die Frage der Macht von Suchmaschinen. Hierbei werden Websuchmaschinen mitunter als übermächtige Gatekeeper begriffen, die einseitig bestimmen, welche Informationen ihre Nutzer im WWW finden. Ein differenzierteres Bild der Macht von Suchmaschinen entwirft Theo Röhle in seiner Studie *Der Google-Komplex* in Rekurs auf Foucaults Machtkonzeption und die Akteur-Netzwerk-Theorie (vgl. Röhle 2010).

95 | Bei Websuchmaschinen steht anders als bei relationalen Datenbanken nicht der Gehalt von Informationen im Vordergrund, sondern deren Relevanz. Dieser

schinen in einem anderen Verhältnis zueinander als bei relationalen Datenbanken. Eine Konsequenz daraus sind die unterschiedlichen Oberfläche/Tiefe-Verhältnisse, die relationale Datenbanktechnologien einerseits und Suchmaschinen andererseits konstituieren.

Auch Websuchmaschinen werden technisch mittels Datenbankanwendungen realisiert, die auf der Modellierung von Information basieren. Dieses Informationsmodell spiegelt jedoch nicht die Komplexität und Heterogenität der im Web publizierten Informationen wider, sondern bildet die Topologie des Web in einer relativ einfachen Datenstruktur ab. Bei Google findet das *Bigtable*-Datenmodell Anwendung, welches die zweidimensionale Struktur von Tabellen (Zeilen, Spalten) um zwei weitere Dimensionen erweitert (vgl. Chang et al. 2006). Erstens wird eine Zeitdimension hinzugefügt, was zur Folge hat, dass Zellen mehrere Werte enthalten können, die durch einen Zeitstempel differenziert werden.[96] Zweitens werden Spalten in Spaltenfamilien gruppiert, wodurch die dynamische Erweiterung der Tabelle um weitere Spalten möglich wird.[97]

Abb. 17: Bigtable-Datenstruktur am Beispiel einer Webtable

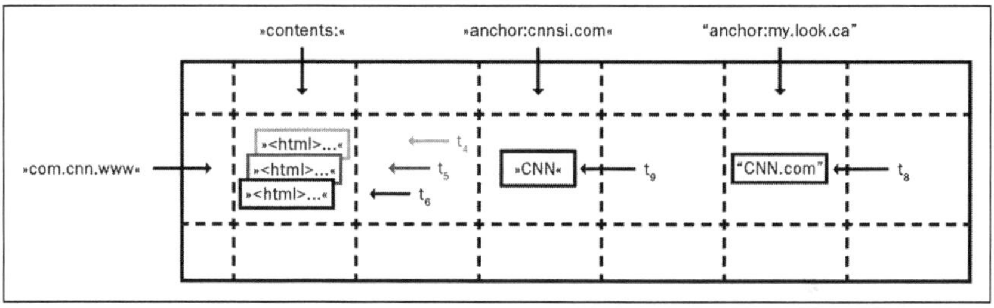

Quelle: Chang et al. 2006: 206

Die Bigtable-Datenstruktur erläutern Chang et al. am Beispiel einer *Webtable*, womit sie auf ein zentrales Element der Google-Suchmaschine anspielen (vgl. Abb. 17). Obwohl das tatsächlich verwendete Informationsmodell ein Firmengeheimnis

---

Unterschied wird im Folgenden dargelegt, ist aber für den Vergleich dieser Suchtechnologien sekundär.

96 | Chang et al. beschreiben die erste Erweiterung von traditionellen zweidimensionalen Tabellen folgendermaßen: »A Bigtable is a sparse, distributed, persistent multidimensional sorted map. The map is indexed by a row key, column key, and a timestamp; each value in the map is an uninterpreted array of bytes. (row:string, column:string, time:int64) ® string« (Chang et al. 2006: 205).

97 | Durch die zweite Erweiterung werden Spaltenfamilien eingeführt, die der Gruppierung von Spalten dienen: »Column keys are grouped into sets called column families, which form the basic unit of access control. All data stored in a column family is usually of the same type (we compress data in the same column family together)« (Chang et al. 2006: 206).

ist, lässt sich an dcm von Google Mitarbeitern publizierten Beispiel der Webtable die Funktion verdeutlichen, die diese Datenbank für die Realisierung der Websuche hat.

Eine Zeile beinhaltet Informationen zu einer Webpage, welche durch ihre URL identifiziert wird. In der ersten Spalte der Bigtable wird der gesamte Inhalt der Webseite als HTML-Code gespeichert.[98] Die übrigen Spalten des Beispiels beinhalten die Links, welche von der jeweiligen Webpage aus auf andere Seiten verweisen. Jedes Linkziel, d.h. jede verlinkte URL, wird in einer eigenen Spalte gespeichert und die Tabellenzellen beinhalten den Ankertext des Links. Gruppiert sind diese Spalten zu der Spaltenfamilie »anchor«, welche die unterschiedlichen Spalten, die Links enthalten, zu einem Typ zusammenfasst und ihnen hierdurch eine Bedeutung zuweist. In einer solchen Datenstruktur lässt sich die ständig wandelnde Topologie des Web abbilden. Indem Google sämtliche von Webcrawlern, also Suchrobotern, gefundenen Webseiten in der Webtable speichert, wird das WWW in eine Datenbank transformiert und somit als Ganzes verwalt- und verarbeitbar.

Die Websuche von Google basiert maßgeblich auf der Versammlung des WWW in einer Datenbank. Für die Realisierung der Suchfunktionalität ist diese Übersetzung jedoch nur ein erster Schritt, sodass die Nutzer der Suchmaschine Google allenfalls mittelbar mit der Webtable-Datenbank interagieren. Entscheidend ist vielmehr, dass durch die Übersetzung der offenen Netzarchitektur des WWW in eine geschlossene Datenbankstruktur das Web als Ganzes handhabbar wird. Dies ist die Voraussetzung für die Berechnung des PageRank von Webseiten aus dem Grad ihrer Verlinkung mit anderen Webseiten, der, wie bereits dargelegt, als ein wichtiger Relevanz- bzw. Qualitätsindikator einer Webseite fungiert und die Anordnung von Suchergebnissen in der Ergebnisliste grundlegend beeinflusst. Das Informationsmodell, welches der Webtable zugrunde liegt, dient demzufolge nicht der semantischen Beschreibung der auf Webseiten enthaltenen Informationen, sondern bildet eine Metastruktur für die nachträgliche algorithmische Zuschreibung eines Relevanzwerts zu einer Webseite. Das Resultat der dem PageRank-Verfahren eingeschriebenen Hypothese ist, dass sich die Qualität einer Webseite in ihrer Linkpopularität, d.h. der Quantität ihrer Referenzen widerspiegelt, welche durch die Transformation des Web in eine Datenbank berechenbar wird.

Was die nutzerseitige Suche nach Informationen anbelangt, stehen bei Websuchmaschinen algorithmische Verfahren der Auswertung von Information und der Zuschreibung von Bedeutung im Vordergrund. Welche Ergebnisse in welcher Reihenfolge für Suchanfragen zurückgegeben werden, basiert demzufolge auf Algorithmen. Insofern lässt sich die Suche mit Websuchmaschinen als ein algorithmischer Selektionsprozess verstehen. Google bezieht eigenen Angaben zufolge derzeit nicht weniger als 200 Faktoren in die Bewertung von Webseiten ein, wobei die

---

98 | Neben HTML-Dateien indexiert Google eine Reihe weiterer *gebräuchlicher* Dateitypen, die im Web gespeichert und durch eine URL abgerufen werden können. Eine Liste findet sich in den *Google Webmaster Tools* (vgl. Google).

Algorithmen zudem häufigen Veränderungen unterliegen (vgl. Singhal 2012).[99] Wie genau sich die einzelnen Faktoren auf die Auswahl von Suchergebnissen auswirken ist geheim.[100] Infolgedessen ist nicht nur das Web als unsichtbarer Bestand von Informationen eine Black Box, sondern auch die Suche, welche in der unsichtbaren Tiefe des Computers, hier der Serverfarm von Google, situiert ist. Eine Konsequenz daraus ist, dass es für die Nutzer von Websuchmaschinen prinzipiell unmöglich ist zu entscheiden, ob Veränderungen in den Ergebnissen auf Änderungen im Web oder auf Revisionen der Suchalgorithmen zurückzuführen sind (vgl. Stalder/Mayer 2009: 126).

Zwischen den Betreibern und Nutzern von Suchmaschinen besteht aufgrund der strategischen Geheimhaltung der Suchalgorithmen eine Machtasymmetrie.[101] Dies ist insofern problematisch, als die algorithmisch hergestellte Relevanzordnung kein objektives Bild der »wirklichen« Relevanz von Informationen ist. Die Algorithmen von Websuchmaschinen konstruieren vielmehr Relevanz. Im Anschluss an die bereits diskutierte Beschreibung des konzeptuellen Datenbankschemas als eine Weise der symbolischen Formung bzw. vorlogischen Strukturierung von Wirklichkeit kann diese algorithmische Herstellung einer Relevanzordnung als alternative Weise der symbolischen Formung *in, mit* und *durch* Computer verstanden werden.[102] Während das konzeptuelle Schema ein Modell der Welt vorgibt, beruhen Suchmaschinen jedoch auf Verfahren der nachträglichen Ordnung von Informationen durch Algorithmen. In diese Algorithmen sind Hypothesen darüber eingeschrieben, was für Nutzer relevante Informationen sind und wie sich diese computertechnisch ausfindig machen lassen. Die Relevanz einer Webseite wird von Websuchmaschinen daher nicht gemessen, wie sich etwa die Länge einer Strecke

---

99 | Der Marketing-Softwareanbieter Moz unterhält eine Liste mit bekannt gewordenen Veränderungen am Suchalgorithmus von Google (vgl. Moz).

100 | Dies trifft nicht nur auf Google, sondern auf Suchmaschinenbetreiber im Allgemeinen zu. Welche Faktoren auf welche Weise in die Bewertung von Webseiten eingehen wird gemeinhin geheim gehalten.

101 | Websuchmaschinen im Allgemeinen und Google im Besonderen lassen sich zwar als Gravitationszentrum der Orientierung im Web begreifen, sie bilden aber kein absolutes Machtzentrum für die Ordnung von Information und Wissen. Die Macht von Suchmaschinen entfaltet sich Röhle zufolge in einem komplexen Akteur-Netzwerk von Suchmaschinenbetreibern, Inhalteanbietern, Nutzern und Suchmaschinenoptimierern mit komplexen relationalen Machtverhältnissen, die »durch Verhandlungen, Assoziationen und wechselnde Dynamiken der Reversibilität gekennzeichnet« (Röhle 2010: 229) sind. Obwohl der Beurteilung von Röhle prinzipiell zuzustimmen ist, gilt es festzuhalten, dass den Betreibern von Suchmaschinen in dem vielschichtigen Machtgefüge eine Sonderstellung zukommt, da sie einseitig die Bewertungsregeln verändern können, nach denen die Algorithmen der Suchmaschinen Inhalte im Web ranken.

102 | Siehe S. 236f.

mit einem Maßband messen lässt, sondern nach den Regeln des Algorithmus Webseiten zugeordnet. Infolgedessen haben Suchmaschinenbetreiber durch die Veränderung der Algorithmen einen erheblichen Einfluss darauf, was ihren Nutzern als relevante Information präsentiert wird und welche Informationen diese zur Kenntnis nehmen.

Ein Beispiel hierfür ist der aktuelle Trend zur Personalisierung von Suchergebnissen, die der Internetaktivist Eli Pariser (2011) als *Filter Bubble* bezeichnet und kritisiert hat. Das Versprechen der Personalisierung ist es, den Nutzern auf Grundlage ihrer Nutzungsgewohnheiten bessere, d.h. individuell relevantere Ergebnisse zu liefern. Hierin besteht nach Ansicht von Pariser jedoch auch eine Gefahr, da die Nutzer zunehmend in einer *Filter Bubble* gefangen werden, in der sie nur das finden, was ihren eigenen Überzeugungen, Ansichten, Einstellungen und Interessen entspricht. Die für die Nutzer unsichtbare Personalisierung verdeckt die Vielfalt an Informationen und Wissen sowie die Heterogenität von Positionen und verzerrt somit ihre Wahrnehmung: »[T]he filter bubble distorts our perception of what's important, true, and real« (Pariser 2011: 20).

In Anerkennung der Gestaltungsmacht von Suchmaschinenbetreiber haben Lucas Introna und Helen Nissenbaum bereits 2000 in dem vielbeachteten Artikel *Shaping the Web: Why the Politics of Search Engines Matters* die Offenlegung von Suchalgorithmen gefordert: »As a first step we would demand full and truthful disclosure of the underlying rules (or algorithms) governing indexing, searching, and prioritizing, stated in a way that is meaningful to the majority of Web users« (Introna/Nissenbaum 2000: 181). Dies ist nach Einschätzung von Bernhard Rieder die am häufigsten geäußerte Forderung im aktuellen Suchmaschinendiskurs (vgl. Rieder 2009: 152). Doch das Öffnen der Black Box würde die Suche im WWW nicht demokratischer, neutraler oder besser machen. Im Gegenteil, die Bekanntgabe der in Suchalgorithmen eingeschriebenen Bewertungsmechanismen würde die Machtasymmetrie nicht auflösen, sondern auf eine andere Ebene verschieben. Denn die Ergebnisse von Suchmaschinen lassen sich nicht nur von »innen« heraus durch die Anpassung von Algorithmen verändern. Sie können auch von »außen« durch die gezielte Gestaltung von Webseiten und durch die Beeinflussung der Webtopologie manipuliert werden. Für diese Art der äußeren Einflussnahme auf die Ergebnislisten von Suchmaschinen hat sich der Begriff *Suchmaschinenoptimierung (Search Engine Optimization*, kurz: *SEO)* durchgesetzt.[103] Mit dem Wissen um die Be-

---

103 | Seitens der Suchmaschinenbetreiber wurde die Unterscheidung von weißen und schwarzen Optimierungspraktiken eingeführt, welche jedoch ebenso ökonomisch motiviert sind. Weiße Suchmaschinenoptimierung kann zur Verbesserung der Suche von Websuchmaschinen beitragen, wenn z.B. Webseitenanbieter ihre Seiten technisch so aufbereiten, dass sie von Suchmaschinen besser verarbeitet werden können. Diese Optimierungspraxis ist von Suchmaschinenbetreibern erwünscht und wird unterstützt. Demgegenüber dient die schwarze Suchmaschinenoptimierung der gezielten Manipulation von Suchergebnissen. Aufgrund dessen enthalten die

wertungsprinzipien von Suchmaschinen ließe sich die Suchmaschinenoptimierung exakt operationalisieren und damit algorithmisieren, was zur Konsequenz hätte, dass Nutzer auf Suchanfragen fortan nur noch das finden, was für die Suchmaschine besonders gut durch SEO-Algorithmen optimiert wurde. An die Stelle des einen als übermächtig empfundenen Suchalgorithmus träte eine Vielzahl miteinander konkurrierender SEO-Algorithmen, die an den Informationsbedürfnissen der Nutzer vorbei operieren, denn die Aufmerksamkeitslenkung der Nutzer ist für diese kein Hilfsmittel für den übergeordneten Zweck der Suche, sondern ein allein ökonomisch motiviertes Ziel. Der Zugewinn an Transparenz hätte zur Konsequenz, dass das Finden von Ressourcen für die Nutzer in der Suchpraxis schwieriger, wenn nicht sogar unmöglich wird.[104] Infolgedessen dient die Geheimhaltung von Suchalgorithmen nicht nur der Sicherung von Wettbewerbsvorteilen einzelner Suchmaschinenbetreiber, sondern auch dem weiteren Funktionieren der Websuchmaschine. Diesbezüglich stellte Eric Enge auf dem Blog *Search Engine Watch* treffend fest: »[L]inks were a better quality signal when the world didn't know that they were a signal. But, those days are gone« (Enge 2012).[105] Mittlerweile ist

Ergebnislisten von Suchmaschinen bei bestimmten Themen für die Nutzer nur sehr wenige brauchbare Resultate. Derartige Manipulationen versuchen Suchmaschinenbetreiber durch die kontinuierliche Anpassung ihrer Bewertungsalgorithmen zu unterbinden.

104 | Eine Demokratisierung der Suche lässt sich demzufolge nicht durch die Offenlegung der Suchalgorithmen erreichen, sondern setzt, wie Rieder dargelegt hat, »ein klares begriffliches Verständnis der Technologie, ebenso wie ein Überdenken unseres Verständnisses von Demokratie« (Rieder 2009: 168) voraus. Diese kreuzen/ überlagern sich im Design von Suchmaschinen, das derzeit vom Prinzip der Nutzerorientierung geprägt ist. Demgegenüber macht sich Rieder für ein »gesellschaftlich orientiertes Design« (Rieder 2009: 157) von Suchmaschinen stark, welches auf der politischen Ebene durch Regulierungsmaßnahmen und die Schaffung von Anreizen sowie auf der medienpraktischen Ebene durch die Förderung experimenteller Suchtechnologien auf der Basis existierender Suchmaschineninfrastrukturen durchgesetzt werden könne (vgl. Rieder 2009: 162ff.). Wie Röhle zu bedenken gibt, sind die Erfolgsaussichten eines solchen Ansatzes gegenwärtig als relativ gering einzuschätzen: »Regulierung, Aufklärung oder die Forderung technischer Alternativen – bisher sind noch so gut wie alle Ansätze an der Bequemlichkeit der Nutzer gescheitert« (Röhle 2010: 234).

105 | Der Indikator, auf dem einst der Erfolg der Suchmaschine Google hauptsächlich gründete, ist durch die Bedeutung, welche Links für die Relevanzzuschreibung beigemessen wurde, unzuverlässig geworden und hat infolgedessen an Relevanz verloren (vgl. Wall 2011). Dennoch bildet die Linkpopularität noch immer einen Faktor bei der Bewertung von Webseiten durch Suchmaschinen. Es ist jedoch umstritten, wie stark der Grad der Verlinkung die algorithmische Auswahl der Suchergebnisse beeinflusst.

unklar, ob und in welchem Maß Google die Linktopologie des Web noch immer zur Relevanzbewertung von Webseiten heranzieht. Dementsprechend mag der PageRank-Algorithmus heute überholt sein. Das an diesem Beispiel erläuterte Prinzip der algorithmischen Herstellung von computer-lesbarer Signifikanz ist es jedoch nicht.

An Websuchmaschinen zeigt sich eine alternative Weise der operativen Verschaltung von Informationsmodellen und Algorithmen. Googles Webtable dient als Metastruktur der algorithmischen Zuschreibung von Bedeutung im Sinn von Relevanz. Zwar liegt auch der Webtable ein Informationsmodell zugrunde, welches die in der Datenbank gespeicherten Informationen als bestimmte Informationen adressierbar und damit verarbeitbar macht. Im Kontext von Websuchmaschinen ist dies jedoch nur die Voraussetzung für die anschließende algorithmische Auswertung der Informationen zum Zweck ihrer Relevanzbewertung. Demgegenüber wurde im vorangegangenen Unterkapitel zum relationalen Paradigma dargelegt, dass relationale Datenbanken digitale Informationen gemäß einem vordefinierten Informationsmodell verwalten. Auch wenn dies grundsätzlich zutreffend ist, gilt es die Gegenüberstellung von Datenbanken einerseits und Websuchmaschinen andererseits mit einer Einschränkung zu versehen. Zwar operieren relationale Datenbanken stets auf der Basis eines Informationsmodells. Dieses kann jedoch ähnlich wie bei Websuchmaschinen als Metastruktur für die algorithmische Zuschreibung von Bedeutung fungieren.

Welche Rolle Datenbanken in der medialen Praxis spielen, lässt sich demzufolge nicht allein an dem Datenmodell ablesen, auf dem eine Datenbank beruht. Vielmehr ist im Kontext partikularer Informationssysteme, z.B. Suchmaschinen, zu beobachten, wie Datenbanken darin operativ werden. Auch relationale Datenbanken können in Informationssystemen derart gebraucht werden, dass die in ihnen gespeicherten Informationen auf der Ebene des Informationsmodells der Datenbank, dem konzeptuellen Schema, zwar eine Bedeutung haben, diese aber von den Bedeutungen verschieden ist, die auf der Ebene des Informationssystems von Interesse sind und prozessiert werden. Ein Beispiel hierfür sind Social Tagging-Systeme, welche die nutzerseitige Beschreibung digitaler Objekte mit Schlagworten erlauben, ohne dass sich die Bedeutung der Schlagworte im Informationsmodell der Datenbank widerspiegelt. Hierbei bildet die relationale Datenbank nicht das Informationssystem, sondern ist Teil einer »*Infrastruktur der Bedeutung*« (Weinberger 2008: 205). Da im Rahmen eines Tagging-Systems der Sinn der von den Nutzern vergebenen Tags gegenüber der Datenbank nicht explizit gemacht wird, bedarf es algorithmischer Auswertungsverfahren, um den Tags eine Bedeutung beizumessen. Das bekannteste Beispiel hierfür sind Tag Clouds, in denen vergebene Schlagworte entsprechend der Häufigkeit ihrer Verwendung angeordnet bzw. dargestellt werden. Hieraus lassen sich Tendenzen in der Beschreibung digitaler Medienobjekte ablesen, thematische Zusammenhänge erschließen oder Interessen von Nutzern verfolgen.[106] Entscheidend ist, dass die Unterschiede, die in einer Tag Cloud zur Darstellung kommen, nicht im konzeptuellen Schema der Datenbank modelliert sind, sondern das Ergebnis der regelgeleiteten Auswertung von Datenbankinformationen. Das Informationsmodell, welches Datenbanken in Tagging-Systemen zugrunde liegt, ist relativ einfach, wie der Informationsarchitekt Gene Smith in seiner praxisorientierten Einführung *Tagging: People-Powered Metadata for the Social Web* zeigt: Ressourcen, Tags und Nutzer werden jeweils in einer eigenen Relation modelliert, wodurch diese als Entitäten adressierbar werden (Abb. 18). Welche Schlagworte ein Nutzer für eine Ressource vergeben hat wird in der Relation *Nutzer-Ressourcen-Tags* gespeichert. Diese Relation enthält als Informationen die Schlüssel der drei anderen Relationen und stellt hierdurch eine Beziehung zwischen einem Nutzer einer Ressource und einem Tag her.

Abb. 18: Konzeptuelles Schema für ein kollaboratives Tagging-System

Ressourcen

RESOURCE_ID	URI	TITEL	NOTIZEN
...	...	...	...
923122011	http://de.wikipedia.org	Wikipedia:Hauptseite	...
...	...	...	...

Ressourcen-Tags-Nutzer

RESOURCE_ID	TAG_ID	USER_ID
923122011	100	2341156
923122011	101	2341156
923122011	102	2341156
923122011	103	2341156

Nutzer

USER_ID	USER_NAME
2341156	DAU
...	...

Schlagworte

TAG_ID	TAG
100	Enzyklopädie
101	Wissen
102	Web_2.0
103	Interessant

Quelle: Smith 2008: 141

Versieht ein Nutzer eine Ressource mit unterschiedlichen Tags, dann werden diese, wie im obigen Beispiel erläutert, als unterschiedliche Tupel gespeichert. Dieses Informationsmodell ermöglicht die Identifikation von Ressourcen, Nutzern sowie

---

106 | Das Erkenntnispotenzial einer Tag Cloud hängt davon ab welche Schlagworte in dieser zusammengezogen werden und was demzufolge den Referenzrahmen bildet. Für den Kontext der in diesem Kapitel verfolgten Argumentation ist diese Frage jedoch nebensächlich.

Schlagworten und erlaubt es dadurch, diese in ein Nähe- und Distanzverhältnis zueinander zu stellen. So können Nutzern auf Grundlage der von ihnen annotierten Ressourcen und vergebenen Tags nicht nur neue, ähnliche Ressourcen vorgeschlagen werden, sondern auch andere Nutzer, die ähnliche Interessen haben. Diese Ähnlichkeiten sind jedoch nicht in der Datenbank gespeichert, sondern können aus den Datenbankinformationen abgeleitet werden.[107]

Relationale Datenbanken, Websuchmaschinen und Social Tagging-Systeme lassen sich als Informationssysteme begreifen, die Bedeutung verarbeiten. Während in relationalen Datenbanksystemen der Gehalt von Information im Mittelpunkt steht, rücken Websuchmaschinen wie Google den Relevanzaspekt von Information ins Zentrum. Das Social Tagging basiert wiederum auf einer Sinnzuschreibung durch die Nutzer in Form von Schlagworten, die unterschiedlichen Auswertungsverfahren zugänglich sind. Tag Clouds wurden als Beispiel eines solchen Auswertungs- respektive Präsentationsmodus vorgestellt. Die Darstellung der Schlagworte entsprechend ihrer Häufigkeitsverteilung übersetzt die nutzerseitigen Beschreibungen in ein Relevanzdiagramm, welches eine Gewichtung zwischen den von den Nutzern vergebenen Schlagworten anschaulich macht. Hieran wird deutlich, dass die beiden Seiten von Bedeutung – Gehalt und Relevanz – für den computertechnischen Umgang mit Informationssammlungen nicht nur gleichermaßen wichtig sind, sondern auch, dass diese im Kontext spezifischer Informationssysteme häufig miteinander verschaltet sind. Zugleich erweist sich die Frage nach dem Unterschied zwischen Technologien des Sinns und Technologien der Relevanz in der digitalen Medienkultur als ungemein wichtig.[108] Dies wird im Folgenden am Beispiel des Semantic Web dargelegt.

Semantic Web: Herausforderungen einer Vision

An Websuchmaschinen wird mitunter kritisiert, dass diese weder in der Lage seien, den Sinn von Internetinformationen zu verstehen, noch den von Suchanfragen. Die

---

107 | Jenseits der beschriebenen Möglichkeiten zur Auswertung der gespeicherten Informationen sind in das konzeptuelle Schema jedoch auch Beschränkungen eingeschrieben, die sich direkt auf das Informationssystem auswirken. Das von Smith vorgeschlagenen Modell geht implizit davon aus, dass jede Ressource nur einen Titel hat. Demzufolge ist es im Rahmen eines Tagging-Systems, das auf einer solchen Datenbank beruht, nicht möglich, dass die Nutzer ihren Ressourcen einen eigenen Titel geben. Um dies zu ermöglichen, müsste das Schema um eine Relation erweitert werden, die neben dem gewählten Titel die Identifikationsnummer des Nutzer sowie der Ressource als Attribute enthält.

108 | Bedeutsam ist diese Frage nicht nur hinsichtlich der Beschreibung konkreter medialer Praxen, sondern vor allen auch auf der diskursiven Ebene, auf der die Vor- und Nachteile bestehender Informationssysteme ebenso verhandelt werden wie Visionen für die Zukunft digitaler Medientechnologien.

bereitgestellten Suchfunktionalitäten basieren auf relativ »einfachen statistischen Verfahren, die keinerlei Verständnis der Inhalte durch die Suchmaschine voraussetzen« (Dopichaj 2009: 113). Websuchmaschinen sind, so der Kern der Kritik, keine semantischen Technologien, die Informationen hinsichtlich ihres Gehalts differenzieren. Ob sich die Zeichenfolge *Golf* auf ein Automodell, eine Meeresbucht oder eine Sportart bezieht, ist für rein schlagwortbasierte Suchmaschinen gleichgültig. In Anbetracht der großen Menge an potenziell zugänglichen Informationen kann sich dies jedoch als problematisch erweisen. Seit Ende der 1990er Jahre wird daher verstärkt an Computertechnologien gearbeitet, die die automatische Verarbeitung von Sinn im WWW ermöglichen. Paradigmatisch dafür ist die Idee des Semantic Web, die von Tim Berners-Lee formuliert und als Vision des künftigen Web popularisiert wurde (vgl. Berners-Lee/Fischetti 1999; Berners-Lee et al. 2001).[109] Das Ziel des Semantic Web ist es, im Internet publizierte Informationen technisch nicht nur auf dem Niveau von Realität, sondern als Information *über* Realität verarbeitbar zu machen: »To date, the Web has developed most rapidly as a medium of documents for people rather than for data and information that can be processed automatically. The Semantic Web aims to make up for this« (Berners-Lee et al. 2001: 37). Konnte der Sinn von Internetinformationen bis dahin nur von menschlichen Akteuren erschlossen werden, soll dieser mithilfe des Semantic Web fortan auch von Computern verarbeitet werden können. Die Grundlage bildet die Explikation der Bedeutung von Information in Form von Metadaten, wodurch der implizite Sinn in explizite Informationen übersetzt wird. Um dies zu realisieren, wurden vom World Wide Web Consortium (W3C) eine Reihe von abstrakten Datenmodellen entwickelt, die es erlauben, unterschiedliche Sinndimensionen formal zu spezifizieren.[110]

---

109 | Wie Blumauer und Pellegrini in ihrer Darlegung zentraler Begriffe und Unterscheidungen des Semantic Web feststellen, sind die Begriffe *semantische Technologie* und *Semantic Web* nicht miteinander gleichzusetzen. Beim Semantic Web handelt es sich um einen bestimmten Typus semantischer Technologien. Insofern dient die Bezeichnung semantische Technologien als Oberbegriff für Technologien des Sinns: »Während das Semantic Web im Kern auf Standards zur Beschreibung von Prozessen, Dokumenten und Inhalten sowie entsprechenden Metadaten – vorwiegend vom W3C vorgeschlagen – aufsetzt, und damit einen Entwurf für das Internet der nächsten Generation darstellt, adressieren semantische Technologien Herausforderungen zur Bewältigung komplexer Arbeitsprozesse, Informationsmengen bzw. Retrieval-Prozessen und Vernetzungs- oder Integrationsaktivitäten, die nicht nur im Internet, sondern auch innerhalb von Organisationsgrenzen in Angriff genommen werden« (Blumauer/Pellegrini 2006: 20).

110 | Ein Überblick über die Aktivitäten des W3C zum Semantic Web findet sich auf der Webseite des Konsortiums unter www.w3.org/standards/semanticweb/ (zuletzt aufgerufen am 14.09.2013).

Als Basistechnologien sind vor allem das Ressource Description Framework (RDF), das RDF-Schema (RDFS) und die Web Ontology Language (OWL) zu betrachten, welche einerseits die formale Deklaration des Sinns von Konzepten in einem Schema erlauben und andererseits die Beschreibung von Ressourcen gemäß der im Schema deklarierten Sinndimensionen.[111] Die vom W3C vorgeschlagenen Beschreibungs- und Sprachkonstrukte unterscheiden sich hinsichtlich ihrer Ausdrucksdrucksmächtigkeit, was zur Folge hat, dass sie die Formalisierung von Sinnzusammenhängen auf unterschiedlich komplexe Weise ermöglichen. Andreas Blumauer und Tassilo Pellegrini sprechen in diesem Zusammenhang von einer *semantischen Treppe*, welche von semantisch armen Glossaren bis hin zu semantisch reichhaltigen Ontologien reicht (vgl. Abb. 19). Auf der obersten Ebene von Ontologien soll es Computern mithilfe von festgelegten Regeln möglich sein, automatische Schlussfolgerungen anzustellen.

Abb. 19: Semantische Treppe

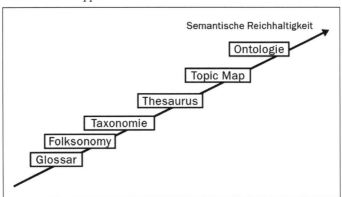

Quelle: Blumauer/Pellegrini 2006: 16

Ohne an dieser Stelle eine umfassende Analyse des Semantic Web zu leisten, werden im Folgenden zwei medienkulturwissenschaftlich relevante Aspekte beleuchtet. Eine erste aufschlussreiche Beobachtung erlaubt der Diskurs über das Semantic Web. Als Vision und Entwicklungsaufgabe hat es auf der einen Seite positive Resonanz gefunden. Hiervon zeugen beispielsweise das 2006 vom Bundesministerium für Wirtschaft und Technologie initiierte *THESEUS*-Forschungspro-

---

111 | In dieser Hinsicht ist die formale Explikation von Bedeutung im Semantic Web der Modellierung von Informationen in Datenbanken nicht unähnlich. Das konzeptuelle Schema ist mit den in RDFS und OWL formalisierten semantischen Modellen vergleichbar und die in der Datenbank gespeicherten Informationen mit den um semantische Metadaten erweiterten Ressourcen, wie Berners-Lee in einer Gegenüberstellung relationaler Datenbanken mit RDF herausgestellt hat (vgl. Berners-Lee 1998).

gramm, welches die Entwicklung semantischer Technologien insbesondere auch im Bereich des Semantic Web zum Ziel hat, sowie das von der Europäischen Union geförderte *LOD2*-Projekt, dessen Motto »Creating Knowledge out of Interlinked Data« (LOD2 2010) lautet.[112] Auf der anderen Seite wurde das Semantic Web von Kultur- und Medienwissenschaftlern einer zum Teil heftigen Kritik unterzogen (vgl. Shirky 2003, 2005; Cramer 2007; Weinberger 2008). Die vorgebrachten Einwände richten sich weniger auf konkrete Anwendungsszenarien, sondern beziehen sich grundlegender auf die Vision des Semantic Web im Allgemeinen. Mit dem Hinweis auf die soziale Konstruktion von Bedeutung und die Interpretationsoffenheit von Information wird angezweifelt, dass der Sinn von Internetinformationen durch Metainformationen eindeutig expliziert und so für die computertechnische Verarbeitung aufgeschlossen werden kann. Diese Kritik ist jedoch nicht unproblematisch, da jenseits des öffentlichkeitswirksamen Plädoyers für ein Semantic Web durch Tim Berners-Lee weithin umstritten ist, was das semantische Netz eigentlich genau sein soll. In dem 2008 erschienenen *Semantic Web Primer* verzeichnen die Autoren zwei teilweise gegenläufige Vorstellungen bzw. Entwicklungsrichtungen. Einerseits wird das Semantic Web als Datenweb verstanden und damit als spezifischer Teilbereich des WWW, wohingegen es andererseits als Versuch betrachtet wird, das Web insgesamt durch semantische Technologien zu verbessern, wie z.B. durch die Entwicklung von semantischen Suchmaschinen (vgl. Antoniou/ van Harmelen 2008: 245f.).

In Anbetracht der Heterogenität des Semantic Web läuft die medien- und kulturwissenschaftliche Kritik an diesem Web teilweise ins Leere. Die formulierten Bedenken richten sich gegen eine abstrakte und vielgestaltige Utopie, die erst langsam konkrete Konturen annimmt (vgl. Pellegrini 2008). Infolgedessen kann jeder prinzipielle Einwand mit dem berechtigten, aber auch problematischen Hinweis entkräftet werden, dass die Kritik auf einem falschen Bild des Semantic Web beruhe (vgl. Van Dijck 2003; Hendler 2008; Antoniou/van Harmelen 2008: 247). Dennoch wäre es falsch, die von David Weinberger (2002, 2008), Clay Shirky (2003, 2005) und Florian Cramer (2007) gegenüber dem Semantic Web formulierten Bedenken leichtfertig zu ignorieren. Auch wenn ihre Argumentationen angreifbar sind, insofern sie sich auf das Semantic Web im Allgemeinen beziehen, kann ihre Kritik als Warnung vor einer Entgrenzung des Semantic Web verstanden werden. Drei eng miteinander zusammenhängende Dimensionen einer solchen Entgrenzung lassen sich unterscheiden:[113] die Universalisierung von Ontologien hin zu einem eindeutigen und allgemein gültigen Weltmodell; der Versuch, den Sinn aller digitalen

---

112 | Nähere Informationen zu den Zielen des Projekts und deren derzeitige Umsetzung finden sich auf der Webseite lod2.eu.

113 | Es wird an dieser Stelle nicht behauptet, dass die Befürworter des Semantic Web diese als Entgrenzungen charakterisierten Ziele verfolgen und an deren Umsetzbarkeit glauben. Vielmehr soll anerkannt werden, dass die abstrakte Idee eines semantischen Web die Gefahr birgt, dementsprechend verstanden zu werden.

Informationen durch semantische Metainformationen formal zu explizieren;[114] die Nachbildung des menschlichen Verständnis- und Interpretationsvermögens im Computer.[115]

An dieser Stelle soll exemplarisch nur auf den ersten Punkt näher eingegangen werden. Nach Ansicht von Cramer, Shirky und Weinberger beruht die Idee des Semantic Web auf der Utopie eines eindeutigen und allgemein gültigen Weltmodells, welches in einer Ontologie formal spezifiziert werden könne. Hiergegen sprechen sich diese Kritiker unisono aus.

Das Streben nach einer universellen Klassifikation kommt Cramer zufolge einem »technocratic neo-scholasticism«(Cramer 2007) gleich, der auf der gleichermaßen naiven und gefährlichen Annahme beruht, die Welt könne von einem einzigen universell gültigen Standpunkt aus beschrieben werden. Weinberger erkennt darin den »Traum des Rationalismus« (Weinberger 2008: 230), der auf dem Glauben beruht, ein »umfassendes System aufbauen und jede Mehrdeutigkeit aus ihm verdrängen« (Weinberger 2008: 230) zu können. Nach Ansicht von Shirky ist die Arbeit an einer universell gültigen und umfassenden Ontologie zum Scheitern verurteilt, da Metadaten stets eine Weltanschauung zum Ausdruck bringen: »Any attempt at a global ontology is doomed to fail, because meta-data describes a worldview« (Shirky 2003). Dass das Semantic Web eine universelle Ontologie voraussetzt bzw. auf die Entwicklung einer solchen Ontologie zuläuft, ist, wie Antonio und van Harmelen darlegen, jedoch ein weit verbreiteter Trugschluss, da die technische Entwicklung des Semantic Web von einem Pluralismus unterschiedlicher Ontologien mit begrenzter Reichweite gekennzeichnet ist, und zwar sowohl hinsichtlich des Gültigkeitsbereichs als auch hinsichtlich ihrer semantischen Reichhaltigkeit (vgl. Antoniou/van Harmelen 2008: 247).[116]

Dieser tatsächlichen Begrenztheit steht eine in den öffentlichen Darstellungen verbreitete Revolutionsrhetorik gegenüber, die im Semantic Web die nächste Evolutionsstufe der Menschheit erblickt: »[I]f properly designed, the Semantic Web can assist the *evolution* of human knowledge as a whole« (Berners-Lee et al. 2001: 43). Gegen diese Entgrenzung richten sich die zitierten Kritiker des Semantic

---

114 | In *Metacrap* weist Cory Docotrow (2001) auf die komplexen sozialen und technischen Prozesse der Erzeugung von Metadaten hin und kritisiert damit den unbedingten Glauben an die eindeutige semantische Annotierbarkeit von Informationen.
115 | Shirky zufolge steht das Semantic Web in der Tradition der *Künstlichen Intelligenz*-Forschung, deren Versprechen jedoch uneingelöst blieben (Shirky 2003).
116 | Antoniou und van Harmelen nennen vier weit verbreitete Trugschlüsse über das Semantic Web: 1. »The Semantic Web tries to enforce meaning from the top«; 2. »The Semantic Web requires everybody to subscribe to a single predefined meaning for the terms they use«; 3. »The Semantic Web requires users to understand the complicated details of formalized knowledge representation«; 4. »The Semantic Web requires the manual markup of all existing Web pages, an impossible task« (Antoniou/van Harmelen 2008: 247f.).

Web, wenn sie auf die prinzipielle Beschränktheit von Klassifikationssystemen und algorithmischen Auswertungsverfahren hinweisen, sowie wenn sie Zweifel daran anmelden, dass das gesamte WWW mit semantischen Metadaten erweitert werden kann. Produktiv gewendet kann diese Kritik als Hinweis für den künftigen Einsatz von Semantic Web-Technologien in konkreten medialen Praxen verstanden werden. Hierbei gilt es der Tendenz zur Entgrenzung des Semantic Web entgegenzuwirken, indem die durchaus noch näher zu bestimmenden Grenzen dieser Technologien des Sinns anerkannt werden und in die Gestaltung der auf diesen Technologien beruhenden Informationssysteme eingehen. Ein mögliches Ziel könnte es sein, die Kontingenz von Glossaren, Taxonomien, Thesauri und Ontologien in der Tiefe des Informationssystems nicht zu verbergen, sondern an den Benutzeroberflächen erfahrbar zu machen, sodass diese Erfahrung zum integralen Bestandteil der Interaktion mit semantisch annotierten Informationen wird. Dies führt zu der zweiten medienkulturtheoretisch bedeutsamen Beobachtung, welche die Probleme betrifft, die sich bei der praktischen Umsetzung des Semantic Web abzeichnen.

Neben den genannten prinzipiellen Bedenken wird häufig der pragmatische Einwand geäußert, dass es sich bei dem Semantic Web vor allem um einen theoretischen Diskurs handelt, der in der Medienpraxis jedoch weithin wirkungslos geblieben ist. »Man findet«, so stellt Weinberger kritisch fest, »[...] kaum Anwendungen des Semantic Web im großen Stil, die über die Forschungsphase hinausgehen würden« (Weinberger 2008: 233). Eine Ursache hierfür ist, dass RDF, RDFS und OWL nicht in erster Linie auf Anwendungen abzielen, sondern die semantische Auszeichnungen von Informationen ermöglichen, auf die in unterschiedlichen Anwendungskontexten zurückgegriffen werden können soll.[117] Die Publikation von semantisch annotierten Informationen im Internet und die Vernetzung dieser Informationen mithilfe von Links wird jedoch als Voraussetzung für die Implementierung von Semantic Web-Anwendungen betrachtet. Dementsprechend hat Tim Berners-Lee 2006 unter dem Titel *Linked Data* vier Regeln für die Publikation von strukturierten Daten im Internet vorgeschlagen (Berners-Lee 2006):

»1. Use URIs[118] as names for things
2. Use HTTP URIs so that people can look up those names.
3. When someone looks up a URI, provide useful information, using the standards (RDF*, SPARQL)
4. Include links to other URIs. [sic!] so that they can discover more things.«

---

117 | Das Semantic Web beruht auf der Idee der Entkopplung der im Web verfügbaren Informationen von ihrem Gebrauch im Rahmen bestimmter Anwendungen, d.h. unter anderem von ihrer Präsentation auf Webseiten. Die Parallele zum Problem der Datenunabhängigkeit, welches die Entwicklung von Datenbankmanagementsystemen angeleitet hat, ist unverkennbar.

118 | URI steht für *Uniform Resource Identifier* und dient der eindeutigen Identifikation von Ressourcen.

Das Ziel dieser *Best Practice*-Richtlinien ist es, die isolierten Inseln strukturierter Daten im Internet zu einem »Global Data Space« (Heath/Bizer 2011: 4) zusammenzuführen, den Berners-Lee als »web of data« bezeichnet und in dem der »unexpected re-use of information« (Berners-Lee 2006) möglich werde. Im Anschluss an die Formulierung der Linked Data-Regeln wurde im Januar 2007 vom W3C das Linking Open Data-Gemeinschaftsprojekt initiiert, welches die Bemühungen im Bereich von Linked Data koordiniert und einen Überblick über die derzeit verfügbaren Datenbestände gibt. Dies hat dazu geführt, dass die Zahl der frei zugänglichen Linked Data-Datenbestände von anfänglich zwölf auf 570 angestiegen ist (W3C 2014). Durch diese Entwicklung ist die oben genannte Voraussetzung für die Entwicklung von Endnutzeranwendungen im Semantic Web gegeben. Jedoch sind mit der zunehmenden Zahl an verfügbaren Linked Data-Datensätzen zwei neue Herausforderungen entstanden, deren Lösung noch aussteht.

Auf der Datenebene erweist sich die konsistente Vernetzung heterogener Datenbestände als Herausforderung. Im Rahmen eines Bestands werden Entitäten als Ressourcen behandelt, die durch einen *Uniform Resource Identifier* (URI) eindeutig identifiziert werden. Diese Ressourcen werden mithilfe von Prädikaten beschrieben, die ebenfalls eindeutig durch URIs adressiert werden können. Da denselben Ressourcen in verschiedenen Datenbeständen unterschiedliche Identifikatoren zugewiesen werden können und diese zudem häufig mithilfe verschiedener Vokabulare beschrieben werden, ist es sowohl auf der Ebene der Ressourcen als auch auf der Ebene der Vokabulare bedeutsam, Identitätsbeziehungen durch typisierte Links explizit zu machen (vgl. Heath/Bizer 2011: 22f.).[119] Um anzuzeigen, dass sich verschiedene URIs auf dieselbe Ressource beziehen und somit über dasselbe informieren, werden konventionell Identitätslinks – owl:sameAs – gebraucht, deren Bedeutung in der zweiten Version der Web Ontology Language (OWL 2) wie folgt definiert ist: »The property that determines that two given individuals are equal« (W3C 2009). Die formallogische Semantik des owl:sameAs-Prädikats orientiert sich an dem von Leibniz formulierten Prinzip der Ununterscheidbarkeit, welches besagt, dass zwei Entitäten x und y dann identisch sind, wenn sämtliche wahren Aussagen über x ebenfalls auf y zutreffen und umgekehrt sämtliche wahren Aussagen über y auch für x gelten (vgl. Halpin/Hayes 2010). Identität ist diesem Verständnis zufolge symmetrisch und transitiv. Dies hat, wie Halpin und Hayes darlegen, zur Konsequenz, dass derart formal-semantisch spezifizierte owl:sameAs-Links nicht als Identitätsbehauptungen begriffen werden, sondern als Faktum:

---

119 | Um die Vielfalt unterschiedlicher Beschreibungsvokabulare einzugrenzen, wird empfohlen, auf bereits etablierte Vokabulare zurückzugreifen, wie z.B. das Dublin Core-Metadatenvokabular, das Friend-of-a-Friend (FOAF)-Vokabular und das Semantically-Interlinked Online Communities (SIOC)-Vokabular (vgl. Heath/Bizer 2011: 24f. und 61f.).

»The real trick with *owl:sameAs* is that it works both ways: as it is both symmetric and transitive, so that anyone can link to your data-set with *owl:sameAs* from anywhere else on the Web without your permission, and any statement they make about their own URI will immediately apply to yours.« (Halpin/Hayes 2010)

Die formale Semantik des owl:sameAs-Prädikats abstrahiert Informationen von ihrem Entstehungskontext und suggeriert, dass die im *Web of Data* publizierten Informationen kontextunabhängig gültig sind. Explizit wird diese Annahme in der Interpretation von RDF-Tripeln, die als Fakten und nicht als Behauptungen begriffen werden: »OWL semantics treat RDF statements as facts rather than as claims by different information providers« (Heath/Bizer 2011: 23). Das Abstrahieren vom Entstehungs- und Publikationskontext einer Information stellt ein Problem dar, das in der Linked Open Data-Gemeinschaft zu einer »significant uncertainty« (Heath/ Bizer 2011: 23) geführt hat. Zur Lösung des Problems geben Tom Heath und Chrstian Bizer in ihrer Monographie *Linked Data: Evolving the Web into a Global Data Space* Folgendes zu bedenken: »[K]eep in mind that the Web is a social system and that all its content needs to be treated as claims by different parties rather than as facts« (Heath/Bizer 2011: 23). Mit diesem Hinweis vermögen die Autoren die konstatierte Unsicherheit nicht auszuräumen, sondern gestehen allenfalls ein, dass sich die in der Interpretation von owl:sameAs-Links und RDF-Tripeln eingeschriebene Idee des Web of Data als einem Netz reiner Information an der sozialen Praxis bricht.

Dieses Spannungsverhältnis von Theorie und Praxis kann exemplarisch an zwei Problemen des Gebrauchs von Identitäts-Links aufgezeigt werden. Erstens ermöglicht die symmetrische und transitive Interpretation des owl:sameAs-Prädikats die gezielte Manipulation der Informationen, welche von unterschiedlichen Nutzern mit einer Ressource in Verbindung gebracht werden. Anders gewendet: Das Web of Data basiert auf der impliziten Annahme, dass alle Mitwirkenden wahre Informationen zur Verfügung stellen bzw. dass sie dies zumindest anstreben. Für *Bullshit*, der sich nach Ansicht des Philosophen Harry Frankfurt (2006) durch die Indifferenz gegenüber der Wahrheit von Aussagen auszeichnet, ist im Web of Data demzufolge kein Platz.[120] Das zweite Problem besteht in der uneindeutigen Verwendung des owl:sameAs-Prädikats, die dessen formaler Definition zuwiderläuft. Wie Halpin und Hayes in *When owl:sameAs isn't the Same* aufzeigen, wird dieses Prädikat in der Praxis dazu verwandt, um unterschiedliche Identitäts- und Ähnlichkeitsbeziehungen zwischen Ressourcen auszudrücken, die logisch nicht äquivalent sind. Hinsichtlich der formalen Definition von owl:sameAs stellt dies

---

120 | Eine Person redet Frankfurt zufolge immer dann *Bullshit*, wenn ihm bzw. ihr egal ist, ob das Gesagte wahr oder falsch ist: »Der Bullshitter hingegen verbirgt vor uns, daß der Wahrheitswert seiner Behauptung keine besondere Rolle für ihn spielt. […] Es ist ihm gleichgültig, ob seine Behauptungen die Realität korrekt beschreiben. Er wählt sie einfach so aus oder legt sie sich so zurecht, daß sie seiner Zielsetzung entsprechen.« (Frankfurt 2006: 62f.)

einen Missbrauch dar, der zwar konstatiert, aber wahrscheinlich nicht ausgeräumt werden kann. Daher gelte es nicht, zu versuchen die Bedeutung der Identitäts-Links definitorisch festzulegen, sondern umgekehrt auch als Effekt ihres Gebrauchs zu verstehen oder, wie Halpin und Hayes abschließend fordern, »as functions of their actual use« (Halpin/Hayes 2010).

Eine Perspektive für einen möglichen Lösungsansatz kann die medienphilosophische Reformulierung des Problems von Linked Open Data eröffnen. Die einzelnen Datenbestände im Web of Data enthalten in erster Linie keine Fakten, sondern Aussagen im Sinne Foucaults. Indem man jedoch versucht, diese als reine Fakten zu behandeln und sie so von ihrem Entstehungs- und Publikationskontext abzulösen, verlieren die Datenbestände ihren Aussagestatus. Eine Zeichenfolge konstituiert nach Ansicht Foucaults erst dann eine Aussage, wenn »sie zu ›etwas anderem‹ [...] eine spezifische Beziehung hat« (Foucault 1981: 129). Die Spezifik dieser Beziehung zu »etwas anderem« geht im Web of Data verloren, auch wenn die Semantik von Linked Data in RDF-Tripeln explizit wird. Die Aussagefunktion fällt mit dem Gehalt einer Äußerung nicht in eins, sondern geht dieser voraus:

»Sie [die Aussage, M.B] ist vielmehr mit einem ›Referential‹ verbunden, das nicht aus ›Dingen‹, ›Fakten‹, ›Realitäten‹ oder ›Wesen‹ konstituiert wird, sondern von Möglichkeitsgesetzen, von Existenzregeln für die Gegenstände, die darin genannt, bezeichnet oder beschrieben werden, für die Relationen, die darin bekräftigt oder verneint werden. Das Referential der Aussage bildet den Ort, die Bedingung, das Feld des Auftauchens, die Differenzierungsinstanz der Individuen oder der Gegenstände, der Zustände der Dinge und der Relationen, die durch die Aussage selbst ins Spiel gebracht werden; es definiert die Möglichkeiten des Auftauchens und der Abgrenzung dessen, was dem Satz seinen Sinn, der Proposition ihren Wahrheitswert gibt.« (Foucault 1981: 133)

Bezogen auf den Linked Data-Kontext bedeutet dies, dass es keine reinen Informationen über Fakten oder sogar reine Fakten gibt, die im Web of Data zugänglich gemacht und miteinander vernetzt werden könnten. Es handelt sich stets um Aussagen, in deren Rahmen Zeichenketten (mediale Konstellationen) als faktische Informationen über etwas interpretiert werden.

Aussagen verweisen, wie Deleuze das foucaultsche Konzept rekonstruierend herausgearbeitet hat, auf drei Räume – einen *kollateralen*, einen *korrelativen* und einen *komplementären* Raum – die sie aufspannen und in denen sie sich gleichermaßen situieren (vgl. Deleuze 1992b: 14ff.). Den kollateralen Raum bilden die anderen Aussagen, die eine Aussage umgeben, ihr Vorausgehen und Nachfolgen. Als korrelativen Raum bezeichnet Deleuze »die Beziehung der Aussage [...] zu ihren Subjekten, ihren Objekten und ihren Begriffen« (Deleuze 1992b: 16). Der komplementäre Raum ist das nicht-diskursive Außen der Aussage, dass das technisch-materielle, institutionelle und ökonomische Milieu bildet, in dem die Aussage artikuliert wird. Durch die Unterscheidung des kollateralen, korrelativen und komplementären Raums der Aussage sind nicht nur drei Beschreibungs- und Analysedimensionen von Aussagen benannt, sondern auch eine notwendige und hinreichende Bedingung für das Auftauchen von Aussagen. Diese müssen in den drei Räumen verortet werden können, um als Aussagen interpretiert werden zu können. Um Linked Data als Aussagen verstehen und gebrauchen zu können, müssen sie im Web of Data hinsichtlich dieser drei Räume prinzipiell verortet werden können.

Die Probleme, welche aus der Behandlung von Linked Data als Fakten herrühren, hängen eng mit einer zweiten praktischen Herausforderung zusammen, auf die abschließend noch einzugehen ist. Das Semantic Web im Allgemeinen und Linked Open Data im Besonderen basieren auf der Idee der Entkopplung der im Web verfügbaren Informationen von ihrem Gebrauch im Rahmen bestimmter Anwendungen, d.h. unter anderem von ihrer Präsentation auf Webseiten.[121] Die Frage, die sich hieran anschließt ist, wie derartige Anwendungen von Linked Data-Informationen aussehen und auf welche Weise sie mit Informationen umgehen können.

Heath und Bizer unterscheiden hier domänenspezifische Anwendungen von generischen Anwendungen (vgl. Heath/Bizer 2011: 85). Das charakteristische Merkmal domänenspezifischer Anwendungen ist, dass sie nur auf spezifische Linked Data-Ressourcen oder bestimmte Typen von Informationen im Web of Data zurückgreifen, um sie im Kontext der Anwendung zu präsentieren. Ein Beispiel hierfür ist das Musikportal der British Broadcasting Corporation (BBC).[122] Für jede Musikerin, jeden Musiker und jede Band, deren Musik auf einem der Radiosender der BBC gespielt wird, existiert im BBC Music-Portal eine Webseite, auf der sich Informationen darüber finden, in welchen Sendungen welche Musikstücke des Künstlers gespielt worden sind (vgl. Shorter 2008; Scott 2008; Kobilarov et al. 2009). Darüber hinaus enthält die Künstlerwebseite vielfältige weitere Informationen, wie z.B. biographische Daten, Links zu anderen Seiten u.v.m. Diese Informationen stammen zu einem großen Teil nicht von der BBC, sondern werden automatisch von anderen Quellen aggregiert und in die Seite integriert. Hierfür wird hauptsächlich auf die Linked Data-Bestände von DBpedia und der MusicBrainz-Datenbank zurückgegriffen, wodurch es beispielsweise möglich ist, die von der BBC gespielten Interpreten mit ihrem jeweiligen Wikipedia-Eintrag zu verknüpfen und infolgedessen die Künstlerbiographien automatisch von Wikipedia in das BBC Music-Portal zu integrieren.[123] Dass es sich um eine Linked Data-Anwendung handelt,

---

121 | Die Parallele zum Problem der Datenunabhängigkeit, welches die Entwicklung von Datenbankmanagementsystemen angeleitet hat, ist an dieser Stelle unverkennbar.

122 | Das Portal *BBC Music* ist unter www.bbc.co.uk/music (zuletzt aufgerufen am 10.09.2013) erreichbar.

123 | Das Projekt *DBpedia* (dbpedia.org/) extrahiert strukturierte Daten aus der Online-Enzyklopädie *Wikipedia* und stellt diese als Linked Data zur freien Verfügung. *MusicBrainz* (musicbrainz.org/) ist ein kollaboratives Projekt zur Versammlung von Musik-Metadaten, die gemäß den Linked Data-Richtlinien publiziert werden.

bleibt den Nutzern der Webseite verborgen. Das Web of Data wird in der Black Box
domänenspezifischer Anwendungen unsichtbar.

Hierin besteht ein Unterschied zu generischen Anwendungen, die es den
Nutzern ermöglichen, mit allen im Web of Data verfügbaren Informationen zu
interagieren. Generische Anwendungen verbergen das Web of Data nicht in der
Tiefe des Computers, sondern machen es durch ihre Benutzerschnittstelle an der
Oberfläche sichtbar. Die Möglichkeit derartiger Anwendungen wird von Heath
und Bizer mehrfach herausgestellt und sogar zu einem Wesenszug von Linked Data
stilisiert: »The use of Web standards and a common data model make it possible
to implement generic applications that operate over the complete data space.
This is the essence of *Linked Data*« (Heath/Bizer 2011: 5). Den durchaus großen
Erwartungen und Hoffnungen entsprechen erste prototypische Anwendungen, die
die Interaktion mit dem Web of Data am Modell des Webbrowsers und am Modell
von Websuchmaschinen umzusetzen versuchen (vgl. Heath/Bizer 2011: 86f.). Es ist
jedoch fraglich, ob Browser und Suchmaschine die geeigneten Modelle für die Interaktion mit dem Web of Data darstellen. In Bezug auf den *Disco – Hyperdata Browser*
(vgl. Bizer/Gauß 2007), der das hypertextuelle Navigationsprinzip des traditionellen
Web direkt auf das Web of Data überträgt, stellen Heath und Bizer fest: »Structured
data, however, provides human interface opportunities and challenges beyond those
of the hypertext Web« (Heath/Bizer 2011: 86). Vor ähnlichen Herausforderungen
stehen Linked Data-Suchmaschinen, wie z.B. *Sig.ma* (www.sig.ma), die den Nutzern
die schlagwortbasierte Suche erlauben. Als Ergebnis werden nicht nur Links zu
Ressourcen zurückgegeben, die dem Suchkriterium entsprechen, sondern auch
ein Überblick über die dort verfügbaren Informationen. Angeordnet werden diese
Informationen nach Attributen und nicht nach Relevanz. Darin besteht jedoch ein
zentrales Leistungsmerkmal von Websuchmaschinen, die Orientierung im Web ermöglichen, indem sie die Aufmerksamkeit der Nutzer steuern. Ein Äquivalent bei
Linked Data-Suchmaschinen gibt es noch nicht.

Weder das Modell des Browsers, noch das Modell von Websuchmaschinen
lassen sich in einfacher Weise auf das Web of Data übertragen und so stellt die
Frage nach einem brauchbaren und nutzerfreundlichen generischen Interface die
zweite zentrale Herausforderung dar. Dies hat Ora Lassila, der neben Berners-Lee
ebenfalls als ein Vordenker des Semantic Web zählt, bereits 2007 in einem Blogeintrag herausgestellt: »[M]ost of the remaining challenges to realize the Semantic
Web vision have nothing to do with the underlying technologies involving data,
ontologies, reasoning, etc. Instead, it all comes down to *user interfaces* and usability«
(Lassilia 2007).

Wie lässt sich also die hier entwickelte Perspektive auf Datenbanktechnologien
zusammenfassen? Ein angemessenes Verständnis der technischen Logik der Versammlung, Verwaltung und Verfügbarmachung von digitalen Informationen *in*
und *mit* Computern verlangt eine differenzierte Betrachtung auf drei Ebenen: der
Apparatur, der Architektur und der Verfahren. Ausgehend von der Betrachtung

der Festplatte als dem apparativen Horizont von Datenbanktechnologien wurden die Entwicklung von Architekturen für Datenunabhängigkeit sowie Verfahren des computertechnischen Umgangs mit *Bedeutung* im doppelten Sinn von *Gehalt* und *Relevanz* diskutiert. Es wurde deutlich, dass der Eindruck der Immaterialität digitaler Information unter anderem auf der zunehmenden Entkopplung der computertechnischen Verwaltung und Verarbeitung von Informationen beruht, die durch Datenbankmanagementsysteme geleistet wird. Diese materiellen Voraussetzungen der Immaterialität digitaler Informationen bleiben beim Gebrauch von Datenbanken jedoch gemeinhin verborgen. Aus dieser Unsichtbarkeit der materiellen Infrastrukturen resultiert die problematische Vorstellung, es handele sich um eine Eigenschaft von digitalen Informationen und nicht um ein Leistungsmerkmal von Informationssystemen. Einer solchen Naturalisierung digitaler Informationen kann durch die Betrachtung und Reflexion der architektonischen Gestaltung von Informationssystemen entgegengewirkt werden.

Die Kritik an Naturalisierungstendenzen eröffnet zugleich eine Analyseperspektive auf Verfahren des computertechnischen Umgangs mit Bedeutung. Sofern bedeutungstragende Informationen in DBMS automatisch verwaltet werden, beruht dies auf der Übersetzung von Information *über* Realität in Information *als* Realität. Durch die Spezifikation des Gehalts von Information im konzeptuellen Schema wird jedoch nie *die*, sondern stets nur *eine* Bedeutung formal expliziert. Das Gleiche gilt für Ontologien im Kontext des Semantic Web. Infolgedessen sind die in Datenbanken oder im Web of Data versammelten Informationen nie bloße Fakten, sondern Aussagen, die in spezifischen Kontexten getroffen werden und von einer bestimmten medientechnischen Konfiguration abhängen. Eine der größten Herausforderungen für die Realisierung der Semantic Web-Vision stellt, wie gezeigt wurde, die Bewahrung des Aussagecharakters von Informationen dar.

Den betrachteten Verfahren der Explikation des Gehalts von Information *für* Computer stehen in der digitalen Medienkultur algorithmische Verfahren der Zuschreibung von Bedeutung *durch* Computer gegenüber: Als Relevanzbewertungstechnologien schaffen Websuchmaschinen Orientierung, indem sie unüberschaubare Mengen an Informationen ordnen und hierdurch die Aufmerksamkeit der Nutzer auf Inhalte lenken, die für sie potenziell von größerem Interesse sind als andere. An die Stelle der vorgängigen Explikation von Informationen im konzeptuellen Datenbankschema oder in Webontologien tritt die nachträgliche Analyse durch Algorithmen. Dieser Unterschied ist jedoch allenfalls relativ, da auch Suchmaschinen stets auf Datenbanktechnologien angewiesen sind. Eine Analyse der technischen Bedingtheit der digitalen Medienkultur kann infolgedessen nicht bei der holzschnittartigen Gegenüberstellung von Daten(strukturen) und Algorithmen stehen bleiben, sondern muss beobachten, wie beide Seiten in konkreten Informationssystemen miteinander verschaltet sind, und danach fragen, wie sich dies auf je unterschiedliche Weise in mediale Praktiken mit digitalen Informationssammlungen einschreibt.

Phänomeno-Logik
Mediale Praktiken mit Datenbanken

Galt das vorangegangene Kapitel der medienwissenschaftlichen Analyse technischer Aspekte von Datenbanken, sollen im Folgenden mediale Praktiken mit Datenbanken im engen und weiten Sinn betrachtet werden. Das vordergründige Ziel ist hierbei nicht die Auseinandersetzung mit konkreten Datenbanken, sondern die phänomenologische Beschreibung von möglichen Nutzungsweisen von Datenbanken. Untersucht werden soll, wie sich digitale Datenbanktechnologien in mediale Praktiken einschreiben und wie sie diese strukturieren. Ein Anspruch auf Vollständigkeit wird hierbei aufgrund der Vielgestaltigkeit unterschiedlicher Datenbankpraktiken in der digitalen Medienkultur nicht erhoben, aber es werden zentrale Dimensionen des Datenbankgebrauchs freigelegt, an denen sich nicht zuletzt auch die konstatierte Variabilität der Gebrauchs- und Erscheinungsformen digitaler Datenbanken zeigt.[1]

---

1 | Die phänomenologische Betrachtung basiert auf Einklammerung und Variation. Sie stellt die Phänomene in der Epoché still, um diese im »Wie ihres Erscheinens zu fassen« (Günzel 2009: 158) oder dem »Wie des Auftretens« (Günzel 2009: 159); d.h. der phänomenologisch Forschende interessiert sich nicht dafür, was etwas ist oder was es bedeutet, sondern dafür, wie es erscheint oder auftritt, und dafür, »*dass* es Bedeutung hat« (Günzel 2009: 160). Vor dem Hintergrund des *linguistic turn*, aber auch (post-)strukturalistischer und konstruktivistisch-systemtheoretischer Theorieentwürfe wurde die Phänomenologie häufig für ihre bewusstseinsphilosophische Grundausrichtung sowie ihre Subjektzentrierung kritisiert, wie sie in der Begründung der Phänomenologie bei Edmund Husserl zentral angelegt ist. Dieses Manko haftet der Phänomenologie heute noch immer an, weshalb diese häufig allzu schnell abgetan wird und fruchtbare Anschlussmöglichkeiten sowie Kontinuitäten übersehen werden (vgl. Ihde 2003b: 8f.). So zeigt Stephan Günzel, dass Foucaults Methode der Diskursanalyse durchaus Parallelen zum phänomenologischen Vorgehen aufweist: »Ebenso wie Foucault einen Text nicht auf seine Referenz hin liest, sondern die Weise seines Auftretens analysiert, beschreiben Phänomenologen Dinge oder Objekte unter Absehung der Frage, was sie

Die Herausforderung einer Beschreibung der Phänomeno-Logik digitaler Datenbanken kann in Anlehnung an Heideggers in *Sein und Zeit* entwickeltes Verständnis der Phänomenologie auf die Frage gebracht werden: Wie zeigt sich die Datenbank je nach Zugangsart zu ihr von sich selbst her?[2] Diese Frage weist in Richtung des relationalen Verhältnisses zwischen der Datenbank als einer medialen Konstellation bzw. als Sammlung medialer Konstellationen und ihrem Gebrauch in medialen Praktiken durch die Nutzer. Im Anschluss an Don Ihdes postphänomenologische Studien lässt sich dieses Verhältnis als ein zweifaches *Embodiment* beschreiben, welches er am Beispiel der instrumentellen Wahrnehmung in den Wissenschaften beschreibt: »[S]cience is necessarily ›embodied‹ in technologies or instruments, but simultaneously it implicates human embodiment as that to which the ›data‹ are reflected« (Ihde 2003a: 133).[3] Analog hierzu können Benutzerschnittstellen als Formen der Verkörperung von Datenbanken begriffen

---

jeweils für jemanden bedeuten mögen« (Günzel 2009: 157). Wovon sich Foucault distanziert ist demzufolge das Begründungsunterfangen Husserls, aber nicht das phänomenologische Vorgehen: »Diskursanalyse ist«, so die These Günzels, »Phänomenologie minus deren Begründung« (Günzel 2009: 160).

2 | Bei seiner Bestimmung des phänomenologischen Phänomenbegriffs rekurriert Heidegger auf die antike Philosophie. Phänomene seien »die Gesamtheit dessen, was am Tage liegt oder ans Licht gebracht werden kann« (Heidegger 1993 [1927]: 28). Die so bestimmten Phänomene wurden auch als das Seiende bezeichnet, welches sich »in verschiedener Weise, je nach Zugangsart zu ihm, von ihm her selbst zeigen« (Heidegger 1993 [1927]: 28) kann. Um eine Beschreibung der Weise des Sich-Zeigens ist die Phänomenologie bemüht, wie auch im Übergang vom vulgären und phänomenologischen Phänomenbegriff deutlich wird: Bedeutet Phänomen im Normalfall »Sich-an-ihm-selbst-zeigen«, so richtet sich die Phänomenologie auf das »Sich-so-an-ihm-selbst-zeigende« (Heidegger 1993 [1927]: 31), d.h. auf Anschauungsformen.

3 | Es ist anzumerken, dass Ihde das Unbehagen vieler Kritiker an der Setzung des intentionalen Bewusstseins sowie des transzendentalen Egos als Ausgangs- und Zielpunkt phänomenologischer Beschreibungen teilt. Dennoch hält er an der phänomenologischen Methode fest, die er strategisch als *Postphänomenologie* bezeichnet, um die Differenzen zu der am Bewusstsein und Subjekt orientierten Phänomenologie husserlscher Prägung zu unterstreichen. An die Stelle des Bewusstseins setzt Ihde im Anschluss an Merleau-Ponty das Embodiment, an die Stelle des Subjekts die Erfahrung und an die Stelle der Wesensschau die auf empirischen Erfahrungen gründende Beschreibung multistabiler Phänomene (vgl. Ihde 2008: 6f.). Zentrales Moment ist für ihn die Relationalität und Reflexivität der Welterfahrung (vgl. Ihde 2003a: 133). Insbesondere in den Wissenschaften zeige sich, dass die Erfahrung der Welt nicht unmittelbar ist, sondern vermittelt. Welterfahrung ist heute zunehmend eine Erfahrung durch Instrumente, in denen die Wissenschaften verkörpert sind.

werden, die auf den Erlebnis- und Erfahrungshorizont ihrer Nutzer (seien es menschliche oder technische Akteure) hin entworfen sind und ihnen im gleichen Zuge eine bestimmte Position zuweisen, aus der heraus sie die Datenbank erfahren und mit dieser umgehen können. Es handelt sich um ein doppeltes Bedingungsverhältnis, bei dem die Verkörperung der Datenbank einerseits davon abhängt, wie ihre antizipierten Nutzer erfahren und handeln können. Andererseits werden die Möglichkeiten der Nutzer, mit der Datenbank umzugehen, aber auch vom Interface bedingt respektive bestimmt. Für die Analyse der Phänomeno-Logik digitaler Datenbanken stellt die Betrachtung von Schnittstellen infolgedessen einen zentralen Referenzpunkt dar. Zugleich geht die verfolgte Fragestellung aber auch über eine beschreibende Analyse von partikularen Benutzerschnittstellen hinaus, da elementare Gebrauchsweisen von Datenbanken in den Blick genommen werden sollen, welche in unterschiedlichen Schnittstellen verkörpert werden können.

Dem Gebrauch von Datenbanken und von den in ihnen versammelten Informationen wird sich im Folgenden auf drei Ebenen zugewandt. Zunächst wird die Operationsweise der Datenbank als latente Infrastruktur betrachtet. Im zweiten Teil wird das Finden des Einen im Vielen thematisiert, bevor im abschließenden dritten Teil die Auswertung des Vielen beleuchtet wird, d.h. die Analyse von Informationssammlungen mit dem Ziel, neue Informationen zu entdecken.

Fungieren Datenbanken als latente Infrastrukturen, bleiben diese als Datenbank für die Nutzer zumeist unsichtbar. Jedoch schreiben sie sich aus der verborgenen Tiefe des Computers heraus an der Oberfläche ein und beeinflussen die Weisen des Umgangs mit digitalen Medienobjekten. Ihre mediale Logik zeigt sich mittelbar in den medialen Praktiken mit digitalen Informationen, welche durch Datenbanktechnologien ermöglicht werden. Bei der Suche nach Informationen in Informationssammlungen und deren Auswertung zeigt sich die Datenbank demgegenüber *als* Datenbank, aus der Informationen geschöpft werden können. Die Benutzerschnittstelle dient als Projektionsfläche, auf der die Inhalte aus der Datenbank zur Erscheinung kommen und auf der die Informationspotenziale der Datenbank inszeniert werden. Sie strukturiert den Zugriff auf den Informationsbestand und bedingt den Umgang mit diesen Informationen.

Unabhängig davon, ob Datenbanken in ihrem Gebrauch *als* Datenbank zur Erscheinung kommen oder nicht, lassen sich diese Gebrauchsformen digitaler Datenbanken im Rahmen der von Luhmann vorgeschlagenen medialen Topologie des Computers beschreiben. Datenbankinformationen erweisen sich als relativ autonome (individuell adressierbare und vielfältig verarbeitbare) Entitäten, die losgelöst von ihrer Erscheinungsform auf der Oberfläche in der Tiefe des Computers Bestand haben. In Anlehnung an Heideggers Technikphilosophie können Datenbanken demzufolge als Technologien beschrieben werden, die Informationen in einen Informationsbestand transformieren (vgl. Heidegger 2000 [1953]: 20f.). Dieser Bestand ist jedoch nur ein Potenzial, welches in verschiedenen medialen Praktiken aktualisiert werden muss. Obwohl bereits In-*Form*ation, dienen Datenbankinformationen als quasi-formloses Medium für Formbildung an der Oberfläche des

Computers.[4] In diesem Sinne oszillieren Datenbanken unentschieden zwischen medialer Konstellation – oder genauer: Sammlung medialer Konstellationen – und medialer Konfiguration. Denn Datenbanktechnologien eröffnen einen dreifachen Möglichkeitsraum, nämlich die variable Präsentation, Selektion und Auswertung von gespeicherten Informationen. Durch digitale Datenbanken werden Informationen zu Medien für Formbildungen, welche sich an und durch Benutzerschnittstellen ausformen. Hierin liegt die funktionelle Offenheit von Datenbanken begründet, welche als zentrales Gestaltungsprinzip bereits in den Entwurf der ANSI/X3/SPARC-Datenbankarchitektur eingegangen ist. Das Ausgangsproblem, dem sich die *Study Group on Data Base Systems* zuwandte, war die Vermittlung zwischen der internen Speicherlogik des Computers (oder Speicherlogiken verschiedener Computersysteme) und den vielfältigen Gebrauchslogiken ihrer Nutzer. Deswegen wurden Datenbanktechnologien von Anfang an daraufhin entworfen, nicht nur ein Benutzerinterface, sondern viele Interfaces zu haben, die einen je eigenen Blick auf die Datenbank eröffnen und unterschiedliche Formen des Umgangs mit den verfügbaren Informationen ermöglichen sollen. Technisch ist die Möglichkeit zur Vervielfachung von Schnittstellen das Resultat der zunehmenden Entkopplung von Informationen und Programmen, d.h. der technisch gestützten Autonomisierung digitaler Informationen:

»In the separation of data from programs, information becomes a quantity that is not only universal (it can be used by several programs) but also polyvalent (it can be put to several uses), data become morphological, capable of being instituted in multiple ways.« (Thacker 2006: 108)

Die Weise der Präsentation von Datenbankinformationen sowie die Verkörperung von Datenbanken *als* Datenbanken an der Benutzeroberfläche sind optional, d.h. Datenbanken und die in ihnen gespeicherten Informationen können stets auch anders zur Erscheinung kommen. Das Interface tritt zu den Informationen hinzu, gibt diesen eine Form und strukturiert den Umgang mit ihnen. Den Informationen aus der Datenbank wird durch die Benutzerschnittstelle eine Form aufgepfropft.[5] Zur Erscheinung kommen – paradox formuliert – informierte Informationen. In dieser Hinsicht erweist sich das im Kapitel »Datenbankmodelle« (S. 221ff.) herangezogene Konzept der symbolischen Form als problematisch, um mediale Praktiken mit Datenbanken zu beschreiben. Cassirers Betrachtung symbolischer Formen zielt darauf ab, historisch wandelbare, aber relativ stabile Erkenntnisformen freizulegen

---

4 | Diese Formulierung ist an Luhmanns Medium/Form-Unterscheidung angelehnt, welche im Kapitel »Medium« (S. 62ff.) ausführlich diskutiert wurde. Jedoch können Datenbankinformationen zugleich als Medium und als Form begriffen werden – eine Möglichkeit, die Luhmann eigentlich nur dem allgemeinen Medium Sinn zuschreibt (vgl. Luhmann 1995: 174).

5 | Zur Logik der Pfropfung siehe Wirth (2006a, 2011b, a).

und zu analysieren. Die durch das konzeptuelle Schema oder durch algorithmische Auswertungsverfahren symbolisch geformten Informationen sind jedoch allenfalls latente Informationen, die in der medialen Praxis symbolisch umgeformt, überformt, wenn nicht sogar verformt werden können. Diese Trans*formierbarkeit* bzw. Trans*formation* bereits geformter Informationen gilt es medientheoretisch in den Blick zu nehmen. Die auf die Unterscheidung von kulturell bedingten Formen der Erkenntnis abzielende Philosophie symbolischer Formen stellt hierfür kein Vokabular bereit.

Nutzer werden in der medialen Praxis mit Datenbanken nicht in einem Informationsraum situiert, sondern gegenüber einem kontingenten Interface platziert, welches Datenbankinformationen auf eine gewisse Weise zur Darstellung bringt und den Umgang mit diesen Informationen auf unterschiedliche Weise bedingt. Dem gilt es im Folgenden nachzugehen, indem die Vielgestaltigkeit und der Facettenreichtum dieser medialen Praktiken aufgezeigt wird. Es geht hierbei um eine analytische Beschreibung von zentralen Aspekten medienkultureller Entwicklungen sowie von Problemen, die mit der Datenbank als latenter Infrastruktur, dem Finden des Einen im Vielen sowie der Auswertung des Vielen einhergehen. Den größten Raum nimmt dabei der dritte Teil ein, da den Auswertungsmöglichkeiten von Informationssammlungen in der aktuellen Debatte um Big Data große Aufmerksamkeit geschenkt wird. Dennoch muss zugunsten der folgenden Überblicksdarstellung eine detaillierte Analyse ausbleiben. In der Zusammenschau dieser heterogenen Gebrauchsweisen wird jedoch deutlich, dass Datenbanken jeden Versuch der Zuschreibung einer einheitlichen Logik unterlaufen.

DIE DATENBANK ALS LATENTE INFRASTRUKTUR

Der Default-Modus der Versammlung *von* respektive des Umgangs *mit* Informationen in Datenbanken ist das Formular, welches als Eingabe-, Such- und Ergebnismaske auf der Oberfläche erscheint.[6] Das Formular dupliziert die Struktur von Datenbankeinträgen, für deren serialisierte Speicherung und Verarbeitung die Tabelle im relationalen Datenmodell als »conceptual representation« (Codd 1982: 111) dient. Es bringt die diskrete, diskontinuierliche, segmentierte Einheit von Datensätzen zur Darstellung, welche Deleuze in *Postskriptum über die Kontrollgesellschaften* als »dividuelle Einheit« charakterisiert hat: »Die Individuen sind ›dividuell‹ geworden, und die Massen Stichproben, Daten, Märkte oder ›Banken‹« (Deleuze 1993: 258).

Die Felder eines Formulars bilden adressierbare Einheiten, deren Bedeutung oder Funktion formal durch die Benennung des Felds, d.h. durch ihre Legende bestimmt wird. In der Darstellungsform des Formulars kommen damit die Prinzipien

---

6 | Kulturhistorisch betrachtet dienten Formulare vor allem als Verwaltungs- und Rationalisierungsinstrumente; siehe hierzu exemplarisch Becker (2008).

der computertechnischen Verwaltung von Informationen in Datenbanken auf paradigmatische Weise zur Erscheinung: die logisch-formale Segmentierung von Informationen und die attributive Beschreibung von Entitäten. Der durch Formulare an der Oberfläche realisierte Darstellungs- und Interaktionsmodus ist analog zu (aber nicht notwendig identisch mit) der Form der Strukturierung und Verwaltung der Information in der Tiefe der Datenbank. Infolgedessen ist es wenig überraschend, dass Formulare nicht nur die medienhistorisch erste, sondern auch eine noch immer dominante Schnittstelle für die Eingabe, Abfrage und Ausgabe von Datenbankinformationen am Bildschirm sind.[7]

Indem Formulare Felder vorgeben, die von den Nutzern ausgefüllt werden können bzw. müssen, strukturieren diese nicht nur die Interaktion mit Datenbanken, sondern entfalten eine Form, die die Datenbank supplementiert, indem ihr das Formular an der Oberfläche eine spezifische (kommunikative) Funktion aufpfropft, welche die Datenbank als Tiefenstruktur überdeckt und mitunter sogar verbirgt.[8] Deutlich zeigt sich dies, wie Ramón Reichert in *Amateure im Netz* analysiert hat, an den Profilen auf sozialen Netzwerkseiten wie Facebook, Google+, LinkedIn oder Xing, deren Formularstruktur die nutzerseitige Selbstpräsentation unter Regeln stellt, die bedingen, was im Rahmen eines Nutzerprofils auf welche Weise gesagt und getan werden kann (vgl. Reichert 2008: 95ff.). Obwohl sich ein Nutzer durch die Registrierung in einem sozialen Netzwerk in eine Datenbank einschreibt und zu einem Datenbankeintrag wird, entwirft er an der Oberfläche ein Nutzerprofil und arbeitet an der kommunikativen Vernetzung mit anderen Nutzern. Daher dient nicht die Datenbank, sondern das Netzwerk als leitende Gestaltungsmetapher derartiger Anwendungen. Das Netzwerken als Form medialen Handelns

---

7 | Tabelle und Formular geben Daten eine Form und verwandeln diese hierdurch »in *In-Formationen* [...], die eine automatische Verarbeitung ermöglichen« (Krajewski 2007: 39). Medienhistorische Vorläufer dieser Formalisierung sind Krajewski zufolge Katalogkarten, Karteikarten und Lochkarten, die Daten in Form bringen (informieren), indem sie diese in ein »*Diagramm* mit vorgefertigten Positionen [eintragen, M.B.], an denen die Informationen maschinell abzulesen (oder besser: abzutasten) sind« (Krajewski 2007: 45). Die feste Positionierung von Informationen wird in digitalen Medien jedoch optional, d.h. Form und Material sind nicht mehr notwendig in Deckung zu bringen, um eine automatische Verwaltung und Verarbeitung zu gewährleisten. An die Stelle der festen Positionierung tritt die assoziative Adressierung von Informationen durch die Angabe von Spalten und Zeilen, die infolgedessen dynamisch umgeordnet werden können.

8 | Die Felder von Formularen sind vorgegebene *slots*, die durch den Nutzer ausgefüllt werden können bzw. müssen (*filler*): »Formulare bestehen aus einem in vielfach reproduzierter Version vorliegenden Schriftsatz mit Aufforderungen zu bestimmten schriftlichen Handlungen, die in Form und Inhalt eng festgelegt sind (nach dem Muster *slot and filler*)« (Weingarten 1994: 159f.). Zur *slot*- und *filler*-Funktion von Formularen siehe auch Reichert (2008: 94ff.).

und als Imperativ überlagert die Datenbank, welche als latente Infrastruktur in den Hintergrund tritt.

Obwohl Formulare als eine zentrale Form der Präsentation *von* und des Umgangs *mit* Datenbankinformation betrachtet werden können, eröffnen diese keinen unvermittelten oder sogar privilegierten Blick auf die Datenbank in der unsichtbaren Tiefe des Computers. Zwar wiederholen Formulare die abstrakte Logik der Segmentierung von Informationen und der Attribuierung von Bedeutung an der Benutzeroberfläche, doch sie können die logische und physische Gesamtstruktur des Informationsbestands in der Tiefe des Computers auch maskieren. Die Präsentation von Datenbankinformationen als Formular basiert eben auch auf einer Übersetzung zwischen Oberfläche und Tiefe, die zumeist nicht nur selektiv ist, sondern auch etwas auf dem Bildschirm zur Erscheinung bringen kann, was so nicht in der Datenbank gespeichert ist. Gibt die Anfrage an eine Personaldatenbank beispielsweise das Alter eines Angestellten zurück, dann ist davon auszugehen, dass in der Datenbank nicht eigentlich das Alter, sondern das Geburtsdatum einer Person gespeichert ist, aus dem das momentane Alter abgeleitet und an der Oberfläche zur Darstellung gebracht werden kann. Nur weil Datenbankinhalte an der Oberfläche in Form eines Formulars (oder einer Tabelle) verkörpert werden, erhält man keinen unverstellten Blick auf die Datenbank. Einem Formular allein ist nicht anzusehen, wie genau die Informationen in der Tiefe des Computers strukturiert sind. Es handelt sich um eine mögliche Form, die Datenbankinformationen an der Benutzeroberfläche gegeben werden kann. In dieser Variabilität besteht ein zentrales Charakteristikum digitaler Datenbanken. Sie machen die in ihnen versammelten Informationen auf unterschiedliche Weise nach außen anschlussfähig. Dementsprechend basiert vieles, was Nutzer *in* und *mit* digitalen Medien im Allgemeinen und im Internet im Besonderen tun und erfahren, auf digitalen Datenbanktechnologien, ohne dass diese sich *als* Datenbank zeigen. Jeder Blog und die meisten zeitgenössischen Webseiten ebenso wie Web 2.0-Services beruhen auf Datenbanken, die im Hintergrund operieren. Während die Architektur des WWW es ermöglicht hat, Dokumente in einem globalen hypertextuellen Dokumentnetzwerk zu adressieren, machen Datenbanken Informationen *als* Informationen adressierbar.

Löst der Hypertext die Einheit des Texts auf, dann lassen sich Datenbanken als Radikalisierung von Hypertexten verstehen, da sie zudem mit der Einheit des Dokuments brechen.[9] Obwohl Hypertexte den *einen* Text in *viele* Texte segmen-

---

9 | Unter den Bedingungen digitaler Medientechnologien wird der Begriff des Dokuments, wie Buckland festgestellt hat, in zunehmenden Maße problematisch. Im Strom digitaler Daten geht die materielle Einheit von Dokumenten verloren, weshalb es einer erneuten Reflexion darüber bedarf, was ein Dokument ist: »A conventional document, such as a mail message or a technical report, exist physically in digital technology as a string of bits, but so does everything else in a digital environment« (Buckland 1997: 808). Zur Klärung der Frage schlägt er die Betrachtung der weithin vergessenen Debatte um den Begriff des Dokuments vor, welche in der ersten Hälfte

tieren, bleiben sie der formalen Materialität des Dokuments verhaftet.[10] Der Logik des Dokuments stellt die Datenbank die diskontinuierliche und diskrete Vielheit von Datenbankeinträgen gegenüber. In dieser Vielheit besteht die Einheit des Dokuments allenfalls als unbestimmter und nicht formalisierbarer Rest in Form von Binary Large Objects, kurz: BLOBs, fort. An der Oberfläche erweist sich das Dokument jedoch als ein möglicher Darstellungsmodus, welcher die Informationspartikel aus der Datenbank in die formale Einheit eines Dokuments zusammenzieht respektive sie als solche präsentiert.

Die Adressierbarkeit von digitalen Informationen eröffnet Alan Liu zufolge einen »encoded or structured discourse« (2008: 209), für den die Transformierbarkeit von Informationen, ihre autonome Mobilität und automatische Verarbeitbarkeit charakteristisch ist (vgl. Liu 2008: 216). Auf Grundlage der strukturierten Speicherung von Informationen in der Tiefe des Computers können Inhalt und Form an der Oberfläche weitgehend losgelöst voneinander verändert werden. Auch wenn sich die Datenbank als latente Infrastruktur mitunter selbst nicht zeigt, bedingt sie die möglichen Weisen des Umgangs mit Informationen an der Oberfläche. Die phänomenale Logik der Datenbank zeigt sich hierbei mittelbar im Gebrauch oder Umgang mit digitalen Informationen, wenn z.B. Inhalte auf verschiedenen Geräten (Laptop, Tablet-Computer, Smartphone etc.) unterschiedlich präsentiert werden oder die Nutzer sich per Knopfdruck dieselben Informationen auf unterschiedliche Weise anzeigen lassen können. Als technische Infrastruktur bedingt sie die Artikulation, Manipulation, Präsentation und Zirkulation von medialen Konstellationen als Informationen in und mit Computern.

Für Alan Liu ist das Streben nach einer Trennung von Inhalt und Form in digitalen Medien ein zentraler Bestandteil des von ihm so bezeichneten *Auf-*

des 20. Jahrhunderts im Kontext der Entwicklung der Dokumentationswissenschaft geführt wurde. In Rekurs auf Paul Otlet, Suzanne Briet und Walter Schürmeyer zeichnet Buckland das Aufkommen eines funktionellen Dokumentbegriffs nach, demzufolge etwas – ein Ding – zu einem Dokument wird, wenn es als solches fungiert. Als charakteristische Funktion von Dokumenten wurde ihr Belegcharakter erachtet, wie Buckland vor allem in Rekurs auf Briet darlegt. Bei der Frage, ob etwas ein Dokument konstituiert, sind vier Kriterien zu bedenken: Dokumente sind Dinge (Materialität), die als Beleg oder Aussage für etwas dienen sollen (Intentionalität) und die infolgedessen in ein Dokument verwandelt wurden (Prozessierung), welches in letzter Instanz auch als solches wahrgenommen werden muss (Phänomenologie) (vgl. Buckland 1997: 806).

10 | Kirschenbaum unterscheidet die formale Materialität von der forensischen Materialität digitaler Medien. Letztere richtet sich auf das Material im engeren Sinn, auf die Hardware und die physischen Inskriptionen digitaler Informationen auf Datenträgern. Als formale Materialität bezeichnet er demgegenüber die Eigenlogik, die medialen Konstellationen durch Software, Formate etc. eingeschrieben wird (vgl. Kirschenbaum 2008: 132ff.).

schreibesystems 2000.[11] Digitale Datenbanken und die in ihrer Architektur angelegte Loslösung der computerseitigen Speicherordnung von den nutzerseitigen Gebrauchsordnungen exemplifizieren die Trennung von Inhalt und Form auf paradigmatische Weise. Explizit formuliert wurde der Wunsch, die Erscheinungsweise digitaler Informationen unabhängig, d.h. in Absehung des konkreten Inhalts, verändern zu können, jedoch zunächst in einem anderen Kontext (vgl. Liu 2008: 216). Parallel zur Entwicklung von Datenbankmanagementsystemen setzte Ende der 1960er Jahre die Entwicklung von Markupsprachen ein, die den Übergang von einem prozeduralen zu einem deskriptiven Paradigma der Textverarbeitung markiert, wie Charles Goldfarb – einer der Väter der *Standardized General Markup Language* (SGML)[12] – darlegt (vgl. Goldfarb 1981).[13] In seinem kurzen Abriss der Geschichte von Markupsprachen schreibt Goldfarb die Idee der Trennung von Inhalt und Form digitaler Texte William Tunnicliffe zu, der diese Idee erstmals 1967 im Rahmen eines Vortrags formuliert haben soll (vgl. Goldfarb 1995: 567f.).[14] Die dominante Markupsprache ist heute XML (eXtensible Markup Language), welche unter anderem auch die Basis von HTML (HyperText Markup Language) bildet.

Markupsprachen ermöglichen die Trennung von Inhalts- und Präsentationsform durch die logisch-deskriptive Auszeichnung von Dokumenten. Hierbei werden die Dokumentinhalte um computerlesbare (oder genauer computerverarbeitbare) Metainformationen ergänzt, indem beispielsweise Überschriften von einem Überschrift-Element <headline> ... </headline> oder Textabsätze von einem Paragraphen-Element <paragraph> ... </paragraph> umschlossen werden (vgl. Lobin 2000: 9ff., 37ff.).[15] Wie die derart ausgewiesenen Elemente eines Dokuments

11 | Liu schließt damit an Kittlers Beschreibung der Aufschreibesysteme 1800/1900 an, wobei seines Erachtens die Trennung von Inhalt und Form die leitende Ideologie des aktuellen Aufschreibesystems darstellt (vgl. Liu 2008: 211f.).

12 | Die Auszeichnungssprache SGML wurde 1986 zu einem offiziellen ISO-Standard. Aus dieser ist Ende der 1990er Jahre die *eXtensible Markup Language* (XML) hervorgegangen (vgl. Lobin 2000: 2f.).

13 | Wie Liu in Bezug auf die USA darlegt, wurde die Nutzbarmachung von Markupsprachen in den Geistes- und Kulturwissenschaften zu dieser Zeit vor allem an der Ostküste vorangetrieben. Demgegenüber sei die Erprobung der Einsatzmöglichkeiten von Datenbankmanagementsystemen für die *Humanities* zunächst eher ein Westküstenphänomen gewesen (vgl. Liu 2008: 210 und 218).

14 | Neben Tunnicliffe erwähnt Goldfarb auch Stanley Rice und Norman Scharpf als wichtige Wegbereiter deskriptiver Markupsprachen (vgl. Goldfarb 1995: 567f.).

15 | In der Praxis ist diese Unterscheidung von Primärinformationen und Metainformationen nicht trennscharf. So können den Elementen Attribute beigefügt werden, deren Werte Primärinformationen sein können. Demgemäß ist es möglich, die von einem Element umschlossenen Informationen als Attributwert in dem Element zu deklarieren. Eine Überschrift <headline> ... </headline> kann daher auch wie folgt annotiert werden <headline text=«...«/>.

(z.B. Überschriften, Absätze etc.) in konkreten Anwendungskontexten dargestellt werden sollen, kann infolgedessen gesondert spezifiziert werden. Inhalt und Aussehen werden zu Variablen, die (weitgehend) unabhängig voneinander verändert werden können.[16]

Die beschriebene Trennung von Inhalt und Form ist spätestens seit der Einführung von *Cascading Style Sheets* (CSS) durch das *World Wide Web Consortium* (W3C) ein zentrales Gestaltungs- und Entwicklungsprinzip von Webseiten. Denn mit der Auslagerung von Darstellungsanweisungen aus HTML-Dateien in CSS-Dateien wird die Handhabung von Inhalten und Formen weitgehend voneinander entkoppelt.[17] Dabei treten, wie Liu herausgestellt hat, unterschiedliche Ebenen der Autorschaft zunehmend auseinander: das *Content Management* (Inhalt) und das *Consumption Management* (Form) (vgl. Liu 2008: 214f.).[18]

In der heutigen digitalen Medienpraxis sind die strukturierte Speicherung von Informationen in Datenbanken sowie die deskriptive Strukturierung von Dokumenten durch Markup zwei komplementäre Strategien zur Verwaltung und Distribution digitaler Informationen. Aus Datenbankinformationen können XML-Dokumente erzeugt werden und derartige Dokumente lassen sich in spezifischen

---

16 | Jedes Dokument kann also auf vielfältige Weise dargestellt und jede Darstellungsweise auf beliebig viele Dokumente angewendet werden; siehe hierzu das 2003 gegründete Projekt *CSS Zen Garden*, www.csszengarden.com/ (zuletzt aufgerufen am 14.06.2013).

17 | Zwar erlaubt bereits HTML die Auszeichnung von Dokumentstrukturen, doch vor der Einführung von CSS mussten die Darstellungsanweisungen innerhalb derselben Datei ausgewiesen werden, wodurch die formale Trennung von Inhaltsform und Darstellungsform praktisch unterlaufen wurde. Zudem war die Ausdrucksmächtigkeit von HTML hinsichtlich der Gestaltungsmöglichkeiten von Webseiten relativ gering, sodass HTML-Elemente zur Beschreibung von Inhalten häufig für gestalterische Zwecke »missbraucht« wurden. Dementsprechend diente das <table>-Element in der Frühzeit des WWW häufig nicht der Auszeichnung tabellarischer Inhalte, sondern dem Layout einer Webseite. Dies änderte sich mit der Einführung von Stylesheets, welche nicht nur die Spezifizierung typographischer Merkmale in einem Dokument ermöglichen, sondern auch die Positionierung und Anordnung von Informationsblöcken. Doch auch beim Einsatz von Stylesheets wird eine strikte Trennung von Inhalt und Form häufig unterlaufen. Für Gestaltungszwecke wird dabei nicht länger das Tabellenelement »missbraucht«, sondern das Gliederungselement <div>. Gemäß der Spezifikation von HTML (Version 4.01) soll dieses Element der inhaltlichen Gliederung von Dokumenten dienen (vgl. W3C 1999: Abschnitt 7.5.4). In der Praxis werden <div>-Elemente jedoch häufig aus rein gestalterischen Gründen eingesetzt. Hieran wird deutlich, dass die Separierung von Inhalt und Form ein Ideal ist, welches wahrscheinlich nie vollständig erreicht wird.

18 | Vom *Content Management* und vom *Consumption Management* unterscheidet Liu zudem das *Transmission Management*; siehe hierzu Liu (2008: 214).

Datenbanken speichern und verwalten. Die Datenbank als latente Infrastruktur geht jedoch über die auf Stylesheets und Markup basierende Trennung von Inhalt und Form hinaus. Mit der Verbreitung von datenbankbasierten Content Management Systemen (CMS) seit Anfang der 2000er Jahre setzte sich das Template-Paradigma beim Entwurf von Webseiten durch. Dabei kann durch die Speicherung von Webseiteninformationen in Datenbanken (und nicht in HTML-Dateien) nicht nur das Aussehen von Dokumenten (typographische Gestaltung und Anordnung der Inhaltselemente) manipuliert werden, sondern auch, welche Inhalte erscheinen sollen.[19] Die an einen Nutzer gesandte Webseite (HTML-Dokument) wird beim Aufruf der URL dynamisch vom CMS erzeugt. Hierin besteht – vereinfacht ausgedrückt – die entscheidende Neuerung von CMS. Der *Content* der Webseite wird in einer Datenbank gespeichert, aus der diese Inhalte gemäß einer Vorlage – dem Template – ausgelesen und in von Browsern interpretierbare, d.h. darstellbare, HTML-Dateien übersetzt werden. Das Template spezifiziert einerseits, wie bestimmte Informationen (Überschriften, Fließtext, Hyperlinks etc.) dargestellt werden sollen. Anderseits wird im Template festgelegt, welche Informationen (Tupel, Attribute etc.) aus der Datenbank ausgelesen und wie diese Informationen auf der Webseite arrangiert werden sollen.[20] Darüber hinaus wird durch CMS die Personalisierung von Webangeboten ermöglicht, indem externe Variablen, wie z.B. der Ort des Webseitenaufrufs oder das Nutzungsverhalten, in die Auswahl der Datenbankinhalte einbezogen werden.[21] Die Datenbank erscheint dabei aus Sicht der Endnutzer nicht als selektierbarer Informationsbestand, sondern bleibt weitgehend verborgen. Sie zeigt sich nur mittelbar, wenn beispielsweise unterschiedliche Zugriffsformen (Nutzer, Geräte, geographische Regionen) auf dasselbe Webangebot verglichen werden.

Auf der funktionalen Ebene zeigt sich die Datenbank als latente Infrastruktur in der Flexibilität des Umgangs mit Informationen, die neue Ausdrucks- und Gestaltungsmöglichkeiten eröffnet. Ein Beispiel hierfür sind Formen datenbankbasierter Erzählungen. Hierzu zählt unter anderen das bereits erwähnte Filmprojekt *Soft Cinema* von Lev Manovich und Andreas Kratky (2005).[22] Bei diesem medienkünstlerischen Experiment mit neuen Formen des Filmschaffens wird die zeitliche (Reihenfolge) und räumliche (Platzierung im Split-Screen) Anordnung

---

19 | Derartige Selektionsmöglichkeiten sind der Markupsprache XML nicht immanent. Der selektive Zugriff auf XML-Dokumente wird durch an XML angelehnte Abfragesprachen wie z.B. XPath oder XQuery ermöglicht.

20 | Hierzu zählt unter anderem auch die dynamische Erzeugung von Navigationsmenüs, die sich bei Änderungen in der Webseitenstruktur automatisch auf allen betroffenen Seiten aktualisieren. Dies vereinfacht die (Weiter-)Entwicklung und Pflege von umfangreichen Webangeboten enorm.

21 | Auf die möglichen Nachteile der Personalisierung hat Eli Pariser (2011) hingewiesen, S. 266ff.

22 | Siehe hierzu S. 143f.

von Filmsequenzen automatisch von einer Software geleistet. Als Grundlage dieser Filme dient eine Datenbank, in der die einzelnen Filmsequenzen, angereichert mit Metadaten, gespeichert sind. Durch die Anpassung der Software bzw. der Parameter, mit der die Software Sequenzen selektiert und arrangiert, kann aus der Datenbank eine Vielzahl von unterschiedlichen Filmen erzeugt werden. Diese Form der Autorschaft charakterisiert Liu als parametrisierend (vgl. Liu 2008: 216f.).[23] Ein weiteres Beispiel ist die softwaregestützte Generierung von Berichten auf Grundlage von strukturierten Datenbeständen, wie sie die Firma *Narrative Science* entwickelt hat.[24] Zum Einsatz kam diese Technologie zuerst im Bereich der Sportberichterstattung. Aus erhobenen Daten über den Spielverlauf werden mithilfe komplexer *Artificial Intelligence*-Anwendungen automatisch journalistische Berichte generiert, die stilistisch zwar wenig elegant sind, über den Verlauf des Spiels jedoch korrekt informieren, wie Mercedes Bunz anmerkt (vgl. 2012: 13). Mittlerweile wird diese Technologie eingesetzt, um Daten aus den Bereichen Finanzen, Marketing und Werbung in Texte zu transformieren: Dem Leser wird nicht die Datenbank präsentiert, sondern ein Text, in dem die von Programmierern als bedeutsam eingestuften Inhalte der Datenbank zusammenfasst sind.

Diese algorithmischen Verfahren der Übersetzung von Datenbankinformationen in Texte oder Filme mit ihrer parametrisierenden Form der Autorschaft können in Anlehnung an Bernhard Rieder, der den Begriff wiederum von Paul Virilio entlehnt, als Sehmaschinen begriffen werden: »They are *vision machines* that not only extend our perception into the masses of information that would normally be far beyond human scope, but that also *interpret* the environment they render visible« (Rieder 2005: 29).[25] Bei den genannten Beispielen bleibt jedoch nicht nur die Datenbank,

---

23 | Liu spricht in diesem Zusammenhang von *data pours*, die automatisch mit Datenbankinformationen gefüllt werden: »data pours [...] are places on a page – whether a Web page or a word-processing page connected live to an institutional database or XML repository – where an author in effect surrenders the act of writing to that of parameterization. In these topoi, the author designates a zone, where content of unknown quantity and quality – except as parameterized in such commands as ›twenty items at a time‹ or ›only items containing *sick rose*‹ – pours into the manifest work from databases or XML sources hidden in the deep background« (vgl. Liu 2008: 216f.).

24 | Siehe hierzu die Webseite der Firma Narrative Science, www.narrativescien ce.com/ (zuletzt aufgerufen am 10.06.2013), sowie die Webseite des Projekts *Stats Monkey* an der Northwestern University, aus dem die Firma hervorgegangen ist, infolab.northwestern.edu/projects/stats-monkey/ (zuletzt aufgerufen am 10.06.2013).

25 | Rieder wendet das Konzept von Virilio auf Suchmaschinen an (vgl. Rieder 2005). Jedoch können auch algorithmische Verfahren der Übersetzung zwischen der Tiefe der Datenbank und verschiedenen Benutzeroberflächen als *vision machines* in dem genannten Sinn verstanden werden.

sondern auch das Verfahren der Sichtbarmachung unsichtbar. Gerade hierin besteht eine Gefahr, da der Endnutzer auf eine vordefinierte Perspektive festgelegt wird, ohne diese ändern zu können. Die Möglichkeit alternativer Narrative und konkurrierender Interpretationen wird durch die algorithmische Übersetzung unterlaufen, sofern man als Nutzer keinen Einfluss auf die Parameter der algorithmischen Übersetzung erhält. Entscheidend ist dementsprechend weniger, dass Datenbankinhalte anhand bestimmter Parameter selektiert und arrangiert werden, sondern wer auf welcher Ebene über diese Parameter entscheidet. Verlagert man diese Entscheidung auf die den Endnutzern zugewandten Benutzeroberflächen, dann tritt die Datenbank *als* Datenbank in Erscheinung, d.h. als Horizont der Selektion, Kombination und Interpretation von Informationen.

Die Operationsweise der Datenbank als latente Infrastruktur wurde bislang auf zwei Ebenen diskutiert: dem Aufkommen des Template-Paradigmas im Webdesign und in Bezug auf algorithmische Verfahren der Übersetzung von Datenbankinhalten in Texte oder Filme. Auf einer dritten Ebene ermöglichen Datenbanktechnologien aggregierende Verfahren der Zusammenführung, Auswertung und Präsentation von Inhalten aus verschiedenen Quellen in eigenständigen Webangeboten. Ein Beispiel hierfür sind die sogenannten *Social Media Dashboards* (z.B. HootSuite, Sprout Social, Netvibes), die eine einheitliche Schnittstelle zu vielfältigen Web 2.0-Services wie z.B. sozialen Netzwerken (z.B. Facebook, Google+, LinkedIn), Kommunikationsplattformen (z.B. Twitter), Blogs und anderen Web-Services (Flickr, YouTube, Foursquare) bieten. Als Metapher einer Kontroll- und Steuerungseinheit erlaubt ein Social Media-Dashboard die Beobachtung und Auswertung von Nachrichtenflüssen sowie die Publikation von Nachrichten auf verteilten Plattformen. Ein solches Dashboard ist ein Metaservice, »that curates our digital lives and adds value above the level of a single site« (Battelle 2011).[26]

Voraussetzung hierfür ist die autonome Mobilität von Informationen in digitalen Netzwerken, die durch Programmierschnittstellen (APIs) zu den Datenbanken der einzelnen Anbieter gewährleistet wird. Durch die Bereitstellung von APIs erlauben Plattformen wie Facebook, Twitter etc. externen Entwicklern den Zugriff auf eigene Dienste und Informationsbestände, um auf dieser Grundlage Drittanbieter-Anwendungen zu erstellen. Vermittels APIs können Statusupdates, Tweets, Kommentare, Bilder etc. als Informationen aus unterschiedlichen Datenbanken ausgelesen bzw. darin abgelegt werden. Infolgedessen wird es möglich, mit denselben Informationen in verschiedenen Kontexten auf unterschiedliche Weise umzugehen. Hierdurch mag für die Nutzer der Eindruck der unbedingten Mobilität, Verarbeitbarkeit und Rekontextualisierbarkeit digitaler Informationen im WWW entstehen, doch diese Möglichkeit ist stets prekär. Denn durch technische oder juristische

---

26 | Als Beispiel eines Metaservices nennt Battelle die mittlerweile eingestellte Webseite *Memolane*, welche ihren Nutzern ermöglichte, ihre Aktivitäten auf verschiedenen Social-Media-Plattformen zu aggregieren und in einem Zeitstrahl zu visualisieren (vgl. Battelle 2011).

Einschränkungen einer API können die Möglichkeiten des externen Zugriffs auf Datenbestände jederzeit limitiert oder unterbunden werden.[27]

ORIENTIERUNG IM VIELEN I: DAS EINE FINDEN

Fungiert die Datenbank als latente Infrastruktur, die aus der unsichtbaren Tiefe des Computers heraus die Weisen des Umgangs mit digitalen Informationen an der Oberfläche bedingt, dann bleibt diese als Informationssammlung für die Nutzer zumeist verborgen. In der medialen Praxis können Datenbanken jedoch auch *als* Datenbanken in Erscheinung treten, d.h. als Sammlungen von Informationen, die unsichtbar für die Augen der Nutzer in der Tiefe digitaler Speicher ruhen. Es handelt sich um ein Potenzial, das aktualisiert werden muss, indem Informationen in der Datenbank selektiert und an der Oberfläche zur Erscheinung gebracht werden. Die gespeicherten Informationen erscheinen hierbei als ein Bestand, auf den durch die Auswahl von Informationseinheiten zugegriffen und der algorithmisch ausgewertet werden kann.

Im Folgenden soll zunächst das Finden des Einen im Vielen in den Mittelpunkt gerückt werden, welches sowohl eine mediale Praxis als auch eine medienpraktische Herausforderung darstellt. Datenbanken fungieren dabei als Metamedien für das *close reading* medialer Konstellationen oder allgemeiner für *close practices*[28] mit medialen Konstellationen, die im Kontext der Datenbank als Informationseinheiten adressiert und selektiert werden können, d.h. von Webseiten, Bildern, Musikstücken, Videos, Personen, Profilen, Telefonbucheinträgen, Rezepten, Büchern, Produkten, Medikamenten, wissenschaftlichen Aufsätzen, bibliographischen Einträgen, Lexikonartikeln etc.[29] Bei der Suche nach dem *Einen* ist demzufolge nicht der gesamte Datenbankinhalt von Interesse, sondern einzelne in der Datenbank versammelte Elemente, an die sich unterschiedliche mediale Praktiken anschließen können, wie z.B. die (wissenschaftliche) Lektüre, die Kommunikation in sozialen Netzwerken durch Nachrichten, Kommentare u.ä., aber auch Kontroll- und Überwachungspraktiken.

Die Übergänge vom Vielen zum Einen sind genauer zu beschreiben. Zwei Fragen sind hierbei leitend: Erstens geht es darum, wie die in der Datenbank

---

27 | Ein Beispiel hierfür sind die zum Teil heftig kritisierten Änderungen, die Twitter an seiner API 2012 vorgenommen hat (vgl. Sippey 2012; Arment 2012; Caracciolo 2012).

28 | Der vorgeschlagene Begriff der *close practices* umfasst nicht nur die Lektüre oder Interpretation von medialen Konstellationen, sondern alle Formen des Umgangs *mit* und der Handhabung *von* medialen Konstellationen, wie z.B. das Bearbeiten, Teilen, Annotieren, Kommentieren etc.

29 | Die Bezeichnung Metamedium verweist hier auf eine spezifische Gebrauchsweise der medialen Konfiguration *digitale Datenbank*.

ruhenden Informationspotenziale an der Oberfläche aktualisiert werden, d.h. auf welche Weise »Informationsgewinnung organisiert wird« (Lovink 2009: 54). Zweitens ist danach zu fragen, wie die Informationspotenziale der Datenbank in ihrer Potenzialität an der Oberfläche zur Erscheinung kommen. Der Fokus liegt auf der Inszenierung der Datenbank als einem virtuell unerschöpflichen Informationsreservoir. Bereits 1998 hat Stephan Porombka auf diesen Aspekt von Datenbankschnittstellen hingewiesen. Er unterscheidet zwei Extrempole der Inszenierung dessen, »was als das Ganze auf Festplatten gespeichert« (Porombka 1998: 324) vorliegt: die *Flugperspektive* einerseits und die *Froschperspektive* andererseits. In Visualisierungen, wie z.b. Tree Maps, Netzwerken o.ä., könne die Komplexität des Ganzen in einer Überblicksdarstellung gezeigt werden, welche analog zu Bildern in der Flug- oder Vogelperspektive einen Blick von oben auf die Gesamtheit der Datenbank eröffnet. Was sich von dort zeigt, lässt sich Porombka zufolge jedoch »nur noch als komplexe Figur wahrnehmen, die für ihre eigene Komplexität einsteht« (Porombka 1998: 325). Auf der anderen Seite des Inszenierungsspektrums liege die »Froschperspektive ins Ganze« (Porombka 1998: 325), welche Porombka am Beispiel eines Knotens im Hypertext beschreibt.[30] Auf der Bildschirmoberfläche werde nur ein *Informationsbruchstück* präsentiert, das durch Anklicken von Links »durch weitere verbundene Informationsbruchstücke ersetzt werden« (Porombka 1998: 325) könne. Die Gesamtheit der potenziell zugänglichen Informationen bleibt zwar unsichtbar, doch werde das Potenzial der Datenbank erfahrbar. In Anbetracht der Verborgenheit des Vielen hinter dem Einen tritt das Ganze, wie Porombka darlegt, als Imaginäres zum Vorschein. Symptomatisch sei, »daß die Nutzer solcher Datenbanken immer sehr viel größere Datenmengen hinter der aufgerufenen Information vermuten, als tatsächlich abgespeichert sind« (Porombka 1998: 325).

---

30 | Implizit orientiert sich Porombkas medientheoretische Betrachtung von Datenbanken am Modell des Hypertexts. Diese Engführung wird vom Autor weder erläutert noch begründet. Doch tatsächlich lässt sich die hypertextuelle Struktur des WWW als eine Datenbank im nicht-technischen Sinn verstehen. Es ist ein Reservoir von Dokumenten (und von den in diesen enthaltenen Informationen), auf die mittels URLs zugegriffen werden kann. In der Tiefe der Computer ist das WWW global verteilt. An der Oberfläche jedoch ist es lokal, da alle Nutzer überall auf sämtliche Dokumente zugreifen können, sofern keine artifiziellen technischen Barrieren (Passwortschutz, Zensur, GeoIP-Sperren) sie daran hindern. Zwischen der globalen Tiefe der Speicher und den lokalen Benutzeroberflächen vermitteln Kommunikationsprotokolle (TCP/IP, HTTP, FTP usw.), denen jeweils ein Adresssystem (IPv4, IPv6, URL usw.) eingeschrieben ist, welches das Auffinden des Orts von Dokumenten im weltweit verteilten Speicherraum der Internetserver ermöglicht. Die Adressordnung des WWW ist gegenüber den Inhalten, die durch Aufruf einer Webadresse gefunden werden können, indifferent. Infolgedessen stellt die Orientierung im Web ein grundlegendes Problem dar.

Query: Anfragen an Datenbanken

Zentral für die Suche nach dem Einen im Vielen der Datenbank sind heute weder Überblick verschaffende Informationsvisualisierungen, noch das Mäandern durch hypertextuelle Netzwerke. Vielmehr ist die Suchanfrage (Query) der dominante Modus des Suchens und Findens in Datenbanken oder mittels Datenbanken, wie z. B. in Bibliothekskatalogen, Websuchmaschinen etc. Charakteristisch für diese Form der Orientierung in einer Informationssammlung ist nicht die Navigation durch einen Informationsraum, sondern die Formulierung von Suchbedingungen in einem Eingabefeld. Diese werden nach bestimmten Regeln automatisch mit dem Informationsbestand der Datenbank abgeglichen und in Ergebnisse übersetzt, die wiederum den Anfragekriterien entsprechen (vgl. Abb. 20). Die Query ist heute ein alltäglicher und normaler Bestandteil des Umgangs mit digitalen Medien.[31] Ihre zentrale Stellung in der zeitgenössischen Medienkultur ist eng mit der rasanten Expansion des WWW und der damit einhergehenden Entwicklung von Websuchmaschinen verknüpft, die ein wichtiges Hilfsmittel sind, um Informationen im Web zu finden. Den entscheidenden Einschnitt stellte in diesem Kontext die Markteinführung der Suchmaschine Google dar, deren technische Funktionslogik, wie Röhle herausstellt, rasch zum Paradigma für Websuchmaschinen im Allgemeinen geworden ist:»Googles Version der algorithmischen Volltextsuche dominiert zurzeit den Zugang zu Online-Informationen vollständig« (Röhle 2010: 22).[32]

Die Sonderstellung der Query wird auf paradigmatische Weise in der minimalistischen Gestaltung der Startseite von Google deutlich, die bis heute nahezu

---

31 | Der Studie *Search Engine Use 2012* des Pew Internet & American Life Project zufolge verwenden 91% der US-Amerikanischen Internetnutzer prinzipiell Websuchmaschinen. Davon geben 59% an, Suchmaschinen täglich zu nutzen (vgl. Purcell et al. 2012: 5).

32 | Mit dem Erfolg der automatischen Indexierung von Webseiten durch die Google-Suche geht der zunehmende Bedeutungsverlust von Webverzeichnissen einher, die sich am Modell von Bibliothekskatalogen orientieren und eine redaktionelle Erfassung und Kategorisierung von Webseiten betreiben (vgl. Van Couvering 2008: 182f.; Röhle 2010: 22f.). Das kommerziell erfolgreichste Webverzeichnis der 1990er Jahre war *Yahoo!*, das 1994 von Jerry Yang und David Filo zunächst unter dem Namen *Jerry and David´s Guide to the World Wide Web* gegründet wurde. Bereits 1998 begann *Yahoo!*, die Ergebnisse der Suche im Webverzeichnis mit Ergebnissen einer algorithmischen Suchmaschine zu ergänzen. Im Zuge dieser Entwicklung ist die Suchanfrage zum primären und privilegierten Modus der Suche im Web geworden, welche die Navigation durch die Kataloge der bis dahin dominanten Webverzeichnisse verdrängt hat. Zwar ermöglichen auch diese Suchanfragen im Katalog, doch aufgrund der Beschränktheit der Webverzeichnisse wurde bzw. wird bei der Eingabe von Suchworten allzu häufig nichts oder nichts Relevantes gefunden.

ausschließlich auf das Firmenlogo und das Suchformular reduziert ist.[33] Da die Webseite eigentlich keine Informationen enthält, werden die Nutzer dazu herausgefordert, Suchbegriffe in das Formularfeld einzugeben und so anfragend auf Googles Webdatenbank zuzugreifen. Zudem wird hierdurch suggeriert, dass etwas gefunden werden kann.

Abb. 20: Abstrakte Topologie einer Suchanfrage

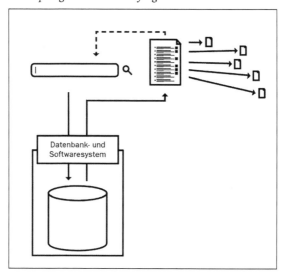

Der von Websuchmaschinen vollzogene Übergang von der bibliothekarischen Logik der Katalogisierung zur algorithmischen Logik der Indexierung ist jedoch nicht zu generalisieren. Zwar haben sich Katalogisierungsverfahren als ungeeignet erwiesen, um der Größe, Vielfalt und Dynamik des gesamten WWW gerecht zu werden, in der digitalen Medienkultur kommt ihnen dennoch eine große Bedeutung zu. Ein Indiz hierfür ist die Vielzahl an konventionellen und zumeist relationalen Datenbanken, auf die durch das WWW zugegriffen werden kann (vgl. Madhavan et al. 2008: 1241f.). Diese beruhen, wie im Kapitel »Data + Access« dargelegt, nicht auf einer algorithmischen Zuschreibung von Bedeutung, sondern auf der Strukturierung von Informationen nach Vorgabe eines konzeptionellen Modells, welches Informationspartikeln eine Bedeutung zuweist. Der Unterschied bleibt an der Oberfläche jedoch weithin unsichtbar. Das Suchformular stellt sowohl bei Datenbanken im engen Sinn als auch bei Websuchmaschinen die primäre Form des Zugriffs dar. Aufgrund dieser Gleichförmigkeit der Suche in Informationssammlungen besteht an der Oberfläche zwischen Websuchmaschinen und Datenbanken im engen Sinn

---

33 | Ursprünglich war dieser Minimalismus keineswegs intendiert. Heute ist er jedoch ein zentrales Gestaltungsprinzip der Benutzerschnittstelle von Google (vgl. Röhle 2010: 154f.).

kein prinzipieller Unterschied.[34] Gesucht wird, indem Suchkriterien in ein Formular eingegeben werden. Auf Grundlage dieser Kriterien werden aus dem Informationsbestand der Datenbank automatisch Ergebnisse selektiert und an der Oberfläche zur Darstellung gebracht. Insofern lassen sich an der Benutzerschnittstelle allenfalls graduelle Unterschiede zwischen unterschiedlichen Anfragesystemen identifizieren. Diese betreffen die Art, wie Suchanfragen formuliert werden, die Möglichkeiten zur Spezifizierung von Anfragen sowie die Formen des Umgangs mit Suchergebnissen.

Abb. 21: Standardsuchformulare von Bing, Google und der Deutschen Nationalbibliothek

Quellen: www.bing.de, www.google.de, www.dnb.de

Häufig zeigen sich diese Differenzen jedoch erst in den erweiterten Suchfunktionen, die nicht Teil des *Default*-Interface sind, wie der Vergleich der Suchformulare von Google, Bing und der Deutschen Nationalbibliothek zeigt.[35] Der Unterschied zwischen der Funktionslogik von Websuchmaschinen und Bibliothekskatalogen verschwindet hinter der Homogenität der Suchinterfaces. Dies erweist sich jedoch mitunter als problematisch, z.B. wenn die verschiedenen Techno-Logiken

---

34 | In der Gleichförmigkeit der Suchinterfaces kann man im Anschluss an Winkler eine Naturalisierungsstrategie erkennen, welche die Erfüllung des Wunsches suggeriert, »tatsächlich über eine neutrale und transparente Erschließungsmaschine zu verfügen« (Winkler 1997b: 200).

35 | In diesem Zusammenhang hat Röhle darauf hingewiesen, dass es nicht allein entscheidend ist, »welche Einstellungsmöglichkeiten und Informationen dem Nutzer *theoretisch* zur Verfügung stehen, sondern [auch, M.B.] wie *zugänglich* diese sind« (Röhle 2010: 155).

unterschiedliche Interpretationen der gefundenen Ergebnisse erfordern. Um dies zu verdeutlichen, kann ein Beispiel herangezogen werden, mit dem Hendry und Efthimiadis (2008) aufzeigen, dass das Unwissen von Nutzern über die Funktionsweise von Websuchmaschinen unter Umständen falsche Interpretationen der Suchergebnisse zur Folge haben kann: Ein Nutzer wollte sich mithilfe von Google der Schreibweise des englischen Worts für »Kronleuchter« versichern und gab *chandaleer* ein. Dass die Anfrage weniger als einhundert Ergebnisse hatte, interpretierte er fälschlicherweise als Bestätigung für die korrekte Schreibweise. Wie die Autoren berichten, hätte die Suche nach *chandelier* in der richtigen Schreibweise jedoch nahezu eine Million Ergebnisse zutage gefördert (vgl. Hendry/Efthimiadis 2008: 282).[36] Dass Google Ergebnisse zu einer Suchanfrage liefert, ist demzufolge nicht allein schon ein Indikator dafür, dass man den Suchbegriff richtig geschrieben hat. Hingegen wäre die Interpretation des Nutzers bei einer ähnlich gelagerten Suchanfrage an eine Katalogdatenbank nicht abwegig, da falsch buchstabierte Anfragen hier zumeist keine Ergebnisse haben.

Am Beispiel von Hendry und Efthimiadis wird deutlich, dass die richtige Interpretation von Suchergebnissen ein Wissen von der genutzten Suchtechnologie voraussetzt. Hierzu zählt unter anderem auch ein Verständnis davon, welche Ressourcen mit einem Anfragesystem durchsucht werden, d.h. von der Reichweite des Informationsbestands.[37] Daher ist es nicht nur problematisch, wenn Nutzer ein ungenügendes Wissen davon haben, wie Websuchmaschinen funktionieren, sondern auch, wenn sie meinen, dass die hinter den Suchformularen ablaufenden

---

36 | Mittlerweile verfügt Google über eine Rechtschreibprüfung, die in der Ergebnisliste einen Suchvorschlag zur Suche nach dem Wort in der korrekten Schreibweise anzeigt (»Meinten Sie: …«). Infolgedessen ist es heute unwahrscheinlicher, dass ein Nutzer noch immer zu dem von Hendry und Efthimiadis beschriebenen Fehlschluss gelangt. Mit dieser technischen Erweiterung wurde das von den Autoren beschriebene Problem jedoch keineswegs gelöst, sondern verschoben: Wer heute nach etwas relativ Seltenem sucht oder einen Suchbegriff verwendet, der einer populären Anfrage sehr ähnlich ist, erhält von Google mitunter Vorschläge, die Suchanfrage zu verändern. Dies suggeriert dem Nutzer, einen Fehler gemacht zu haben, was jedoch nicht immer der Fall ist. Daher müssen die von Google unterbreiteten alternativen Suchvorschläge stets hinterfragt werden. Hierfür bedarf es eines Wissens über die Funktionsweise von Suchmaschinen, auf dessen Notwendigkeit Hendry und Efthimiadis mit ihrem Beispiel hinweisen.

37 | Mit der Einführung der sogenannten *Blended Search* oder *Universal Search* haben Websuchmaschinen spätestens seit 2007 damit begonnen, Ergebnisse aus verschiedenen Informationsbeständen (Nachrichten, Bilder, Videos etc.) in die normale Websuche zu integrieren (vgl. Quirmbach 2009). Hierdurch wird dem Nutzer einer Websuchmaschine tendenziell verborgen, welche Informationsbestände dieser durchsucht und wie die Ergebnisse aus den verschiedenen Beständen in eine Ergebnisdarstellung integriert werden.

technischen Prozesse immer denselben oder zumindest ähnlichen Prinzipien folgen.[38] Ein Indiz hierfür ist der generalisierende und undifferenzierte Verweis auf die Macht des Algorithmus, der einen beliebten Topos in aktuellen Debatten über die digitale Medienkultur darstellt (vgl. Passig 2012). Anstatt die Vielfalt der algorithmisch gesteuerten Informationsverarbeitungsprozesse im Computer differenziert zu betrachten, wird der Algorithmus als »undurchschaubare, orakelhafte« (Röhle 2010: 14) Macht mystifiziert.[39]

Um die vermeintliche Allmacht von Algorithmen als Mythos zu entlarven und die tatsächliche Macht von Algorithmen besser zu verstehen, gilt es auch die Annahmen zu betrachten, die in die Gestaltung und Funktion von Anfrage-Interfaces einfließen. Zwischen den Extrempolen streng formalisierter, für Nutzer anforderungsreicher Anfragesprachen[40] und natürlichsprachlicher Anfrage-Interfaces[41] dominiert in der heutigen Medienpraxis die Suche mit lose aneinandergereihten Schlagworten. Abgesehen von der Angabe der Suchbegriffe müssen weitere Suchkriterien dabei nicht mehr in einer formalen Anfragesprache expliziert werden. Diese sind vielmehr als implizite Vorannahmen in das Anfrage-Interface eingeschrieben. In der Standardsuche von Google werden Suchworte beispiels-

---

38 | Die Verdeckung der Unterschiede zwischen Suchtechnologien durch Suchinterfaces ist fraglos nicht die einzige Ursache für das genannte Problem. Zum Teil ist dieses auch auf das Desinteresse vieler Nutzer gegenüber der Funktionsweise der von ihnen verwendeten Technologien zurückzuführen.

39 | In den vergangenen Jahren wurde die Macht von Suchmaschinen in vielfältigen Beiträgen diskutiert. Wie Röhle in seiner Rekonstruktion der in dieser Debatte vertretenen Positionen herausarbeitet, wird in diesem Zusammenhang häufig das Bild eines (utopischen oder dystopischen) Determinismus gezeichnet, in dem die Macht der Algorithmen beschworen wird (vgl. Röhle 2010: 25ff.)

40 | Ein Beispiel hierfür sind die bibliographischen Information Retrieval-Systeme der 1970er und 1980er Jahre, die von ihren Nutzern zumeist die Kenntnis einer formalisierten Anfragesprache erforderten, welche es ihnen vor allem durch die explizite Verwendung boolescher Operatoren ermöglichte, komplexe Suchbedingungen zu formulieren, nach denen Informationen aus der Datenbank selektiert wurden (vgl. Borgman 1996: 493ff.).

41 | Das Ziel natürlichsprachlicher Anfrage-Interfaces ist, dass sich die Nutzer nicht den Anforderungen des Suchsystems anpassen müssen, sondern dass das System an die Sprache der Nutzer angepasst ist. Die technische Erfüllung dieses Versprechens wurde bereits 1996 von der Suchmaschine AskJeeves in Aussicht gestellt (vgl. Krajewski 2009; 2010: 149ff.). In der medialen Praxis konnten sich natürlichsprachliche Anfragesysteme bisher dennoch nicht durchsetzen. Heute finden sich natürlichsprachliche Anfragesysteme vor allem bei faktenbezogenen Informationen. Die *Wissensmaschine* Wolfram Alpha (www.wolframalpha.com) kann beispielsweise die Frage »What is the country with the fifth largest population?« richtig interpretieren und die korrekte Antwort ›Brasilien‹ ausgeben.

weise per *Default-Einstellung* mit dem booleschen Operator AND verknüpft, d.h. es wird implizit davon ausgegangen, dass sich alle eingegebenen Suchworte in den Ergebnissen finden sollen. Zudem kommen insbesondere bei Websuchmaschinen algorithmische Verfahren der Interpretation von Suchanfragen zum Einsatz. Algorithmen, die auf Grundlage von erhobenen Nutzungsdaten entwickelt wurden, kategorisieren Suchfragen z.B. nach Genre, Thema, Intention, Ziel, Spezifität, Bandbreite, Autoritätsbezug sowie Orts- und Zeitbezug (vgl. Lewandowski 2011: 66f.).[42] Bei dieser Form der Schlagwortsuche wird die explizite Angabe von Suchbedingungen zunehmend in die implizite Gestaltung des Anfrage-Interface und in die in der Tiefe unsichtbar ablaufenden Operationen des Suchsystems verlagert. Hierbei bleibt die Anfragelogik im bzw. hinter dem Interface verborgen. Wie Google und andere Websuchmaschinen Suchanfragen interpretieren ist für die Nutzer nicht unmittelbar ersichtlich, weshalb im Anschluss an Röhle bei der Analyse von Such-Interfaces auch danach zu fragen ist, ob und wie die impliziten Voreinstellungen und Interpretationsprozesse an der Benutzeroberfläche transparent gemacht werden (vgl. Röhle 2010: 156). Bisher lassen sich auf Seiten der Suchdienstanbieter jedoch kaum Bemühungen beobachten, die in diese Richtung weisen.[43]

Zugleich hat die Verlagerung der expliziten Angabe von Suchkriterien in die implizite Gestaltung des Suchsystems zur Folge, dass die Einstiegshürde für Anwender relativ gering gehalten wird. Auch wenn derartige Anfragesysteme auf den inkompetenten Nutzer hin entworfen sind, verschwindet die Frage der nutzerseitigen Kompetenz nicht. Es bedarf zwar keines besonderen Könnens, um überhaupt etwas zu suchen, aber einer Kompetenz, um Suchanfragen zu stellen, mit denen gezielt bestimmte Informationen gefunden werden. Diese Kompetenz besteht nicht nur in der Wahl der Suchworte und erweiterter Suchoptionen, sondern auch in der Wahl einer geeigneten Datenbank und in der richtigen Interpretation der Suchergebnisse.

---

42 | Hierdurch wird, wie Lewandowski darlegt, die Zusammenstellung der sogenannten organischen Ergebnisse aus dem Webdatenbestand, die Integration von Ergebnissen aus den anderen Informationsbeständen (Bilder, Videos, Nachrichten, Bücher etc.), die Anfrageerweiterung, die Erzeugung von Suchvorschlägen sowie die Auswahl der anzuzeigenden Werbung beeinflusst (vgl. Lewandowski 2011: 59f.).

43 | Ein Indiz hierfür ist, dass Röhle in seiner Analyse des Such-Interfaces von Google keine Beispiele dafür anzugeben vermag. Wolfram Alpha (www.wolframalpha.com) stellt in diesem Zusammenhang eine erwähnenswerte Ausnahme dar, da die sogenannte *Wissensmaschine* die Interpretationen von Suchanfragen im Ergebnis-Interface sichtbar macht. Hierdurch wird der Kontext offengelegt, für den die als Ergebnis angezeigten Informationen zutreffend sind. Für mehrdeutige Anfragen werden ggf. sogar verschiedene Interpretationsmöglichkeiten aufgeführt, aus denen der Suchende auswählen kann.

Stream: Treiben im Informationsfluss

Von der Query als anfragender Zugriffsform auf Datenbanken unterscheiden Richardo Baeza-Yates und Berthier Riberio-Neto in *Modern Information Retrieval* das *Browsen* als zweite grundlegende Form der Interaktion mit Datenbankinformationen (vgl. 1999: 4). Der Nutzer wird beim Browsen nicht einem Such-Interface gegenüber verortet, sondern in einem Informationsraum, in dem er sich orientieren muss.[44] Paradigmatisch hierfür ist das Durchstöbern einer weitverzweigten Webseite nach bestimmten Informationen. Der Nutzer erscheint als ein navigierendes Subjekt, welches sich anhand von (hierarchischen) Menüstrukturen, *Breadcrumb*-Navigationen,[45] Sitemaps usw. orientieren kann. Mit dem Aufkommen des Web 2.0 gewinnt neben der Query und dem Browsen der Stream zunehmend an Bedeutung, um das Eine im Vielen zu finden. Der Stream, als eine an Aktualität und Popularität orientierte Präsentationsform des Vielen, ermöglicht keine gezielte themenspezifische Suche nach Informationen im WWW oder auf einer Webseite. Im Vordergrund steht vielmehr das relativ ungezielte Entdecken von neuen, aktuellen, populären und interessanten Ressourcen in bestimmten Themengebieten auf Grundlage von nutzergenerierten Inhalten, abgegebenen Bewertungen sowie anderen Nutzer- und Nutzungsinformationen. Eben dies machen sich Social-News-Aggregatoren (z.b. *Digg* und *Reddit*) und Social-Discovery-Tools (z.b. *StumbleUpon*) zur Aufgabe, welche auf der Logik des Streams beruhen. Aber auch der *Newsstream*

---

44 | Voraussetzung für das Browsen in einer Datenbank im engen Sinn von DBMS ist die Übersetzung des Informationsreservoirs in eine an der Oberfläche durchquerbare Form, wie z.b. eine Webseite. Die Inhalte der Datenbank werden hierbei entlang bestimmter Kategorien gruppiert und in einer hierarchischen oder polyhierarchischen Navigationsstruktur angeordnet, sodass die Nutzer die Datenbank an der Benutzeroberfläche navigierend erkunden, durchstöbern und filtern können. Die Übersetzung von Datenbankstrukturen in Webseiten findet sich beispielsweise bei Online-Händlern wie Amazon, die auf diese Weise ihre Produkte präsentieren. Gemeinhin werden zwei Verfahren der Übersetzung von Datenbanken in Navigationsstrukturen unterschieden. Top-Down-Informationsarchitekturen geben eine Struktur vor, in die Datenbankinformationen eingeordnet werden. Bei Bottom-Up-Architekturen wird den Datenbankinformationen kein Platz in einer vordefinierten Ordnung zugewiesen. Vielmehr wird ihre Ordnung automatisch aus den in der Datenbank gespeicherten Metainformationen abgeleitet. Morville und Rosenfeld weisen darauf hin, dass der Bottom-Up-Ansatz gut funktioniert, wenn aus der Datenbank relativ homogene Unterseiten generiert werden sollen, wie z.b. bei Produktkatalogen. In anderen Kontexten erweist sich der Top-Down-Ansatz als produktiver. Deshalb werden in der Praxis häufig beide Verfahren eingesetzt (vgl. Morville/Rosenfeld 2006: 64ff.).

45 | *Breadcrumb*-Navigationen zeigen Nutzern an, wo sie sich im Informationsraum der Webseite befinden, z.b.: Hauptmenü/Untermenü_1/Untermenü_2/...

von *Facebook* birgt das Potenzial, im permanenten Fluss von Statusupdates etwas Neues zu entdecken.

Abb. 22: Orientierung mit Digg, Reddit und ähnlichen Social-News-Aggregatoren

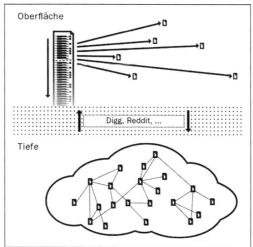

Social-News-Aggregatoren präsentieren Verweise auf Ressourcen als allgemeine oder thematische Listen, wobei aktuelle und populärere Beiträge weiter oben erscheinen als andere. Durch eine Positiv- oder Negativbewertung kann jeder Nutzer die Popularität von Ressourcen steigern oder verringern und so die Rangfolge der Verweise in der Liste beeinflussen.[46] Beliebte Inhalte besetzen einen vorderen Platz in der Liste und werden langsamer von aktuelleren Beiträgen verdrängt.[47] Hierdurch steigt die Wahrscheinlichkeit, dass populäre Beiträge zeitlich versetzt von einer größeren Zahl anderer Nutzer zur Kenntnis genommen werden.[48] Zudem wird

---

46 | Neben der binären Bewertung von Beiträgen können diese zumeist kommentiert und diskutiert werden. Diese Kommentare können wiederum durch die Nutzer bewertet werden. Zudem bietet Digg den Nutzern die Möglichkeit, anderen Nutzer zu folgen.

47 | Die Reihenfolge der Beiträge in der Liste wird algorithmisch berechnet, weshalb der Verdacht nahe liegt, dass neben Aktualität und Beliebtheit andere Faktoren in die Berechnung der Ordnung einfließen, die als redaktionelle Einflussnahme gewertet werden können. Insbesondere gegenüber Digg ist diese Vermutung häufig geäußert worden, weil der Ranking-Algorithmus nicht öffentlich gemacht wird. Der Quellcode von Reddit kann im Unterschied dazu im Internet frei eingesehen werden, https://github.com/reddit/reddit (zuletzt aufgerufen am 23.09.2013).

48 | Dies führt ähnlich wie bei Websuchmaschinen zu dem Problem, dass einzelne Nutzer versuchen, aus ökonomischen Interessen das Ranking gezielt zu manipulieren.

es möglich, Trends und ihre Entwicklung zu beobachten, um relevante Themen im WWW zu entdecken.[49]

Abb. 23: Orientierung mit StumbleUpon

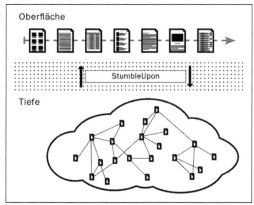

StumbleUpon beruht auf einem anderen Entdeckungsmechanismus. Nicht die Beobachtung von Trendlisten steht im Vordergrund, sondern das Umher*stolpern* im WWW ohne genaues Ziel, was vor allem durch Browsererweiterungen ermöglicht wird, die *StumbleUpon* zur Verfügung stellt. Klickt man den *Stumble!*-Button des Plug-Ins, wird man automatisch zu einer Webseite weitergeleitet, die in der Datenbank von *StumbleUpon* verzeichnet ist. Diese kann der Nutzer lesen und bewerten. Aus diesen Bewertungen werden vor dem Hintergrund der Bewertungen anderer Nutzer automatisch Vorschläge errechnet, die man bei den nächsten Klicks des *Stumble!*-Buttons angezeigt bekommt.[50] Der Nutzer *stolpert* durch das WWW, wobei er – so das Kalkül – etwas finden kann, was für ihn von Interesse ist. Das zufällige, orientierungslose und unproduktive Umherirren im WWW wird in ein oberflächlich ebenso zufälliges, aber produktives Umherspringen übersetzt. *StumbleUpon* operiert im Hintergrund als unsichtbarer Empfehlungsdienst, der den Nutzer in einem linearen Stream von Vorschlägen situiert, dessen Ende nicht abzusehen ist. Hierdurch inszeniert sich *StumbleUpon* als ein virtuell grenzenloses Informationsreservoir. Daher ist die Erfahrung der Grenzen von *StumbleUpon* umso überraschender, die sich in der Nachricht manifestiert, dass zeitweilig keine weiteren Empfehlungen vorliegen.

---

49 | Die Möglichkeit, Trends identifizieren und beobachten zu können, ist nichts Spezifisches von Social News-Aggregatoren. Der Mikrobloggingdienst *Twitter* erzeugt beispielsweise aus den Tweets der Nutzer eine Liste von *Trending Topics*.

50 | Neben den von Nutzern erstellten Verweisen werden auch bezahlte Links in *StumbleUpon* aufgenommen, die als Werbung in den Empfehlungsstream eingewoben werden.

Streams folgen ähnlich wie die im Kapitel »Direct Access« (S. 206ff.) diskutierten Magnetbandspeicher einer linearen Zugriffs- und somit Präsentationslogik. Verteilt gespeicherte Nachrichten, Bilder, Videos, Blogeinträge usw. werden in einen linearen Informationsfluss gebracht, der das zufällige Entdecken des Einen im Vielen erlaubt. In dieser Hinsicht stellen Streams funktional keine Alternative zur Query als einem Modus der mehr oder weniger gezielten Suche nach Informationen dar. Wenn sich jedoch Nutzer mehr und mehr in den Nachrichtenflüssen von Facebook, Digg, Reddit, Tumblr usw. treiben lassen, drängt sich die Frage auf, wie Informationen in Streams organisiert werden und wer oder was entscheidet, welche Informationen wem gezeigt werden (vgl. Dash 2012). Diese Frage führt zurück zur technischen Logik der algorithmischen Ordnung von Informationssammlungen, wie sie im Kapitel »Data + Access« diskutiert wurde.

Orientierung im Vielen II: Das Viele auswerten

In einer Sammlung von Vielem das Eine gezielt zu finden oder zufällig zu entdecken ist nur eine mögliche Erscheinungsweise der Datenbank *als* Informationssammlung. Von der im vorangegangenen Abschnitt beschriebenen Form der Orientierung im Vielen ist daher eine zweite Orientierungsform zu unterscheiden, die nicht darauf abzielt, eine im Bestand der Datenbank vorhandene, d.h. materiell verkörperte Information ausfindig zu machen. Der Informationsbestand der Datenbank kann auch als Basis für neue Informationen genommen werden. Die Datenbank dient in diesem Gebrauchskontext als Medium für das *distant reading* einer Informationssammlung (Moretti 2000: 57). Durch die kreative Auswertung von bekannten Informationen sollen noch unbekannte Einsichten geschöpft werden, welche es potenziell erlauben, Terroranschläge vorauszusehen und vorzubeugen, ökonomische Entwicklungen in Echtzeit nachzuvollziehen, den Ausbruch von Krankheitsepidemien zeitnah zu erkennen, Verbrechen zu bekämpfen, Freunde und Lebenspartner zu finden etc. Im Großen wie im Kleinen birgt die findige Auswertung vorhandener Informationen die Möglichkeit, neue Informationen zu erhalten. Insofern können digitale Datenbanken unter Umständen etwas wissen lassen, was so noch nicht gewusst, was allenfalls latent und rein virtuell als potentielle Information vorhanden war. Dies ist die Signatur des von Lyotard beschriebenen postmodernen Spiels vollständiger Informationen, welches sich in dieser Gebrauchsform von Informationssammlungen manifestiert.[51]

Bei der Auswertung des Vielen erscheint die Datenbank nicht als geschützte Aufbewahrungsstätte von Bekanntem, sondern als Grundlage oder Basis für das Entdecken von Unbekanntem. Diese Möglichkeit von bzw. Sichtweise auf Datenbanken findet ihren Ausdruck in der Metapher der Basis, welche im englischen Begriff *Data Base* enthalten ist. Die Überzeugung, dass aus der Auswertung von

---

51 | Siehe hierzu S. 183f.

Informationssammlungen neue Einsichten gewonnen werden können, hat die mediale Praxis mit digitalen Datenbanken von Anfang an begleitet.[52] Unter dem Eindruck der leichten Verfügbarkeit immer größerer Informationsbestände kommt der Frage nach der Nutzbarmachung dieser Ressourcen durch analytische Auswertungsverfahren in der jüngeren Vergangenheit eine stetig wachsende Bedeutung zu. Bereits 1996 konstatierten Fayyad et al. einen Hype um das »knowledge discovery in databases« (Fayyad et al. 1996: 37), der sowohl in der Wissenschaft als auch in der Wirtschaft sowie der massenmedialen Berichterstattung zu beobachten sei. In der Aufmerksamkeit, die dieser Frage jüngst vor allem unter dem Stichwort Big Data zuteil wird, zeigt sich jedoch auch eine größer werdende Unzufriedenheit mit den etablierten Weisen des Umgangs mit Datenbanken sowie mit den tradierten Methoden der Auswertung von Informationsbeständen, welche Geert Lovink auf den Slogan gebracht hat: »Hört auf zu suchen. Fangt an zu fragen« (Lovink 2009: 63).

Im Folgenden soll zunächst der gegenwärtige Diskurs über die in Informationssammlungen ruhenden Wissenspotenziale beleuchtet werden. Daraufhin werden anhand von zwei Beispielen die Möglichkeiten und Grenzen der Auswertung des Vielen diskutiert. Der abschließende dritte Teil ist der Praxis und dem Diskurs der *Information Visualization* gewidmet, welche verspricht, unsichtbar in den Daten ruhende Zusammenhänge an der Oberfläche visuell erfahr- und erkundbar zu machen.

Auf der Suche nach dem Mehrwert

Nicht das Suchen nach dem Einen im Vielen ist Lovink zufolge in der heutigen Medienkultur entscheidend, sondern das Fragen danach, was aus dem Vielen gelernt werden kann. In eine ähnliche Richtung weist der programmatische Text »Against Search« von Manovich (2011), der die auf einzelne oder zumindest wenige Untersuchungsobjekte hin ausgerichteten Methoden der Geistes- und Kulturwissenschaften kritisiert.[53] Diese sind seines Erachtens nicht dazu geeignet, die Menge der digital verfügbaren *Kulturdaten* auszuwerten, weshalb neue Methoden

---

52 | Exemplarisch kann hierfür die von Horst Herold seit Anfang der 1970er Jahre vorangetriebene Computerisierung des Bundeskriminalamts angeführt werden, in deren Zuge die Rasterfahndung als eine Fahndungsmethode entwickelt wurde, die auf der Vernetzung und Auswertung von Informationsbeständen beruht (vgl. Gugerli 2006; 2009: 52ff.).

53 | Für Manovich stellt die Verfügbarkeit großer Informationsmengen eine Herausforderung dar, die seines Erachtens nicht mit den tradierten Methoden der Geistes- und Kulturwissenschaften gelöst werden kann: »The basic method of humanities and media studies which worked fine when the number of media objects were small – see all images or video, notice patterns, and interpret them – no longer works. For example, how do you study 167,00 images on Art Now Flickr gallery, 236,000 professional design portfolios on coroflot.com (both numbers as of 7/2011), or

und technische Verfahren für die Erforschung »der globalen digitalen Kulturen« (Manovich 2009: 221) nötig sind. Manovich nennt dieses Forschungsparadigma *Cultural Analytics* (vgl. Manovich 2009; Yamaoka et al. 2011). Im Kontext der *Digital Humanities*, deren Ursprünge bis in die 1940er Jahre zurückreichen, zirkulieren heute unterschiedliche Bezeichnungen für diese Art der Forschung. Von Michel et al. (2011) wurde die alternative Bezeichnung *Culturomics* vorgeschlagen. Die Autoren des 2011 in *Science* erschienenen Artikels definieren das hierdurch bezeichnete Forschungsfeld folgendermaßen: »Culturomics is the application of high-throughput data collection and analysis to the study of human culture« (Michel et al. 2011: 181). Im Mittelpunkt sollen quantitative Analysemethoden stehen, da diese nach Ansicht der Autoren zu präzisen Ergebnissen führen können.[54] Darüber hinaus wird die Notwendigkeit des Einsatzes computergestützter Auswertungsverfahren damit begründet, dass die verfügbaren Informationsmengen die menschlichen Kapazitäten bei Weitem überschreiten: »The corpus cannot be read by a human« (Michel et al. 2011: 176).

Jenseits der Kulturwissenschaften zeichnen sich auch in den Natur-, Lebens- und Sozialwissenschaften tiefgreifende Veränderungen hinsichtlich des Stellenwerts ab, den die automatische Auswertung großer Informationssammlungen einnimmt. In Reaktion hierauf proklamierte Chris Anderson (2008) in einem vielbeachteten, aber auch höchstumstrittenen Artikel das Ende der Theorie, welche von der Suche nach Korrelationen abgelöst werde:

»Petabytes allow us to say: ›Correlation is enough.‹ We can stop looking for models. We can analyze the data without hypotheses about what it might show. We can throw the numbers into the biggest computing clusters the world has ever seen and let statistical algorithms find patterns where science cannot.« (Anderson 2008)

Gegenüber dem im Magazin *Wired* publizierten Artikel wurde viel Kritik geäußert. Insbesondere Naturwissenschaftler wiesen in Reaktion auf Andersons Beitrag hin, dass das Entdecken von Korrelationen in Daten die Formulierung von Theorien und

---

176,000 Farm Security Administration/Office of War Information photographs taken between 1935 and 1944 digitized by Library of Congress« (Manovich 2011).

54 | Die Autoren des *Culturomics*-Beitrags haben ein szientistisches Wissenschaftsverständnis, auf dessen Grundlage sie die vermeintlich ungenauen qualitativen Methoden der Geistes- und Kulturwissenschaften diskreditieren. Ihres Erachtens konnten sich präzise quantitative Methoden in diesem Bereich bislang nur nicht etablieren, weil die verfügbare Datenbasis zu klein war: »Reading small collections of carefully chosen works enables scholars to make powerful inferences about trends in human thought. However, this approach rarely enables precise measurement of the underlying phenomena. Attempts to introduce quantitative methods into the study of culture have been hampered by the lack of suitable data« (Michel et al. 2011: 176).

Modellen nicht ersetzen könne, sondern diese allenfalls anzuleiten vermag. Es wird jedoch nicht in Zweifel gezogen, dass sich die Forschungspraxis mit der Verfügbarkeit und durch die Nutzbarmachung von stetig wachsenden Informationsbeständen verändert (vgl. Bollier 2010: 4ff.; Norvig 2009). Diese Verschiebungen exakt zu beschreiben erweist sich jedoch als Herausforderung.

Das Erkunden von Datenbanken mit dem Ziel, neue Informationen zu finden, verändert nicht nur die Wissenschaften, sondern auch die Wirtschaft und den Journalismus. Der Erfolg vieler führender Internetunternehmen, wie z.b. Facebook, Amazon, Google etc., basiert nach Ansicht von Mike Loukides zu einem Großteil auf der Sammlung und Auswertung von Information, wobei diese Unternehmen Daten auch dafür nutzen, Produkte aus Daten zu kreieren: »A data application acquires its value from the data itself, and creates more data as a result. It's not just an application with data; it's a data product« (Loukides 2010: 1). Ausgehend von dieser Beobachtung skizziert Loukides die Konturen einer *Data Science*, welche die Erstellung von ökonomisch verwertbaren Daten-Produkten unterstützen könne.

Der computergestützten Versammlung, Aufbereitung, Analyse und Veröffentlichung von Informationsbeständen kommt in den vergangenen Jahren auch im Bereich des (Online-)Journalismus eine wachsende Bedeutung zu. Für diese Entwicklung stehen Begriffe wie *Database Journalism, Data-driven Journalism* und *Datenjournalismus*.[55] Dabei ist der Einsatz von Computertechnologien bei der journalistischen Auswertung von Informationsbeständen keineswegs neu. Bereits seit Ende der 1960er Jahre kommen derartige Verfahren zum Einsatz (vgl. Meyer 2002: 192ff.). Als Bezeichnung war hierfür der Begriff des »computer-assisted reporting« (Meyer 2002: 79) gebräuchlich, ein Begriff, der in der Zeit der Mainframe-Computer geprägt wurde, mit Verbreitung des Personal Computers in den 1980er Jahren jedoch zunehmend an Schärfe und Aussagekraft verloren hat.[56]

Ungeachtet der Frage, ob bzw. inwiefern der Datenjournalismus eine gänzlich neue Form der journalistischen Praxis darstellt, lassen sich spätestens seit 2009 Entwicklungen beobachten, die auf eine Konjunktur des Datenjournalismus hinweisen. Dies zeigt sich in den Bemühungen von national und international renommierten Tages- und Wochenzeitungen, datenjournalistische Formate in ihre Angebote zu integrieren.[57] Vorreiter hierfür waren vor allem die Tageszeitungen *The Guardian*

---

55 | Obwohl es viele Berührungspunkte und Überlappungen gibt, sind die Begriffe Database Journalism und Data-driven Journalism nicht gleichzusetzen. Der Fokus liegt hier vor allem auf dem Data-driven Journalism. Zum Database Journalism siehe exemplarisch Holovaty (2006).

56 | In der 2002 erschienenen vierten Auflage von *Precision Journalism* schreibt Meyer: »In a world where almost everything is computer assisted, that no longer means a lot« (Meyer 2002: 79). Die erste Auflage des Buchs ist bereits 1973 erschienen.

57 | Seit einigen Jahren unterhalten *The New York Times, The Guardian, Die Zeit* sowie andere Tages- und Wochenzeitungen speziellen Datenblogs, auf denen über

und *The New York Times*, welche sich unter anderem durch die interaktive Aufbereitung der von Wikileaks veröffentlichten Quellen über die Kriege in Afghanistan und im Irak hervorgetan haben (vgl. Matzat 2010). Ein wichtiger Bestandteil des Datenjournalismus ist neben der Berichterstattung auf Grundlage großer Informationssammlungen vor allem die Publikation von Originalquellen sowie die nutzerfreundliche Materialaufbereitung in interaktiven Visualisierungen. Hierdurch soll es den Nutzern dieser Angebote ermöglicht werden, Nachrichten nicht nur in Form von Artikeln oder Reportagen zu rezipieren, sondern sich selbst in den verfügbaren Ressourcen zu orientieren und diese zu erkunden (vgl. Rogers 2011).[58]

Wissen und Unwissen der Datenbank

Die Suche nach den Informationen respektive dem Wissen, das bei der Auswertung von Informationssammlungen entdeckt werden kann, gewinnt rasant an Bedeutung. Motiviert ist dies gleichermaßen durch den Wunsch, sich in der Fülle der verfügbaren Informationen zu orientieren, sowie durch die Hoffnung, dass die Analyse von immer mehr Informationen zu einem besseren Verständnis unserer physischen, biologischen, gesellschaftlichen und kulturellen Welt führen wird. Ein erfolgreiches Beispiel hierfür ist die Früherkennung von Epidemien und Pandemien durch das World Wide Web, für die das von der kanadischen Gesundheitsbehörde in Kooperation mit der Weltgesundheitsorganisation entwickelte *Global Public Health Intelligence Network* (GPHIN) ein Vorreiter gewesen ist (vgl. Mawudeku/Blench 2005).[59] Das GPHIN verfolgt eine Strategie, Risiken für die öffentliche Gesundheit zu entdecken, die quer zu den traditionellen Mechanismen der Erkennung globaler Gesundheitsrisiken liegt.[60] Der hierarchisch organisierte

---

die jeweiligen Bemühungen im Bereich des Datenjournalismus berichtet wird. Ein weiterer Indikator für die wachsende Aufmerksamkeit, die dem Datenjournalismus zuteil wird, sind die zahlreichen Workshops und Konferenzen, die zu diesem Thema durchgeführt werden. Ein Überblick über diese findet sich auf datadrivenjournalism. net.

58 | Einen guten und empfehlenswerten Einblick zu den Entwicklungen im Bereich des Datenjournalismus gibt die Dokumentation *Journalism in the Age of Data* von Geoff McGhee aus dem Jahr 2010, datajournalism.stanford.edu/ (zuletzt aufgerufen am 12.03.2013).

59 | Nach zweijähriger Entwicklungszeit wurde die erste Version von GPHIN seit 1999 eingesetzt. Im Jahr 2004 wurde dieses System von GPHIN II abgelöst (vgl. Burns 2006: 769; Mykhalovskiy/Weir 2006: 43f.).

60 | Etwas Ähnliches leisten die 2008 eingeführten Google-Dienste *Flu Trends* (www. google.org/flutrends/) und *Dengue Trends* (www.google.org/denguetrends/). Die Vorhersagen beruhen hierbei auf der Auswertung der Häufigkeit von Suchanfragen zu einem bestimmten Thema (vgl. Ginsberg et al. 2009: 1012f.). Die Möglichkeit, Grippeepidemien auf der Grundlage von Suchanfragen zu identifizieren, hat zuvor

Informationsfluss von lokalen Gesundheitsbehörden zu regionalen, nationalen und internationalen Gesundheitsorganisationen wird vom GPHIN umgangen, indem es Seuchenfrüherkennung nicht durch die Untersuchung von Patienten, sondern durch die systematische Suche im World Wide Web betreibt (vgl. Mawudeku/Blench 2005: i9f.; Blench/Proulx 2005: 4f.).[61] Seit 1999 beweist GPHIN, dass dem Mangel an offiziellen Gesundheitsinformationen der Überschuss an Informationen im Web produktiv gegenübergestellt werden kann. So warnte GPHIN bereits Ende 2002 vor einer ungewöhnlichen Atemwegskrankheit in China, mehrere Monate bevor die Weltgesundheitsorganisation eine offizielle SARS-Warnung herausgeben konnte (vgl. Blench/Proulx 2005: i8f.; Keller et al. 2009: 691). Bei GPHIN wusste man zwar nicht genau, um welche Krankheit es sich handelt, aber man wusste, dass etwas vor sich geht, was möglicherweise zu einem globalen Gesundheitsrisiko werden könnte.

Mit GPHIN wurde eine Möglichkeit gefunden, durch die Auswertung von im Web publizierten Berichten besser zu verstehen, was gegenwärtig in der Welt vor sich geht.[62] Im größeren Kontext der digitalen Medienkultur hat diese Errungenschaft jedoch auch ihre Kehrseite, welche besonders deutlich zutage tritt, wenn aus Informationssammlungen nicht nur neues Wissen über die Vergangenheit und Gegenwart abgeleitet werden soll, sondern auch über die Zukunft. Exemplarisch kann dies am versuchten Bombenanschlag auf eine Maschine der Northwest Airlines am 25. Dezember 2009 verdeutlicht werden. An diesem Tag schmuggelte der damals 23-jährige Nigerianer Umar Farouk Abdulmutallab eine Bombe an Bord des Fluges NWA 253, die er kurz vor Erreichen des Zielflughafens Detroit detonieren lassen wollte (vgl. Delta Airlines 2009). Nur durch eine Fehlfunktion des Sprengsatzes und das Eingreifen von Crew und Passagieren scheiterte der Anschlag.

Obwohl letztendlich vereitelt, sind die Ereignisse dieses Weihnachtstages dennoch von besonderer Signifikanz, da im Anschluss an das versuchte Attentat eine sicherheitspolitische Debatte losbrach, die vor allem um die Frage kreiste, wie es möglich war, dass Abdulmutallab überhaupt an Bord des Flugzeugs gelangen konnte (vgl. Lipton/Shane 2009). Vor allem die Geheimdienste standen in der Kritik. Nicht weil sie keine Informationen über die Verbindungen von Abdulmutallab zu

---

bereits Eysenbach (2006) beschrieben, der derartige Analyseverfahren als *Infodemiology* bezeichnet.

61 | Das GPHIN-System kombiniert automatische Suchroutinen mit menschlicher Expertise. Gefundene Berichte werden technisch akkumuliert und von Experten evaluiert, bevor Warnungen über Gesundheitsrisiken herausgegeben werden (vgl. Mawudeku/Blench 2005: i9f.). Die Überprüfung der Warnungen auf ihre Richtigkeit obliegt wiederum dem Global Outbreak Alert & Response Network (GOARN) der WHO (vgl. Mykhalovskiy/Weir 2006: 43).

62 | Auch für sogenannte Echtzeitanalysen bietet Google Dienste an, die hier exemplarisch genannt werden können: Google Trends (www.google.de/trends/) und Google Correlate (www.google.com/trends/ correlate); siehe hierzu Choi/Varian (2009) sowie Mohebbi et al. (2011).

terroristischen Gruppierungen und einen möglichen Anschlag hatten, sondern gerade weil sie über diese Informationen verfügten. Das Problem bestand darin, dass man nicht in der Lage war, die verschiedenen Informationen zum Bild eines Terroristen und zur Prognose eines möglichen Anschlags zusammenzuführen. Zu diesem Schluss kommt der offizielle Untersuchungsbericht des Weißen Hauses. Das Hauptproblem lag demzufolge bei den Geheimdiensten, die daran scheiterten, einen Zusammenhang zwischen den Informationen herzustellen: »[T]he CT [Counterterrorism, M.B.] community failed to connect the dots« (White House 2010).

Anders als es der Bericht nahelegt, ist die Ursache für dieses Scheitern jedoch nicht allein auf die Nachlässigkeit der Geheimdienste bei der Auswertung und Analyse von Informationen zurückzuführen, sondern auch auf den Überschuss an Informationen, welcher die menschlichen Verarbeitungskapazitäten übersteigt und damit nur noch computergestützten Analysemethoden zugänglich ist. Diese Verfahren beruhen auf Algorithmen, die Informationsbestände gemäß bestimmter Regeln automatisch interpretieren. Hierauf gründen gleichermaßen die Chancen und Risiken der computergestützten Auswertung von Informationen. Algorithmen analysieren Informationssammlungen nach einem vorgegebenen Muster, wodurch diese in einen bestimmten Bedeutungskontext gestellt werden.

Abb. 24: Neun-Punkte-Problem

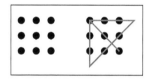

Um in Informationssammlungen Zusammenhänge zu erkennen und denselben Informationen einen neuen Sinn zu entlocken, ist es jedoch notwendig, mit einem bestimmten, vorgegebenen Kontext oder Rahmen zu brechen. Auf einfache Weise lässt sich dies an dem Neun-Punkte-Problem verdeutlichen, bei dem neun im Quadrat angeordnete Punkte durch vier Geraden miteinander verbunden werden sollen. Dieses Puzzle lässt sich nur dann lösen, wenn die Linien über die Grenzen des Quadrats hinaus gezogen werden, weshalb das Neun-Punkte-Problem als Sinnbild für die im englischen geläufige Redewendung »*thinking outside the box*« dient. Hieran scheitern Algorithmen, da sie nur im Rahmen ihrer eigenen Funktionslogik operieren können.

Auch wenn die Möglichkeit, dass die Zukunft mithilfe avancierter Computertechnologien vorhergesagt werden kann, einen beliebten Topos der Populärkultur darstellt, ist dies noch immer weitgehend Science Fiction. Daher wird man sich unter den Bedingungen der sicherheitspolitisch motivierten Zunahme an Überwachung künftig vermehrt mit dem Problem konfrontiert sehen, dass sich Ereignisse wie Terroranschläge schon immer in den Daten angekündigt haben werden. Das Wissen der Datenbank ist hierbei ein Wissen post Faktum im Konjunktiv II:

Man hätte es im Vorhinein wissen können. Damit ist eine Grenze der Auswertungsmöglichkeiten von Informationssammlungen benannt, die sich in Zukunft verschieben, aber wohl nie gänzlich verschwinden wird, da Computerprogramme stets nur »*inside their box*« operieren können.

Die diskutierten Möglichkeiten und Grenzen des Entdeckens von neuem Wissen in bereits bekannten Informationen führen zurück zu der bereits erwähnten Debatte über das beginnende Ende der Theorie unter den Bedingungen von Big Data. Dass Andersons These – die hypothesen- und theoriegeleitete Forschung werde durch die algorithmische Suche nach Korrelationen in großen Datenbeständen abgelöst – umstritten ist, wurde bereits erwähnt. Zugleich kommt der Korrelationsanalyse und anderen Data Mining-Verfahren gegenwärtig eine zunehmende Bedeutung zu. Daher argumentieren Viktor Mayer-Schönberger und Kenneth Cukier in ihrem Buch *Big Data: A Revolution That Will Transform How We Live, Work and Think*, dass das Fragen nach Kausalität im Vergleich zur Suche nach Korrelationen aktuell an Bedeutung verliert. Wichtiger als das *knowing why* (Kausalität) wird ihres Erachtens das *knowing what* (Korrelation): »Knowing *what*, not *why*, is good enough« (Mayer-Schönberger/Cukier 2013: 52).[63]

Die Gegenüberstellung von Kausalität und Korrelation birgt die Gefahr, dass man beide als sich wechselseitig ausschließende Erkenntnismodi begreift. Dies ist jedoch nicht der Fall, denn Korrelationen nehmen in der natur- und sozialwissenschaftlichen Forschungspraxis schon lange eine wichtige Rolle ein. Kurzum: Korrelationen stehen nicht in Widerspruch zur Frage nach Kausalität und wissenschaftlicher Theoriebildung. Hierauf weisen auch Mayer-Schönberger und Cukier hin (vgl. 2013: 67f.). Was ist dann jedoch das spezifisch Neue an der Wissensproduktion im Zeitalter von Big Data? Für Mayer-Schönberger und Cukier besteht dies in der Rolle, die Analyseprogramme oder Algorithmen bei Suche nach Korrelationen einnehmen, welche in großen Informationsbeständen automatisch Zusammenhänge zwischen Variablen entdecken können (vgl. Mayer-Schönberger/ Cukier 2013: 54ff.). Infolgedessen gehe das Finden von Korrelationen der wissenschaftlichen Hypothesen- und Theoriebildung voraus (Mayer-Schönberger/Cukier 2013: 55). Diese Behauptung ist insofern problematisch, als dass nahegelegt wird, dass Big Data-Auswertungsverfahren unbedingt und voraussetzungslos – oder in anderen Worten: theorie- und hypothesenfrei Zusammenhänge in Datensätzen entdecken können.

---

63 | Es ist bemerkenswert, dass Mayer-Schönberger und Cukier fast ausschließlich Beispiele aus ökonomischen Kontexten erwähnen, um ihre Diagnose zu untermauern: »Knowing why might be pleasant, but it's unimportant for stimulating sales. Knowing what, however, drives clicks. This insight has the power to reshape many industries, not just e-commerce« (Mayer-Schönberger/Cukier 2013: 52). Daher ist zu fragen, inwieweit der Korrelationsanalyse auch in den Wissenschaften eine größere Bedeutung zukommt als dem Fragen nach Kausalität.

Wie am Beispiel des Neun-Punkte-Problems gezeigt wurde, sind dem automatischen Entdecken von Zusammenhängen mit spezifischen Auswertungsverfahren jedoch stets Grenzen gesetzt. Daher gilt es zu fragen, welche Auswertungsverfahren aus welchen Gründen auf welche Datenbestände angewandt werden und wie die entdeckten Korrelationen interpretiert, verifiziert und nicht zuletzt theoretisiert werden. So mögen Algorithmen überraschende, d.h. nicht durch Hypothesen vorhergesagte Zusammenhänge zwischen spezifischen Variablen freilegen können, dass aber mit bestimmten Verfahren in bestimmten Datensätzen Korrelationen entdeckt werden können, bedarf eines Vorwissens, welches sich in die Auswertung einschreibt und die Interpretation der Ergebnisse bedingt. Es handelt sich, wenn man so will, um prozedurale Hypothesen, die von thematischen Hypothesen zu unterscheiden sind.[64] Während thematische Hypothesen einen Zusammenhang zwischen spezifischen Variablen behaupten, beruhen prozedurale Hypothesen auf der Annahme, dass mit spezifischen Verfahren bestimmte Zusammenhänge entdeckt werden können. Insofern markiert Big Data nicht den Anbruch einer Ära theorie- und hypothesenfreier Forschung. Vorläufig könnte zumindest eine zunehmende Verdrängung thematischer Hypothesen durch prozedurale Hypothesen diagnostiziert werden, welche der Analyse vorausgehen und sie anleiten. Diese prozeduralen Hypothesen sind den Auswertungsverfahren bislang weitgehend implizit. Aufgabe künftiger medientheoretischer Analysen von Big Data ist es daher, diese impliziten Annahmen zu explizieren.

Visuelles Erkunden mit Informationsvisualisierungen

Ziel der Auswertung von Datenbanken ist es Manovich zufolge, ein Verständnis von Informationssammlungen zu entwickeln sowie Muster und Zusammenhänge darin zu entdecken, »[to] understand the ›shape‹ of [the] overall collection and notice interesting patter[n]s« (Manovich 2011). Von zentraler Bedeutung sind die im Data Mining angewandten mathematischen Analyseverfahren. Fayyad et al. nennen sechs Methoden, die typischerweise zum Einsatz kommen: Klassifikation, Clusterbildung, Regression, Assoziationsanalyse, Anomalieerkennung und die Zusammenfassung respektive Verdichtung (vgl. Fayyad et al. 1996: 44f.). Obwohl es sich hierbei um automatische Auswertungsverfahren handelt, führen diese nicht

---

64 | Dieser Unterscheidungsvorschlag lehnt sich lose an Herbert A. Simons Unterscheidung von substanzieller und prozeduraler Rationalität an, die dieser im Kontext seiner Diskussion ökonomischer Theorien einführt. Verhalten beruht Simon zufolge auf substanzieller Rationalität, »when it is appropriate to the achievement of given goals within the limits imposed by given conditions and constraints« (Simon 1976: 131). Bei prozeduraler Rationalität stehen demgegenüber die Problemlösungsverfahren im Vordergrund: »From a procedural standpoint, our interest would lie not in the problem solution – the prescribed diet itself – but in the method used to discover it« (Simon 1976: 132).

zwingend zu neuen und gültigen Erkenntnissen. Die Ergebnisse des Data Mining bedürfen vielmehr der Beurteilung eines Interpreten. In diesem Sinn stellt das Data Mining den Versuch dar, in der für Menschen unverständlichen Gesamtmenge von Informationen Muster zu finden, die dem menschlichen Interpretationsvermögen zugänglich sind (vgl. Fayyad et al. 1996: 44). Einem ähnlichen Zweck dient die computergestützte Information Visualization. Dieser Ende der 1980er Jahre von Forschern am *Xerox Palo Alto Research Center* (Xerox PARC) geprägte Begriff bezeichnet einen Forschungszweig sowie eine mediale Praxis, die sich komplementär zu den mathematischen Analyseverfahren des Data Mining verhält (vgl. Mazza 2009: 8). Von der Visualisierung von Informationssammlungen mithilfe leistungsfähiger Computersysteme wird erwartet, dass sie dazu beitragen kann, das Problem der *Data Deluge* zu lösen (Fry 2008: 1).[65] Information Visualization erscheint als geeignetes Mittel, um nicht in der Datenintflut unterzugehen, sondern sich die verfügbaren Daten effektiv zunutze zu machen, indem man sie für Verstehen und Verständnis aufschließt: »Perhaps one of the best tools for identifying meaningful correlations and exploring them as a way to develop new models and theories, is computer-aided visualization of data« (Bollier 2010: 9).

Im Prozess der Visualisierung wird die Unanschaulichkeit, Unübersichtlichkeit und Unverständlichkeit von großen Informationssammlungen in die Anschaulichkeit, Übersichtlichkeit und Verständlichkeit von statischen oder interaktiven Schaubildern, Infografiken, Karten etc., d.h. von Diagrammen übersetzt. Hierdurch sollen die Informations- und Erkenntnispotenziale aktualisiert werden, die in den digitalen Informationsbeständen ruhen. Dieses Vermögen von Informationsvisualisierungen begründet Ben Fry wie folgt:

»The visualization of information gains its importance for its ability to help us ›see‹ things not previously understood in abstract data. It is both a perceptual issue, that the human brain is so wired for understanding visual stimuli but extends to the notion that our limited mental capacity is aided by methods for ›externalizing‹ cognition.« (Fry 2004: 33)

Indem Informationen in visuelle Reize übersetzt werden, wird das Denken Fry zufolge externalisiert. Ein ähnliches Argument bringt auch Ben Shneiderman vor, der das Leistungsvermögen der Informationsvisualisierung wie folgt fasst: »The process of information visualization is to take data available to many people and to enable users to gain insights that lead to significant discoveries« (Shneiderman 2006: VIII).

Neben einer Erkenntnisfunktion erfüllen Informationsvisualisierungen jedoch auch eine kommunikative Funktion. Hierauf weist der Schwede Hans Rosling, Pro-

---

65 | Ein Überblick über aktuelle Entwicklungen im Bereich der Informationsvisualisierung sowie vielfältige Beispiel für Visualisierungen finden sich auf den Webseiten *Information is Beautiful* (www.informationisbeautiful.net/), *Information Aesthetics* (infosthetics.com/) und *Visual Complexity* (www.visualcomplexity.com/vc/).

fessor für Internationale Gesundheit und eine der schillerndsten Figuren im Feld der Information Visualization, hin: »If the story in the numbers is told by a beautiful and clever image, then everybody understands«.[66] Visualisierungen sind demzufolge nicht nur Mittel des Forschens oder Erkennens, sondern auch Ausdrucksmittel von Erkenntnissen, die sich durch ihre leichte Verstehbarkeit und intuitive Nachvollziehbarkeit auszeichnen. Die Erkenntnisfunktion und die Kommunikationsfunktion von Informationsvisualisierungen stehen jedoch in einem problematischen Spannungsverhältnis zueinander, was im Folgenden dargelegt werden soll.

Einen wertvollen Ausgangspunkt eröffnet hierfür die Zeichentheorie von Charles Sanders Peirce. Bereits im Übergang vom 19. zum 20. Jahrhundert hat Peirce das Erkenntnispotenzial von Visualisierungen erkannt und im Rahmen seiner Zeichentheorie erörtert. Jedoch gebraucht Peirce (noch) nicht den Begriff der Visualisierung; er spricht vielmehr von Diagrammen, die er neben Bildern und Metaphern der Klasse der Bildzeichen zuordnet.[67] Da die Begriffe des Diagramms und der Informationsvisualisierung in aktuellen Debatten mitunter sehr heterogen gebraucht werden, sollten diese nicht ohne Weiteres gleichgesetzt werden (vgl. Wentz 2013: 202f.). Für die Auseinandersetzung mit Informationsvisualisierungen wird es sich jedoch als fruchtbar erweisen, diese als einen Typus diagrammatischer Darstellungsformen im Sinne von Peirce zu verstehen.

Die Besonderheit der Bildzeichen – d.h. von Bildern, Diagrammen und Metaphern – im Unterschied zu symbolischen und indexikalischen Zeichen ist nach Ansicht von Peirce, dass man aus deren Betrachtung – oder zumindest aus der Auseinandersetzung mit diesen – mehr Informationen über das Zeichenobjekt herausfinden kann, als in die Konstruktion des Zeichens hineingeflossen sind: »For a great distinguishing property of the icon is that by the direct observation of it other truths concerning its object can be discovered than those which suffice to determine its construction« (Peirce 1960: 2.279).[68] Auf paradigmatische Weise tritt dies an Diagrammen zutage, die im Unterschied zu Bildern und Metaphern nicht Qualitäten von Objekten zur Darstellung bringen (Bilder) oder Ähnlichkeiten zwischen Objekten herstellen (Metaphern), sondern Relationen zeigen. Diagramme sind Zeichen, die Strukturen, Funktionslogiken und Ereignisfolgen anschaulich machen. Ihre Besonderheit besteht darin, im Prozess der Veranschaulichung Möglichkeiten zur Rekonfiguration der diagrammatischen Zeichenkonstellation zu geben (vgl. Bauer/Ernst 2010: 46). Sie eröffnen ein Möglichkeitsfeld für Variationen,

---

66 | Dies artikuliert Rosling in der 2010 produzierten Dokumentation *The Joy of Stats* (Hillmann 2010: 00:23:55).

67 | Die folgende Darstellung der peirceschen Diagrammatik orientiert sich an den Rekonstruktionen von Frederik Stjernfelt (2000) sowie von Matthias Bauer und Christoph Ernst (2010).

68 | Die *Collected Papers* von Peirce werden wie üblich in Dezimalnotation zitiert.

die im externalisierten Gedankenexperiment durchgespielt werden können.[69]
Hierin liegt ihr Erkenntnispotenzial begründet.

Abb. 25: Beweis des Satz des Pythagoras

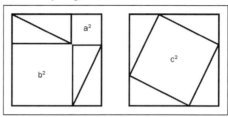

Quelle: Stjernfelt 2000: 369

Die aus Diagrammen ableitbaren Folgerungen sind Peirce zufolge deduktiv, d.h.
es sind notwendige Schlüsse, deren Wahrheit sich im Diagramm zeigt.[70] Dies
unterscheidet Diagramme grundlegend von den beiden anderen Arten von Bildzeichen: »It is, therefore, a very extraordinary feature of Diagrams that they *show*,
– as literally *show* as a Percept shows the Perceptual Judgment to be true« (Peirce
1976: 318). Diagramme sind demzufolge Figurationen, an denen sich notwendiges
Denken vollziehen kann, weil sie die Konsequenzen der Schlussfolgerungen evident
vor Augen führen und dadurch deren Richtigkeit beweisen. Als Beispiel führt
der Diagrammatikforscher Frederik Stjernfelt die Möglichkeit an, den Satz des
Pythagoras zu beweisen, indem vier gleichförmige Dreiecke auf unterschiedliche
Weisen in einem Quadrat angeordnet werden. Aus dem Vergleich der Anordnung
der Dreiecke im linken und im rechten Quadrat wird deutlich, dass der Fläche von
c2 die Summe der Flächen von a2 und b2 entsprechen muss (vgl. Stjernfelt 2000:
369f.).

---

69 | Auch Stjernfelt spricht in diesem Zusammenhang von *Gedankenexperimenten*,
in denen sich diagrammatisches Denken vollzieht (vgl. 2000: 369f.). In diesem
Zusammenhang ist es wichtig darauf hinzuweisen, dass dieses Denken Peirce
zufolge keine materialisierten Diagramme voraussetzt. Aus diesem Grund insis-
tieren Bauer und Ernst darauf, das Forschungsfeld der Diagrammatik nicht auf
Diagramme im engen Sinn von spezifischen verkörperten Bildzeichen zu begrenzen
(vgl. 2010: 20f.). Für die Auseinandersetzung mit Informationsvisualisierungen
ist hingegen die Möglichkeit der Externalisierung von Gedankenexperimenten von
zentraler Bedeutung. Derartige Experimente sind aus dem Kontext der Wahlbe-
richterstattung wohlbekannt. Die Sitzverteilung im Parlament wird zumeist als
Kreisdiagramm oder Halbkreisdiagramm dargestellt. Anhand dieser Diagramme
werden Parteienkonstellationen für mögliche Koalitionen durchgespielt.

70 | Dieser Aspekt ist von zentraler Bedeutung, wie Stjernfelt (2000: 369) und
Bauer/Ernst (2010: 65f.) in ihren Rekonstruktionen der peirceschen Diagrammatik
gleichermaßen herausstellen.

Diagramme sind Denkfiguren im buchstäblichen Sinn. An ihnen können in einem Prozess des sehenden Denkens notwendige Schlüsse vollzogen werden.[71] Daher steht die Deduktion im Zentrum des diagrammatischen Folgerns. Für sich allein genommen sind die an Diagrammen vollzogenen Denkoperationen rein formal. Sie geben keine Erkenntnisse über etwas anderes als über die Diagramme selbst preis. Visualisierungen beziehen sich jedoch auf Informationsbestände, die darüber hinaus zumeist auf ein Anderes Bezug nehmen, d.h. über etwas informieren. Infolgedessen steht nicht allein in Frage, welche Schlüsse aus Diagrammen gezogen werden können, sondern auch, ob durch ein Diagramm das Viele – in dem es sich zu orientieren gilt – auf adäquate Weise zur Darstellung kommt. Daher ist das diagrammatische Deduzieren nicht losgelöst von den abduktiven Hypothesenbildungen und induktiven Tests zu betrachten, in die das Denken an Diagrammen eingebettet ist (vgl. Bauer/Ernst 2010: 66f.). Diagrammatische Operationen vollziehen sich, wie Stjernfelt in seinen an Peirce anschließenden Überlegungen feststellt, in einem Regelkreis aus Abduktion, Deduktion und Induktion, weshalb dieses Denken im Erraten, Folgern und Überprüfen von Relationen und Zusammenhängen besteht (vgl. Stjernfelt 2000: 374).

Das Erstellen eines Diagramms gleicht einem Akt des abduktiven Ratens, der darin zum Ausdruck kommt, welche Zusammenhänge auf welche Weise veranschaulicht werden. Auf Grundlage dessen sind deduktive Schlüsse möglich, die wiederum induktiv am Referenzobjekt des Diagramms, d.h. an der Informationssammlung respektive einer wie auch immer gearteten Wirklichkeit überprüft werden müssen. Notwendig ist diese Überprüfung nicht zuletzt deshalb, weil sich die möglichen Folgerungen aus dem Typ des Diagramms ergeben, d.h. aus der Art und Weise, wie die Relationen, Strukturen oder Prozesse dargestellt werden, sowie aus der Syntax der erlaubten Transformationen des Diagramms und nicht aus den bezeichneten Zusammenhängen. Insofern ist es gleich*gültig*, aber nicht gleich*bedeutend*, ob man in einem Kreisdiagramm die Verteilung von Parlamentssitzen oder die Verteilung von Todesursachen veranschaulicht, da sich an dem Diagrammtyp Kreisdiagramm stets dieselben deduktiven Transformationen durchführen lassen.[72] Der Typus konkreter Diagramme legt ihre Interpreten darauf fest,

---

71 | Mersch vertritt die Meinung, »dass alle diagrammatischen Visualisierungen, insbesondere aber Graphen, um interpretiert werden zu können, der Konventionalität und Regelhaftigkeit bedürfen. Keine Wissenschaftsvisualisierung kommt ohne Legende oder diskursiven Kommentar aus. Nicht nur verweisen Schrift und Bild im Diagrammatischen aufeinander, sondern die Diagrammatik selber erfordert den Text, der sie deutbar macht« (Mersch 2006c: 108). Im Anschluss hieran wäre zu fragen, ob die Regeln des deduktiven Folgerns mit Diagrammen ebenso auf Konventionen beruhen oder ob diese Diagrammen immanent sind. Eine Diskussion dieser weitreichenden Frage kann an dieser Stelle nicht geleistet werden.

72 | Sicherlich sind die Konsequenzen andere, die man aus diesen Schlüssen zieht, aber die deduktiven Folgerungen sind dieselben.

was sie an und mit diesen folgern können und damit auch, welche Erkenntnisse sie von diesen ableiten können.

Auf einen Begriffsvorschlag von Riemann rekurrierend, den sich auch Deleuze zueigen macht, können Diagramme als Mannigfaltigkeiten begriffen werden, welche eine dem »Vielen als solchem eigene Organisation« (Deleuze 1992a: 233) darstellen. Durch seine Bestimmung des Begriffs der Mannigfaltigkeit hat Riemann die Geometrie in der zweiten Hälfte des 19. Jahrhunderts vom Kopf auf die Füße gestellt. Hatte man bis dahin den Raum bei der Beschreibung geometrischer Objekte als transzendentale Größe vorausgesetzt, macht sich Riemann dafür stark, Raum als eine geometrischen Objekten immanente Größe zu begreifen. Riemann zufolge können Objekte in Abgrenzung zur euklidischen Geometrie als Mannigfaltigkeiten verstanden werden, die nicht in Relation auf einen sie umgebenden und ihnen vorausgehenden Raum beschrieben werden. Geometrische Objekte werden vielmehr auf die ihnen innewohnende Räumlichkeit hin befragt. Jede Mannigfaltigkeit spannt demzufolge einen Raum auf und entfaltet dabei ihre eigenen Gesetzmäßigkeiten (vgl. Riemann 1990 [1854]).[73]

Diese Eigenschaft wohnt auch diagrammatischen Darstellungsformen inne, die ihre Interpreten aus sich heraus auf eine Weltsicht festlegen, indem sie nur bestimmte Zusammenhänge, Relationen und Strukturen zur Darstellung bringen, an denen zudem nur spezifische Schlussfolgerungen vollzogen werden können. Hierauf hat Franco Moretti in Bezug auf die literaturwissenschaftliche Orientierung an Nationalliteraturen hingewiesen, welche seines Erachtens auf einem Denken in Baum-

---

strukturen basiert. Von dieser Denkform ist die Beschäftigung mit Weltliteratur zu unterscheiden, die sich an der Denkfigur der Welle orientiert: »The tree describes the passage from unity to diversity: one tree with many branches [...]. The wave is the opposite: it observes uniformity engulfing an initial diversity« (Moretti 2000: 67).[74] Das Beispiel Morettis kann zu der Feststellung verallgemeinert werden, dass Diagramme, indem sie etwas zum Vorschein bringen, zugleich etwas verdecken. Sie verbergen die Kontingenz der ihnen immanenten Weltsicht. Oder anders formuliert: Diagramme machen stets nur bestimmte Zusammenhänge ersichtlich, aber gerade dies können sie nicht zeigen. Sie können in den Worten Dieter Merschs »*die Modalitäten ihres Zeigens nicht mitzeigen* – sie verweigern die Sichtbarmachung ihrer Sichtbarmachung« (Mersch 2007: 64).

Diesem Problem wird im Kontext der computergestützten Informationsvisualisierung indirekt begegnet, insofern die Visualisierungspraxis nicht allein auf die Erstellung partikularer Diagramme abzielt, sondern auch auf die Entwicklung von generischen Visualisierungsanwendungen, welche es ihren Nutzern ermöglichen sollen, Informationen selbstständig in Diagrammen zu veranschaulichen und sie hierdurch zu erkunden. Information Visualization weist demzufolge über die in einer diagrammatischen Darstellung liegenden Möglichkeiten hinaus in Richtung des gesamten Prozesses der abduktiven Erstellung von Visualisierungen, der deduktiven Ableitung von Folgerungen an Visualisierungen und der induktiven Überprüfung dieser Schlüsse. Die Visualisierungssoftware wird als Schnittstelle zur Erkundung von Informationsbeständen begriffen, deren Möglichkeiten über die statischer Diagramme hinausgeht, da sie, wie Shneiderman anführt, die interaktive Einnahme unterschiedlicher Sichtweisen und Perspektiven auf Informationssammlungen ermöglicht:

»[A] great benefit of computing environments is the opportunity for users to rapidly revise the presentation to suit their tasks. Users can quickly change the rules governing proximity, linking, color, size, shape, texture, rotation, marking, blinking, color shifts and movements. In addition, zooming in or clicking on specific items to get greater detail increases the possibilities for designers and users [...]. A picture is often said to be worth a thousand words. Similarly, an interface is worth a thousand pictures.« (Shneiderman 2003: 373)

---

74 | Hintergrund der Gegenüberstellung von Bäumen und Wellen als zwei unterschiedlichen Denkformen bzw. -figuren ist Morettis eigenes Bestreben, Literatur nicht mehr nur auf der Ebene von Nationalliteraturen, sondern auf einem globalen Niveau zu analysieren. Er ist jedoch weit davon entfernt, das eine gegen das andere zu stellen: »Cultural history is made of trees and waves [...]. And as world culture oscillates between the two mechanisms, its products are inevitably composite ones« (Moretti 2000: 67).

Der von Shneiderman herangezogene Vergleich ist jedoch schief, denn Worte stehen zu Bildern nicht im selben Verhältnis wie Bilder – oder genauer Diagramme – zu Interfaces. Das Visualisierungsinterface stellt keine Alternative zu diagrammatischen Darstellungen dar, sondern eröffnet vielfältige Möglichkeiten zur Erstellung und Handhabung von zahllosen Visualisierungen.[75] Es ist ein Mittel zur Erkundung von Zusammenhängen, Mustern und Strukturen in Informationsressourcen. Dies lässt sich am Beispiel der *Gapminder World*-Software verdeutlichen, die auf Initiative von Hans Rosling von der Stiftung Gapminder entwickelt wurde (vgl. Gapminder).[76] Das Ziel der Software ist, verbreitete Mythen durch eine faktenbasierte Weltsicht zu entlarven: »Fighting the most devastating myths by building a fact-based world view that everyone understands« (Gapminder).[77]

In *Gapminder World* sind die Daten von über 500 statistischen Indikatoren integriert, wie z.B. die Entwicklung der durchschnittlichen Lebenserwartung oder des Durchschnittseinkommens in einzelnen Ländern.[78] Diese statistischen Informationen können in animierter Form als Blasendiagramme oder auf einer Landkarte visualisiert werden. Die Möglichkeiten zur Erkundung der Informationsressourcen beschränken sich auf diese beiden Darstellungsformen. Variieren lassen sich ebenso die statistischen Indikatoren, deren Relation zueinander man über die Zeit hinweg betrachten kann, wie die Variable, auf die sich die Größe der Blase bezieht, sowie die Farbkodierung der Blasen.

Die kombinatorischen Möglichkeiten, die dies dem Nutzer eröffnet, sind enorm. Daher bleibt es dem Anwender der Software überlassen, sich diese zunutze zu machen und in den verfügbaren Informationen signifikante Zusammenhänge zu entdecken und Erklärungen für diese zu finden. Eben dies erfordert jedoch einen bestimmten Umgang mit den Visualisierungen sowie den zugrunde gelegten Daten. Um mithilfe von *Gapminder World* zu einer *faktenbasierten Weltsicht* zu gelangen, ist die alleinige Betrachtung einzelner Visualisierungen nicht hinreichend. Die am Interface erscheinenden Diagramme sind nur ein Bestandteil des Prozesses der Formulierung und Überprüfung von Hypothesen und Gegenhypothesen, bei dem bedeutsame Aspekte und Zusammenhänge von weniger bedeutsamen unterschieden

---

75 | Bemerkenswert ist zudem die Geschichte des Sprichworts »Ein Bild sagt mehr als tausend Worte«. Es handelt sich dabei keineswegs um ein altes chinesisches Sprichwort. Vielmehr entstammt es der Feder des Werbetexters Frederick Barnard, der das Sprichwort am 10. März 1927 in dem Branchenblatt Printer's Ink prägte, um das Werben mit Bildern zu bewerben (vgl. Safire 1996). Diese Geschichte kann als Indiz für den problematischen Status von Bildern als Erkenntnismitteln dienen.

76 | Siehe hierzu die Webseite der Stiftung, www.gapminder.org (zuletzt aufgerufen am 10.02.2012).

77 | Weitere Beispiele für Visualisierungssoftware sind Tableau Public (www.tableausoftware.com/public) und Gephi (gephi.org/).

78 | Ein Überblick über die in *Gapminder World* integrierten Datensätze findet sich online, www.gapminder.org/data/ (zuletzt aufgerufen am 16.06.2013).

und unterschiedliche Perspektiven oder Interpretationen gegeneinander abgewogen werden müssen.[79] Daher erfordert die Visualisierungssoftware *Gapminder World* von ihren Nutzern eine (quasi-)wissenschaftliche Einstellung. Oder anders formuliert: Die Software verkörpert den Nutzer als forschendes Subjekt.

Abb. 26: Erläuterung des Gapminder World-Interfaces

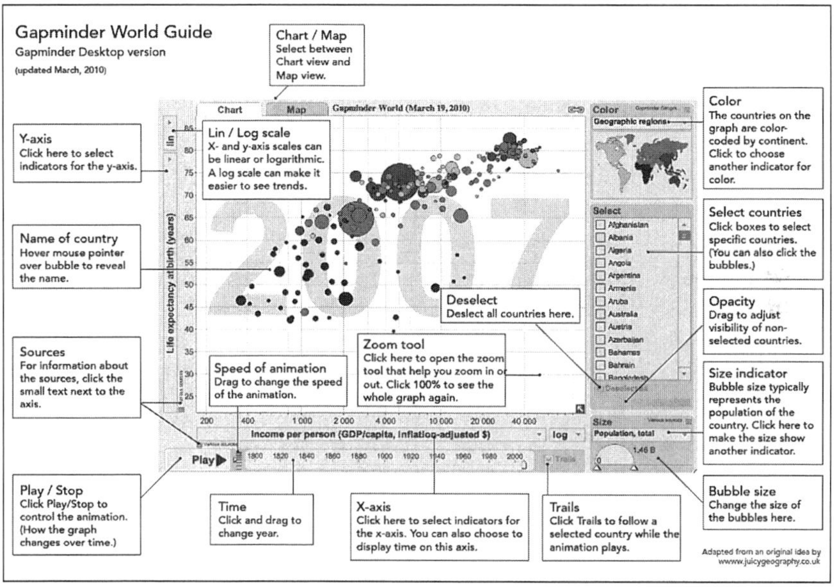

Quelle: Gapminder 2010

Wie eingangs in Rekurs auf Rosling festgestellt wurde, erfüllen Informationsvisualisierungen nicht nur eine Erkenntnis-, sondern auch eine Kommunikationsfunktion. Vor allem dies stellt Rosling in seinen populären Vorträgen mit der Visualisierungssoftware zur Schau. Dabei steht die Frage, wie man mithilfe von *Gapminder World* zu neuartigen Erkenntnissen gelangen kann, im Hintergrund. Anhand der Visualisierungssoftware präsentiert Rosling vielmehr eine Erkenntnis, für die ihm eine Visualisierung als Beleg dient. So veranschaulicht er beispielsweise den Zusammenhang zwischen dem Wohlstand von Menschen – bemessen am durchschnittlichen Pro-Kopf-Einkommen in Ländern – und ihrer statistischen

---

79 | Wie David McCandless mit verschiedenen Visualisierungen des Verteidigungsbudgets unterschiedlicher Länder zeigt, ist eine der zentralen Fragen, ob absolute oder relative Größen zugrunde gelegt werden. So haben die USA im Jahr 2010 im weltweiten Vergleich zwar die größte Summe für Verteidigung aufgewendet. Relativ zum Bruttoinlandsprodukt war jedoch Myanmar Spitzenreiter (vgl. McCandless 2010).

Lebenserwartung (vgl. Rosling 2010).[80] Gezeigt wird hierbei, dass die durch-schnittliche Lebenserwartung von Menschen mit dem gesellschaftlichen Wohl-standsniveau steigt. Die Visualisierung dieses Zusammenhangs in dem animierten Blasendiagramm von *Gapminder World* macht dies auf einfache und evidente Weise deutlich. Ob die Abhängigkeit der Lebenserwartung vom gesellschaftlichen Wohl-stand hinsichtlich anderer Indikatoren zu relativieren ist, das kann man dem Dia-gramm allein jedoch nicht entnehmen.

Das Erkunden von Informationsressourcen mithilfe von Visualisierungen und die Kommunikation von Erkenntnissen durch Visualisierungen situiert diese in unterschiedlichen medialen Praktiken. Ist das Erkenntnispotenzial der Information Visualization in den Prozess der Visualisierung eingebettet – d.h. in den Prozess der abduktiven Erstellung, deduktiven Ableitung und induktiven Überprüfung von Visualisierungen, wie im Rekurs auf die peircesche Diagrammatik dargelegt wurde – so basiert das kommunikative Potenzial auf dem Resultat dieses Prozesses, nämlich der medialen Konstellation (Diagramm), dem eine bestimmte Gültigkeit zugesprochen wird. Als Beleg für die Richtigkeit des dargestellten Zusammenhangs ist ein Diagramm nicht hinreichend. Es bedarf, wie Mersch herausstellt, des sprach-lichen Diskurses, der den Evidenzcharakter der Visualisierung begründet: »Das Bild beglaubigt sich allein durch den Text, und Evidenz existiert nur, wo Gründe gegeben sind, die sie als solche rechtfertigen« (Mersch 2005: 327).[81]

Aber dies wird beim kommunikativen Gebrauch von Informationsvisuali-sierungen tendenziell verdeckt, wenn der Prozess der Information Visualization nicht mitreflektiert wird. Dann scheint es, als könnten Visualisierungen selbst ver-bürgen, dass die im Diagramm erscheinenden Zusammenhänge ein Korrelat in der Wirklichkeit haben bzw. reale Sachverhalte adäquat abbilden. Hierin besteht der suggestive Selbstevidenzcharakter technischer Bilder, welche vermeintlich »das Ideal einer ›nichtintervenierenden‹ Objektivität« (Mersch 2005: 332) realisieren.

---

80 | Dieses Beispiel ist paradigmatisch, da es als Standardvisualisierung dient, die beim Öffnen der Software *Gapminder World* angezeigt wird.

81 | Bereits in den 1980er Jahren hat der Bildwissenschaftler Ernst H. Gombrich auf einen weiteren Aspekt der Beglaubigung wissenschaftlicher Bilder hingewiesen. Seines Erachtens ermöglichen es technische Bilder, »eine Unzahl von Fragen zu beantworten – allerdings immer unter der Voraussetzung, daß die technischen Spezi-fikationen des Instruments, Vergrößerung, Auflösevermögen usw., genau bekannt sind« (Gombrich 1984: 242). Gombrichs Fokus galt repräsentativen Bildern, aus deren Darstellung man Eigenschaften über das dargestellte Objekt rekonstruieren kann, sofern die Herstellungsbedingungen des Bildes bekannt sind. Gerade dies erweist sich bei Informationsvisualisierungen problematisch, da das dargestellte Objekt im Zuge der Visualisierung mitkonstituiert wird. Dennoch erweist sich das Wissen über die angewandten Visualisierungsverfahren sowie über die zugrunde gelegten Daten als notwendig, um Informationsvisualisierungen kritisch bewerten zu können.

Verstärkt wird diese Suggestion selbstevidenter Bezeugung sowohl ästhetisch als auch diskursiv. So weist Mersch kritisch darauf hin, dass Visualisierungen häufig an referenzielle Bildformen, wie z.b. Fotografien »angeähnelt« (Mersch 2006c: 110) werden. Auf der diskursiven Ebene wird der suggestive Selbstevidenzcharakter von Visualisierungen wiederum durch den argumentativen Stellenwert zementiert, der diesen zuerkannt wird.[82] Hieran wird deutlich, dass das Erkunden von Informationssammlungen mit Visualisierungen und die Präsentation von Zusammenhängen in Visualisierungen in einem Spannungsverhältnis zueinander stehen. Für die Information Visualization erweist sich dies insofern als problematisch, als diese gleichermaßen verspricht, Erkenntnis- und Kommunikationsmittel zu sein.

Das Potenzial von Visualisierungen, Orientierung im Vielen digitaler Informationssammlungen herstellen zu können, soll hierdurch nicht grundsätzlich infrage gestellt werden. Vielmehr gilt es anzuerkennen, dass Informationsvisualisierungen weder neutrale noch selbstevidente Mittel sind. Die Anordnung von Informationen in diagrammatischen Strukturen entspringt nie aus der Datenbank selbst. Das Diagramm bzw. der Diagrammtypus gibt ein Ordnungsmuster vor, nach dem die Datenbankinformationen arrangiert werden. Dies ist stets zu bedenken. Insbesondere dann, wenn das Visuelle, wie Mersch herausstellt, nicht umhin kann, »als [...] die Evidenz einer Wirklichkeit zu suggerieren« (Mersch 2005: 341).

Hieran wird erneut deutlich, dass sich an die unterschiedlichen, in diesem Kapitel diskutierten medialen Praktiken mit Datenbanken verschiedene medientheoretische Fragestellungen anschließen. Die Datenbank als latente Infrastruktur, das Auffinden des Einen in Informationssammlungen sowie die Auswertung des Vielen stellen unterschiedliche Gebrauchsformen von digitalen Datenbanken dar, die je eigene Phänomeno-Logiken entfalten, welche auf unterschiedliche Weise an die bereits diskutierten Techno-Logiken der Herstellung computer-lesbarer Signifikanz anschließen. Template, Dashboard, Query, Stream, Data Mining und Information Visualization lassen sich mithin nicht zu einer einheitlichen Logik digitaler Datenbanken zusammenführen. Sie wurden daher als heterogene mediale Praktiken mit Datenbanken beschrieben, in denen sich je eigene Logiken, d.h. Mikrologiken digitaler Datenbanken zeigen, an die verschiedene medientheoretische Problemkonstellationen anschließen.

---

82 | Kritisch auf diese Problematik hinweisend hat Julio Ottino 2003 in einem Artikel in *Nature* gefragt: »Is a picture worth 1,000 words?« (474). Ottino zeigt sich insbesondere gegenüber der von ihm beobachteten Zunahme von Bilder und Visualisierungen in wissenschaftlichen Publikationen skeptisch. Seines Erachtens stellen diese ein zu problematisierendes Ausdrucksmittel naturwissenschaftlicher Forschungen dar, dessen Gebrauch unter Regeln zu stellen sei, um dem naturwissenschaftlichen Streben nach wohlbegründetem Wissen weiterhin gerecht werden zu können.

Schluss

Plädoyer für eine kritische Datenbankkultur

>»Dass es mit einem Text zu Ende geht, merkt man dar-
>an, dass aus allen seinen Fugen die Triebe des näch-
>sten zu sprossen beginnen.«
>Seel 2009: 254

More, more, more! Als Metapher für digitale Informationssammlungen und als Begriff für digitale Sammlungstechnologien ist die Datenbank eine Chiffre für die Informationsexzesse der digitalen Medienkultur. Die damit verbundenen Potenziale aber auch Gefahren finden in den jüngsten Entwicklungen und Debatten über Big Data ihren Widerhall.[1] Durch den Fokus auf digitale Datenbanken wurde in diesem Buch eine von vielen möglichen Entwicklungslinien nachgezeichnet, die in dem aktuellen Hype um Big Data gemündet sind. Den zentralen Stellenwert von Datenbanken für die zeitgenössische Medienkultur hat Lev Manovich bereits Ende der 1990er Jahre zutreffend diagnostiziert. Dass die Datenbank, wie von ihm nahegelegt, als Gegenmodell zur Erzählung fungiert und sie als dominante Form der kulturellen Sinnstiftung ablöst, steht jedoch weiter zur Diskussion. Denn so viele Argumente, wie sich für Manovichs Behauptung anführen lassen, können gegen sie vorgebracht werden. Auf den Profilseiten sozialer Netzwerke mag man den Triumph der Datenbankform über die Erzählform erkennen. Zugleich können die Listen von Statusupdates, Bildern, Links, Kommentaren etc. auch als Sammlungen von Mikronarrativen betrachtet werden, die sich durch ihre spezifische Anordnung im Interface zu einem Narrativ verdichten, welches durch Nutzer zudem aktiv gestaltet werden kann (vgl. Reichert 2008: 37ff.). Etwas Ähnliches propagiert beispielsweise der Dienst Storify (storify.com), der Nutzer einlädt, im WWW gefundene Informationen, wie z.B. Tweets, Webseiten, Videos etc., zu einer linearen Geschichte zusammenzufügen. Die von Manovich gegenübergestellten Ausdrucksformen *Erzählung* und *Datenbank* sind also bestenfalls als die Extrempole eines

---

1 | Einen Überblick zur aktuellen medienkulturwissenschaftlichen Debatte zu Big Data geben die Beiträge in dem von Ramón Reichert herausgegebenen Sammelband *Big Data: Analysen zum digitalen Wandel von Wissen, Macht und Ökonomie* (2014).

breiten Spektrums verschiedener Formen kultureller Sinnstiftung zu verstehen, zwischen denen sich in der medialen Praxis vielfältige Mischformen und Übergänge beobachten lassen. Diese Vielfalt verschwindet bei Manovich jedoch hinter der vermeintlichen Einheit der Datenbank einerseits sowie der Erzählung andererseits. Im Unterschied hierzu war es das Ziel des vorliegenden Buchs, die heterogene Vielgestaltigkeit der Versammlung, Verwaltung, Auswertung und Präsentation von Informationen *in*, *mit* und *durch* Datenbanken freizulegen. Wie im Zuge der Diskussion der »Techno-Logik« digitaler Informationssammlungen deutlich wurde, verschiebt sich hierdurch Manovichs These, die Datenbank sei eine symbolische Form der digitalen Medienkultur, hin zu der Frage nach unterschiedlichen Weisen der symbolischen Formung in Computerdatenbanken, d.h. nach Mikrologiken der digitalen Datenhaltung. Diese galt es im Anschluss an die treffende Formulierung von Konrad Becker und Felix Stalder als Strategien der Herstellung »computer-lesbare[r] Signifikanz« (2009b: 8) zu analysieren. Als digitale Datenbanken wurden dabei sämtliche Techniken der Versammlung, Verwaltung und Verfügbarmachung von Informationen *in* und *mit* Computern ins Zentrum der Betrachtungen gerückt.

Durch Datenbanktechnologien im engen und weiten Sinn werden Informationssammlungen in einen Bestand transformiert, der durchsucht, ausgewertet und weiterverarbeitet werden kann, indem Informationen *als* Information adressierbar gemacht werden. Datenbankinformationen wohnt dabei eine gewisse Autonomie inne, da von ihnen in verschiedenen Anwendungskontexten auf unterschiedliche Weise Gebrauch gemacht werden kann. Sofern dies ein Kennzeichen der Immaterialität ist, die man digitalen Informationen häufig zuschreibt (vgl. Weinberger 2008: 22), konnten in der Auseinandersetzung mit digitalen Speichertechnologien, Datenbankmodellen und Verfahren der Speicherung und Abfrage digitaler Informationen die materiell-technischen Voraussetzungen der vermeintlichen Immaterialität digitaler Informationen freigelegt werden.[2] Es handelt sich demzufolge nicht um eine Wesenseigenschaft, sondern um einen Effekt technischer Infrastrukturen, der auf der Entkopplung der computertechnischen Informationsverwaltung von der Informationsverarbeitung beruht. Insbesondere die Einführung der Festplatte (1956) als einer persistenten Speichertechnologie mit wahlfreiem Zugriff stellte in diesem Zusammenhang eine technische Herausforderung dar, die Ende der 1960er Jahre auf den Begriff der Datenunabhängigkeit gebracht wurde.

Medienhistorisch ist die Entwicklung von digitalen Datenbanktechnologien aufs Engste mit der Frage bzw. dem Streben nach Datenunabhängigkeit verwoben. So hat die intensive Auseinandersetzung mit dem Problem die Formulierung der Drei-Ebenen-Datenbankarchitektur durch die *ANSI/X3/SPARC Study Group on Data Base Management Systems* nach sich gezogen, die seither als abstraktes

---

2 | Die Immaterialität und Virtualität digitaler Information stand vor allem in den 1980er und 90er Jahren im Zentrum des Mediendiskurses. Seit Anfang 2000 wird demgegenüber vermehrt deren unhintergehbare Materialität betont und damit die These der Immaterialität infrage gestellt.

Metamodell der Informationsmodellierung in Datenbanken im engen Sinn von Datenbankmanagementsystemen (DBMS) dient. Die ANSI/X3/SPARC-Datenbankarchitektur entwirft den Informationsfluss zwischen Nutzer und Datenbank als zweifachen Übersetzungsprozess zwischen Oberfläche und Tiefe, d.h. jener im Kapitel »Computer« im Anschluss an Luhmann entwickelten medialen Topologie, in deren Rahmen sich die Medialität des Computers entfaltet. Im Rahmen dieser Drei-Ebenen-Architektur werden die externen Gebrauchslogiken der Nutzer durch die Einführung einer Mittel- und Mittlerebene weitgehend von der internen Speicherlogik des Computers entkoppelt. Diese Zwischenebene bildet das konzeptuelle Schema, in dem das Informationsmodell der Datenbank formal expliziert ist.

Durch die strukturierte Speicherung von Informationen gemäß einem Informationsmodell – dem konzeptuellen Schema – machen Datenbanken im engen Sinn von DBMS Informationen *als* Information adressierbar. Dies konnte im Anschluss an Cassirer als eine Weise der Erschließung der Welt und somit als eine kulturtechnische Form der symbolischen Formung *in* und *mit* Computern beschrieben werden. Das konzeptuelle Schema expliziert die Bedeutung, die digitalen Informationen implizit ist, indem es eine Struktur vorgibt, in die sämtliche Informationen eingeordnet werden müssen. Anknüpfend an einen Begriffsvorschlag Luciano Floridis kann diese Strukturierung von Datenbankinformationen als Übersetzung von Information *über* Realität in Information *als* Realität verstanden und beschrieben werden. Dadurch wird die computertechnische Verwaltung und Verarbeitung von Bedeutung ermöglicht.[3] Die formale Explikation eines Informationsmodells legt dabei fest, was in einer Datenbank als Information zählt und infolgedessen im Rahmen eines solchen Informationssystems *Information* ist. Die Grenzen des konzeptuellen Schemas bedeuten somit die Grenzen der Welt, über die eine Datenbank informiert.[4] In diesen Grenzen zeigt sich die Politik, die Informations- und Datenmodellen innewohnt. Eine hierauf abzielende Kritik darf jedoch nicht vergessen, dass das konzeptuelle Schema durch diese Begrenzung zugleich einen Weltausschnitt »von einer neuen Seite her sichtbar« (Cassirer 2009 [1930]: 44) und für vielfältige mediale Praktiken anschlussfähig macht.

Der Explikation impliziter Bedeutungen sind enge Grenzen gesetzt, sodass Computer nie *die*, sondern stets nur *eine* mögliche Bedeutung von Informationen verwalten und verarbeiten können. Infolgedessen steht die computertechnische Verwaltung und Verarbeitung von Datenbankinformationen in einem Spannungs-

---

3 | Die Strukturierung von Information ist, wie im Kapitel »Banken, Basen, Reservoirs« (S. 202f.) herausgestellt wurde, nur eine Form der Übersetzung von Information *über* Realität in Information *als* Realität, von der die Auszeichnung von Information mittels Markup zu unterscheiden ist.

4 | Diese Formulierung ist an Ludwig Wittgensteins berühmten Ausspruch angelehnt »*Die Grenzen meiner Sprache* bedeuten die Grenzen meiner Welt« (Wittgenstein 1984 [1921]: Satz 5.6).

verhältnis zum menschlichen Interpretationsvermögen. Digitalen Informationssammlungen wohnt somit stets ein Bedeutungsüberschuss inne, der technisch
nicht eingeholt werden kann. Diese semantische Unterbestimmtheit birgt Konflikt-
potenzial, kann jedoch an den Benutzeroberflächen der Computerbildschirme auch
Handlungs- und Interpretationsspielräume eröffnen. So beruht die Etablierung
unterschiedlicher Nutzungsformen und Nutzungskulturen von Facebook und
Twitter in erheblichem Maß auf der unbestimmten Offenheit der zugrunde gelegten
Informationsmodelle und Datenstrukturen.[5]

Neben der medientheoretischen Betrachtung von Apparaturen der Datenspei-
cherung und Architekturen für Datenunabhängigkeit, welche den materiellen und
konzeptuellen Horizont digitaler Datenbanksysteme im engen Sinn von DBMS
bilden, galt es die konkreten Verfahren der computertechnischen Verwaltung
von Informationssammlungen in den Blick zu nehmen. Besonderes Augenmerk
wurde auf das relationale Datenmodell gelegt, das sich spätestens seit Anfang der
1980er Jahre als maßgebend erwies, aber unter den Bedingungen stetig wachsender
Datenmengen zunehmend an seine Grenzen gelangt. Dieses Modellierungs- und
Verwaltungsverfahren bedingt einerseits, wie Informationen in Datenbanken
strukturiert gespeichert werden, und andererseits, wie Nutzer mit Datenbankinformationen umgehen können, d.h. wie sie diese abfragen und auswerten können.
Für den nachhaltigen Erfolg des relationalen Paradigmas sind zwei Ursachen an-
zuführen: Erstens ermöglicht der Rückgriff auf die Mengenlehre, d.h. die mengentheoretische Konzeptualisierung von Datenbanken, die mathematische Formalisierung von Operationen nicht nur mit einzelnen Informationseinheiten, sondern
mit Informationssammlungen; zweitens verfügt das relationale Datenmodell mit
der Tabelle als *conceptual representation* der Tiefenstruktur der Datenbank über
eine geeignete Denkfigur, welche Nutzern das Nachdenken über Datenbankoperationen und das Arbeiten mit Datenbanken weitgehend ohne mathematisches
Vorwissen ermöglicht.

Die Verschränkung der Mengenlehre mit der Denkfigur der Tabelle im relationalen Datenmodell hat zwei medienpraktische Konsequenzen nach sich gezogen.
Zum einen ist es beim Umgang mit relationalen Datenbanken nicht mehr notwendig
anzugeben, *wie* Informationen in einer Datenbanken zu speichern bzw. zu finden
sind, sondern mit SQL zu deklarieren, *was* gespeichert bzw. gesucht wird. Dieser

---

5 | Zu Kulturen des Favorisierens auf Twitter siehe exemplarisch Paßmann et al.
(2014). Darüber hinaus ist jedoch auch zu konstatieren, dass Facebook, Twitter
und andere Web 2.0-Angebote unser kommunikatives Handeln mitunter auf
problematische Weise formatieren. Diesbezüglich unterstreicht Simanowski die
Arbitrarität der Selbstbeschreibungskategorien in Facebooks Timeline (vgl. 2012a:
23), in denen sich Bunz zufolge die affirmative Diskurslogik zeigt, welche dem
sozialen Netzwerk eingeschrieben ist: »Facebook barely needs to discipline its
users, instead it rather designs their actions, and these are positive« (Bunz 2013:
138).

durch relationale Datenbanksysteme vollzogene Übergang von prozeduralen (*wie* gefunden wird) zu deklarativen (*was* gesucht wird) Datenbankanfragen bedeutet eine erhebliche Vereinfachung des Umgangs mit Datenbankinformationen. Zum anderen erlaubt das relationale Datenmodell eine enorme Flexibilisierung der Suchmöglichkeiten, da Beziehungen zwischen Informationseinheiten nicht mehr durch physische Verweise (Pointer) in der Tiefe des Computers gespeichert werden müssen, sondern bei der Abfrage durch sogenannte Verbundoperationen (Join) etabliert werden können. Mithin wird es möglich, bei der Formulierung von Suchanfragen neue Zusammenhänge zu erproben, indem Datenbankinformationen auf unvorhergesehene Weise zueinander in Bezug gesetzt werden.

Obwohl die Bedeutung des relationalen Datenmodells kaum zu überschätzen ist, stellt dieses nur ein spezifisches Verfahren der Herstellung computer-lesbarer Signifikanz dar. Dies zeigt sich im Vergleich zu Websuchmaschinen sowie zur Idee des Semantic Web. Bedeutung im Sinn von Relevanz wird bei Websuchmaschinen nicht im Rahmen eines Informationsmodells formal expliziert, sondern durch Algorithmen kalkuliert. Algorithmische Verfahren der Zuschreibung von Bedeutung können in dieser Hinsicht als Gegenmodell zur Modellierung von Bedeutung im konzeptionellen Schema digitaler Datenbanken verstanden werden. Doch auch diese Form der algorithmischen Auswertung beruht auf Datenbanktechnologien und damit auf der strukturierten Speicherung von Informationen. Um das Web als Ganzes verwalt- und verarbeitbar zu machen, müssen Suchmaschinenbetreiber das WWW in eine Datenbank (im engen Sinn) transformieren, deren Informationen durch Algorithmen eindeutig adressiert und somit ausgewertet werden können. Daten(banken) und Algorithmen sollten deshalb nicht medientheoretisch gegeneinander ausgespielt werden. Für ein besseres Verständnis der digitalen Medienkultur – insbesondere unter den Bedingungen von Big Data – gilt es vielmehr, deren wechselseitiges Bedingungsverhältnis im Kontext partikularer Informationssysteme zu analysieren.

Dementsprechend wurde das Hauptaugenmerk der medientheoretischen Analyse digitaler Datenbanken auf die ambivalente Vielgestaltigkeit unterschiedlicher Formen der Verwaltung, Abfrage und Auswertung von Informationssammlungen gelegt. Eine so verstandene Kritik ist Kritik im wörtlichen Sinn des griechischen krínein, d.h. von *unterscheiden*. Als Oberbegriff für digitale Informationssammlungen besitzt die Datenbank, wie in Abgrenzung zu Lev Manovichs Beschreibung der Datenbank als symbolischer Form der digitalen Medienkultur argumentiert wurde, keine einheitliche mediale Logik. Bereits die Behandlung der Frage *Was sind Datenbanken?* (Kapitel »Datenbank«) ließ eine Ambiguität zutage treten, welche sich schließlich auch in den vielfältigen und heterogenen Verfahren des computertechnischen Umgangs mit Informationssammlungen (Kapitel »Techno-Logik«) und den mannigfaltigen medialen Praktiken mit Datenbanken (Kapitel »Phänomeno-Logik«) widergespiegelt hat.

Die Betrachtung medientechnischer Konfigurationen der Versammlung und Verwaltung von Informationen *in* und *mit* Computern sollten – ohne Anspruch auf Vollständigkeit zu erheben – die Notwendigkeit einer differenzierten und differenzierenden Betrachtung unserer digitalen Medienkultur vor Augen führen. Diese Notwendigkeit trat nicht zuletzt bei der Rekonstruktion der Genese der Datenbankidee entlang verschiedener Modelle der Datenbankkommunikation im Kapitel »Banken, Basen, Reservoirs« deutlich hervor. Wenn in der technisch orientierten Medientheorie Shannons nachrichtentechnisches Kommunikationsmodell und das hierauf basierende Informationskonzept bislang das Denken über den Computer als Medium anleitete, konnten die Grenzen dieser Perspektive in Rekurs auf die Geschichte der Datenbankidee aufgezeigt werden.[6] Anstatt nach dem Wesen des Computermediums in immer tieferen Schichten der Technologie zu suchen, sind die verschiedenen, stets kontingenten Gebrauchsformen des Computers in den Blick zu nehmen und daraufhin zu befragen, welche Kommunikationsmodelle ihnen eingeschrieben sind und was in deren Kontext Information konstituiert. Ebenso darf sich die medientheoretische Betrachtung von Datenbanken nicht auf eine Analyse der Techno-Logik der Verwaltung und Verarbeitung von Informationssammlungen beschränken. Vielmehr sind auch die medialen Praktiken in den Blick zu nehmen, in denen Datenbanken operativ werden. In diesem Zusammenhang wurde eine Differenzierung von Phänomeno-Logiken digitaler Datenbanken vorgeschlagen. Auch diese ist keinesfalls umfassend. Jedoch konnten durch die Betrachtung der Datenbank als latenter Infrastruktur sowie von Verfahren der Suche nach dem Einen und der Auswertung des Vielen zentrale Dimensionen des Datenbankgebrauchs freigelegt werden.

Dabei wurde ein weiteres Mal deutlich, dass Datenbankinformationen durch ein hohes Maß an Anschlussfähigkeit gekennzeichnet sind. Die in der unsichtbaren Tiefe des Computers gespeicherten Informationen erweisen sich quasi als »formlose Formen«, die vielfältige Möglichkeiten der Selektion, Auswertung und Präsentation an den Benutzeroberflächen unserer Computer eröffnen. Aus dieser Flexibilität resultiert nicht zuletzt der große Stellenwert, der digitalen Datenbanken in der zeitgenössischen Medienkultur zukommt. Die Grenzen des Informationsbestands sowie die Grenzen der Auswertungs- und Handhabungsmöglichkeiten der versammelten Informationen bleiben indes gemeinhin unsichtbar, sodass Datenbanken allzu leicht als grenzenlose und unbedingte Informationsressourcen erscheinen können.

Wie wiederholt herausgestellt wurde, gilt es nicht nur die vielfältigen Techniken der Verwaltung von digitalen Informationen sowie die unterschiedlichen Praktiken des Datenbankgebrauchs zu beleuchten, sondern auch diese Entgrenzungstendenz als Imaginäres digitaler Datenbanken zu beschreiben, welches sich in unsere Vorstellungen über und unseren Umgang mit Datenbanken einschreibt. Wie Norbert

---

6 | Für die technikzentrierte Medienforschung im Anschluss an Kittler ist der Rekurs auf die nachrichtentechnische Informationstheorie Shannons zum Gemeinplatz geworden. Er wird in diesem Theoriekontext als »technical father of modern media culture« (Parikka 2011: 59) betrachtet.

Bolz bereits Anfang der 1990er Jahre festgestellt hat, ist eine der größten Herausforderungen der sogenannten Daten- und Informationsflut »zu wissen, was man weiß« (Bolz 1994b: 15). Das Imaginäre von Datenbanken artikuliert sich in den Debatten über Big Data hingegen insbesondere in dem Versprechen, in bereits bekannten Informationen durch Data Mining, Information Visualization etc. neue Zusammenhänge und neues Wissen entdecken zu können.

In diesem Zusammenhang wurde jedoch darauf hingewiesen, dass sich die These als problematisch erweist, Computeralgorithmen könnten in Informationssammlungen theorie- und hypothesenfrei Korrelationen zwischen Variablen entdecken. Denn auch wenn keine Vermutungen über Zusammenhänge zwischen konkreten Variablen die Erforschung von Big Data anleiten mögen, wird der Analyseprozess stets durch die Wahl des Auswertungsverfahrens bedingt. Infolgedessen sind der computergestützten Analyse von Big Data immer auch Vorannahmen eingeschrieben, welche jedoch zumeist implizit bleiben. Diese zu explizieren und damit die mit Big Data einhergehenden epistemologischen Verschiebungen genauer zu beschreiben bleibt eine Herausforderung. Auch weist die endgültige Beantwortung der Frage nach den medienkulturellen Auswirkungen digitaler Datenbanken über die Grenzen dieses Buchs hinaus. Dennoch soll ausgehend von der hier entwickelten medientheoretischen Perspektive auf Datenbanken abschließend auf einige weiterführende Aspekte, Dimensionen und Probleme hingewiesen werden, die zum Ausgangspunkt weiterer Untersuchungen der digitalen Datenbankkultur genommen werden können.

DEKONSTRUKTION DER DATENBANKFIKTION

Durch Datenbanken wird eine Fiktion vollständiger Informationen wachgerufen, welche mit der Hoffnung Hand in Hand geht, die Welt vollständig erfahren und kontrollieren zu können. Zum Ausdruck kommt dieser Glaube beispielsweise in den Metaphern des *World Brain* (Wells 1971 [1938]) und der *Infosphäre* (Floridi 1999), welche die Vorstellung nahelegen, es gebe »*einen* Gesamtwissensbestand, der objektiv-virtuell existiert und an dem subjektiv alle teilhaben können und viele faktisch auch teilhaben« (Sommer 2002b: 325). Dieses Ideal eines objektiven Gesamtwissensbestands manifestiert sich in der vermeintlichen Totalität der Datenbank als einem unerschöpflichen Informationsbestand und in den vielfältigen Möglichkeiten, die in der Datenbank ruhenden virtuellen Informationen an der Oberfläche zur Erscheinung zu bringen.[7] Indem die Datenbank (praktisch oder imaginär) aufs Ganze zielt und die Kontingenz der Welterfahrung durch die kontingenten Zugriffsformen auf den Informationsbestand verdoppelt, wird sie zur Welt und

---

7 | Die verschiedenen Möglichkeiten, Datenbankinformationen an der Bildschirmoberfläche zur Erscheinung zu bringen, erstrecken sich auf deren Selektion, Anordnung, Auswertung und Darstellung.

die Welt lässt sich fortan als Datenbank begreifen, deren Informationspotenziale bloß gehoben werden müssen.[8] Sofern die ganze Welt von Datenbanken eingeholt zu werden scheint, gibt es kein Außen der Datenbank mehr und man kann dem Eindruck erliegen, »in der Wirklichkeit des Unverdrängten« (Porombka 1998: 318) angekommen zu sein.

Verstärkt wird dieser medienkulturwissenschaftlich zu problematisierende Eindruck durch die Verweislogik von Datenbankschnittstellen. Durch diese werden Informationen als Inhalte einer Datenbank verkörpert, denn indem Datenbankinhalte am Interface auf eine bestimmte Weise zur Erscheinung kommen, wird die Datenbank als eine dahinter oder darunter liegende Informationsressource erfahrbar. Die Datenbank bildet das Zentrum, in dem Informationen als Inhalte (der Datenbank) Bestand haben und materiell präsent sind. Infolgedessen erscheint der *Content* der Datenbank, wie Alan Liu in beiläufiger Anlehnung an Derrida festgestellt hat, als »semiotically transcendental« (Liu 2008: 217).[9] Dies ist insofern bemerkenswert, als Derrida in seinem Essay *Die Struktur, das Zeichen und das Spiel im Diskurs der Wissenschaften vom Menschen* einen Bruch im Denken der »Strukturalität der Struktur« (Derrida 1997b: 114) diagnostiziert, der seines Erachtens einen »Verzicht jeglicher Bezugnahme auf ein *Zentrum*, auf ein *Subjekt*, auf eine privilegierte *Referenz*, auf einen Ursprung oder auf eine absolute *arche*« (Derrida 1997b: 127) zur Folge hat. Mit dem Verlust des Zentrums geht für Derrida die »Abwesenheit eines transzendentalen Signifikats« (Derrida 1997b: 117) einher, weshalb sich das Spiel der Signifikanten ins Unendliche hinein erweitert. Sofern die Datenbank jedoch als neues Zentrum des Diskurses fungiert, wird das unbedingte Spiel der Signifikanten unterbrochen. Die Unendlichkeit des Sagbaren wird von der Endlichkeit des Gesagten und in Datenbanken Gespeicherten verdrängt und das »Spiel des Bezeichnens« (Derrida 1997b: 117) wird vom Spiel des Darstellens, Selektierens, Ordnens und Auswertens ersetzt. Jedoch weist auch dieses Spiel vermeintlich ins Unendliche, da Datenbanken als ein »mehrdeutiges Möglichkeitsfeld« (Gugerli 2007a: 30) erfahrbar werden, für das der »Übergang von der gezielten Suche nach Einträgen hin zur Recherche als einer ergebnisoffenen Abfrage« (Gugerli 2009: 72) charakteristisch ist.

Vor diesem Hintergrund interpretiert Gugerli Datenbanken nicht nur als konkrete Technologien, sondern auch als ein Denkmodell, welches für die Möglich-

---

8 | Diese Diagnose des Weltwerdens der Datenbank findet sich beispielsweise im Untertitel der 2009 von David Gugerli veröffentlichten Monographie *Suchmaschinen: Die Welt als Datenbank*. Während Gugerli eine tendenziell affirmative sozial- und technikgeschichtliche Perspektive einnimmt, wird im Folgenden kritisch nach den philosophischen Implikationen gefragt, die die Totalisierung von Datenbanken nach sich zieht.

9 | Liu formuliert diese Beobachtung im Kontext seiner Analyse der Ideologie des Aufschreibesystems 2000, das seines Erachtens auf dem Ideal der Trennung von Inhalt und Form beruht. Siehe hierzu S. 287ff.

keit einsteht, »dass diesseits und jenseits der Bildschirme der kombinatorische Freiheitsgrad jeder ›signifying practice‹ erweitert werden kann« (Gugerli 2007a: 14). Doch auch wenn Datenbanken auf Ergebnisoffenheit hin entworfen sind, ist das unbedingte Spiel der Kombination und Rekombination, der Auswertung und Präsentation von Datenbankinformationen eine Imagination.[10] Es findet seine Grenzen darin, *welche* Informationen *wie* in spezifische Datenbanken gelangen und *welche* Operationen diese Datenbanken als *phänomeno-technische Konfigurationen* in ihrem Bestand auszuführen erlauben.

Datenbanken als ein vollständiges Reservoir digitaler Informationen zu betrachten und in ihren Inhalten transzendentale Signifikate zu sehen birgt demzufolge ein Gefahrenpotenzial. Dieses Gefahrenpotenzial ist digitalen Datenbanken jedoch inhärent und resultiert aus deren Tendenz zur Universalisierung, die auf der Unsichtbarkeit der Grenzen des Informationsbestands sowie der Grenzen der Auswertungs- und Handhabungsmöglichkeiten von Datenbankinformationen beruht. Infolgedessen bedarf es einer reflexiven Auseinandersetzung mit der Datenbankpraxis, welche sich von der beschriebenen Tendenz zur Universalisierung emanzipiert, indem sie die vielfältigen Grenzen aufzeigt, die dem Versuch, *alle* Informationen in digitaler Form zu versammeln, stets gesetzt sind. Dies weist den Weg in Richtung einer kritischen Datenbankpraxis, welche gerade in Anerkennung der Universalisierungstendenz digitaler Datenbanken deren fortwährende technische, soziale und historische Begrenztheit erfahr- und handhabbar macht und damit der Homogenisierung von Information entgegenwirkt. Eben hierfür macht sich Bowker stark:

»We need to open a discourse – where there is no effective discourse now – about the varying temporalities, spatialities and materialities that we might represent in our databases, with a view to designing for maximum flexibility and allowing as much as possible for an emergent polyphony and polychrony. Raw data is both an oxymoron and a bad idea; to the contrary, data should be cooked with care.« (Bowker 2005: 184)

Vor dem Hintergrund seiner historischen Analyse von Archivierungs- und Erinnerungspraktiken in den Naturwissenschaften unterbreitet Bowker zwei konkrete Empfehlungen, wie dies zu realisieren sei: Erstens gilt es in der Praxis den Entwicklungs- und Entstehungskontext von Datenbanken im Rahmen des Möglichen

---

10 | Gugerli interessiert sich vorrangig für die Flexibilisierung von Suchmöglichkeiten, weshalb er die Grenzen des technisch Möglichen nicht in den Blick nimmt. Dass die beliebige Kombinier- und Rekombinierbarkeit von Information letztlich eine Wunschkonstellation ist, deren technische Einlösung noch immer nicht stattgefunden hat, hinterfragt er nicht kritisch.

zu bewahren;[11] zweitens soll man davon absehen, die Unterschiede zwischen verschiedenen Formen von Informationen durch Standardisierung zu nivellieren. Vielmehr ist zu erkunden, wie die Heterogenität von Informationsbeständen für die Nutzer erfahrbar gemacht werden kann (vgl. Bowker 2005: 183f.). Bedenkenswert sind diese Vorschläge nicht nur für Wissenschaftsarchive im Besonderen, sondern auch für digitale Archive im Allgemeinen. Wie in Bezug auf Websuchmaschinen diskutiert wurde, stellt das Öffnen der Black Box Datenbank jedoch nicht immer eine brauchbare Lösung dar. Durch die Offenlegung der genauen Funktionsweise von Suchmaschinen wäre zwar Transparenz gewonnen, jedoch um den Preis von deren Funktionalität. Gefunden würde dann in erster Linie und vielleicht sogar nur das, was entsprechend der Rankingprinzipien der Suchmaschinenalgorithmen am effektivsten optimiert wurde. Über Bowkers Vorschläge hinaus gilt es daher, weitere Ansätze und Praktiken zu erkunden, die es erlauben, die Datenbank als Zentrum des Diskurses zu dezentrieren.

ERINNERN UND VERGESSEN: DIGITALE ARCHIVE

Das komplexe Wechselspiel zwischen der Realität und dem Imaginärem digitaler Datenbanken zeigt sich auch im Kontext digitaler Archivierungspraktiken sowie in den Debatten über das digitale Gedächtnis. Auf der einen Seite scheint sich durch die Verfügbarkeit immer leistungsfähigerer Computer und Speicher der Wunsch nach einem perfekten Gedächtnis- und Archivierungsmedium erfüllen zu können, den Paul Otlet bereits Anfang des 20. Jahrhunderts gehegt hat: »[A]ll the writings ought to be reduced by a form of disintegration and readjustment into the form of files each conceived as chapters« and paragraphs of a single universal book« (Union of International Associations 1990 [1914]: 119). Verfolgten Otlet und sein Mitstreiter Henri La Fontaine mit dem 1895 gegründeten *Office International de Bibliographie* sowie dem *Institut International de Bibliographie* noch die Vision eines universellen Buchs, lassen es Datenbanktechnologien heute möglich erscheinen, nichts mehr vergessen zu müssen (vgl. Christolova 2012).[12] So arbeitet Gordon Bell seit den 1990er Jahren an einem System, das Menschen die vollständige Archivierung ihrer selbst erlaubt. Das Projekt *MyLifeBits* ist dabei zugleich ein Selbstversuch Bells, die eigene Vergangenheit mithilfe digitaler Datenbanken möglichst umfassend zu dokumentieren (Bell/Gemmell 2009; Gemmell et al. 2006; Gemmell et al. 2002). Ein ähnliches Ziel verfolgt auch Facebook mit der 2011 eingeführten Profilansicht

---

11 | Bowker unterstreicht explizit, dass es nicht das Ziel sein sollte, den gesamten Kontext partikularer Datenbanken zu bewahren, denn, so schreibt er, »a perfect archival system is a chimera« (Bowker 2005: 183).

12 | Aus den gemeinsamen Anstrengungen von Otlet und La Fontaine ging das *Mundaneum* hervor, in dem Christolova einen Vorläufer von Datenbanken und des Internet erblickt (vgl. 2012: 35f.).

Timeline, welche sämtliche Aktivitäten eines Nutzers in einem vertikalen Zeitstrahl arrangiert und somit als Chronik seiner selbst präsentiert (vgl. Simanowski 2012a: 21f.).[13] Hinter *Timeline* verbirgt sich das Versprechen, dass Nutzer ihre gesamte Vergangenheit fortan auf Facebook organisieren und erinnern können. Der Facebook-Gründer Mark Zuckerberg hat dies bei der öffentlichen Vorstellung der *Timeline* auf der Entwicklerkonferenz F8 auf den Punkt gebracht: »All your stories, all your apps and a new way to express who you are« (Zuckerberg 2011: 16:20).

Der Utopie eines universellen digitalen Archivs steht auf der anderen Seite die Dystopie des totalen Vergessens gegenüber. Denn das »Gedächtnis« digitaler Speichertechnologien ist relativ kurzlebig. Verschiedenen Schätzungen zufolge überdauern Daten in Digitalspeichern kaum mehr als 30 Jahre (vgl. Loebel 2007: 510f.). Auch die dauerhafte Verfügbarkeit von geeigneter Hard- und Software, um digitale Medienobjekte beispielsweise von Disketten oder CD-ROMs auslesen, öffnen und darstellen zu können, stellt eine Herausforderung dar. In Anbetracht dessen konstatierte der Archivierungsexperte Jeff Rothenberg bereits 1995 lakonisch: »Digital information lasts forever – or five years, whichever comes first« (Rothenberg 1995: 42). Ein ähnliches Problem diskutiert Stewart Brand, der in *Escaping the Digital Dark Ages* die Entwicklung von Strategien einfordert, um das Erbe digitaler Kulturen dauerhaft zu bewahren.[14] Brand beschreibt die Situation mit dramatischen Worten: »there has never been a time of such drastic and irretrievable information loss as right now« (Brand 1999: 46).

Die Kurzlebigkeit digitaler Informationen zeigte sich zur Jahrtausendwende auch im WWW. So bezifferte Peter Lyman die durchschnittliche Lebensdauer einer Webseite auf 44 Tage (vgl. Lyman 2002: 38). Unter der Bedingung dynamischer und personalisierter Webangebote erweist sich die Frage nach der Lebensdauer von Webseiten mittlerweile sogar als weitgehend sinnlos. In Reaktion auf die Kurzlebigkeit von Webinhalten wurde bereits 1996 die gemeinnützige Organisation *Internet Archive* gegründet, die seither versucht, das gesamte Web zu archivieren. Der Anspruch des Internet Archive ist umfassend, wie im Banner der Webseite *archive.org* zu lesen ist: »Universal access to all human knowledge«.[15] Doch das Bestreben, allen

---

13 | Da es Facebook seinen Nutzern erlaubt, Inhalte und Ereignisse aus der Timeline auszublenden, wäre zudem der Aspekt des Selbstmanagements zu bedenken, den Ramón Reichert bei seiner Analyse von Amateurkulturen im Netz hervorgehoben hat (vgl. 2008: 37ff.).

14 | Mit der Warnung vor einem bevorstehenden »digital dark age«, von dem man aufgrund der Flüchtigkeit digitaler Information künftig kein Gedächtnis mehr haben werde, stützt sich Brand auf Danny Hillis, der diese Gefahr erstmals 1998 konstatiert hat (vgl. Brand 1999: 46f.).

15 | Die folgende Betrachtung des Internet Archive beschränkt sich ausschließlich auf das Webarchiv. Darüber hinaus verfügt das Archiv über eine große Sammlung an Texten, Audio-Mitschnitten, Musik, Filmen und Software. Registrierte Nutzer können an diesem Archiv mitwirken, indem sie Dokumente hochladen und diese

Zugriff zum Gesamtwissensbestand der Menschheit zu gewähren, bricht sich an der Realität partikularer Informationssysteme, in denen Informationen stets nur auf bestimmte Weise versammelt, verwaltet und verarbeitet werden können. Dass dem Webarchiv des Internet Archive Grenzen gesetzt sind, gesteht dessen Mitbegründer Brewster Kahle durchaus ein:

»The text, graphics, audio clips and other data collected from the Web will never be comprehensive, because the crawler software cannot gain access to many of the hundreds of thousands of sites. Publishers restrict access to data or store documents in a format inaccessible to simple crawler programs. Still, the archive gives a feel of what the Web looks like during a given period of time even though it does not constitute a full record.« (Kahle 1997: 83)

Anders als Kahle nahelegt, sind Zugriffsbeschränkungen und ähnliche Restriktionen jedoch nicht die einzigen Schranken der Archivierung des WWW. Vielmehr ist dem Webarchiv eine spezifische Sammel-, Speicher- und Zugriffslogik inhärent, die es zu untersuchen gilt. Dies erlaubt es, die »scheinbar so unschuldige Tätigkeit der Aufbewahrung von Dokumenten« (Ricœur 1991: 187) kritisch zu beleuchten. An dieser Stelle muss eine umfassende Analyse der Archivlogik des Internet Archive ausbleiben. Dennoch sollen an diesem Beispiel schlaglichtartig mögliche Perspektiven einer medientheoretisch informierten Archivkritik aufgezeigt werden. Einer solchen Kritik kann es nicht darum gehen, die Legitimität des Webarchivs grundsätzlich in Frage zu stellen. Im Gegenteil, das Internet Archive stellt eine wichtige Ressource für die Erforschung und künftige Erinnerung der Vergangenheit des Web dar, wie beispielsweise die von Richard Rogers gegründete *Digital Methods Initiative* gezeigt hat (vgl. Rogers 2013: 61f.).[16]

Die Grenzen, aber auch Möglichkeiten von digitalen Archiven im Allgemeinen und des Internet Archive im Besonderen treten zum Vorschein, wenn man nach den Vorentscheidungen fragt, auf denen die Archivierung beruht und welche die Archivpraxis strukturieren. Hinsichtlich des Internet Archive ist zunächst festzustellen, dass dieses ähnlich wie Google und andere Websuchmaschinen einer Dokumentlogik folgt. Das WWW wird mithilfe von Webcrawlern durchsucht, kopiert und hierdurch archiviert. Infolgedessen kann prinzipiell nur das ins Webarchiv eingehen, was im WWW als Webseite abgefragt werden kann. Da heute eine Vielzahl von Webseiten nicht als statische Dokumente gespeichert sind, sondern bei der Abfrage durch datenbankgestützte CMS dynamisch erstellt werden, drängt sich

---

mit Metadaten versehen. Hieraus resultieren jedoch andere Herausforderungen. So werden z.B. immer wieder Werbung und Spam zu diesem Dokumentarchiv hinzugefügt.

16 | Eine anwendungsorientierte Beschreibung der Nutzungsmöglichkeiten des Internet Archive für Forschungszwecke findet sich auf der Webseite der Digital Methods Initiative (2012).

zudem die Frage auf: Was genau wird eigentlich bewahrt, wenn eine Webseite nur für den Archivcrawler erzeugt wird, ohne dass andere Nutzer jemals dieselbe Seite mit denselben Inhalten angezeigt bekommen?

Auf einer zweiten, grundsätzlicheren Ebene ließe sich das Ziel des Internet Archive hinterfragen, die *Gesamtheit* des WWW automatisch zu archivieren.[17] Das Bewahren von Allem ist, wie Viktor Mayer-Schönberger unterstrichen hat, jedoch nicht intrinsisch wertvoll.[18] Er argumentiert, dass Vergessen auch im digitalen Zeitalter nützlich und notwendig ist (vgl. Mayer-Schönberger 2008; 2009: 92ff.). Daher besteht in der Entwicklung von brauchbaren Strategien und Technologien des digitalen Vergessens nach Ansicht Mayer-Schönbergers eine zentrale Herausforderung der zeitgenössischen Medienkultur. Das Problem ist jedoch, Wichtiges

---

17 | Dass die bloße Speicherung von Vergangenem nicht hinreichend ist, hat Pierre Nora bereits in den 1980er Jahren mit seiner Kritik des archivarischen Gedächtnisses unterstrichen, welches sich bloß der Registrierung und Bewahrung von Spuren der Vergangenheit widme: »Es [das archivarische Gedächtnis, M.B.] stützt sich ganz und gar auf die deutlichste Spur, den materiellsten Überrest, das sichtbarste Bild. Die Bewegung, die mit der Schrift begonnen hat, vollendet sich im HiFi und im Magnetband. Je weniger das Gedächtnis von innen her erlebt wird, desto mehr bedarf es äußerer Stützen und greifbarer Anhaltspunkte einer Existenz, die nur dank dieser noch lebt. Daher die Archivierwut, die den Menschen von heute kennzeichnet, und die sich auf die vollständige Bewahrung sowohl der gesamten Gegenwart als auch der Vergangenheit richtet. [...] Die Erinnerung hat ganz und gar die Form genauester Rekonstitution angenommen: ein registrierendes Gedächtnis, das dem Archiv die Sorge überläßt sich zu erinnern und eine Vielzahl von Zeichen hinterläßt, wo immer es sich niederläßt, wie eine Schlange ihre abgestreifte Haut. [...] Heute, da die Historiker sich vom Kult der Quelle freigemacht haben, opfert die ganze Gesellschaft der Religion des Bewahrens und der Archivüberproduktion. [...] Das ›papierne Gedächtnis‹, von dem Leibniz gesprochen hat, ist eine autonome Institution aus Museen, Bibliotheken, Depots, Dokumentationszentren, Datenbanken geworden« (Nora 1990: 19). Während das Gebot der Archivierung von allem von außen an Archive herangetragen werde, wüssten Historiker und Archivare, dass sie auch mit dem Vergessen betraut sind: »Heute sind es die Privatunternehmen und die öffentlichen Verwaltungen, die Archivare mit der Empfehlung akkreditieren, daß sie alles aufbewahren, während die Berufshistoriker und -archivare begriffen haben, daß das wesentliche ihres Metiers in der Kunst der kontrollierten Vernichtung liegt« (Nora 1990: 20).

18 | Mayer-Schönberger argumentiert, dass unter den Bedingungen digitaler Medien nicht mehr das Erinnern, sondern das Vergessen zu einem Problem wird. Dies erweise sich als eine Herausforderung, da die Menschheit im Lauf ihrer Geschichte vor allem Strategien und Techniken gegen des Vergessen entwickelt habe: »Für uns Menschen galt seit Jahrtausenden: Vergessen ist einfach, Erinnern ist schwer. Vergessen steckt in uns.« (Mayer-Schönberger 2008: 9).

von Unwichtigem und Wertvolles von Wertlosem zu unterscheiden.[19] Neben dem Hinweis auf die generelle Schutzwürdigkeit unserer digitalen Vergangenheit dient diese Schwierigkeit Kahle und dem Internet Archive bemerkenswerterweise als weiteres Argument für ihr Unterfangen, die Geschichte des ganzen Web zu bewahren. Mit digitalen Computertechnologien ist es leichter, alles zu sammeln und zu speichern, als eine Auswahl zu treffen (vgl. Kahle 2007: 24). Hierdurch wird das von Mayer-Schönberger aufgeworfene Problem jedoch nicht gelöst, sondern verschoben. Wird bei der Archivierung keine Auswahl getroffen, muss dies bei der späteren Nutzung des Archivs geleistet werden. Bislang fehlen jedoch geeignete Werkzeuge, um effektiv im Webarchiv relevante historische Informationen zu finden. Abgefragt werden können archivierte Webseiten nur unter Angabe der genauen URL mit der sogenannten *Wayback Machine*, die eine Liste historischer Versionen der Webseite ausgibt, aus der die Nutzer die für sie interessanten Zeitpunkte auswählen können.[20] Infolgedessen stellt nicht nur die Bewahrung des Vergangenen eine Herausforderung dar, sondern auch die Nutzbarkeit des Archivs, welche die Voraussetzung für spätere Archivlektüren bildet. Ohne effektive Zugriffsmöglichkeiten fallen die Ressourcen des Webarchivs ebenso dem Vergessen anheim: »Das Sammeln und das Aufbewahren entwickeln sich scheinbar paradox zu einem Vernichtungsakt« (Hoffmann 1997: 272).

Schließlich ist zu bedenken, dass nicht nur Webseiten rasanten Veränderungen unterliegen. Auch das Web als Ganzes hat seit der Gründung des Internet Archive tiefgreifende Veränderungen durchlaufen. Das Aufkommen des *Web 2.0* kann in dieser Hinsicht als Oberbegriff für vielfältige Entwicklungen weg von der Dokumentlogik des Web der ersten Generation verstanden werden. Kollaborative Online-Enzyklopädien wie Wikipedia, soziale Netzwerke wie Facebook und Mikrobloggingdienste wie Twitter erfordern alternative Archivierungsstrategien.[21] Da das Internet Archive weiterhin an der Dokumentlogik und der crawlerbasierten Archivierung festhält, wird die Geschichte des Web 2.0 in diesem Webarchiv nicht oder nicht adäquat abgebildet. Infolgedessen hat das Internet Archive spätestens seit

---

19 | Um im digitalen Zeitalter das Vergessen wieder zu ermöglichen, schlägt Mayer-Schönberger ein Verfallsdatum für digitale Daten vor: »Führen wir ein Ablaufdatum für Daten ein und verpflichten Softwarehersteller, Software zu erzeugen, die neben dem Erstellungsdatum, der Dateigröße und dem Verfasser und anderen Metainformationen auch ein Ablaufdatum vorsieht. Technisch ist dies kein Problem« (Mayer-Schönberger 2008: 15). Hierdurch könne zwar potenziell Wertvolles gelöscht werden, aber dies sei weniger schlimm, als in wertlosen Informationen zu ertrinken.

20 | Die Implementierung von effektiven Zugriffs-, Such- und Auswertungsmechanismen für das Webarchiv stellt eine erhebliche technische Herausforderung dar (vgl. Arms et al. 2006a, b).

21 | Zum Teil verfügen diese Web 2.0-Angebote über eigene Archivierungsstrategien, wie z.B. die Versionsgeschichte von Wikipedia-Einträgen.

Mitte der 2000er Jahre enorm an Repräsentativität und damit auch an Aussagekraft eingebüßt. Dies wird jedoch nicht von dem Archiv selbst erinnert.

FETISCHISIERUNG DES QUANTITATIVEN

Auch wenn in Datenbanken keineswegs nur numerische Informationen erfasst und verwaltet werden können, geht mit dem Aufkommen von digitalen Technologien der Versammlung und Verwaltung von Informationen eine Tendenz zur Quantifizierung einher, die in einer problematischen Fetischisierung des Quantitativen mündet.[22] Der Deutungsanspruch quantitativer Erhebungs- und Auswertungsverfahren dringt zunehmend in alle Bereiche unseres gesellschaftlichen und sozialen Lebens vor. Zählbarkeit und quantitative Auswertbarkeit werden zum Maßstab des Wissens, wobei quantitative Informationen nicht zuletzt auch die Grundlage für Entscheidungen bilden und handlungsleitend werden. Die sich im Rahmen der Digital Humanities etablierenden Formen der quantitativen Kulturanalyse sowie der Hype um Formen des Datenjournalismus und Information Visualization sind Beispiele hierfür.[23] Wie die im Kapitel »Phänomeno-Logik« diskutierten Beispiele der Epidemiefrüherkennung und der Terrorprävention zeigen, handelt es sich nicht nur um ein Wissen, das sich auf unsere Vergangenheit richtet, sondern in erheblichem Maße auch auf die Zukunft, die durch quantitative Echtzeitanalysen der Gegenwart kontrollier- und gestaltbar werden soll.

Gegen die Verabsolutierung von Messbarkeit und Quantifizierbarkeit wendet Martin Seel ein: »Die messbare Seite der Welt ist nicht die Welt; sie ist die messbare Seite der Welt« (Seel 2009: 63). Seines Erachtens mag sich zwar alles in quantitativen Zusammenhängen erfassen und beschreiben lassen, doch sei dies oftmals nicht hinreichend. Wie Seel exemplarisch ausführt, kann es nützlich sein, die Maße einer Wohnung zu kennen, jedoch vermag dieses quantitative Wissen eine Besichtigung nicht zu ersetzen: »Alles Erscheinen mag auf messbaren Verhältnissen beruhen, soviel wir wollen, doch es erfüllt sich nicht in ihnen, sondern darin, wie es für wahrnehmende Wesen mit einer bestimmten sinnlichen Ausstattung – ist« (Seel 2009: 64). Dass Seel vehement auf den Grenzen insistiert, die der quantitativen Erfassung der Welt gesetzt sind, kann als ein erstes, wenngleich schwaches Indiz für die diagnostizierte Fetischisierung des Quantitativen betrachtet werden.

Jedoch ist die Privilegierung des Mess-, Zähl- und Berechenbaren weder eine neue Entwicklung noch ist sie spezifisch für die digitale Medienkultur. So konstatierte Edmund Husserl beispielsweise in *Die Krisis der europäischen*

---

22 | Zum Spannungsverhältnis zwischen quantitativen und qualitativen Analysemethoden im Bereich digitaler Datenbanken siehe auch Katherine Hayles Diskussion des Einsatzes von Geoinformationssystemen in den Geistes- und Kulturwissenschaften (vgl. 2012: 196).

23 | Siehe hierzu S. 307ff.

Wissenschaften eine mit der Neuzeit einsetzende Mathematisierung der *Welt*, die im »Konnex mit der Meßkunst« (Husserl 1996: 33) zum Garant von Objektivität, wissenschaftlicher Exaktheit und Wissenschaftlichkeit überhaupt wurde (vgl. Husserl 1996: 2f.).[24] Hiervon zeugt nicht zuletzt die geläufige Zuschreibung von Härte, Strenge und Exaktheit zu den quantitativ und mathematisch verfahrenden (Natur-)Wissenschaften, von denen die sogenannten weichen nicht-quantitativen Wissenschaften unterschieden werden.

Ungeachtet der phänomenologisch motivierten Kritik, die Husserl in seiner Krisisschrift an der Mathematisierung und der damit einhergehenden Technisierung der Welt formuliert, zeigt dessen Abhandlung den zentralen Stellenwert auf, der dem Zähl-, Mess- und Berechenbaren seit Jahrhunderten zuerkannt wird. In gewisser Weise weist auch Michel Foucault auf diesen Umstand hin, wenn er in der ersten Vorlesung zur *Geschichte der Gouvernementalität* herausstellt, dass die quantitative Bevölkerungserfassung durch die Statistik als der »Wissenschaft vom Staat« (Foucault 2006: 152) seit dem Ende des 16. Jahrhunderts sukzessive zu einem zentralen Bestandteil der staatlichen Regierungskunst wurde. In der Folgezeit ist für die Regierung nicht mehr das Individuum, sondern die Bevölkerung »das abschließende Zielobjekt« (Foucault 2006: 70), welche als *kollektives Subjekt-Objekt*[25] durch Statistik erst erkenn- und damit regierbar wurde:

»Die Statistik läßt, indem sie die der Bevölkerung eigenen Phänomene zu quantifizieren erlaubt, deren nicht auf den kleinen Rahmen der Familie reduzierbare Eigenart zutage treten. Abgesehen von einer bestimmten Anzahl von Restthemen, die moralische oder religiöse Themen sein können, verschwindet die Familie als Modell der Regierung.« (Foucault 2006: 157)

Durch das Zählen und Schätzen von Geburten- und Todesraten, von Todesursachen und Verbrechen, aber auch von Handelsleistungen und Steuererträgen wurde die

---

24 | Die Welt in ihrer Konkretheit ist Husserl zufolge nicht mathematisch. Sie wird vielmehr indirekt mathematisiert und hierdurch *methodisch objektiviert* (vgl. Husserl 1996: 43): »Mathematik als Reich echter objektiver Erkenntnis (und Technik unter ihrer Leitung), das war für Galilei und schon vor ihm im Brennpunkt des den ›modernen‹ Menschen bewegenden Interesses für eine philosophische Welterkenntnis und eine rationale Praxis. Es muß Maßmethoden geben für alles, was Geometrie, was Gestaltenmathematik in ihrer Idealität und Apriorität umfaßt. Und die ganze konkrete Welt muß sich als mathematisierbar-objektive erweisen, wenn wir jenen einzelnen Erfahrungen nachgehen und alles an ihnen vorausgesetztermaßen der angewandten Geometrie zu Unterstellende wirklich messen, also die entsprechenden Maßmethoden ausbilden. Wenn wir das tun, muß sich die Seite der spezifisch qualitativen Vorkommnisse *indirekt mitmathematisieren.*« (Husserl 1996: 39f.)

25 | Foucault bezeichnet die Bevölkerung als kollektives Subjekt-Objekt, welches zugleich politisches Subjekt und Objekt des Regierens sei (vgl. 2006: 70ff.).

Bevölkerung *als* Bevölkerung beschreibbar (vgl. Foucault 2006: 396). In der von Foucault konstatierten Etablierung einer neuen Regierungskunst auf der Grundlage dieses Wissens zeigt sich die bereits relativ lang andauernde Relevanz des Quantitativen im Bereich staatlicher Machtausübung.

Dass quantitativen Wissensformen ein zentraler Stellenwert zukommt, ist keineswegs neu, wie im Rekurs auf Husserl einerseits und Foucault andererseits skizzenhaft gezeigt wurde.[26] Dennoch scheint die Privilegierung des Quantitativen im Kontext der digitalen Medienkultur eine neue Qualität anzunehmen. So konstatiert Bruno Latour 2007 in einem kurzen Text beispielsweise, dass die Sozialwissenschaften durch die Verfügbarkeit von unüberschaubaren Mengen an (nutzergenerierten) Informationen und die massenhafte Erfassung von Nutzungsdaten *in* und *durch* digitale Medien(technologien) ihre Erkenntnisse endlich auf eine ähnlich große empirische Basis stellen können wie die Naturwissenschaften: »[S]ocial sciences [...] can finally have access to masses of data that are of the same order of magnitude as that of their older sisters, the natural sciences« (Latour 2007). Auch wenn nach Ansicht von Latour die *Natur* der Naturwissenschaften und das *Soziale* der Sozialwissenschaften problematische Kategorien sind, verfüge die Soziologie in der digitalen Medienkultur endlich über die »empirical means of its scientific ambition« (Latour 2007).[27] Die zunehmende *traceability* von Nutzern und ihren Handlungen in digitalen Medien ermögliche sogar die Erforschung der Tiefenstrukturen der menschlichen Psyche und unserer Imaginationen:

»The precise forces that mould our subjectivities and the precise characters that furnish our imaginations are all open to inquiries by the social sciences. It is as if the inner workings of private worlds have been pried open because their inputs and outputs have become thoroughly traceable.« (Latour 2007)

Obwohl Latour an dieser Stelle nicht explizit von einer quantitativen Erfassung und Analyse des Sozialen und Psychischen spricht, legt er dies mit dem Hinweis nahe, dass es für die Sozialwissenschaften nun möglich werde, ihre wissenschaftlichen Ambitionen umzusetzen. Dass die mit digitalen Medientechnologien verzeichneten Informationen die Möglichkeit einer quantitativen Vermessung der sozialen Welt eröffnen, stellt Latour jedoch einige Jahre später in einem Beitrag zu Gabriel Tardes Idee der Quantifizierung deutlich heraus (vgl. Latour 2010: 158f.).

Bemerkenswert ist die Position Latours nicht nur, weil er diese Entwicklung prinzipiell begrüßt, sondern auch, weil er die Potenziale digitaler Datenspuren zu überschätzen scheint. So ist fraglich, ob mit der Verzeichnung von Nutzer- und

---

26 | Eine umfassendere historische Kontextualisierung der Privilegierung quantitativer Wissensformen wäre notwendig, kann an dieser Stelle jedoch nicht geleistet werden.

27 | Latour lehnt sich an Gabriel Tardes Modell der Soziologie und der Idee der Quantifizierung an, welche er in *Tarde's idea of quantification* rekonstruiert (2010).

Nutzungsdaten die Differenz zwischen dem Sozialen, Ökonomischen und Psychologischen zusammenbricht, wie Latour behauptet: »As soon as I purchase on the web, I erase the difference between the social, the economic and the psychological, just because of the range of traces I leave behind« (Latour 2007a). Auch ist die Behauptung zu hinterfragen, dass die menschliche Imagination quantifizierbare Spuren in digitalen Datenbanken hinterlässt, wie der Titel nahelegt, unter dem Latour den Text aus dem Jahr 2007 auf seiner Webseite veröffentlicht hat: *Beware, your imagination leaves digital traces.*[28] Die Verweildauer auf einer Webseite oder der Kauf eines Buchs sind jedoch keineswegs Spuren unserer Imaginationen, sondern Spuren von Handlungen, die als Indizien unserer Vorstellungen, Wünsche und Hoffnungen interpretiert werden können.

Es ist verwunderlich, dass dem wissenschaftshistorisch geschulten Blick Latours dieser Unterschied entgeht, der im Zuge der sich derzeit vollziehenden Quantifizierung des Sozialen auf problematische Weise unterlaufen wird. Erfunden werden immer neue Metriken, um den Einfluss von Personen, die Wichtigkeit von Themen, die Relevanz von Webseiten oder die Performanz von Kampagnen zu messen.[29] So bewertet die 2009 gegründete Firma Klout den Einfluss von Personen auf der Grundlage von Daten von Twitter, Facebook, Google+, LinkedIn etc.[30] Einer Person wird dabei ein Wert zwischen 1 und 100 gegeben, welche deren *Klout Score* bildet. Je höher dieser Wert ist, desto mehr Einfluss, Autorität und Macht hat eine Person nach Ansicht von Klout. Aber was bedeutet dabei Einfluss? Klout gibt hierauf eine konzise Antwort: »Influence is the ability to drive action. When you share something on social media or in real life and people respond, that's influence. The more influential you are, the higher your Klout Score« (Klout).[31] Autorität bemisst sich demzufolge daran, wie intensiv eigene Nachrichten, Bilder und sonstige Inhalte auf Facebook, Twitter, Instagram etc. von anderen Nutzern geliked (oder favorisiert), diskutiert und geteilt (oder retweeted) werden.[32] Dieser Logik folgend

---

28 | Der Text wird zumeist unter dem Titel zitiert, den Latour auf seiner Webseite angibt, www.bruno-latour.fr/node/245 (zuletzt aufgerufen am 13.08.2013).

29 | Hierzu zählt unter anderem die Relevanzgewichtung von Webseiten anhand der Linktopologie des Web und anderer Faktoren, die im Kapitel »Techno-Logik« (S. 260ff.) diskutiert wurde. Ein weiteres Beispiel ist der EdgeRank, auf dessen Grundlage Nachrichten im Nachrichtenfeed von Facebook angezeigt werden.

30 | Eine Reihe konkurrierender Metriken versprechen, etwas Ähnliches zu messen, wie zum Beispiel der PeerIndex (www.peerindex.com/) oder das Kred Influence Measurement (kred.com/).

31 | Nach eigenen Angaben von Klout werden derzeit bis zu 400 Signale herangezogen, um den Klout Score zu kalkulieren (vgl. Klout).

32 | Eine häufig in der Blogosphäre geäußerte Kritik am Klout Score richtet sich gegen die Weise der Berechnung dieser Kennzahl. Infrage gestellt wird die Gewichtung unterschiedlicher Faktoren, wie z.B. der Zahl von Tweets und anderer Online-Aktivitäten (vgl. Braunstein 2011; Gillin 2011).

ist der Musiker Justin Bieber (Klout Score 92) ähnlich einflussreich wie der aktuelle Präsident der Vereinigten Staaten Barack Obama (Klout Score 99). Dies ist richtig und falsch zugleich. Dennoch ist der Vergleich schief, da Obama als Präsident der Vereinigten Staaten jenseits des *court of public opinion* über vielfältige Einfluss- und Handlungsmöglichkeiten verfügt, die ein Popstar wie Justin Bieber nicht hat.

Ein hoher Klout Score ist dementsprechend nur ein Indikator dafür, dass den von einem Nutzer geposteten Nachrichten in den Streams anderer Nutzer Aufmerksamkeit geschenkt wird und diese nicht unbemerkt vorbeifließen. Ähnlich wie die Mediadaten von Zeitungen und Zeitschriften oder die Einschaltquoten im Fernsehen ist der Klout Score eine Kennzahl der potenziellen Reichweite eines Nutzers im sozialen Web.[33] Beziffert wird also der Einfluss einer Person in einem spezifischen Kontext. Doch dieser Wert kann auch als Indiz für die Autorität oder Macht dieser Person außerhalb sozialer Netzwerke genommen werden. Eben hierin besteht das Problem, denn Einfluss ist weder eine eindeutige noch eine unumstrittene Kategorie. Indem der Klout Score einer Person eine Kennzahl zwischen 1 und 100 zuweist, kollabieren diese vielfältigen Unterschiede in einem scheinbar eindeutigen und vermeintlich global gültigen Wert. Allzu leicht kann hierbei der Eindruck entstehen, dass sich in dieser Zahl die Wirklichkeit widerspiegelt, wie Roberto Simanowski die Suggestivkraft des Quantitativen pointiert auf den Punkt gebracht hat: »With numbers it is pure reality that speaks« (Simanowski 2012a: 24).

Die Gefahr liegt infolgedessen in der Überschätzung der Aussagekraft des Klout Score und dementsprechend auch von der Bedeutung von Social Media. Der Klout Score ist nicht nur Spiegel der Wirklichkeit, sondern schafft eine Realität, in der auf Grundlage von Metriken entschieden und gehandelt wird und in der Nutzer strategisch versuchen, den eigenen Klout Score zu optimieren (vgl. Stevenson 2012; Perks 2012). Ähnlich wie bei quantenmechanischen Messungen verändert der Klout Score die Realität. Letzteres ist jedoch keine einmalige Messung, sondern eine permanente quantitative Evaluierung von unseren Handlungen *in, mit* und *durch* digitale Medien(technologien). Genau das gilt es kritisch zu beleuchten und auf die gesellschaftlichen und kulturellen Konsequenzen hin zu befragen. Einen möglichen Anknüpfungspunkt hierfür eröffnet Jon McKenzies These, dass Macht und Wissen im ausgehenden 20. und beginnenden 21. Jahrhundert immer stärker dem Dogma der *Performance* unterliegt: »[P]erformance will be to the twentieth and twenty-first centuries what discipline was to the eighteenth and nineteenth, that is, an onto-historical formation of power and knowledge« (McKenzie 2001: 18). Produktivität, Effektivität und Wirksamkeit seien nunmehr die entscheidenden gesellschaftlichen Faktoren, welche zumeist auf Grundlage quantitativer Kenngrößen evaluiert würden (vgl. McKenzie 2001: 97).

---

33 | Diese Kontextgebundenheit versucht Klout durch die Einbeziehung von Daten aus Wikipedia und der Suchmaschine Bing jedoch tendenziell zu überwinden. So hat Barack Obama einen höheren Einflusswert als Justin Bieber erst, seit Wikipedia-Daten in die Kalkulation des Klout Score einbezogen werden (vgl. Fernandez 2012).

Mit der Tendenz zur quantitativen Evaluierung geht das Streben nach Optimierung Hand in Hand. Besonders deutlich tritt dies im Kontext der *Quantified Self*-Bewegung zutage, der Gary Wolf und Kevin Kelly 2007 ihren Namen gegeben haben.[34] Der Begriff dient als Oberbegriff für unterschiedliche Formen des *Self-Tracking* mithilfe digitaler Medientechnologien. Das Spektrum reicht von Protokollen gegessener Speisen über die sensorgestützte Auswertung der eigenen sportlichen Aktivitäten bis hin zur Aufzeichnung von Herzfrequenzen und Schlafphasen.[35] Die Sammlung derartiger Informationen ermöglicht es Kelly zufolge, Antworten auf die großen Fragen der Menschheit zu finden:

»Who Are We? What is a human? What does it mean to be a person? Is human nature fixed? Sacred? Infinitely expandable? [...] We believe that the answers to these cosmic questions will be found in the personal. Real change will happen in individuals as they work through self-knowledge.« (Kelly 2007)

Zwar heißt Kelly prinzipiell jede Form der Selbsterkenntnis willkommen, jedoch präferiert er den seines Erachtens *rationalen* Weg: »Unless something can be measured, it cannot be improved. So we are on a quest to collect as many personal tools that will assist us in quantifiable measurement of ourselves« (Kelly 2007). Das Ziel, sich selbst zu verbessern und das eigene Leben zu optimieren, steht im Zentrum der Quantified Self-Bewegung. Eine ähnliche Position vertritt auch Wolf, der 2010 feststellt: »[I]f we want to act more effectively in the world, we have to get to know ourselves better« (Wolf 2010).

Den Schlüssel zur Optimierung des Selbst bilden quantitative Informationen, an denen sich das eigene Tun vermeintlich objektiv bewerten lässt. Um diese Vermutung zu belegen, suchten die Proponenten des Quantified Self zunächst Bestätigung seitens der Naturwissenschaften. Wie Whitney Erin Boesel beobachtet, ist der Wunsch nach wissenschaftlichen Belegen jedoch zunehmend gegenüber selbstreflexiven Praktiken mit quantitativen Daten in den Hintergrund gerückt:

»Quantified Self's most central object of concern has slowly shifted from the tools people use to track, to the data those tools and other self-tracking practices generate, to self-tracking practices as meaningful ends onto themselves, to develop-

---

34 | Die Anfänge der quantitativen Selbstvermessung können nicht auf 2007 datiert werden, worauf die Sozialwissenschaftlerin Whitney Erin Boesel hinweist. Der Erfolg der von Kelly und Wolf gegründeten Quantified Self-Gruppierung habe vielmehr darauf beruht, dass viele andere ihr Leben bereits selbst vermessen haben: »Quantified Self came to exist because people were already self-tracking« (Boesel 2013).

35 | Die Webseite von Quantified Self (URL: http://quantifiedself.com/guide/; Stand 11.08.2013) listet derzeit 505 verschiedene Selbst-Tracking-Instrumente auf, die von Sensoren über Softwareanwendungen und Handy-Apps bis hin zu Web 2.0-Angeboten wie Daytum (http://daytum.com/) reichen.

ing ›reflective capacities‹ not just through self-tracking practices, but in regard to self-tracking practices.« (Boesel 2013)

Auch wenn sich der Fokus der Quantified Self-Bewegung von naturwissenschaftlich objektiver Selbsterkenntnis in Richtung reflexiver Praktiken des Selbst-Tracking verschoben hat, wird an der Privilegierung quantitativer Wissensformen festgehalten. Das Credo der Selbstoptimierung durch Selbstvermessung lässt sich als eine jener von Foucault beschriebenen *Technologien des Selbst* verstehen und analysieren, »die es dem Einzelnen ermöglichen […], sich so zu verändern, daß er einen gewissen Zustand des Glücks, der Reinheit, der Weisheit, der Vollkommenheit oder der Unsterblichkeit erlangt« (Foucault 1993: 26). Aus medienkulturwissenschaftlicher Sicht wäre hieran anknüpfend nach dem Einfluss von digitalen Technologien der Aufzeichnung, Versammlung und Auswertung von Informationen auf die Formierung quantitativer Technologien des Selbst zu fragen. Dies zu beantworten muss sich eine anderes Buch zur Aufgabe machen. Fest steht jedoch, dass digitale Datenbanken die Quantifizierung aller Bereiche unserer Lebenswelt befördern. Die Auswirkungen dieser Entwicklung zu beobachten und mögliche Alternativen zu erkunden bleibt eine Aufgabe auf dem Weg hin zu einer kritischen Datenbankkultur.

Literatur

Alberti, Leon Battista (2000 [1540]), »De Pictura – Die Malkunst«, in: *Das Standbild. Die Malerei. Grundlagen der Malerei*, Darmstadt: Wissenschaftliche Buchgesellschaft, S. 194-315.

Alloa, Emmanuel (2011), *Das durchscheinende Bild: Konturen einer medialen Phänomenologie*, Zürich: Diaphanes.

American Society of Mechanical Engineers (1984), *The IBM 350 RAMAC Disk File: Designated An International Historic Landmark*, http://www.magneticdiskherita gecenter.org/MDHC/RAMACBrochure.pdf (zuletzt aufgerufen am 10.05.2012).

American Telephone and Telegraph Co. (AT&T) (1927), How to Use the Dial Phone, http://www.archive.org/details/HowtoUse1927 (zuletzt aufgerufen am 10.07.2013).

Andersen, Peter Bøgh et al. (1994), *The Computer as Medium*, Cambridge: Cambridge University Press.

Anderson, Chris (2008), »The End of Theory: The Data Deluge Makes the Scientific Method Obsolete«, in: *Wired*, 16, 7, S. 108-109.

Anonymus (1938), »Die Nationalbibliothek in der Westentasche«, in: *Prager Tageblatt*, 10.09.1938, S. 5-6.

Anonymus (1965), »Description of the Data Base Problem«, in: C. Baum und L. Gorsuch (Hrsg.), *Proceedings of the Second Symposium on Computer-Centered Data Base Systems (September 20-21, 1965)*, Santa Monica: System Development Corporation, S. 3.5.

Anonymus (1974), »Panel and Audience: Discussion«, in: *Proceedings of 1974 ACM-SIGFIDET/SIGMOD Workshop on Data Description Access and Control*, Ann Arbor, Michigan, S. 121-144.

Anonymus (2005), »When Do You Think The First Database Was Built? 5 years ago? 15 years ago? 50?«, in: *CS4FN: Computer Science for Fun*, 1, S. 5.

ANSI (1970), »American National Standard Vocabulary for Information Processing« in: Information Processing Glossaries Collection (CBI 92), Box 1, Folder 33, Charles Babbage Institute, University of Minnesota, Minneapolis.

ANSI (1977), »American National Vocabulary for Information Processing« in: Information Processing Glossaries Collection (CBI 92), Box 1, Folder 58, Charles Babbage Institute, University of Minnesota, Minneapolis.

Antoniou, Grigoris und Frank van Harmelen (2008), *A Semantic Web Primer*, Cambridge: MIT Press.

Aristoteles (1966), *Über die Seele*, Werke in deutscher Übersetzung, hrsg. von Ernst Grumach, Berlin: Akademie Verlag.

Aristoteles (1992), *Topik (Organon V)*, übersetzt von Eugen Rolfes, Hamburg: Meiner.

Aristoteles (1995), *Metaphysik*, Philosophische Schriften: in sechs Bänden, Bd. 5, Hamburg: Meiner.

Arment, Marco (2012), »Interpreting some of Twitter's API changes«, in: *Marco.org*, 16.08.2012, http://www.marco.org/2012/08/16/twitter-api-changes (zuletzt aufgerufen am 13.06.2013).

Arms, William Y. et al. (2006a), »Building a Research Library for the History of the Web«, in: *Proceedings of the 6th ACM/IEEE-CS joint conference on Digital libraries*, S. 95-102.

Arms, William Y. et al. (2006b), »A Research Library Based on the Historical Collections of the Internet Archive«, in: *D-Lib Magazine*, 12, 2 (zuletzt aufgerufen am 02.08.2008).

Aspray, William (1990), »Punched-Card Machinery«, in: Ders. (Hrsg.), *Computing before Computers*, Ames: Iowa State University Press, S. 122-155.

Bachman, Charles W. (1962a), »Concepts of Computer Use in Integrated Systems« in: Charles W. Bachman Papers (CBI 125), Box 20, Integrated Systems Project Notebook #1, Charles Babbage Institute, University of Minnesota, Minneapolis.

Bachman, Charles W. (1962b), »Integrated Data Store – The Information Processing Machine That We Need!« in: Charles W. Bachman Papers (CBI 125), Box 1, Folder 11, Charles Babbage Institute, University of Minnesota, Minneapolis.

Bachman, Charles W. (1973a), »Der Programmierer als Navigator«, in: *Online: Zeitschrift für Datenverarbeitung (auch bekannt als: Online: erfolgreiches Informationsmanagement, ADI-Nachrichten)*, 11, 12, S. 865-869.

Bachman, Charles W. (1973b), »The Future of Database Systems; presented at Atomic Energy Systems Operations and Programs (AESOP), Augusta, Georgia, March 27, 1973« in: Charles W. Bachman Papers (CBI 125), Box 16, Folder 26, Charles Babbage Institute, University of Minnesota, Minneapolis.

Bachman, Charles W. (1973c), »The Programmer as Navigator«, in: *Communications of the ACM*, 16, 11, S. 653-658.

Bachman, Charles W. (1974), »Summary of the Current Work ANSI/X3/SPARC/ Study Group – Database Systems«, in: *ACM SIGMOD Record*, 6, 3, S. 16-39.

Bachman, Charles W. (1975), »Trends in Database Management – 1975«, in: *Proceedings of the May 19-22, 1975, national computer conference and exposition*, Anaheim, S. 569-576.

Bachman, Charles W. (1987), »Postscript: The Programmer as Navigator, Architect, Communicator, Modeler, Collaborator, and Supervisor«, in: Robert L. Ashenhurst und Susan Graham (Hrsg.), *ACM Turing award lectures: the first twenty years: 1966-1985*, New York: ACM, S. 281-285.

Bachman, Charles W. (2006), »Interview: September 25-26, 2004; Tucson, Arizona«, in: *ACM Oral History interviews*, http://dl.acm.org/ft_gateway.cfm?id=1141882&-ftid=519211&dwn=1&CFID=364425294&CFTOKEN=279 37773 (zuletzt aufgerufen am 14.12.12).

Badiou, Alain (2005), *Das Sein und das Ereignis*, Berlin: Diaphanes.

Baecker, Dirk (2001), »Niklas Luhmann in der Gesellschaft der Computer«, in: *Merkur: Deutsche Zeitschrift für europäisches Denken*, 55, 7, S. 597-609.

Baecker, Dirk (2008), »Medienforschung«, in: Stefan Münker und Alexander Roesler (Hrsg.), *Was ist ein Medium?*, Frankfurt a.M.: Suhkamp, S. 131-143.

Baeza-Yates, Richardo und Berthier Riberio-Neto (1999), *Modern Information Retrieval*, Harlow: Addison-Wesley.

Bahr, Hans-Dieter (1999), »Medien-Nachbarwissenschaften I: Philosophie«, in: Joachim Felix Leonhard et al. (Hrsg.), *Medienwissenschaft: Ein Handbuch zur Entwicklung der Medien- und Kommunikationsformen*, Berlin/New York: de Gruyter, S. 273-281.

Bal, Mieke (1997), *Narratology: Introduction to the Theory of Narrative*, Toronto: University of Toronto Press.

Bal, Mieke (2002), *Kulturanalyse*, Frankfurt a.M.: Suhrkamp.

Barthes, Roland (1976), *S/Z*, Frankfurt a.M.: Suhrkamp.

Bashe, Charles J. et al. (1986), *IBM's Early Computers*, Cambridge: MIT Press.

Baßler, Moritz (2005), *Die kulturpoetische Funktion und das Archiv: Eine literaturwissenschaftliche Text-Kontext-Theorie*, Tübingen: Narr Francke Attempto Verlag.

Baßler, Moritz (2006), »Was nicht ins Archiv kommt: Zur Analysierbarkeit kultureller Selektion«, http://www.simonewinko.de/bassler_text.htm (zuletzt aufgerufen am 07.01.2008).

Bates, Marcia J. (1989), »The Design of Browsing and Berrypicking Techniques for the Online Search Interface«, in: *Online Review*, 13, 5, S. 407-424.

Bateson, Gregory (1985a), »Eine Theorie des Spiels und der Phantasie«, in: *Ökologie des Geistes: anthropologische, psychologische, biologische und epistemologische Perspektiven*, Frankfurt a.M.: Suhrkamp, S. 241-261.

Bateson, Gregory (1985b), »Form, Substanz und Differenz«, in: *Ökologie des Geistes: anthropologische, psychologische, biologische und epistemologische Perspektiven*, Frankfurt a.M.: Suhrkamp, S. 576-597.

Battelle, John (2011), »File Under: Metaservices, The Rise Of«, in: *John Battelle's Searchblog*, 04.02.2011, http://battellemedia.com/archives/2011/02/file_under_metaservices_the_rise_of.p hp (zuletzt aufgerufen am 29.05.2013).

Bauer, Matthias und Christoph Ernst (2010), *Diagrammatik: Einführung in ein kultur- und medienwissenschaftliches Forschungsfeld*, Bielefeld: Transcript.

Becker, Konrad und Felix Stalder (2009a) (Hrsg.), *Deep Search: Politik des Suchens jenseits von Google*, Innsbruck u.a.: Studien Verlag.

Becker, Konrad und Felix Stalder (2009b), »Einleitung«, in: Konrad Becker und Felix Stalder (Hrsg.), *Deep Search: Politik des Suchens jenseits von Google*, Innsbruck u.a.: Studien Verlag, S. 7-12.

Becker, Peter (2008), »Beschreiben, Klassifizieren, Verarbeiten: Zur Bevölkerungsbeschreibung aus kulturwissenschaftlicher Sicht«, in: Arndt Brendecke et al. (Hrsg.), *Information in der Frühen Neuzeit: Status, Bestände, Strategien*, Berlin: LIT Verlag, S. 393-419.

Bell, Gordon und Jim Gemmell (2009), *Total Recall: How the E-Memory Revolution will Change Everything*, New York: Dutton.

Bell, Gordon et al. (2009), »Beyond the Data Deluge«, in: *Science*, 323, S. 1297-1298.

Benson-Lehner Corporation (1959), »A Classification System for any Data Banking (Information Storage and Retrieval) Process [Research Report 59-6]« in: United States National Bureau of Standards, Computer Literature Collection (CBI 32), Box 99, Folder 9, Charles Babbage Institute, University of Minnesota, Minneapolis.

Berners-Lee, Tim (1998), »RDF and Relational Databases«, in: *Design Issues for the World Wide Web: Architectural and philosophical points*, http://www.w3.org/Des ignIssues/RDB-RDF.html (zuletzt aufgerufen am 27.08.2009).

Berners-Lee, Tim (2006), »Linked Data«, http://www.w3.org/DesignIssues/LinkedD ata.html (zuletzt aufgerufen am 19.12.2011).

Berners-Lee, Tim und Mark Fischetti (1999), *Der Web-Report: Der Schöpfer des World Wide Webs über das grenzenlose Potential des Internets*, Berlin: Econ.

Berners-Lee, Tim et al. (2001), »The Semantic Web: A new Form of Web Content that is Meaningful to Computers will Unleash a Revolution of New Possibilities«, in: *Scientific American*, 284, 5, S. 34-43.

Bizer, Christian und Tobias Gauß (2007), »Disco – Hyperdata Browser: A Simple Browser for Navigating the Semantic Web«, http://wifo5-03.informatik.uni-ma nnheim.de/bizer/ng4j/disco/ (zuletzt aufgerufen am 10.09.2013).

Blench, Michael und Laurent Proulx (2005), »Global Public Health Intelligence Network (GPHIN): An Early-Warning Global Intelligence Information Management (GIIM) Model«, http://www.wowgao.com/2005gov/PDFfiles/2005/ presentation_files/Blench.ppt (zuletzt aufgerufen am 16.06.2013).

Bloch, William Goldbloom (2008), *The Unimaginable Mathematics of Borges' Library of Babel*, New York: Oxford University Press.

Blumauer, Andreas und Tassilo Pellegrini (2006), »Semantic Web und semantische Technologien: Zentrale Begriffe und Unterscheidungen«, in: Dies. (Hrsg.), *Semantic Web: Wege zur vernetzten Wissensgesellschaft*, Berlin: Springer, S. 9-25.

Blumenberg, Hans (2009), »Methodologische Probleme einer Geistesgeschichte der Technik«, in: *Geistesgeschichte der Technik: Mit einem Radiovortrag auf CD*, Frankfurt a.M.: Suhrkamp, S. 49-85.

Boesel, Whitney Erin (2013), »What is the Quantified Self Now?«, in: *Cyborgology*, 22.05.2013, http://thesocietypages.org/cyborgology/2013/05/22/what-is-the-qua ntified-self-now/ (zuletzt aufgerufen am 29.07.2013).

Böhme, Stefan et al. (2012) (Hrsg.), *Sortieren, Sammeln, Suchen, Spielen: Die Daten-bank als mediale Praxis*, Münster: Lit-Verlag.

Bollier, David (2010), *The Promise and Peril of Big Data*, Washington D.C.: The Aspen Institute, http://www.aspeninstitute.org/sites/default/files/content/docs/pubs/T he_Promise_and_Peril_of_Big_Data.pdf (zuletzt aufgerufen am 20.09.2013).

Bolter, Jay David (1997), »Das Internet in der Geschichte der Technologien des Schreibens«, in: Stefan Münker und Alexander Roesler (Hrsg.), *Mythos Internet*, Frankfurt a.M.: Suhrkamp, S. 37-55.

Bolter, Jay David und Richard Grusin (1999), *Remediation: Understanding New Media*, Cambridge: MIT Press.

Bolz, Norbert (1994a), *Computer als Medium*, Literatur- und Medienanalysen, München: Fink.

Bolz, Norbert (1994b), »Computer als Medium – Einleitung«, in: Norbert Bolz et al. (Hrsg.), *Computer als Medium*, München: Fink, S. 9-16.

Borges, Jorge Luis (1992 [1941]), »Die Bibliothek von Babel«, in: *Fiktionen (Ficciones): Erzählungen von 1939-1944*, Frankfurt a.M.: Fischer.

Borges, Jorge Luis (2003 [1939]), »Die Totale Bibliothek«, in: *Eine neue Widerlegung der Zeit und 66 andere Essays*, Frankfurt a.M.: Eichborn Verlag, S. 165-169.

Borgman, Christine L. (1996), »Why Are Online Catalogs *Still* Hard to Use?«, in: *Journal of the American Society for Information Science*, 47, 7, S. 493-503.

Borgman, Christine L. (2007), *Scholarship in the Digital Age: Information, Infra-structure, and the Internet*, Cambrdige: MIT Press.

Borgmann, Albert (1999), *Holding On to Reality: The Nature of Information at the Turn of the Millennium*, Chicago: University of Chicago Press.

Bourne, Charles P. und Trudi Bellardo Hahn (2003), *A History of Online Information Services, 1963-1976*, Cambridge: MIT Press.

Bowker, Geoffrey C. (1994), »Information Mythology: the world of/as information«, in: Lisa Bud-Frierman (Hrsg.), *Information acumen: The understanding and use of knowledge in modern business*, London: Routledge, S. 231-247.

Bowker, Geoffrey C. (2005), *Memory Practices in the Sciences*, Cambridge: MIT Press.

Bowker, Geoffrey C. und Susan Leigh Star (2000), *Sorting things out: Classification and Its Consequences*, Cambridge: MIT Press.

boyd, danah und Kate Crawford (2011), »Six Provocations for Big Data«, http://ssrn.com/abstra ct=1926431 (zuletzt aufgerufen am 15.09.2011).

Brand, Stewart (1999), »Escaping the Digital Dark Age«, in: *Library Journal*, 124, 2, S. 46-48.

Brauns, Jörg (2002) (Hrsg.), *Form und Medium*, Weimar: VDG.

Braunstein, Alex (2011), »Why your Klout Score is Meaningless«, in: *Alex Braun-stein's Blog*, 01.06.2011, http://alexbraunstein.com/2011/06/01/why-your-klout-score-i s-meaningless/ (zuletzt aufgerufen am 11.08.2013).

Brin, Sergey et al. (1998), »What Can You Do with a Web in Your Pocket?«, in: *Data Engineering Bulletin*, 21, 2, S. 37-47.

Brin, Sergey und Lawrence Page (1998), »The Anatomy of a Large-Scale Hypertextual Web Search Engine«, in: *Computer Networks and ISDN Systems*, 30, S. 107-117.

Buchholz, Werner (1963), »File Organization and Addressing«, in: *IBM Systems Journal*, 2, 2, S. 86-111.

Buckland, Michael (1992), »Emanuel Goldberg, Electronic Document Retrieval, And Vannevar Bush's Memex«, in: *Journal of the American Society for Information Science*, 43, 4, S. 284-294.

Buckland, Michael (1997), »What is a Document?«, in: *Journal of the American Society for Information Science*, 48, 9, S. 804-809.

Buckland, Michael (2006), *Emanuel Goldberg and his Knowledge Machine*, Wesport: Libraries Unlimited.

Bunz, Mercedes (2012), *Die stille Revolution: Wie Algorithmen Wissen, Arbeit, Öffentlichkeit und Politik verändern, ohne dabei viel Lärm zu machen*, Berlin: Suhrkamp.

Bunz, Mercedes (2013), »As You Like It: Critique in the Era of an Affirmative Discourse«, in: Geert Lovink und Miriam Rasch (Hrsg.), *Unlike Us Reader: Social Monopolies and Their Alternatives*, Amsterdam: Institute of Network Cultures, http://networkcultures.org/wpmu/portal/publicat ion/unlike-us-read er-social-media-monopolies-and-their-alternatives/ (zuletzt aufgerufen am 05.09.2013), S. 137-145.

Burke, Colin (1992), »The Other Memex: The Tangled Career of Vannevar Bush's Information Machine, The Rapid Selector«, in: *Journal of the American Society for Information Science*, 43, 10, S. 648-657.

Burkhardt, Marcus (2011), »It is not what it is: Zur differentiellen Identität des Mediums Computer«, in: Marcel Vejmelka et al. (Hrsg.), *Identität in den Kulturwissenschaften: Perspektiven und Fallstudien zu Identitäts- und Alteritätsdiskursen*, Trier: Wissenschaftsverlag Trier, S. 139-150.

Burns, William (2006), »Openness is Key in Fight Against Disease Outbreaks«, in: *Bulletin of the World Health Organization*, 84, 10, S. 769-770.

Bush, Vannevar (1945), »As We May Think«, in: *The Atlantic Monthly*, 176, 1, S. 101-108.

CAM-I Standards Committee (1976), »Glossary of Computer Aided Manufacturing Terms« in: Information Processing Glossaries Collection (CBI 92), Box 1, Folder 6, Charles Babbage Institute, University of Minnesota, Minneapolis.

Canning, Richard G. (1972), »The Report on Data Base Management«, in: *EDP Analyzer*, 10, 3, S. 1-16.

Capurro, Rafael (1978), *Information: Ein Beitrag zur etymologischen und ideengeschichtlichen Begründung des Informationsbegriffs*, München: K.G. Saur.

Caracciolo, Luca (2012), »Twitter verleugnet mit neuer API seine Wurzeln«, in: *t3n*, 06.09.2012, http://t3n.de/news/twitter-verleugnet-neuer-api-413077/ (zuletzt aufgerufen am 13.06.2013).

Carlson, Samuelle und Ben Anderson (2007), »What Are Data? The Many Kinds of Data and Their Implications for Data Re-Use«, in: *Journal of Computer-Mediated Communication*, 12, S. 635-651.

Cassirer, Ernst (1923), »Der Begriff der Symbolischen Form im Aufbau der Geisteswissenschaften«, in: *Vorträge der Bibliothek Warburg*, Vorträge 1921-1922, S. 11-39.

Cassirer, Ernst (1956 [1938]), »Zur Logik des Symbolbegriffs«, in: *Wesen und Wirkung des Symbolbegriffs*, Darmstadt: Wissenschaftliche Buchgesellschaft, S. 201-230.

Cassirer, Ernst (2001 [1923]), *Philosophie der symbolischen Formen. Erster Teil: Die Sprache*, Gesammelte Werke, Hamburger Hausgabe, 11, hrsg. von Birgit Recki, Hamburg: Meiner.

Cassirer, Ernst (2008 [1942]), »Der Gegenstand der Kulturwissenschaft«, in: Uwe Wirth (Hrsg.), *Kulturwissenschaft: Eine Auswahl grundlegender Texte*, Frankfurt a.M.: Suhrkamp, S. 155-190.

Cassirer, Ernst (2009 [1930]), »Form und Technik«, in: *Schriften zur Philosophie der symbolischen Formen*, Hamburg: Meiner, S. 123-167.

Chamberlin, Donald D. und Raymond F. Boyce (1974), »SEQUEL: A Structured English Query Language«, in: *Proceedings of 1974 ACM-SIGMOD Workshop on Data Description, Access and Control*, Ann Arbor, Michigan, S. 249-264.

Chang, Fay et al. (2006), »Bigtable: A Distributed Storage System for Structured Data«, in: *OSDI '06: 7th USENIX Symposium on Operating Systems Design and Implementation*, Seattle, S. 205-218.

Charles Babbage Institute (2003), »Hollywood & Computers«, http://web.archive.org/web/20060705204546/http://www.cbi.umn.edu/resources/hollywood.html (zuletzt aufgerufen am 10.02.2014).

Charles Babbage Institute und Stephanie Horowitz (2007), »Gordon Everest Monographs on Database Development, 1957-2003, Finding Aid«, http://special.lib.umn.edu/findaid/xml/ cbi00186.xml (zuletzt aufgerufen am 10.12.2012).

Chen, Peter P. (1976), »The Entity-Relationship Model: Toward a Unified View of Data«, in: *ACM Transactions on Database Systems (TODS)*, 1, 1, S. 9-36.

Choi, Hyunyoung und Hal Varian (2009), »Predicting the Present with Google Trends«, http://www.google.com/googleblogs/pdfs/google_predicting_the_present.pdf (zuletzt aufgerufen am 28.09.2009).

Christolova, Lena (2012), »Das Mundaneum oder das papierne Internet von Paul Otlet und Henri La Fontaine«, in: Stefan Böhme et al. (Hrsg.), *Sortieren, Sammeln, Suchen, Spielen: Die Datenbank als mediale Praxis*, Münster: LIT-Verlag, S. 31-54.

Chun, Wendy Hui Kyong (2011), *Programmed Visions: Software and Memory*, Cambridge: MIT Press.

Cios, Krzysztof J. (2010), *Data Mining: A Knowledge Discovery Approach*, New York: Springer.

CODASYL Data Base Task Group (1968), »COBOL Extensions to handle data bases«, in: *ACM SIGPLAN Notices*, 3, 4, S. 1-49.

CODASYL Data Base Task Group (1969), *Data Base Task Group Report to the CODASYL Programming Language Committee, October 1969*, New York: ACM.

CODASYL Data Base Task Group (1971), *Data Base Task Group Report to the CODASYL programming language committee, April 1971*, New York: ACM.

Codd, Edgar F. (1970), »A Relational Model of Data for Large Shared Data Banks«, in: *Communications of the ACM*, 13, S. 377-387.

Codd, Edgar F. (1982), »Relational Database: A Practical Foundation for Productivity«, in: *Communications of the ACM*, 25, 2, S. 109-117.

Codd, Edgar F. (1990), *The Relational Model for Database Management: Version 2*, Reading: Addison Wesley.

Connolly, Thomas et al. (2002), *Datenbanksysteme: Eine praktische Anleitung zu Design, Implementierung und Management*, München: Addison-Wesley.

Corbitt, Kevin D. (1993), »An Interview with Calvin N. and Charlotte D. Mooers«, http://www.cbi.umn.edu/oh/display.phtml?id=174 (zuletzt aufgerufen am 07.11.2009).

Cornelius, Ian (2004), »Information and Its Philosophy«, in: *Library Trends*, 52, 3, S. 658-665.

Cramer, Florian (2007), »Animals that Belong to the Emperor: Failing Universal Classification Schemes from Aristotle to the Semantic Web«, http://www.net time.org/Lists-Archives/nettime-l-0712/msg00043.html (zuletzt aufgerufen am 01.03.2008).

Dash, Anil (2012), »Stop Publishing Web Pages«, in: *A Blog About Making Culture*, 14.08.2012, http://dashes.com/anil/2012/08/stop-publishing-web-pages.html (zuletzt aufgerufen am 10.06.2013).

Date, Christopher J. (1994), *An Introduction to Database Systems*, Reading: Addison-Wesley.

Date, Christopher J. und Edgar F. Codd (1975), »The Relational and Network Approaches: Comparison of the Application Programming Interfaces«, in: *Proceedings of the 1974 ACM-SIGFIDET (now SIGMOD) Workshop on Data Description, Access and Control: Data Models: Data-Structure-Set versus Relational*, Ann Arbor, Michigan, S. 83-113.

Date, Christopher J. und P. Hopewell (1971a), »File Definition and Logical Data Independence«, in: *Proceedings of the 1971 ACM-SIGFIDET Workshop*, San Diego, S. 117-138.

Date, Christopher J. und P. Hopewell (1971b), »Storage Structure and Physical Data Independence«, in: *Proceedings of the 1971 ACM-SIGFIDET Workshop*, San Diego, S. 139-168.

Davidson, Donald (1993), »Voraussetzungen für Gedanken«, in: *Der Mythos des Subjektiven: Philosopihsche Essays*, Stuttgart: Reclam, S. 5-15.

Davidson, Donald (2005), »Struktur und Gehalt des Wahrheitsbegriffs«, in: Mike Sandbothe (Hrsg.), *Wozu Wahrheit?*, Frankfurt a.m.: Suhrkamp, S. 140-209.

Deleuze, Gilles (1992a), *Differenz und Wiederholung*, München: Fink.

Deleuze, Gilles (1992b), *Foucault*, Frankfurt a.m.: Suhrkamp.

Deleuze, Gilles (1993), »Postskriptum über die Kontrollgesellschaften«, in: *Unterhandlungen, 1972-1990*, Frankfurt a.m.: Suhrkamp.

Delta Airlines (2009), »Statement on Northwest Flight 253«, http://news.delta.com/index.p hp?s=43&item=834 (zuletzt aufgerufen am 10.06.2013).

Dempewolff, Richard F. (1951), »Englewood, N.J., Dialing San Francisco«, in: *Popular Mechanics*, 96, 5, S. 128-133.

Derrida, Jacques (1983), *Grammatologie*, Frankfurt a.m.: Suhrkamp.

Derrida, Jacques (1992), *Die Wahrheit in der Malerei*, Wien: Passagen.

Derrida, Jacques (1997a), *Dem Archiv verschrieben: eine Freudsche Impression*, Berlin: Brinkmann + Bose.

Derrida, Jacques (1997b), »Die Struktur, das Zeichen und das Spiel im Diskurs der Wissenschaften vom Menschen«, in: Peter Engelmann (Hrsg.), *Postmoderne und Dekonstruktion: Texte französischer Philosophen der Gegenwart*, Stuttgart: Reclam, S. 114-139.

Derrida, Jacques (2005), »The Book to Come«, in: *Paper Machine*, Stanford: Stanford University Press, S. 4-18.

Diderot, Denis (1969 [1755]), »Enzyklopädie«, in: *Enzyklopädie: Philosophische und politische Texte aus der ›Encyclopédie‹ sowie Prospekt und Ankündigung der letzten Bände. Mit einem Vorwort von Ralph-Rainer Wuthenow*, München: Deutscher Taschenbuchverlag, S. 79-175.

Dietrich, Frank (1986), »Digital media: Bridges between data particles and artifacts«, in: *The Visual Computer*, 2, S. 135-151.

Digital Methods Initiative (2012), »The Website«, https://http://www.digital-methods.net/Digitalmethods/TheWebsite (zuletzt aufgerufen am 06.09.2013).

Dijkstra, Edsger W. (1969), »Complexity Controlled by Hierarchical Ordering of Function and Variability«, in: *Software Engineering: Report of a conference sponsored by the NATO Science Committee*, Garmisch, S. 181-185.

DIN (1989) (Hrsg.), *Begriffe der Informationstechnik: Normen*, Berlin: Beuth.

Dopichaj, Phillipp (2009), »Ranking-Verfahren für Web-Suchmaschinen«, in: Dirk Lewandowski (Hrsg.), *Handbuch Internet-Suchmaschinen: Nutzerorientierung in Wissenschaft und Praxis*, Heidelberg: Akademische Verlagsgesellschaft, S. 101-115.

Dotzler, Bernhard J. et al. (2001), »Die Adresse des Mediums: Einleitung«, in: Stefan Andriopoulos et al. (Hrsg.), *Die Adresse des Medium*, Köln: DuMont, S. 9-15.

Easley, Joseph H. (1957), »Terms and Expressions Used in the Electronic Computer Industry« in: Information Processing Glossaries Collection (CBI 92), Box 1, Folder 42, Charles Babbage Institute, University of Minnesota, Minneapolis.

Ebeling, Knut und Stephan Günzel (2009a) (Hrsg.), *Archivologie: Theorien des Archivs in Wissenschaft, Medien und Künsten*, Berlin: Kadmos.

Ebeling, Knut und Stephan Günzel (2009b), »Einleitung«, in: Dies. (Hrsg.), *Archivlologie: Theorien des Archivs in Philosophie, Medien und Künsten*, Berlin: Kadmos, S. 7-26.

Eberbach, Eugene et al. (2004), »Turing's Ideas and Models of Computation«, in: Christof Teuscher (Hrsg.), *Alan Turing: Life and Legacy of a Great Thinker*, Berlin: Springer, S. 159-194.

Eco, Umberto (1986), »Für eine semiologische Guerilla«, in: *Über Gott und die Welt: Essays und Glossen*, München: Hanser, S. 146-156.

Eco, Umberto (2009), *Die unendliche Liste*, Hamburg: Hanser.

Edlich, Stefan et al. (2010), *NoSQL: Einstieg in die Welt nichtrelationaler Web 2.0 Datenbanken*, Hamburg: Hanser.

Ellis, Betty Jo (1959), »Therefore is the name of it called Babel because the Lord did there confound the language of all the earth« in: Betty Jo Ellis Papers (CBI 106), Box 1, Folder 1, Charles Babbage Institute, University of Minnesota, Minneapolis.

Enge, Eric (2012), »The End of Link Building as We've Known and Loved it«, in: *Search Engine Watch*, 15.01.2012, http://searchenginewatch.com/article/2137556/The-End-of-Link-Building-as-Weve-Known-and-Loved-it (zuletzt aufgerufen am 06.02.2012).

Engelbart, Douglas C. (1962), *Augmenting Human Intellect: A Conceptual Framework*, Menlo Park: Stanford Research Institute.

Ernst, Christoph (2008a), »Revolutionssemantik und die Theorie der Medien: Zur rhetorischen Figuration der ›digitalen Revolution‹ bei Niklas Luhmann und Vilém Flusser«, in: Sven Grampp et al. (Hrsg.), *Revolutionsmedien – Medienrevolutionen*, Konstanz: UVK, S. 171-203.

Ernst, Wolfgang (2002), »Datum und Information: Begriffsverwirrungen«, in: *Wolfenbütteler Notizen zur Buchgeschichte*, 27, 2, S. 159-181.

Ernst, Wolfgang (2003), »Medienwissen(schaft) zeitkritisch: Ein Programm aus der Sophienstraße«, http://edoc.hu-berlin.de/humboldt-vl/ernst-wolfgang-2003-10-21/PDF/Ernst.pdf (zuletzt aufgerufen am 10.05.2008).

Ernst, Wolfgang (2004), »Das Gesetz des Sagbaren. Foucault und die Medien«, in: Peter Gente (Hrsg.), *Foucault und die Künste*, Frankfurt a.M.: Suhrkamp, S. 238-259.

Ernst, Wolfgang (2008b), »»Merely the Medium‹?: Die operative Verschränktheit von Logik und Materie«, in: Stefan Münker und Alexander Roesler (Hrsg.), *Was ist ein Medium?*, Frankfurt a.M.: Suhrkamp, S. 158-184.

Esposito, Elena (1993), »Der Computer als Medium und Maschine«, in: *Zeitschrift für Soziologie*, 22, 5, S. 338-354.

Esposito, Elena (2001), »Strukturelle Kopplung mit unsichtbaren Maschinen«, in: *Soziale Systeme*, 7, 2, S. 241-252.

Esposito, Elena (2002), *Soziales Vergessen: Formen und Medien des Gedächtnisses der Gesellschaft*, Frankfurt a.M.: Suhrkamp.

Europäisches Parlament und Rat der Europäischen Union (1996), *Richtlinie 96/9/EG des Europäischen Parlaments und des Rates vom 11. März 1996 über den rechtlichen Schutz von Datenbanken*, http://eur-lex.europa.eu/LexUriServ/LexUriServ.do?uri=CELEX:31996L0009:DE:N OT (zuletzt aufgerufen am 20.09.2013).

Everest, Gordon C. und Edgar H. Sibley (1971), »A Critique of the GUIDE-SHARE DBMS Requirements«, in: *Proceedings of the 1971 ACM-SIGFIDET Workshop*, San Diego, S. 93-112.

Eysenbach, Gunther (2006), »Infodemiology: Tracking Flu-Related Searches on the Web for Syndromic Surveillance«, in: *AMIA Annual Symposium Proceedings*, S. 244-248.

Faeskorn-Woyke, Heide et al. (2007), *Datenbanksysteme: Theorie und Praxis mit SQL2003, Oracle und MySQL*, München: Pearson Studium.

Fairthorne, Robert Arthur (1961a), »Automatic Retrieval of Recorded Information«, in: *Towards Information Retrieval*, London: Butterworths, S. 135-150.

Fairthorne, Robert Arthur (1961 [1953]), »Information Theory and Clerical Systems«, in: *Towards Information Retrieval*, London: Butterworths, S. 22-41.

Fairthorne, Robert Arthur (1961b), »Preface«, in: *Towards Information Retrieval*, London: Butterworths, S. ix-xi.

Fairthorne, Robert Arthur (1961c), »Some Clerical Operations and Languages«, in: *Towards Information Retrieval*, London: Butterworths, S. 94-105.

Fairthorne, Robert Arthur (1961 [1954]), »The Theory of Communication«, in: *Towards Information Retrieval*, London: Butterworths, S. 64-79.

Fairthorne, Robert Arthur (1998), »A Congress at Harvard«, http://www.libsci.sc.edu/bob/isp/fairthorne2.htm (zuletzt aufgerufen am 16.05.2011).

Faßler, Manfred (2002), *Tiefe Oberflächen: Virtualität, Visualisierung, Bildlichkeit*, International Flusser Lecture, hrsg. von _Vilém_Flusser_Archiv, Köln: Verlag der Buchhandlung Walther König.

Faulstich, Werner (1996), *Medien und Öffentlichkeiten im Mittelalter: 800-1400*, Göttingen: Vandenhoeck und Ruprecht.

Faulstich, Werner (1997), *Das Medium als Kult*, Göttingen: Vandenhoeck und Ruprecht.

Faulstich, Werner (2002), *Einführung in die Medienwissenschaft: Probleme – Methoden – Domänen*, München: Wilhelm Fink Verlag.

Faulstich, Werner (2004) (Hrsg.), *Grundwissen Medien*, München: Fink.

Fayyad, Usama et al. (1996), »From Data Mining to Knowledge Discovery in Databases«, in: *AI Magazine*, 17, 3, S. 37-54.

Federer, Walter T. (1982), »Data Collection«, in: Samuel Kotz et al. (Hrsg.), *Encyclopedia of Statistical Sciences*, 2, New York: John Wiley and Sons, S. 269-275.

Fellmann, Ferdinand (2006), *Phänomenologie zur Einführung*, Hamburg: Junius.

Ferencz-Flatz, Christian (2009), »Gibt es perzeptive Phantasie? Als-ob-Bewusstsein, Widerstreit und Neutralität in Husserls Aufzeichnungen zur Bildbetrachtung«, in: *Husserl Studies*, 25, 3, S. 235-253.

Fernandez, Joe (2012), »Discover Your Klout«, in: *The Official Klout Blog*, 14.08.2012, http://blog.klout.com/2012/08/discover-your-klout/ (zuletzt aufgerufen am 11.08.2013).

Filk, Christian et al. (2004), »Was ist ›Medienphilosophie‹ und wer braucht sie womöglich dringender: die Philosophie oder die Medienwissenschaft?: Ein kritisches Forschungsreferat«, in: *Allgemeine Zeitschrift für Philosophie*, 29, 1, S. 39-65.

Fink, Eugen (1957), »Operative Begriffe in Husserls Phänomenologie«, in: *Zeitschrift für philosophische Forschung*, 11, 3, S. 321-337.

Fischer, Peter und Peter Hofer (2008), *Lexikon der Informatik*, Berlin: Springer.

Flake, Gary (2010), »Is Pivot a Turning Point for Web Exploration?«, http://www.ted.com/talks/gary_flake_is_pivot_a_turning_point_for_web_exploration.html (zuletzt aufgerufen am 31.07.2012).

Flichy, Partice (1994), *Tele: Geschichte der modernen Kommunikation*, Frankfurt a.M.: Campus.

Flickr (2013), »Die beliebtesten Tags aller Zeiten«, http://www.flickr.com/photos/tags/ (zuletzt aufgerufen am 05.09.2013).

Floridi, Luciano (1999), *Philosophy and Computing: An Introduction*, London: Routledge.

Floridi, Luciano (2005a), »Is Semantic Information Meaningful Data?«, in: *Philosophy and Phenomenological Research*, 45, 2, S. 351-370.

Floridi, Luciano (2005b), »Semantic Conceptions of Information«, in: *Stanford Encyclopedia of Philosophy*, http://plato.stanford.edu/entries/information-semantic/ (zuletzt aufgerufen am 25.01.2010).

Floridi, Luciano (2010), *Information: A Very Short Introduction*, Oxford: Oxford University Press.

Floridi, Luciano (2011), *The Philosophy of Information*, Oxford: Oxford University Press.

Flusser, Vilém (1988), *Für eine Philosophie der Fotografie*, Göttingen: European Photography.

Fohrmann, Jürgen (2004), »Der Unterschied der Medien«, in: Jürgen Fohrmann und Erhard Schüttpelz (Hrsg.), *Die Kommunikation der Medien*, Tübingen: Niemeyer, S. 5-19.

Folnius, Jeffrey J. et al. (1974), »Virtual Information in Data-Base Systems«, in: *FDT – Bulletin of ACM SIGMOD*, 6, 2, S. 1-15.

Folsom, Ed (2007), »Database as Genre: The Epic Transformation of Archives«, in: *PMLA*, 122, 5, S. 1571-1579.

Foucault, Michel (1981), *Archäologie des Wissens*, Frankfurt a.M.: Suhrkamp.

Foucault, Michel (1993), »Technologien des Selbst«, in: Luther H. Martin et al. (Hrsg.), *Technologien des Selbst*, Frankfurt a.M.: S. Fischer, S. 24-62.

Foucault, Michel (2006), *Sicherheit, Territorium, Bevölkerung: Geschichte der Gouvernementalität I. Vorlesung am Collége de France 1977-1978*, Frankfurt a.M.: Suhrkamp.

Frana, Philip L. (2001), »An Interview with Donald D. Chamberlin«, http://purl.um n.edu/107215 (zuletzt aufgerufen am 24.01.2012).

Frankfurt, Harry G. (2006), *Bullshit*, Frankfurt a.m.: Suhrkamp.

Franks, E. W. (1964), »Session B: Criteria Influencing Data Base Organization or Design«, in: A. Walker (Hrsg.), *Proceedings of the Symposium on Development and Management of a Computer-Centered Data Base (June 10-11, 1963)*, Santa Monica: System Development Corporation, S. 119-121.

Frenkel, Karen (1993), »An Interview with Robin Milner«, in: *Communications of the ACM*, 36, 1, S. 90-97.

Fry, Ben (2004), *Computational Information Design*, Dissertation, School of Architecture and Planning, Program in Media Arts and Sciences, Massachusetts Institute of Technology, Cambridge, April 2004.

Fry, Ben (2008), *Visualizing Data*, Peking: O'Reilly.

Fry, Ben (2009), »Valence«, http://benfry.com/valence/index.html (zuletzt aufgerufen am 21.09.2013).

Fuller, Matthew (2008), »Introduction, the Stuff of Software«, in: Ders. (Hrsg.), *Software Studies: A Lexicon*, Cambridge: MIT Press, S. 1-13.

Gapminder, »About Gapminder«, http://www.gapminder.org/about-gapminder/ou r-mission/ (zuletzt aufgerufen am 10.02.2012).

Gapminder (2010), »Gapminder World Guide«, http://www.gapminder.org/Gapm inderMedia/wp-uploads/tutorial/Gapminder_World_Guide.pdf (zuletzt aufgerufen am 10.06.2013).

Gates, Bill (1990), Information at Your Fingertips, Comdex, Las Vegas, 12. November 1990, http://www.youtube.com/watch?v=kL8zoQVJaD8 (zuletzt aufgerufen am 10.07.2013).

Gates, Bill (1994), Information at Your Fingertips 2005, Comdex, Las Vegas, 14. November 1994, http://blip.tv/buecherwurm/bill-gates-comdex-1994-keynote-information-at-your-fingertips-2005-2149363 (zuletzt aufgerufen am 10.07. 2013).

Gates, Bill (1995), *Der Weg nach vorn: Die Zukunft der Informationsgesellschaft*, in Zusammenarbeit mit Nathan Myhrvold und Peter Rinearson, Hamburg: Hoffmann und Campe.

Gemmell, Jim et al. (2006), »MyLifeBits: A Personal Database of Everything«, in: *Communications of the ACM*, 49, 1, S. 88-95.

Gemmell, Jim et al. (2002), »MyLifeBits: Fulfilling the Memex Vision«, in: *Proceedings of the tenth ACM international conference on Multimedia*, S. 235-238.

Gesell, Michael (1926), »Die gläserne Bibliothek«, in: *Organ der Deutschen Buch Gemeinschaft*, 3, 6, S. 98-99.

Giesecke, Michael (2007), *Die Entdeckung der kommunikativen Welt: Studien zur kulturvergleichenden Mediengeschichte*, Frankfurt a.M.: Suhrkamp.

Gillin, Paul (2011), »The Trouble With Klout«, in: *Paul Gillin Communications*, 06.09.2011, http://gillin.com/2011/09/the-trouble-with-klout/ (zuletzt aufgerufen am 11.08.2013).

Ginsberg, Jeremy et al. (2009), »Detecting Influenza Epidemics Using Search Engine Query Data«, in: *Nature*, 457, S. 1012-1015.

Goffman, Erving (1977 [1974]), *Rahmen-Analyse: ein Versuch über die Organisation von Alltagserfahrungen*, Frankfurt a.M.: Suhrkamp.

Goldfarb, Charles F. (1981), »A Generalized Approach to Document Markup«, in: ACM Special Interest Group on Programming Languages und ACM Special Interest Group on Office Automation (Hrsg.), *Proceedings of the ACM SIGPLAN SIGOA Symposium on Text Manipulation*, New York: ACM, S. 68-73.

Goldfarb, Charles F. (1995), *The SGML Handbook*, hrsg. von Yuri Rubinsky, Oxford: Clarendon Press.

Goldin, Dina (2006), »The Interactive Nature of Computing: Refuting the Strong Church–Turing Thesis«, in: *Minds and Machines*, 18, 1, S. 17-38.

Goldstein, E. Bruce (2002), *Wahrnehmungspsychologie*, Heidelberg: Spektrum Akademischer Verlag.

Goodman, Nelson (1998), *Weisen der Welterzeugung*, Frankfurt a.M.: Suhrkamp.

Google, »File Types Indexable by Google«, https://support.google.com/webmasters/answer/35287?hl=en (zuletzt aufgerufen am 10.09.2013).

Gordon, W. Terrence (1997), *Marshall McLuhan: Escape into Understanding: A Biography*, Escape into Understanding: Basic Books.

Gordon, W. Terrence (2003), *Critical Reception of Understanding Media*, Corte Madera: Gingko Press, S. 545-558.

Gosch, Josias Ludwig (2006 [1789]), *Fragmente über den Ideenumlauf*, hrsg. von Georg Stanitzek und Hartmut Winkler, Berlin: Kadmos.

Govcom.org (2008), »Google and the Politics of Tabs«, http://movies.issuecrawler.net/google.html (zuletzt aufgerufen am 31.07.2012).

Gozzi Jr., Raymond (1999), *The Power of Metaphor in the Age of Electronic Media*, Cresshill: Hampton Press.

Grampp, Sven (2006), »McLuhmann. Niklas Luhmanns Systemtheorie und die Realität der Medien«, in: *MEDIENwissenschaft*, 3, S. 260-276.

Greenwald, Glenn und Ewen MacAskill (2013), »NSA Prism Program Taps in to User Data of Apple, Google and others«, in: *The Guardian*, 7.6.2013, S. 1, http://www.guardian.co.uk/world/2013/jun/06/us-tech-giants-nsa-data.

Grier, David Alan (2005), *When Computers Were Human*, Princeton: Princeton University Press.

Groys, Boris (2000), *Unter Verdacht: Eine Phänomenologie der Medien*, München/Wien: Hanser.

Gugerli, David (2006), »Suchmaschinen und Subjekte«, in: Lorenz Engell et al. (Hrsg.), *Kulturgeschichte als Mediengeschichte (oder vice versa?)*, Weimar: VDG, S. 137-154.

Gugerli, David (2007a), »Die Welt als Datenbank: Zur Relation von Sotfwareentwicklung, Abfragetechnik und Deutungsautonomie«, in: David Gugerli et al. (Hrsg.), *Nach Feierabend 2007: Daten; Züricher Jahrbuch für Wissensgeschichte 3*, Berlin: Diaphanes, S. 11-36.

Gugerli, David (2007b), »Editorial«, in: David Gugerli et al. (Hrsg.), *Nach Feierabend 2007: Daten; Züricher Jahrbuch für Wissensgeschichte 3*, Berlin: Diaphanes, S. 7-8.

Gugerli, David (2009), *Suchmaschinen: Die Welt als Datenbank*, Frankfurt a.m.: Suhrkamp.

Gumm, Heinz-Peter und Manfred Sommer (2009), *Einführung in die Informatik*, München: Oldenbourg.

Günzel, Stephan (2009), »Archivtheorie zwischen Diskursarchäologie und Phänomenologie«, in: Knut Ebeling und Stephan Günzel (Hrsg.), *Archivlologie: Theorien des Archivs in Philosophie, Medien und Künsten*, Berlin: Kadmos, S. 153-162.

Haber, Peter (2007), »Weltbibliothek oder Diderots Erben?: Traditionslinien von Wikipedia«, in: Rainer Koschke et al. (Hrsg.), *Informatik 2007: Informatik trifft Logistik, Bd. 2; Beiträge der 37. Jahretagung der Gesellschaft für Informatik e.V.*, Bonn: Köllen, S. 497-502.

Hagemeyer, Friedrich-Wilhelm (1979), *Die Entstehung von Informationskonzepten in der Nachrichtentechnik: Eine Fallstudie zur Theoriebildung in der Technik in Industrie- und Kriegsforschung*, Dissertation, Fachbereich Philosophie, Freie Universität, Berlin, 08.11.1979, http://www.weisses-rauschen.de/hero/hagemey er/hagemeyer_dissertation.pdf (zuletzt aufgerufen am 21.07.2010).

Hagen, Wolfgang (2008), »Metaxy: Eine historiosemantische Fußnote zum Medienbegriff«, in: Stefan Münker und Alexander Roesler (Hrsg.), *Was ist ein Medium?*, Frankfurt a.m.: Suhrkamp, S. 13-29.

Haigh, Thomas (2001a), »The Chromium-Plated Tabulator: Institutionalizing an Electronic Revolution, 1954-1958«, in: *IEEE Annals of the History of Computing*, 23, 4, S. 75-104.

Haigh, Thomas (2001b), »Inventing Information Systems: The Systems Men and the Computer, 1950-1968«, in: *Business History Review*, 75, S. 15-61.

Haigh, Thomas (2002), »Software in the 1960s as Concept, Service, and Product«, in: *IEEE Annals of the History of Computing*, 24, 1, S. 5-13.

Haigh, Thomas (2007), »»A Veritable Bucket of Facts«: Ursprünge des Datenbankmanagementsystems«, in: David Gugerli et al. (Hrsg.), *Nach Feierabend 2007: Daten; Züricher Jahrbuch für Wissensgeschichte 3*, Berlin: Diaphanes, S. 57-98.

Haigh, Thomas (2009), »How Data Got its Base: Information Storage Software in the 1950s and 1960s«, in: *IEEE Annals of the History of Computing*, 31, 4, S. 6-25.

Halpin, Harry und Patrick J. Hayes (2010), »When owl:sameAs isn't the Same: An Analysis of Identity Links on the Semantic Web«, in: *Proceedings of the WWW2010 Workshop on Linked Data on the Web, LDOW 2010*, Raleigh.

Hartmann, Frank (2003), »Der rosarote Panther lebt«, in: Stefan Münker (Hrsg.), *Medienphilosophie: Beiträge zur Klärung eines Begriffs*, Frankfurt a.M.: Fischer, S. 135-149.

Hartmann, Frank (2006), *Globale Medienkultur: Technik, Geschichte, Theorien*, Wien: WUV.

Hayles, N. Katherine (1999), *How We Became Posthuman: Virtual Bodies in Cybernetics, Literature, and Informatics*, Chicago: University of Chicago Press.

Hayles, N. Katherine (2012), *How We Think: Digital Media and Contemporary Technogenesis*, Chicago: University of Chicago Press.

Heath, Tom und Christian Bizer (2011), *Linked Data: Evolving the Web into a Global Data Space*, Synthesis Lectures on the Semantic Web: Theory and Technology, San Rafael: Morgan & Claypool.

Heide, Lars (2009), *Punched-Card Systems and the Early Information Explosion 1880-1945*, Baltimore: Johns Hopkins University Press.

Heidegger, Martin (1993 [1927]), *Sein und Zeit*, Tübingen: Max Niemeyer Verlag.

Heidegger, Martin (2000 [1953]), »Die Frage nach der Technik«, in: *Vorträge und Aufsätze, Gesamtausgabe, I. Abteilung: Veröffentlichte Schriften 1910-1976, Bd. 7*, Frankfurt a.M.: Vittorio Klostermann, S. 5-36.

Heider, Fritz (1926), »Ding und Medium«, in: *Symposion*, 1, S. 109-157.

Heine, Matthias (2005), »Nie mehr ›googeln‹«, in: *Die Welt*, 15.08.2006, http://www. welt.de/wirtschaft/webwelt/article235996/Nie-mehr-googeln.html (zuletzt aufgerufen am 20.06.2013).

Heising, William P. (1958), »Methods of File Organization for Efficient Use of IBM RAMAC Files«, in: *Proceedings of the Western Joint Computer Conference: Contrasts in Computers*, Los Angeles, S. 194-196.

Hendler, Jonathan (2008), »Where Clay Shirky misses in ›The Semantic Web, Syllogism, and Worldview‹«, in: *jonathan's blog*, 24.04.2008, http://semanticsea rch.org/where-clay-shirky-misses-semantic-web-syllogism-and-worldview (zuletzt aufgerufen am 14.12.2011).

Hendry, David G. und Efthimis N. Efthimiadis (2008), »Conceptual Models for Search Engines«, in: Amanda Spink und Michael Zimmer (Hrsg.), *Web Search: Multidisciplinary Perspectives*, Berlin: Springer, S. 277-307.

Henning, Peter A. und Holger Vogelsang (2004), *Taschenbuch Programmiersprachen*, München: Fachbuchverlag Leipzig im Carl Hanser Verlag.

Heuer, Andreas et al. (2001), *Datenbanken – kompakt*, Bonn: mitp-Verlag.

Hickethier, Knut (1988), »Das ›Medium‹, die ›Medien‹ und die Medienwissenschaft«, in: Rainer Bohn et al. (Hrsg.), *Ansichten einer künftigen Medienwissenschaft*, Berlin: Edition Sigma, S. 51-74.

Hiebel, Hans H. (1998), *Die Medien : Logik – Leistung – Geschichte*, München: Fink.

Hilgers, Philipp von (2010), »Ursprünge der Black Box«, in: Ana Ofak und Ders. (Hrsg.), *Rekursionen: Von Faltungen des Wissens*, München: Fink, S. 135-153.

Hillmann, Dan (2010), *The Joy of Stats*, Wingspan Productions.

Höfer, Werner (1981), »Gedruckt wie gefunkt«, in: Ders. (Hrsg.), *Was sind Medien*, Percha am Starnberger See: R.S. Schulz, S. 7-9.

Hoffmann, Justin (1997), »Die Angst vor dem Verschwinden«, in: Ingrid Schaffner et al. (Hrsg.), *Deep storage: Arsenale der Erinnerung; Sammeln, Speichern, Archivieren in der Kunst [anläßlich der Ausstellung ›Deep Storage – Arsenale der Erinnerung‹ im Haus der Kunst, München (3.8.-12.10.1997), in der Nationalgalerie*

SMPK, Sonderausstellungshalle am Kulturforum Berlin (Dezember 1997 - Januar 1998), im Kunstmuseum Düsseldorf im Ehrenhof (Februar 1998)], München: Prestel, S. 269-272.

Hoffmann, Stefan (2002), »Geschichte des Medienbegriffs«, in: *Archiv für Begriffsgeschichte: Sonderheft*.

Hollerith, Herman (1889), »Improvements in the Methods of and Apparatus for Compiling Statistics«, Computer History Museum, B332.85, http://www.computerhistory.org/collections/catalog/B332.85 (zuletzt aufgerufen am 20.09.2013).

Holmes, James F. (1962), »Communications Dictionary: A Compilation of Terms used in the ffelds of Electronic Communications and Data Processing« in: Information Processing Glossaries Collection (CBI 92), Box 1, Folder 5, Charles Babbage Institute, University of Minnesota, Minneapolis.

Holovaty, Adrian (2006), »A Fundamental Way Newspaper Sites Need to Change«, http://www.holovaty.com/writing/fundamental-change/ (zuletzt aufgerufen am 15.04.2012).

Huber, Hans-Dieter (2004), *Bild Beobachter Milieu: Entwurf einer allgemeinen Bildwissenschaft*, Ostfildern-Ruit: Hatje Cantz Verlag.

Husserl, Edmund (1950 [1913]), »Ideen zu einer reinen Phänomenologie und phänomenologischen Philosophie: Allgemeine Einführung in die reine Phänomenologie«, in: *Husserliana*, III, Den Haag: Martinus Nijhoff.

Husserl, Edmund (1975 [1900]), »Logisches Untersuchungen, Bd. 1: Prolegomena zur reinen Logik«, in: *Husserliana*, XVIII, Den Haag: Martinus Nijhoff.

Husserl, Edmund (1980), »Phantasie, Bildbewußtsein, Erinnerung: Zur Phänomenologie der anschaulichen Vergegenwärtigung: Texte aus dem Nachlaß (1898-1925)«, in: *Husserliana*, XXIII, Den Haag: Nijhoff.

Husserl, Edmund (1984), »Beilage zu den Paragraphen 11 und 20: Zur Kritik der ›Bildertheorie‹ und der Lehre von den ›immanenten‹ Gegenständen der Akte; Logische Untersuchungen 2/1: Untersuchungen zur Phänomenologie und Theorie der Erkenntnis«, in: *Husserliana*, XIX/1, Den Haag: Martinus Nijhoff, S. 436-440.

Husserl, Edmund (1996), *Die Krisis der europäischen Wissenschaften und die transzendentale Phänomenologie: Eine Einleitung in die phänomenologische Philosophie*, hrsg. von Elisabeth Ströker, Hamburg: Meiner.

IBM (1957), *305 RAMAC Manual of Operation*, New York: IBM.

IBM (1958), *305 RAMAC Programmer's Guide*, New York: IBM.

IBM (1959), *305 RAMAC Customer Engineering Manual of Instruction*, New York: IBM.

IBM (1962), »Reference Manual: Glossary for Information Processing« in: Information Processing Glossaries Collection (CBI 92), Box 1, Folder 36, Charles Babbage Institute, University of Minnesota, Minneapolis.

IBM (1968), »A Data Processing Glossary« in: Information Processing Glossaries Collection (CBI 92), Box 1, Folder 53, Charles Babbage Institute, University of Minnesota, Minneapolis.

IBM (1972), »Data Processing Glossary« in: Information Processing Glossaries Collection (CBI 92), Box 1, Folder 1, Charles Babbage Institute, University of Minnesota, Minneapolis.

IBM (1977), »Data Processing Glossary« in: Information Processing Glossaries Collection (CBI 92), Box 1, Folder 2, Charles Babbage Institute, University of Minnesota, Minneapolis.

IBM (1981), »Vocabulary for Data Processing, Telecommunications, and Office Systems« in: Information Processing Glossaries Collection (CBI 92), Box 1, Folder 16, Charles Babbage Institute, University of Minnesota, Minneapolis.

IDC (2007), »Expanding the Digital Universe: A Forecast of Worldwide Information Growth Through 2010«, http://www.emc.com/about/destination/digital_universe/index.jsp (zuletzt aufgerufen am 20.05.2007).

IDC (2008), »The Diverse and Exploding Digital Universe: An Updated Forecast of Worldwide Information Growth through 2011«, http://www.emc.com/leadership/digital-universe/expanding-digital-universe.htm (zuletzt aufgerufen am 19.04.2008).

IDC (2010), »The Digital Universe Decade – Are You Ready?«, http://www.emc.com/collateral/analyst-reports/idc-digital-universe-are-you-ready.pdf (zuletzt aufgerufen am 10.02.2012).

IDC (2012), »The Digital Universe in 2020: Big Data, Bigger Digital Shadows, and Biggest Growth in the Far East«, http://www.emc.com/leadership/digital-universe/iview/index.htm (zuletzt aufgerufen am 20.06.2013).

Ihde, Don (2003a), »If Phenomenology Is an Albatross, Is *Post-phenomenology* Possible?«, in: Don Ihde (Hrsg.), *Chasing Technoscience: Matrix for Materiality*, Bloomington: Indiana University Press, S. 131-144.

Ihde, Don (2003b), »Postphenomenology – Again?«, in: *Working Papers from Centre for STS Studies*, http://sts.imv.au.dk/en/workpaper-3-d-ihde-postphenomenology-again (zuletzt aufgerufen am 21.03.2010), S. 3-25.

Ihde, Don (2008), »Introduction: Postphenomenological Research«, in: *Human Studies*, 31, 1, S. 1-9.

Introna, Lucas D. und Helen Nissenbaum (2000), »Shaping the Web: Why the Politics of Search Engines Matters«, in: *The Information Society*, 16, 3, S. 169-185.

Jäger, Ludwig (2002), »Transkriptivität: Zur medialen Logik der kulturellen Semantik«, in: Gottfried Jäger und Georg Stanitzek (Hrsg.), *Transkribieren Medien/Lektüre*, München: Fink, S. 19-41.

Jäger, Ludwig (2004a), »Die Verfahren der Medien: Transkripieren – Adressieren – Lokalisieren«, in: Jürgen Fohrmann und Erhard Schüttpelz (Hrsg.), *Die Kommunikation der Medien*, Tübingen: Max Niemeyer Verlag, S. 69-79.

Jäger, Ludwig (2004b), »Störung und Transparenz: Skizze zur performativen Logik des Medialen«, in: Sybille Krämer (Hrsg.), *Performativität und Medialität*, München: Fink, S. 35-73.

Jardine, Donald A. (1973), »Data Independence: Ad Hoc Presentation« in: Charles W. Bachman Papers (CBI 125), Box 16, Folder 30, Charles Babbage Institute, University of Minnesota, Minneapolis.

Joint GUIDE-SHARE Database Requirements Group (1970), *DATA BASE Management System Requirements*, New York.

Jonas, Jeff und Lisa Sokol (2009), »Data finds Data«, in: Toby Segaran und Jeff Hammerbacher (Hrsg.), *Beautiful Data: The Stories Behind Elegant Data Solutions*, Beijing: O'Reilly, S. 105-118.

Kahle, Brewster (1997), »Preserving the Internet«, in: *Scientific American*, 276, 3, S. 82-83.

Kahle, Brewster (2007), »Universal Access to All Knowledge«, in: *The American Archivist*, 70, 1, S. 23-31.

Kant, Immanuel (2000), *Kritik der reinen Vernunft*, Werkausgabe, hrsg. von Wilhelm Weischedel, 3, Frankfurt a.M.: Suhrkamp.

Kay, Alan und Adele Goldberg (2003 [1977]), »Personal Dynamic Media«, in: Noah Wardrip-Fruin und Nick Montfort (Hrsg.), *The New Media Reader*, Cambridge: MIT Press, S. 393-404.

Keller, Mikaela et al. (2009), »Use of Unstructured Event-Based Reports for Global Infectious Disease Surveillance«, in: *Emerging Infectious Diseases*, 15, 5, S. 689-695.

Kelly, Kevin (1984), »The Birth of a Network Nation«, in: *New Age Journal*, October, S. 31-42.

Kelly, Kevin (2007), »What is the Quantified Self?«, in: *The Quantified Self*, 5.10.2007, http://quantifiedself.com/2007/10/what-is-the-quantifiable-self/ (zuletzt aufgerufen am 29.07.2013).

Khurana, Thomas (1998), »Was ist ein Medium? Etappen einer Umarbeitung der Ontologie mit Luhmann und Derrida«, in: Sybille Krämer (Hrsg.), *Über Medien: Geistes- und kulturwissenschaftliche Perspektiven*, Berlin.

Kirschenbaum, Matthew G. (2008), *Mechanisms: New Media and the Forensic Imagination*, Cambridge: MIT Press.

Kittler, Friedrich (1986), *Grammophon, Film, Typewriter*, Berlin: Brinkmann & Bose.

Klee, Paul (1971), *Form und Gattungslehre*, Das bildnerische Denken, Bd. 1, Basel/ Stuttgart: Schwabe & Co.

Klein, Andreas (2007), *Visuelle Kryptographie*, Berlin: Springer.

Kleinberg, Jon (1999), »Authoritative Sources in a Hyperlinked Environment«, in: *Journal of the ACM (JACM)*, 46, S. 604-632.

Kleinberg, Jon (2000): *Method and System for Identifying Authoritative Information Resources in an Environment with Content-Based Links Between Information Resources*, U.S. 6,112,202, United States Patents and Trademark Office, 29.08.2000.

Klout, »How it Works«, http://klout.com/corp/how-it-works (zuletzt aufgerufen am 10.08.2013).

Kobilarov, Georgi et al. (2009), »Media Meets Semantic Web: How the BBC Uses DBpedia and Linked Data to Make Connections«, in: Lora Aroyo et al. (Hrsg.), *The Semantic Web: Research and Applications; 6th European Semantic Web Conference, ESWC 2009 Heraklion, Crete, Greece, May 31–June 4, 2009 Proceedings*, Berlin: Springer, S. 723-737.

Koch, Christoph (2010), *Ich bin dann mal offline: Ein Selbstversuch. Leben ohne Internet und Handy*, München: Blanvalet.

Kommission der Europäischen Union (2005), *First Evaluation of Directive 96/9/EC on the Legal Protection of Databases (12.12.2005)*, http://ec.europa.eu/internal_market/copyright/docs/data bases/evaluation_report_en.pdf.

Konitzer, Werner (2006), *Medienphilosophie*, München: Fink.

Krajewski, Markus (2002), *Zettelwirtschaft: die Geburt der Kartei aus dem Geiste der Bibliothek*, Berlin: Kadmos.

Krajewski, Markus (2007), »In Formation: Aufstieg und Fall der Tabelle als Paradigma der Datenverarbeitung«, in: David Gugerli et al. (Hrsg.), *Nach Feierabend 2007: Daten; Züricher Jahrbuch für Wissensgeschichte 3*, Berlin: Diaphanes, S. 37-55.

Krajewski, Markus (2009), »Ask Jeeves: Der Diener als Informationszentrale«, in: *Recherche – Zeitschrift für Wissenschaft*, http://www.recherche-online.net/askjeeves.html (zuletzt aufgerufen am 20.05.2012).

Krajewski, Markus (2010), *Der Diener: Mediengeschichte einer Figur zwischen König und Klient*, Frankfurt a.M.: S. Fischer.

Krämer, Sybille (1998a), »Form als Vollzug oder: Was gewinnen wir mit Niklas Luhmanns Unterscheidung von Medium und Form«, in: Dies. (Hrsg.), *Über Medien: Geistes- und kulturwissenschaftliche Perspektiven*, Berlin, http://web.archive.or g/web/19991007142237/http://userpage.fu-berlin.de/%7Esybkram/medium/kra emer2.html (zuletzt aufgerufen am 09.02.2014).

Krämer, Sybille (1998b), »Von der sprachkritischen zur medienkritischen Wende? Sieben Thesen zur Mediendebatte als eine Einleitung in diese Textsammlung«, in: Sybille Krämer (Hrsg.), *Über Medien: Geistes- und kulturwissenschaftliche Perspektiven*, Berlin.

Krämer, Sybille (2000a), »Das Medium als Spur und als Apparat«, in: Dies. (Hrsg.), *Medien Computer Realität: Wirklichkeitsvorstellungen und Neue Medien*, Frankfurt a.M.: Suhrkamp, S. 73-94.

Krämer, Sybille (2000b) (Hrsg.), *Medien, Computer, Realität: Wirklichkeitsvorstellungen und Neue Medien*, Frankfurt a.M.: Suhrkamp.

Krämer, Sybille (2003a), »Erfüllen Medien eine Konstitutionsleistung? Thesen über die Rolle medientheoretischer Erwägungen beim Philosophieren«, in: Stefan Münker et al. (Hrsg.), *Medienphilosophie: Beiträge zur Klärung eines Begriffs*, Frankfurt a.M.: Fischer, S. 78-90.

Krämer, Sybille (2003b), »›Schriftbildlichkeit‹ oder: Über eine (fast) vergessene Dimension der Schrift«, in: Sybille Krämer und Horst Bredekamp (Hrsg.), *Bild, Schrift, Zahl*, München: Fink, S. 157-176.

Krämer, Sybille (2008), *Medium, Bote, Übertragung: Kleine Metaphysik der Medialität*, Frankfurt a.m.: Suhrkamp.

Kreis, Guido (2010), *Cassirer und die Formen des Geistes*, Berlin: Suhrkamp.

Kristeva, Julia (1972), »Bachtin, das Wort, der Dialog und der Roman«, in: Jens Ihwe (Hrsg.), *Literaturwissenschaft und Linguistik. Ergebnisse und Perspektiven. Bd. 3: Zur linguistischen Basis der Literaturwissenschaft II*, Frankfurt a.m.: Athenäum, S. 345-375.

Kübler, Hans-Dieter (2000), *Mediale Kommunikation*, Tübingen: Niemeyer.

Kuhlen, Rainer (1991), *Hypertext: Ein nicht-lineares Medium zwischen Buch und Wissensbank*, Berlin: Springer.

Küppers, Bernd-Olaf (1999), »Zur konstruktivistischen Kritik am Informationsbegriff der Biologie«, in: Wolfram Hogrebe (Hrsg.), *Subjektivität*, Paderborn: Fink, S. 27-47.

Landow, George P. (1992), *Hypertext 2.0: The Convergence of Contemporary Critical Theory and Technology*, Baltimore: Johns Hopkins University Press.

Lang, Walter (1957), *Desk Set* (Deutscher Titel: *Eine Frau, die alles weiß*), 20th Century Fox, DVD, 100 Min.

Larson, H. T. (1958), »Session: The Social Problems of Automation – Introduction«, in: *Proceedings of the Western Joint Computer Conference: Contrasts in Computers*, Los Angeles, S. 7.

Lassilia, Ora (2007), »Semantic Web Soul Searching«, in: *Wilbur-and-O: Ora Lassila's blog about Common Lisp, Semantic Web, and Wilbur*, 19.03.2007, http://www.lassila.org/blog/archive/2007/03/semantic_web_so_1.html (zuletzt aufgerufen am 19.12.2011).

Laßwitz, Kurd (1998 [1904]), *Die Universalbibliothek*, Hannover: Wehrhahn.

Latour, Bruno (2002), *Die Hoffnung der Pandorra: Untersuchungen zur Wirklichkeit der Wissenschaft*, Frankfurt a.m.: Suhrkamp.

Latour, Bruno (2006), »Drawing Things Together: Die Macht der unveränderlich mobilen Elemente«, in: Andréa Belliger und David J. Krieger (Hrsg.), *ANThology: Ein einführendes Handbuch zur Akteur-Netzwerk-Theorie*, Bielefeld: Transcript, S. 259-307.

Latour, Bruno (2007a), »Click era spawns a data-rich world«, in: *Times Higher Education*, April 6th, 2007, http://www.timeshighereducation.co.uk/features/click-era-spawns-a-data-rich-world/208526.article (zuletzt aufgerufen am 09.02.2014).

Latour, Bruno (2007b), *Eine neue Soziologie für eine neue Gesellschaft: Einführung in die Akteur-Netzwerk-Theorie*, Frankfurt a.m.: Suhrkamp.

Latour, Bruno (2009), »Die Logistik der *immutable mobiles*«, in: Jörg Döring und Tristan Thielmann (Hrsg.), *Mediengeographie: Theorie – Analyse – Diskussion*, Bielefeld: Transcript, S. 111-144.

Latour, Bruno (2010), »Tarde's idea of quantification«, in: Matei Candea (Hrsg.), *The Social after Gabriel Tarde: Debates and assessments*, London: Routledge, S. 145-162.

Lehmann, Maren (2002), »Das Medium der Form: Versuch über die Möglichkeiten George Srencer-Browns Kalkül der Gesetze der Form als Medientheorie zu lesen«, in: Jörg Brauns (Hrsg.), *Form und Medium*, Weimar: VDG, S. 39-56.

Leistert, Oliver und Theo Röhle (2011) (Hrsg.), *Generation Facebook: Über das Leben im Social Net*, Bielefeld: Transcript.

Lesser, Murray L. und J.W. Haanstra (1957), »The RAMAC Data-Processing Machine: System Organization of the IBM 305«, in: *Proceedings of the Eastern Joint Computer Conference: New Developments in Computers*, New York, S. 139-146.

Lewandowski, Dirk (2011), »Query Understanding«, in: Ders. (Hrsg.), *Handbuch Internet-Suchmaschinen 2: Neue Entwicklungen in der Web-Suche*, Heidelberg: Akademische Verlagsgesellschaft, S. 55-75.

Licklider, Joseph C. R. (1964), »Introduction«, in: *Proceedings of the Symposium on Development and Management of a Computer-Centered Data Base (June 10-11, 1963)*, Santa Monica: System Development Corporation, S. 1-7.

Licklider, Joseph C. R. (1965), *Libraries of the future*, Cambridge: MIT Press.

Light, Jennifer S. (1999), »When Computers Were Women«, in: *Technology and Culture*, 40, 3, S. 455-483.

Lindberg, David C. (1987), *Auge und Licht im Mittelalter: Die Entwicklung der Optik von Alkindi bis Kepler*, Frankfurt a.m.: Suhrkamp.

Lipton, Eric und Scott Shane (2009), »Questions on Why Suspect Wasn't Stopped«, in: *The New York Times*, 27.12.2013, http://www.nytimes.com/2009/12/28/us/28-terror.html (zuletzt aufgerufen am 16.06.2013).

Liu, Alan (2008), *Local Transcendence: Essays on Postmodern Historicism and the Database*, Chicago: University of Chicago Press.

Lobin, Henning (2000), *Informationsmodellierung in XML und SGML*, Berlin: Springer.

LOD2 (2010), »Welcome«, http://lod2.eu/Welcome.html (zuletzt aufgerufen am 10.02.2013).

Loebel, Jens Martin (2007), »Probleme und Strategien der Langzeitarchivierung multimedialer Objekte«, in: Rainer Koschke et al. (Hrsg.), *Informatik 2007: Informatik trifft Logistik, Bd. 2; Beiträge der 37. Jahretagung der Gesellschaft für Informatik e.V.*, Bonn: Köllen, S. 509-514.

Loukides, Mike (2010), »What is Data Science?: The Future Belongs to the Companies and People that Turn Data into Products«, in: *O'Reilly Radar*, http://radar.oreilly.com/2010/06/what-is-data-science.html (zuletzt aufgerufen am 21.09.2011).

Lovink, Geert (2009), »Die Gesellschaft der Suche: Fragen oder Googeln«, in: Konrad Becker und Felix Stalder (Hrsg.), *Deep Search: Politik des Suchens jenseits von Google*, Innsbruck u.a.: Studien Verlag, S. 53-63.

Luhmann, Niklas (1981), »Kommunikation mit Zettelkästen: Ein Erfahrungsbericht«, in: Horst Baier et al. (Hrsg.), *Öffentliche Meinung und sozialer Wandel: Für Elisabeth Noelle-Neumann*, Opladen: Wesdeutscher Verlag, S. 222-228.

Luhmann, Niklas (1986), »Das Medium der Kunst«, in: *Delfin: Eine deutsche Zeitschrift für Konstruktion, Analyse und Kritik*, 4, S. 6-15.

Luhmann, Niklas (1991), »Die Unwahrscheinlichkeit der Kommunikation«, in: Niklas Luhmann (Hrsg.), *Soziologische Aufklärung 3: Soziales System, Gesellschaft, Organisation*, Opladen: Westdeutscher Verlag, S. 25-34.

Luhmann, Niklas (1992), *Die Wissenschaft der Gesellschaft*, Frankfurt a.M.: Suhrkamp.

Luhmann, Niklas (1995), *Die Kunst der Gesellschaft*, Frankfurt a.M.: Suhrkamp.

Luhmann, Niklas (1996), *Die Realität der Massenmedien*, Opladen: Westdeutscher Verlag.

Luhmann, Niklas (1998), *Die Gesellschaft der Gesellschaft*, 2 Bde., Frankfurt a. M.: Suhrkamp.

Luhmann, Niklas (1999), *Soziale Systeme: Grundrisse einer allgemeinen Theorie*, Frankfurt a.M.: Suhrkamp.

Lussier, Germain (2011), »First Look: Tom Hardy As Bane From ›The Dark Knight Rises‹«, in: *Slashfilm: Blogging the Real World*, 20.05.2011, http://www.slashfilm. com/first-look-tom-hardy-as-bane-from-the-dark-knight-rises/ (zuletzt aufgerufen am 21.09.2013).

Lusti, Markus (1997), *Dateien und Datenbanken*, Berlin: Springer.

Lyman, Peter (2002), »Archiving the World Wide Web«, in: *Building a National Strategy for Digital Preservation: Issues in Digital Media Archiving Commissioned for and sponsored by the National Digital Information Infrastructure and Preservation Program*, http://www.clir.org/pubs/reports/pub106/pub106.pdf (zuletzt aufgerufen am 01.12.2008), S. 38-51.

Lyman, Peter et al. (2000), »How Much Information 2000?«, http://www2.sims.berk eley.edu/research/projects/how-much-info/ (zuletzt aufgerufen am 25.01.2010).

Lyman, Peter et al. (2003), »How Much Information 2003?«, http://www2.sims. berkeley.edu/research/projects/how-much-info-2003/ (zuletzt aufgerufen am 20.10.2007).

Lyotard, Jean-François (2009 [1979]), *Das postmoderne Wissen: Ein Bericht*, Wien: Passagen.

Lyre, Holger (2002), *Informationstheorie: Eine philosophisch-naturwissenschaftliche Einführung*, München: Fink.

MacAskill, Ewen et al. (2013a), »GCHQ Taps Fibre-Optic Cables for Secret Access to World's Communications«, in: *The Guardian*, 22.6.2013, S. 1, http://www.guar dian.co.uk/uk/2013/jun/21/gchq-cables-secret-world-communications-nsa (zuletzt aufgerufen am 09.02.2014).

MacAskill, Ewen et al. (2013b), »Mastering the internet: how GCHQ set out to spy on the world wide web«, in: *The Guardian*, 22.6.2013, S. 6, http://www.guardian. co.uk/uk/2013/jun/21/gchq-mastering-the-internet (zuletzt aufgerufen am 09.02.2014).

Madhavan, Jayant et al. (2008), »Google's Deep Web Crawl«, in: *Proceedings of the VLDB Endowment*, 1, S. 1241-1252.

Maletzke, Gerhard (1963), *Psychologie der Massenkommunikation: Theorie und Systematik*, Hamburg: Verlag Hans-Bredow-Institut.

Malone, Cheryl Knott (2002), »Imagining Information Retrieval in the Library: Desk Set in Historical Context«, in: *IEEE Annals of the History of Computing*, 24, 3, S. 14-22.

Manovich, Lev (2001), *The Language of New Media*, Cambridge: MIT Press.

Manovich, Lev (2005), »Die ›Metadatierung‹ des Bildes: Metadaten, Mon Amour«, in: Lev Manovich (Hrsg.), *Black Box – White Cube*, Berlin: Merve, S. 29-51.

Manovich, Lev (2009), »Auf den Spuren der globalen digitalen Kulturen: Kulturanalytik für Anfänger«, in: Konrad Becker und Felix Stalder (Hrsg.), *Deep Search: Politik des Suchens jenseits von Google*, Innsbruck u.a.: Studien Verlag, S. 221-236.

Manovich, Lev (2011), »Against Search«, http://lab.softwarestudies.com/2011/07/ag ainst-search.html (zuletzt aufgerufen am 04.09.2011).

Manovich, Lev (o.J.), »SOFT CINEMA Explores 4 Ideas«, in: *Soft Cinema: Ambient Narrative*, http://www.softcinema.net/form.htm (zuletzt aufgerufen am 14.10.2012).

Manovich, Lev und Andreas Kratky (2005), Soft Cinema: Navigating the Database, Cambridge: MIT Press.

Markov, Andrej A. (2007 [1913]), »Beispiel einer statistischen Untersuchung am Text ›Evgenij Onegin‹ zur Veranschaulichung der Zusammenhänge von Proben in Ketten«, in: Philipp von Hilgers und Wladimir Velminski (Hrsg.), *Andrej A. Markov: Berechenbare Künste; Mathematik, Poesie, Moderne*, Zürich: Diaphanes, S. 75-88.

Marr, David (1982), *Vision: A Computational Investigation Into the Human Representation and Processing of Visual Information*, San Francisco: W.H. Freeman & Company.

Martens, Gunter (1991), »Historisch‹, ›kritisch‹ und die Rolle des Herausgebers bei der Textkonstitution«, in: *editio*, 5, S. 12-27.

Matzat, Lorenz (2010), »Irak-Protokolle: Zähmung einer Datenflut«, in: *Zeit Online Data Blog: Offene Daten – offene Gesellschaft*, 24.10.2010, http://blog.zeit.de/ open-data/2010/10/24/irak-protokolle-zahmung-einer-datenflut/ (zuletzt aufgerufen am 16.04.2012).

Mawudeku, Abla und Michael Blench (2005), »Global Public Health Intelligence Network (GPHIN)«, in: *Conference Proceedings: the tenth Machine Translation Summit; Phuket, Thailand, 13.-15. Semtember 2005*, S. i7-i11.

Mayer, Katja (2009), »Zur Soziometrik der Suchmaschinen: Ein historischer Überblick der Methodik«, in: Konrad Becker und Felix Stalder (Hrsg.), *Deep Search: Politik des Suchens jenseits von Google*, Innsbruck u.a.: Studien Verlag, S. 64-83.

Mayer-Schönberger, Viktor (2008), »Nützliches Vergessen«, in: Michael Reiter und Maria Wittmann-Tiwald (Hrsg.), *Goodbye Privacy: Grundrechte in der digitalen Welt; Internationales Symposium veranstaltet von der Fachgruppe Grundrechte in der Vereinigung österreichischer Richterinnen und Richter in Kooperation mit der Ars Electronica Linz (5.9.2007)*, Wien: Linde, S. 9-15.

Mayer-Schönberger, Viktor (2009), *Delete: The Virtue of Forgetting in the Digital Age*, Princeton: Princeton University Press.

Mayer-Schönberger, Viktor und Kenneth Cukier (2013), *Big Data: A Revolution That Will Transform How We Live, Work and Think*, Boston: Eamon Dolan/ Houghton Mifflin Harcourt.

Mazza, Riccardo (2009), *Introduction to Information Visualization*, London: Springer.

McCandless, David (2010), »Information is beautiful: war games«, in: *Datablog: Facts are sacred*, 01.04.2010, http://www.guardian.co.uk/news/datablog/2010/ apr/01/information-is-beautiful-military-spending (zuletzt aufgerufen am 10.07.2013).

McGann, Jerome (2007), »Database, Interface, and Archival Fever«, in: *PMLA*, 122, 5, S. 1588-1592.

McGee, William C. (1981), »Data Base Technology«, in: *IBM Journal of Research and Development*, 25, 5, S. 505-519.

McKenzie, Jon (2001), *Perform or Else: From Discipline to Performance*, London: Routledge.

McLuhan, Marshall (1969), »Playboy Interview: a candid conversation with the high priest of popcult and metaphysician of media«, in: *Playboy*, 16, 3, S. 53-74, 158.

McLuhan, Marshall (2003), *Understanding Media: The Extensions of Man; Critical Edition*, hrsg. von W. Terrence Gordon, Corte Madera: Gingko Press.

McLuhan, Marshall (2005), »The Relation of Environment to Anti-Environment«, in: W. Terrence Gordon (Hrsg.), *Marshall McLuhan – Unbound (4)*, Corte Madera: Gingko Press, S. 5-19.

McLuhan, Marshall und Bruce R. Powers (1989), *The Global Village: Transformations in World Life and Media in the 21st Century*, New York: Oxford University Press.

McLuhan, Marshall und Nina Sutton (1975), »Interview with Nina Sutton« in: *Marshall McLuhan fonds, Library and Archives Canada*, 1988-0333/ISN 98779.

Merleau-Ponty, Maurice (1993 [1969]), *Die Prosa der Welt*, hrsg. von Claude Lefort, München: Fink.

Mersch, Dieter (2003a), »Technikapriori und Begründungsdefizit: Medienphilosophien zwischen uneingelöstem Anspruch und theoretischer Neufundierung«, in: *Philosophische Rundschau*, 50, 3, S. 193-219.

Mersch, Dieter (2003b), »Wort, Bild, Ton, Zahl. Eine Einleitung in die Medienphilosophie«, in: *Kunst und Medium: Zwei Vorlesungen*, Kiel: Muthesius Kunsthochschule, S. 131-253.

Mersch, Dieter (2005), »Das Bild als Argument«, in: Christoph Wulf und Jörg Zirfas (Hrsg.), *Ikonologien des Performativen*, München: Fink, S. 322-344.

Mersch, Dieter (2006a), »Mediale Paradoxa: Zum Verhältnis von Kunst und Medien. Einleitung in eine negative Medienphilosophie«, http://www.sicetnon.org/

content/perform/Mersch_Medienphilosophie_sw.pdf (zuletzt aufgerufen am 10.01.2007).

Mersch, Dieter (2006b), *Medientheorien zur Einführung*, 318, Hamburg: Junius.

Mersch, Dieter (2006c), »Visuelle Argumente: Zur Rolle der Bilder in den Natur-wissenschaften«, in: Sabine Maasen et al. (Hrsg.), *Bilder als Diskurse – Bilddis-kurse*, Weilerswist: Velbrück, S. 95-116.

Mersch, Dieter (2007), »Blick und Entzug: Zur ›Logik‹ ikonischer Strukturen«, in: Gottfried Böhm et al. (Hrsg.), *Figur und Figuration: Studien zu Wahrnehmung und Wissen*, München: Fink, S. 55-70.

Mersch, Dieter (2008), »Tertium datur: Einleitung in eine negative Medientheorie«, in: Stefan Münker und Alexander Roesler (Hrsg.), *Was ist ein Medium?*, Frank-furt a.M.: Suhrkamp, S. 304-321.

Mersch, Dieter (2010), »Meta/Dia: Zwei unterschiedliche Zugänge zum Medialen«, in: *Zeitschrift für Medien- und Kulturforschung*, 1, 2, S. 185-208.

Meyer, Philip (2002), *Precision Journalism: A Reporter's Introduction to Social Science Methods*, Lanham: Rowman & Littlefield.

Meyer, Torsten (2005), »Wahn(-) und Wissensmanagement: Versuch über das Prinzip Database«, in: Karl-Josef Pazzini et al. (Hrsg.), *Wahn – Wissen – Institution. Undisziplinierbare Näherungen*, Bielefeld: Transcript, S. 221-246.

Michel, Jean-Baptiste et al. (2011), »Quantitative Analysis of Culture Using Millions of Digitized Books«, in: *Science*, 331, S. 176-182.

Michelson, Evan S. (2005), »Dodging a Bullet: WHO, SARS, and the Successful Management of Infectious Disease«, in: *Bulletin of Science, Technology & Society*, 25, 5, S. 379-386.

Mock, Thomas (2006), »Was ist ein Medium?: Eine Unterscheidung kom-munikations- und medienwissenschaftlicher Grundverständnisse eines zen-tralen Begriffs«, in: *Publizistik*, 51, 2, S. 183-200.

Mohebbi, Matt et al. (2011), »Google Correlate Whitepaper«, http://www.google.com/trends/correlate/whitepaper.pdf (zuletzt aufgerufen am 20.09.2013).

Montfort, Nick (2004), »Continuous Paper: The Early Materiality and Workings of Electronic Literature«, http://nickm.com/writing/essays/continuous_paper_mla.html (zuletzt aufgerufen am 30.10.2010).

Montfort, Nick und Ian Bogost (2009), *Racing the Beam: The Atari Video Computer System*, Cambridge: MIT Press.

Mooers, Calvin N. (1946), »This is an inquiry into the future of mankind« in: Calvin N. Mooers Papers (CBI 81), Box 6, Folder 21, Charles Babbage Institute, Univer-sity of Minnesota, Minneapolis.

Mooers, Calvin N. (1950a), »Information Retrieval Viewed as Temporal Signalling«, in: *Proceedings of the International Congress of Mathematicians*, 1, S. 572-573.

Mooers, Calvin N. (1950b), »The Theory of Digital Handling of Non-Numerical Information and its Implications to Machine Economics« in: Calvin N. Mooers Papers (CBI 81), Box 21, Folder 11, Charles Babbage Institute, University of Minnesota, Minneapolis.

Mooers, Calvin N. (1960), »The Next Twenty Years in Information Retrieval«, in: *American Documentation*, 11, 3, S. 229-236.

Mooers, Calvin N. (2001), »The Computer Project at the Naval Ordnance Laboratory«, in: *IEEE Annals of the History of Computing*, 23, 2, S. 51-67.

Moretti, Franco (2000), »Conjectures on World Literature«, in: *New Left Review*, 1, S. 54-68.

Moretti, Franco (2009), *Kurven, Karten, Stammbäume: Abstrakte Modelle für die Literaturgeschichte*, Frankfurt a.M.: Suhrkamp.

Morgenroth, Karlheinz (2006), *Kontextbasiertes Information Retrieval: Modell, Konzeption und Realisierung kontextbasierter Information Retrieval Systeme*, Berlin: Logos Verlag.

Morris, Charles William (1979 [1938]), »Grundlagen der Zeichentheorie«, in: *Grundlagen der Zeichentheorie/ Ästhetik und Zeichentheorie*, Frankfurt a.M.: Ullstein, S. 17-88.

Morville, Peter (2004), »A Brief History of Information Architecture«, in: Alan Gilchrist und Barry Mahon (Hrsg.), *Information Architecture: Designing Information Environments for Purpose*, New York: Neal-Schuman, S. XII-XVI.

Morville, Peter und Louis Rosenfeld (2006), *Information Architecture for the World Wide Web: [Designing Large-Scale Web Sites; Introduces Tagging and Advanced Findability Concepts]*, Beijing: O'Reilly.

Moz, »Google Algorithm Change History«, http://moz.com/google-algorithm-change (zuletzt aufgerufen am 14.09.2013).

Münker, Stefan und Alexander Roesler (2008a), »Vorwort«, in: Dies. (Hrsg.), *Was ist ein Medium?*, Frankfurt a.M.: Suhrkamp, S. 7-12.

Münker, Stefan und Alexander Roesler (2008b) (Hrsg.), *Was ist ein Medium?*, Frankfurt a.M.: Suhrkamp.

Münker, Stefan et al. (2003) (Hrsg.), *Medienphilosophie: Beiträge zur Klärung eines Begriffs*, Frankfurt a.M.: Fischer.

Mykhalovskiy, Eric und Lorna Weir (2006), »The Global Public Health Intelligence Network and Early Warning Outbreak Detection: A Canadian Contribution to Global Public Health«, in: *Canadian Journal of Public Health*, 97, 1, S. 42-44.

Nake, Frieder (2001), »Das Algorithmische Zeichen«, in: Kurt Bauknecht et al. (Hrsg.), *Informatik 2001: Wirtschaft und Wissenschaft in der Network Economy – Visionen und Wirklichkeit; Tagungsband der GI/OCG-Jahrestagung, 25.-28. September 2001, Universität Wien*, Konstanz: UVK, S. 736-742.

Nake, Frieder (2005), »Das doppelte Bild«, in: Margarete Pratschke (Hrsg.), *Digitale Form*, Berlin: Akademie Verlag, S. 40-50.

Nake, Frieder (2008), »Zeigen, Zeichnen und Zeichen: Der verschwundene Lichtgriffel«, in: Hans Dieter Hellige (Hrsg.), *Mensch-Computer-Interface: Zur Geschichte und Zukunft der Computerbedienung*, Bielefeld: Transcript, S. 121-154.

National Institute of Standards and Technology (1993), *Integration Definition For Information Modeling (IDEF1X)* Federal Information Processing Standards

Publication 184, http://www.itl.nist.gov/fipspubs/idef1x.doc (zuletzt aufgerufen am 20.09.2013).

Nelson, Theodor H. (1965), »Complex Information Processing: A File Structure for the Complex, the Changing and the Indeterminate«, in: *Proceedings of the 1965 20th national conference*, Cleveland, USA, S. 84-100.

Nelson, Theodor H. (1973), »A Conceptual Framework for Man-Machine Everything«, in: *Proceedings of the June 4-8, 1973, National Computer Conference and Exposition*, New York, USA, S. m21-m26.

Nelson, Theodor H. (1987), *Literary Machines*, South Bend: Mindful Press.

Nelson, Theodor H. (1991 [1972]), »As We Will Think«, in: James Nyce, M. und Paul Kahn (Hrsg.), *From Memex to Hypertext: Vannevar Bush and the Mind's Machine*, Boston: Academic Press, S. 245-260.

Nelson, Theodor H. (2009), *Geeks Bearing Gifts: How the computer world got this way*, Sausalito: Mindful Press.

Neufeld, M. Lynne und Martha Cornog (1986), »Database History: From Dinosaurs to Compact Discs«, in: *Journal of the American Society for Information Science*, 37, 4, S. 183-190.

Neumann, Albrecht J. und National Bureau of Standards (1974), »A Guide to Networking Terminology« in: Information Processing Glossaries Collection (CBI 92), Box 1, Folder 7, Charles Babbage Institute, University of Minnesota, Minneapolis.

Niinisalo, Jarmo (2001), »The Aphex Face«, http://www.bastwood.com/aphex.php (zuletzt aufgerufen am 02.05.2009).

Nora, Pierre (1990), »Zwischen Geschichte und Gedächtnis: Die Gedächtnisorte«, in: *Zwischen Gedächtnis und Geschichte*, Berlin: Wagenbach, S. 11-33.

Norvig, Peter (2009), »All We Want are the Facts, Ma'am«, http://norvig.com/fact-check.html (zuletzt aufgerufen am 26.11.2010).

Nunberg, Geoffrey (1996), »Farewell to the Information Age«, in: Ders. (Hrsg.), *The Future of the Book*, University of California Press: Berkeley, S. 103-138.

Nyce, James, M. und Paul Kahn (1991) (Hrsg.), *From Memex to Hypertext: Vannevar Bush and the Mind's Machine*, Boston: Academic Press.

O'Reilly, Tim (2005), »What Is Web 2.0? Design Patterns and Business Models for the Next Generation of Software«, http://www.oreillynet.com/pub/a/oreilly/tim/news/2005/09/30/what-is-web-20.html (zuletzt aufgerufen am 29.08.2008).

Olle, T. William (1978), *The Codasyl Approach to Data Base Management*, Chichester: Wiley.

Olle, T. William (2006), »Nineteen Sixties History of Database Management«, in: John Impagliazzo (Hrsg.), *History of Computing and Education 2: IFIP 19th World Computer Congress, WG 9.7, TC 9: History of computing, proceedings of the Second Conference on the History of Computing and Education, August 21-24, 2006, Santiago, Chile*, New York: Springer, S. 67-75.

Ott, Sascha (2004), *Information: Zur Genese und Anwendung eines Begriffs*, Konstanz: UVK.

Ottino, Julio M. (2003), »Is a Picture Worth 1.000 Words?«, in: *Nature*, 421, Januar, S. 474-476.

Page, Lawrence (2001): *Method for Node Ranking in a Linked Database*, U.S. Patent 6,285,999, United States Patent and Trademark Office, 04.09.2001.

Page, Lawrence (2004): *Method for Scoring Documents in a Linked Database*, U.S. Patent 6,799,176, United States Patent and Trademark Organization, 28.09.2004.

Page, Lawrence et al. (1998), »The PageRank Citation Ranking: Bringing Order to the Web«, http://infolab.stanford.edu/~backrub/pageranksub.ps (zuletzt aufgerufen am 11.10.2010).

Paley, W. Bradford (2002a), »Alice's Adventures in Wonderland TextArc«, http://www.textarc.org/Alice.html (zuletzt aufgerufen am 20.09.2013).

Paley, W. Bradford (2002b), »TextArc: An Alternative Way to View a Text«, http://www.textarc.org/ (zuletzt aufgerufen am 31.07.2012).

Paley, W. Bradford (2007): *System and Method for Visual Analysis of Word Frequency and Distribution in a Text*, US 7,192,283 B2, 10/414,075, United States Patent Office, 20.03.2007.

Panofsky, Erwin (1998 [1927]), »Die Perspektive als ›symbolische Form‹«, in: *Deutschsprachige Aufsätze*, Berlin: Akademie Verlag, S. 653-757.

Parikka, Jussi (2011), »Operative Media Archaeology: Wolfgang Ernst's Materialist Media Diagrammatics«, in: *Theory, Culture & Society*, 28, 5, S. 52-74.

Pariser, Eli (2011), *The Filter Bubble: What the Internet is Hiding from You*, London: Penguin.

Paßmann, Johannes et al. (2014), »The Gift of the Gab: Retweet Cartels and Gift Economies on Twitter«, in: Katrin Weller et al. (Hrsg.): *Twitter and Society*, New York: Peter Lang, S. 331-344.

Passig, Kathrin (2012), »Warum wurde mir ausgerechnet das empfohlen?: Zur Kritik an Algorithmen«, in: *Süddeutsche Zeitung*, 09.01.2012, http://www.sueddeutsch e.de/digital/zur-kritik-an-algorithmen-warum-wurde-mir-ausgerechnet-das-e mpfohlen-1.1253390 (zuletzt aufgerufen am 20.09.2013).

Patterson, Albert C. (1971), »A Data Base Management System«, in: *Proceedings of the 1971 26th ACM Annual Conference*, S. 197-209.

Paul, Christiane (2007), »The Dastabase as System and Cultural Form: Anatomies of Cultural Narratives«, in: Victoria Vesna (Hrsg.), *Database Aesthetics: Art in the Age of Information Overflow*, Minneapolis: University of Minneapolis Press, S. 95-109.

Peirce, Charles Sanders (1960), *Collected Papers of Charles Sanders Peirce*, Cambridge: Belknap Press of Harvard University Press.

Peirce, Charles Sanders (1976), »Prolegomena for an Apology to Pragmatism«, in: *The New Elements of Mathematics, Vol. IV: Mathematical Philosophy*, The Hague: Mouton Press, S. 313-330.

Peirce, Charles Sanders (1983), *Phänomen und Logik der Zeichen*, Frankfurt a.M.: Suhrkamp.

Pellegrini, Tassilo (2008), »Semantic Web als Konkrete Utopie: Eine praktische Annäherung«, in: Petra Grimm und Rafael Capurro (Hrsg.), *Informations- und Kommunikationsutopien*, Stuttgart: Franz Steiner Verlag, S. 51-64.

Perks, Chris (2012), »Double Your Klout Score But It Means Nothing«, http://www.chrisperks.com/gaming-klout/ (zuletzt aufgerufen am 13.08.2013).

Peterson, W. Wesley (1957), »Addressing for Random-Access Storage«, in: *IBM Journal of Research and Development*, 1, 2, S. 130-146.

Pfleumer, Fritz (1928): *Lautschriftträger*, DE000000500900A (auch: Deutsches Reichspatent [DRP] Nr. 500 900), Reichspatentamt, 05.06.1930.

Pias, Claus (2003), »Das digitale Bild gibt es nicht: Über das (Nicht-)Wissen der Bilder und die informatische Illusion«, in: *Zeitenblicke*, 2, 1, http://www.zeitenblicke.historicum.net/2003/01/pias/index.html (zuletzt aufgerufen am 08.05.2008).

Pircher, Wolfgang (2004), »Markt oder Plan? Zum Verhältnis von Kybernetik und Ökonomie«, in: Claus Pias (Hrsg.), *Cybernetics: The Macy-Conferences 1946-1953*, Bd. 2: Essays and Documents, Zürich: Diaphanes, S. 81-96.

Porombka, Stephan (1998), »Ankunft im Unverdrängten: Datenbanken als Verkörperung der Phantasie vom virtuell vollständigen Gedächtnis«, in: *Deutsche Vierteljahresschrift für Literaturwissenschaft und Geistesgeschichte*, 72, Sonderheft: Medien des Gedächtnisses (hrsg. v. Aleida Assmann, Martin Windisch und Manfred Weinberg), S. 313-328.

Porombka, Stephan (2001), *Hypertext: Zur Kritik einees digitalen Mythos*, München: Wilhelm Fink.

Poster, Mark (1995), *The Second Media Age*, Cambridge: Polity Press.

Primiero, Giuseppe (2009), »An epistemic logic for becoming informed«, in: *Synthese*, 167, S. 441-467.

Pross, Harry (1972), *Medienforschung : Film, Funk, Presse, Fernsehen*, Darmstadt: Habel.

Purcell, Kristen et al. (2012), *Search Engine Use 2012*: Pew Internet & American Life Project, http://www.pewinternet.org/~/media//Files/Reports/2012/PIP_Search_Engine_Use_2012.pdf (zuletzt aufgerufen am 20.09.2013).

Quirmbach, Sonja (2009), »Universal Search: Kontextuelle Einbindung von Ergebnissen unterschiedlicher Quellen und Auswirkungen auf das User Interface«, in: Dirk Lewandowski (Hrsg.), *Handbuch Internet-Suchmaschinen: Nutzerorientierung in Wissenschaft und Praxis*, Heidelberg: Akademische Verlagsgesellschaft, S. 220-248.

Rabinow, Jacob (1952), »The Notched-Disc Memory«, in: *Electrical Engineering*, 8, S. 745-749.

Ramming, Ulrike (2001), »»Medienphilosophie‹ – Ein Bericht«, in: *Dialektik: Zeitschrift für Kulturphilosophie*, 1, S. 153-170.

Ramming, Ulrike (2008), »Der Ausdruck ›Medium‹ an der Schnittstelle von Medien-, Wissenschafts-, und Technikphilosophie«, in: Stefan Münker und Alexander Roesler (Hrsg.), *Was ist ein Medium?*, Frankfurt a.M.: Suhrkamp, S. 249-271.

Rautzenberg, Markus und Andreas Wolfsteiner (2010) (Hrsg.), *Hide and Seek: Das Spiel von Transparenz und Opazität*, München: Fink.

Rayley, Rita (2006), »Code.surface || Code.depth«, in: *Dichtung Digital*, 36 (zuletzt aufgerufen am 22.08.2011).

Rayward, W. Boyd (1975), *The Universe of Information: The Work of Paul Otlet for Documentation and International Organisation*, Moscow: FID.

Reck, Hans Ulrich (2003), *Kunst als Medientheorie: Vom Zeichen zur Handlung*, München: Fink.

Recki, Birgit (2004), *Kultur als Praxis: eine Einführung in Ernst Cassirers Philosophie der symbolischen Formen*, Deutsche Zeitschrift für Philosophie, Sonderband 6, Berlin: Akademie Verlag.

Reese-Schäfer, Walter (1992), *Luhmann zur Einführung*, Hamburg: Junius.

Reichert, Ramón (2008), *Amateure im Netz: Selbstmanagement und Wissenstechnik im Web 2.0*, Bielefeld: Transcript.

Reichert, Ramón (2014) (Hrsg.), *Big Data: Analysen zum digitalen Wandel von Wissen, Macht und Ökonomie*, Bielefeld: Transcript.

Rheinberger, Hans Jörg (2007), »Wie werden aus Spuren Daten, und wie verhalten sich Daten zu Fakten?«, in: David Gugerli et al. (Hrsg.), *Nach Feierabend 2007: Daten; Züricher Jahrbuch für Wissensgeschichte 3*, Berlin: Diaphanes, S. 117-125.

Ricœur, Paul (1991), *Zeit und Erzählung, Band III: Die erzählte Zeit*, München: Fink.

Ridenour, Louis N. (1955), »Computer Memories«, in: *Scientific American*, 192, 6, S. 92-100.

Rieder, Bernhard (2005), »Networked Control: Search Engines and the Symmetry of Confidence«, in: *International Review of Information Ethics*, 3, S. 26-32.

Rieder, Bernhard (2009), »Demokratisierung der Suche?: Von der Kritik zum gesellschaftlich orientierten Design«, in: Konrad Becker und Felix Stalder (Hrsg.), *Deep Search: Politik des Suchens jenseits von Google*, Innsbruck u.a.: Studien Verlag, S. 150-170.

Rieder, Bernhard (2012), »What is in PageRank?: A Historical and Conceptual Investigation of a Recursive Status Index«, in: *Computational Culture: a journal of software studies*, 2, http://computationalculture.net/article/what_is_in_page rank (zuletzt aufgerufen am 16.10.2012).

Riemann, Bernhard (1990 [1854]), »Ueber die Hypothesen, welche der Geometrie zu Grunde liegen«, in: *Gesammelte mathematische Werke, wissenschaftlicher Nachlass und Nachträge* Berlin: Springer, S. 304-319.

Robinson, Derek (2008), »Function«, in: Matthew Fuller (Hrsg.), *Software Studies: A Lexicon*, Cambridge: MIT Press, S. 101-110.

Roch, Axel (2010), *Claude E. Shannon: Spielzeug, Leben und die geheime Geschichte seiner Theorie der Information*, Berlin: gegenstalt.

Roesler, Alexander (2003), »Medienphilosophie und Zeichentheorie«, in: Stefan Münker et al. (Hrsg.), *Medienphilosophie: Beiträge zur Klärung eines Begriffs*, Frankfurt a.M.: Fischer.

Rogers, Richard (2013), *Digital Methods*, Cambridge: MIT Press.

Rogers, Simon (2011), »Data Journalism at the Guardian: What Is It and How Do We Do It?«, in: *The Guardian Data Blog: Facts are Sacred*, 28.07.2011, http://www.guardian.co.uk/news/datablog/2011/jul/28/data-journalism (zuletzt aufgerufen am 16.04.2012).

Röhle, Theo (2010), *Der Google-Komplex: Über Macht im Zeitalter des Internets*, Bielefeld: Transcript.

Röhlig, Marc (2008), »Ich bin dann mal offline«, http://www.spiegel.de/unispiegel/wunderbar/0,1518,563401,00.html (zuletzt aufgerufen am 26.07.2008).

Rolf, Thomas (2007), »Tiefe«, in: Ralf Konersmann (Hrsg.), *Wörterbuch der philosophischen Metaphern*, Darmstadt: Wissenschaftliche Buchgeselschaft, S. 458-470.

Rorty, Richard (1992 [1967]), »Metaphilosophical Difficulties of Linguistic Philosophy«, in: Ders. (Hrsg.), *The Linguistic Turn: Essays in Philosophical Method*, Chicago: University of Chicago Press, S. 1-39.

Rosling, Hans (2010), »200 Countries, 200 Years, 4 Minutes«, http://www.gapminder.org/videos/200-years-that-changed-the-world-bbc/ (zuletzt aufgerufen am 10.06.2013).

Rothenberg, Jeff (1995), »Ensuring the Longevity of Digital Documents«, in: *Scientific American*, 272, 1, S. 42-47.

Rubin, Edgar (2001), »Figure and Ground«, in: Steven Yantis (Hrsg.), *Visual Perception: Essential Readings*, Hove: Psychology Press, S. 225-229.

Rühle, Alex (2010), *Ohne Netz: Mein halbes Jahr offline*, Stuttgart: Klett-Cotta.

Ruhrmann, Georg et al. (2000), »Im Osten was Neues? Ein Beitrag zur Standortbestimmung der Kommunikations- und Medienwissenschaft«, in: *Publizistik*, 45, 3, S. 283-309.

Saake, Gunter et al. (2008), *Datenbanken: Konzepte und Sprachen*, Bonn: mitp.

Safire, William (1996), *On Language: Worth a Thousand Words*, New York.

Sakai, Naoki (2010), »Translation as a filter«, in: *Transeuropéennes: International Journal of Critical Thought*, http://www.transeuropeennes.eu/en/articles/200/Translation_as_a_filter (zuletzt aufgerufen am 02.02.2012).

Sammet, Jean E. (1985), »Brief Summary of the Early History of COBOL«, in: *IEEE Annals of the History of Computing*, 7, 4, Special Issue: COBOL – 25th Anniversary, S. 288-303.

Sandbothe, Mike (2001), *Pragmatische Medienphilosophie: Grundlegung einer neuen Disziplin im Zeitalter des Internet*, Weilerswist: Velbrück.

Sandbothe, Mike (2003), »Der Vorrang der Medien vor der Philosophie«, in: Stefan Münker et al. (Hrsg.), *Medienphilosophie: Beiträge zur Klärung eines Begriffs*, Frankfurt a.M.: Fischer, S. 185-197.

Sandbothe, Mike und Ludwig Nagl (2005) (Hrsg.), *Systematische Medienphilosophie*, Berlin: Akademie Verlag.

Sauer, Hermann (2002), *Relationale Datenbanken: Theorie und Praxis*, München: Addison-Wesley.

Saussure, Ferdinand de (1931), *Grundfragen der allgemeinen Sprachwissenschaft*, Berlin: Walter de Gruyter.

Schaffner, Ingrid et al. (1997) (Hrsg.), *Deep Storage: Arsenale der Erinnerung; Sammeln, Speichern, Archivieren in der Kunst [anläßlich der Ausstellung ›Deep Storage – Arsenale der Erinnerung‹ im Haus der Kunst, München (3.8.-12.10.1997), in der Nationalgalerie SMPK, Sonderausstellungshalle am Kulturforum Berlin (Dezember 1997 - Januar 1998), im Kunstmuseum Düsseldorf im Ehrenhof (Februar 1998)]*, München: Prestel.

Schmidt, Siegfried J. (1999), »›Wissenschaftssprachen‹ – heilige Kühe oder Unumgänglichkeiten?«, in: Herbert Ernst Wiegand (Hrsg.), *Sprache und Sprachen in den Wissenschaften: Gesichte und Gegenwart. Festschrift für Walter de Gruyter & Co. anläßlich einer 250jährigen Verlagstradition*, Berlin: de Gruyter, S. 535-560.

Schmidt, Siegfried J. (2003), *Geschichten und Diskurse: Abschied vom Konstruktivismus*, Reinbeck: Rowohlt.

Scholz, Thomas (2000), *Die Geste des Sammelns: Eine Fundamentalspekulation – Anthropologie, Ethymografie, Entlass*, Stuttgart: Books on Demand.

Schulz, Oliver Lerone (2004), »Marshall McLuhan – Medien als Infrastrukturen und Archetypen«, in: Alice Lagaay und David Lauer (Hrsg.), *Medientheorien : eine philosophische Einführung*, Frankfurt a.M.: Campus, S. 31-68.

Schüttpelz, Erhard (2002a), »Eine Ikonographie der Störung: Shannons Flußdiagramm der Kommunikation in ihrem kybernetischen Verlauf«, in: Ludwig Jäger und Georg Stanitzek (Hrsg.), *Transkribieren Medien/Lektüre*, München: Fink, S. 233-280.

Schüttpelz, Erhard (2002b), »›Get the message through‹: Von der Kanaltheorie der Kommunikation zur Botschaft des Mediums: Ein Telegramm aus der nordatlantischen Nachkriegszeit«, in: Irmela Schneider und Peter M. Spangenberg (Hrsg.), *Medienkultur der 50er Jahre: Diskursgeschichte der Medien nach 1945*, Opladen: Westdeutscher Verlag, S. 51-76.

Schüttpelz, Erhard (2003), »Frage nach der Frage, auf die das Medium eine Antwort ist«, in: Albert Kümmel und Ders. (Hrsg.), *Signale der Störung*, München: Fink, S. 15-29.

Schwartz, Jules I. (1968), »Interactive Systems: Promises, Present and Future«, in: *Proceedings of the AFIPS Fall Joint Computer Conference*, S. 89-98.

Scott, Tom (2008), »The all new BBC Music Site where Programmes meet Music and the Semantic Web«, in: *Derivadow.com*, 28.07.2008, http://derivadow.com/2008/07/28/the-all-new-bbc-music-site-where-programmes-meet-music-and-the-semantic-web/ (zuletzt aufgerufen am 09.03.2012).

Seel, Martin (2000), »Medien der Realität und Realität der Medien«, in: Sybille Krämer (Hrsg.), *Medien, Computer, Realität: Wirklichkeitsvorstellungen und Neue Medien*, Frankfurt a.M.: Suhrkamp, S. 244-268.

Seel, Martin (2003), »Eine vorübergehende Sache«, in: Stefan Münker et al. (Hrsg.), *Medienphilosophie: Beiträge zur Klärung eines Begriffs*, Frankfurt a.M.: Fischer, S. 10-15.

Seel, Martin (2009), *Theorien*, Frankfurt a.M.: S. Fischer.

Seemann, Hans Jürgen (2000), *Bild als Widerstreit: Zur Phänomenologie des Bildes im Anschluß an die Untersuchungen E. Husserls; Ein Beitrag zur Phänomenologie der anschaulichen Unmöglichkeit*, Dissertation, Fachbereich 2, Gesamthochschule Wuppertal, Wuppertal.

Seemann, Michael (mspro) (2011a), »Queryology I – Das Ende der Medien«, in: *ctrl+verlust: Res gesta per amissionum*, 11.01.2011, http://www.ctrl-verlust.net/qu eryology-i-das-ende-der-medien/ (zuletzt aufgerufen am 23.11.2011).

Seemann, Michael (mspro) (2011b), »Queryology II – Das Filtersubjekt«, in: *ctrl+verlust: Res gesta per amissionum*, 14.01.2011, http://www.ctrl-verlust.net/qu eryology-ii-das-filtersubjekt/ (zuletzt aufgerufen am 23.11.2011).

Seitter, Walter (2002), *Physik der Medien: Materialien, Apparate, Präsentierungen*, Weimar: VDG.

Serres, Michel (1987), *Der Parasit*, Frankfurt a.M.: Suhrkamp.

Serres, Michel (1991), *Hermes I: Kommunikation*, Berlin: Merve.

Shannon, Claude E. (1953), »The lattice theory of information«, in: *Transactions on Information Theory, IEEE*, 1, 1, S. 105-107.

Shannon, Claude E. (1976 [1948]), »Die mathematische Theorie der Kommunikation«, in: Ders. und Warren Weaver (Hrsg.), *Mathematische Grundlagen der Informationstheorie*, München: Oldenbourg, S. 41-143.

Shirky, Clay (2003), »The Semantic Web, Syllogism, and Worldview«, http://www.shi rky.com/writings/semantic_syllogism.html (zuletzt aufgerufen am 26.03.2008).

Shirky, Clay (2005), »Ontology is Overrated: Categories, Links, and Tags«, http://ww w.shirky.com/writings/ontology_overrated.html (zuletzt aufgerufen am 24.11.2008).

Shneiderman, Ben (2003), »Supporting Creativity with Advanced Information-Abundant User Interfaces«, in: Benjamin B. Bederson und Ders. (Hrsg.), *The Craft of Information Visualization Readings and Reflections*, San Francisco: Morgan Kaufmann, S. 372-377.

Shneiderman, Ben (2006), *Foreword*, Information Visualization: Beyond the Horizon, hrsg. von Chaomei Chen, London u.a.: Springer.

Shorter, Matthew (2008), »BBC Music Artist Pages Beta«, in: *BBC Internet Blog*, 28.07.2008, http://www.bbc.co.uk/blogs/bbcinternet/2008/07/bbc_music_artis t_pages_beta.html (zuletzt aufgerufen am 08.03.2012).

Simanowski, Roberto (2002), *Interfictions: Vom Schreiben im Netz*, Franfurt a.M.: Suhrkamp.

Simanowski, Roberto (2012a), »The Compelling Charm of Numbers: Writing For and Thru the Network of Data«, in: Simon Biggs (Hrsg.), *Remediating the Social*, Edinburgh, http://elmcip.net/node/4705 (zuletzt aufgerufen am 09.02.2014), S. 20-27.

Simanowski, Roberto (2012b), *Textmaschinen – Kinetische Poesie – Interaktive Installation: Zum Verstehen von Kunst in digitalen Medien*, Bielefeld: Transcript.

Simon, Herbert A. (1976), »From Substantive to Procedural Rationality«, in: Spiro J. Latsis (Hrsg.), *Method and Appraisal in Economics*, Cambridge: Cambridge University Press, S. 129-148.

Simpson, J. A. und E. S. C. Weiner (2012), »Database, n.«, in: *Oxford English Dictionary Online*, Oxford: Oxford University Press, http://www.oed.com/view/Entry/47411 (zuletzt aufgerufen am 11.10.2012).

Singhal, Amit (2012), »An Update to our Search Algorithms«, in: *Inside Search: The official Google Search blog*, 10.08.2012, http://insidesearch.blogspot.de/2012/08/an-update-to-our-search-algorithms.html (zuletzt aufgerufen am 18.12.2012).

Sippey, Michael (2012), »Changes Coming in Version 1.1 of the Twitter API«, in: *Twitter developers Blog*, 16.08., https://dev.twitter.com/blog/changes-coming-to-twitter-api (zuletzt aufgerufen am 13.06.2013).

Skinner, David (2006), »The Age of the Female Computer«, in: *The New Atlantis*, 12, S. 96-103.

Smith, Gene (2008), *Tagging: People-Powered Metadata for the Social Web*, Longman: Addison-Wesley.

Sommer, Manfred (2002a), *Sammeln: ein philosophischer Versuch*, Frankfurt a.M.: Suhrkamp.

Sommer, Manfred (2002b), *Suchen und Finden: Lebensweltliche Formen*, Frankfurt a.M.: Suhrkamp.

Spencer-Brown, George (1999 [1969]), *Laws of Form – Gesetze der Form*, Lübeck: Joh. Bohmeier Verlag.

Stalbaum, Brett (2000), »Editors notes for database issue«, in: *Switch*, 13, http://switc h.sjsu.edu/nextswitch/switch_engine/front/front.php?artc=252 (zuletzt aufgerufen am 06.09.2012).

Stalder, Felix und Christine Mayer (2009), »Der zweite Index: Suchmaschinen, Personalisierung und Überwachung«, in: Konrad Becker und Felix Stalder (Hrsg.), *Deep Search: Politik des Suchens jenseits von Google*, Innsbruck u.a.: Studien Verlag, S. 112-131.

Star, Susan Leigh und James R. Griesemer (1989), »Institutional Ecology, ›Translations‹ and Boundary Objects: Amateurs and Professionals in Berkeley's Museum of Vertebrate Zoology, 1907-39«, in: *Social Studies of Science*, 19, S. 387-420.

Steinberg (2010), »Wavelab 7: Audio Editing And Mastering Suite; Funktionen im Detail«, ftp://ftp.steinberg.de/Download/WaveLab_7/Manuals/WaveLab-de-7.pdf (zuletzt aufgerufen am 20.09.2013).

Stevenson, Seth (2012), »What Your Klout Score Really Means«, in: *Wired*, http://www w.wired.com/business/2012/04/ff_klout/all/ (zuletzt aufgerufen am 13.08.2013).

Stjernfelt, Frederik (2000), »Diagrams as Centerpiece of a Peircean Epistemology«, in: *Transactions of the Charles S. Peirce Society*, 36, 3, S. 357-384.

Stonebraker, Michael (1974), »A Functional View of Data Independence«, in: *Procee-dings of 1974 ACM-SIGMOD Workshop on Data Description, Access and Control*, Ann Arbor, Michigan, S. 63-81.

Study Group on Data Base Management Systems (1975), »Interim Report: ANSI/X3/ SPARC Study Group on Data Base Management Systems«, in: *FDT – Bulletin of ACM SIGMOD*, 7, 2, S. 1-140.

Summit, Roger (2002), »Reflections on the Beginnings of Dialog: The Birth of Online Information Access«, in: *Chronolog*, http://support.dialog.com/publications/ chronolog/200206/1020 628.shtml (zuletzt aufgerufen am 07.11.2009).

Swanson, A. K. (1964), »A Computer-Centered Data Base Serving USAF Personnel Managers«, in: *Proceedings of the Symposium on Development and Management of a Computer-Centered Data Base (June 10-11, 1963)*, Santa Monica: System Development Corporation.

Swift, Jonathan (1987), *Gullivers Reisen*, Stuttgart: Reclam.

Thacker, Eugene (2006), *The Global Genome: Biotechnology, Politics, and Culture*, Cambridge: MIT Press.

The Computer Communications Group (1968), »Computer Communications and Telecommunication Terminology« in: Information Processing Glossaries Collection (CBI 92), Box 1, Folder 3, Charles Babbage Institute, University of Minnesota, Minneapolis.

Tholen, Georg Christoph (2002), *Die Zäsur der Medien: Kulturphilosophische Kon-turen*, Frankfurt a.M.: Suhrkamp.

Tsichritzis, Dennis und Anthony Klug (1978), »The ANSI/X3/SPARC DBMS Framework: Report of the Study Group on Database Management Systems«, in: *Information Systems*, 3, S. 173-191.

Turing, Alan M. (1987 [1950]), »Rechenmaschinen und Intelligenz«, in: *Intelligence service : Schriften*, Berlin: Brinkmann u. Bose, S. 147-182.

Turing, Alan M. (1987 [1937]), »Über berechenbare Zahlen mit einer Anwendung auf das Entscheidungsproblem«, in: *Intelligence service : Schriften*, Berlin: Brinkmann u. Bose, S. 17-60.

Turkle, Sherry (1998), *Leben im Netz: Identität im Zeitalter des Internet*, Reinbek: Rowohlt.

Ullman, Ellen (1999), »The Myth of Order: The Real Lesson of Y2K is that Software Operates just like any Natural System: Out of Control«, in: *Wired*, 7, 4, http://ww w.wired.com/wired/archive/7.04/y2k.html (zuletzt aufgerufen am 19.09.2013).

Union of International Associations (1990 [1914]), »The Union of International Associations: A World Centre«, in: W. Boyd Rayward (Hrsg.), *The international organization and dissemination of knowledge: Selected essays of Paul Otlet*, Ams-terdam: Elsevier, S. 112-129.

UNIVAC (1968), »Vocabulary for Information Processing« in: Information Pro-cessing Glossaries Collection (CBI 92), Box 1, Folder 23, Charles Babbage Institute, University of Minnesota, Minneapolis.

Vaidhyanathan, Siva (2011), *The Googlization of Everything (and Why We Should Worry)*, Berkeley: University of California Press.

Van Couvering, Elizabeth (2008), »The History of the Internet Search Engine: Navigational Media and the Traffic Commodity«, in: Amanda Spink und Michael Zimmer (Hrsg.), *Web Search: Multidisciplinary Perspectives*, Berlin: Springer, S. 177-206.

Van Dijck, Peter (2003), »Themes and Metaphors in the Semantic Web Discussion«, http://poorbuthappy.com/ease/semantic/ (zuletzt aufgerufen am 26.03.2008).

Van Leeuwen, Jan und Jiří Wiederman (2000), *The Turing Machine Paradigm in Contemporary Computing*, Utrecht, http://www.cs.uu.nl/research/techreps/rep o/CS-2000/2000-33.pdf (zuletzt aufgerufen am 20.09.2013).

Vesna, Victoria (2000a), »Database are Us«, in: *AI & Society*, 14, 2, S. 157-175.

Vesna, Victoria (2000b), »Database Asthetics: Introduction«, in: *AI & Society*, 14, 2, S. 155-156.

Vesna, Victoria (2007a) (Hrsg.), *Database Aesthetics: Art in the Age of Information Overflow*, Minneapolis: University of Minneapolis Press.

Vesna, Victoria (2007b), »Introduction«, in: Victoria Vesna (Hrsg.), *Database Aesthetics: Art in the Age of Information Overflow*, Minneapolis: University of Minneapolis Press, S. IX-XX.

Vismann, Cornelia (2001), *Akten: Medientechnik und Recht*, Frankfurt a.M.: Fischer.

Vogel, Matthias (1998), »Medien als Experiment der Demokratie«, in: Hauke Brunkhorst (Hrsg.), *Demokratischer Experimentalismus: Politik in der komplexen Gesellschaft*, Frankfurt a.M.: Suhrkamp, S. 106-143.

Vogel, Matthias (2001), *Medien der Vernunft: Eine Theorie des Geistes und der Rationalität auf Grundlage einer Theorie der Medien*, Frankfurt a.M.: Suhrkamp.

Vogel, Matthias (2003), »Medien als Voraussetzungen für Gedanken«, in: Stefan Münker et al. (Hrsg.), *Medienphilosophie: Beiträge zur Klärung eines Begriffs*, Frankfurt a.M.: Fischer, S. 107-134.

Vogel, Matthias (2005), »Medienphilosophie der Musik«, in: Mike Sandbothe und Ludwig Nagl (Hrsg.), *Systematische Medienphilosophie*, Berlin: Akademie Verlag, S. 163-179.

Vogels, Werner (2008), »Eventually Consistent: Building reliable distributed systems at a worldwide scale demands trade-offs – between consistency and availability«, in: *ACM Queue*, 6, 6, S. 14-19.

Von Neumann, John (1987 [1945]), »First Draft of a Report on the EDVAC«, in: William Aspray und Arthur W. Burks (Hrsg.), *Papers of John von Neumann on computing and computer theory*, Cambridge: MIT Press, S. 17-82.

W3C (1999), »HTML 4.01 Specification«, http://www.w3.org/TR/html401/ (zuletzt aufgerufen am 14.06.2013).

W3C (2009), »The OWL 2 Schema Vocabulary (OWL 2)«, http://www.w3.org/2002/07/owl (zuletzt aufgerufen am 07.03.2012).

W3C (2014), »Linking Open Data W3C SWEO Community Project«, http://www. w3.org/wiki/SweoIG/TaskForces/CommunityProjects/LinkingOpenData (zuletzt aufgerufen am 20.02.2015).

Wall, Aaron (2011), »The Decline or Organic Links Infographic«, in: *SEO Book*, 09.12.2011, http://www.seobook.com/organic-links (zuletzt aufgerufen am 06.02.2012).

Wardrip-Fruin, Noah (2009), *Expressive Processing: Digital Fictions, Computer Games, and Software Studies*, Cambridge: MIT Press.

Weaver, Warren (1976 [1949]), »Ein aktueller Beitrag zur mathematischen Theorie der Kommunikation«, in: Claude E. Shannon und Ders. (Hrsg.), *Mathematische Grundlagen der Informationstheorie*, München: Oldenbourg, S. 11-39.

Wegner, Peter (1997), »Why Interaction is More Powerful than Algorithms«, in: *Communications of the ACM*, 40, 5, S. 80-91.

Wegner, Peter und Dina Goldin (2003), »Computation beyond Turing Machines«, in: *Communications of the ACM*, 46, 4, S. 100-102.

Weinberger, David (2002), »The Semantic Argument Web«, http://www.hyperorg.co m/backissues/joho-jun26-02.html#semantic (zuletzt aufgerufen am 26.03.2008).

Weinberger, David (2008), *Das Ende der Schublade: Die neue Macht der digitalen Unordnung*, München: Hanser.

Weingarten, Rüdiger (1988), »Das Dialogmuster ›Datenbankanfrage‹«, in: Ders. und Reinhard Fiehler (Hrsg.), *Technisierte Kommunikation*, Opladen: Westdeutscher Verlag, S. 237-243.

Weingarten, Rüdiger (1994), »Datenbanken«, in: Hartmut Günther und Otto Ludwig (Hrsg.), *Schrift und Schriftlichkeit: Ein interdisziplinäres Handbuch internationaler Forschung*, Berlin/New York: Walter de Gruyter, S. 158-170.

Wells, H. G. (1971 [1938]), *World Brain*, Freeport N.Y.: Books for Libraries Press.

Welsch, Wolfgang (1996), »Ästhetisierungsprozesse – Phänomene, Unterscheidungen, Perspektiven«, in: *Grenzgänge der Ästhetik*, Stuttgart: Reclam, S. 9-61.

Wentz, Daniela (2013), »Anschauen und Denken: Neue Perspektiven auf Materialität und Virtualität der Diagramme«, in: *Zeitschrift für Medienwissenschaft*, 8, S. 202-206.

White House (2010), »White House Review Summary Regarding 12/25/2009 Attempted Terrorist Attack«, http://www.whitehouse.gov/the-press-office/ white-house-review-summary-regarding-12252009-attempted-terrorist-attack (zuletzt aufgerufen am 10.06.2013).

Wiener, Norbert (1968 [1948]), *Kybernetik: Regelung und Nachrichtenübertragung in Lebewesen und Maschinen*, Reinbek: Rowohlt.

Wiesing, Lambert (2000), *Phänomenologie des Bildes nach Edmund Husserl und Jean-Paul Sartre*, München: Fink, S. 43-59.

Wiesing, Lambert (2005a), »Die Hauptströmungen der gegenwärtigen Philosophie des Bildes«, in: *Artifizielle Präsenz: Studien zur Philosophie des Bildes*, Frankfurt a.M.: Suhrkamp, S. 17-36.

Wiesing, Lambert (2005b), »Was sind Medien?«, in: *Artifizielle Präsenz: Studien zur Philosophie des Bildes,* Frankfurt a.m.: Suhrkamp, S. 149-162.

Wiesing, Lambert (2005c), »Wenn Bilder Zeichen sind: das Bildobjekt als Signifikant«, in: *Artifizielle Präsenz: Studien zur Philosophie des Bildes,* Frankfurt a.m.: Suhrkamp, S. 37-80.

Wiesing, Lambert (2009), *Das Mich der Wahrnehmung: Eine Autopsie,* Frankfurt a.m.: Suhrkamp.

Williams, Michael R. (1997), *A History of Computing Technology,* Los Alamitos: IEEE Computer Society Press.

Winkler, Hartmut (1997a), *Docuverse: Zur Medientheorie der Computer,* München: Boer.

Winkler, Hartmut (1997b), »Suchmaschinen: Metamedien im Internet?«, in: Barbara Becker und Michael Paetau (Hrsg.), *Virtualisierung des Sozialen: Die Informationsgesellschaft zwischen Fragmentierung und Globalisierung,* Frankfurt a.m.: Campus, S. 185-202.

Winkler, Hartmut (2004a), »Mediendefinition«, in: *Medienwissenschaft,* 1, S. 9-27.

Winkler, Hartmut (2004b), »Medium Computer: Zehn populäre Thesen zum Thema und warum sie möglicherweise falsch sind«, in: Lorenz Engell und Britta Neitzel (Hrsg.), *Das Gesicht der Welt: Medien in der digitalen Kultur,* München: Fink, S. 203-213.

Winkler, Hartmut (2004c), »Übertragen – Post, Transport, Metapher«, in: Jürgen Fohrmann (Hrsg.), *Rhetorik: Figuration und Performanz,* Stuttgart/Weimar: Metzler, S. 283-294.

Winkler, Hartmut (2008), »Zeichenmaschinen: Oder warum die semiotische Dimension für eine Definition der Medien unerlässlich ist«, in: Stefan Münker und Alexander Roesler (Hrsg.), *Was ist ein Medium?,* Frankfurt a.m.: Suhrkamp, S. 211-221.

Winkler, Hartmut (im Druck), »Formalsprachen: ›Konstruktion‹? ›Reine Form‹?«, in: Rainer Leschke und Jochen Venus (Hrsg.), *The Shape That Matters: Form als medientheoretischer Grundbegriff,* Bielefeld: Transkript.

Wirth, Uwe (2004), »Hypertextualität als Gegenstand einer ›intermedialen Literaturwissenschaft‹«, in: Walter Erhart (Hrsg.), *Grenzen der Germanistik,* Stuttgart: Metzler, S. 410-430.

Wirth, Uwe (2005a), »Die Schnittstelle zwischen Riss und Sprung: Vom herausgerissenen Manuskript zum Hypertext-Link«, in: Sigrid Schade et al. (Hrsg.), *SchnittStellen,* Basel: Schwabe Verlag.

Wirth, Uwe (2005b), »Zur Medialität enzyklopädischer Verknüpfung: Die Rolle des Hyperlinks im Rahmen hypertextueller Wissensorganisation«, in: Waltraud Wiethölter et al. (Hrsg.), *Vom Weltbuch zum World Wide Web: Enzyklopädische Literaturen,* Heidelberg: Universitätsverlag Winter, S. 287-303.

Wirth, Uwe (2006a), »Aufpfropfung als Figur des Wissens in der Kultur- und Mediengeschichte«, in: Lorenz Engell et al. (Hrsg.), *Kulturgeschichte als Mediengeschichte (oder vice versa?),* Weimar: Universitätsverlag, S. 111-121.

Wirth, Uwe (2006b), »Hyperrextuelle Aufpfropfung als Übergangsform zwischen Intermedialität und Transmedialität«, in: Urs Meyer et al. (Hrsg.), *Transmedialität: Zur Ästhetik paraliterarischer Verfahren*, Göttingen: Wallstein, S. 19-38.

Wirth, Uwe (2008a), »Die Frage nach dem Medium als Frage nach der Vermittlung«, in: Stefan Münker und Alexander Roesler (Hrsg.), *Was ist ein Medium?*, Frankfurt a.M.: Suhrkamp, S. 222-234.

Wirth, Uwe (2008b), »Vorüberlegungen zu einer Logik der Kulturforschung«, in: Uwe Wirth (Hrsg.), *Kulturwissenschaft: Eine Auswahl grundlegender Texte*, Frankfurt a.M.: Suhrkamp, S. 9-67.

Wirth, Uwe (2011a), »Gepfropfte Theorie: Eine ›greffologische‹ Kritik von Hybriditätskonzepten als Beschreibung von intermedialen und interkulturellen Beziehungen«, in: Mario Grizelj und Oliver Jahraus (Hrsg.), *TheorieTheorie: Wider die Methodenmüdigkeit in den Geisteswissenschaften*, München: Fink, S. 151-166.

Wirth, Uwe (2011b), »Kultur als Pfropfung. Pfropfung als Kulturmodell: Prolegomena zu einer Allgemeinen Greffologie (2.0)«, in: Ders. (Hrsg.), *Impfen, Pfropfen, Transplantieren*, Berlin: Kadmos, S. 9-27.

Wittgenstein, Ludwig (1984 [1953]), »Philosophische Untersuchungen«, in: *Werkausgabe Band 1: Tractatus-logico-philosophicus, Tagebücher 1914-1916, Philosophische Untersuchungen*, Frankfurt a.M.: Suhrkamp, S. 225-620.

Wittgenstein, Ludwig (1984 [1921]), »Tractatus logico-philosophicus«, in: *Werkausgabe Band 1: Tractatus-logico-philosophicus, Tagebücher 1914-1916, Philosophische Untersuchungen*, Frankfurt a.M.: Suhrkamp, S. 8-85.

Wolf, Gary (2010), »The Quantified Self«, in: *TED Ideas Worth Spreading*, http://www.ted.com/talks/gary_wolf_the_quantified_self.html (zuletzt aufgerufen am 20.07.2013).

Worsley, Peter K. et al. (1959), »A Study of the Fundamentals of Information Storage and Retrieval [Final Report]« in: United States Government Computing Collection, circa 1945-1990 (CBI 63), Box 13, Charles Babbage Institute, University of Minnesota, Minneapolis.

Wright, Alex (2007), *Glut: Mastering Information Through the Ages*, Washington D.C.: Joseph Henry Press.

Yamaoka, So et al. (2011), »Cultural Analytics in Large-Scale Visualization Environments«, in: *Computer*, 44, 12, S. 39-48.

Zimmer, Michael (2008), »The Gaze of the Perfect Search Engine: Google as an Infrastructure of Dataveillance«, in: Amanda Spink und Michael Zimmer (Hrsg.), *Web Search: Multidisciplinary Perspectives*, Berlin: Springer, S. 77-99.

Zuckerberg, Mark (2011), »F8 Developers Conference Keynote«, http://www.livestream.com/f8live/video?clipId=pla_0b68074c-8f61-47bd-9348-f41bafc59c25 (zuletzt aufgerufen am 10.07.2013).

Digitale Gesellschaft

Clemens Apprich
Vernetzt – Zur Entstehung
der Netzwerkgesellschaft

September 2015, ca. 250 Seiten, kart., ca. 29,99 €,
ISBN 978-3-8376-3045-9

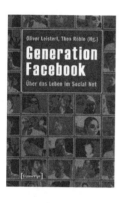

Oliver Leistert, Theo Röhle (Hg.)
Generation Facebook
Über das Leben im Social Net

2011, 288 Seiten, kart., 21,80 €,
ISBN 978-3-8376-1859-4

Geert Lovink
Das halbwegs Soziale
Eine Kritik der Vernetzungskultur
(übersetzt aus dem Englischen
von Andreas Kallfelz)

2012, 240 Seiten, kart., 22,80 €,
ISBN 978-3-8376-1957-7

Leseproben, weitere Informationen und Bestellmöglichkeiten
finden Sie unter www.transcript-verlag.de

Digitale Gesellschaft

Ramón Reichert (Hg.)
Big Data
Analysen zum digitalen Wandel von Wissen,
Macht und Ökonomie

2014, 496 Seiten, kart., 29,99 €,
ISBN 978-3-8376-2592-9

Florian Sprenger, Christoph Engemann (Hg.)
Internet der Dinge
Über smarte Objekte, intelligente Umgebungen
und die technische Durchdringung der Welt

September 2015, ca. 350 Seiten, kart., 29,99 €,
ISBN 978-3-8376-3046-6

Christian Stiegler, Patrick Breitenbach,
Thomas Zorbach (Hg.)
New Media Culture: Mediale Phänomene
der Netzkultur

Mai 2015, 302 Seiten, kart., zahlr. Abb. , 29,99 €,
ISBN 978-3-8376-2907-1

Leseproben, weitere Informationen und Bestellmöglichkeiten
finden Sie unter www.transcript-verlag.de